L'EXPRESS

**Remerciements**
L'Express remercie Nathalie Bec, Jean-Louis Bergé, Manon Bernard, Catherine Camus, Jérôme Chatin, Briac Chauvel , Clément Chauvel, Régina Chocron, Sabine Dard, Julie Delacuvellerie, Corinne Denis, Thierry Dudoit, Caroline Eliacheff, Emmanuelle Eurieult, Claire Gaulier, Jean-Paul Guilloteau, Véronique Héron, Jean Mauriac, Zuka Mitelberg, Mazarine Pingeot, Nathalie Riché, Christine Roy-Gorlier, Dominique de Saint Pern, Dominique Schnapper, Tristan Thomas, Jean-François Thull, Aurélien Vivès, Marianne Weitzmann Nelson, Denis Westhoff, ainsi que l'ensemble des journalistes cités dans cet ouvrage.

Les Éditions de La Martinière tiennent à remercier Mélanie Le Paih, Suzanne Nagy, Géraldine Noiret et Sophie Tarneaud ainsi que toutes les agences photographiques pour leur aide précieuse.

**Pour L'Express**
**Directeur de la rédaction :** Christophe Barbier
**Directeur général adjoint :** Éric Matton
**Coordination et rédaction :** Marie Cousin
**Archives :** Antonya Tioulong
**Photos :** Nicole Nogrette

**Groupe Express-Roularta**
**Président directeur général :** Rik de Nolf
**Directeurs généraux :** Corinne Pitavy, Christophe Barbier

**Conception graphique :** Dune Lunel
**Relecture :** Colette Malandain
**Suivi de l'iconographie :** Géraldine Noiret



Gardes avant : entretien avec Jean-Jacques Servan-Schreiber et Françoise Giroud, 4 avril 1974.
Gardes arrière : vente de *L'Express* à la criée, 3 mars 1960.


Connectez-vous sur : www.editionsdelamartiniere.fr

**ISBN :** 978-2-7324-4579-3
**Photogravure :** APS Chromostyle
**Dépôt légal :** mai 2011

Achevé d'imprimer en avril 2011
Sur les presses de l'imprimerie Graphicom, en Italie.

# L'EXPRESS

## 60 ANS À LA UNE

Éditions
de La Martinière

*Introduction*
« L'ÉTERNELLE JEUNESSE »
*par Christophe Barbier*
**p. 7**

# LES ANNÉES CINQUANTE 1953-1959
**p. 11**

*Introduction de Robert Badinter* **p. 16**
LES UNES ET LES ARTICLES **p. 18**
*Je me souviens... par Christiane Collange* **p. 71**

# LES ANNÉES SOIXANTE 1960-1969
**p. 73**

*Entretien avec Benoîte Groult* **p. 78**
LES UNES ET LES ARTICLES **p. 80**
*Je me souviens... par Jean-Louis Servan-Schreiber* **p. 133**

# LES ANNÉES SOIXANTE-DIX 1970-1979
**p. 135**

*Introduction de Valéry Giscard d'Estaing* **p. 140**
LES UNES ET LES ARTICLES **p. 142**
*Je me souviens... par Catherine Nay* **p. 199**

# LES ANNÉES QUATRE-VINGT 1980-1989

p. 201

*Introduction de Maurice Lévy* **p. 206**
LES UNES ET LES ARTICLES **p. 208**
*Je me souviens... par Yves Cuau* **p. 245**
*Je me souviens... par Jean-Claude Casanova* **p. 247**

---

# LES ANNÉES QUATRE-VINGT-DIX 1990-1999

p. 249

*Entretien avec Michel Rocard* **p. 254**
LES UNES ET LES ARTICLES **p. 256**
*Je me souviens... par Jean-Marie Pontaut* **p. 287**

---

# LES ANNÉES DEUX MILLE 2000-2010

p. 289

*Entretien avec Jacques Attali* **p. 294**
LES UNES ET LES ARTICLES **p. 296**
*Je me souviens... par Delphine Saubaber* **p. 358**

---

*L'œil de* L'Express | *les photos* **p. 360**
*Le trait de* L'Express | *les dessins* **p. 385**

1
2
3
4
5
6
7
8
9
10
11
12
13
14
15
16
17
18
19
20
WAGONS-LITS
Vie des Métiers
CABLES
L'EXPRESS

# L'ÉTERNELLE JEUNESSE

*par Christophe Barbier*

La fièvre. La grande fièvre des aventures folles et des entreprises insensées. Voilà le sentiment qui devait régner dans les couloirs de *L'Express*, en ce début de mai 1953, alors qu'approchait le bouclage du premier numéro. À la fougue juvénile de Jean-Jacques Servan-Schreiber, tout sourire et enthousiaste, faisait déjà écho le professionnalisme minutieux de Françoise Giroud, bientôt conforté par la solide vigilance de Philippe Grumbach et de Jean Daniel. Au-delà du défi se jouait – ils le savaient tous – un acte grave : affirmer la naissance d'une presse hebdomadaire de réflexion et d'engagement, au service de combats majeurs. La rénovation de la République. La décolonisation. Le renforcement des libertés publiques. Le décollage économique. La modernisation de la société. L'émancipation des femmes. L'écoute des jeunes. Bref : le progrès.

C'est aussi une certaine idée de l'indépendance du journalisme qui est née autour de cette équipe. Un journalisme insensible aux oukases politiques et sourd aux sirènes financières. Un journalisme qui forge sa ligne éditoriale dans le creuset humain de la rédaction, et non à la flamme d'un quelconque puissant. L'adhésion aux idées de Pierre Mendès France n'a pas emprisonné *L'Express* dans une brève aventure partisane, la liquidation du problème colonial ne l'a pas empêché de trouver d'autres idéaux à promouvoir. Très vite, la consécration du grand reportage, l'invention de l'investigation et l'attention portée à la vie quotidienne des Français ont signé cette nouvelle manière d'accompagner l'actualité. Elle fut renforcée par une puissance intellectuelle exceptionnelle : François Mauriac, Albert Camus, plus tard Jean-François Revel, Raymond Aron et Jacques Attali. Tous les éditorialistes de *L'Express* ont rempli la même mission : appuyer les faits sur la pensée, la recension sur la réflexion.

« *Dire la vérité telle que nous la voyons* » : la profession de foi de JJSS est toujours nôtre ; elle porte en son cœur, à la fois, le vade-mecum du reporter et le bréviaire de l'éditorialiste. Le journaliste est celui qui va, sur place, voir les faits, pour en rendre compte sans aucun prisme déformant. Mais il est aussi celui qui porte des valeurs. Non les siennes, égoïstes, non celles d'un parti ou d'un clan, mais les valeurs d'une institution qui dépasse tous ses acteurs : *L'Express*.

Tant d'inventions, tant d'expériences ont jalonné l'histoire de *L'Express* ! L'investigation, donc, est née dans ces colonnes sous la plume de Jacques Derogy. *Madame Express* a donné ses lettres de noblesse à un genre, le *news* féminin, que *L'Express Styles* épanouit désormais en toute liberté. Les interviews

**1.** Michèle Cotta, François Mitterrand et Françoise Giroud à *L'Express*, 1970. **2.** François Mitterrand, Françoise Giroud, Jean-Jacques Servan-Schreiber, Pierre Mendès France lors d'une manifestation contre la guerre d'Algérie à Paris, le 12 février 1962. **3.** Albert Camus au marbre de *L'Express* en 1955. **4.** Albert du Roy, commission déontologie de *L'Express*, 22 juin 1971. **5.** Françoise Giroud. **6.** Raymond Aron. **7.** Yann de L'Écotais, directeur de la rédaction, à son bureau. **8.** Françoise Giroud à *L'Express*, le 24 juillet 1973. **9.** Jean-Jacques Servan-Schreiber, Françoise Giroud et Philippe Grumbach, 14 mars 1973. **10.** François Mauriac et Jean-Jacques Servan-Schreiber au marbre de *L'Express* en 1954. **11.** Manifestation pro-Algérie française devant le siège de *L'Express*, 11 février 1956. **12.** Françoise Giroud, Marc Ullmann, et Roger Thérond lors d'un bouclage de *L'Express* en août 1973. **13.** Yves Cuau à son bureau, janvier 1978. **14.** Hesi Carmel, Jacques Derogy et Yves Cuau, 20 novembre 1977. **15.** Jean-Marie Pontaut devant le Palais de justice, janvier 1974. **16.** Danièle Heymann lors d'un entretien avec Fellini, en Suisse, janvier 1977. **17.** Jean-François Revel, septembre 1978. **18.** Albert Camus au marbre de *L'Express* en 1955. **19.** Jimmy Goldsmith et Bernard Pivot, 1983. **20.** JJSS, François Mauriac et Françoise Giroud au marbre de *L'Express* en 1954.

fleuves, le grand reportage au cœur de l'actualité la plus chaude, les extraits d'ouvrages majeurs, l'immersion en des milieux sociaux marginaux : autant de pratiques journalistiques, aujourd'hui banales, que *L'Express* a installées dans la tradition française. Sans oublier les thèmes inédits, qui, pour la première fois, ont fait la une grâce à *L'Express* : la préoccupation environnementale, la révolution des mœurs, les audaces culturelles, les technologies nouvelles, etc. Si la modernité est une vague, *L'Express* fut un surfeur bien avant qu'Internet en engendre par millions ! C'est d'ailleurs par l'appellation « Nouvelle Vague » que le journal a inauguré sa vocation sociologique. Inventé par Françoise Giroud, ce label a résumé, à la fin des années 1950, cette génération montante prête à incarner une autre expression fameuse : les « Trente Glorieuses ». Alors, *L'Express* est devenu le miroir tendu vers lui-même par ces nouvelles classes moyennes qu'on allait bientôt appeler « cadres ».

L'aventure de *L'Express* est un mythe, et un mythe suppose toujours des héros. « JJSS », d'abord, patron fondateur du journal à vingt-huit ans, intelligence vive comme un torrent, élégance majestueuse comme un fleuve. Le journal remue-méninges, c'est la marque JJSS. Le 8 novembre 2006, à 5 heures du matin, l'annonce de sa disparition m'a foudroyé. En charge du journal depuis quelques semaines à peine, j'ai eu l'impression, soudain, que notre génération allait être seule au front, sans l'ombre portée et protectrice du « pionnier ». Nous n'étions plus des héritiers, nous étions des orphelins.

Dans l'ADN de *L'Express*, le chromosome XX est tout aussi important : Françoise Giroud a marqué le journal de toute sa personnalité. L'écriture aiguisée jusqu'au cruel, la curiosité poussée jusqu'à l'impertinence, l'engagement mené jusqu'au combat. Mais aussi la fragilité, l'émotion et surtout cet abord passionnel du journal qui valut, à nombre de ceux qui en furent les membres depuis cinquante-huit ans, déchirures, souffrances et chagrins d'amour. *L'Express*, c'est aussi cette quête fusionnelle par laquelle la rédaction ressemble parfois à une troupe d'artistes. Le journal à fleur de peau, c'est la marque Giroud.

Être le premier *news* français confère à *L'Express* un statut à part. Il y a, d'abord, le devoir d'être désormais au-dessus de tous les combats partisans, de toutes les mêlées électorales. *L'Express* ne « roule » pour personne mais demeure engagé dans tous les combats qui lui sont fondamentaux : l'Europe, l'environnement, l'égalité hommes-femmes, etc. Ensuite, *L'Express* se doit, aujourd'hui comme hier, d'être audacieux et enthousiaste face au progrès. Le numérique n'est pas la fin de la presse écrite, il décuple les possibles pour que les citoyens, plus que jamais et plus souvent que jamais, s'informent grâce à *L'Express*. Enfin et surtout, *L'Express* se doit de veiller, aîné de la famille, à demeurer le plus jeune des *news*, attentif aux aspirations des générations montantes, aux vibrations de la société et à tout ce qui défriche l'avenir.

La jeunesse, c'est aussi le bonheur d'être, l'appétit du monde et la curiosité comme seule philosophie. Ce plaisir-là, par-dessus les vicissitudes du temps et les ténèbres de l'actualité, il s'agit de le partager à chaque instant, sur notre site et toutes les semaines sur le papier, avec nos internautes et nos lecteurs. Cultiver la jeunesse, c'est enfin entretenir cette flamme inextinguible qui anima les fondateurs de *L'Express*, cette fournaise d'idées et de mots, cet incendie de passions et d'intransigeances, cette grande lumière brûlante qui, pour vous, tente d'éclairer demain.

**21.** Les journalistes Jean-Robert Viallet et Delphine Saubaber, grand reporter à *L'Express*, après avoir reçu le prix Albert Londres, Paris, 3 mai 2010. **22.** Devant le siège de l'UMP, quelques minutes après l'annonce de la victoire de Nicolas Sarkozy aux élections présidentielles, Paris, 6 mai 2007. **23.** Assemblée générale le 2 juin 2004 dans les locaux de *L'Express*. **24.** Françoise Lauters, documentaliste de *L'Express*, consulte l'édition du 3 octobre 1963, décembre 2006. **25.** Des lecteurs de *L'Express*, 3 mars 1960. **26.** Christian Hoche, grand reporter au service Monde, avec Kong Sileah, 1979. **27.** Jean-Paul Guilloteau et Marc Epstein, grands reporters, en chemin pour leur audience à la cour de justice de Karachi, 24 décembre 2003. Ils ont été mis en prison pour violation des restrictions de visa. **28.** Sabine Delanglade, rédactrice en chef au service Économie, dans un char Leclerc sur un site de GIAT Industries dans les années 2000. **29.** La rédaction de *L'Express.fr*, décembre 2010. **30.** André Pautard, grand reporter au service Monde, Maroc, 1975. **31.** Vincent Hugeux, grand reporter au service Monde avec le commandant Massoud, Afghanistan, 1998. **32.** Alain Louyot, grand reporter au service Monde, avec Yasser Arafat, à Gaza au moment de son retour triomphal sur le sol palestinien, juillet 1994. **33.** Jacques Haillot, grand reporter photographe, blessé à Bastia le 29 août 1975. **34.** Fidel Castro interviewé par Jean Daniel le jour de l'assassinat de Kennedy, 28 novembre 1963. **35.** Christian Hoche, grand reporter au service Monde, en Somalie, juin 1980. **36.** Jean Régis Roustan (à gauche), grand reporter photographe, et Jacques Buob, grand reporter, avec le Front Polisario, Sahara occidental, février 1981. **37.** Vincent Hugeux, président de la Société des journalistes de *L'Express*, le 2 juin 2004, lors d'une assemblée générale. **38.** Christophe Barbier, directeur de la publication, lors de l'enregistrement de son édito pour *L'Express.fr*, décembre 2010. **39.** Plantu, Washington, janvier 2006. **40.** Conférence de rédaction animée par Christophe Barbier, décembre 2010. **41.** Publicité pour *L'Express*, 1964.

21

22

23

24

25

26

27

28

29

30

31

32

33

34

35

36

37

38

39

40

41

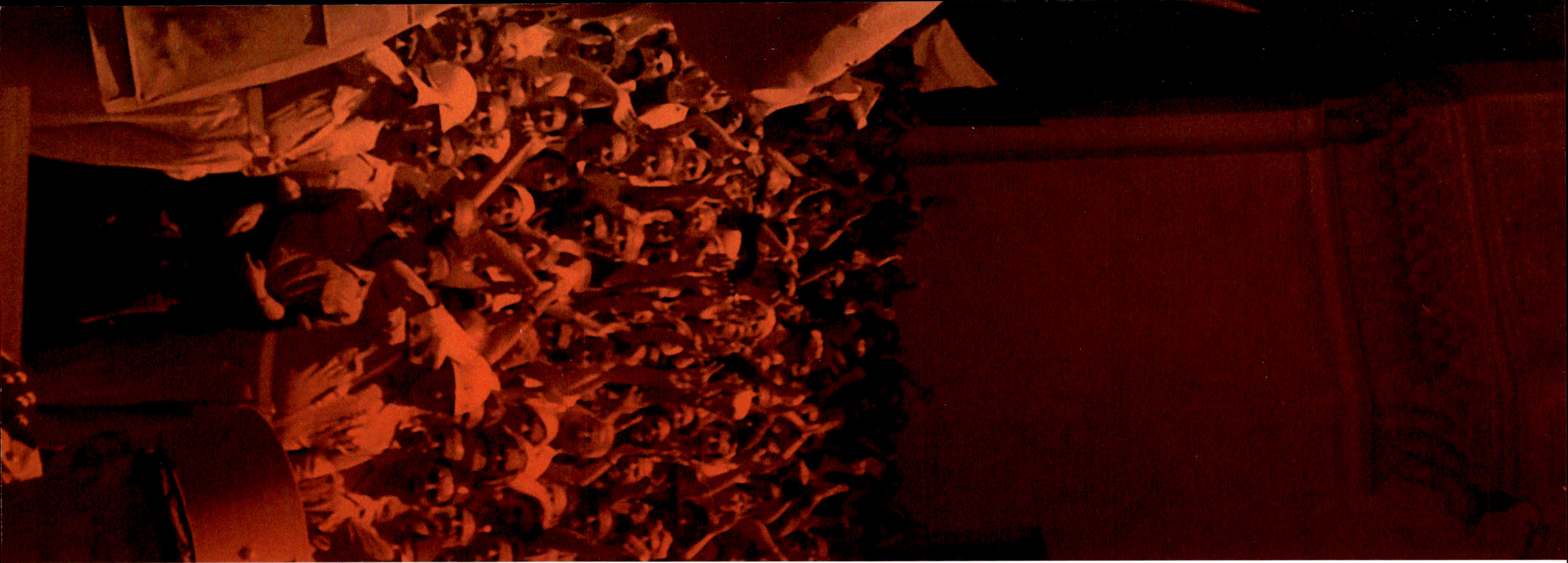

# LES ANNÉES CINQUANTE 1953-1959

Le général de Gaulle à Alger, le 4 juin 1958, jour où il proclame son célèbre « Je vous ai compris ». Photographie Pierre Boulat.

DIRE NON à DE GAULLE
NON à la GUERRE CIVILE
NON à DE GAULLE
DIRE NON à DE GAULLE
NON
Non
NON!

Manifestation en faveur du « non » au référendum sur la nouvelle Constitution,
Paris, 15 juin 1958. Photographie Burt Glinn.

## DANS LE MONDE

**5 MARS 1953**
Mort de Joseph Staline, à Moscou, URSS. Nikita Khrouchtchev arrive au pouvoir, lance la déstalinisation à l'intérieur du pays et la coexistence pacifique avec le bloc occidental.

**7 MAI 1954**
Défaite française à Diên Biên Phù, Indochine.

**18 JUIN 1954**
En France, Pierre Mendès France devient président du Conseil. Il reste au pouvoir jusqu'en février 1955.

**21 JUILLET 1954**
Les accords de Genève négociés par Pierre Mendès France mettent fin à la guerre d'Indochine.

**1ER NOVEMBRE 1954**
Début de l'insurrection algérienne.

**AVRIL 1955**
Conférence de Bandung. 29 pays d'Afrique et d'Asie dénoncent le colonialisme et la logique de blocs et affirment leur solidarité. L'esprit de Bandung devient une référence.

**14 MAI 1955**
Pacte de Varsovie. Afin de faire contrepoids à l'OTAN créé en 1949, l'URSS conclut une alliance militaire avec la plupart des États communistes, dont la RDA.

**1956**
Crise de Suez. En juillet, Nasser nationalise le canal de Suez. En novembre, les Français et les Anglais réussissent une intervention militaire mais reculent sous la pression diplomatique.

**4 NOVEMBRE 1956**
Les chars soviétiques entrent dans Budapest et répriment la révolution hongroise menée par Imre Nagy.

**25 MARS 1957**
Les traités de Rome instituent la Communauté économique européenne (CEE).

**4 OCTOBRE 1957**
Les Soviétiques envoient Spoutnik en orbite.

**13 MAI 1958**
Le Comité dit de salut public s'empare du gouvernement général d'Alger et appelle le général de Gaulle.

**1ER JUIN 1958**
De Gaulle est nommé président du Conseil.

**28 SEPTEMBRE 1958**
La Constitution de la Ve République est adoptée par référendum.

KISFALUDY
KÖZ
BEJÁRAT

Scène de rue après des jours de combats, dans le centre de Budapest, lors de la révolution hongroise, octobre-novembre 1956. Photographie Erich Lessing.

## LES GRANDES DATES DU JOURNAL

### 16 MAI 1953

Fondé par Jean-Jacques Servan-Schreiber, *alias* JJSS, et Françoise Giroud, *L'Express* sort en kiosque comme supplément du samedi du quotidien *Les Échos*.

### 10 AVRIL 1954

François Mauriac publie son premier « bloc-notes ».

### 25 DÉCEMBRE 1954

André Malraux entame sa collaboration régulière avec le journal.

### 20 MARS 1955

Une page dédiée à la mode et aux informations pratiques fait son apparition. Elle sera bientôt renommée « Madame Express » et dirigée par Christiane Collange, la sœur de JJSS.

### 12 OCTOBRE 1955

*L'Express* tente l'aventure quotidienne. Les finances virent au rouge en quelques mois. Le 9 mars 1956, le journal revient à une périodicité hebdomadaire.

### AUTOMNE 1956

Sartre commence sa collaboration.

### FÉVRIER 1957

JJSS est appelé sous les drapeaux et part en Algérie.

Pour la huitième fois depuis sa création, *L'Express* est censuré pour ses prises de position sur le drame algérien.

# POUR LA JEUNESSE DE L'ÉPOQUE, C'ÉTAIT LE JOURNAL QUI S'IMPOSAIT

*ENTRETIEN AVEC ROBERT BADINTER*

DANS LES ANNÉES 1950, ROBERT BADINTER, QUI SERA GARDE DES SCEAUX ET PRÉSIDENT DU CONSEIL CONSTITUTIONNEL, EST LE CONSEILLER JURIDIQUE DE *L'EXPRESS*, ALORS RÉGULIÈREMENT FRAPPÉ PAR LES SAISIES ET LES CENSURES. SPÉCIALISÉ DANS LE DROIT DE LA PRESSE, LE JEUNE AVOCAT, QUI N'A PAS ENCORE TRENTE ANS, A D'ABORD LA CONFIANCE DU PÈRE, ÉMILE SERVAN-SCHREIBER, LE PATRON DES *ÉCHOS*. PUIS IL RENCONTRE FRANÇOISE GIROUD, AVANT D'ÊTRE SÉDUIT PAR L'ENGAGEMENT DE JEAN-JACQUES SERVAN-SCHREIBER ET DE SON JOURNAL.

**Lorsque le journal naît, en mai 1953, vous avez vingt-cinq ans. En quoi correspond-il à vos idéaux d'avocat, tout juste inscrit au barreau, et à ceux de la jeunesse des années 1950?**

« J'ai toujours été de gauche, dès la Libération. Mais, étudiant à la Sorbonne, puis jeune avocat, je n'ai jamais eu la tentation d'adhérer au parti communiste. Franklin Roosevelt était mon modèle d'homme d'État et Léon Blum incarnait, à mes yeux, le courage politique. D'où mon mendésisme. Je rappelle que Pierre Mendès France était à l'époque radical de gauche et non pas socialiste.

« PMF incarnait alors tout ce en quoi la jeunesse de gauche non communiste croyait : combattant courageux durant la Seconde Guerre mondiale, il plaide pour la décolonisation et veut un *New Deal* à la française. Il croit à l'intervention de l'État pour assurer le progrès économique, mais aussi aux vertus du marché, et refuse la collectivisation des moyens de production. C'était un homme d'une grande intégrité personnelle et d'un charisme étonnant. *L'Express* est né pour cette fin : porter PMF et ses idées au pouvoir. »

**Après la défaite française à Diên Biên Phù, en Indochine, le 7 mai 1954, Pierre Mendès France est élu président du Conseil. À quoi ressemblait le paysage politique de l'époque?**

« Sur le plan politique, le parti communiste – la seule force politique organisée et puissante à gauche – veut un changement révolutionnaire de société. Les proches du général de Gaulle, qui attend son heure, retiré à Colombey-les-Deux-Églises, veulent se débarrasser du régime et porter leur chef au pouvoir.

« Lorsque Mendès est investi, au printemps 1954, par l'Assemblée nationale comme président du Conseil, il est porteur de toutes les espérances. Il met un terme à la guerre d'Indochine, réalise la décolonisation de la Tunisie et prépare celle du Maroc. Il œuvre pour la modernisation de l'économie. Mais, victime de manœuvres politiciennes, il est renversé neuf mois plus tard. Les élections de 1956 devaient être notre revanche. Nous voulions la paix et la décolonisation. Nous avons eu Guy Mollet et la continuation de la guerre d'Algérie. Le gouvernement socialiste a livré le pouvoir aux parachutistes à Alger, fait voter les lois d'exception, et accepté le recours à la torture. C'était la honte ! À l'époque, j'ai rompu avec toute la gauche de gouvernement. »

**La guerre d'Algérie, qui commence en 1954, est l'un des grands combats de *L'Express*...**

« Depuis le 1er novembre 1954, le sujet est au cœur du débat politique. Et *L'Express* s'engage résolument contre cette guerre. Dans toutes les affaires mettant en cause la torture et les libertés, le journal est en première ligne.

« Jean-Jacques Servan-Schreiber, mobilisé, revient avec une série d'articles-brûlots : *Lieutenant en Algérie*. Il est devenu l'ennemi public numéro 1 des colonels. »

**Ces prises de position ont valu au journal plusieurs saisies et pas mal de travail pour ses deux avocats**

**de l'époque, Georges Izard et vous-même…**
« À ce moment-là, je consacrais beaucoup de temps à *L'Express*. Et c'était un vrai plaisir ! Georges Izard, ancien résistant et civiliste réputé, s'occupait des grandes affaires. Quant à moi, jeune avocat, j'avais en charge les consultations quotidiennes et les affaires courantes, mais à l'époque combien passionnantes ! Les poursuites contre *L'Express*, et contre JJSS en tant que directeur de la publication, se multipliaient. À la demande de Françoise Giroud, lors des bouclages, j'allais au journal, pour examiner les articles préparés et l'avertir des risques de procès en diffamation ou de saisies. Françoise Giroud avait un talent exceptionnel : d'une plume délicate, elle corrigeait les phrases, gardant le poison tout en éliminant les propos diffamatoires.
« Après mai 1958 et le retour du général de Gaulle, l'opposition du journal au pouvoir s'est amplifiée. Quelle que soit la grandeur de celui-ci, c'est bien un putsch, mené par une poignée de militaires félons, qui fit tomber la IVe République. Pareil coup d'État était inadmissible. C'est ce que PMF a toujours déclaré. »

**Durant cette décennie tourmentée – sur le plan des affaires intérieures comme sur celui des relations extérieures –, comment vivent les Français?**
« Le pays est encore empêtré dans le passé. La France paysanne est encore très présente ; dans les mœurs et l'éducation, la tradition domine. Cette pesanteur conservatrice durera longtemps, jusqu'au milieu des années 1960. La IVe République, impuissante à résoudre la guerre d'Algérie, a initié le renouveau économique et industriel et donné son essor aux Trente Glorieuses. Les débuts de la construction européenne, dont *L'Express* est un fervent défenseur, datent aussi des années 1950.
« Culturellement, les valeurs sûres comme Montherlant ou Anouilh, mais aussi Sartre et Camus ou les auteurs plus contemporains, tels que Beckett et Ionesco, triomphent au théâtre. À *L'Express*, on guette les jeunes talents, les nouveaux Gide ou Colette. D'où le triomphe fait à Françoise Sagan à ses débuts, qui avait un don et une personnalité attachante, mais qui n'a pas tenu les promesses de l'aube. Et Buffet n'était pas Picasso, ni Roger Vadim Jean Renoir… »

**Comment *L'Express* s'inscrit-il dans ce paysage en mutation?**
« *L'Express* est, dans la presse, le symbole de la modernisation de la société. Grâce au talent de Françoise Giroud, au professionnalisme de Philippe Grumbach et aux intuitions de Jean-Jacques Servan-Schreiber, il est profondément moderne. La nouveauté de la forme se conjugue à la densité du fond. C'est à la fois un forum d'idées, engagé et ouvert, et un magazine. Toutes les grandes plumes s'y retrouvent : Sartre, Camus, mais aussi Mauriac. Quel coup de génie pour un hebdomadaire de gauche de publier le bloc-notes de cet académicien catholique ! Son talent, associé à son regard de journaliste et à sa férocité de pamphlétaire, était inégalable.
« Les sujets politiques succèdent aux couvertures sur Marilyn Monroe ou Simone Signoret. La place accordée aux livres, à la culture et aux spectacles était considérable. *L'Express* avait trouvé la formule magique : le divertissement se mêlait à l'engagement. Pour la jeunesse de l'époque, c'était le journal qui s'imposait. »

***Propos recueillis par Marie Cousin***

**Un café à Alger pendant la guerre.** 1959. Photographie Sergio Larrain.

# L'EXPRESS

LES ÉCHOS DU SAMEDI

16 MAI 1953 — 30 FRANCS. — N° 1

## ▪ MÉCANIQUE DE LA DIPLOMATIE RUSSE

## ▪ LE SENS DES GRÈVES

## ▪ L'ARTICLE 13 CONTRE RENÉ MAYER

## ▪ LE PLAN DE CHURCHILL

**INTERVIEW :** Pierre Mendès-France

**DOCUMENT :** L'Afrique, Far-West de l'Europe

### *CETTE SEMAINE*

**ATMOSPHERE POLITIQUE.** — *Le Gouvernement se présente dans des conditions assez difficiles devant l'Assemblée. En principe, René Mayer devait déposer un grand projet économique et financier, un plan à long terme, des réformes profondes ; puis demander des pouvoirs spéciaux. En fait, il propose seulement quelques mesures partielles, quelques améliorations de gestion financière. Il demande tout de même la délégation de pouvoirs. La réaction parlementaire n'est pas bonne. Difficultés supplémentaires : le M.R.P., solidaire de M. Letourneau, a très mal accueilli les dernières mesures prises pour l'Indochine; le groupe R.P.F. reste, pour l'instant, homogène.*

**LA PAIX.** — *Le discours de Winston Churchill est un événement considérable. Il propose la réunion d'une conférence avec les Soviets sans poser aucune condition préalable. C'est-à-dire qu'il adopte la position russe (exprimée par la Pravda il y a 10 jours) et se désolidarise ouvertement de la position américaine.*

*Quelle sera l'attitude de la France ?*

**LE QUAI D'ORSAY.** — *Le ministre des Affaires Etrangères français est parti pour Athènes.*

*La dernière fois que le chef de la diplomatie française a exprimé sa politique (à la Tour Eiffel le 23 avril), il a dit : d'abord, que les communistes arrêtent la guerre d'Indochine ; ensuite, qu'ils appuient un plan général de désarmement ; alors, on pourra parler de l'Allemagne.*

*Depuis, sa position, précisée en privé, s'est simplifiée : aucune négociation sur l'Allemagne avant le désarmement.*

**INDOCHINE.** — *Le Gouvernement a renoncé à demander l'internationalisation, mais il continue aussi à repousser le principe d'une négociation. Donc, même politique que depuis six ans.*

*La décision de dévaluer la piastre, mesure nécessaire, ne peut être qu'une mesure de détail, une préface à des réformes importantes. Le rapport parlementaire sur l'Indochine, remis à MM. Vincent Auriol, Mayer et Herriot, et classé « secret d'Etat », sera le point de départ d'un grand débat à l'Assemblée si les parlementaires pour qui il a été rédigé... ont le droit de le lire.*

**LA POSITION ALLEMANDE.** — *Le chancelier Adenauer a diné à Paris avec René Mayer et Georges Bidault. Il leur a confirmé qu'il ne pouvait accepter aucun compromis sur la Sarre avant les élections allemandes (août). Donc le traité d'armée européenne ne sera probablement pas présenté au parlement français avant l'été. M. Adenauer est allé à Londres. La proposition de Churchill implique que les plans de réarmement de l'Allemagne ne soient pas, pour le moment, poussés plus loin.*

**LES GREVES.** — *Le chômage partiel empêche, pour le moment, les mouvements de grève de prendre de l'extension. Le lock-out et la réembauche individuelle servent de frein. Tout dépendra maintenant de l'évolution économique. Les grèves pourraient alors avoir des conséquences politiques.*

**ULTIMATUM DE NEGUIB.** — *L'évolution soudaine et violente de la situation en Egypte (fusillades à Suez) s'est curieusement produite le lendemain du passage au Caire du secrétaire d'Etat américain Foster Dulles. Les Anglais avaient fait savoir, par une note à Washington, qu'ils craignaient ce raidissement.*

**PARIS EN PARLE.** — *Encore un prix littéraire, décerné à Henri Bosco, pour l'ensemble de son œuvre. Pas d'événement théâtral, mais, pour la première fois, les ballets nationaux américains à Chaillot. Neuf et intéressant. Et le spectacle sur glace de Sonja Henie. Accueil tiède. Un événement musical : l'Opéra de Vienne. Les films présentés à Cannes sortent l'un après l'autre. Dans l'ensemble, déception.*

**16 MAI 1953. MÉCANIQUE DE LA DIPLOMATIE RUSSE. LE SENS DES GRÈVES.**
Supplément du samedi, *L'Express* sort sous l'aile du grand frère, *Les Échos*, qu'ont fondés les Servan-Schreiber. Dans ce journal militant, une interview de Pierre Mendès France, qui bénéficiera d'une tribune régulière.

**Lire le premier éditorial « Dans la course » →**

# DANS LA COURSE

NOUS ne sommes pas les seuls à essayer de comprendre et vouloir expliquer. Un certain nombre d'autres journaux, et beaucoup d'autres hommes, en France, se sont aussi fixé ce but. Et dans une mesure non négligeable ils y réussissent.

La presse française, par quelques aspects, est certainement l'une des moins conformistes au monde. Grâce à elle, les complicités, les impuissances grandiloquentes, les mensonges sont souvent dénoncés, et les décisions politiques passées au crible. Cette combativité, cet esprit critique sont importants, indispensables. Mais c'est un travail bien difficile. L'époque est dure à comprendre.

Aider nos lecteurs à comprendre et à choisir est un but assez ambitieux. Pour avoir quelque chance, au moins de temps à autre, de l'atteindre, nous avons mis dans notre jeu certains atouts essentiels.

LE premier est l'indépendance.

Grâce au quotidien « Les Echos » qui permet à « L'Express » de s'appuyer aussi complètement que possible sur sa très large clientèle d'abonnés, qui lui accorde son soutien, nous pouvons publier notre journal sans avoir pris aucun engagement ni financier, ni politique.

Cette condition était évidemment fondamentale pour prétendre à la confiance de nos lecteurs. Et par rapport aux « Echos » eux-mêmes, nous sommes libres, c'est-à-dire que la responsabilité rédactionnelle de ' L'Express » est entièrement séparée de celle des « Echos ». Cette indépendance qui nous est donnée pour le départ, nous ne pourrons la maintenir ensuite qu'en nous développant par nous-mêmes, c'est-à-dire en réussissant.

Pour cette éventuelle réussite, nous avons cherché un second atout qui est la compétence. Les journalistes n'ont ni le temps, ni les moyens d'être vraiment compétents. Voilà une bien regrettable, mais inévitable constatation. C'est sans doute, en France, la raison du discrédit dans lequel il arrive que l'on tienne la presse.

Nous avons donc réuni une équipe formée d'un petit noyau de journalistes — qui écrivent au public sur ces pages — entourés d'hommes qui, par leurs fonctions, sont informés et compétents dans les affaires économiques, militaires, diplomatiques, etc. C'est en faisant travailler ensemble, de chaque côté d'une table, ces deux parties de l'équipe du journal que nous espérons offrir au public une formule nouvelle.

Cette équipe devra, enfin, ne pas être liée non plus par ces chaînes plus subtiles mais bien dangereuses que sont la complaisance, les relations mondaines, les gentillesses, ou même le respect.

C'est pourquoi nous avons décidé ensemble que l'équipe, solidaire, prendrait la responsabilité de tout ce qui est écrit dans ces pages et que les articles ne seraient donc pas signés.

La responsabilité collective permet de n'être ni aimable ni susceptible.

AVEC ces quelques atouts — indépendance financière, compétence technique, équipe homogène — nous espérons être en mesure de participer, pour notre part, au travail de démystification dont le pays a un si urgent besoin.

Il faut déchirer l'écrasant filet de complicités, de solidarités, de fausse euphorie qui enserre la nation et l'amène à l'immobilisme en attendant un irrémédiable pourrissement.

Il faut dire la vérité, telle que nous la voyons, sur la stagnation de notre économie, la vétusté de notre armée, le silence de notre diplomatie. Il faut aussi définir les conditions d'un redressement.

Nous ferons toujours des articles courts, précis, centrés sur une idée ou un événement. Nous ne chercherons jamais à être complet, mais au contraire à choisir l'essentiel.

La France semble impuissante devant la décadence qui la menace et qui peut, dans quelques années, être devenue irrémédiable, l'avoir écrasée. Seule la vérité, dite et répétée à l'opinion, peut délivrer le pays de cet immobilisme.

Dans cette course entre la décadence et la vérité, et avant qu'il soit trop tard, nous prenons à notre tour le départ.

*portrait*

# L'HOMME QUI NOUS LIRA

L'HOMME qui nous lira n'existe pas encore, mais nous le connaissons bien. Il se dit :

« S'ils ont du courage, ils n'auront pas de lecteurs. Et s'ils veulent avoir des lecteurs, ils ne pourront pas avoir du courage. »

L'homme qui nous lira n'est pas pessimiste. Il est un peu découragé parce qu'il se sent seul.

Il ne voit autour de lui que jeunes vieillards, plus occupés à ruminer le passé qu'à construire l'avenir.

S'il dit du mal de M. Pinay, il se fait reprendre comme s'il avait prononcé une incongruité à propos d'un vieil oncle respecté dans la famille.

Il rencontre souvent des hommes qui font preuve de jugement, de courage, d'énergie dans l'exercice de leur métier. Mais, dès qu'il s'agit des affaires de leur pays, ces mêmes hommes sont partagés entre l'indignation et l'indifférence. Une alouette, un cheval.

Leur en fait-on reproche, ils répondent qu'ils ont bien assez d'ennuis avec leurs propres affaires et qu'ils ont confié celles de la France à des parlementaires, dont ils parlent comme d'inévitables belles-mères.

Ils donnent la triste impression d'entretenir avec les hommes politiques de vieilles liaisons qui se prolongent, de replâtrage en replâtrage, peu soucieux de provoquer la rupture qu'ils souhaitent pourtant. C'est qu'ils n'aiment pas les drames et préféreraient qu'un nouveau venu les débarrassât des anciens sans qu'ils aient à intervenir.

Quand l'homme qui nous lira situation d'avoir à défendre, lui, le Président du Conseil, dont il désapprouve l'action.

L'homme qui nous lira s'est parfois amusé à regarder comment les autres lisent les journaux. Il s'est aperçu que le lecteur moyen jette un coup d'œil sur les titres des quotidiens, parcourt dix lignes par-ci par-là, entre deux sonneries de téléphone, enregistre les événements et les jette dans sa mémoire comme les pièces d'un puzzle qu'il ne prend jamais le temps de reconstituer.

Pendant qu'il lit « Le crime ne paye pas », les vrais crimes se commettent.

Pendant qu'il s'attendrit sur les tourments de conscience de M. François Mauriac, il oublie que les vrais drames de la conscience se jouent en conseil des ministres.

Pendant qu'il écoute la radio d'une oreille et sa femme de l'autre, il essaye de franchir les trois premières lignes d'un article important et, n'y réussissant pas, se dit : « Je vais le garder pour le lire à tête reposée... »

Un matin, sa femme demande :

« Tu tiens vraiment à conserver ces vieux papiers ? »

Et le lecteur moyen aura raté encore une fois l'occasion de savoir ce que contiennent les accords de Potsdam, ce que serait l'armée européenne, ce que signifient des expressions telles que la « neutralisation de l'Allemagne » ou la « convertibilité des monnaies » avec lesquelles s'écrit l'histoire.

Notre lecteur ne se prétend pas plus intelligent que les autres, mais plus conscient de sa responsabilité.

Il sait que si le monde se met à jouer au ping-pong avec des bombes atomiques, il servira de filet s'il n'a plus la force de servir d'arbitre. Alors, au lieu d'attendre le début du match, il croit que l'on pourrait tenter de convaincre les adversaires de le remettre aux calendes chinoises.

Mais à qui parler ? Où faire entendre sa voix ? Où en trouver l'écho ? Il ne rencontre que des hommes capitonnés. Il évolue parmi des édredons. Il vit dans un univers d'autruches.

Quand il entend ou lit des phrases telles que « la sauvegarde des libertés démocratiques», ou « la volonté de redressement qui nous anime », ou encore « le rayonnement spirituel de la France », il se demande, le cœur serré, quelle épouvantable hémorragie a vidé ces mots de leur sens.

Il ne veut pas la mort du pêcheur de majorité, ni celle des empêcheurs de voter en rond. Il se contenterait de leur démission.

Il ne vote pas communiste, mais il y a des jours où il prétend qu'il en a envie. Ce ne sont pas les jours d'élection. Ce sont les soirs où il entend, dans un dîner, une dame s'écrier, par exemple, à propos d'une grève :

« Avec les allocations familiales, ces gens-là vivent comme des princes. »

L'homme qui nous lira se naturaliserait peut-être Tahitien ou Esquimau, il se serait peut-être résigné à n'être plus que le spec[ta]... **356 pages** de la détérioration d'un... le sien et qu'il aima[it]... vait, de temps en ... n. en Suisse, sous trer un autre hom... *ntre l'Impossible,* 

Alors, il reprend ... nné à mort par dit : ... ses « carnets » ... 939-1945.

« Puisque nous som... sommes peut-être deux ...

Mais il ne peut tout de m... insérer des petites annonces ... quant que « Monsieur bien sous les rapports désire connaître, en vu...

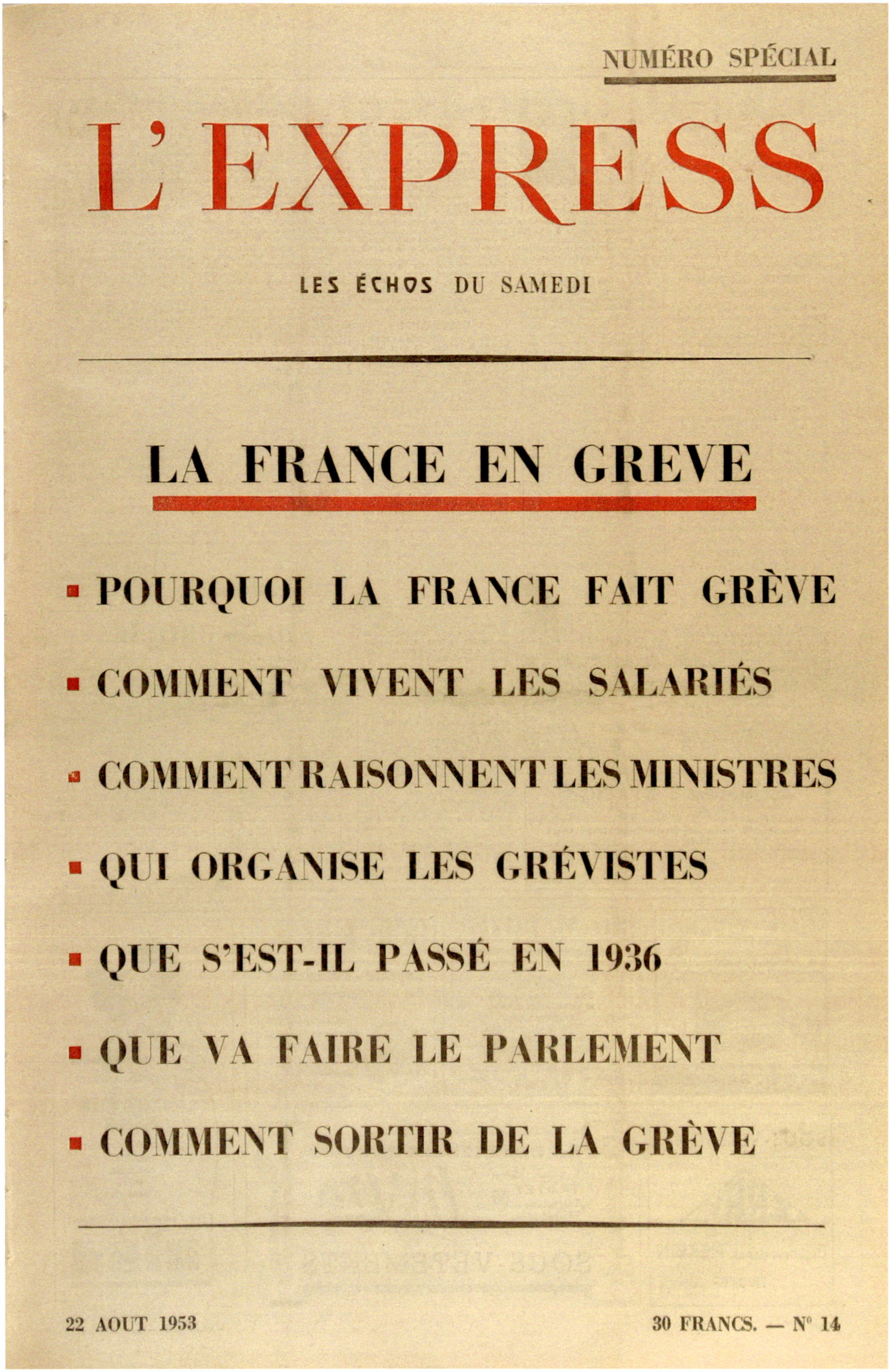

NUMÉRO SPÉCIAL

# L'EXPRESS

LES ÉCHOS DU SAMEDI

## LA FRANCE EN GREVE

- POURQUOI LA FRANCE FAIT GRÈVE
- COMMENT VIVENT LES SALARIÉS
- COMMENT RAISONNENT LES MINISTRES
- QUI ORGANISE LES GRÉVISTES
- QUE S'EST-IL PASSÉ EN 1936
- QUE VA FAIRE LE PARLEMENT
- COMMENT SORTIR DE LA GRÈVE

22 AOUT 1953 — 30 FRANCS. — N° 14

**22 AOÛT 1953. LA FRANCE EN GRÈVE.**
La rumeur de recul de l'âge de départ en retraite fait (déjà) déborder le vase. Exaspérés par l'instabilité ministérielle chronique et les crises coloniales, les Français s'emparent de la rue.

# L'EXPRESS

LES ÉCHOS DU SAMEDI

12 DÉCEMBRE 1953 — 30 FRANCS. — N° 30

*A L'ÉLYSÉE*

## SURTOUT PAS LE PLUS BÊTE...

(Pages 5, 6, 7 et 8)

Autour du président Herriot, de gauche à droite : Gaston Monnerville, Vincent Auriol, Joseph Laniel, Henri Queuille et Yvon Delbos, cinq des dix candidats sérieux que nous présentons en pages 6 et 7.

Photomontage L'EXPRESS

*A LA TRIBUNE* : COLIN CLARK

## "LA CRISE DE 1954"

(PAGE 12)

### *CETTE SEMAINE*

LA GRANDE AFFAIRE. — *C'est l'Elysée. Il ne s'agit pas seulement, jeudi prochain, à Versailles, de savoir si c'est l'ambition de tel ou tel homme politique qui sera satisfaite. Le choix d'un Président, pour sept ans, aura une grande influence sur l'évolution du pays.*

L'Express *présente à ses lecteurs quelques aspects de cet important événement politique (voir pages 5, 6, 7 et 8). Si l'opinion prend conscience de la gravité du choix, les parlementaires le considéreront avec plus de sérieux.*

LE TRISTE VOYAGE. — *Ce qui est arrivé aux Bermudes était prévisible, mais c'est bien triste tout de même. La France, dans l'état actuel de sa diplomatie, de ses hésitations, est tenue pour quantité négligeable. Ce qui est pire, c'est que nos représentants acceptent ce traitement, et même remercient. Que le Président du Conseil français et le ministre des Affaires étrangères aient contresigné le choix du 4 janvier pour la conférence avec l'U.R.S.S. est absolument incompréhensible.*

*Il est éclatant que la France ne recommencera à compter que lorsqu'elle aura pris certaines décisions essentielles quant à la gestion de ses affaires : redressement économique, Indochine, Europe, etc. Il est indigne et hypocrite de s'en prendre aux Anglais. Personne ne peut décider à notre place (voir page 3).*

LE COURAGE D'EISENHOWER. — *Le discours d'Eisenhower à l'O.N.U. est important, surtout parce qu'il représente un acte de courage politique à l'égard de l'opinion américaine. Proposer une collaboration atomique avec les Soviets, c'est une insulte directe pour tous ceux qui suivent le sénateur Mac Carthy. Tout autre qu'Eisenhower se ferait aussitôt accuser de trahison. Si le Président est résolu à utiliser son prestige dans cette voie, les affaires du monde ne sont pas si mauvaises (voir page 3).*

LA TRIBUNE DE L'EXPRESS. — *L'éventualité d'une crise aux Etats-Unis est peut-être le sujet de préoccupation principal pour l'année qui commence.*

*Le grand économiste australien Colin Clark, qui est un maître de la prévision économique à long terme par les équations économétriques, n'est pas très optimiste. Mais la clef du problème appartient plus au domaine politique qu'à celui de l'économétrie (voir page 12).*

UN BON EMPRUNT. — *Le nouvel emprunt lancé par le ministre des Finances est une vraie pochette-surprise (voir page 4).*

PARIS EN PARLE. — *Une bonne chose de faite : le Goncourt à Pierre Gascar pour « Le Temps des Morts ». Un très beau livre (voir* L'Express *n° 25). Le Renaudot à Célia Bertin pour « La Dernière Innocence ». Un bon roman (voir* L'Express *n° 22). — Un choc à recevoir : le Cinémascope. — Une mélancolique nouvelle : on vend Tabarin. — Une discrète précaution : le jour de l'élection du Président de la République, les candidats qui s'accordent quelque chance d'être élus se rendent à Versailles avec une petite valise contenant jaquette et pantalon rayé. Pour être prêts à endosser la tenue consacrée au cas où... — Ni fleurs, ni couronnes, saluez : la Télévision passe, assassinée par l'Assemblée.*

* *

**12 DÉCEMBRE 1953. SURTOUT PAS LE PLUS BÊTE...**
Destinée aux parlementaires sur le point d'élire le président de la République, la référence à Clemenceau – « *Je vote pour le plus bête* » – est aussi la première impertinence du journal.

# LA TÉLÉVISION ACCUSE

*Grâce à la télévision, 300 000 personnes ont assisté au Congrès de Versailles. Jusqu'au treizième tour de scrutin, jusqu'à ce que le deuxième président de la IVe République fût enfin désigné, l'intérêt ne faiblit pas. Curiosité ? Étonnement ? Indignation ? Goût des luttes politiques ?*

**PAR FRANÇOIS MITTERRAND**

L'EXPRESS

LE SENS DE L'ANNÉE :

CE QUE 1953 ANNONCE POUR 1954

A LA TRIBUNE :

"LA TÉLÉVISION ACCUSE"

par François MITTERRAND

CETTE SEMAINE

À LA UNE CETTE SEMAINE-LÀ

Les élus du peuple n'étaient plus, cette fois-ci, observés par les quelques douzaines d'habitués qui hantent les tribunes de l'Assemblée nationale et du Conseil de la République. Leurs visages et leurs rites, leurs conciliabules et leurs querelles surgissaient au-dehors, sollicitaient le passant du boulevard des Italiens et des Champs-Élysées, animaient des milliers d'écrans familiaux. Les conditions mêmes de l'élection présidentielle ont contraint les techniciens de la télévision à multiplier les variations. Pour rompre la monotonie des votes, la caméra a fouillé les couloirs, suscité les confidences, identifié les promeneurs discrets, recherché les rencontres paradoxales, raconté les banalités de ce petit monde enfermé sept jours durant, pensionnaire de la noble demeure où il doit fabriquer de l'Histoire à date fixe.

Beaucoup plus que les parlementaires, le téléspectateur participa aux diverses phases du Congrès. Il était partout à la fois, et ne manqua aucune scène. C'est par des amis qui n'avaient pas quitté leur appartement de Paris que je me suis fait raconter le cérémonial d'investiture du nouveau chef de l'État. Aucun aspect de l'événement immédiat et multiforme n'avait échappé aux lointains témoins, alors que les acteurs n'en connaissaient pas le quart.

On imagine les conséquences qu'aura sur notre vie publique le démontage permanent du mécanisme parlementaire lorsque les citoyens pourront, à tout moment, examiner et vérifier la façon d'être de leurs élus.

Le règlement des assemblées, la tenue de leurs membres, la tonalité des débats, le rendement du système seront soumis à l'exigeante et facile critique de tous ceux qui, à Carpentras comme à Pontivy, n'auront qu'à tourner un bouton d'un poste récepteur pour pénétrer illico dans les plus graves, les plus inutiles, les plus fastidieuses, les plus pittoresques, les plus sérieuses discussions législatives. On supposera sans peine que les victimes de cette curiosité se garantiront contre ses fâcheux effets en adaptant leurs méthodes de travail et en modifiant leur comportement. Qui s'en plaindra ?

Mais aussi menaçante que soit cette perspective, on ne peut tout de même pas penser qu'elle effraye au point qu'on lui préfère la paralysie de la télévision française. Or, il faut bien le dire, ce moyen d'expression qui, avant cinq ans, informera plus que tout autre la conscience de l'homme est mis, jour après jour, en échec et son avenir qui, il y a cinq ans, s'annonçait brillant, est dangereusement compromis.

Quand, par un arrêté du 28 novembre 1948, j'ai fixé à 819 lignes la définition standard de la télévision française, ce fut un beau remue-ménage à New York et à Londres, à Eindhoven (Hollande) et à Paris. La guerre des définitions commençait. En effet, un poste récepteur de télévision ne produit que les images lancées par le poste émetteur de même standard. Installer à la tour Eiffel un émetteur de 819 lignes, c'était donc interdire l'accès de notre territoire aux lignes hollandaises de Philips et aux 525 lignes américaines ; c'était distancer largement les 405 lignes britanniques. Non seulement la France, par une telle mesure, adoptait pour elle-même une technique née chez elle et que l'on disait être la meilleure du monde, mais encore elle donnait sa chance à une industrie nationale qui eût été incapable de résister à l'invasion subite de concurrents étrangers. Mais, la décision prise, on ne pouvait en rester là. Il fallait aussi convaincre les acheteurs de postes que les 441 lignes jusque-là pratiquées représentaient une époque dépassée, comme il fallait faire admettre par le gouvernement une audacieuse politique d'investissements. Or, l'Europe occidentale, qui n'ignorait pas la qualité de l'image française, voulut évidemment connaître les premiers résultats

**On imagine les conséquences qu'aura sur notre vie publique le démontage permanent du mécanisme parlementaire lorsque les citoyens pourront, à tout moment, examiner et vérifier la façon d'être de leurs élus.**

de l'expérience. L'Italie, la Belgique, la Suisse suscitèrent des confrontations, organisèrent des expositions-concours. Partout, on flatta notre réussite. Mais on ne passa pas de commandes. À qui d'ailleurs ? Et comment ? L'État, jalousement attaché à son monopole, n'en usait pas. Parfaite sur le plan technique, hésitante sur le plan artistique, la télévision n'abordait guère le plan commercial. Comme on parlait au ministre des Finances d'alors de quelques centaines de millions nécessaires à l'équipement de l'Île-de-France, de la région lyonnaise, de l'agglomération lilloise, il s'esclaffa, puis s'irrita : « *Vendez donc les brevets aux Américains, cela rapportera davantage.* »
C'est ainsi que, malgré la foi et le travail de rares spécialistes, de budget en budget, de débat en débat, de polémique en polémique, la télévision ne se développa qu'avec une extrême lenteur. Des crédits misérables permirent tout juste aux techniciens d'augmenter les heures de spectacle, d'améliorer les présentations, de perfectionner le matériel. Ceci jusqu'en 1953, où la télévision connut deux grands succès publicitaires : le Couronnement d'Élisabeth II et le Congrès du Parlement de Versailles – et deux inquiétants échecs : l'un devant le gouvernement qui refusa encore une fois de lui accorder son aide, l'autre devant l'Assemblée nationale qui ne consentit qu'à grand-peine à l'augmentation de la taxe radiophonique. Le ministre de l'Information quêta longuement, avant de l'obtenir, l'aumône par laquelle la petite télévision française, radieuse et si fière de sa force en ses premiers jours, compte éviter, cinq ans plus tard, l'asphyxie.
En attendant, l'Europe à conquérir s'est rétrécie à nos seuls frontières, si l'on excepte Genève et la Wallonie. Les émetteurs de Paris et de Lille sont au point ; celui de Strasbourg est en progrès ; celui de Lyon est en panne. Au prix d'un million de francs le kilomètre, les chaînes de relais n'avancent guère. Et toujours les mêmes discussions, les mêmes disputes. Depuis 1948, c'est le même rapporteur qui, à la Commission de la presse de l'Assemblée nationale, élève toujours les mêmes obstacles. Tout le monde est preneur : l'État, la banque, l'industrie, la publicité, le cinéma, la presse, la finance (avec ou sans argent). Tout le monde s'observe, se surveille, s'épie, se combat, se neutralise. Puisque ce n'est pas moi, ce ne sera pas toi. Et l'État, qui sait si mal défendre son bien, en est réduit aux raclages de tiroirs. Ce ne sera pas lui non plus, puisqu'il doute de lui-même.

Résultat ? La France, qui était au troisième rang dans le monde, après l'Amérique et l'Angleterre, au deuxième en Europe, au premier sur le continent européen, quant à l'équipement, qui était (rappelons-le sans crainte des redites) la première en ce qui concerne la qualité de l'image, est, maintenant, surclassée pour le nombre d'émetteurs par l'Italie, l'Allemagne et la Russie, pour le nombre de studios et de moyens de reportages par ces mêmes pays et passe après Cuba pour le nombre de récepteurs.
Il y a là matière à un procès sensationnel.

**François Mitterrand,** ministre d'État dans le cabinet de Joseph Laniel, à son bureau en juillet 1953.

# L'EXPRESS

9 JANVIER 1954 — LES ECHOS DU SAMEDI — 30 FRANCS. — N° 34

*REPORTAGE :*

## ▪ LE DRAME FRANÇAIS EN AFRIQUE DU NORD

(PAGES 6, 7 et 8).

*A LA TRIBUNE*

## ▪ « MA RECETTE »

*par le Dr ERHARD*

(PAGE 12.)

(Photo Capa-Magnum.)

L'AFRIQUE DU NORD FACE A L'AVENIR

## CETTE SEMAINE

SITUATION POLITIQUE. — *M. Laniel, perdant à Versailles, a gagné au Palais-Bourbon. Cette victoire et cet échec ne sont pas sans liaison. L'affaire de Versailles a beaucoup contribué à accentuer encore les divisions des partis entre eux et les problèmes internes de chacun d'eux. Résultat : l'émiettement parlementaire est tel, pour l'instant, qu'une crise apparaît comme un cauchemar informe et assez effrayant. La conférence de Berlin a été le prétexte pour éviter la crise, non pas la vraie raison. En vérité, les partis ne savent plus très clairement où ils en sont. Les perspectives de 1954, en particulier dans le domaine économique et en politique étrangère, sont très neuves. Il est urgent d'attendre et, semble-t-il, de réfléchir.* (Voir page 3.)

LE BUDGET MILITAIRE. — *La présentation et la discussion de cette large tranche des finances publiques qu'est le budget militaire (40 0/0 à lui seul) sont devenues, pour le public, du chinois. Pourtant, c'est dans ce budget que l'on peut comprendre une bonne part de la situation du pays et de son orientation. L'un des principaux membres de la Commission de Défense Nationale de l'Assemblée, M. André Monteil, député M.R.P., ancien Secrétaire d'Etat aux forces armées, a établi pour « L'Express » un diagnostic précis sur le budget militaire qui vient d'être présenté au Parlement.* (Voir p. 3.)

LA CRISE D'AFRIQUE DU NORD. — *Tous les jours des dépêches de Casablanca, Rabat, Tunis... continuent, hélas ! d'apporter à l'opinion française la preuve que la grande crise franco-africaine est loin d'être résolue.*

*Il n'y a pas pour la France — en dehors de l'Indochine — de problème plus urgent. L'opinion doit connaître tous les aspects du dossier. « L'Express » apporte aujourd'hui le témoignage vigoureux d'un grand reporter anglais* (voir p. 6, 7, 8). *Sa conclusion : la politique actuelle de passivité peut conduire à la perte de l'Afrique du Nord.*

L'U.R.S.S. NEGOCIE. — *La nouvelle « ligne » soviétique semble se confirmer. Non seulement les Russes ont accepté le principe des négociations atomiques secrètes avec l'Amérique, mais ils viennent de faire savoir que ces négociations pouvaient s'engager avant même la conférence de Berlin. L'attitude générale des Soviets dans cette affaire paraît assez prometteuse. Ils donnent beaucoup moins l'impression de chercher des occasions de propagande, et introduisent une sobriété certaine dans leurs actes diplomatiques.*

A LA TRIBUNE. — *L'Allemagne de Hitler avait un docteur-miracle : le Docteur Schacht. L'Allemagne d'Adenauer en a trouvé un autre : le Docteur Erhard, ministre de l'Economie. Il est considéré comme le principal* a r t i s a n *de la renaissance économique de l'Allemagne. Sa recette : liberté individuelle. Le Docteur Erhard vient d'accomplir un voyage spectaculaire aux Etats-Unis où, incontestablement, il plait. Il écrit dans « L'Express » un article pour expliquer aux Français ce qu'il pense du rôle de l'Etat dans l'économie d'un pays.*

*

PARIS EN PARLE. — *Triste : la disparition de Duff Cooper. Les regrets et les éloges funèbres parisiens sont, pour une fois, sincères. — Excellent : le dernier achat de la Bibliothèque Nationale qui retient en France un manuscrit exceptionnel* (voir p. 10). — *Doués : les deux joueurs australiens de 19 ans, Ken Rosewall et Hoad, qui battent l'Amérique par 3/2 et gardent ainsi la Coupe Davis à leur pays. — Attendus : la nouvelle pièce de Marcel Aymé, le film sur l'Everest et celui qu'Autan-Lara a tiré du* Blé en Herbe. *On verra le tout en janvier. — Héroïques : J.-L. Barrault et Pierre Boulez qui ouvrent le Petit Marigny avec un concert comportant deux premières auditions. On aiguise les sifflets.*

* *

**9 JANVIER 1954. LE DRAME FRANÇAIS EN AFRIQUE DU NORD.**
Avec l'Indochine, l'Afrique du Nord est le combat permanent de *L'Express*. Dans ce numéro, un reportage d'un journaliste anglais, Philip Deane, très critique sur les méthodes françaises.

# L'EXPRESS

6 FEVRIER 1954 — LES ECHOS DU SAMEDI — 30 FRANCS. — N° 38

## ▪ LE REPORTAGE DE VERCORS SUR LA CHINE

(PAGES 6, 7, 8 et 9.)

*A LA TRIBUNE :*

## ▪ « IL FAUT FAIRE UNE EUROPE »

par Alfred SAUVY

(PAGE 12.)

LA JEUNE CHINE DE MAO

*Il n'est plus courant du tout de noyer les filles à leur naissance*

## *CETTE SEMAINE*

UNE SURPRISE A BERLIN. — *Au cours de la discussion avec M. Molotov les trois ministres occidentaux ont précisé clairement et chacun à leur tour que le traité d'armée européenne, même une fois ratifié et appliqué, ne lierait pas une future Allemagne unifiée.*

*Si un jour l'Allemagne est réunifiée, de nouvelles élections auront lieu, un nouveau gouvernement en sortira, et ce gouvernement pourra décider si l'Allemagne accepte ou non de rester dans l'armée européenne.*

*Ce qui a mis M. Molotov de très bonne humeur.*

*Non pas, comme il pourrait paraitre, parce que cette définition du traité laisse la porte ouverte à une Allemagne future neutralisée, mais parce qu'elle va éclater comme une bombe au parlement français et constituer un argument-massue pour les adversaires du traité.*

*La conférence, par ailleurs, fait découvrir certains aspects soviétiques intéressants* (voir p. 5).

LA CHINE RENTRE EN SCENE. — *Ce qui est nouveau, dans le monde, c'est la Chine. La guerre de Corée terminée, l'Amérique repliant ses troupes, le pouvoir de Mao Tsé-Toung est maintenant établi, incontesté. La Chine communiste rentre dans le concert des puissances.*

*A Berlin, pour la première fois, ce fait a été tacitement reconnu par tout le monde. C'est l'événement de l'année.*

*Quelle est cette Chine ?*

*« L'Express » soumet à ses lecteurs deux textes de valeur, comme premier apport sur cette immense affaire* (voir pp. 6, 7, 8 et 9).

APRES LE PLAN NAVARRE. — *Trois ministres et trois généraux ont quitté Paris, ou sont sur le point de le faire, pour « inspecter » la situation en Indochine. Pourquoi ?*

*Il ne semble pas qu'il y ait à cela une explication dramatique. Le corps expéditionnaire ne doit pas être en péril urgent. Mais il y a une décision importante à prendre et qui est à la fois politique et militaire : après l'échec du Plan Navarre quelle orientation doit prendre la volonté française en Indochine ?* (voir p. 4).

LA RECHERCHE DE L'EXPANSION. — *Face aux revendications des salariés, le gouvernement découvre qu'une économie ne peut résoudre ce genre de problèmes que si elle « avance », si elle est dynamique.*

*Après avoir tout misé sur les mérites de la stabilité, on commence à glorifier ceux du mouvement.*

*Donc un « plan d'expansion économique » est à l'étude. On pourrait voir naitre bientôt une nouvelle expérience Laniel-Faure qui serait plus intéressante à suivre que la précédente* (voir p. 3).

★

PARIS EN PARLE. — *Le théâtre est en deuil : il a perdu sa reine, Yvonne de Bray. — La haute couture fait un mariage: Paquin et Worth présentent leur collection alternativement dans la même maison. Motif : l'immeuble de Paquin, rue de la Paix, a été vendu, 250 millions dit-on. Paquin Ltd est une société anglaise qui possédait également la branche anglaise de Worth. — La politique mène à tout : Mme Abrami, muse écoutée du M.R.P., expose une série de toiles dans une galerie parisienne. — Le conseil municipal vote 15 millions de crédits hospitaliers après avoir vu le film réalisé sur l'accouchement sans douleur. — Le mauvais goût passe les bornes : à la première page d'un quotidien, la photo d'une starlet parce qu'elle a, précise-t-on, répondu « présent » à l'abbé Pierre. Pour jouer « Madame et son clochard » ?*

★ ★

**6 FÉVRIER 1954.** **LE REPORTAGE DE VERCORS SUR LA CHINE.**
Visionnaire, Jean Bruller, *alias* Vercors, évoque « *l'immense marmite où se prépare l'avenir de la plus grande puissance du monde* », après une longue pérégrination dans la Chine de Mao.

# LE BLOC-NOTES DE FRANÇOIS MAURIAC

*L'Express est heureux d'annoncer à ses lecteurs qu'ils trouveront désormais chaque semaine, ici, le célèbre « bloc-notes » de M. François Mauriac. Après une longue et brillante carrière littéraire consacrée par le prix Nobel, M. François Mauriac est devenu le journaliste français le plus suivi et le plus controversé. L'Express est fier d'avoir pu s'assurer la publication régulière des notes où le grand écrivain catholique commente librement et avec le courage que l'on sait les événements de l'actualité littéraire et politique.*

LE BLOC-NOTES DE FRANÇOIS MAURIAC

L'EXPRESS

UN DOCUMENT EXCLUSIF :

LA LETTRE SECRETE DE JUIN

LES AVIONS AMERICAINS SUR DIEN-BIEN-PHU ?

L'ARMEE CHINOISE

CETTE SEMAINE

À LA UNE CETTE SEMAINE-LÀ

**Vendredi 19.**
Le printemps est arrivé comme un voleur pendant la nuit. J'entends pour la première fois le coucou, mais aussi les cris d'enfant assassiné du cochon qu'on égorge. C'est la force de ceux qui occupent les places que les pauvres gens n'aient guère de loisir pour penser à rien d'autre, à aucun jour de l'année, qu'à ce qu'ils font et feront jusqu'à la mort, ce qu'ont fait avant eux tous les pauvres de leur race, à moins que… écrivais-je hier soir, et je me suis interrompu. À moins que les hommes de l'équipe, si habiles à mener leur fortune particulière, à se pousser et à se maintenir aux premières places, mais chefs impitoyables, et dont tous les crimes politiques, sans en excepter un seul, auront été des sottises, ne voient surgir tout à coup les effets de leurs actes, ramassés, dans une catastrophe précise et qui suffirait à réveiller d'un coup, à remettre debout ce peuple prostré. Bernanos, la dernière année de sa vie, avait dénoncé le chantage affreusement efficace puisqu'il dure encore. Il écrivait : « *Rien ne vous donne le droit d'imposer à mon pays cet insolent ultimatum : "Le communisme ou nous !"* »
Si j'en crois *Carrefour*, Paul Reynaud, après le débat sur l'Indochine, aurait dit : « *Ce cher Mendès n'accroît pas ses chances d'entrer prochainement à l'Hôtel Matignon.* » Je ne suis pas dans la confidence du « *cher Mendès* ». Mais ce serait pour lui une étrange chance que de succéder aux auteurs de la guerre indochinoise de sept ans, et de ce coup de force de Rabat dont les incalculables suites commencent à peine à proliférer. Quand vous en serez réduits à ouvrir les mâchoires enfin et à lâcher la proie, ayant accompli ce pour quoi vous étiez venus en ce monde, et détruit ce que vous deviez détruire, ceux qui prendront votre suite ne douteront pas d'être des sacrifiés, et d'abord parce que vous aurez rendu inapplicable le plan qu'ils avaient conçu. Vous ne leur laisserez la place, que parce que vous serez assurés qu'ils ne pourront que se perdre à votre place. Stoïques, sans illusions, ils pénétreront dans votre énorme et irréparable gâchis.
Une équipe qui joue serré, comme celle-là, qu'y a t-il de commun à tous ses membres, hors cette fringale du pouvoir, ce besoin presque physiologique, une fois qu'ils y ont goûté, d'y adhérer de toutes leurs ventouses ? Aucune drogue n'est plus exigeante ; et la peur d'en être sevrés les rend furieux. Ils appliquent absurdement à un monde qui se décompose la loi du plus fort, eux qui sont si faibles…

**Lundi 22.**
Cette nuit, l'absolu silence me livrait à ce bruit qui terrifie, à ce chuchotement du sang, à ce murmure d'une vie que je sais finissante, à ce bélier qui frappe la paroi de l'oreille de l'intérieur. Le premier chant d'oiseau, à l'aube, suffit pour recouvrir ce grondement de la vague, au plus secret de l'être, qui mine la digue délitée du corps.

**Samedi 27.**
Le printemps qui naît : tout est dans la lumière. Les ceps sans feuilles ne dissimulent pas les piquets, ni le fil de fer. À peine sur les peupliers et dans les charmilles si les branches se teignent d'une lueur plus cendreuse que verte. Et pourtant, quel étonnant bonheur ! Il émane des choses. Il rayonne de la matière. C'est la matière qui est bonheur. Sinon d'où viendrait tant de joie ?

Sûrement pas du vieil homme que je suis. À peine ce qu'il faut de nuées, pour que des ombres glissent au flanc vivant des collines. M. Rouget disait à Jean Guitton : « *Lorsque je suis devenu prêtre, j'ai regretté de ne plus pouvoir travailler de mes mains. Pour ne pas manger le pain des pauvres, j'ai décidé de travailler tant que je pourrai et dur. Il n'y a pas à dire, le travail du corps, surtout en usine, cela vous vide. Puis les ouvriers, souvent, après l'usine, vivent dans des taudis, entassés. Dieu sait comme. Jamais les chartreux et les trappistes n'accepteraient d'y coucher une seule nuit. Je voudrais y voir les professeurs de dogmes.* » Un quart de siècle avant qu'il fût question des prêtres-ouvriers, M. Pouget nous découvre ici le sentiment d'où est née cette passion chez de jeunes clercs affamés de justice.

Je n'ai pas lu l'article de Stil dans *L'Humanité*, sur la guerre d'Indochine, que *Le Figaro* d'hier dénonce. Mais j'imagine ce qu'il doit être. Incroyable maladresse des communistes ! De leur point de vue, ils ne devraient avoir qu'une seule pensée : ressusciter le Front populaire. Pour y atteindre, ils détiennent trois cartes maîtresses : la CED, l'Indochine, l'Afrique du Nord. Rien de plus aisé, sur ces trois chapitres, s'ils étaient malins, que de ne pas offenser l'intérêt national, et même que de renchérir sur le patriotisme des patriotes. Si le parti communiste français avait enfanté un Tito qui eût gardé ses mains libres du côté de Moscou, peut-être serait-il le maître aujourd'hui. Le certain, c'est que le parti communiste français, s'il ne change pas, constitue, pour la dictature à tête de bœuf, une promesse d'éternité.

**Lundi 29.**

Deux textes d'Alain : « *Le peuple, ce fils d'Ésope, n'est jamais abruti, ni endormi, il n'est qu'abandonné.* » Et celui-ci surtout : « *L'esclavage des uns, l'infatuation et la férocité des autres sont choses si claires qu'il n'y a qu'à les dire.* » Méditant sur ces textes, je me pose la question : d'où vient ce calme dont nous bénéficions, cette tranquillité de l'ordre qui constitue la loi et les prophètes pour la société bourgeoise, si injuste que soit cet ordre ?

À cela plusieurs raisons : d'abord la condition ouvrière n'est plus insupportable, à la lettre, comme sous la monarchie de Juillet : l'excès de la misère jetait alors le peuple sur les barricades, à Lyon et à Paris.

Mais les conquêtes mêmes de la classe ouvrière dans l'ordre syndical, son enrôlement dans un parti puissant, je me demande si, par un sinistre paradoxe, cela n'aura pas tourné finalement à assurer le règne politique des grandes entreprises capitalistes. Le parti communiste a discipliné le peuple, l'a habitué à obéir avec une docilité mécanique. Il a tué dans la classe ouvrière la spontanéité, l'instinct des mouvements qui aboutirent, il est vrai, en 1848 et en 1871, à d'inutiles massacres et à un redoublement de misère. Il n'empêche qu'en dépit de l'échec, les deux dernières « journées » de l'Histoire, celles des 6 et 7 février (la première étant d'origine bourgeoise et fascisante), ont montré qu'il s'en est fallu de peu pour que la foule l'emportât. Le nerf des révolutions, de celles qui ont réussi, ce fut toujours, au départ, la passion, un mouvement, une poussée des masses victimes du chômage et de la faim. Sans la détruire, nous avons rendu la misère supportable puisqu'elle est supportée. Telle est la grande victoire de l'ordre.

Le progrès social a substitué à l'instinct populaire, à ses soubresauts, un ordre strict au service d'une politique dirigée du Kremlin. La grève est réglementée et s'accomplit sans colère, sans cette fureur qui emporte tout. Mais que vaut une révolte sur commande ?

**D'où vient ce calme dont nous bénéficions, cette tranquillité de l'ordre qui constitue la loi et les prophètes pour la société bourgeoise, si injuste que soit cet ordre ?**

Le gouvernement bourgeois a intérêt à ce que la classe ouvrière ne puisse rien tenter sans la permission d'un parti – fût-ce le parti communiste – et sans une obéissance aveugle à des directives syndicales. Le parti et le syndicat tendent à discipliner le peuple, le rendant impropre à devenir *lame de fond.* Et ceci entre en ligne de compte : les progrès de la technique policière qui permet de ne plus utiliser la troupe. Louis-Philippe aujourd'hui tiendrait le coup.

Simone Weil : « *L'Histoire n'est pas autre chose qu'une compilation des dépositions faites par les assassins, relativement à leurs victimes et à eux-mêmes.* »

À peine avais-je écrit le mot « assassins », qu'on m'a apporté le journal. Je l'ouvre, je tombe sur le titre que je cherchais, que je redoutais depuis huit jours : « Trois exécutions capitales en Tunisie ». Il ne s'agit pas de minimiser l'atroce assassinat de policiers français et tunisiens à Mokrin, mais ce fut le crime d'une foule déchaînée : aucune arrestation ne suivit immédiatement l'émeute. Je ne connais cette affaire de Mokrin que par trois des avocats. Peut-être m'ont-ils trompé. Je souhaite passionnément qu'ils m'aient trompé, que leurs clients n'aient pas avoué sous la torture, sous les applications de courant électrique, sous les morsures de chien. Je souhaite que le juge d'instruction ne se soit pas transporté, comme ils me l'ont affirmé, dans les bureaux de la police et, contre toute règle, qu'il n'ait pas interrogé les accusés en présence des policiers et sans l'assistance d'aucun avocat. Oui je le souhaite pour M. le président de la République ; je le souhaite pour ce membre du Conseil de la Magistrature, qui appartient au MRP ; je m'étais permis de lui écrire une lettre personnelle, lui rappelant les faits (nous fûmes, enfants, au même collège). Il n'a pas daigné me répondre.

Or, je l'ai vu, ce même MRP, dans une autre enceinte, débordant de la plus indulgente compréhension à l'égard d'un Français tortionnaire et assassin qui ne niait pas son crime et dont la vie n'était pas en jeu : il ne s'agissait que du port d'une décoration. Deux poids, deux mesures ? Ce n'est pas assez dire. Et s'il existait pourtant, ce Vérificateur éternel de nos mesures et de nos poids ? Catholiques du MRP, si pourtant ce que vous professez des lèvres était vrai et si chaque goutte de sang innocent répandu par vous, ou avec votre complicité, retombait sur votre tête à jamais ? D'autres répandent le sang selon la loi de leur espèce... Mais vous !

Laissons là des sentiments qui vous font hausser les épaules. Mais êtes-vous si aveugles que vous ne voyez pas se décomposer partout les empires colonisés ? Êtes-vous assez stupides pour méconnaître cet atout entre nos mains, ou ce qu'il en reste : ce que la France signifie encore pour ces peuples qu'avec une obstination imbécile vous croyez tenir par la terreur ?

# « L'EUROPE, CE N'EST PAS TEL OU TEL PROJET PARTICULIER »

**PAR ROBERT SCHUMAN**

L'EXPRESS

LES APPELS DE MENDÈS-FRANCE

François MAURIAC

Robert SCHUMAN

LA MISSION DU GENERAL ELY

SAUVY RÉPOND AUX COMMUNISTES

LES IDÉES DE BETTINA

CETTE SEMAINE

À LA UNE CETTE SEMAINE-LÀ

C'est pour les jeunes et par les jeunes que l'Europe devra se faire. Nous sommes d'accord pour reconnaître que les anciennes méthodes ont échoué.
Les objectifs, eux aussi, doivent être renouvelés. Nous constatons chez les jeunes une désaffection grandissante pour les partis politiques. Ils désertent les anciens cadres de la société. Et ceci est vrai non seulement pour la France, mais pour les pays continentaux. Je le sais pour l'Allemagne.
La jeunesse considère que le nationalisme est dépassé. Les jeunes voient – par les contacts qu'ils recherchent, qui sont établis entre eux, au-delà des frontières – qu'il n'y a aucune incompatibilité, malgré les souvenirs d'une époque encore rapprochée, affreuse, entre eux.
Les échanges se multiplient de professeurs, de syndicalistes, de travailleurs manuels [...].
Certes, ce sont les relations allemandes qui sont envisagées en première ligne, mais nous ne les voulons pas dans un tête-à-tête unilatéral ; nous considérons qu'il s'agit là d'un problème se situant dans un ensemble multilatéral, donc européen.
Alors vous me direz : pourquoi s'arrêter à l'Europe ? C'est parce que ce mot, cette chose, a une résonance particulière. Je parle volontiers de l'Atlantique, puisque c'est moi qui ai eu l'honneur de le négocier, de le signer, ce Pacte atlantique. Mais cela n'a pas la même signification que l'Europe. Nous avons fait le Pacte atlantique pour des raisons, je dirai, cérébrales et intellectuelles. Il a pour nous une valeur politique, tandis que pour l'Europe il y a autre chose [...].

Je voudrais dire ici d'une façon très nette ceci : je suis le dernier à vouloir nier les objections techniques, les scrupules respectables auxquels peuvent donner lieu certains projets dits « européens », mais il ne faut jamais identifier l'un de ces projets avec l'idée européenne elle-même. [*Applaudissements.*]
Les doutes peuvent exister légitimement au sujet de tel ou tel projet concret. Certains voudront fixer leur position sous leur responsabilité personnelle. Mais nous ne pouvons pas dire, et nous ne devons jamais dire : « L'Europe, c'est cela, ou elle ne sera pas. » [*Applaudissements.*]
Ce que nous voulons retenir, ce soir, c'est qu'il y a une idée européenne qui est située au-dessus des frontières, au-dessus des projets concrets qui n'ont pas de valeur absolue en eux-mêmes. L'idée européenne est une nécessité qui est au-delà de ce concret et au-delà de ce qui est occasionnel. Je crois que c'est sur cette base que nous devons travailler pour l'Europe, afin que l'idée ne périsse pas, même si certains projets et certaines réalisations concrètes venaient à échouer, ce que je ne désire pas, en ce qui me concerne, ce contre quoi je lutterai personnellement, mais ce que je dis pour rassurer la conscience de ceux qui se trouvent en opposition avec nos idées. [*Applaudissements.*]

**Ce que nous voulons retenir, ce soir, c'est qu'il y a une idée européenne qui est située au-dessus des frontières.**

Vous me permettrez de dire, et c'est là la grande confiance que je viens d'exprimer devant vous : moi qui suis à la limite, j'ai confiance que cette Europe se fera par vous, les jeunes.
Cela m'est absolument indifférent que cela se fasse avec nous, les anciens, ou même contre nous ; il faut que cela se fasse, et cela se fera. [*Applaudissements.*]

LE BLOC-NOTES DE FRANÇOIS MAURIAC

# L'EXPRESS

26 JUIN 1954 — LES ÉCHOS DU SAMEDI — 30 FRANCS. — N° 58

## P. M. F. AU POUVOIR

## LA "LIBERATION" DU GUATEMALA

par Jacques SOUSTELLE

## LES CATHOLIQUES AMÉRICAINS

par le R. P. MAYDIEU

CHOU EN LAI

*La Chine veut-elle vraiment la paix ?*

### CETTE SEMAINE

P.M.F. — *L'accession au pouvoir de M. Pierre Mendès France avec une équipe d'hommes jeunes transforme les données du problème politique français et de la situation internationale. La première semaine du gouvernement a été employée rapidement à définir une orientation nouvelle* (p. 3). — *Les réactions de l'opinion devant la solution inattendue de la crise politique sont notées dans une série de rapports dont* L'EXPRESS *fait la synthèse* (pp. 8 et 9). — *A l'étranger, la surprise provoque d'importants remous, favorables chez les Anglais, curieux chez les Américains, plutôt hostiles chez les Allemands* (p. 5). — *Enfin, sujet de moindre importance, la position politique de* L'EXPRESS *doit être précisée à ses lecteurs* (p. 3).

PLAN ECONOMIQUE. — *Le 20 juillet au plus tard, le gouvernement devra présenter au Parlement son plan économique et obtenir des pouvoirs exceptionnels. Depuis mercredi, un groupe de travail a été constitué* (p. 4).

GUATEMALA. — *La guerre civile qui a éclaté dans ce petit pays relève-t-elle du pronunciamento ou, comme l'assure Washington, de la « rébellion anti-communiste » ? Jacques Soustelle, ethnologue et spécialiste de l'Amérique Latine avant d'être homme politique, donne ici son analyse des événements* (p. 6).

BEVAN. — *Le leader de la gauche travailliste anglaise expose, en exclusivité pour les lecteurs de* L'EXPRESS, *son interprétation de la régression communiste en Europe occidentale* (p. 5).

FRANÇOIS MAURIAC. — *M. Mauriac, porte-parole de l'opposition, se trouve maintenant face à un gouvernement dirigé par ses amis. Quels seront l'orientation et le but de son action ?* (p. 16.)

LA MARCHE DES IDEES. — *Les catholiques américains soutiennent-ils Mc Carthy ? Le R.P. Maydieu, de l'ordre de Saint Dominique, rentrant d'un long séjour aux Etats-Unis, donne, à ce sujet, une interview à* L'EXPRESS (p. 14). — *Les romanciers ne fréquentent-ils plus que des produits de l'enseignement supérieur ?* (p. 14.)

PARIS EN PARLE. — *Tandis que le cinéma sombre lentement dans son annuelle torpeur estivale, le théâtre pique à travers la France des fleurs éphémères d'une inégale gloire : échec sévère de la Comédie-Française au Festival de Fourvière, avec un* Prométhée *ridiculement enchaîné ; demi-échec du Centre Dramatique de l'Est, à Paris, qui n'a pas trouvé le ton pour jouer Tchekov ; réussite d'André Reybaz à Arras, dans un étincelant* Figaro ; *triomphe d'Ingrid Bergman à l'Opéra, dans la* Jeanne au bûcher, *de Claudel, mise en scène par Rossellini* (pp. 12-13) ; *et quelques très bonnes représentations données par les troupes étrangères dans le cadre du Festival d'Art Dramatique de Paris. — Ceux qu'attendrit le sort de la noblesse désargentée danseront à son bénéfice, au château de Vaux-le-Vicomte, en compagnie de quelques ducs authentiques. Ceux qui veulent aider la Ligue contre le cancer danseront (7.000 fr.) à Versailles, au hameau de la Reine.*



* *

**26 JUIN 1954. PMF AU POUVOIR.**

Avec PMF élu, *L'Express* devient l'organe officieux du pouvoir. Le 22 juin, le gouvernement vient même déjeuner à la rédaction.

# L'EXPRESS

27 NOVEMBRE 1954 — LES ÉCHOS DU SAMEDI — 40 FRANCS. — N° 79

ON PEUT ARRÊTER LA BOMBE H

ALBERT EINSTEIN

« *Et maintenant, ô Rois ! Comprenez ; instruisez-vous...* » (Livre des Psaumes, II, 10.)



* *

**27 NOVEMBRE 1954. ON PEUT ARRÊTER LA BOMBE H.**
L'Est et l'Ouest sont dans la course à l'armement nucléaire : c'est l'équilibre de la terreur. Pour la première fois, on s'interroge sur les conséquences des retombées radioactives à long terme sur l'homme.

# L'EXPRESS

12 MARS 1955. - N° 94 LES ÉCHOS DU SAMEDI 40 FR. ALGÉRIE, TUNISIE MAROC : 50 FR.

GILBERT BÉCAUD

« *Pour le reste, j'entends surtout parler d'un nouveau chanteur...* »

(François Mauriac.)

## *CETTE SEMAINE :*

GOUVERNEMENT. — M. July s'est aperçu avec étonnement, et constate avec loyauté qu'il était d'accord avec la politique tunisienne de ses prédécesseurs (p. 6). — La tête de Jean Sainteny — de Hanoï — risque d'être prochainement réclamée par des gens puissants (p. 5). — MM. Legendre et Charpentier, avec quelques amis, ont mis en œuvre la machine à écraser les décrets Mendès-France sur la betterave (p. 5). — La ratification des accords de Paris n'est menacée qu'en apparence (p. 5).

L'OPPOSITION. — Deux événements significatifs : Albert Gazier, leader socialiste, député de Paris, expose dans L'EXPRESS le crédit qu'il convient, selon lui, d'accorder aux « plans » du gouvernement (p. 5). — L'aile gauche dynamique de la C.F.T.C. s'exprime dans L'EXPRESS sur la nature du combat politique à livrer (p. 6).

S.O.S. — François Mauriac lance un appel : n'y aurait-il vraiment plus que M. Bécaud pour émouvoir la France ? (p. 16.)

LE REBELLE. — La bombe, qui était attendue, a éclaté en Angleterre : Attlee demande l'expulsion de Bevan du parti travailliste. L'EXPRESS publie, en exclusivité, le dernier article de M. Bevan, qui éclaire l'affaire (p. 7).

LES ALLEMANDS. — Michel Gordey a mené, pendant trois mois, pour « France-Soir », une enquête en Allemagne. L'EXPRESS publie, par accord spécial, les résultats surprenants de ce voyage (pp. 8-9).

PARIS EN PARLE. — Au théâtre : Un André Maurois badin, un Bertold Brecht violent, un Pirandello crépusculaire (p. 12). — Au cinéma : une Lollobrigida délicieusement nostalgique, un Grégory Peck mieux qu'honnête, une Série Noire pire que ça (p. 13). — Au concert : des dodécaphonistes acclamés (p. 13). — Paris parlera la semaine prochaine : de Fidélio représenté à l'Opéra par l'Opéra de Stuttgart, avec une interprétation admirable dans une mise en scène violemment controversée; de la Strada, film italien, neuf de ton et de style. Et d'une mondanité dont « l'Humanité » elle-même est obligée de se préoccuper : Margaret épousera-t-elle Peter Townsend ?





* *

**12 MARS 1955. GILBERT BÉCAUD: SOS.**
*« N'y aurait-il plus que Gilbert Bécaud pour émouvoir la France ? »* s'interroge Mauriac dans ce numéro, où il en appelle à la jeunesse pour faire bouger un pays trop inerte à son goût.

# L'EXPRESS

9 AVRIL 1955. — N° 98 LES ÉCHOS DU SAMEDI 40 FR. ALGERIE, TUNISIE MAROC : 50 FR.

## CHURCHILL... par BEVAN

WINSTON CHURCHILL

*Le temps s'en va, le temps s'en va, madame*
*Las ! le temps, non, mais nous nous en allons.*
(Ronsard).

## CETTE SEMAINE :

CHURCHILL. — Dans le monde entier, et en France, il y a des hommes qui eurent, cette semaine, en même temps que Churchill, les larmes aux yeux. Et puis, la vie continue et la lutte politique. Deux Anglais, Vicky et Bevan, s'expriment dans L'EXPRESS sur le grand départ (p. 6).

HERRIOT. — La crise radicale, qui prend une signification nationale, rebondit d'une semaine sur l'autre. Edouard Herriot vient de marquer un point, mais les « patrons » sont loin de lâcher prise (p. 5).

BARANES. — Le journaliste Roger Stéphane demeure en prison. L'exploitation politique de l'affaire consiste à noyer la véritable « Affaire des fuites » en assimilant Stéphane et ses « informateurs » à Baranès et Labrusse (p. 5).

MAURIAC. — Au milieu des controverses, des prudences, des timidités, des complicités — même dans la presse — François Mauriac, à son habitude, s'exprime sans équivoque (p. 16).

FREDERIC-DUPONT. — Il y a un cancer qui est en train de pousser quelque part dans Paris, recouvert par un drapeau, nourri par la démagogie (p. 5).

REYNAUD. — On a trouvé, un peu partout, la grande raison de la crise française, et le remède souverain : la réforme de la Constitution. M. Paul Reynaud l'a clairement codifiée. Est-ce la drogue-miracle ? Maurice Duverger répond (pp. 8/9).

RADFORD. — Deux petites phrases du chef d'état-major général des Etats-Unis, prononcées lundi après-midi dans une salle de commission, sont peut-être le début d'une nouvelle ère historique (p. 7).

PARIS EN PARLE. — « Mignon » atteint sa 2.000e représentation. Hélas ! (p. 11). — On joue « La Grande Félia ». Pourquoi ? (p. 10). — Hitchcock regarde par la fenêtre sur la cour. Jacques Fabbri ouvre un album de famille, celui des Arlequins. L'art américain présente ses lettres de créance. D'accord (pp. 10/11). — Saint-John Perse est apprécié, commenté, diffusé. Enfin ! (p. 12). — L'embouteillage des autoroutes se prépare. Ceux qui partent à la recherche d'une villa à louer pourront utilement consulter la page 15.



* * * * *

**9 AVRIL 1955. CHURCHILL.**
Contraint et forcé par la maladie, Winston Churchill quitte la vie politique.

# L'EXPRESS

25 JUIN 1955. - N° 109 — 50 FR. ALGÉRIE, TUNISIE : 50 FR. MAROC : 55 FR.

QUATORZE ANS

*« L'avenir n'est interdit à personne. »* Gambetta.

## *CETTE SEMAINE :*

TUER LES JEUNES ? — Cette semaine à Saint-Nazaire, ce sont des grévistes qui se font massacrer. Ce spectacle risque d'être de plus en plus fréquent, en France, dans les années qui viennent, car la vague puissante des classes « nombreuses » va déferler sur le pays dont l'économie est bloquée, stagnante. Si rien n'est fait, et très bientôt, pour briser le carcan, il y aura une armée de chômeurs, de sans-logis, de misérables. Ceux qui bloquent le système économique — les hommes au pouvoir — et ceux qui en refusent la réforme — les chefs communistes — feraient mieux de tuer les jeunes dès maintenant; car il n'y aura pas de place pour eux. Cette question devrait déjà dominer toutes les autres dans le débat politique français. Nous livrons à nos lecteurs, dans ce numéro, différents matériaux : une étude d'Alfred Sauvy sur la poussée démographique et ses conséquences (pp. 10 et 11); un article de Maurice Merleau-Ponty sur le communisme et l'anticommunisme (p. 13); une analyse économique d'un spécialiste (p. 6) et un éditorial de Robert Lacoste, à propos du débat sur le réformisme entre Benoit Frachon et Pierre Le Brun (p. 3).

AFRIQUE DU NORD. — Bousculé par les événements en Algérie et au Maroc, le gouvernement se trouve dans une situation délicate pour le débat parlementaire sur la Tunisie, mais il doit réussir (pp. 3 et 4).

SENATORIALES. — On l'a dit partout : « Les résultats des élections sénatoriales sont un succès pour le gouvernement. » Vraiment ? Quelques exemples et François Mitterrand répondent (p. 4).

DE QUI EST-CE ? — Neuf auteurs célèbres et un grand metteur en scène ont travaillé pour proposer aux lecteurs de « L'Express » un roman passionnant et un concours original (p. 13).

PARIS EN PARLE. — A Lyon, revanche pour Sartre : quatre mille spectateurs enthousiastes restent deux heures sous la pluie pour voir « Les Mouches ». — A Strasbourg, triomphe pour Claudel : le public fait un accueil chaleureux à sa pièce la plus difficile, « La Ville », présentée par le T.N.P. Nous y reviendrons lorsque « La Ville » sera jouée à Avignon. — A Paris, entre un grand poète américain conventionnel, Robinson Jeffers, et un grand poète allemand novateur, Bertolt Brecht, c'est le second qui l'emporte (p. 8). — Aux Champs-Elysées, curiosité autour des pieds nus d'une comtesse (p. 9) et indifférence autour des cowboys de l'Oklahoma (p. 8).



* *

**25 JUIN 1955. FAUT-IL TUER LES JEUNES?**
Provocation à la une pour illustrer un sujet qui monte. La « vague » démographique, qui ne s'appelle pas encore baby-boom, inquiète le démographe Alfred Sauvy.

# L'AVENIR ALGÉRIEN

*Albert Camus conclut ici, cette semaine, son étude du problème algérien. Dans un premier article (L'Express du 9 juillet) il a dénoncé terrorisme et répression comme les deux aspects d'une même politique : celle du désespoir.*

**PAR ALBERT CAMUS**

LE ROMAN-CONCOURS : 1er chapitre (p. 10)
L'EXPRESS
GENÈVE : les nouveaux Russes
MAROC : Grandval dans l'orage
CETTE SEMAINE :
Amour du VIN FOU
La selle souple J. REYDEL
...sa suspension SANDOW

*À LA UNE CETTE SEMAINE-LÀ*

Si la conférence dont j'ai parlé pouvait être réunie à Paris, si elle parvenait à ramener une paix provisoire sur l'Algérie, alors ce délai devrait être utilisé sans tarder pour donner un avenir à l'association franco-arabe. Mais quel pourrait être cet avenir ?

Il faut d'abord qu'il y en ait un. Car l'Algérie pourrit dans la stagnation, économique ou politique. La croissance ininterrompue du chiffre de population, en particulier, a rendu insuffisantes toutes les réalisations françaises. À elle seule, elle exige un changement complet de nos perspectives. Ce n'est pas une économie paradoxale, fondée sur la monoculture, qui permettra cette révolution. L'Algérie peut être comparée à un énorme pressoir qui ne produit a peu près rien pour nourrir ses propres serviteurs et trop pour les désaltérer. Elle importe donc, sans pouvoir exporter son vin, sinon dans la métropole, où marché et consommateur sont également sursaturés.

De ce point de vue, la reconversion est une obligation vitale pour l'Algérie, dans le cadre d'une réforme agraire qui devra limiter la grande propriété. Mieux vaut, pour la métropole, financer les indemnités alors nécessaires, que de subventionner sans espoir une machine économique perpétuellement grippée. À titre de compensation, ces indemnités pourront s'investir dans le secteur industriel, dont la création est urgente, et où le capital privé peut et doit jouer, à ce stade de l'évolution algérienne, son rôle historique. Une telle réforme permettrait en même temps l'aide directe au paysan arabe et la réduction progressive du chômage, par l'industrie.

**Des interlocuteurs arabes**

Mais il faut aussi créer à l'Algérie un avenir politique, sans lequel d'ailleurs la réforme économique n'ira pas loin.

La stagnation politique, nous l'avons vu, explique une grande partie de la tragédie actuelle. Le peuple arabe, déraciné de son passé, sans perspective d'avenir, immobilisé dans un perpétuel présent, n'a plus d'autre choix que le silence ou la violence. Seule une rénovation décisive peut l'arracher à ce dilemme intolérable. Tout le monde sait et dit, aujourd'hui, que le régime colonial a vécu. Mais le savoir n'est pas suffisant, il faut encore connaitre ce qui devra le remplacer.

Quelle que soit la formule, en tout cas, elle ne devra pas oublier qu'il n'y a d'association que de personnes. *Si la colonisation pouvait jamais trouver une excuse, ce serait dans la mesure où elle favorise la personnalité du peuple colonisé.* Elle serait alors, non la colonisation, mais l'association, progressive ou non, de deux peuples dont l'un apporte sa technique et l'autre ses richesses humaines. L'association franco-arabe doit faire sa part à la tradition, à la langue, à la culture, en un mot, à la personnalité arabe, alors que la colonisation s'est confondue. jusqu'ici avec la dépersonnalisation du peuple colonisé.

La communauté française et arabe doit donc s'établir sur un dialogue de personnes. Ici se placent le problème des interlocuteurs et les décisions à prendre immédiatement. *Car il faut, en effet, à la France, des interlocuteurs arabes.* Une personne ne se définit pas seulement par ce qu'elle exprime ; elle doit encore se faire écouter. Le peuple arabe s'est exprimé comme il l'a pu : la dizaine de soulèvements qui jalonnent les cent ans de colonisation prouvent qu'il avait quelque chose à dire. Mais on ne l'a pas écouté ; on ne lui a même pas parlé. Et aujourd'hui, pour retarder toute réforme, le grand argument consiste à plaider l'absence d'interlocuteurs. S'il n'y en a pas, en vérité, c'est qu'on les a supprimés.

Pour parler avec le peuple arabe, il fallait parler avec ses représentants. Et la meilleure occasion de susciter des interlocuteurs se trouvait dans ces élections de 1948 qui furent sabotées. En truquant, ouvertement, ces élections, on a avoué à la face du monde, qu'on ne désirait pas d'interlocuteurs, d'abord pour ne rien discuter, et pour faire état ensuite

de cette dépersonnalisation arabe.
*Si donc l'on veut remplacer la colonisation par l'association, la première chose à faire est de dissoudre l'actuelle assemblée algérienne, issue d'élections préfabriquées, et de procéder à de nouvelles et loyales élections, à la suite desquelles un vrai dialogue, entre interlocuteurs qualifiés, pourra s'établir.*
Est-ce une révolution ? Même pas. Il s'agit seulement de l'application honnête du Statut de l'Algérie, déjà voté par le Parlement.
Les modalités de ces élections peuvent être d'ailleurs discutées, mais non leur loyauté.
Pour le reste, la double représentation des Français et des Arabes à l'Assemblée (et au Conseil de gouvernement qui pourrait en sortir), le gouvernement français se réservant alors le rôle d'arbitre, représente un compromis possible. Cette assemblée aurait à décider en tout cas de l'administration intérieure du pays, et à discuter des réformes économiques, sociales et culturelles qui redonneront une vie et une réalité à la communauté franco-arabe. Atteindre cette étape constitue, en ce moment, un objectif suffisant pour une nouvelle politique algérienne. Mais il n'est pas interdit d'inscrire cette réforme dans une perspective plus vaste qui pourrait alors soulever toute l'Afrique du Nord au-dessus de ses difficultés régionales. À cet égard, la France – toujours en retard d'une réforme ou d'une guerre – pourrait, en se portant au contraire en avant, échapper au cercle vicieux où elle s'est enfermée. Et la grande idée qui permettrait ce dépassement peut être déjà envisagée.
Il s'agirait de faire d'Alger une capitale fédérale.

**Alger, capitale fédérale**

Le drame algérien n'est, en effet, que le cas particulier d'un drame historique plus vaste et qui marque notre siècle plus encore que le conflit capitalisme-communisme. Il s'agit du grand mouvement qui pousse les masses orientales à la conquête de leur personnalité. Des millions d'hommes, jusqu'ici affamés ou asservis, ont pris conscience de ce qu'ils étaient et se tiennent désormais aux portes de notre histoire. Ignorer cet événement, vouloir fermer notre porte pour jouir de nos petits conforts, serait à la fois faire l'ange et la bête, si du moins les anges pouvaient habiter les boutiques. Car le problème est là, des millions de bouches vociférantes nous le posent, et que nous le voulions ou non, l'avenir de notre monde dépend de sa solution. Si, sur un point du globe, au contraire, nous pouvions trouver une formule qui évite l'étape du despotisme, bourgeois ou totalitaire, nous aurions plus fait pour cet avenir que trente révolutions vouées à se dévorer elles-mêmes.
Nous sommes en état, selon moi, de fournir cette solution dont l'association franco-arabe pourrait être le ferment. La « vocation arabe » de la France a souvent couvert des réalités qui n'avaient rien de spirituel. Mais si l'expression est dévaluée, elle contient pourtant une vérité, à savoir que la culture française et la culture arabe ont été des contributions complémentaires à une civilisation plus vaste, dans le temps et l'espace.
Dans cette patrie commune, dont la Méditerranée est le cœur toujours vivant, la fusion de l'Orient et de l'Occident s'est plusieurs fois réalisée à l'occasion de synthèses créatrices. Comme il y eut une vocation arabe, il y a une vocation française, à la fois historique et culturelle, à rassembler l'Orient et l'Occident, et donc à fédérer les territoires d'outre-mer avec la métropole.
Puisque la modification de la Constitution est envisagée en ce qui concerne l'Union française, il faut en profiter pour préparer la Fédération française, lui donner ses institutions, prévoir l'installation à Alger du Parlement fédéral où toutes les terres de la Fédération enverraient leurs représentants.
L'Assemblée algérienne, comme les Parlements des autres pays fédéraux, recevrait compétence pour l'administration interne tandis que le Parlement fédéral, où l'Algérie serait encore représentée, aurait à régler tous les problèmes concernant la Fédération.
L'Algérie verrait ainsi consacrer sa différence, en même temps que sa parenté, à l'intérieur d'une communauté en mouvement dont la destinée est de s'accorder un jour avec une Europe enfin unie. Ce jour-là, l'Algérie aurait fait mieux qu'obtenir son autonomie.
Elle aurait conquis la dignité entière de la personne, qui s'est toujours définie par l'équilibre d'une autonomie et du libre service à une collectivité.
Ces grands projets dépendent en partie du peuple arabe, en partie du gouvernement français, qui devra être efficace et résolu.
Mais ils dépendent également des Français d'Algérie, non seulement parce qu'ils pourraient être un obstacle, mais aussi, mais surtout, parce qu'ils peuvent être un ferment décisif. C'est pourquoi je voudrais m'adresser à eux, pour finir, avec l'espoir qu'ils accepteront de réfléchir, même s'il leur déplaît, au langage d'un homme qui connaît les réalités algériennes et qui a des raisons personnelles de partager toutes leurs angoisses, sans exception.

**Les jeunes Français, là-bas**

Je sais qu'ils ont un sentiment très profond, en partie légitime, en partie injuste, de l'infirmité de la France et de leur jeune force. Mais il ne me semble pas impossible qu'ils appliquent d'abord leur réalisme à examiner leurs propres fautes, sans s'indigner devant ceux qui, maladroitement ou non, essaient de les leur montrer. Il ne me semble pas non plus impossible qu'ils placent ensuite cette force de vie, dont ils ont raison d'être fiers, au service de l'avenir, au lieu de la raidir dans la défense du passé.
Toute une jeunesse généreuse se dresse là-bas, que je connais, et qui, avide de bonheur et d'action, peut s'enthousiasmer pour un grand mouvement en faveur d'une Fédération française dont l'Afrique du Nord serait le moteur et l'exemple.
À vrai dire, je n'ai d'espoir ni de confiance que dans cette jeunesse. Elle sait déjà, elle comprendra mieux encore demain, que la pire erreur pour l'Algérie française serait d'oublier ses origines et sa vocation pour se confiner et mourir entre les barrières de la haine et de l'argent, pour devenir elle aussi une nation boutiquière et provinciale, un conservatoire de préventions et d'intérêts.
Au lieu de gémir, de revendiquer, de ruminer en même temps ses mépris et son amertume, plutôt que de suivre stérilement, dans une sorte de sécession morale, quelques hommes, aveuglés par les préjugés d'un autre âge, qu'elle parle au contraire, qu'elle propose, qu'elle montre le chemin à la France. Elle peut encore, si elle sait tendre la main au peuple arabe, par-dessus la terreur et la répression, faire de la communauté franco-arabe l'exemple de ce que la force et la volonté d'un peuple jeune sont capables d'édifier, sur le malheur lui-même.
En Asie, des peuples entiers se libèrent en ce moment d'une servitude en acceptant de passer par une autre, qu'ils espèrent provisoire. L'Afrique française et arabe doit au contraire témoigner demain que la dignité de vivre peut s'atteindre plus directement et sans qu'il soit besoin d'ajouter à l'énormité des souffrances répandues dans l'histoire de ce siècle.
Là est notre libération commune, à nous Français et Arabes, aujourd'hui asservis les uns aux autres par la rancœur et le désespoir, là est aussi notre réconciliation, à nous qui, même dans un combat mortel, ne serons jamais des ennemis et qui, demain, si nous montrons assez de sagesse et d'audace, pourrons enfin construire ensemble le même libre et fraternel avenir.

Document : EN ROUTE POUR LA LUNE (voir p. 8 et 9)

L'EXPRESS

6 AOUT 1955. — N° 115 50 FR.

LA MODE FAIT "Y"

CETTE SEMAINE :

INTEXA TOUS LES TRICOTS

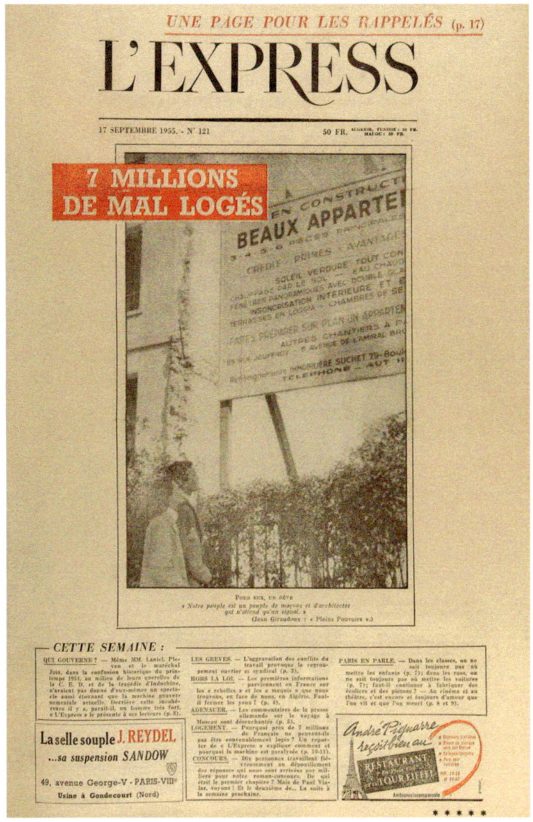

UNE PAGE POUR LES RAPPELÉS (p. 17)

L'EXPRESS

17 SEPTEMBRE 1955. — N° 121 50 FR.

7 MILLIONS DE MAL LOGÉS

BEAUX APPARTEMENTS

CETTE SEMAINE :

La selle souple J. REYDEL ...sa suspension SANDOW

49, avenue George-V - PARIS-VIII°

L'EXPRESS

1er OCTOBRE 1955. - N° 123 50 FR.

FAURE vu par MAURIAC

L'Express, quotidien...

CETTE SEMAINE :

Amour du VIN FOU

Un Vison Weil

L'EXPRESS

FRANÇOIS MAURIAC

Journée dramatique à Alger et à Paris

VIOLENTE MANIFESTATION CONTRE GUY MOLLET CATROUX DÉMISSIONNE

Les jours qui viennent

PRÉNATAL

CATALOGUE GRATUIT

**6 AOÛT 1955. LA MODE FAIT « Y ».** Le journal politique ouvre ses horizons et devient dénicheur de tendances. La mode est l'une de ses spécialités. *L'Express* lui consacre une rubrique puis un supplément : *L'Express Madame*. **17 SEPTEMBRE 1955. 7 MILLIONS DE MAL LOGÉS.** Après le terrible hiver 1954 et l'appel de l'abbé Pierre, la situation est toujours aussi préoccupante à quelques semaines des grands froids. **1er OCTOBRE 1955. FAURE VU PAR MAURIAC.** Jean-Jacques Servan-Schreiber se lance un nouveau défi et transforme *L'Express* en quotidien. Le but : remettre PMF à Matignon et contribuer à la résolution du drame algérien. **7 FÉVRIER 1956. VIOLENTE MANIFESTATION CONTRE GUY MOLLET. CATROUX DÉMISSIONNE.** La situation algérienne s'envenime : le président du Conseil est accueilli à Alger par des jets de tomates. Élu sur un programme de paix, il proclame dès son retour « *l'inébranlable volonté française de présence en Algérie* ».

JEUDI 1er MARS 1956

No 245. — 15 francs
Afrique du Nord : 20 fr.

# L'EXPRESS

En page 16 :
FRANÇOISE GIROUD

## L'Express quotidien se saborde...

*UN chapitre de l'histoire de notre journal se termine ce matin. Un autre s'ouvrira la semaine prochaine.*

*« L'Express-quotidien », que son tirage place au quatrième rang des journaux parisiens du matin, cesse de paraître aujourd'hui ; l'hebdomadaire « L'Express » va renaître.*

*Nous avons pris cette décision brutalement dans la journée d'hier. C'est pourquoi nous n'avons pas pu en prévenir nos lecteurs avant le numéro d'aujourd'hui. Le principe de cette reconversion ayant été envisagé, les événements nous ont conduits à ne pas attendre.*

*Les raisons de cette décision sont graves. Nous les exposerons en détail dans le premier numéro du nouvel hebdomadaire.*

*Le développement du quotidien, son rôle dans la campagne électorale et la naissance du Front Républicain, le déroulement des événements depuis, les problèmes que posent à un jeune journal libre, dans le contexte politique actuel, les nécessités financières, notre conception de l'avenir... sont autant de données qui ont contribué à la décision que nous venons de prendre. Nous les livrerons sans réserve.*

*Par loyauté à l'égard de nos lecteurs et de la campagne que nous avons menée, par souci de conserver intactes les chances de l'avenir, nous avons fait un choix douloureux mais sain. Et c'est avec fierté que nous présenterons à nos lecteurs, dès la semaine prochaine, la nouvelle formule de notre journal qui a voulu préserver son entière indépendance financière, politique, morale.*

J.-J. SERVAN-SCHREIBER.

## ...L'hebdomadaire «L'Express» reparaît vendredi 9 mars

## Officiel : IMPOTS NOUVEAUX

### Eisenhower se représente à la présidence des U. S. A.

(Lire nos inf. en p. 3)

### *pour financer les dépenses sociales*

● La demande de " pouvoirs spéciaux " provoquera un large débat sur l'Algérie

Le général Ely

**DEVANT la Commission des Finances de l'Assemblée nationale, MM. Guy Mollet et Paul Ramadier ont exposé, hier soir, les mesures financières destinées à compenser les dépenses résultant des nouveaux projets sociaux.**

**Le président du Conseil a réaffirmé que son gouvernement ne procéderait à aucune dévaluation.**

**Le ministre des Finances, de son côté, a reconnu que les dépenses du fonds de vieillesse seraient entièrement couvertes** par l'Etat et, sans prononcer aucun chiffre, M. Ramadier a déclaré qu'il ferait appel à de nouveaux impôts « sans incidence sur les prix ».

● A l'issue d'une nouvelle délibération sur l'Algérie, le Conseil des ministres a arrêté le texte de son projet de « pouvoirs spéciaux », qui a été aussitôt déposé à l'Assemblée nationale. Dès aujourd'hui, les commissions intéressées s'en empareront. M. Robert Lacoste a retardé son départ pour pouvoir le défendre, le cas échéant, devant elles. Le premier grand débat sur la politique algérienne depuis le début de la législature s'ouvrira ainsi au début de la semaine prochaine.

● Le gouvernement a enregistré la démission du général Guillaume de son poste de chef d'état-major général de l'armée et nommé son remplaçant le général Ely. Cette démission est la conséquence des divergences qui ont opposé certains chefs militaires aux ministres lors de la réunion du Comité de Défense nationale, mardi dernier.

*(Lire nos informations en pp. 4 et 5.)*

### L'armée française accuse...

***III. - Pas de solution militaire à un problème politique.***

(Lire en page 6.)

### J.-P. Sartre prend position dans l'affaire Pierre Hervé

*« Ce qui aurait protégé Pierre Hervé du réformisme, c'est un marxisme vivant... Mais voilà le fond de l'affaire : en France, le marxisme est arrêté... »* (Lire nos informations, p. 10.)

**1er MARS 1956.** ***L'EXPRESS* QUOTIDIEN SE SABORDE...**
L'aventure quotidienne a vidé les caisses du journal, qui décide de repartir sur un rythme hebdomadaire.

LE BLOC-NOTES DE FRANÇOIS MAURIAC (p. 24)

L'EXPRESS

27 AVRIL 1956. — N° 253

50 FR. ALGERIE, TUNISIE MAROC : 50 FR.

MENDES FRANCE : La voie de la paix

B. et K. à Londres : Un diner orageux

LES FUITES : Faites un petit test

L'homme de la semaine : H.-G. CLOUZOT

HENRI-GEORGES CLOUZOT.
« J'ai voulu simplement montrer qu'il y avait autre chose de possible. »
(Paul Claudel.)

**27 AVRIL 1956. L'HOMME DE LA SEMAINE : H.-G. CLOUZOT.**
Mendès encore et toujours. Mais à l'occasion du festival de Cannes de 1956, la culture se met aussi à la une avec Henri-Georges Clouzot, le scénariste et réalisateur du *Salaire de la peur* (1953) et des *Diaboliques* (1955).

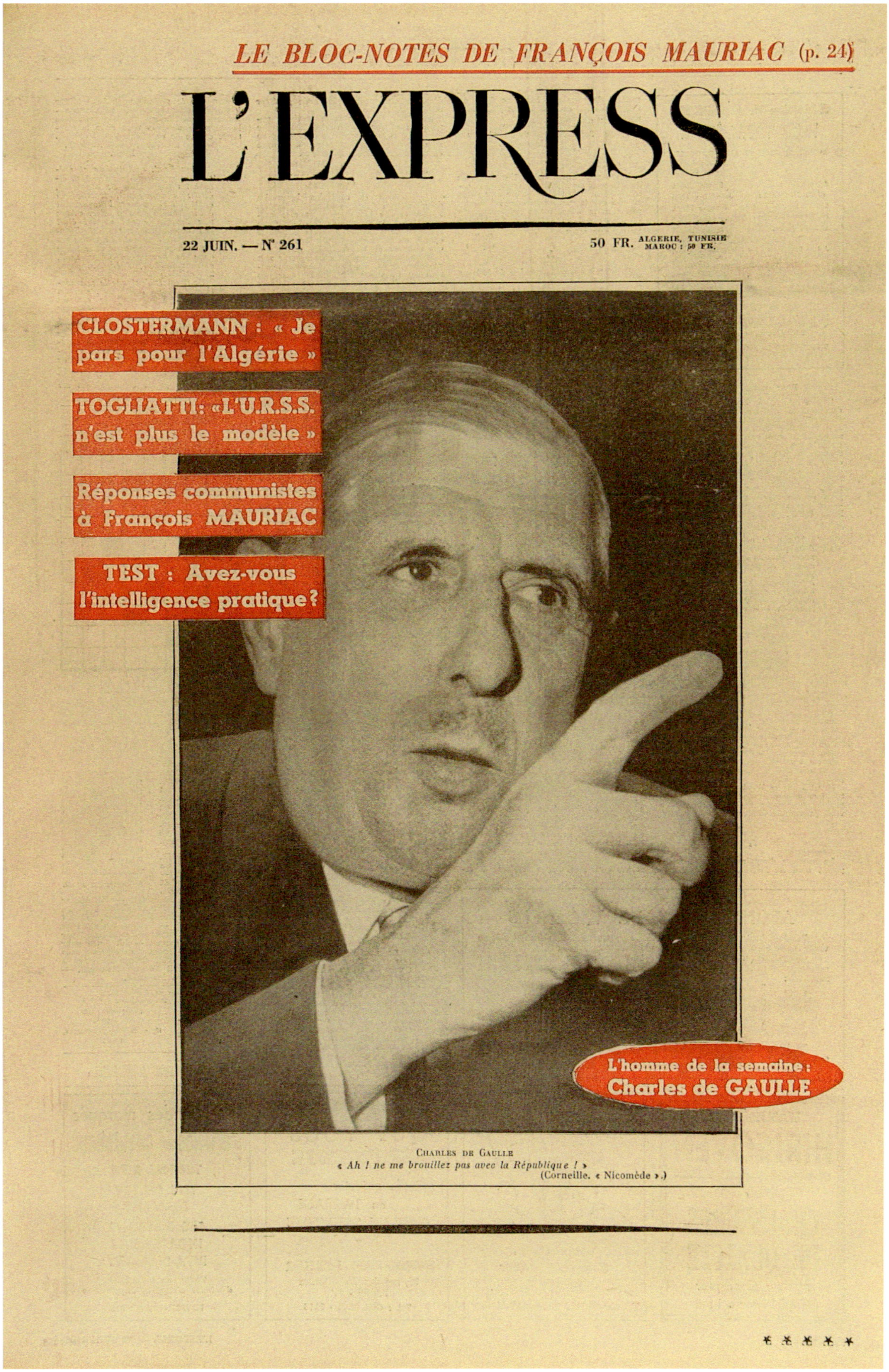

LE BLOC-NOTES DE FRANÇOIS MAURIAC (p. 24)

L'EXPRESS

22 JUIN. — N° 261

50 FR. ALGERIE, TUNISIE MAROC : 50 FR.

CLOSTERMANN : « Je pars pour l'Algérie »

TOGLIATTI : « L'U.R.S.S. n'est plus le modèle »

Réponses communistes à François MAURIAC

TEST : Avez-vous l'intelligence pratique ?

L'homme de la semaine : Charles de GAULLE

CHARLES DE GAULLE
« *Ah ! ne me brouillez pas avec la République !* »
(Corneille. « Nicomède ».)

* * * * *

**22 JUIN 1956. L'HOMME DE LA SEMAINE : CHARLES DE GAULLE.**
Le général aura plusieurs fois les honneurs de la une. Pour cette première, JJSS ne rejette pas l'option de Gaulle.

LE BLOC-NOTES DE FRANÇOIS MAURIAC (p. 20)

# L'EXPRESS

13 JUILLET 1956. — N° 264 50 FR. ALGERIE, TUNISIE MAROC : 50 FR.

**ALGERIE : Rendez-vous au retour !**

**DOCUMENT : Libres propos de R. Lacoste**

**U.R.S.S. : Une affaire Kroutchev**

Un reportage de Jean Daniel : FAUT-IL SUPPRIMER ISRAEL ?

UN JEUNE AVIATEUR ISRAÉLIEN

*« Ceux qui élevaient les murs, ceux qui portaient les fardeaux, ceux qui puisaient l'eau n'avaient qu'une main à l'ouvrage et tenaient une arme de l'autre. »*

(Néhémie, IV, 17.)

## AU SOMMAIRE :

**NOTRE COUVERTURE.** — Un « accident » dans la subtile guerre froide que se livrent l'Amérique et la Russie peut mettre le feu à la poudrière où un million d'Israéliens sont cernés par 40 millions d'Arabes. Tous les Israéliens, pilotes et paysans, sont prêts au sacrifice pour défendre leur pays, mais Israël est-il une nation ? (Voir pp. 10-11 le reportage de Jean Daniel.)

**RENDEZ-VOUS AU RETOUR.** — Trente - deux ans, engagé volontaire en 1943, pilote de chasse dans les Forces Françaises Libres, polytechnicien, le lieutenant Jean-Jacques Servan-Schreiber est rappelé en Algérie dans un groupe d'infanterie de l'armée de l'air. (Voir page 3 : « Rendez-vous au retour ».)

**DOCUMENT.** — Le ministre résidant en Algérie, M. Robert Lacoste, s'est laissé aller à parler librement devant un journaliste. Le ton est un peu débraillé. Mais le fond est instructif. (p. 4)

**KROUTCHEV.** — Après les émeutes de Poznan, l'étoile d'un revenant brille à Varsovie où se trouve notre envoyé spécial K. S. Karol (p. 6). Mais à Moscou les diplomates occidentaux observent une éclipse : y a-t-il une affaire Kroutchev ? (p. 7)

**COMMUNISTES.** — A la veille du congrès du parti communiste français, Edith Thomas, qui avait, trop tôt, préféré Rajk et Tito à Staline, rafraichit la mémoire des dirigeants. (p. 2)

**PARIS EN PARLE.** — M. André François-Poncet, ambassadeur et académicien-journaliste, a eu la plume trop lourde. Son directeur l'a censuré, mais il était déjà tard (p. 4). « L'Express » vous propose une liste sincère de livres à lire en vacances (p. 16). Dix Parisiens s'assurent chaque jour contre le mauvais temps (p. 8). Les spécialistes du travail donnent des conseils à ceux qui emploient des femmes (p. 18). Le bébé américain volé à sa mère, Béatrice Weinberger, est peut-être la victime de la presse (p. 8). Plus de général dans le Tour de France. Tout le monde est colonel (p. 9).



* * * * *

**13 JUILLET 1956. ALGÉRIE: RENDEZ-VOUS AU RETOUR!**

À la suite de ses éditoriaux et de ses positions en faveur de l'indépendance de l'Algérie, JJSS est mobilisé comme lieutenant. Il donne à ses lecteurs rendez-vous à son retour.

Lire l'article ci-contre →

## LA SEMAINE

### Apéritifs et cigarettes

● « BOIRE un apéro de plus, c'est financer le Fonds vieillesse », proclame, avec tact, une affiche distribuée cette semaine aux cafetiers parisiens et que certains d'entre eux ont aussitôt placardée au-dessus de leur comptoir. Indigné par ce slogan abusif, un conseiller général de la Seine somme le préfet de police d'intervenir.

● Un ouvrier en bleu de travail, alignant lundi soir, place de la Bastille, 115 francs sur le marbre du « Tabac » en échange du populaire « paquet de gris », maugrée : « Cette guerre d'Algérie, non seulement on la fait, mais on la paie ! »

● A la veille des vacances — plus chères : les hôteliers viennent d'être autorisés à relever leurs prix de 10 à 20 % — les Français ont également appris de la bouche du ministre des Finances que la guerre d'Algérie mettait le Trésor en grande difficulté, contraignait le gouvernement à décider la « pause » sociale et que l'inflation menaçait (voir ci-dessous « Economie »). Leurs feuilles d'impôts majorées de 10 % en porteront sous peu témoignage ; le charbon sera plus cher à l'automne, de 4 % seulement.

A vrai dire, depuis quelques semaines déjà, la ménagère avait une claire conscience de la hausse des prix, démentie seulement par les statistiques officielles ; les militants socialistes avaient compris que le Fonds vieillesse sonnait le glas de l'effort social ; les députés eux-mêmes sentaient confusément que l'heure des votes impopulaires — impôts, hausses, avances — allait sonner. Les gros titres des journaux et les propos de M. Ramadier n'auront rien appris à personne, mais brusquement un climat s'est créé.

● Une évolution subtile a commencé à se manifester sinon dans le pays — qui, là aussi, d'instinct, devance largement les événements — mais parmi les parlementaires et les observateurs politiques (voir p. 4 : « Algérie »).

C'est là un élément positif, et peut-être essentiel.

M. Paul Ramadier, ministre des Finances
*On fait la pause.*

## ÉCONOMIE

### L'impossible austérité

LE ministre des Finances est l'homme de la semaine. Dimanche dernier, au Comité national du M. R. P., une attaque vigoureuse a été lancée contre lui par un député, M. Henri Dorey, qui a interrompu sa carrière de receveur des Finances pour devenir l'un des porte-parole écoutés de son parti en matière économique et financière. Pour M. Dorey, la politique de M. Ramadier est caractérisée par « des incohérences apparentes qui désorientent le Parlement ».

Deux jours plus tard, mardi, devant le Sénat, M. Ramadier était de nouveau mis en accusation en termes vifs par le rapporteur général de la commission des Finances, M. Marcel Pellenc : « Le voici venu, ce moment fatidique que j'ai tant de fois annoncé... Pourrons-nous, après tant d'erreurs, après tant d'occasions manquées, gagner ce combat désespéré ? ».

Le lendemain, le ministre des Finances soumettait pour la quatrième fois à ses collègues du gouvernement ses projets fiscaux, et essuyait à nouveau de nombreuses objections et quelques critiques.

Tous ces reproches se ramènent en définitive à une même accusation : alors que l'inflation menace, que les opérations d'Algérie prélèvent sur l'ensemble de la nation un tribut de plus en plus lourd, aucune politique économique et financière ne se dessine.

Tout d'abord, on a accru plutôt que diminué les causes d'inflation en donnant la priorité au « Fonds national de solidarité », création excellente, mais peut-être inopportune à un moment où il s'agissait plutôt de contrôler la demande que de l'augmenter. Surtout, on a accepté de voir l'ensemble des prix agricoles se relever.

Les gels de cet hiver pouvaient constituer une occasion unique de diminuer, pour l'avenir, la culture du blé et de la vigne, au prix, il est vrai, d'immédiates aides à la conversion. Or, on a laissé monter les cours du vin à la production, et le gouvernement s'apprête à fixer le prix du blé à un niveau sensiblement plus élevé que l'an dernier, surtout pour les petits producteurs. D'un coup, il ruine ainsi la politique de réduction d'une production qui endort dans la médiocrité une bonne partie de l'agriculture française et coûte plusieurs dizaines de milliards par an au budget de l'Etat.

### Le baromètre bloqué

Ensuite, M. Ramadier s'est tourné vers le baromètre : l'indice des prix. Artificiellement, il a créé une zone de basse pression ; puis il a décidé de bloquer l'aiguille.

Ce blocage des prix est évidemment indispensable en présence d'une menace d'inflation. Mais à une condition : il ne peut constituer que l'un des éléments d'une politique d'ensemble de lutte contre la hausse. Sinon, en l'absence d'une référence générale précise, de nombreuses dérogations et même quelques hausses sont consenties. L'ensemble des mesures prises paraissent alors arbitraires et incohérentes. On ne s'installe pas solidement sur un « palier », on gravit seulement le premier barreau de l'échelle qui conduit à la hausse générale.

### Remplir les caisses

Enfin, le ministre des Finances s'est préoccupé des difficultés financières de l'Etat : 1.000 milliards de déficit à couvrir en 1956. Pour cela, il convient de faire flèche de tout bois et d'alterner l'impôt qui plaît à la gauche avec l'emprunt qui agrée à la droite.

L'erreur que l'on semble être en train de commettre relève de l'orthodoxie la plus pure, que ne pratiquent plus, bien entendu, ni les Anglais, ni les Américains. On identifie difficultés de trésorerie et inflation, et l'on fait semblant de penser qu'en résolvant les premières, on lutte contre la seconde. Il est à craindre ainsi que soient prochainement prises des mesures qui, sous un aspect de rigueur financière, auront pour seul objet de remplir plus sûrement les caisses de l'Etat. En agissant ainsi, on va donner à penser à l'ensemble du pays que la situation est grave. C'est le plus sûr moyen de déclencher l'inflation, au moment où rien d'autre n'aura été mis en place pour la juguler.

→

# RENDEZ-VOUS AU RETOUR !

**par J.-J. SERVAN-SCHREIBER**

EN répondant le mois dernier à nos jeunes lecteurs « rappelés » qui s'insurgeaient contre le principe d'obéissance au gouvernement légal de la République, quoi qu'on pense de sa politique, en écrivant la semaine dernière que les jeunes rappelés demandaient, plutôt que des paquets charitables, un peu de vérité et que nous continuerions à la leur donner, malgré l'ordre moral que l'on veut établir, je ne savais pas que je serais expédié moi-même très peu de temps après de l'autre côté de la barrière, du côté des mobilisés pour l'armée d'Algérie. Ce sera chose faite lundi matin. J'aurai donc remis un uniforme qui m'interdira désormais d'écrire.

Nos lecteurs me pardonneront de profiter de cette dernière occasion de liberté. Comme notre ami Clostermann, mobilisé le mois dernier — mais avec beaucoup moins de mérite que lui car, parlementaire, il avait le droit légal de refuser, je n'ai que celui d'obéir — je tiens simplement à ne pas laisser en partant d'équivoque politique.

Les services officiels m'ont demandé si, comme officier de réserve destiné à des groupes d'infanterie de l'air, j'étais volontaire. J'ai répondu que non.

JE ne peux pas être volontaire pour une guerre dont le parti même du président du Conseil vient de montrer, avec éclat, qu'elle n'a pas de sens et qu'elle compromet, davantage de mois en mois, les chances de la France en Algérie.

Je ne suis donc pas volontaire mais mobilisé. Il ne s'agit plus alors de l'opinion que l'on a de la guerre d'Algérie et de la politique du gouvernement, il s'agit du respect de la nation. Elle n'existe que si l'on obéit à ses lois, elle ne pourra un jour négocier, en sauvegardant peut-être l'essentiel, que si sa jeunesse, même pour un combat douteux, répond à son appel. Il n'y a donc pas d'hésitation possible.

Et, d'ailleurs, n'est-ce pas dans cet abandon forcé de leur travail, de leur foyer, de la construction de leur avenir, dans cette acceptation lucide d'une guerre qui est chaque jour l'aveu de faillite de nos gérants, n'est-ce pas dans ce sacrifice qui lui est imposé que notre génération va pouvoir puiser sa volonté politique ?

LES responsables d'aujourd'hui, les « p'tits pères Bugeaud » qui préparent leur avancement (1), les maîtres à penser de l'autre génération qui nous expliquent avec un sentiment paternel que l'air de Palestro est tout aussi sain pour des « garçons bien portants » que celui de leur train de banlieue (2), ceux-là et les leurs qui ont gâché la libération du pays et tout le reste depuis, peuvent encore parler impunément. Qu'ils en profitent. Il leur reste tout juste le temps de leur guerre d'Algérie.

Car il y aura le retour. Cette grande armée d'Afrique, certains, trompés par de faux précédents historiques, espèrent ou craignent qu'elle sera, dans la tourmente, l'instrument d'un nouveau fascisme remontant du proconsulat vers la métropole, à la manière de Franco. C'est une erreur. Elle n'est pas, elle ne peut plus être une armée franquiste. Elle est grosse maintenant de 300.000 jeunes citoyens, venus de toutes les couches du peuple français, qui apprennent avec une rapidité exceptionnelle, et dans leur chair, la plus solide des leçons politiques. C'est eux — la plupart d'entre eux en tout cas — qui en rentrant formeront, au contraire, une puissante légion démocratique pour reconstruire la République. A tous nos mauvais bergers, avec une calme certitude, nous donnons donc rendez-vous au retour.

J.-J. S.-S.

P.S. — Bien entendu, « L'Express » ne sera pas plus intimidé que par le passé. Non seulement il continuera son combat, mais, avec toute son équipe, il redoublera de vigueur.

(1) Voir p. 4. (2) Voir p. 4.

**La semaine prochaine :** L'article de Pierre MENDÈS FRANCE

SPÉCIAL 32 pages 100 francs

L'EXPRESS

3 AOUT 1956. — N° 267

100 FR. ALGERIE, TUNISIE MAROC : 100 FR.

Un grand reportage : L'U. R. S. S. à la recherche du bonheur

Le Bloc-Notes : MAURIAC : Si j'étais Louis Aragon...

Haute-Couture : La Ligne " Musée "

LE DOCUMENT DE LA SEMAINE
NASSER : Voici mon plan de conquête

GAMAL ABD EL NASSER
« Dans cette longue histoire, la France a fait preuve de génie créateur, et l'Angleterre de génie politique. Mais ce n'est pas fini. »
(André Siegfried. Suez, 1948.)

**3 AOÛT 1956. LE DOCUMENT DE LA SEMAINE. NASSER : VOICI MON PLAN DE CONQUÊTE.**
Avec Nehru et Tito, Nasser vient de fixer les principes du « neutralisme actif » et rejette l'adhésion à l'un des deux blocs pour poursuivre sa propre voie. *L'Express* publie son texte en intégralité.

*Nos envoyés spéciaux à Budapest, Varsovie, Vienne, Tel-Aviv, Gaza, Londres, Washington, New-York et nos photographes font le récit complet des événements* 36 pages 100 fr.

# L'EXPRESS

9 NOVEMBRE 1956. — N° 281 — 100 FR. — ALGERIE, TUNISIE, MAROC : 100 FR.

## HUIT JOURS QUI BOULEVERSENT LE MONDE

## MENDÈS FRANCE
## François MAURIAC
## Jean-Paul SARTRE
## vous parlent

UNE PETITE RÉFUGIÉE HONGROISE.
*Même les plus ignorants d'entre eux pensent aussi que, dans ce matin de brume, ils sont l'Histoire.*
(André Malraux, « *L'Espoir* ».)

### CETTE SEMAINE :

LES AFFAIRES POLITIQUES. — Gâchis et terreur. En huit jours qui bouleversent le monde, quelques grandes espérances et quelques mythes se sont effondrés. Mais pas le colonel ricanant, à cheval sur son canal d'où l'Angleterre envoie maintenant des ultimatum à Israël tandis que la Hongrie agonise, que la Pologne tremble, que l'Afrique du Nord se crispe.

Le Panarabisme a montré son vrai visage, divisé mais exploité, le stalinisme ressuscité a fait reculer d'horreur ceux des communistes français sincèrement attachés à la construction du socialisme. J.-F. Rolland, militant communiste, le dit ici. Jean-Paul Sartre récuse avec violence les méthodes soviétiques.

Dans le vent de passion et de désarroi qui souffle, un économiste français essaye d'analyser les raisons fondamentales qui créent les situations de guerre. Les militants socialistes sincères refusent le rideau de fumée que tendent des chefs défaillants plus prompts à torpiller « Le Monde » qu'à déboulonner Nasser. Maurice Duverger les stigmatise. Jean Rous cherche pour son parti une nouvelle voie.

PARIS EN PARLE. — Le film dont on parlera cette semaine, « Till l'Espiègle », de Gérard Philipe, conte l'histoire d'une insurrection contre un oppresseur. Et l'essentiel du livre à paraître que l' « Express » vous donne est le récit des archéologues qui, dans les sables du Sinaï, ont découvert que la Bible dit vrai.

Les enfants, eux, font Le Petit Concours grâce auquel ils pourront passer dix jours de vacances à la montagne, loin des grandes personnes et de leurs jeux barbares.

*(En page 3, le détail de notre sommaire.)*



* * * * *

**9 NOVEMBRE 1956. HUIT JOURS QUI BOULEVERSENT LE MONDE.**
Le 1er novembre, la Hongrie de Nagy sort du pacte de Varsovie. Coup dur pour l'URSS, qui envoie ses chars à Budapest. Bilan : plus de 2 700 morts côté hongrois et un retour dans le giron soviétique.

**Pour exprimer sa position, Jean-Paul Sartre a choisi *L'Express*. Lire l'article →**

# APRÈS BUDAPEST SARTRE PARLE

*Aujourd'hui, Jean-Paul Sartre reprend la parole. Pour cette impressionnante rentrée en scène, qui exercera à coup sûr une influence considérable sur l'attitude de très nombreux intellectuels et militants d'extrême gauche, actuellement désorientés, angoissés, incertains, Jean-Paul Sartre a choisi* L'Express. *Il a tenu à marquer nettement que ce choix n'avait aucune signification politique : il s'affirme en effet en désaccord avec la position du journal sur de nombreux points. Mais c'est parce que* L'Express *constitue une libre tribune, ouverte à toute la gauche française, et qu'il a estimé indispensable d'exprimer le plus vite et le plus complètement possible sa position, qu'il a bien voulu accepter de répondre à nos questions dans l'interview exclusive, qu'on lira ici.*

ENTRETIEN AVEC JEAN-PAUL SARTRE

**Comment avez-vous appris les événements de Hongrie et quelles ont été vos premières réactions ?**

Ma première réaction, l'angoisse, il y avait eu cette faute incroyable : demander l'intervention des troupes russes et l'on ne savait pas encore si c'était le dernier rakosiste ou le nouveau gouvernement hongrois qui s'en était rendu coupable. Au bout de quelques jours, l'angoisse a cédé la place à l'espoir et même à la joie : si le commandement russe – dont on venait d'apprendre qu'il avait été appelé par Geroë – avait commis la criminelle maladresse d'accéder à cette demande, il avait ensuite retiré ses troupes de Budapest.

On faisait état de régiments soviétiques qui avaient reculé devant les insurgés plutôt que de tirer sur eux, de soldats russes qui avaient déserté. Le Kremlin paraissait hésitant ; il semblait que les insurgés allaient vaincre. Peut-être, malgré cette première et terrible effusion de sang, l'Union soviétique voudrait revenir à des solutions négociées comme celles qui ont prévalu en Pologne.

L'angoisse est revenue tout de suite après, plus intense chaque jour ; elle ne m'a pas quitté quand on a vu sortir de prison et soudain surgir au premier plan le cardinal Mindszenty, j'ai pensé : l'URSS va être prise dans une tenaille : on leur a rendu leur cardinal ; à quand Horthy et l'intégration au bloc occidental ? Les Russes devront abandonner la Hongrie ou recommencer les massacres. La neutralité demandée par Nagy n'était évidemment qu'une exigence *minima* formulée sous la pression des insurgés et qui ne leur suffirait pas.

Le retour aux anciens partis, la chasse aux membres de la police secrète et, sans doute aussi, aux fonctionnaires communistes, la décision de changer le nom du parti communiste, le retour des émigrés, l'apparition des « émigrés de l'intérieur », l'existence possible d'une conspiration réactionnaire au sein de l'armée, tout montrait que l'insurrection hongroise s'orientait vers la liquidation entière de ce qu'on appelle les bases socialistes du régime.

C'est cette situation tragique que résumait alors, à Radio-Budapest, un des derniers membres communistes du gouvernement Nagy : « *Nous sommes pris entre la menace d'un retour de la réaction et celle d'une occupation étrangère. C'est elle qui a donné lieu à l'intervention russe. C'est elle qui l'explique.* »

Mais expliquer n'est pas excuser : en tout état de cause, l'intervention était un crime. Et c'est un mensonge abject que de prétendre que les travailleurs luttent aux côtés des troupes soviétiques.

Écoutez plutôt les appels de Kádár, la nuit dernière : « *Ouvriers, aidez nous !... Ouvriers et paysans, luttez avec nous ! Le parti communiste traverse la phase la plus tragique de son histoire. Nous rompons avec le passé ; d'ailleurs, nous avons changé le nom du parti.* » Serait-il besoin de ces appels si le peuple entier ne soutenait pas les insurgés ? Si les travailleurs et les paysans, après avoir « *manifesté leur légitime mécontentement* », pour parler comme *La Pravda*, s'étaient unis au gouvernement Nagy pour repousser les émigrés, il y aurait peut-être eu guerre civile mais aucune dépêche, aucune radio, même dans les démocraties populaires, n'ont fait état d'une guerre civile. Tout est confusion, déséquilibre, dans les groupes d'insurgés qui apparaissent un peu partout.
Dans ces groupes, unis pour lutter contre les Soviétiques ou pour demander leur départ, on a vu surgir des éléments réactionnaires, d'autres inspirés par l'étranger. Mais le fait est là : des ouvriers, des paysans, le peuple entier a accepté de combattre aux côtés de ces gens.

**Même dans ses erreurs, le peuple a le droit à la liberté et au respect : on ne corrige pas les erreurs à coups de canon.**

L'élément communiste avancé, animé par la volonté de démocratiser le régime, coexistait avec les réactionnaires dans les mêmes groupes qui comprenaient beaucoup d'autres tendances en même temps et qui basculaient d'un côté ou de l'autre en vertu des événements, des changements de composition des groupes et finalement surtout en fonction de l'intervention russe.
En un mot, c'est sur le peuple entier et non sur une poignée d'émigrés armés que l'Armée rouge allait tirer. C'est le peuple, ce sont les ouvriers et les paysans – les anciennes victimes de Horthy – que l'on massacre aujourd'hui encore.
Et le crime, pour moi, ce n'est pas *seulement* l'attaque de Budapest par les blindés, c'est qu'elle ait été rendue possible et peut-être nécessaire (du point de vue soviétique évidemment) par douze ans de terreur et d'imbécillité. Si la droite l'a emporté, chez les insurgés, c'est qu'il y avait une passion, commune à tous, et toute négative : la haine des Soviétiques et du rakosisme.
Ces chasses dans les égouts ont été atroces : mais comme il avait fallu que le régime se soit fait haïr ! À part une minorité consciente – les intellectuels, l'Union des écrivains – vite dépassée par la masse, les ouvriers et les paysans, après avoir répété les leçons apprises par cœur, se sont trouvés dans une complète confusion, sans aucune éducation politique et sociale.
En général, les révolutions populaires se font à gauche. Pour la première fois – mais tout est neuf dans ces tragiques événements – nous avons assisté à une révolution politique qui évoluait à droite. Pourquoi ? Parce qu'on n'avait rien donné au peuple, ni satisfactions matérielles, ni foi socialiste, pas même une vue claire de la situation. Ils se trompaient, c'est sûr : mais, d'abord, même dans ses erreurs, le peuple a le droit à la liberté et au respect : les travailleurs s'émancipent par eux-mêmes, à travers des fautes, des expériences ; on ne corrige pas les erreurs à coups de canon. Ensuite, de ces erreurs mêmes, le stalinisme est *entièrement* responsable.

**On prétend à droite que le drame hongrois consacre la déroute définitive du socialisme. Qu'en pensez-vous ?**
Ce que le peuple hongrois nous apprend avec son sang, c'est la faillite complète du socialisme en tant que marchandise importée d'URSS. En Union soviétique, on sait tout ce que le socialisme a coûté : que de sueur, que de sang, que de crimes, que de courage aussi, que de persévérance. Mais aussi au premier rang des puissances industrielles. C'est que les conditions historiques le permettaient : les communistes en 1917 prenaient la relève d'une bourgeoisie encore peu développée, mais qui avait jeté les bases d'une puissante concentration industrielle.
Il était parfaitement absurde d'imposer une imitation servile de la construction stalinienne à chaque pays « satellisé » pour en faire une URSS-joujou, un modèle réduit, sans tenir compte de la différence des situations. La Hongrie, en particulier, étouffée par son surplus de population, faite en majorité de paysans, conduite avant la guerre par une classe de grands propriétaires féodaux et par une bourgeoisie lâche et démissionnaire qui préférait une semi-colonisation à son propre développement, était aussi éloignée que possible d'une révolution socialiste.
En 1939, les villes supportaient mal la dictature Horthy, mais les paysans, quoique misérables s'en accommodaient ; un prolétariat inexistant ou presque, une classe paysanne accablée sous des préjugés séculaires : voilà ce que les soviets trouvaient devant eux en 1945. Et les premières élections portèrent au pouvoir un front démocratique où les communistes, tout-puissants dans l'occulte, n'avaient officiellement qu'une place restreinte : 57 % des votes étaient allés au parti des petits propriétaires.
La tâche redoutable du nouveau gouvernement, c'était de brûler les étapes, de morceler les grands domaines, de distribuer les terres aux paysans, mais ensuite d'opérer une nouvelle concentration (des terres sous forme de coopératives, des usines, des populations, en attirant le surplus des paysans vers les villes), *à la fois bourgeoise et socialiste*. C'est-à-dire d'opérer ces énormes changements *à la place* d'une bourgeoisie qui n'avait jamais su prendre ses responsabilités et *au profit* du socialisme. Tout dans ce programme heurtait les habitudes séculaires des paysans ; quant aux ouvriers, ils arrivaient de la campagne et restaient plus solidaires du village que de l'usine.
Rien ne pouvait se faire sans accepter une impopularité certaine et sans exercer une certaine contrainte : il fallait ravitailler ces villes agrandies, cette population ouvrière qui enflait chaque jour, et les paysans, moins nombreux, encore mal outillés, ne pouvaient y suffire qu'en acceptant les taxes et un début de collectivisation.
Cette contrainte a toujours existé dans les pays capitalistes : simplement la concentration et les formes diverses d'expropriation qui en résultent paraissent à l'individu les conséquences d'un destin anonyme. En pays socialiste, ce destin risque fort de prendre le visage et le nom du chef du gouvernement.
Il convenait donc *d'abord* que cette contrainte fût la moins irritante, donc les plans devaient rester modestes, la progression vers le socialisme devait s'étager sur une longue période ; il fallait envisager tout de suite d'élever le niveau de vie pour que chacun, dans le régime, ait quelque chose à défendre. Rappelez-vous que c'est la vente des biens nationaux qui a fait la force de notre Révolution. Et puis, surtout, à cette étape de l'évolution, l'essentiel était de convaincre.
Les Chinois disent : « *Il faut toujours expliquer.* » « Expliquer », ce n'est pas faire de la propagande. C'est informer, éduquer, et aussi – car on ne convainc pas seulement par les paroles – donner quelque chose.

À des gens qui sont déjà persuadés que le socialisme est ce qu'il faut à leur pays, on peut demander des sacrifices. Mais à des gens qui, comme la plupart des paysans hongrois, sont à la fois contre l'occupant étranger et contre le socialisme, on ne peut rien demander : il faut d'abord les conquérir, les convaincre. Exiger d'eux la même chose que d'hommes qui croient déjà au socialisme, c'est créer une coupure sans cesse plus profonde dans les masses, faciliter la naissance d'une situation terroriste, fabriquer soi-même toutes les conditions d'une contre-révolution.
On n'expliqua rien : un faisceau d'événements était venu tout changer. D'abord, le plan Marshall ; son but avoué était d'empêcher la construction du socialisme dans les « satellites » : la responsabilité de l'Amérique est incontestable dans les événements actuels. Il s'ensuivit, à l'époque, un resserrement brutal des liens entre pays socialistes ; du plan Marshall date le « rideau de fer ». Vint ensuite la première rébellion du communisme national : le titisme.
Tout poussait à la *stalinisation* : après le plan Marshall on vit disparaître le parti social-démocrate et le parti des petits propriétaires ; après le titisme, on assista à la bolchevisation du PC, c'est-à-dire à l'élimination des éléments nationaux qui se trouvaient être, comme par hasard, les seuls populaires et à leur remplacement par les communistes formés à Moscou. Peut-on imaginer l'effet en Hongrie du procès Rajk (Rajk avait combattu aux côtés des paysans pendant la résistance) et des triomphes de Rakosi (qui avait passé de longues années en URSS).
Naturellement, cette transformation avait deux conséquences économiques considérables : l'URSS réalisait à son tour la semi-colonisation de la Hongrie, la surindustrialisation conduisait à pousser à outrance la collectivisation. La Hongrie, plus que tous les autres pays d'Europe centrale, résistait à ce régime de force. Tous les observateurs – même les communistes français – sont d'accord sur ce point. Il fallut la terreur pour le maintenir. La terreur *blanche* qui, en certains lieux, apparut justifier ces jours-ci l'intervention de l'armée soviétique, n'est que la conséquence de la terreur *rouge*.
On voit l'erreur : l'URSS avait réussi le « socialisme en un seul pays », chez elle ; il s'agissait de réussir le « socialisme en plusieurs pays ». Elle a préféré rééditer plusieurs « socialismes en un seul pays ». Cette façade lui permettait de rester le seul moyen de communication d'un satellite à l'autre, repoussant ainsi la solution qui s'imposait : un *commonwealth* socialiste avec des économies complémentaires, par méfiance, et parce qu'elle voulait des économies complémentaires de son seul pays. Le résultat : c'est que nous assistons à la liquidation totale d'un régime qui n'a jamais été accepté par personne en Hongrie.
Il y a des gens qui disent : il fallait sauver « les bases du socialisme » en Hongrie. Si les bases du socialisme existaient en Hongrie, le socialisme se serait sauvé tout seul. L'Armée rouge est intervenue pour sauver en Hongrie les bases du socialisme en URSS, c'est-à-dire des positions militaires (comme l'avoue Courtade) et des mines d'uranium.

**Quand le niveau de vie s'élève, vous pouvez dire la vérité sans craindre les troubles et même la laisser dire aux gens qui ne sont pas de votre avis. On ment aux hommes qui crèvent de faim et de fatigue parce que c'est pour eux que les erreurs du gouvernement sont question de vie ou de mort.**

**Vous avez parlé de « démocratisation ». Pouvez-vous préciser le sens que vous donnez à ce mot dans un régime socialiste ?**
Pour moi, la démocratisation est une chose qui ne peut tenir que dans une révision complète des rapports de l'Union soviétique avec ses satellites.
Cette démocratisation ne peut être réalisée que dans une organisation des pays satellites conçue en fonction de leurs intérêts propres plus que de ceux de l'URSS. Elle exige par conséquent une véritable planification générale à l'échelon de tous ces pays, ensemble. On constaterait alors qu'il n'est pas nécessaire que la Pologne fabrique des autos qui ne peuvent pas marcher, que Budapest n'a pas besoin d'un métro inondé, que le charbon polonais peut se répartir plus utilement entre les différents pays d'Europe centrale.
Cette union de tous les pays du mouvement socialiste s'effectuerait sous la direction de l'URSS ; mais cette direction ne s'exercerait vraiment que sur le plan de l'élaboration commune d'une politique étrangère.
À ce moment, une élévation du niveau de vie deviendrait possible. Et, avec elle, la démocratisation pourrait prendre des formes concrètes.
Quand le niveau de vie s'élève, vous pouvez dire la vérité sans craindre les troubles et même la laisser dire aux gens qui ne sont pas de votre avis. On ment aux hommes qui crèvent de faim et de fatigue parce que c'est pour eux que les erreurs du gouvernement sont question de vie ou de mort.
La démocratisation pour moi n'est pas nécessairement le retour à la pluralité des partis : la réapparition des partis conservateurs a rendu en Hongrie la présence (et non l'intervention brutale) russe à peu près nécessaire. Mais on peut revenir à une démocratisation centralisée à l'intérieur du parti, on peut restaurer la liberté individuelle, l'*habeas corpus*, on peut supprimer la censure, créer des conseils ouvriers. Pour tout dire, c'est à chaque gouvernement de décider en fonction de la situation et des exigences des masses. Mais avant tout, pour moi, la démocratisation commencera lorsque ces partis abstraits qui se nomment parti communiste hongrois, roumain, bulgare, etc., auront vraiment repris – s'il en est temps encore – contact avec les masses.

**Croyez-vous que le stalinisme se caractérise par une primauté absolue accordée à la politique étrangère ?**
Je n'en suis pas sûr. Il me semble qu'au début l'URSS, comme c'était d'ailleurs légitime, ne distinguait pas la politique étrangère de la construction du socialisme. De 1945 à 1948, elle eût souhaité s'attacher les républiques populaires par une élévation lente du niveau de vie, par une construction progressive des bases socialistes, ce qui, en même temps, lui donnait la sécurité et la défendait contre l'encerclement.
La hantise de la rupture du front socialiste encore une fois c'est le plan Marshall qui l'a provoquée. Je crains bien en tout cas que ce ne soient les considérations de sécurité militaire qui aient provoqué avant tout l'intervention russe en Hongrie. C'est en tout cas l'avis de Pierre Courtade, qui « mange le morceau » dans *L'Humanité*.

*« Fallait-il souhaiter que puisse s'établir en Hongrie, au nom de la "liberté", le régime des féodaux ? »*
*« L'Union soviétique, dont les forces étaient stationnées en Hongrie, en vertu des traités, pouvait-elle courir le risque d'un "renversement des alliances" qui eût fait de la Hongrie une place forte des puissances occidentales au cœur du système des démocraties populaires ? »*

**Quelle peut être maintenant à l'égard de l'URSS l'attitude d'hommes qui, comme vous, ont été jusqu'ici ses amis ?**

Je vous dirai d'abord qu'un crime n'engage pas un peuple. Je ne pense pas que le peuple russe ait jamais eu beaucoup de sympathie pour les Hongrois, pas plus que les Hongrois d'ailleurs n'en avaient pour les Russes. Rares sont, au surplus, dans l'opinion russe, ceux qui sont parfaitement éclairés sur les événements. Il faut pour cela pouvoir lire la presse hongroise et polonaise, si elle continue à être diffusée à Moscou. Ce qui s'est passé en Hongrie est donc assez peu, à mon avis, de nature à émouvoir le peuple russe, à atteindre des couches profondes. D'autant plus qu'on lui ment sciemment. *La Pravda* écrivait d'ailleurs dimanche à quelques heures de l'agression soviétique contre Budapest : « *Le peuple hongrois, sa classe ouvrière, tous les véritables patriotes de Hongrie* trouveront en eux-mêmes *les forces nécessaires pour détruire la réaction.* » Voilà certainement ce que croient les lecteurs de la presse soviétique. Vous savez d'ailleurs que les troupes qui interviennent en Hongrie sont constituées par des éléments allogènes : il n'y a aucune chance que les ouvriers de Moscou reviennent pour dire à leurs camarades : nous avons tiré sur des ouvriers. Non, le peuple russe est innocent, comme le sont d'ailleurs tous les peuples, à moins qu'ils ne se rendent complices par leur silence d'un système concentrationnaire établi à l'intérieur du pays. En URSS, la stupeur de la population depuis le retour des détenus montre assez qu'elle n'était pas au courant. Personnellement, ma sympathie pour ce grand peuple travailleur et courageux n'est pas altérée par les crimes de son gouvernement. Je lisais ce matin dans *Combat* : « *Toujours plein de discrétion, Raymond Aron ne voulait pas tirer de ce qui venait de se passer la satisfaction intellectuelle que procure le fait de voir ce que l'on a écrit, confirmé par de tels événements.* » Eh bien ! si Raymond Aron est satisfait de voir ses prévisions confirmées par les événements, c'est qu'il a le cœur bien accroché !

Sans doute pense-t-il, et certaines gens avec lui, que la déstalinisation était un masque, que c'étaient des mots. Pour ma part, je crois que c'est là une erreur totale. La déstalinisation a fait l'objet chez certains membres du gouvernement soviétique et de la bureaucratie d'une volonté réelle et les a amenés à courir un risque. Peut-être certains d'entre eux paient-ils déjà cette tentative ? C'était pourtant souhaitable, c'était nécessaire et j'exprime à titre personnel ma reconnaissance et mon respect pour ceux qui l'ont tentée d'abord.

Mais il fallait savoir où l'on allait et ne pas se laisser dépasser par les événements, il ne fallait pas jouer à ce jeu imbécile que le sinistre Hermann appelle dans *Libération* la « *douche écossaise* », il ne fallait pas, en Hongrie par exemple, appeler Nagy au pouvoir en 1953, promettre des investissements plus élevés dans l'industrie de consommation, s'effrayer ensuite, ramener Rakosi après l'avoir critiqué, reprendre la thèse du primat inconditionné de l'industrie lourde, réhabiliter Rajk en laissant son assassin au pouvoir, puis lâcher brusquement celui-ci et le remplacer par un autre Rakosi en plus médiocre, par Geroë, et pour finir appeler Nagy *trop tard*, quand le sang coulait, en lui ôtant du premier jour toutes les chances de reconquérir la confiance populaire.

Oui, il fallait savoir ce qu'on voulait, jusqu'où l'on voulait aller, entreprendre des réformes sans les claironner d'abord, mais les faire progressivement. De ce point de vue, la faute la plus énorme a probablement été le rapport Khrouchtchev, car, à mon avis, la dénonciation publique et solennelle, l'exposition détaillée de tous les crimes d'un personnage sacré qui a représenté si longtemps le régime est une folie quand une telle franchise n'est pas rendue possible par une élévation préalable, et considérable, du niveau de vie de la population.

Malenkov avait été beaucoup plus habile. Il avait commencé par entreprendre des réformes sans rien dire sur Staline. C'est lui, par exemple, qui déjà avait mis Nagy à la place de Rakosi.

Je ne considère pas Staline comme un personnage de culture et d'intelligence considérables. Mais de là à nous raconter par exemple qu'il a dirigé toutes les opérations de la guerre en suivant le mouvement des armées sur une mappemonde d'école, il y a quand même une sérieuse marge. Même Hitler était quand même capable de lire une carte d'état-major. Ainsi, le rapport Khrouchtchev, au lieu d'être une explication franche et complète, n'était qu'un tissu d'anecdotes. Ce rapport a été un coup terrible. Il a continué la dictature du parti au lieu de contribuer à la réduire. Je sais bien qu'il n'a pas été écrit dans le silence du cabinet, qu'il s'agit d'une improvisation, que c'était probablement la manœuvre du groupe qui voulait pousser plus avant la démocratisation, afin de conserver ou de reprendre les rênes du pouvoir. Mais le résultat a été de découvrir la vérité pour des masses qui n'étaient pas prêtes à la recevoir. Quand on voit à quel point, chez nous, en France, le rapport a secoué les intellectuels et les ouvriers communistes, on se rend compte combien les Hongrois, par exemple, étaient peu préparés à comprendre cet effroyable récit de crimes et de fautes, donné sans explication, sans analyse historique, sans prudence.

Tant que Khrouchtchev a tenu les rênes, il a dit : « *Nous accepterons le plus que nous pourrons les conséquences de la déstalinisation.* » Les événements ont été, après la réconciliation spectaculaire avec Tito, les émeutes de Pologne, ce que vous savez : ce mélange de brutalité parfois inouïe et de recul, qui n'est pas sans rappeler la vieille manière russe.

La déstalinisation a aussi été l'occasion de véritables efforts de démocratisation à l'intérieur dont a bénéficié la société soviétique. Je pense qu'il faut respecter cette tentative, même si elle a été ratée. Donc j'y crois, dans la mesure où elle n'est pas brusquement arrêtée aujourd'hui. Mais je redoute cet arrêt brutal : il est impossible de croire un seul mot du programme que brandit János Kádár, impossible de penser en particulier qu'il puisse demander le départ des troupes soviétiques de Hongrie, puisque alors l'intervention russe n'aurait eu aucun sens. Le peuple hongrois est fou de rage, il reste encore, dit-on, des îlots de résistance. Comment peut-on imaginer que l'armée soviétique s'en aille ? Une fois de plus, le mot aura signifié le contraire de ce qu'il veut dire : Guy Mollet se sert du mot de pacificateur pour signifier « opérations militaires » ; Kádár dit « démocratisation » pour signifier : terreur et occupation étrangère.

Ainsi, à mon avis, la démocratisation est arrêtée en Hongrie, si elle reprend jamais. Elle est très probablement arrêtée ailleurs aussi : on ne peut pas imaginer un pays qui maintient la dictature sur d'autres sans maintenir la dictature sur soi.

Par conséquent, je crois à la démocratisation, mais je crois aussi à sa fin pour quelque temps, et il est possible que cette fin se manifeste même dans des changements importants au sein du gouvernement soviétique.

**Comment décrivez-vous dans ces conditions votre position personnelle vis-à-vis de l'URSS ?**

Je condamne entièrement et sans aucune réserve l'agression soviétique. Sans en faire porter la responsabilité au peuple russe, je répète que son gouvernement actuel a commis un crime et qu'une lutte de fractions au sein des milieux dirigeants a donné le pouvoir à un groupe (militaires « durs », anciens staliniens ?) qui dépasse aujourd'hui le stalinisme après l'avoir dénoncé.

Tous les crimes de l'Histoire s'oublient, nous avons oublié les nôtres et les autres nations les oublieront peu à peu. Il peut venir un temps où l'on oubliera celui de l'URSS si son gouvernement change et si de nouveaux venus tentent d'appliquer vraiment le principe de l'égalité dans les relations entre les nations socialistes ou non. Pour l'instant, il n'y a rien d'autre à faire qu'à condamner.

Je brise à regret, mais entièrement, mes rapports avec mes amis les écrivains soviétiques, qui ne dénoncent pas (ou ne peuvent dénoncer) le massacre en Hongrie.

On ne peut plus avoir d'amitié pour la fraction dirigeante de la bureaucratie soviétique : c'est l'horreur qui domine.

**Pour l'instant, il n'y a rien d'autre à faire qu'à condamner. Je brise à regret, mais entièrement, mes rapports avec mes amis les écrivains soviétiques, qui ne dénoncent pas le massacre en Hongrie.**

Si la Hongrie avait été laissée indépendante, la proposition du maréchal Boulganine à Eisenhower pour une intervention commune dans l'affaire égyptienne aurait pu être prise au sérieux. Mais cette idée d'une démarche pressante des deux Grands, lancée au lendemain de l'écrasement de la Hongrie, devient une dérision, une manœuvre politique. Cela achève de déconsidérer toute possibilité d'action de l'ONU. Songez que maintenant nous nous trouverions devant une situation qui se décrit ainsi : d'une part les États-Unis, avec l'Angleterre et la France, interviennent éventuellement contre l'URSS en Hongrie ; d'autre part, les États-Unis avec l'URSS s'entremettent éventuellement entre l'Égypte et Israël, contre l'Angleterre et la France, à propos de Suez.

Je ne sais si l'ONU a jamais été quelque chose, mais cette absurde confusion prouve qu'elle n'est plus rien du tout. D'ailleurs, s'il doit y avoir une conférence à cinq en Suisse, une fois de plus c'est en dehors du cadre des Nations unies que l'on aura cherché et peut-être trouvé la détente.

**Quelles conséquences des événements de Hongrie attendez-vous pour la gauche française ?**

La triste réalité d'aujourd'hui, pour moi, c'est que la gauche française risque de mourir de ces événements s'il n'y a pas de changement dans les partis qui la constituent, si les minorités ne parviennent pas à prendre ses destinées en main.

Je lis ce matin dans la presse que le parti socialiste lance un nouvel appel aux militants communistes pour les inviter à abandonner le parti communiste et à se joindre à la SFIO.

C'est d'une singulière audace. Cela veut dire : lâchez donc cet impossible parti communiste qui approuve l'écrasement de Budapest et venez acclamer avec nous ceux qui torturent en Algérie. Devant une pareille contradiction, que reste-t-il de la gauche ?

Sur le parti radical, je vous dirai franchement ma pensée : je ne crois pas qu'il ait jamais été vraiment à gauche. De plus, il représentait la droite depuis un certain nombre d'années. Les changements que M. Mendès France, qui est à mes yeux un homme parfaitement respectable dans ses idées et dans sa vie, lui a imposés ont provoqué une première scission. Et malgré cette scission, l'autre jour, M. Mendès France ne représentait plus dans un vote décisif que le cinquième des deux tiers du parti radical.

Dans *L'Express*, vous avez dit de moi un jour : « *Jean-Paul Sartre est tombé hors du coup* ».

Je peux vous dire maintenant : « *Mendès France a voulu être dans le coup, et il est tombé à son tour hors du coup.* »

Je ne crois donc pas à quoi que ce soit qui pourrait venir désormais de ce qu'on appelait, autrefois, au moment des élections, le « Front républicain ».

Le parti socialiste se trouve dans une situation effroyable. Il a trahi ses électeurs. Il a trahi ensuite sa mission de socialiste. Il se tient actuellement – et c'est la chose la plus incroyable qu'on puisse imaginer – aux côtés des conservateurs anglais contre les travaillistes. La mauvaise conscience de ses chefs fait qu'ils deviennent maintenant d'un cynisme répugnant. Avez-vous entendu M. Pineau dimanche à la radio ? Sur un ton pleurnichard, un ton de condoléances insupportables, il a eu deux phrases pour les courageux insurgés de Budapest. Puis, tout d'un coup, sa voix s'est faite acerbe, mordante, glorieuse : « *L'ONU,* disait-il, *avait préféré s'occuper d'un "dictateur égyptien".* »

Le parti communiste français est fait de 180 000 adhérents environ, je crois, dont 170 000 sont des militants sincères et 10 000 des cadres permanents à 40 000 francs par mois, qui en constituent l'appareil. Tant qu'il s'agissait de politique intérieure française, jusqu'à ces dernières années, le parti communiste, malgré des erreurs, est resté dans la droite ligne : il était en contact avec les masses ; il ne pouvait pas se couper d'elles. Car on peut parfois se couper des masses dans un régime autoritaire lorsqu'on a le pouvoir, mais pas dans l'opposition.

Avec quelques retards, il a pris le virage pour la guerre d'Indochine, mais finalement il l'a bien pris. Il a d'abord découragé pas mal de gens, déconcerté, par son attitude sur la politique algérienne ; mais finalement, là aussi, il a fait le rétablissement. Quelques jours avant les événements de Budapest, il gagnait encore des voix dans des élections partielles.

Mais le parti communiste est un parti international. C'est donc un parti qui a des décisions à prendre en politique étrangère. Or, ces décisions aujourd'hui lui sont entièrement dictées par un appareil totalement inféodé à la tendance la plus intransigeante du gouvernement soviétique.

Le résultat, ce sont les mensonges les plus répugnants, comme ceux qu'on pouvait lire dans *L'Humanité* de ce matin : « *Au moment de s'enfuir, les émeutiers ont mis le feu à de nombreux bâtiments. Budapest était dimanche soir une mer de flammes. Un des seuls postes de radio encore aux mains des contre-révolutionnaires dimanche soir se vantait que la lueur des incendies était visible à plusieurs kilomètres à la ronde.* »

Je vois mal les insurgés courant de maison en maison, dans la ville encerclée par les Russes et bombardée avec des engins au phosphore, pour mettre le feu à leurs propres refuges.

C'est la technique habituelle : on reprend, en les déformant, en les dénaturant, les récits des événements. C'est l'effroyable habitude qu'ont prise les dirigeants communistes de salir d'abord les gens qu'ils tuent ensuite.

**Quel espoir reste dans votre analyse à la gauche française si durement atteinte ?**
Il est évident qu'en ce qui nous concerne – beaucoup d'intellectuels pensent comme moi – nous conservons notre sympathie entière à ces milliers de militants communistes dont je sais aujourd'hui qu'ils sont torturés d'angoisse et dont je comprends très bien aussi qu'au moment où leur parti se fait attaquer de toutes parts – par sa faute d'ailleurs – ils n'aient pas envie de le quitter. À ces gens-là, on peut garder de la sympathie, parce qu'ils ne sont pas, eux, responsables des massacres de Budapest. Ce sont des gens honnêtes, convaincus, inquiets, et il y en a aussi parmi les dix mille cadres et permanents de l'appareil. Mais les chefs, eux, sont totalement et irrémédiablement responsables. Autant je dis qu'après des années d'inquiétude, de rancœur, d'amertume, il sera peut-être possible de reprendre des rapports avec l'Union soviétique – il suffit que change nettement sa tendance politique –, autant avec les hommes qui dirigent en ce moment le parti communiste français il n'est pas, il ne sera jamais possible de reprendre des relations. Chacune de leurs phrases, chacun de leurs gestes, est l'aboutissement de trente ans de mensonges et de sclérose. Leurs réactions sont absolument celles d'irresponsables.
Le crime qui vient d'être commis n'engage pas à mon avis la responsabilité de ceux des communistes qui ne peuvent pas parler, de ceux qui ne se résolvent pas à quitter le parti parce que le parti est en danger, parce qu'il est le seul à représenter aujourd'hui en France le mouvement socialiste, parce que si on l'a sali, ce n'est pas seulement à cause de ses crimes, mais parce qu'il est le seul à aller vers le socialisme. Ces hommes-là sont contre la politique dictatoriale faite à l'intérieur du parti. En outre, je suis certain que tous les hommes de gauche se regrouperaient si, à la demande d'individus, comme Tixier-Vignancour, le parti communiste était menacé d'interdiction. Dans le parti socialiste aussi, il y a une minorité honnête et sincère à la tête, une masse de militants inquiets à la base. Bien sûr, cette minorité n'a pas beaucoup protesté, ou du moins ses protestations n'ont pas eu jusqu'ici beaucoup d'échos, contre la politique du gouvernement Mollet.
Mais que ces communistes qui s'opposent à la dictature aient le pouvoir et la force d'imposer un changement de politique, et que cette minorité socialiste dégage d'elle-même des principes rénovés, on retrouverait alors une sorte de front populaire d'un type nouveau, dont l'élément médiateur pourrait être la « nouvelle gauche ». La gauche chrétienne, qui existe vraiment et qui est vraiment à gauche, les éléments dynamiques du radicalisme même, les inorganisés, pourraient rejoindre ce grand courant. Mais si celui-ci ne naît pas, il faut le dire franchement : la gauche est perdue.

**Dans une telle perspective, comment concevez-vous les rapports entre les socialistes et les communistes ?**
Les communistes sont déshonorés, les socialistes se plongent dans la boue, ils acceptent de faire la politique de la droite : c'est ce qui a régulièrement perdu les régimes de gauche qui s'y sont laissé entraîner. Rappelez-vous l'exemple de l'Allemagne de Weimar. Oui, la droite aujourd'hui jouit, grâce à Guy Mollet, d'une espèce de pureté. Ce n'est pas elle qui torture en Algérie ; ce sont les socialistes qui ont débarqué à Suez. Si on désoriente à ce point les Français, où iront-ils le jour où ils protesteront, pour leurs impôts d'abord, pour leur essence ensuite, pour leurs fils enfin – car ce sera malheureusement dans cet ordre ? Ils seront tentés alors de passer à l'extrême droite. Poujade l'a bien compris, lui qui a refusé que ses gens à la Chambre votent « pour la reine d'Angleterre ». Heureusement que Poujade est quand même un imbécile.
La voie de la gauche est très malaisée, presque impraticable peut-être, mais c'est le seul espoir. La « nouvelle gauche » est pleine de gens très intelligents ; on y trouve, à côté d'intellectuels, des ouvriers, des petits bourgeois. Mais à moins qu'elle ne s'enfle énormément, elle ne représente guère actuellement dans le pays que quelque deux cent mille personnes peut-être. C'est une plaque tournante très utile pour réaliser des liaisons. Mais le vrai problème est ailleurs. Le vrai problème est dans les rapports entre les socialistes et les communistes.
Les communistes pourront-ils renverser leurs propres dictateurs et les socialistes de la minorité pourront-ils quitter le parti ? Jusqu'à présent, les militants et certains des cadres de la SFIO ont lutté à l'intérieur de leur parti. Ils n'ont obtenu aucun résultat. Inversement, un certain nombre de communistes ont quitté un à un le parti, où ils étouffaient. Ces départs non plus n'ont eu aucun résultat.
Une des conditions mêmes de la limite socialiste d'aujourd'hui, c'est précisément l'existence de ces structures fortes des partis : ainsi la direction du PC s'adresse-t-elle toujours « aux socialistes », sans jamais amorcer la moindre distinction entre les militants et la direction, contribuant ainsi à consolider cette direction. Il faudrait un courage et une force considérables chez tous ces opposants, dans les deux partis, pour parvenir à changer les choses.
L'autre perspective, c'est que l'unité populaire se fera s'il surgit une dictature, celle du maréchal Juin ou d'un autre. Ce sera la seule manière pour la gauche de faire oublier ses fautes. Le parti socialiste pourra verser son sang pour payer celui qu'il a fait couler. Le PC, après avoir mérité le titre admirable de parti des Fusillés, peut recevoir aujourd'hui celui de parti des Fusilleurs : ce seront ses futurs fusillés qui lui rendront l'honneur et nous tous, de gauche, nous payerons pour tout ce que nous n'avons pas pu empêcher. J'espère encore que ce nettoyage nous sera évité.

**Comment se pose pour un militant communiste le problème de la lutte à l'intérieur du parti ?**
Si les militants de base honnêtes et sincères sont bouleversés, comme tout l'indique, qu'ils cherchent appui sur les masses ouvrières, à l'intérieur de la CGT par exemple.
Quant à la droite, elle n'a rien à revendiquer. Les gens qui n'ont pas protesté contre les tortures en Algérie et contre Suez sont aussi totalement dénués du droit de protester contre les événements de Hongrie.

**Quelles vont être les réactions du PC français devant votre prise de position ?**
Quelque déplaisant qu'il me soit de rompre avec le parti communiste, c'est parce que j'ai dénoncé à temps la guerre d'Algérie que je peux le faire : je ne suis pas en contradiction avec tous les hommes sincères et honnêtes de la gauche, même ceux qui restent dans les rangs du PC. Je demeure solidaire d'eux, même s'ils me repoussent demain.
Les dirigeants diront qu'ils avaient eu raison depuis longtemps de m'appeler « hyène » et « chacal » au temps où Fadéev – qui s'est suicidé – parlait comme *L'Humanité* aujourd'hui, mais il m'est totalement indifférent de savoir ce qu'ils diront de moi, étant donné ce qu'ils disent des événements de Budapest.

LE SKI « A LA GODILLE » (pages 16-17)

# L'EXPRESS

1er FEVRIER 1957. — N° 293 100 FR. ALGERIE, TUNISIE MAROC : 100 FR.

FAUT-IL LACHER L'AFRIQUE NOIRE ?

GAI-Z-ET CONTENTS par François Mauriac

LES MYSTERES DE LA MER MORTE par le R. P. DANIÉLOU

UNE JEUNE FILLE DU DAHOMEY
*« ...Nous n'acceptons plus, ça vous étonne, de dire : oui missié. »*
(Jacques Roumain - poème antillais.)

## CETTE SEMAINE :

LES AFFAIRES POLITIQUES. — Un Ange passe... L'auteur de l'attentat perpétré contre le général Salan, Ange Salicetti, est arrêté. C'est un Européen au service d'organisations contre-terroristes. Scandale ? Non. Silence. Entre ces « ultras » et la droite classique, quel rapport y a-t-il ? Celle-ci continuera-t-elle à soutenir le gouvernement ? C'est après l'O.N.U. que M. Mollet connaitra les résultats de la méthode qu'il a inaugurée pour sauver l'Algérie : le gouvernement par correspondance. Maurice Duverger, pour sa part, ne l'apprécie pas. — A Fontainebleau, c'est un ancien général d'Hitler, Hans Speidel, qui va prendre le commandement des troupes de l'OTAN. Pour le moment, il cherche ses légions. — Quel est l'Etat le plus indépendant du monde à l'égard du gouvernement de Washington ? C'est le Texas, et il le prouve en donnant son pétrole goutte à goutte. — En Hongrie, impasse totale. Mais les journalistes ont trouvé le moyen de ne pas écrire. En U.R.S.S., M. Kroutchev compte ses bombes. — En Afrique noire, trois forces se conjuguent pour que le vent de l'émancipation devienne tempête.

PARIS EN PARLE. — Au mystère des Manuscrits de la mer Morte, le R. P. Daniélou apporte sa réponse en 27 points. — Caroline de Monaco, bébé en or, a été vendue en effigie sur ce que la presse anglaise appelle la foire au bétail. — L'affaire Montesi marque, selon Marcel Pagliero, que l'Italie fait l'apprentissage de la démocratie. — Révolutionnaire, la nouvelle méthode de ski vous est expliquée en quelques dessins, etc, etc.

*En page 3, le détail de notre sommaire.*



* * * * *

**1er FÉVRIER 1957. FAUT-IL LÂCHER L'AFRIQUE NOIRE?**
Après l'Indochine et pendant le drame algérien, *L'Express* poursuit l'inventaire de l'empire colonial en miettes.

# VOYAGE AU BOUT DE LA HAINE… AVEC LOUIS-FERDINAND CÉLINE

*Louis-Ferdinand Céline publie ce mois-ci un livre de 600 pages,* D'un château l'autre, *où il vomit, dans un flot de rancœur et de points de suspension ses souvenirs de guerre. Après son exode à Sigmaringen, […] le voilà à soixante-trois ans à Meudon vivant maigrement de son activité de médecin.*

**PAR L'EXPRESS (EXTRAIT)**

*À LA UNE CETTE SEMAINE-LÀ*

Céline. Pour les moins de trente ans, rien. Pour les plus de trente ans, un monument souillé de boue, l'auteur d'un chef-d'œuvre que l'on fit l'erreur de prendre pour l'expression d'une révolte : *Voyage au bout de la nuit*. Ce n'était que l'explosion d'un dégoût de l'homme, ce gros cochon qui se vautre et qu'il faut dresser, dresser. L'armée allemande s'y entendait.
Elle eut droit à toute sa considération.
L.-F. Céline a parlé devant nous « *pour que Gallimard me donne une avance* ».
Ses réponses – ou plutôt son monologue – éclairent crûment les mécanismes mentaux de ceux qui, à son image, ont choisi de mépriser l'homme.
L'aveu de son formidable échec, la pitié que peut aujourd'hui inspirer cette face, presque impersonnelle à force d'avoir été dénudée par l'existence, ne doivent ni ne peuvent faire oublier que d'autres rêvent de cette victoire sur l'esprit que l'on nomme fascisme.

**Nous sommes venus parler de votre nouveau livre.**
Parler d'un livre, c'est toujours l'impuissance…

**Je dois vous dire que nous l'avons lu.**
Vous ne l'avez pas lu tellement bien parce qu'il s'est produit un bafouillage. J'ai donné le manuscrit, et puis le manuscrit, pour quelle raison, s'est éparpillé, et je ne l'ai pas retrouvé. Je l'ai retrouvé tout à fait transbahuté, ils avaient mis le commencement à la fin… Je présume qu'on s'en est emparé à la NRF, il est passé dans divers bureaux et ensuite on a essayé de rattraper les chapitres. Et puis on les a mélangés, et puis on ne savait plus ce qu'est devenu ceci, cela. Enfin, ce chef-d'œuvre, on l'a remis en place tant bien que mal.

**Vous l'avez relu depuis ?**
Et comment ! Il y a des fautes. Il y en aura toujours, parce que c'est très difficile qu'il n'y en ait pas, vu que c'est plein de trucs, des trucs de style. Il y a des mots à la place d'autres. Les imprimeurs et les typographes prennent un début de phrase et le terminent comme ils le termineraient eux ; ce n'est pas comme ça que ça va. Il y a un petit truc dedans. Ce n'est jamais le vrai mot qui est à sa place. Eux mettent le vrai mot, normal, logique, le mot que mettrait Paul Bourget. Paul Bourget… c'est lui qui dirige la littérature française ! Le mot qu'on attend. Dans les journaux aussi, il faut que vous donniez au lecteur ce qu'il attend…

**Ce n'est pas obligatoire…**
Si, c'est comme dans les livres… Qu'est-ce qu'il veut votre lecteur ? Que je dise des choses qui ne le froissent pas. Est-ce que vous êtes là pour parler littérature ou politique ?

**De tout. Voulez-vous nous dire d'abord comment vous écrivez ?**
Je suis un styliste, si je peux dire, un maniaque du style, c'est-à-dire que je m'amuse à faire des petites choses. On demande énormément à un homme, or il ne peut pas beaucoup.
La grosse illusion du monde moderne, c'est de demander à l'homme d'être à chaque fois un Lavoisier ou un Pasteur, de tout faire basculer d'un coup. Il ne peut pas ! Un type qui trouve un petit quelque chose de nouveau, c'est déjà beaucoup, il est déjà fatigué.
Il en a pour la vie. On parle de « *messages* ».
Je n'envoie pas des messages au monde.
L'*Encyclopédie* est énorme, c'est rempli

de messages. Il n'y a rien de plus vulgaire, il y en a des kilomètres et des tonnes, et des philosophies, des façons de voir le monde...

**Alors vous diriez que vous avez surtout apporté...**
Oh ! un petit rien du tout.

**Comment le voyez-vous, ce que vous avez inventé ?**
Une certaine musique, une certaine petite musique introduite dans le style, et puis c'est tout. C'est tout. L'histoire, mon Dieu, elle est très accessoire. C'est le style qui est intéressant. Les peintres se sont débarrassés du sujet, une cruche, ou un pot, ou une pomme, ou n'importe quoi, c'est la façon de le rendre qui compte. La vie a voulu que je me place dans des circonstances, dans des situations délicates. Alors j'ai tenté de les rendre de la façon la plus amusante possible, j'ai dû me faire mémorialiste, pour ne pas embêter si possible le lecteur. Et ceci dans un ton que j'ai cru différent des autres, puisque je ne peux pas faire tout à fait comme les autres. Je n'écris pas en chinois. Mais je suis un petit peu différent. Alors que tous ces autres qui se croient très différents, ils ne le sont pas du tout. Il y en a plein l'*Encyclopédie*, des autres. J'ai mon dictionnaire, énorme, et tous sont dedans. Je les y retrouve.

**Vous dites que vous avez surtout inventé un style ; cela intéresse les gens qui s'occupent de la littérature en tant que telle. Mais il y a aussi les lecteurs qui achètent votre livre à cause de l'histoire.**
Ça, c'est la mercière. Quand vous n'avez pas atteint la mercière, vous n'avez pas atteint les grands tirages. La mercière va acheter M. Daninos, va acheter Mme Delly. Tout cela, ça existe, c'est l'histoire, la bonne histoire. En un mot, c'est la série noire, c'est le fait divers que vous avez chez vous très bien fait, un peu brodé. Ça, ça intéresse le public. Le public s'intéresse à la voiture, à l'alcool et aux vacances. Nous sommes champions du monde d'alcoolisme, nous buvons 1 200 milliards d'alcool par an. Il n'y a pas de consommation supérieure. De ce côté-là, nous tenons. Et puis il y a la voiture. Chaque Français aura bientôt sa voiture. Et le cinéma fait le reste. On apprend à vivre au cinéma. Et puis vos journaux instruisent sur la vie. Aujourd'hui on ne va pas lire Balzac pour apprendre ce que c'est qu'un médecin de campagne ou un avare. On trouve ça dans vos journaux, dans les hebdomadaires. Les jeunes filles apprennent la vie dans les hebdomadaires et au cinéma. Alors, qu'est ce que vient foutre un livre ? Avant on y apprenait la vie, dans un livre. C'est pourquoi on empêchait les jeunes filles de lire les romans. Les maris surveillaient les lectures de leurs femmes. Mais maintenant les bonnes histoires, il y en a plein dans les journaux : sur l'infirmerie spéciale du dépôt, sur l'asile d'aliénés, n'importe quel canard bien fait en contient mille. Ça ne présente aucun intérêt pour la littérature, c'est le sujet.

**Quand les lecteurs ont acheté *Voyage au bout de la nuit*, ils n'ont pas acheté un nouveau style, ils ont acheté une histoire.**
Pas du tout. Ils ont acheté un scandale. Le scandale avait été fait par Daudet. J'ai bénéficié du moment où les critiques qui avaient de l'autorité n'étaient pas morts. Aujourd'hui il n'y a plus de voix comme Daudet, comme Descaves, même comme Ajalbert. Alors j'ai profité de ce moment-là... Daudet, lui, il m'avait senti. Daudet savait. Maintenant personne ne sait plus. Daudet avait senti quelque chose, une petite musique, comme il avait senti Proust. Alors il a dit : « *Là il y a quelque chose* ». Il a parlé.

**J'ai lu *Voyage au bout de la nuit* avant la guerre, je ne l'ai pas acheté sur un scandale.**
Vous avez suivi la foule. Vous êtes à une époque de pléthore littéraire. Maintenant il y a tellement de gens qui ont de l'instruction supérieure, quiconque a son brevet ou sa licence peut faire un roman. C'est la lettre à la petite cousine en plus grand. Il y en a partout. Je ne connais pas un notaire, un médecin qui n'ait un roman dans son tiroir.

**La quatrième passion des Français ?**
Oui mais sous la dépendance de la machine à laver. La femme se dit : « *Pour avoir une machine à laver, quelque chose de bien, ça coûte 200 000 francs.* » Elle y pense, et comme elle est femme, elle ne dira pas qu'elle y pense. Le jeune homme sait écrire, il a écrit des articles de-ci de-là. Elle pense à sa machine à laver. Un beau jour elle regarde les devantures et dit : « *Tiens, Mlle Sagan a fait paraître son livre, on en parle beaucoup. Il se vend 500 francs. Combien touche-t-elle par livre ? 20 %. Ah, 100 francs par livre ?* Elle pense toujours à sa fameuse machine à laver. Et elle lui dit : « *Écoute, toi tu ne pourrais pas ?... – Oh moi, non tu sais. – Oh si, tout de même tu pourrais très bien faire un roman comme elle. Je l'ai lu, ce n'est pas extraordinaire.* » Alors, hop ! Un roman de plus, ça y est ! Il part chez Gallimard, Gallimard en a 400 dans ses caisses chaque année. Il les fout à la Seine. Personne ne les lit. Ils ne valent ni mieux ni moins que ceux de Mlle Sagan, mais ils ne sont pas sortis. C'est la loterie.

**Parmi les écrivains d'aujourd'hui, en voyez-vous qui aient une musique, eux aussi ?**
Je ne peux pas vous dire parce que du moment que l'on écrit soi-même, on devient très partial. On a ses mécanismes, on est essentiellement mauvais critique. Au fond, tout ce qui n'écrit pas comme soi, c'est de la merde. C'est grotesque. Et je m'en rends très bien compte. Mais d'autre part tout ce qui n'écrit pas comme vous vous gêne. Sans ça, l'on n'est pas du métier.

**Et à votre avis n'y a-t-il personne qui écrive comme vous ?**
Si, il y a des gens qui ont fouillassé, dans le même sens, qui ont été sensibles aux mêmes choses. Ça demande un certain raffinement plus que de la brutalité, un raffinement infini et une horrible ténacité. C'est comme si un histologiste ne s'occupait que des colorants. Il y en a. C'est du raffinement histologique. Ils disent : « *Qu'il s'agisse d'une cellule de foie ou d'un neurone, peu importe, ce qui m'intéresse, c'est les colorants.* » Il y avait Paul Morand dans ses débuts, il y avait Barbusse dans *Le Feu*, qui ont essayé tout ça. Il y avait Ramuz en Suisse. Ce sont des types qui ont été intéressés par ces problèmes-là. Les autres, mon Dieu, il y en a peut-être qui décrivent des choses formidables, je ne sais pas. Ce sont des choses qui ne m'intéressent pas. Je ne suis intéressé que par les colorants. À l'heure actuelle, quelle femme sait faire la différence entre la dentelle et la broderie, qui est-ce qui sait reconnaître un point d'Alençon d'un point de Valenciennes ? Personne. Qui connaît le vieil anglais ? Personne. Je sais, j'ai été élevé là-dedans. Qui est-ce qui en anatomie connaît bien un genou, une cheville ? La dissection ? Personne. Vous comprenez, il faut être raffiné. Mais ce ne sont pas des choses qui intéressent vos lecteurs. Non, le lecteur veut manger des légumes bien cuits, bien servis, le plat préparé, avec sa bonne ratatouille habituelle.
[...]

**L'écrivain Louis-Ferdinand Céline à l'entrée de sa maison,** *25ter* route des Gardes à Meudon, en juin 1957.
Lucette, sa femme, y a ouvert un cours de danse, et Céline un cabinet médical.

LES RUSSES EN SYRIE *par A. BEVAN* (page 8)

L'EXPRESS

23 AOUT 1957. — N° 322

100 FR. ALGERIE, TUNISIE MAROC : 100 FR.

M. GAILLARD COMPTE SUR LES COCHONS

" VACANCES POUR RIEN ? "
*par Alfred SAUVY*

*Deux enquêtes sur la jeunesse*
A L'OUEST : Trop de confort
A L'EST : Plus d'illusions

(Rapho)

UN PORC A POINT
*« Qui meurt pour le pays vit éternellement »*

(Robert Garnier)

★ ★ ★ ★ ★

**23 AOÛT 1957. M. GAILLARD COMPTE SUR LES COCHONS.**
Face à la pénurie de devises et de bœuf, Félix Gaillard, alors ministre des Finances, veut inciter les Français à consommer plus de porc et augmente le prix du bifteck. Du lard ou du cochon ?

**3 OCTOBRE 1957. LA NOUVELLE VAGUE ARRIVE.**
Pour cette première une en couleurs, un sujet emblématique : une grande enquête de société sur la génération hédoniste de l'après-guerre, qualifiée par Françoise Giroud de « Nouvelle Vague ».

# L'EXPRESS

5 DECEMBRE 1957. — N° 337 — 100 FR. ALGERIE, TUNISIE, MAROC: 100 FR.

EXCLUSIF : *Le document de l'année*

## • *Rapport national sur la jeunesse*

(Rapho.)

LA NOUVELLE VAGUE

*« Faute de pouvoir faire demi-tour il faut aller de l'avant. »* (Marco Polo.)

★ ★ ★ ★ ★

**5 DÉCEMBRE 1957. RAPPORT NATIONAL SUR LA JEUNESSE.**
Riche des témoignages reçus, le journal dresse le portrait de la jeunesse des années 1950 : encore un peu sage, mais prête à aller twister jusqu'au bout de la nuit.

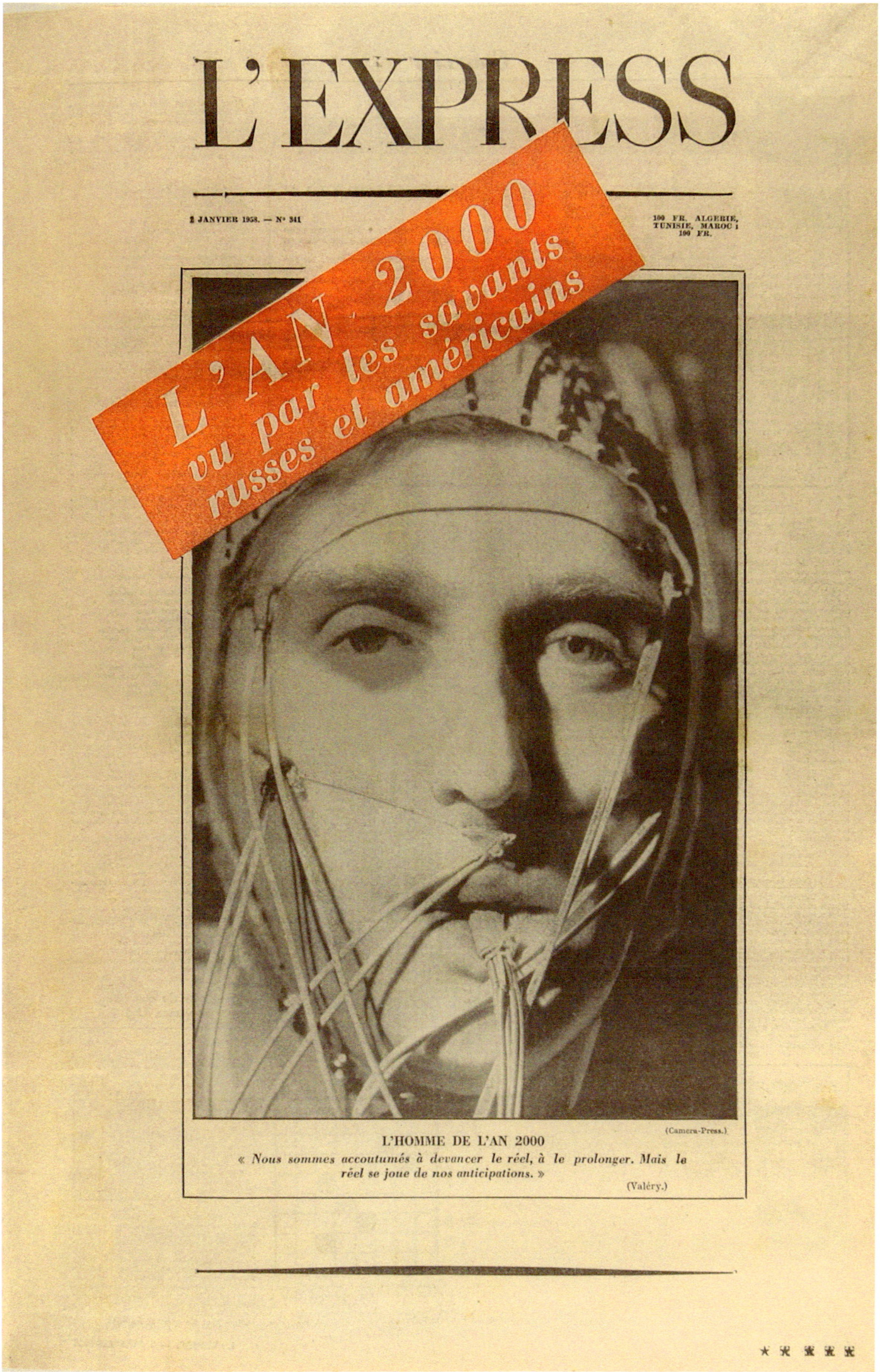
L'EXPRESS

2 JANVIER 1958. — N° 341

100 FR. ALGERIE, TUNISIE, MAROC : 100 FR.

L'AN 2000
vu par les savants
russes et américains

(Camera-Press.)

L'HOMME DE L'AN 2000

*« Nous sommes accoutumés à devancer le réel, à le prolonger. Mais le réel se joue de nos anticipations. »*

(Valéry.)

**2 FÉVRIER 1958. L'AN 2000 VU PAR LES SAVANTS RUSSES ET AMÉRICAINS.**
De l'énergie solaire captée par des miroirs, le contrôle de l'embryon, les mères porteuses, des plantes créées par les généticiens : un dossier en avance sur son temps.

# NAISSANCE D'UNE LÉGENDE

**PAR SALBRACHE**

L'EXPRESS

À LA UNE CETTE SEMAINE-LÀ

**Yves Saint Laurent le nouvel enfant triste**

Paris avait deux enfants tristes : Françoise Sagan et Bernard Buffet. Ils ont maintenant un petit frère : Yves-Mathieu Saint Laurent, né à Oran il y a vingt et un ans, roi de Paris depuis huit jours, premier et seul modéliste, par contrat, de la société Christian Dior.

Tout a été réglé en trois heures.

Le jeudi matin, à 10 heures, trois cents journalistes de toutes nationalités, entassés dans les salons gris perle de l'avenue Montaigne, attendaient de voir comment le dompteur allait être mangé. À 10 h 30, on applaudissait. À midi trente, après que treize mannequins eurent présenté 178 robes qui avaient coûté ensemble 90 millions, on pleurait.

Les uns de joie, les autres d'émotion. Quelques-uns de rage.

David Schoenbrun (Columbia Broadcasting System) criait : « *C'est un miracle ! La France est le seul pays où lorsque meurt un homme de génie, un autre se lève aussitôt pour le remplacer ! Je vous dis que ces robes sont géniales !* »

Ce qui est, chez lui, le signe d'une assez vive approbation.

Carmel Snow (*Harper's Bazaar*) murmurait : « *C'est une bonne collection, une bonne collection.* »

Ce qui traduit, chez elle, le plus pur enthousiasme.

Et les Français se disaient : « *Puisque ça plaît tellement aux Américains, ce n'est pas nous qui allons les contrarier ! D'autant qu'elle est réussie, cette collection. Le garçon a bien du talent…* »

**« Je te laisse Yves »**

Les trois cents personnes plus quelques caméras de quelques télévisions se précipitèrent vers l'encoignure où Yves Saint Laurent venait de se montrer, sortant de la cabine des mannequins, et on crut que, à peine célèbre, ce jeune homme allait périr étouffé.

D'autant plus qu'il n'a pas l'air tellement solide ! Long, mince, un peu voûté, myope, avec de grands yeux bleu pervenche, mélancoliques dans un gentil visage maigre d'enfant bien élevé qui a dit souvent : « *Non, je t'assure, maman, je n'ai pas faim…* »

À son âge, il devrait d'ailleurs, théoriquement, être en train de faire son service militaire. Mais il n'a pas été jugé « bon pour le service » et un sursis lui a été accordé. S'il prend du poids, un ministre soucieux des intérêts de la France hésitera peut-être avant de mettre sous l'uniforme un jeune homme capable, lui, de mettre en uniforme français les femmes du monde entier. Et en uniforme de petite fille !

Inconnu il y a trois mois, quoi qu'en disent aujourd'hui les mille personnes qui le tutoieraient s'il ne conservait, au creux du succès, une parfaite réserve, une dignité dans le maintien qui interdit toute velléité de familiarité, il aura dans quelques jours cent amis d'enfance, mille photos de lui, une légende et peut-être une voiture, bien qu'il n'en ait pas envie.

Aujourd'hui, il est à cet instant d'une carrière où la célébrité s'empare d'un homme avant de lui façonner un visage. Alors il a encore le goût d'un petit artichaut cru.

Le jour où Dior est parti pour l'Italie, où il devait mourir, il a dit a Suzanne Lulling, directrice de ses salons : « *Je m'en vais tranquille… Je te laisse Yves…* »

Le jeune homme, présenté à Dior par Michel de Brunhoff (directeur de *Vogue*), qui connaît sa famille, travaillait dans la maison depuis trois ans.

Lorsque Raymonde Zehnacker (« Madame Raymonde »), collaboratrice de tous les instants et héritière de Christian Dior, dut décider avec Marcel Boussac à qui elle confierait le soin d'irriguer en idées la merveilleuse machine de l'avenue Montaigne, elle n'eut pas d'hésitation.

C'était une grosse partie. La première manche semble gagnée. Les acheteurs ont bien réagi. La presse étrangère est délirante.

**Deux grands services**

Le grave *Manchester Guardian* lui consacre deux colonnes titrées : « Atmosphère émouvante et triomphale chez Dior. »

L'austère *New York Times* : « Un miracle se produit rarement au moment où on le souhaite. Le miracle s'est produit. »

Le *Daily Mail* : « Un audacieux jeune homme sur un trapèze volant. »

Le *Daily Herald* : « Yves, idole de Paris. »
Le *Daily Mirror* : « Acclamations et baisers pour Dior n° 2. »
Le *New York Herald Tribune* : « Je n'avais jamais vu une meilleure collection chez Dior. »
La moitié de la collection qu'Yves Saint Laurent a présentée est d'une inspiration entièrement personnelle.
Bernard Buffet, qui était présent, a été si enthousiaste qu'il l'a résumée en quelques traits pour la couverture de *L'Express*.
Interprété par le peintre de la génération, c'est le style du couturier de la génération.
L'autre moitié de sa collection est marquée de réminiscences « Dior » dont il faut qu'il se dégage, dont il se dégagera.
L'ensemble est le fait d'un authentique créateur, jeune et doué, bon architecte, fin de goût, travailleur et sérieux, appuyé sur deux solides techniciennes, Mme Raymonde et Mme Marguerite Carré, et sur d'admirables ateliers.
Pourquoi le fils d'un monsieur d'origine alsacienne, qui travaille en Algérie dans les assurances, détient-il ce don mystérieux ?
D'autres l'ont eu, d'autres l'auront.
Mais rarement les circonstances ont donné à un si jeune homme en même temps que d'aussi puissants moyens une aussi grosse responsabilité.
Une première collection ratée et même les efforts des autres couturiers auraient été annulés. Les acheteurs ont besoin d'avoir « du Dior », comme ils ont besoin d'avoir du Balenciaga.
Celui-ci les a d'ailleurs violemment indisposés en décommandant brusquement à la dernière minute sa présentation pour la reculer de quelques jours.
On dit que le succès d'Yves Saint Laurent l'a piqué au vif et qu'en quelques robes créées dans la colère il a voulu prouver qu'il demeurait le maître. Si son inspiration pouvait être ainsi fouettée, c'est un second et immense service qu'Yves Saint Laurent rendrait à la haute couture.

**Yves Saint Laurent et Mme Zehnacker** lors de la conférence de presse chez Dior, Paris, novembre 1958.

# L'EXPRESS

7 MARS 1958. — N° 351. 100 FR.



« L'EXPRESS » SAISI REPARAIT

*« Hier, l'eau jusqu'à la cheville ; aujourd'hui, jusqu'au genou ; demain, jusqu'à la ceinture. »*

(Michelet)

★★★ ★★

**7 MARS 1958.** **NUMÉRO SPÉCIAL APRÈS SAISIE.**
La plume acérée de Mauriac sur le bombardement de Sakhiet et le livre d'Henri Alleg, *La Question*, attirent les foudres du général Lacoste, ministre résident en Algérie, qui interdit le journal.

L'EXPRESS

13 MARS 1958. — N° 353 100 FR.

« L'EXPRESS » SE RESSAISIT

*(En pages 16 et 17)*



(Zalewski.)

« L'EXPRESS » « AUX ORDRES »

*« Pourvu que je ne parle ni de l'autorité... ni de la politique, ni de la morale, ni des gens en place... je puis tout imprimer librement, sous la direction, néanmoins, de deux ou trois censeurs... »*

(Beaumarchais)

★ ★ ★ ★ ★

**13 MARS 1958.** ***L'EXPRESS SE RESSAISIT.***

Pied de nez au pouvoir. *L'Express* joue le jeu d'un organe de presse aux ordres – comme s'il se « ressaisissait » – pour mieux souligner son indépendance frondeuse.

NUMERO SPECIAL
L'EXPRESS
DE GAULLE
OUI
OU
NON ?
« La patrie est en danger, lui ont-ils crié. Comment verrait-il que ce danger est ce qui nous reste de patrie ? »
(Jean Giraudoux : Les Gracques ou la guerre civile.)

PREMIERS RÉSULTATS DU PRÉ-RÉFÉRENDUM
L'EXPRESS
Le journal de la Nouvelle Vague
(J.-P. Pradier-Dalmas)
LE GENERAL DE GAULLE A LA TRIBUNE
« Les grands hommes se servent de tout ; mais parfois tant pis pour eux. »
(Paul Valéry.)

CROYEZ-VOUS A LA DÉMOCRATIE ?
L'EXPRESS
125 frs
• La mission du prince du Maroc (pp. 12-13)
• Magescas raconte sa vie (pp. 27-28-29)
• Le Dalaï encombre Nehru (p. 16)
MARILYN MONROE
« Il nous faut recommencer tous les cinq ans si nous ne voulons pas être démodés. »
(Gœthe.)

• IMPOTS : enquête aux Finances (Voir pp. 10-12.)
• U.S.A. : enquête chez les Beatniks (Voir pp. 28-29-30-31.)
L'EXPRESS
125 frs
Un document :
COMPLOT CONTRE DE GAULLE
SIDNEY BECHET (p. 35)
« Tôt ou tard, nous devrons répondre à cet appel des ténèbres, aller voir ce qu'il y a derrière cette impérieuse mélancolie qui sort des saxophones. »
(Paul Morand - Régie Noire.)

**22 MAI 1958. DE GAULLE OUI OU NON?** Un comité dit de Salut public a pris le pouvoir à Alger. Le 15 mai, le général Salan lance un appel à de Gaulle pour qu'il prenne le pouvoir. Ce sera « oui ». Le 1er juin, de Gaulle devient président du Conseil. **4 SEPTEMBRE 1958. LE GÉNÉRAL DE GAULLE À LA TRIBUNE.** « *Vive l'Algérie française !* » s'exclame de Gaulle sur cette image prise en juin 1958 à Mostaganem. **9 AVRIL 1959. MARILYN MONROE.** Comme le monde entier, *L'Express* tombe sous le charme de la plantureuse blonde platine qui crève l'écran dans *Some like it hot* (*Certains l'aiment chaud*). **21 MAI 1959. SIDNEY BECHET.** Le 1er mai 1959, le célèbre jazzman américain s'éteint à Garches. Au même moment, de l'autre côté de l'Atlantique, une bande de jeunes échevelés font parler d'eux : les Beatniks. **27 NOVEMBRE 1958. MADAME EXPRESS À VOTRE SERVICE.** La rubrique de fin du journal se transforme en supplément de huit pages dirigé par Christiane Collange, l'une des sœurs de JJSS. Renseignements pratiques, idées cadeaux, mode, sélection culturelle : tout y est.

**Lire l'article ci-contre →**

Supplément 8 pages pratique

# MADAME EXPRESS

« Allô, ici le « Service-Express », je vous écoute... »

(Dambier.)

## Cette semaine Madame Express a :

● ***Été chargée*** de réunir désormais, en un supplément de 8 pages, tous les renseignements et les rubriques d'ordre pratique qui peuvent faciliter la vie quotidienne de nos lecteurs, et leur épargner temps, argent, déplacements, fatigue.

Mme Express et son équipe vous apportent cette semaine dans ce supplément pratique trente idées de cadeaux de moins de 2.000 francs (voir pages V, VI, VII), des informations précieuses sur les cours du soir (voir page II), des conseils pour éviter les maladies d'hiver des automobiles (voir page III), des renseignements sur une nouvelle méthode de soins pour ceux qui souffrent des dents (voir page IV), une sélection de bons spectacles (théâtre, cinéma, télévision) et de livres non-littéraires (voir page VIII) une bonne recette, etc.

En outre, cette semaine, Mme Express a :

● ***Ouvert*** une « station-service-cadeaux » pour dépanner, par téléphone, ses lecteurs et lectrices dans l'embarras. Le principe : donner des idées originales et adaptées à chaque cas particulier.

Quel est votre problème ? Avez-vous une nièce de 18 ans que vous voyez rarement mais que vous savez coquette, un médecin de famille à qui vous voulez manifester votre reconnaissance, une mère qui aime les jolis objets ? En tenant compte de vos possibilités financières, Mme Express vous indiquera LE cadeau qui leur fera le plus plaisir, et vous donnera l'adresse du magasin où vous pourrez vous le procurer.

Pour lui poser les questions qui vous préoccupent, il vous suffit de téléphoner à ELY 88-61 tous les jours (sauf le samedi et le dimanche) de 15 heures à 17 heures, en demandant le « Service-cadeaux ». Il fonctionnera jusqu'au 24 décembre sans interruption.

● ***Appris*** qu'une parfumerie parisienne (dépositaire de toutes les grandes marques) s'est fait une spécialité de livrer à domicile toute commande passée par téléphone atteignant 3.000 francs.

(Inès, 48, rue de Berri. Tél. ELY. 75-14.)

● ***Trouvé*** pour les parents imprévoyants qui ont subitement décidé d'envoyer leurs enfants aux sports d'hiver à Noël une organisation sérieuse qui dispose encore de quelques places. Séjour du 23 décembre au 4 janvier à Saas-Fée (Suisse) pour garçons et filles de 8 à 20 ans. Prix : 42.000 fr. comprenant le voyage (1re classe ou couchette) pension complète, leçons de ski, assurances, surveillance médicale.

S'adresser à M. Boucher, au lycée Henri-IV, 23, rue Clovis, Paris (Ve).

● ***Essayé*** des gants de caoutchouc (bleu) très commodes pour les travaux du ménage. Entièrement doublés de jersey (bleu) très fin, ils sont faciles à enfiler, agréables de contact, et surtout remarquablement isolants. Mme Express a pu mettre ses mains sous un robinet d'eau bouillante, puis dans l'eau froide, presque sans ressentir de différences de température à l'intérieur des gants. Cette nouvelle invention tentera même les plus farouches détractrices des gants de caoutchouc qui préfèrent abîmer leurs mains plutôt que de supporter le contact désagréable du caoutchouc.

Un seul inconvénient, la doublure de jersey, créant une épaisseur supplémentaire, diminue légèrement la sensation tactile, mais il suffit d'y faire attention les deux premiers jours, on s'habitue ensuite très facilement.

(Gants Ménagette, 600 francs la paire, en vente dans les grands magasins et dans les pharmacies.)

● ***Visité*** l'exposition « Etrennes 59 » organisée sous le patronage du ministère de l'Education nationale. Elle a pour but d'aider les parents à choisir les jouets de leurs enfants parmi les meilleures nouveautés de l'année. Les jeux, jouets, livres et disques présentés sont sélectionnés pour leur valeur éducative en dehors de toute considération commerciale. Ils ne sont d'ailleurs pas vendus sur place. Les pères Noël consciencieux pourront aller y chercher des idées jusqu'au 30 novembre, 53, Champs-Elysées, entrée gratuite. Mais avant d'effectuer leurs achats, ils feront bien d'attendre le prochain numéro de Mme Express qui leur facilitera au maximum cette lourde tâche.

# LES GOSSES RÉVOLTÉS

*Qui sont ces « voyous », ces « tricheurs », ces « teddy boys » ? Ce sont des gosses de nos banlieues, avec lesquels Jean Cau a eu une longue conversation sérieuse et instructive.*

**PAR JEAN CAU**

À LA UNE CETTE SEMAINE-LÀ

Ils sont quatre ou cinq « prolos » à prendre « un petit Ricard » devant le zinc du café – face au square Saint-Lambert – attaqué la veille par les « tricheurs ».
*« Patron, on te dit que les mômes ont juré que ça allait être ta fête, un de ces soirs, et qu'ils reviendraient. »*
Ils s'envoient des clins d'œil. Le patron hausse les épaules. Je demande :
*« C'est vrai ?*
*— Non, on charrie le patron. On se marre. On lui flanque un peu la trouille. Mais ça se pourrait bien… »*
Quatre ou cinq prolos qui ont entre 40 et 50 ans, qui « charrient » le patron et qui se « marrent », eux aussi, comme des mômes.
*« On est des habitués, c'est pour ça qu'il se fâche pas. Pas vrai, patron ? Remets-nous ça en attendant que les mômes t'obligent à vendre la baraque… »*

**« Tu t'engages ! »**
Le livreur des *Blanchisseries de Grenelle* est plus grave.
*« Vous cherchez à voir les mômes ? C'est facile… Je vais vous dire où ils traînent.*
*— Vous êtes du quartier ?*
*— Je le sais par mon fils.*
*— Il fait partie d'une bande ?*
*— Maintenant, il est en Algérie.*
*— Mobilisé ?*
*— Engagé. Je savais pas quoi en faire du môme. Dix-huit ans et il traînait… Je lui ai dit : "Mon gars, assez causé ! Tu t'engages." Pourtant, c'est pas mes idées ; il s'est engagé dans les paras. Vient d'être blessé… Quatre balles dans la cuisse et une dans le genou. Mais je crois que ça va. On attend de ses nouvelles. Il nous écrit assez souvent. »*
Il a le calme des pauvres, la résignation des pauvres. Il avait un fils et ce fils « traînait ». Alors il lui a dit de s'engager.
*« Sa mère ne voulait pas. Vous savez ce que c'est, hein, les femmes ? Je lui ai dit : "Tu préfères qu'il fasse une connerie ?" Comme de toute façon, le service, il faut y passer… »*
Les adresses que m'a données le livreur sont bonnes, mais le grand gars appuyé à l'entrée du *P'tit Pot* – en face du métro Pernety –, comme un cow-boy à l'entrée d'un *saloon*, pose sur moi un regard de « série noire ».
*« Vous êtes un vrai journaliste ou pas ? »*
Le mettre en confiance va me prendre cinq minutes. C'est fait. Il cède. Oui, il est du quartier. Oui, il a mené l'attaque contre Saint-Lambert avec les copains. Il y était. Avec eux ? Oui, avec des adolescents qui rappliquent et bientôt nous entourent. On peut y aller. C'est un journaliste. Les autres me regardent, mais le grand avec qui je parle déjà depuis un quart d'heure leur assure…
*« Non, je vous dis qu'on peut y aller. C'est un journaliste. »*

**Les « autres »**
Maintenant, il m'a pris sous sa protection. Maintenant, il se ferait pendre pour cette certitude qu'il a que je ne suis pas un « flic ». Il a envie de parler, aussi. Nous nous asseyons dans l'arrière-salle du café. Le grand commande un lait-grenadine, les autres des demis panachés. Des durs ? Non, des enfants dont, pendant près de deux heures, je vais être le copain et qui, lorsque nous nous serrerons la main, me quitteront à regret. Comme s'ils avaient été heureux d'avoir été écoutés et peut-être compris. Comme si ça ne leur arrivait jamais qu'on leur parle avec amitié et qu'on se souvienne, adulte, d'avoir eu un jour ces joues imberbes et d'avoir roulé des épaules en jouant les terreurs. Ils ont entre 17 et 19 ans. Apprivoisés, ils me livreront leurs vrais regards, leurs vrais gestes, leur vrai langage. Regards et gestes que je reconnais… Et cette langue qui est aussi celle de mes paradis perdus et dont la traduction sentimentale m'est si douce. Mes copains s'appellent Le Blond : il est plombier ; Jojo : il est typo ; Charité : il est photograveur ; Pépère : il est tourneur ; Nanard : il est déménageur…
Ils ont tous les cheveux longs, portent des maillots de coton rayés et des pantalons qui leur moulent les fesses et leur enserrent les chevilles.

*« Ça remonte à quatre mois, au moins… Ils ont commencé à taper sur les jeunots de 12 à 13 ans de la porte de Vanves. Ils voulaient faire la loi ici, s'infiltrer, alors nous…*
*— Qui, vous ?*
*— Ceux de Pernety, de la porte de Vanves, Bagneux, Arcueil, Montrouge, Malakoff, mairie du 14ᵉ… »*, dit Pépère.
Torse étroit, teint blafard, l'œil vif, Pépère est ouvrier, fils d'ouvrier, et pour avoir ce teint, ce torse et cet œil, sans doute arrière-petit-fils d'ouvrier. Né pour l'usine, il y a déjà deux ans que l'usine le dévore. Mais cet ouvrier est aussi un adolescent et hier il était encore un enfant.
*« Contre les autres.*
*— Quels autres ?*
*— Ceux de Saint-Lambert, Convention, Puteaux, Issy, Cambronne. »*

**Mes copains s'appellent Le Blond : il est plombier ; Jojo : il est typo ; Charité : il est photograveur ; Pépère : il est tourneur ; Nanard : il est déménageur…**

***« Demain, on attaque… »***
Jojo, le typo, glisse les mains sous son large ceinturon de cuir noir clouté. Il dit :
*« On a eu tort de ne pas descendre un samedi.*
*— Pourquoi ?*
*— Parce que le samedi après-midi on travaille pas. On aurait pu descendre à trois ou quatre cents au moins. Et là…*
*— On en avait marre*, dit Le Blond. *Alors, on leur a donné rendez-vous à Saint-Lambert, mais ils se sont dégonflés : ce sont des gonzesses. Toujours à cinq ou six contre un.*
*— Comment vous y prenez-vous pour vous rassembler ? Vous êtes organisés par bandes ?*
*— On passe le mot d'ordre dans la rue, sur les places, les bistrots, les groupes de maisons. Des bandes, ça veut rien dire. Chez nous, il n'y a pas de chefs. On est tous copains. On se connaît. »*
On se connaît : on habite les mêmes cités ouvrières de Vanves ou de Malakoff ; on vit dans ces énormes termitières que sont, par exemple, les blocs d'habitation construits en brique rouge dans la rue Raymond-Losserand. Les nouvelles que transmet le tam-tam se répercutent à une extraordinaire rapidité : *« Paraît que demain, on attaque ceux de Convention et de Cambronne. »* Les petits avertissent les grands ; les grands préviennent les copains : *« Paraît que demain, on attaque… »* Autour des appareils à sous, des juke-boxes, des billards électriques, dans les rues surpeuplées, dans les cours intérieures où grouille le petit peuple désœuvré des jeunes frères qui ne partent pas en vacances, la déclaration de guerre court comme la famine le long d'une mèche.
*« Vous comprenez, ça se fait comme ça. On le dit et ça se répète.*
*— Et vous vous armez de chaînes de bicyclettes, de boulons, de matraques, de barres de fer…*
*— Forcément. Faut bien.*
*— Et vous attaquez les passants, crevez les pneus, défoncez les vitrines.*
*— C'est pas vrai ! »*
Ça jaillit comme dans un cri. *« C'est pas vrai ! »* Ils sautent sur leurs chaises. Jojo en renverse son demi panaché.
*« On n'a pas attaqué le bistrot du square. Les autres s'étaient retranchés autour. Alors le patron a appelé les flics. C'est comme le truc du bistrot martiniquais… Un nègre a eu peur et a sorti une carabine en nous traitant de racistes. Mais on n'est pas du tout racistes. Les Arabes ne nous font rien et on leur fout la paix. Tant qu'ils ne bougent pas, on bouge pas.*
*— Les Arabes, ils en ont assez avec leurs salades sans se frotter à nous. »*
Charlie, le photograveur, pointe son doigt sur la table :
*« Faut que vous mettiez ça dans votre canard : on n'en a pas aux gens qui sont dans la rue. Et qu'il y a des mecs qui veulent s'occuper de ce qui les regarde pas. Et qu'il y a des vieux qui veulent séparer : c'est pour ça qu'ils en prennent.*
*— Il faut mettre que les vieux s'en occupent pas »*, dit Jojo.
Les vieux. Qui sont les vieux ? Ben, ce sont les vieux, quoi. Ils parlent maintenant tous ensemble. Ils détestent les vieux qui ne comprennent pas, qui appellent les flics (*« C'est tout ce qu'ils savent faire, appeler les flics ! »*), qui croient que nous sommes des voyous avec de l'argent plein les fouilles.
*« Dès qu'on dit à un vieux : “Allez, écrase ! Nous emmerde pas !”, il se pend au téléphone et appelle les flics.*
*— On est mal vus de tout le monde*, dit Pépère à voix basse comme s'il se parlait à lui-même. *On a toujours tort, toujours. Si on était bien sapés comme les tricheurs des Champs-Élysées, ils nous toucheraient pas. Mais on a les cheveux longs, pas de cravates, pas de bagnoles et quand ils nous savatent la gueule et qu'on revient les côtes bourrées de coups, nos parents ne disent rien et ne portent pas plainte. »*
Quelque chose éclate dans leur voix : une espèce de haine de classe, une haine de pauvres contre les tricheurs, contre les flics. Haine souterraine, grondante, qui trouve ses formules spontanées et qui est un des sens de leur révolte.
*« Qui commet des crimes ? Nous ou Bill ? Les crimes*, dit Jojo qui est typo et dont le langage se fleurit parfois de phrases toutes faites, *sont le plus souvent commis par des fils de familles aisées.*
*— Mais nous, on prend la tisane ; les tricheurs, jamais !*
*— Les flics nous chassent comme des lapins. Pour eux, on est des bêtes. L'année dernière, porte de Vanves, ils ont cerné la zone où on était à 150. Ils ont lancé des fusées éclairantes : ils ont tiré. On était tous à plat ventre. Si un copain avait été descendu, ils auraient dit que c'était nous et que nous étions armés. Et dans les cars, dans les commissariats, faut voir les trempes qu'on reçoit.*
*— Deux fois j'y suis passé*, dit Nanard. *Ils te frappent dans le dos, au ventre, dans les côtes pour pas que ça marque. S'ils s'énervent et te cassent le nez, ils disent que tu as fait ça dans la bagarre. Comme nos vieux rouspètent jamais…*
*— On est mal vus de tout le monde »*, répète Pépère toujours à voix basse.
Je me tourne vers Jojo. Il est l'intellectuel de la bande. Ses cheveux sont à peu près taillés.
*« Pourquoi “ les vieux”, à ton avis, ne vous comprennent pas ?*
*— Parce qu'on voit la vie autrement*, dit Jojo.
*— Qu'est-ce que tu veux dire ? »*
Jojo regarde les copains, cherche dans sa tête une phrase bien faite et bien solide qu'il a lue dans un journal. Il ne trouve pas. Le Blond vient à son secours :
*« Ils voudraient qu'on porte des gilets, qu'on ait des pantalons comme ça, qu'on soit comme eux. »*

**« Tu voles ? — Oui ! »**
*« Combien gagnez-vous par mois ?*
*— 50 000, 38 000, 45 000… »*
Que faire lorsqu'on est « le vieux » et qu'on voit « le môme » apporter à la maison une paie souvent à peu près égale à celle qu'on touche soi-même ? Que dire à ce « môme » qui avale sa soupe et dit : *« Je vais faire un tour… »* ? Lui donner l'ordre de tourner en rond dans le « trois-pièces » que le petit frère emplit de ses braillements ?
*« Vous remettez l'argent à vos parents ?*
*— Avec quoi on boufferait ? Ils nous laissent entre 1 000 et 2 000 F par semaine.*

**Haine des flics, des tricheurs, du rock and roll, haine du monde qui les entoure et dont l'immédiate frontière est celle de leur quartier…**

*— On est des ouvriers. Marquez-le. La différence entre nous et ceux de Saint-Lambert, c'est qu'ils sont, eux, des petits-bourgeois. Marquez-le, hein !… Marquez aussi qu'on n'a rien à voir avec les tricheurs…*
*— On le lui a déjà dit.*
*— Ça fait rien. S'il le marque deux fois, c'est mieux. Les tricheurs, les gars de Saint-Germain-des-Prés, c'est des…* (ici torrent d'insultes et qualificatifs obscènes). *On boit pas de* ouiski, *nous, on n'a pas un rond. Et on n'est pas* rokanrol. *On est pour le musette et le "typique", ça aussi c'est important. Si vous venez dans les bals, samedi…*
*— On peut vous photographier ?* »
Ils se crispent. Non, ils ne veulent pas. Ça, non ! Les flics les repéreraient. « *Moi, ma mère se fout par la fenêtre si elle voit ma photo !* »
Je promets, je parlemente… Ils me font jurer qu'on ne les reconnaîtra pas. Je jure.
*— Fais gaffe, si on nous reconnaît, on te retrouve.*
*— C'est ça, vous me retrouvez.* »
Samedi. Les bals dont les enseignes de néon éclairent par flaques les rues qui rayonnent autour de Cambronne. Les « mômes » traînent, entrent, transpirent un tango, sortent. L'un d'entre eux me reconnaît, sonne le rappel des copains. Nous allons vider quelques demis panachés dans un café.
« *J'ai vu des copains à vous, hier.*
*— On le sait.* »
Haine des flics, des tricheurs, du rock and roll, haine du monde qui les entoure et dont l'immédiate frontière est celle de leur quartier, avec les mêmes mots ils me répètent les mêmes choses. Ils sont sept ou huit.
« *Tu travailles ?*
*— Chez Panhard.*
*— Et toi ?*
*— Moi, non. Je me débrouille.*
*— Tu voles ?*
*— Oui…* »
Un copain bondit :
« *Ferme ton clairon, il l'écrira !*
*— Je m'en fous.* »

**Une bagarre pour 2 000 francs**

Il vole. Il vient de purger *x* mois de prison. Il avait volé pour des centaines de milliers de francs de *y*[1], mais…
« *Avant j'en avais piqué pour… et les flics ne l'ont jamais su.*
*— Ferme ton clairon ! T'es fou !*
*— Tu crois qu'il le sait pas ? Oui, on vole, on bricole, on se débrouille.*
*— Quelle est la proportion de ceux qui ne travaillent pas parmi vous ?*
*— La moitié…* »
Ils s'engueulent. « *C'est pas vrai. Plus de la moitié. Le quart,* dit l'un. *Moi je te parie, plus de la moitié* », dit l'autre.
Ils n'arrivent pas à décider d'une proportion. Non plus à décider s'ils « tombent » pour des vols ou des bagarres.
« *On est tous passés au commissariat entre les pattes des flics.*
*— J'appelle pas ça "tomber"*, dit celui qui a des yeux verts et des rouflaquettes.
*— Bon, ben sur la trentaine de vrais copains qu'on est, combien sont "tombés" pour de vrai ? Cinq, six…*
*— Plus que ça,* dit celui qui sort de *x* mois de prison. *Fais le compte.* »
Si je leur donne 2 000 francs, ils me proposent d'organiser une bagarre, la, dans la rue. Tout de suite. « *De se mettre en pétard* » et « *de foutre la pagaille* ». Je refuse. Ils sont déçus. Une fois de plus, je leur pose la question :
« *Vous vous intéressez à quoi ?*
*— On est pour avoir de l'argent et pour s'amuser.*
*— La politique ?* »
À chaque fois, c'est un chœur qui répond : « *On s'en fout ! On n'en a rien à foutre !* »
« *L'Algérie ?* »
Ils lancent les phrases que voici : « *Normal qu'ils se défendent, les autres.* » — « *Y'a qu'à les gauler et qu'on n'en parle plus !* » — « *Pourquoi on n'envoie pas 500 avions ?* » — « *C'est comme quand les Boches étaient ici. On leur tape dessus et ils nous le rendent : c'est le jeu !* » — « *Si l'Algérie serait indépendante, y'a des mecs qui se rempliraient les poches, autant que ça soye nous !* » — « *Ils cherchent à nous ratatiner et on cherche à les ratatiner, c'est pas autre chose l'Algérie !* »
« *En principe,* me disait hier Charlie, *on parle pas de ça. On s'en fout.*
*— Moi, mon frère en revient,* dit Pépère. *Pendant trois mois, il était un peu dingue, maintenant ça va… Dans six mois j'y vais aussi.*
*— Tu as choisi ton arme ?*
*— Dans les paras. En principe, quand on y va, on essaie d'être dans les paras, comme les frangins, comme les copains, comme les autres, quoi. Parce que, tant qu'à être troufion, autant être para. C'est plus marrant.* »
Au lieu de s'affronter autour des cafés du square Saint-Lambert ou du métro Pernety, ils saccageront des mechtas. Au lieu de brandir chaînes de bicyclettes ou barres de fer, ils auront poignards et mitraillettes. Au lieu d'être moulés dans leurs blue-jeans et leurs maillots noirs, ils arboreront la tenue de saut. Au lieu de se bagarrer, ils se battront.
Par-dessus le marché, on leur dira qu'ils sont « troupe d'élite » et ils seront décorés pour des exploits dont l'apprentissage – porte de Vanves – ne leur vaut que d'être « tabassés » par la police. Leur violence sans emploi cessera d'être condamnable et condamnée ; elle aura un nom : la guerre. Et cette guerre dont ils ne parlent pas, dont ils « se foutent », ils savent qu'elle est au bout de leurs 19 ans.
Le frère, le copain dont le béret rouge – au bal Lafon ou au Boléro – frôlait hier soir la joue d'une « gonzesse » en témoigne.
Fils d'ouvriers, eux-mêmes ouvriers (et ceux d'entre eux qui ne travaillent pas ne seront rien d'autre s'ils travaillent un jour), ils traduisent à leur manière le sentiment qu'ils ont d'appartenir à une classe. (« *Marquez que nous sommes des ouvriers !* », m'ont-ils tous demandé, y compris ceux qui se vantaient de ne rien faire et de sortir de maisons de correction ou de redressement). Ils détestent les « tricheurs », les « fils à papa », les « mecs à bagnole » ; ils vomissent le rock and roll et leurs défis aux « gonzesses de Saint-Lambert » sont défis informes d'une classe à une autre (« *Marquez que les autres sont des petits-bourgeois !* »)
« *Vos parents s'intéressent à la politique ?*
*— Non, ils s'en balancent.* »

**Avoir 20 ans**

Reste la jeunesse, alors, et ses violences. Reste la disponibilité de cette violence qu'une société ne peut pas ne pas fatalement récupérer sous peine de voir des centaines et des milliers de jeunes devenir des hors-la-loi. Le phénomène n'est pas particulier à la France. Aux quatre coins du monde – aux USA, en Suisse, en Scandinavie, en Grande-Bretagne – ils sont légion, ces « rebelles sans cause ». Dans les pays de l'Est, « Hooligans » et « Stiliaguines » dévoilent également à travers leurs désordres combien il est terrible – comme le disait déjà Paul Nizan – d'avoir 20 ans. Mais les États-Unis, la Suisse, la Scandinavie, la Grande-Bretagne manifestent quelque souci à l'égard de leur jeunesse :

**1. Je me suis engagé à « camoufler ».**

stades, universités, maisons de jeunes, accueillent les adolescents. À coup de crédits privés ou d'État, des efforts sont faits. Dans les pays de l'Est, on propose aux jeunes d'avoir un avenir, et – remède de cheval peut-être, mais remède – de défricher par exemple les terres vierges de Sibérie. Parcs de la culture, innombrables maisons de jeunes, manifestations sportives assurent en outre les jeunes de la sollicitude de l'État.

**Les « mômes » nous obligent – mais le voulons-nous ? Ne trouvons-nous pas plus simple « d'envoyer les flics » ? – à réfléchir sur leur violence, sur le sens de leurs bagarres, leur goût de l'uniforme et leur totale indifférence au sens de cette guerre dont ils seront – comme le sont leurs frères – les soldats.**

En France, à nos « rebelles », nous offrons, pour le moment, une cause et une seule : hier la guerre, aujourd'hui la guerre. Notre société déverse la violence qui convulse sa jeunesse dans la guerre d'Algérie et s'en débarrasse – c'est sa manière de la récupérer – en la fascisant ou en lui donnant cette sorte de désespoir qu'est le vide des cervelles.

« *Les journalistes, vous êtes des salauds. Vous dites que nous sommes des voyous...*
— *Vous n'en êtes pas ?* »

Ils restent soudain cois. Ils ne savent pas me répondre ceci : les adultes – ceux de Malakoff comme ceux des Champs-Élysées – avaient eux aussi soif d'un « ordre ». Mais les adultes sont polis et bien élevés : ils ont approuvé un coup d'État, ils ont volé, ils ont enterré la République, ils se sont jetés entre les bras d'un chef. Très poliment. En fabriquant des lois et des députés. En y mettant des formes.

Eux, les « mômes », ils ne sont pas polis. Ce fascisme que toute une nation sécrète et appelle par ses démissions collectives, ce fascisme qui est ce vertige dans les esprits politiquement évidés, eux, les « mômes », le vivent et spontanément le « révèlent ». Ils mangent le morceau. Ils nous obligent – mais le voulons-nous ? Ne trouvons-nous pas plus simple « d'envoyer les flics » ? – à réfléchir sur leur violence, sur le sens de leurs bagarres, leur goût de l'uniforme et leur totale indifférence au sens de cette guerre dont ils seront – comme le sont leurs frères – les soldats.

« *Vous dites que nous sommes des voyous, les journaux, mais vous verrez dans cinq ans. Ceux qui ont 13 ou 14 ans ils sont encore plus pires que nous. On est des enfants de chœur à côté. Vous allez voir ça. Vous me croyez pas ?* »

Si, je te crois Jojo. Chaque jour, en effet, l'héritage devient de plus en plus lourd à porter. Vous êtes les cadets admiratifs de vos aînés et il est normal que vous ayez le désir d'être « *plus pires* » que vos modèles. Normal aussi que « *ceux qui ont 13 ou 14 ans* » veuillent dès maintenant être « *plus pires* » que vous. Jusqu'au jour où cette intenable surenchère verra nécessairement son terme. Or vous êtes la prochaine France...

L'EXPRESS

125 frs

3 SEPTEMBRE. — N° 429

(Holmès.)

LE PRESIDENT DES ETATS-UNIS

« *Le monde appartient aux optimistes.* »

(Guizot.)

**3 SEPTEMBRE 1959. LE PRÉSIDENT DES ÉTATS-UNIS.**
La une tout en couleurs imprimée en héliogravure pour honorer l'hôte de la France : Eisenhower.

L'AFFAIRE MITTERRAND ET LE RÉGIME

L'EXPRESS

125 Frs

26 NOVEMBRE 1959. — N° 441

ENQUÊTE :

LA GELÉE ROYALE GUÉRIT-ELLE LE CANCER ?

(International Press.)

M. ORSON WELLES (pp. 36-37-38-39)

*« J'ai vécu très au-dessus des moyens de mon époque. »*

(Jean Cocteau.)

**26 NOVEMBRE 1959. ORSON WELLES.**

Rencontre au sommet : Jean Cau et François Truffaut s'entretiennent avec Orson Welles.

L'EXPRESS

Mitterrand-Debré :
QUI MENT ?

125 Frs 3 DECEMBRE 1959. — N° 442

(Archives)

GÉRARD PHILIPE *(pp. 38-39)*

*« Ces vies merveilleuses, ces destins uniques et complets qui croisent et s'achèvent entre des murs et pour quelques heures, quel raccourci souhaiter qui soit plus révélateur ? »*

(Albert Camus, « Le Mythe de Sisyphe ».)

B 1 - ★ ★ ★ ★ ★

**3 DÉCEMBRE 1959. GÉRARD PHILIPE.**
À l'apogée de sa gloire, l'acteur et comédien, âgé de trente-six ans, meurt brutalement. La disparition de l'artiste et compagnon de route du PC plonge dans la tristesse ses milliers d'admirateurs – et surtout admiratrices.

# « Politisés et fiers de l'être »

*par Christiane Collange*

**Je me souviens… des premières années de *L'Express*. Elles restent comme l'une des périodes les plus passionnantes de ma vie de journaliste.** Je me souviens que nous étions tous vraiment jeunes, j'avais vingt-deux ans, Jean-Jacques vingt-neuf, les plus âgés n'avaient pas quarante ans. Nos aînés avaient du mal à digérer la guerre, l'avenir nous appartenait.

Je me souviens qu'à part Françoise Giroud, rédactrice en chef du magazine *Elle* pendant plusieurs années, aucun de nous ne savait vraiment fabriquer un journal. Nous avions des idées et de l'énergie mais aucune expérience.

Je me souviens que nous étions politisés et fiers de l'être.

Je me souviens que le 16 mai 1953 – jour de la sortie du premier numéro – les ouvriers typographes se sont mis en grève pendant une heure parce qu'ils refusaient de travailler sous la responsabilité d'une femme : moi, secrétaire de rédaction, et, de surcroît, enceinte de sept mois. Malgré tout, le numéro un est sorti en temps et en heure !

Je me souviens que mon père a été triste quand j'ai pris la direction des « pages au féminin » – elles allaient devenir un véritable supplément magazine sous le nom de *Madame Express*. Il regrettait le côté « bonne femme » de ma carrière, mais moi le problème de la libération des femmes me passionnait.

Je me souviens qu'à la conférence du lundi matin, chaque fille racontait sa vie de salariée et de mère de famille. Nous choisissions nos sujets à partir de ce vécu. Nous ne cherchions pas à faire rêver, comme la plupart des magazines féminins, mais à rendre vraiment service à cette première génération de femmes écartelées entre le boulot et les enfants.

Je me souviens que les hommes en désaccord politiquement avec la ligne progressiste du journal prétextaient qu'ils l'achetaient pour leur femme, grande lectrice de *Madame Express*. Je détestais ces fausses excuses et précisais toujours mon adhésion aux combats des pages politiques. De la même manière, les politiques soutenaient nos actions féministes.

Je me souviens qu'il m'a fallu plusieurs années pour que Christiane Collange prenne la place de *Madame Express* dans ma vie. Heureusement j'ai réussi à ranger cette petite dame au magasin des souvenirs… de très bons souvenirs !

À *L'Express* de janvier 1953 à 1969, Christiane Collange a d'abord été secrétaire de rédaction, puis rédactrice en chef de *Madame Express* et du « Back of the Book », la deuxième partie du magazine, composée notamment des pages « Société », « Spectacles » et « Entretien ».

# LES ANNÉES SOIXANTE 1960-1969

Martin Luther King s'adresse aux défenseurs des droits civiques à Selma, Alabama, mars 1965. Photographie Flip Schulke.

De jeunes scouts algériennes brandissent le drapeau algérien à la veille de l'indépendance du pays, 30 juin 1962.

## DANS LE MONDE

**24 JANVIER 1959-1er FÉVRIER 1960**

« Semaine des barricades ». Les pieds-noirs en colère considèrent le discours du général de Gaulle sur l'autodétermination de l'Algérie comme une trahison et organisent un soulèvement qui échoue.

**14 SEPTEMBRE 1960**

Création de l'OPEP (Organisation des pays exportateurs de pétrole).

**22-25 AVRIL 1961**

Putsch des généraux à Alger. Les Français de métropole se sont prononcés en faveur du principe d'autodétermination du peuple algérien. À Alger, les Européens et les militaires se raidissent. Les généraux Challe, Salan, Jouhaux et Zeller tentent le coup de force. Mais le contingent ne suit pas et reste fidèle à de Gaulle.

**12-13 AOÛT 1961**

Point d'orgue de la cristallisation des deux blocs, le mur de Berlin est édifié dans la nuit.

**18 MARS 1962**

Signature des accords d'Évian : la France reconnaît l'indépendance de l'Algérie.

**5 AOÛT 1962**

L'actrice Marilyn Monroe est retrouvée morte dans sa chambre, à Los Angeles.

**OCTOBRE 1962**

Crise des missiles de Cuba. La menace d'une guerre nucléaire n'a jamais été aussi sensible. Moscou accepte finalement de retirer les missiles offensifs installés à quelques milles des côtes américaines.

**ÉTÉ 1963**

Le téléphone rouge est installé entre la Maison Blanche et le Kremlin, symbole de la détente entre les pro-Occidentaux et les pro-Soviétiques.

**22 NOVEMBRE 1963**

Le président des États-Unis, John F. Kennedy, est assassiné à Dallas. Le vice-président Lyndon B. Johnson le remplace avant d'être élu en 1964.

**2 JUILLET 1964**

Le *Civil Right Act* est voté aux États-Unis. Toute discrimination fondée sur la race, la couleur, la religion, le sexe ou l'origine nationale est désormais illégale.

**OCTOBRE 1964**

En URSS, Khrouchtchev, est remplacé par Brejnev.

**19 DÉCEMBRE 1965**

Le général de Gaulle est réélu au suffrage universel direct.

**MARS 1966**

Les troupes françaises quittent le commandement intégré de l'OTAN.

**5-11 JUIN 1967**

Guerre des Six Jours. Israël occupe le Sinaï, la Cisjordanie, la bande de Gaza et le plateau du Golan.

**28 DÉCEMBRE 1967**

La loi Neuwirth autorisant la contraception orale est votée mais elle ne sera appliquée qu'en 1972.

Des policiers, membres des CRS, manient la matraque rue Saint-Jacques, à Paris, le 6 mai 1968.

**30 JANVIER 1968**

Au Viêtnam, les communistes lancent l'offensive du Têt. Aux États-Unis, la télévision transmet quotidiennement les images des combats.

**4 AVRIL 1968**

Le pasteur Martin Luther King est assassiné à Memphis, États-Unis.

**MAI 1968**

Une contestation sociale et culturelle contre l'ordre établi s'étend à travers le monde. En France, le 13 mai est déclaré jour de grève générale : étudiants et ouvriers manifestent ensemble.

**20-21 AOÛT 1968**

L'URSS impose le retour à l'ordre soviétique à l'est du rideau de fer. C'est la fin du printemps de Prague et des espoirs de la population tchèque en un « socialisme à visage humain ».

**27 AVRIL 1969**

Le général de Gaulle organise un référendum sur la réforme du Sénat et la décentralisation. Le « non » l'emporte. De Gaulle démissionne le lendemain et se retire à Colombey-les-deux-Églises.

**15 JUIN 1969**

Georges Pompidou est élu président de la République.

**21 JUILLET 1969**

Neil Armstrong pose le pied sur la Lune.

**15-18 AOÛT 1969**

Le festival de Woodstock accueille près de 450 000 jeunes Américains, adeptes de la contre-culture et du *Flower Power*.

## LES GRANDES DATES DU JOURNAL

**FÉVRIER 1963**

Philippe Grumbach, rédacteur en chef, quitte le journal.

**OCTOBRE 1963**

*L'Express* lance la candidature de Gaston Defferre, *alias* Monsieur X, à l'élection présidentielle.

**NOVEMBRE 1963**

Départ de Jean Daniel, cofondateur du journal.

**21 SEPTEMBRE 1964**

*L'Express* inaugure une nouvelle maquette et une nouvelle philosophie. Inspiré par *Time* et *Newsweek*, Jean-Louis Servan-Schreiber, le frère de Jean-Jacques, a préparé une formule révolutionnaire. *L'Express* devient le premier *news magazine* français.

**JANVIER 1967**

Claude Imbert devient rédacteur en chef. Il remplace Jean Ferniot.

**1969**

JJSS laisse la direction générale de *L'Express* à son frère JLSS et devient secrétaire général du parti radical-socialiste.

# 1968 : MA DEUXIÈME NAISSANCE

*ENTRETIEN AVEC BENOÎTE GROULT*

DANS LES ANNÉES 1960, LA JOURNALISTE ET ROMANCIÈRE BENOÎTE GROULT EST UNE MÈRE ET UNE ÉPOUSE D'UNE QUARANTAINE D'ANNÉES. UNE FRANÇAISE MODÈLE – OU PRESQUE – QUI S'INDIGNE DE LA CONDITION DES FEMMES SANS VRAIMENT SE RÉVOLTER. EN QUELQUES ANNÉES, LE VENT DE LA CONTESTATION VA BALAYER SA BONNE ÉDUCATION ET SA RÉSIGNATION. EN 1968, BENOÎTE GROULT, LA FÉMINISTE, EST NÉE.

**En 1960, rien ne laissait présager la révolution de mai 1968. Vous aviez alors quarante ans. À quoi ressemblait votre quotidien de femme mariée et de mère?**
« En 1960, j'étais encore une dame du XIX^e^ siècle, soumise aux mêmes diktats, à la même honte de son corps et à la même ignorance. Depuis ma jeunesse, les choses avaient peu évolué. Je menais une vie complètement écrasée par les "bonnes mœurs" et les règles imposées aux femmes. Aujourd'hui, beaucoup ont oublié. Mais nous vivions dans un carcan, risquant d'avoir à avorter à tout moment. Mes amies – aussi bourgeoises fussent-elles – étaient dans la même situation. Nous nous échangions les adresses.
Il fallait se rendre chez des faiseuses d'anges, souvent des concierges, dans les environs de Paris. On n'était jamais sûre que ce serait fait correctement.
Les médecins risquaient leur carrière s'ils pratiquaient des avortements. Ils attendaient toujours le dernier moment pour intervenir : "Attendez d'avoir 39 °C de fièvre et une vraie hémorragie. Alors, je vous ferai un curetage, à l'hôpital", disaient-ils. Et nous recommencions six mois plus tard car nous n'avions pas le choix. C'était ça ou avoir douze enfants, comme les Québécoises. Comble de l'ironie, nous étions coupables de notre état. Mon deuxième mari, Georges de Caunes, râlait à chaque fois : "Quoi ? Tu es encore enceinte !" Comme si je l'avais fait toute seule... »

**Dans les années 1960, deux de vos filles avaient une vingtaine d'années. Comment cela se passait-il ?**
« Elles étaient des jeunes filles libres. Je voulais essayer de leur éviter de vivre une jeunesse aussi ligotée que la mienne. Elles avaient des amants que je recevais parfois à la maison, au grand dam de mes amies, outrées : "Comment oses-tu les laisser faire leurs saletés chez toi ?" me demandaient-elles. Je leur répondais que cela n'avait rien de sale et que je préférais qu'elles fassent l'amour à la maison plutôt que dans une 2CV. Mais cela n'a pas évité à mon aînée de tomber enceinte et de devoir se faire avorter clandestinement. Voyez, en trente ans, les choses n'avaient pas beaucoup bougé. Dès que le planning familial a été ouvert, je les y ai emmenées et elles ont été parmi les premières à prendre la pilule. »

**Pour cela, il faut attendre 1967, date à laquelle les premiers centres du planning familial sortent de la clandestinité, et année de la loi Neuwirth, qui autorise la pilule...**
« Oui. Jusque-là, la contraception était un sujet tabou. Personne, aucun médecin – même ceux qui terminaient un avortement raté – ne vous parlait des préservatifs. C'était bon pour la prostitution et pour ne pas attraper la syphilis. Les femmes ignoraient tout d'elles-mêmes, de leur corps. Les organes féminins nous semblaient honteux. Quel choc lorsque, après mai 68, on nous a dit : "Prenez une glace, mettez-la entre vos jambes et regardez comment vous êtes faites !" »

**Cela paraît incroyable: Simone de Beauvoir a pourtant publié son ouvrage *Le Deuxième Sexe* en 1949...**
« Oui, mais il s'agissait d'un texte très intellectuel, très universitaire et peu accessible au plus grand nombre. Et j'en ai tiré les leçons. Lorsque plus tard, dans les années 1970, j'ai écrit *Ainsi soit-elle*, pour dénoncer notamment l'excision, j'ai voulu rendre mes idées compréhensibles par tous et m'adresser à toutes les classes sociales. *Le Deuxième Sexe* n'avait pas été suffisamment diffusé. N'oubliez pas que ce livre a été mis à l'index par le Vatican dès sa parution. Nous étions enfermées dans un carcan depuis tant de siècles qu'il

**En 1968, dans le métro à Paris.** Photographie Henri Cartier-Bresson.

nous a fallu des années pour nous éveiller aux idées d'égalité et de liberté.
« Il aura fallu attendre 1965 pour que les banques autorisent les femmes mariées à ouvrir un compte sans l'autorisation de leur époux. Pourtant la loi était passée en 1943 ! Mais les guichetiers nous rétorquaient que l'avis du mari était toujours nécessaire. Et les femmes n'osaient pas se révolter. Nous étions résignées à notre condition de citoyennes de deuxième catégorie. »

**Résignées et occupées...**
« Très occupées. Avoir des enfants, à l'époque, c'était dur si on voulait continuer à travailler. Chez moi, la baignoire était toujours pleine de couches sales avec la palette en bois, posée sur le rebord, pour enlever le plus gros. La lessiveuse bouillait sans cesse dans la cuisine. Les petits pots n'existaient pas. Nos vies étaient complètement remplies : nous n'avions pas le temps de penser à notre condition. Et puis, j'ai toujours travaillé. Avec ma sœur Flora, nous avons même écrit nos premiers romans ensemble – comme si nous avions peur d'entrer seules en littérature – dans ces années-là : *Le Journal à quatre mains* en 1958, *Le Féminin pluriel* en 1965 et *Il était deux fois* en 1967. Nos livres ont bien marché. Mais les critiques en rendaient compte à côté des recettes de beauté et de cuisine, dans la rubrique “Pour vous, Mesdames”, sous le titre “Quand les femmes échangent le plumeau pour le stylo”. Jamais à la page littéraire ! Bien sûr, cela m'a indignée. Mais cela n'allait pas plus loin. Que faire ? Le MLF n'existait pas ! »

**Quand cette indignation s'est-elle transformée en véritable prise de conscience?**
« Mon troisième mariage, avec Paul Guimard, au début des années 1950, m'y a préparée. Nous avions passé un contrat à la “Sartre et Beauvoir”. Nous avions décidé que le mariage ne serait pas le couvent et que nous continuerions à profiter des beautés du monde. Comme souvent, dans les couples, mon mari a beaucoup plus profité de ce contrat que moi... Paul voulait que je travaille et ne souhaitait pas nécessairement avoir un troisième enfant. Bref, il ne faisait peser sur moi aucune des habituelles lois des maris sur leurs femmes. Pourtant, je n'ai pas vraiment eu de déclic. Je n'ai pas tout remis en cause comme Simone de Beauvoir. Cela m'a pris des années encore pour briser mon formatage. Il a fallu mai 1968. D'un seul coup, la parole s'est libérée. »

**Mai 1968: comment l'avez-vous vécu?**
« À cette époque, nous étions en province. Mais lorsque les événements ont commencé, je suis rentrée à Paris. J'ai d'abord assisté aux réunions politiques : sans avoir ma carte au parti socialiste, j'étais une sympathisante. Mais, comme toujours, j'étais incapable de prendre la parole en public : je sentais la sueur couler le long de mon bras jusque dans le creux de ma main, qui tenait un bout de papier et une question que je n'ai jamais réussi à lire. Ma véritable révélation, ce sont les réunions de femmes réservées aux femmes. Enfin, nous pouvions, nous osions prendre la parole. Tout à coup l'homme, gardien d'un état de fait, disparaissait. Tout à coup nous étions libres. Et partout j'entendais les mêmes histoires : les métiers ou les études qu'il fallait abandonner, les avortements clandestins, les enfants non désirés, etc. Celles qui racontaient avaient entre vingt et trente ans. Moi, j'avais la quarantaine : il était temps que je m'interroge sur ma condition et que je prenne les choses en main ! C'était une véritable révolution, une deuxième naissance.
« D'ailleurs, en 1968, tout était révolutionnaire : les mœurs, le droit de faire l'amour sans la sanction et le droit de s'habiller n'importe comment. On pouvait voir des jeunes femmes en tailleurs stricts, d'autres avec de grandes robes gitanes. Les jeans ont fait leur apparition dans les manifs. Garçons et filles pouvaient s'immerger dans la foule. Comme je les enviais, moi qui avais été obligée, par ma mère [note de la rédaction : la styliste Nicole Groult], à porter un chapeau à voilette pour aller à la Sorbonne !
« Enfin, j'ai osé m'exprimer. Enfin, j'avais trouvé mon chemin et les “mots pour le dire”, comme écrivait Marie Cardinal. »

***Propos recueillis par Marie Cousin***

**7 JANVIER 1960. ALBERT CAMUS.**
Hommage à l'écrivain, philosophe et chroniqueur du journal décédé le 4 janvier 1960 dans un accident de voiture.

**28 JANVIER 1960.** CHARLES DE GAULLE NUMÉRO SPÉCIAL. Limogé par de Gaulle, Massu quitte Alger. La tension monte. Le 24 janvier, la ville est dans un climat insurrectionnel. La semaine sanglante dite « des barricades » fait une vingtaine de morts. **14 AVRIL 1960.** LA SIGNORET. Première Française oscarisée, Simone Signoret est à la une. Mais un autre sujet intéresse le journaliste de *L'Express* Jean Cau : les relations entre son mari Yves Montand et Marilyn Monroe. **12 MAI 1960.** FEDERICO FELLINI. *La Dolce Vita* de Federico Fellini remporte la Palme d'or au festival de Cannes. **2 JUIN 1960.** JEAN-PAUL BELMONDO. Égérie de la Nouvelle Vague, Jean-Paul Belmondo crève l'écran dans *À bout de souffle* de Jean-Luc Godard.

# CE N'EST PAS SI SIMPLE

*Françoise Sagan, de retour de Cuba, fait pour* L'Express *le bilan de ses impressions.*

PAR FRANÇOISE SAGAN

LES PARAS DEVANT L'O.N.U.
L'EXPRESS
Mlle CHANEL AU TRAVAIL

À LA UNE CETTE SEMAINE-LÀ

Cuba, ce n'est pas si simple. Personnellement j'étais partie avec les idées les plus romanesques et les plus enthousiastes et j'en suis revenue avec quelques réticences. Je dois dire tout de suite que j'y ai passé en tout et pour tout neuf jours, que je n'ai pas parlé avec Castro, qui était malade, et que j'ai plus vu les gens de la rue que les gens du gouvernement.
Volontairement d'ailleurs sur ce dernier point. Les visites de coopératives m'effrayent et l'économie me semble devoir être réservée aux spécialistes.
L'histoire est la suivante : Cuba voit une révolution tous les six ans. Il y a douze ans, à peu près, Batista, fils de paysans, communiste, prend le pouvoir par un coup de force et installe une sorte de dictature militaire. Au bout de deux ans, il est parfaitement corrompu. Cuba devient le fief du pot-de-vin, du luxe, de la misère et du sang. On va de torture en torture dans les prisons, tandis qu'on va de casino en casino dans la ville. C'est, si l'on me passe cette expression, la parfaite image d'Épinal du révolutionnaire : les Cadillac silencieuses, les hurlements des paysans, le bruit des roulettes la nuit et des détonations à l'aube. Les gens vivent dans la faim et la peur. Et la fameuse gaieté cubaine, célèbre dans toute l'Amérique du Nord (Cuba est considéré comme l'Italie en Europe), disparaît.

**De Poujade à Jésus-Christ**

Arrive Castro, fils d'une famille aristocratique espagnole, étudiant en droit. Castro est idéaliste. Il se soulève, il est emprisonné, relâché, il prend le maquis, mène une vie de traqué pendant six ans et finalement prend le pouvoir. À Cuba, les gens l'adorent.
Et c'est bien compréhensible.
Pour plusieurs raisons. D'abord folkloriques : les Cubains sont désordonnés, bruyants et bavards. Castro est plus que désordonné (ses ministres ne le trouvent jamais quand il faut) et il adore parler (ses discours durent entre quatre et huit heures). Les Cubains se retrouvent donc en lui. Puis des raisons humanitaires : Castro est bon, il aime son peuple, il s'adresse à lui directement et il est foncièrement honnête et désintéressé.
Je me méfiais du populisme de Castro dont on m'avait beaucoup parlé : il y a différentes manières de parler directement aux gens, elles vont de Poujade à Jésus-Christ. Fidel, lui, parle aux paysans de leur vache, leur donne des conseils si elle est malade, vit dans la rue. Et il leur parle simplement, sans affectation, il s'intéresse à eux. Que l'on pense que personne, au grand jamais, n'avait pris la peine de parler aux paysans. Qu'ils vivaient comme des bêtes de somme, à la merci du caprice d'un gendarme. Et que subitement on leur parle, qu'on essaye de leur donner des moyens de s'instruire (problème difficile, car 40 % sont illettrés) et qu'en plus on leur donne le droit de vivre. Castro a donné à chaque paysan son champ et sa ferme. « *Plus personne ne pourra vous jeter dehors, on ne pourra plus vous humilier. Nous avons dit que les paysans étaient des êtres humains.* »

**Quelques « mais »**

Comme on le sait, Fidel a viré gaiement les Américains. De plus, il a confisqué les fabriques, les hôtels, etc., ce qui fait dire à beaucoup de gens : il exagère. Mais ce sont les gens d'un même milieu. En attendant, la réforme agraire qu'il a entreprise doit suffire à sauver son pays dans un temps plus ou moins long. L'ennui pour le moment, ce sont tous les petits commerçants, ceux qui vivaient du tourisme et des Américains. Cuba possède un côté « Sunset Boulevard » étonnant : des hôtels gigantesques et déserts, des piscines somptueuses dont la peinture s'écaille, des voitures énormes qu'on laisse dans les rues, faute de pièces de rechange, des maîtres d'hôtel désabusés et des croupiers en complet veston.
Pour en revenir à l'humanité de Castro, il faut bien ajouter ceci : il a horreur du sang.
Les fameux procès à ciel ouvert dont on parla tant, la fameuse photo du lieutenant Untel embrassant ses enfants une dernière fois, qui fit pleurer tant de bons cœurs, tout cela se résume en un chiffre : 600 exécutions.

Je ne dis pas que c'est peu, mais que chacun de ces 600 hommes avait torturé, pillé et assassiné, et qu'ils avaient été formellement reconnus par des témoins et un tribunal militaire.
Ça, même les opposants de Castro, ceux qui étaient « là », le reconnaissent. Il faut bien penser qu'il n'y avait pas besoin du moindre témoignage « avant » pour exécuter un homme et sa famille. À présent, bien sûr, l'opposition ouverte est interdite, mais si un homme dit dans la rue « *Castro est un crétin ou un coquin* », il risque tout au plus quarante-huit heures de prison. Évidemment, pour un Français, cela semble inadmissible. Néanmoins, il y a l'anecdote célèbre à Cuba d'un journal dominicain qui avait publié la coquille suivante : « *Les enfants des écoles déposeront une gerbe sur la tombe* [au lieu de la statue] *de Trujillo.* » Ce dernier fit tout bonnement déporter tout le journal, y compris les linotypistes et leurs familles. Et Batista était, paraît-il, plus « intransigeant » encore que Trujillo. On imagine ce que peut donner une police dans ces conditions ; et que Castro soit arrivé à ne donner à la vengeance d'un peuple écrasé depuis six ans que 600 responsables représente un joli tour de force.
Bref, il semblerait que tout aille bien à Cuba. Et si les palaces tombent en ruine, ce n'est pas bien important. Et si les gros propriétaires sont partis croquer ailleurs leurs économies d'Amérique, c'est tant mieux pour la Côte d'Azur et le tourisme mondial. Seulement, il y a quelques « mais ».

**« Vous devez nous aider »**

Castro avait promis de se présenter aux élections un an après sa prise du pouvoir et il ne l'a pas fait. Les représentants des syndicats ont été remplacés par des hommes de Castro ; les journaux ont été saisis, il n'y a plus de presse libre et les résultats sont comme toujours consternants. Les Cubains ont gardé des Américains le sens de la propagande et ce ne sont partout que des tracts, slogans, discours, une hystérie de l'affiche, de la profession de foi, et bien entendu de l'outrance. Tout le monde se promène avec des revolvers aux côtés, des tracts dans les poches et une formule à la bouche, ce qui, de plus, va fort mal esthétiquement au peuple cubain, lequel est le plus gentil, le plus sympathique et le plus serviable de la terre. (Quand un des nouveaux agents de la route vous arrête, ce n'est pas pour vous dresser une contravention mais pour vous dire : « *Vous avez passé le feu rouge, voyons, vous savez bien que vous devez nous aider.* » Après quoi, il vous fait un sourire éclatant [les Cubains ont de fort belles dents] et repart sur sa moto, la faisant ronfler et visiblement ravi.) Donc, en dehors de ces légers égarements, il faut quand même noter l'absence de certaines libertés qui nous semblent en général indispensables.

**La pagaille**

De plus, il y a un côté prodigieusement énervant chez les Cubains, c'est le côté « nouveau libre ». Ils sont nouveaux libres comme on est nouveau riche. Ce sont eux qui ont inventé la révolution, le monde a les yeux fixés sur eux, tout le monde les admire et il n'y a que les salauds pour se permettre la plus légère objection. Ils semblent ignorer parfaitement (je parle du Cubain moyen) qu'ils sont à une heure de l'Amérique, qu'ils ont demandé l'aide des Russes et que ce peut être une raison de l'intérêt que leur porte la presse mondiale. Enfin, ils sont persuadés qu'à part la Russie, tous les peuples vivent sous une affreuse tyrannie et que nous-mêmes, Français, prêtons la main à un bourreau sanguinaire nommé de Gaulle. Des conversations de ce genre, si elles se prolongent, vous mènent au bord de l'apoplexie. Quant à 1789, 1848, etc., ils ne connaissent pas, nous sommes des arriérés et des lâches. Je sais bien que ce genre d'agacement paraîtra puéril, mais il faut avoir passé neuf jours avec les Cubains.
Dernière objection à Cuba et à son régime actuel : la pagaille. Les Cubains sont par nature désordonnés, mais je ne crois pas qu'ils aient jamais pu s'en donner à ce point à cœur joie. Il y a 10 ministères qui changent tous les jours, les ambassadeurs ne savent pas où ils vont, Castro se promène avec sa serviette entre 15 appartements, ce qui le rend introuvable et, à une plus petite échelle, les trains partent quand ils veulent, la poste n'arrive pas, et *tutti quanti*. Si on ajoute à cela les jours de grève générale pour l'anniversaire de la mort du lieutenant X, ou l'anniversaire du jour où Castro a pris le maquis, ou celui où il est sorti de prison, jours de grève qui sont en nombre considérable, on peut penser que Castro aura du mal à rétablir économiquement son pays. En attendant, il travaille comme 10 hommes, dort 2 nuits sur 15, parcourt tout le pays, veille à tout. Il veille sur un peuple d'enfants pauvres et brusquement éblouis, un peuple qu'il ne veut pas décevoir et, bien que je n'aie pu le rencontrer, je crois qu'il est proprement admirable. Un journaliste étranger m'a dit à la Sierra Maestra, devant les hurlements de la foule à l'arrivée de Castro : « *On dirait des enfants à qui on a donné un nouveau jouet.* » Je lui ai répondu, une heure plus tard, car j'ai facilement l'esprit de l'escalier, que c'était le seul jouet qui pouvait transformer les enfants en hommes : la liberté.

**Françoise Sagan à Cuba en 1960,** dans le train de canne à sucre qui la mène à Palma de Estrada.

LA NOUVELLE WEHRMACHT

(pages 10 et 11)

L'EXPRESS

1,25 NF

1er SEPTEMBRE 1960. — N° 481.

MAURIAC : "La tristesse de Sartre"

(page 32)

(Presse Sports.)

ALAIN MIMOUN, CHAMPION OLYMPIQUE (pp. 23-24)

*« Pousser contre soi-même, se faire user par le temps, s'user jusqu'au fond en un temps donné, c'est le plus vif plaisir du monde. »*
(Jean Prévost - *Plaisir des sports.*)

**1er SEPTEMBRE 1960. ALAIN MIMOUN.**
Le champion des champions français est vainqueur du marathon olympique de Melbourne, devant son redoutable adversaire et néanmoins ami, le Tchèque Emil Zátopek.

CE QUI A ÉTÉ SAISI (pp. 5, 6)

L'EXPRESS

PRIX APRÈS SAISIE : 1.50 NF

15 SEPTEMBRE 1960. — N° 483 bis

MARCEL A..., VINGT ANS, SOLDAT DU CONTINGENT (pp. 5-6)

[redacted]

(Charles Péguy.)

B1-6

**15 SEPTEMBRE 1960. CE QUI A ÉTÉ SAISI.**
Pour la huitième fois depuis 1958, *L'Express* est censuré pour ses prises de position sur le drame algérien.

DE GAULLE CONTRE LA MONTRE

(Une enquête de Jean Daniel, pp. 8 et 9.)

L'EXPRESS

1,25 NF

10 NOVEMBRE 1960. — N° 491

Un nouveau Roosevelt ?

(Cornell Capa-Magnum.)

LE PRÉSIDENT JOHN F. KENNEDY (*voir pp.* 11, 12, 13)

*« A certaines générations, il est beaucoup donné. A d'autres, au contraire, il est beaucoup demandé. »*

(Franklin D. Roosevelt.)

B 1 - ★★★★★

**10 NOVEMBRE 1960. UN NOUVEAU ROOSEVELT?**
Une nouvelle génération pour une ère d'expansion économique et de progrès social.
Le nouveau Président américain inspire JJSS, qui fait de lui son modèle en politique.

LA FRANCE TRANQUILLISEE

*par J.-J. SERVAN-SCHREIBER (p. 3)*

L'EXPRESS

1,25 NF

9 MARS 1961. — N° 508.

LE RETOUR DES INTELLECTUELS

*par ARTHUR MILLER*

*(pp. 32-33)*

(Henri Cartier-Bresson-Magnum.)

ARTHUR MILLER

*« Un âge auguste pour la poésie et le pouvoir, — en mettant l'accent sur le pouvoir. »*

(Robert Frost - Sur « la nouvelle frontière ».)

B 6 ★ ★ ★ ★

**9 MARS 1961.** ARTHUR MILLER, LE RETOUR DES INTELLECTUELS.
La sombre page du maccarthysme est tournée : 155 intellectuels ont été invités à la cérémonie d'investiture de Kennedy. Hier victime de la chasse aux sorcières, et désormais hôte de la Maison Blanche, Arthur Miller analyse la situation.

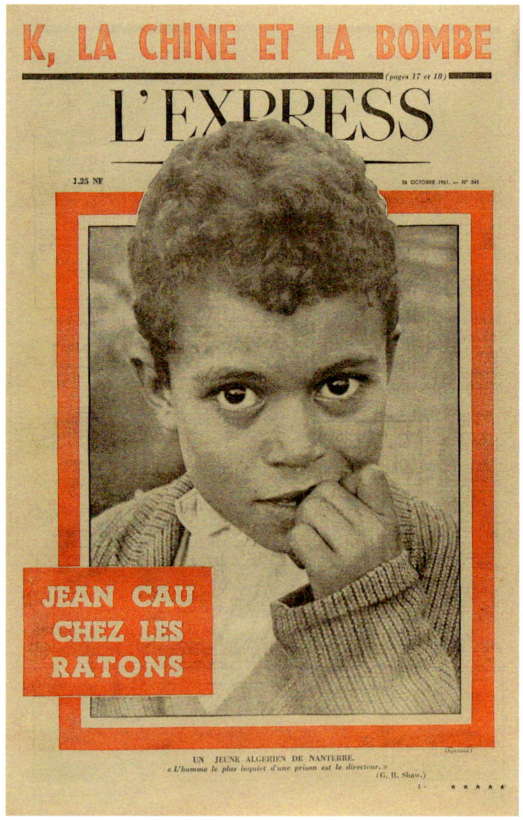

**13 AVRIL 1961.** LE PREMIER EXPLORATEUR DE L'ESPACE. Pour la première fois, un homme envoyé dans l'espace en revient sain et sauf. Dans la course aux étoiles – et, surtout, à la Lune – les États-Unis et l'URSS viennent de prendre un virage décisif. **26 OCTOBRE 1961.** JEAN CAU CHEZ LES RATONS. Un titre « célinien », inconcevable aujourd'hui. L'enquête de Jean Cau dans la misère et la crasse des bidonvilles de Nanterre décrit crûment les assassinats et autres ratonnades aux portes de Paris. **21 DÉCEMBRE 1961.** JOYEUX NOËL, LE FANTÔME DU NAZISME. L'Allemagne est-elle dangereuse ? D'anciens nazis occupent toujours des postes à responsabilités. Le pays refoule encore son passé, ce qui inquiète *L'Express*. Bientôt, la « génération des pères » changera la donne. **28 DÉCEMBRE 1961.** APRÈS LA SAISIE. Le 19 décembre 1961, une manifestation anti-OAS est violemment réprimée par la police. Un fonctionnaire se confie à *L'Express* : le journal est saisi sur ordre du ministère de l'Intérieur.

LES AVEUX D'UN CAPITAINE

*(pp. 3-4.)*

L'EXPRESS

1,50 NF
BELGIQUE : 18 FRANCS

9 AOUT 1962. — N° 582

MARILYN ET NOUS

*par*

*FRANÇOISE GIROUD*

*(pp. 16, 17 et 18.)*

(Jack Cardiff.)

MARILYN MONROE

*« Je glisse tout doucement au fond de l'eau, vers la peur. »*

(Jean-Paul Sartre, « La Nausée ».)

1 · ★ ★ ★ ★ ★

**9 AOÛT 1962.** **MARILYN ET NOUS.**
Le 5 août 1962, l'actrice est retrouvée morte. Elle avait trente-six ans. Suicide ou meurtre ? Le mystère autour de son décès demeure et nourrit toujours le mythe.

LE CHOIX DE SHERRI FINKBINE

*par FRANÇOISE GIROUD (p. 14)*

L'EXPRESS

1,50 NF
BELGIQUE : 18 FRANCS

23 AOUT 1962. — N° 584

LES GANGSTERS
ET
LES AUTRES
*(pp. 3 à 7)*

L'EMBLÈME DES FRANÇAIS D'ALGÉRIE

*« ...Comme ces marins qui n'ont pu se déshabituer de faire le quart, et qui, au fond de leurs propriétés bretonnes, se lèvent à l'heure réglementaire pour surveiller la nuit terrienne. »*

(Alain-Fournier, « Le Grand Meaulnes ».)

B 6 ★ ★ ★ ★ ★

**23 AOÛT 1962.** LES GANGSTERS ET LES AUTRES. Le 5 juillet 1962, l'Algérie proclame son indépendance. En quelques mois, près de 900 000 Français – les pieds-noirs du symbole de la une – quittent le pays, pris en tenaille entre l'OAS et le FLN algérien.

**3 JANVIER 1963.** LES MÉDECINS SUPPLIENT. Une touche d'humour extrait de *Madame Express*.

**Lire l'article ci-contre →**

TWIST

# Les médecins supplient

***Ne vous essuyez pas le bas du dos en écrasant un mégot.***

LA danse est dangereuse. Ce n'est pas nous qui le disons, mais la très sérieuse (et généralement très austère) revue spécialisée : « La Presse Médicale », dans son numéro du 22 décembre.

Il ne s'agit pas cependant de toutes les danses — à notre connaissance, les rythmes langoureux du tango n'ont encore jamais fait casser la jambe à personne — mais du twist. Voici ce qu'écrivent les spécialistes :

## De 15 à 25 ans

« Les lésions du genou occasionnées par la pratique du twist vont de la simple entorse du ligament collatéral-tibial aux fractures graves, en passant par les ruptures méniscales, les luxations de la rotule et les fractures parcellaires de la rotule ou du condyle latéral du fémur. Nos observations donnent un échantillonnage assez représentatif de ces diverses lésions, dont la plus fréquente semble être la luxation latérale de la rotule avec ou sans complications osseuses. »

Parmi ces observations : Brigitte, 24 ans, entorse du genou avec rupture de la corne postérieure du ménisque médial. Martine, 17 ans, fracture parcellaire de la face postérieure de la pointe de la rotule. Martine, 15 ans, luxation latérale de la rotule droite. Nicole, 24 ans, luxation latérale de la rotule avec arrachements ligamentaux. Josette, 15 ans, même accident avec écrasement étoilé du cartilage. Claudine, 16 ans, entorse du genou droit. Lydia, 14 ans, entorse du genou gauche avec opération pour enlèvement d'un fragment d'os, de même que Richard, 16 ans, seul représentant masculin de cette série des victimes du twist.

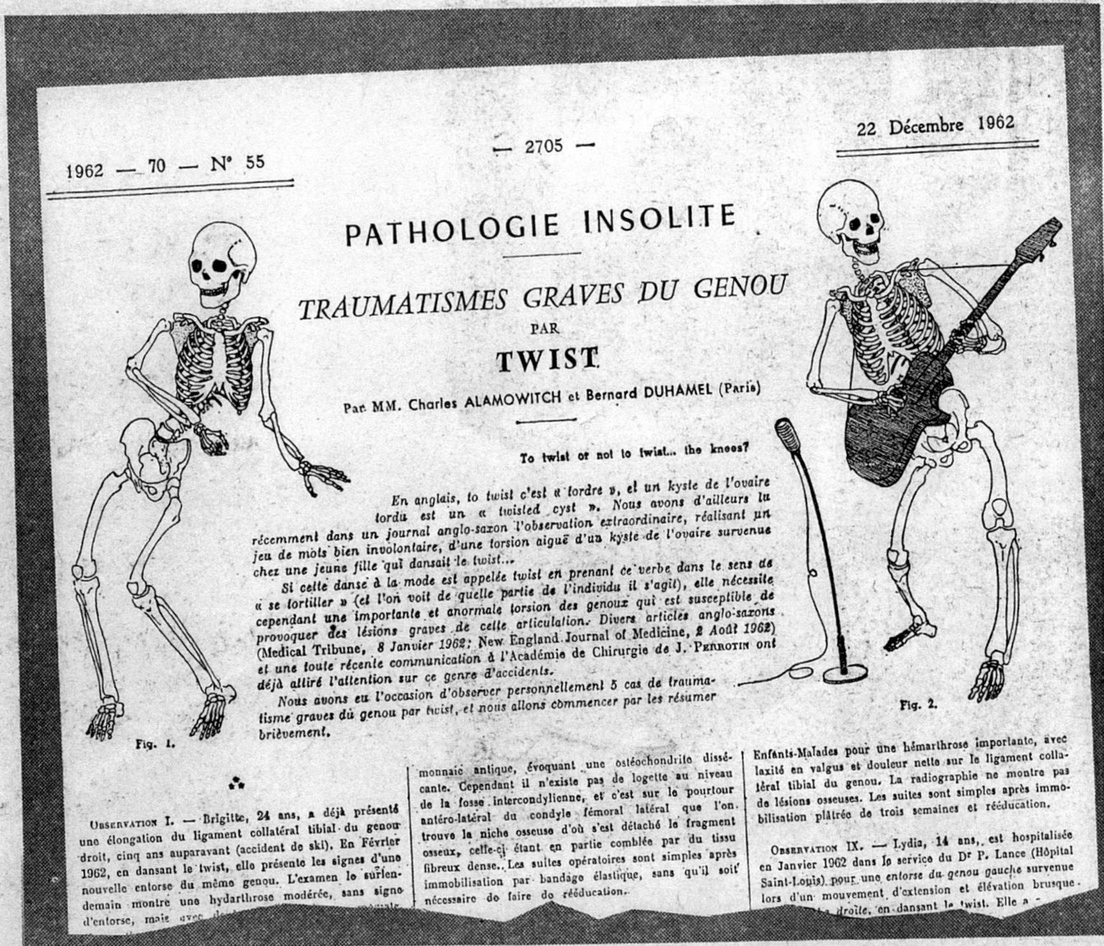

1962 — 70 — N° 55

— 2705 —

22 Décembre 1962

PATHOLOGIE INSOLITE

TRAUMATISMES GRAVES DU GENOU PAR TWIST

Par MM. Charles ALAMOWITCH et Bernard DUHAMEL (Paris)

To twist or not to twist... the knees?

*En anglais, to twist c'est « tordre », et un kyste de l'ovaire tordu est un « twisted cyst ». Nous avons d'ailleurs lu récemment dans un journal anglo-saxon l'observation extraordinaire, réalisant un jeu de mots bien involontaire, d'une torsion aiguë d'un kyste de l'ovaire survenue chez une jeune fille qui dansait le twist...*

*Si cette danse à la mode est appelée twist en prenant ce verbe dans le sens de « se tortiller » (et l'on voit de quelle partie de l'individu il s'agit), elle nécessite cependant une importante et anormale torsion des genoux qui est susceptible de provoquer des lésions graves de cette articulation. Divers articles anglo-saxons (*Medical Tribune, *8 Janvier 1962;* New England Journal of Medicine, *2 Août 1962) et une toute récente communication à l'Académie de Chirurgie de J. Perrotin ont déjà attiré l'attention sur ce genre d'accidents.*

*Nous avons eu l'occasion d'observer personnellement 5 cas de traumatisme graves du genou par twist, et nous allons commencer par les résumer brièvement.*

Fig. 1.

Fig. 2.

Observation I. — Brigitte, 24 ans, a déjà présenté une élongation du ligament collatéral tibial du genou droit, cinq ans auparavant (accident de ski). En Février 1962, en dansant le twist, elle présente les signes d'une nouvelle entorse du même genou. L'examen le surlendemain montre une hydarthrose modérée, sans signe d'entorse, mais avec ...

... monnaie antique, évoquant une ostéochondrite disséquante. Cependant il n'existe pas de logette au niveau de la fosse intercondylienne, et c'est sur le pourtour antéro-latéral du condyle fémoral latéral que l'on trouve la niche osseuse d'où s'est détaché le fragment osseux, celle-ci étant en partie comblée par du tissu fibreux dense. Les suites opératoires sont simples après immobilisation par bandage élastique, sans qu'il soit nécessaire de faire de rééducation.

... Enfants-Malades pour une hémarthrose importante, avec laxité en valgus et douleur nette sur le ligament collatéral tibial du genou. La radiographie ne montre pas de lésions osseuses. Les suites sont simples après immobilisation plâtrée de trois semaines et rééducation.

Observation IX. — Lydia, 14 ans, est hospitalisée en Janvier 1962 dans le service du Dr P. Lance (Hôpital Saint-Louis) pour une *entorse du genou gauche* survenue lors d'un mouvement d'extension et élévation brusque ... droite, en dansant le twist. Elle a ...

UN EXTRAIT DE LA « PRESSE MÉDICALE » DU 22 DÉCEMBRE 1962.
*« Une articulation, non un divertissement. »*

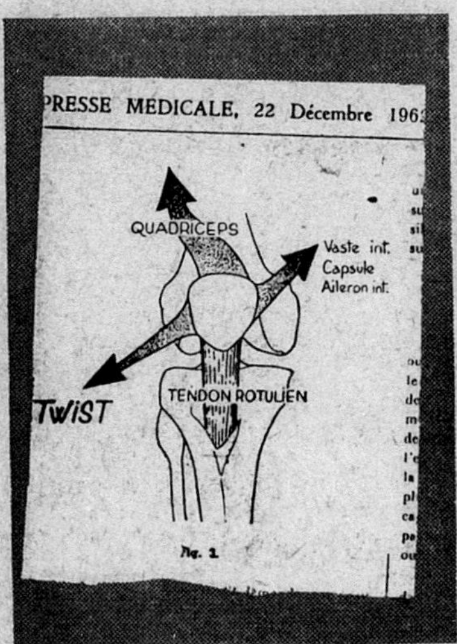


UN SCHÉMA INQUIÉTANT.
*Varus et valgus forcés.*

## Une double giration

Comment expliquer la genèse de ces accidents ? Les auteurs de l'article, MM. Charles Alamowitch et Bernard Duhamel, du service de chirurgie infantile et orthopédique du Centre Hospitalier de Saint-Denis, le font avec un humour inattendu (et rarissime !) dans ce genre de publication.

« En anglais, rappellent les auteurs dans l'introduction, to twist c'est « tordre » et un kyste de l'ovaire tordu est un « twisted cyst ». Nous avons d'ailleurs lu récemment dans un journal anglo-saxon l'observation extraordinaire réalisant un jeu de mots bien involontaire d'une torsion aiguë du torse de l'ovaire survenue chez une jeune fille qui dansait le twist...

« Si cette danse à la mode est appelée twist en prenant ce verbe dans le sens de « se tortiller » (et l'on voit de quelle partie de l'individu il s'agit), elle nécessite cependant une importante et anormale torsion des genoux qui est susceptible de provoquer des lésions graves de cette articulation. Divers articles anglo-saxons (« Medical Tribune », 8 janvier 1962, « New England Journal of Medecine », 2 août 1962) et une toute récente communication à l'Académie de Chirurgie de J. Perrotin ont déjà attiré l'attention sur ce genre d'accident. »

« Pour pouvoir en éclaircir le mécanisme, il est nécessaire de comprendre ce qu'est le twist. »

« On a pu dire bien prosaïquement, continuent les auteurs, que le twist nécessitait l'association du geste que l'on fait lorsque l'on veut s'essuyer le bas du dos avec une serviette avec le mouvement nécessaire pour écraser un mégot avec la pointe du pied. En gros, il y a un double mouvement de giration du bassin et des chevilles dont le genou fléchi semble constituer le point fixe. Si nous essayons de nous représenter un twisteur idéal, pour ne pas dire « classique », nous pouvons constater que ses genoux sont largement fléchis ; ses hanches sont animées d'un mouvement de rotation autour d'un point situé en avant du pubis ; ses chevilles sont écartées et présentent des mouvements de torsion. Le tout évoquerait, nous a-t-on dit, un rite sexuel, mais en fait, il semble surtout que soient réalisées les conditions les plus favorables pour un dérangement interne grave des genoux. »

## Le « madison », aussi !

Qui est le plus menacé de ce dérangement ? Les sujets jeunes. D'abord, parce que c'est surtout eux qui pratiquent le twist, la génération précédente étant retenue — à juste titre d'ailleurs — par le côté ridicule des positions exigées par cette danse et la véritable performance physique qu'elle réclame de ses adeptes. Ensuite, parce que chez les jeunes (les filles surtout), la laxité articulaire est fréquente et les articulations plus fragiles. Le genou féminin, ont écrit des Anglais dans un raccourci surréaliste, est une articulation, non un divertissement.

Selon quel mécanisme cède cette délicate articulation ? Nous ne pensons pas que nos lecteurs seront beaucoup plus avancés d'apprendre que « la disposition des axes du tendon quadricipital et du ligament rotulien qui forment un angle obtus ouvert latéralement, prédispose à la luxation de la rotule », et autres considérations sur les mouvements de « varus et valgus forcés » ou la « contraction anormale du quadriceps ».

En revanche, ils prendront sûrement grand plaisir à lire la savoureuse conclusion de cette étude que nous nous faisons un plaisir de reproduire in extenso : *Jusqu'à présent nous ne connaissions pas de danse provoquant des ravages comparables, mais le twist restera-t-il encore longtemps à la mode ? Nous venons déjà de traiter une fracture complète du cou-de-pied par « madison »*...

ROSIE MAUREL.

Ce cahier de Madame Express
a été réalisé par
Christiane Collange
avec la collaboration de :
Martine Fell, Monique Gilbert, Danièle Heymann, André Gobert, Colette Gouvion, Anouk Lautier, Alice Morgaine, Arlette Royer, Rosie Maurel, Suzanne et Henriette
Mme Express, 91, Champs-Elysées, Paris (8e). ELY. 88-61.
(Les renseignements contenus dans ce supplément pratique sont libres de toute publicité.)

# LE CIMENT DE LA RÉVOLTE

*Dans le pays minier en dissidence, on entend :* « Qui, mais enfin qui, gouverne la France ? »

**PAR FRANÇOISE GIROUD**

L'EXPRESS

TEMPÊTE A L'ELYSÉE

L'ENQUETE DE JEAN FERNIOT

FRANÇOISE GIROUD : LES MINEURS M'ONT DIT...

Le pari des eurocrates
Le plan des jeunes patrons
L'offensive des Chinois
Jacques Prévert en liberté

À LA UNE CETTE SEMAINE-LÀ

Quand le dîner s'achève sans fromage, Louis G..., mineur de fond, reste sur sa faim.
Il a trente ans, il est grand, large, fort. La silicose n'a pas encore attaqué ses poumons, bien qu'il ait quatorze ans de fond. La soupe, même lorsqu'elle est épaisse, ne lui « *tient pas au corps* ».
La première fois, il n'a rien dit. La troisième fois, il venait de rapporter sa paye de quinzaine : 377,55 F, plus 131,70 F d'allocations familiales (il a trois enfants), moins 41,36 F de retenues pour ses cotisations retraite, maladie, etc.
Louis G... est mineur de cinquième catégorie, la sixième est la plus élevée dans la hiérarchie. Ce soir-là, Louis G... a dit à sa femme : « *Demain, n'oublie pas de prendre du fromage.* »
Sa femme s'est mise à pleurer. Puis elle a rudoyé les enfants.
Alors Louis G... s'est inquiété. Parce que sa femme, il la connaît. Ce n'est pas une qui fait des manières. Quand il parle d'elle, il dit : « *C'est mon ministre des Finances.* »
Elle est fille de mineur. Son père vient de mourir. Cinquante-trois ans. Silicose. Cercueil gratuit pour l'enterrer. Le cercueil fait partie des « avantages en nature » consentis aux mineurs.
La maison de Sallaumines où ils habitent, c'est celle où elle est née. Deux pièces et la cuisine en bas, trois chambres en haut, un bout de potager, c'est une bonne maison que les Houillères donnent aux G...
Mais quelquefois il faut en sortir. Et pour sortir, il faut un manteau. Et celui de Mme G... était tellement usé, depuis six ans qu'elle le portait, qu'elle avait honte de se montrer, le dimanche, au bras de son beau mari.

**Deux montagnes**
Alors, elle a été à Lens et, après bien des hésitations, elle a fini par en acheter un neuf, gris foncé parce que, dans le pays des mines, on ne peut rien porter de clair quand ça ne va pas à la lessive. Le magasin de Lens fait crédit. Toute la région, ici, vit de la mine et des mineurs. Et où voulez-vous qu'une femme de mineur prenne 230 F d'un coup pour payer un manteau ?
Lorsque, il y a deux ans, les G... ont acheté un poste de télévision – tous les mineurs en ont un –, c'est le marchand qui leur a avancé l'acompte exigé au premier versement. Ensuite, ils ont payé 80 F par mois.
Maintenant, le poste leur appartient et ce sont les traites signées pour le manteau – 60 F par mois – qui sont venues remplacer celles de la télévision dans le tiroir du buffet.
Mais quand un budget est équilibré à un franc près, il suffit d'un rien pour qu'il bascule. La viande a augmenté, et pas seulement la viande ; Louis G... a fait une chute à bicyclette et il a cassé son pédalier ; à la mort du père, il a fallu recueillir la grand-mère. Et voilà comment le fromage a disparu du dîner.
Alors Louis G... s'est dit que décidément ON se foutait de lui puisque – ON ne cessait de le lui répéter – les caisses de la France sont pleines. Il l'a même entendu de ses oreilles, à la télévision, et de la bouche la plus autorisée, celle du chef de l'État.
Un instrument dangereux, la télévision. On tourne un bouton et hop, que voit-on ? Samedi dernier, à l'heure du repas, j'ai poussé une porte au moment où, sur le petit écran, de joyeux skieurs sillonnaient la neige. Et c'est une image presque insoutenable lorsqu'il suffit de se retourner pour avoir dans l'œil une autre montagne, une montagne de crassier.

**Prime de paysage**
La région minière du Nord est si bien faite pour réjouir le cœur que les ingénieurs qui viennent s'y installer perçoivent une « prime de paysage ».
Par cette fenêtre dite télévision ouverte en permanence sur la vie des autres, ce n'est pas seulement le rêve qui entre. C'est la plus provocante des réalités. Il faut la voir à Lens, à Sallaumines, à Hénin-Liétard, pour comprendre la nature de la nouvelle misère qui ronge les damnés de la terre.
Inutile d'être militant, actif, dynamique, éveillé, pour être conscient de sa condition. Il suffit de s'asseoir et de regarder.
Louis G... et sa femme regardent.
Pas tous les soirs. Souvent, il est trop fatigué.

Mais il en voit assez pour dire : « *Que je gagne un million au tiercé, et je laisse tout tomber.* » Tout, c'est-à-dire la mine.
Mais on ne peut pas laisser tomber la mine. Elle vous tient de toutes les manières. D'abord, comment se loger puisqu'elle possède votre maison ? Et puis, où travailler, quand on ne sait pas d'autre métier que celui-là, tellement abominable que l'on ne trouvera bientôt plus de jeunes Français qui consentent à le faire et que les Houillères ont dû engager 9 000 Marocains pour 1963 !
Du moins, de ce travail abominable, les mineurs avaient, autrefois, quelque fierté. Ils se sentaient utiles, nécessaires et même, parfois, héroïques. Ils étaient le sang et la vie de l'industrie, les soldats de « la bataille du charbon ». Aujourd'hui, on se souvient d'eux quand un hiver dur dérange les calculs des bureaux de Paris, cette ville lointaine, où la plupart n'ont jamais mis les pieds. Alors M. Pompidou leur dit que le pays a besoin d'eux. Mais en 1960, dans un brusque coup de barre, l'embauche a été totalement arrêtée, des jours chômés ont été institués et l'affolement s'est installé.
Toute la population du bassin du Nord et du Pas-de-Calais en a été traumatisée. Même parmi les ingénieurs, qui sont moins de mille, vingt-cinq ont quitté la mine, choisissant de se reconvertir avant que, pour eux, il ne soit trop tard, puisque la réduction de la production charbonnière était officiellement entrée dans les faits.

**Le gros du peloton**
Puis, en vertu d'une politique en accordéon, l'embauche a recommencé. Mais tous les jeunes qui le pouvaient encore avaient déserté et avec eux la foi dans la mine.
Les mineurs du Nord sont aujourd'hui des hommes qui n'ont plus qu'un passé. De l'avenir, pour eux et pour leurs enfants, ils ont peur. Du présent, ils savent seulement qu'il ne débouche sur rien. Ailleurs, on parle d'expansion. Chez eux, on ne parle que de régression.
Lorsque, dans ce climat, leur faible pouvoir d'achat se détériore, et que les négociations se poursuivent pendant des mois sur des revendications qui leur permettraient seulement, si elles étaient satisfaites, de rejoindre le gros du peloton des salariés, ils ont le sentiment d'être abandonnés sur un bateau qui sombre. Alors ils gueulent. Louis G… gueule, il n'y a pas d'autre mot. Et pourtant, au début, ce n'était pas l'un des plus durs. Syndiqué, oui, mais pas militant. Il cotise à la CGT, mais il n'a aucune activité personnelle, ni au syndicat, ni à la section d'entreprise. Et dans la fosse où il travaille, la grève n'avait pas que des partisans.

**Les mineurs du Nord sont aujourd'hui des hommes qui n'ont plus qu'un passé. De l'avenir, pour eux et pour leurs enfants, ils ont peur. Du présent, ils savent seulement qu'il ne débouche sur rien. Ailleurs, on parle d'expansion. Chez eux, on ne parle que de régression.**

**Vingt centimètres**
Lorsque trois centrales syndicales se disputent les adhérents, et qu'un mineur sur deux n'est pas syndiqué, ça ne se déclenche pas comme ça, une grève. Les « meneurs » travaillent une pâte molle. Il y a beaucoup de sceptiques, d'écœurés depuis les grèves de 1947 où communistes et socialistes ont fini par se battre entre eux, tandis que les CRS tiraient. Ce n'est pas seulement le souvenir de la division qui est resté vif comme une plaie vive au cœur du syndicalisme ; c'était – jusqu'à ces derniers jours – la division elle-même.
Entre les cégétistes, largement majoritaires, et ceux de FO, il y a bien les militants actifs, dynamiques, informés, de la CFTC. Mais, en pays « rouge », l'étiquette chrétienne est parfois lourde à porter.
S'il y avait aujourd'hui des élections syndicales, ils gonfleraient sans doute sérieusement leurs effectifs parce que leur rôle aura été, à tous égards, déterminant. En janvier, on les trouvait un peu agités, Louis G… tout le premier. Mais le jour du fromage, il a dit à ses camarades : « *Je trouve qu'y en a marre.* » Un autre a répondu : « *Tu parles !* » ; et un troisième : « *Qu'est-ce qu'y foutent au syndicat ?* »
Et si des milliers de Louis G… ont simultanément, dans toutes les fosses, manifesté ainsi laconiquement, c'est parce que, vraiment, « *y en avait marre* ».
À partir de ce moment-là, on ne sait jamais ce qui peut se passer, et comment un ordre de grève sera suivi s'il est donné. Les sondages d'opinion n'existent pas dans les mines.
Et puis il ne s'agit pas d'opinion, mais de quelque chose d'obscur, d'informulé.
Que serait-il arrivé si l'ordre de réquisition « fait à Colombey » n'avait pas été lancé avant que la grève annoncée pour le 1er et le 2 mars soit effective ? Aujourd'hui, à Paris, on dit : « *C'est une gaffe.* »
Mais à Lens, à la porte de la fosse où il veillait, avec un groupe de camarades, pour que personne ne puisse descendre à la mine à l'exception des ingénieurs et des volontaires fournis par le comité de grève pour assurer la sécurité, Louis G… disait, mardi : « *Maintenant, ça se passe entre de Gaulle et moi. Il y a vingt centimètres à faire, c'est pas moi qui les ferai le premier.* »
Ce qu'il fera, en fait, je n'en sais rien, ce jour-là. Et lui non plus, et de Gaulle non plus. Mais ce qui, d'une orgueilleuse signature, a été fait, était encore beaucoup plus imprévisible. Et « *What's done is done and cannot be undone* », dit un personnage de Shakespeare.
Le 1er mars, les représentants des trois syndicats qui siègent à Lens s'adressaient à peine la parole. Le 8, à cinq heures, ils se rencontraient pour la première fois, en terrain neutre, et s'accordaient enfin sur le principe de la grève illimitée, seule réponse possible à l'ordre de réquisition.
Le même jour, les maires se réunissaient à Hénin-Liétard et se déclaraient prêts à user de leurs prérogatives municipales pour déclencher des subventions d'aide aux mineurs en grève. Mais à qui les fonds seraient-ils versés ? CGT ? FO ? CFTC ? Pouvait-on imaginer la création d'un comité intersyndical ? On ne le pouvait pas mais on le fit cependant, en l'élargissant à l'Union des maires et à celle des commerçants, solidaire des grévistes, leurs clients.
« *Chacun saute dans le train à partir de ses propres préoccupations*, dit l'un des gros commerçants de la ville, marchand d'appareillage électro-ménager. *Et on se retrouve tous dans le train.* »
Les ingénieurs avaient déjà pris le train en marche, en décidant d'abandonner deux jours de leur salaire au bénéfice des mineurs, au cours d'une assemblée extraordinaire convoquée d'urgence par leurs trois syndicats. Et si ce soir-là, à Douai, dans la salle trop petite pour contenir tous ceux qui étaient accourus, la grève des ingénieurs ne fut pas également votée, elle fut proposée.

**Eux, ils risquent !**

Entre ingénieurs et mineurs, il n'y avait aucune fraternité, aucune familiarité, aucune osmose politique.

Maintenant, il y a, de la part des mineurs, un curieux sentiment d'étonnement, mêlé de gratitude. Ils disent : « *Nous, on n'avait rien à perdre. Ça ne pouvait pas durer comme ça. Mais eux, c'est pas pareil... Ils risquent !* »

Eux, qui habitent les « châteaux », ces grandes baraques de briques que leur allouent les Houillères, eux, auxquels un rapport perfide peut coûter sinon leur carrière, du moins leur avancement, eux que l'on a toujours vus, traditionnellement, du côté des patrons, que leur est-il arrivé ?

Il faut bien voir ce que signifie ce geste inimaginable, il y a quelques années, de solidarité entre techniciens et ouvriers, cette collusion sans précédent entre les évêques et les mineurs, les ingénieurs et les commerçants, dans une rébellion ouverte contre l'État.

Aucune passion ne s'y mêlait, du moins à l'origine, et de tous côtés on a eu grand souci de ne pas laisser des « mains impures » confisquer ce mouvement profond, cette mobilisation d'énergie.

La revendication qui en a fourni l'occasion, on la connaît : 11 % d'augmentation sur le salaire des mineurs.

Le ciment de la révolte, ce fut la réquisition, et son meilleur aliment l'allocution de M. Pompidou, qui a bien fait rire son monde.

Mais, au niveau de ceux qui réfléchissent et qui infléchissent, ce n'est pas une contestation de l'autorité de l'État, c'est presque le contraire : un sentiment d'angoisse devant le vide.

Depuis des années, ils demandent une politique cohérente de l'énergie, un plan d'aménagement de la région, la prise en considération de leurs problèmes, qui sont des problèmes nationaux. Que trouvent-ils en face d'eux pour en discuter ? Rien. Personne. Des ministres-robots et un prestigieux militaire qui déclare de temps à autre : « *Garde à vous, rompez, la soupe est bonne.* »

**Bon courage**

Ils ne lui veulent aucun mal, à ce militaire, mais ils se demandent, et ils demandent : « *Enfin qui, qui gouverne, en France ? On ne réglera pas l'avenir des Houillères avec des ordres du jour !* »

La première semaine, il y a eu chaque jour des manifestations, des cortèges, et on a vu défiler côte à côte, dans les rues de Valenciennes, musique en tête, l'étendard rouge de la CGT, l'étendard bleu de la CFTC et celui de Force ouvrière.

Lorsque le cortège est arrivé sur la place d'Armes, le libraire a fermé ses grilles. Et puis il a regardé à travers les vitres de son magasin et il a dit : « *Il n'y a pas de flics, alors on ne risque rien. Quand on ne leur tape pas dessus, ils sont sages...* »

Et sur la même place, tandis que les dirigeants des syndicats prenaient l'un après l'autre la parole et faisaient conspuer les signataires du décret de réquisition : de Gaulle (*hou ! hou ! hou !*), Pompidou (*hou ! hou !*), Bokanowski (*hou !*) et Grandval (rien, on ne sait qui c'est, ici, le ministre du Travail), des dames de la ville, chez le coiffeur, séchaient tranquillement leur mise en plis.

Le Nord de la France, je l'ai vu en dissidence. Pas en désordre. Pour qu'il y en ait, il faudra qu'à Paris on le veuille.

« *On n'est pas en Irak* », dit Louis G...

Quand les gendarmes faisaient leur tournée, le matin, et passaient le long des piquets de grève, ils disaient : « *Bon courage.* »

**Depuis des années, ils demandent une politique cohérente de l'énergie. Que trouvent-ils en face d'eux pour en discuter ? Des ministres-robots et un prestigieux militaire qui déclare de temps à autre : « *Garde à vous, rompez, la soupe est bonne.* »**

Samedi dernier, les mineurs ont touché leur quinzaine et les femmes ont déclaré : « *Nous tiendrons. D'ailleurs tout le monde nous regarde.* » Les commerçants ont reporté l'échéance des traites. Les secours se sont organisés.

Quelle que soit l'issue de l'affaire, le gouvernement y aura laissé la plume de son chapeau.

Sur la table du trésorier, qui réunit les dons, les mandats et les chèques s'accumulent. C'est au siège de la CFTC, 21, rue Diderot, à Lens, que le comité intersyndical a élu domicile. CCP Lille 363.37.

Pour discret qu'il soit, le Christ, au mur, rappelle combien il est dangereux « *de ranger les bons sentiments d'un pays dans l'opposition* ».

**Les mineurs et les autres**

Il y a 70 000 mineurs de fond dans le Nord et le Pas-de-Calais. Il y a 10 000 silicosés pensionnés, et 10 000 autres silicosés qui ne le sont pas encore. Pour trouver des hommes prêts à ruiner leur santé dans les mines, l'État, après la Libération, accorda un statut spécial aux mineurs : leurs salaires dépassaient de 20 % ceux des ouvriers de la métallurgie ; l'article 12 de leur statut indexait leurs salaires sur ceux des autres professions.

En 1958, la V$^{e}$ République abrogea l'article 12. Depuis lors, les salaires des mineurs ont pris 11 % de retard sur l'indice général des salaires. La V$^{e}$ République faisant grand cas de la prospérité retrouvée, les mineurs demandent qu'elle leur rende leurs 11 % et l'article 12 de leur statut.

L'État, sans contester les chiffres avancés par les mineurs, leur offre 2,25 % d'augmentation en janvier, plus 5,75 % d'ici à la fin de l'année : soit 8 % étalés sur un an. Il refuse d'indexer leurs salaires pour ne pas créer un climat inflationniste.

Or, s'il lui est facile de bloquer les hausses de salaires, l'État n'a jamais su bloquer les prix. Ceux-ci augmentent de 4 à 5 % par an, et les salaires du secteur privé de 7 à 8 %.

L'offre que l'État fait aux mineurs signifierait donc une augmentation de leur pouvoir d'achat de 3 à 4 % seulement. Elle signifierait aussi que les mineurs auront, en fin d'année, un retard non plus de 11 %, mais de 15 % sur l'indice général des salaires.

C'est pourquoi les mineurs demandent, cette fois, leurs 11 % tout de suite, plus d'ici à la fin de l'année une augmentation égale à celle des autres salaires français.

Cheminots, postiers, enseignants, gaziers, électriciens, etc., bref tous les salariés directs ou indirects de l'État se reconnaissent dans la revendication des mineurs : c'est la leur.

Car leurs salaires aussi « rattrapent » ceux du secteur privé avec une telle lenteur que leur retard, au lieu de diminuer, augmente.

C'est la politique des salaires de l'État qui est en cause.

**Françoise Giroud en reportage**, le 14 mars 1963, lors de la grève des mineurs de Lens.

L'EXPRESS

*3 octobre 1963. — N° 642. — 2 francs*

la campagne présidentielle

MONSIEUR X CONTRE DE GAULLE

*« Le hasard ne dispose que de la forme de l'événement. »*

(Albert Sorel.)

**3 OCTOBRE 1963. MONSIEUR X CONTRE DE GAULLE.**
Début de la campagne présidentielle très médiatique de 1965. *L'Express* fait monter les enchères en soutenant son candidat : Monsieur X.

# L'EXPRESS

*24 octobre 1963 — N° 645 — 2 francs*

## DEFFERRE EST-IL MONSIEUR X ?

GASTON DEFFERRE, MAIRE DE MARSEILLE. (J. Marquis.)

*« Le difficile, c'est ce qui peut être fait tout de suite ; l'impossible, ce qui prend un peu plus de temps. »*

(G. Santayana.)

**24 OCTOBRE 1963.** DEFFERRE EST-IL MONSIEUR X ?
JJSS dévoile son jeu : sur son idée, Gaston Defferre, l'un des leaders de la SFIO, va défier de Gaulle à l'élection présidentielle de 1965.

# AVEC CASTRO À L'HEURE DU CRIME

*Dans la pièce où est Fidel Castro, on capte la radio de Miami. La nouvelle arrive. Castro se lève et parle à Jean Daniel…*

**PAR JEAN DANIEL, COFONDATEUR DE L'EXPRESS**

Il était aux environs de 13 h 30, heure de Cuba. Nous étions en train de déjeuner dans la salle de séjour de la sobre résidence estivale que Fidel Castro possède sur la magnifique place de Varadero, à 120 kilomètres de La Havane. Pour la dixième fois au moins, je faisais préciser au leader cubain les détails des négociations avec les Russes avant l'installation des fusées l'an dernier. La sonnerie du téléphone a retenti : un secrétaire en tenue de guerillero a annoncé que le président de la République Dorticos voulait parler d'urgence au Premier ministre. Fidel a pris l'appareil et je lui ai entendu dire : « *Como ? Un atentado ?* » (« Comment ? un attentat ? »). Il s'est adressé à nous pour nous dire que Kennedy venait d'être abattu à Dallas. Il a repris la conversation et a déclaré tout haut : « *Herido ? Muy gravemente ?* » (« Blessé grièvement ? »).

Il est revenu s'asseoir devant la table à manger et il a répété trois fois : « *Es una mala noticia* » (« Voilà une mauvaise nouvelle »). Puis il est resté silencieux pendant un moment.

Il attendait un autre coup de téléphone et plus de détails. Il a dit ensuite qu'il y avait dans la société américaine une proportion inquiétante de déséquilibrés et que ce pouvait être l'œuvre aussi bien d'un fou que d'un terroriste. Un Vietnamien peut-être ? Ou un membre du Ku Klux Klan. Le second coup de téléphone est arrivé : on croyait pouvoir lui annoncer que le président des États-Unis était encore en vie et qu'on espérait le sauver. La réaction immédiate de Fidel Castro a été de dire : « *Alors, il est réélu.* » Il a prononcé cette phrase avec satisfaction.

### Un réquisitoire

Cette phrase faisait suite à une conversation que nous avions eue l'avant-veille, pendant la nuit durant. Exactement de 10 heures du soir à 4 heures du matin. Une bonne partie des entretiens avait tourné autour des impressions dont je lui avais fait part sur une audience que m'avait accordée le président Kennedy le 24 octobre dernier et sur les réactions de Fidel Castro à ces impressions. Il s'était livré alors à un implacable réquisitoire de la politique des États-Unis, ajoutant qu'en plus le gouvernement américain avait eu toutes les chances dans un passé récent de normaliser les rapports avec Cuba et qu'au lieu de cela il avait toléré que la CIA entraîne une équipe et organise la contre-révolution.

Il m'avait dit qu'il n'était en rien solliciteur car le danger était son milieu naturel et que d'être une victime des États-Unis augmentait son rayonnement dans l'Amérique latine, comme dans le monde socialiste. Il parlait, disait-il, du point de vue des intérêts de la paix dans les deux continents américains. Pour cela, il fallait que naisse aux États-Unis un homme capable de comprendre la réalité explosive de l'Amérique latine et de s'y adapter.

### L'annonce fatale

Soudain, ensuite, il s'était détendu : « *Cet homme,* m'avait-il dit, *ce pourrait être encore Kennedy. Il a gardé encore toutes les possibilités de devenir, aux yeux de l'Histoire, le plus grand président des États-Unis. Celui qui comprendrait enfin qu'il peut y avoir une coexistence entre capitalistes et socialistes, même dans la zone américaine.*

*Ce serait alors un président supérieur à Lincoln. Je sais que, pour Khrouchtchev par exemple, Kennedy est un homme avec qui l'on peut parler. C'est l'impression que j'ai retirée de toutes mes conversations avec Khrouchtchev. D'autres m'assurent que, pour cela, il faut attendre sa réélection. Moi, je le crois responsable de tout mais, je vais vous dire, je crois qu'il a compris pas mal de choses depuis quelques mois et puis aussi, en fin de compte, je suis persuadé que n'importe qui d'autre serait pire.* »

Puis Fidel a ajouté avec un grand rire d'adolescent : « *Si vous le revoyez, vous pouvez lui dire que je suis prêt à déclarer que Goldwater est mon ami, si cela doit assurer sa réélection…* »

Cette conversation datait du 19 novembre. Maintenant il était 2 heures environ, et nous nous sommes levés de table pour nous installer devant une radio. Le commandant Vallejo, son médecin, aide de camp et ami intime, a facilement pris l'émission en anglais du relais de la NBC à Miami. Au fur et à mesure de l'arrivée des nouvelles, Vallejo les traduisait à Fidel. Blessure à la tête. Poursuite de l'assassin. Meurtre d'un policier. Enfin l'annonce fatale : le président Kennedy est mort.

Alors Fidel s'est levé et m'a dit : « *Tout est changé. Tout va changer. Les États-Unis occupent une telle position dans le monde que la mort d'un président de ce pays affecte des millions de gens dans tous les coins du globe. La guerre froide, les relations avec la Russie, l'Amérique latine, Cuba, la question noire, tout est à repenser. Je vais vous dire une chose : Kennedy était un ennemi auquel on s'était habitué. C'est une affaire grave, très grave.* »

Après un quart d'heure de silence observé par toutes les stations de radio américaines, nous nous sommes réinstallés devant le poste : le silence n'avait été interrompu que pour la retransmission de l'hymne national américain. Cela procurait une étrange impression que d'entendre retentir cet hymne dans la maison de Fidel Castro au milieu des visages préoccupés.

« *Maintenant,* devait dire Fidel, *il faut vite, très vite, qu'ils retrouvent l'assassin, sinon, vous allez voir, je les connais, ils vont essayer de nous mettre ça sur le dos. Mais, dites-moi, cela fait le quatrième président des États-Unis qui est assassiné sur combien ? 36 ? C'est inquiétant.*

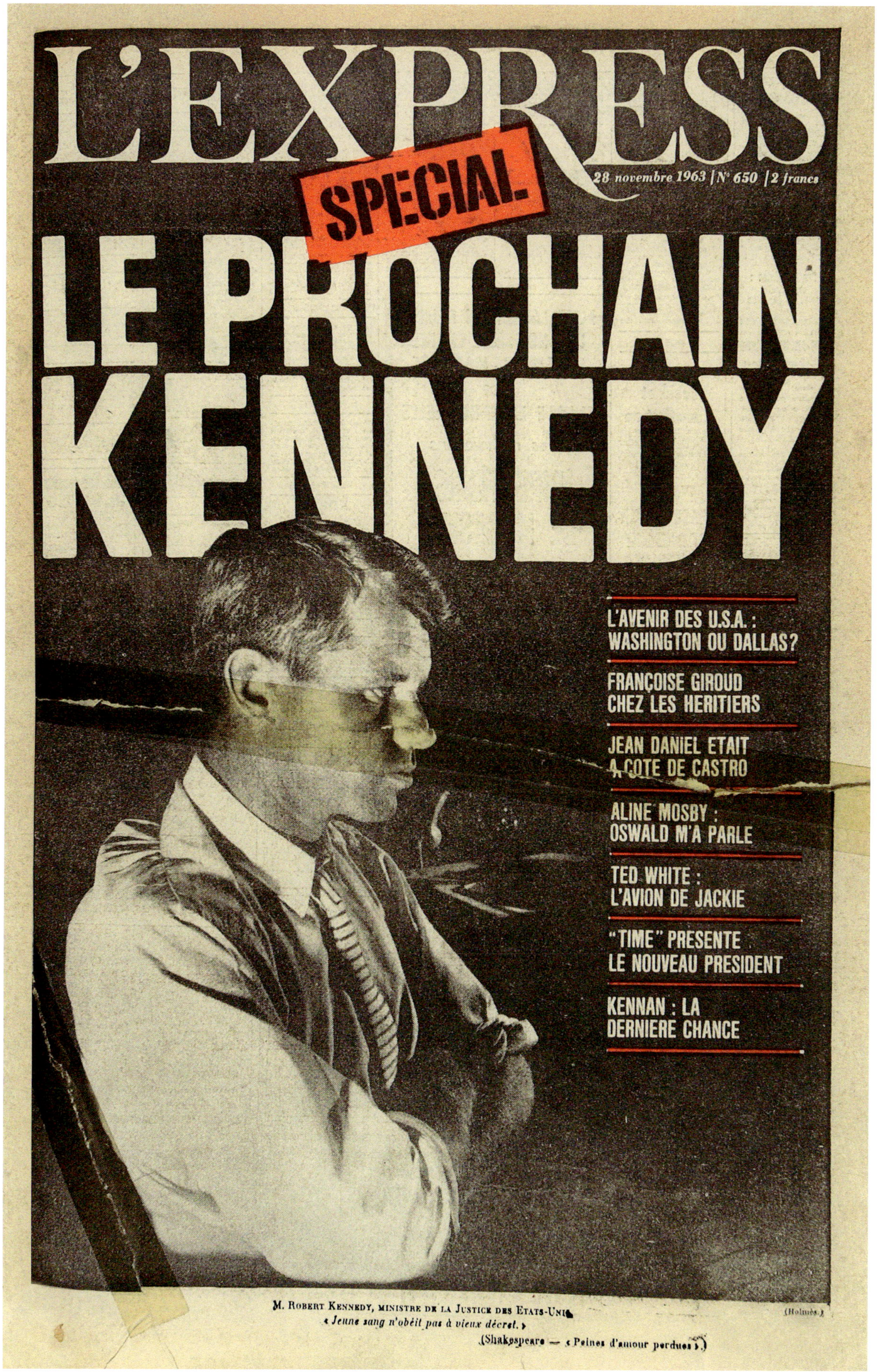

L'EXPRESS

28 novembre 1963 | N° 650 | 2 francs

SPECIAL

LE PROCHAIN KENNEDY

L'AVENIR DES U.S.A. : WASHINGTON OU DALLAS?

FRANÇOISE GIROUD CHEZ LES HERITIERS

JEAN DANIEL ETAIT A COTE DE CASTRO

ALINE MOSBY : OSWALD M'A PARLE

TED WHITE : L'AVION DE JACKIE

"TIME" PRESENTE LE NOUVEAU PRESIDENT

KENNAN : LA DERNIERE CHANCE

M. ROBERT KENNEDY, MINISTRE DE LA JUSTICE DES ETATS-UNIS

« *Jeune sang n'obéit pas à vieux décret.* »

(Shakespeare — « Peines d'amour perdues ».)

(Holmès.)

**28 NOVEMBRE 1963.** LE PROCHAIN KENNEDY.

Dans ce numéro, Jean Daniel relate son entretien avec Fidel Castro, à Cuba, au moment où le président des États-Unis, John F. Kennedy, est assassiné à Dallas.

← Lire l'article ci-contre

*À Cuba, il n'y en a pas un seul. Vous savez, lorsque nous étions dans la Sierra, il y avait des gens (pas dans mon groupe, dans un autre) qui voulaient tuer Batista. Ils croyaient qu'on pouvait en finir avec un régime en le décapitant. Moi, j'ai toujours été furieusement hostile à ces méthodes. Par calcul politique d'abord, parce que, en ce qui concerne Cuba, si on avait tué Batista, il aurait été remplacé par un militaire qui aurait prétendu faire payer aux révolutionnaires le martyre du dictateur. Mais par tempérament aussi car, au fond, ce genre d'assassinat me répugne.* »

**Quelle mentalité !**

Les émissions ont repris. Un reporter croit devoir parler des difficultés que Mme Kennedy trouve à se défaire de son bas ensanglanté. Fidel explose : « *Que mentalidad* », il répète plusieurs fois : « Quelle mentalité », après tout c'était une différence de civilisations. « *Est-ce que vous êtes comme ça, en Europe ? Pour nous, les Latins d'Amérique, la mort, c'est quelque chose de sacré, non seulement c'est la fin de l'hostilité, mais cela impose la décence, la dignité, le respect. Il y a des voyous qui deviennent seigneurs devant la mort. À propos, cela me fait penser à quelque chose, si vous écrivez tout ce que je vous ai dit hier contre la politique de Kennedy, maintenant ne citez pas son nom, parlez de la politique du gouvernement des États-Unis.* »

Quand il a prononcé cette phrase, j'ai pensé au crucifix qui était resté dans la chambre que l'on m'avait réservée. J'ai pensé aux églises catholiques, aux temples protestants que j'avais vus, emplis de fidèles le dimanche matin précédent à Santiago. Je me suis souvenu que tous ces révolutionnaires célébraient religieusement la naissance, le mariage et la mort. J'ai pensé à cette phrase d'un ministre cubain : « *N'oubliez jamais que cette révolution socialiste parle l'espagnol. Vous ne pourrez la connaître vraiment que si vous êtes un familier du* Romancero, *du* Cid *et de* Don Quichotte ». Moi, j'ajouterais qu'il faut aussi être un familier de l'Afrique depuis que j'ai entendu chanter l'*Internationale* par des petites filles devant la maison où l'on célébrait un *chengo* qui est une sorte de vaudou cubain. Vers 5 heures, Fidel Castro a déclaré que, puisque nous n'y pouvions rien, il fallait tout de même essayer de respecter l'emploi du temps. Il tenait à me faire visiter lui-même une *granja de pueblo* (« ferme d'État ») dans laquelle il s'était livré à des expériences personnelles. Son obsession actuelle, c'est l'agriculture. Il ne lit que des études agronomiques. Il parle avec lyrisme du sol, de sa fertilisation et des possibilités que donnera à Cuba la canne à sucre, en 1970, d'acquérir une complète indépendance économique.

**Un « *admirateur* »**

Nous avons pris la voiture et ouvert la radio. On était sur la piste de l'assassin de Dallas. « *C'est un espion russe* », dit le reporter. Correction cinq minutes après : « *C'est un espion marié à une Russe.* » Fidel dit : « *Maintenant, ça y est, cela va être mon tour.* » Pas encore. L'assassin est un déserteur marxiste. Ensuite on entend en effet qu'il s'agit d'un jeune homme, membre du Fair Play Committee for Cuba. C'est un admirateur de Fidel Castro. Fidel déclare : « *S'ils avaient des preuves, ils auraient dit un agent, un complice, un tueur à gages. S'ils disent simplement un admirateur, c'est simplement pour tenter de lier dans l'esprit des gens le nom de Castro et l'émotion suscitée par l'assassinat. C'est la méthode de la publicité, c'est la méthode de la propagande. C'est terrible. Mais vous savez, je suis sûr que tout cela va se dégonfler très vite. Il y a, aux États-Unis, trop de polices concurrentes pour que les intentions de l'une d'elles puissent être imposées à toutes, très longtemps.* »

Nous arrivons à la *granja de pueblo* où les paysans accueillent Fidel. Au même moment, un speaker de la radio annonce avec une voix étranglée par l'émotion que l'on sait désormais que l'assassin est un « *pro-castro-marxiste* ».

Les commentaires se succèdent, ils deviennent de plus en plus émus et de plus en plus agressifs. Fidel s'excuse alors : « *Il faut abandonner la visite de la ferme.* » Nous allons vers Matanzas d'où il pourra téléphoner au président Dorticos. En chemin il pose des questions : « *Qui est Lyndon Johnson ? Quelle réputation a-t-il ? Quel rapport avait-il avec Kennedy, avec Khrouchtchev ? Quelle était sa position au moment de la tentative d'invasion à Cuba ? Quelle autorité,* enfin et surtout, *a-t-il sur la CIA ?* » Et puis, soudain, il regarde sa montre, vérifie qu'il nous faut une demi-heure pour arriver à Matanzas et comme sur commande, il s'endort. Si je peux en juger par le temps qu'il m'a consacré pendant ces trois jours, il n'avait pu dormir auparavant que quelques heures à peine.

**L'ironie de l'histoire**

Après Matanxas d'où il devait ordonner l'état d'alerte, nous sommes revenus à Varadero pour dîner. Il a dit, citant le propos qu'une femme lui avait tenu peu avant, que c'était une ironie de l'histoire pour les Cubains, dans la situation qui leur avait été faite depuis le blocus, d'avoir à déplorer la mort d'un président des États-Unis. « *Après tout,* a-t-il ajouté, *il y a peut-être des gens dans le monde que cela réjouit, les guerilleros du Sud-Viêtnam, par exemple, et aussi, au fait, j'y pense, Mme Nhu.* » Je pense, en effet, au peuple de Cuba habitué à voir des affiches comme celle qui représente l'Armée rouge en surimpression derrière des maquisards et sur lesquels on peut lire : « *Alto M. Kennedy, Cuba no esta sola…* » À tous ceux que l'on a conduits à lier leurs privations à la politique du président des États-Unis. Mais ce peuple cubain est égaré. Il se demande ce qui va lui arriver encore. Ce peuple cubain est aussi un peuple léger, je dis cela dans la meilleure acception du terme. Les Espagnols ici n'ont pas été imprégnés de la gravité indienne comme au Mexique : ils sont imprégnés de la jovialité africaine. C'est le peuple du rythme et la haine ne résiste pas au rythme.

Au dîner, j'ai pu reprendre toutes mes questions. Comment Castro avait été amené à mettre en danger la paix du monde avec les fusées ? Quelle était la dépendance, à l'égard de l'Union soviétique ? S'il n'était pas possible d'envisager des rapports avec les États-Unis, comme la Finlande en a avec les Russes ? Comment le passage s'est fait de l'humanisme de la Sierra Maestra au marxisme-léninisme de 1961 ? Fidel Castro, à nouveau en pleine forme s'est expliqué sur tout. Puis il m'a questionné à nouveau sur Kennedy et chaque fois que je faisais un éloge des qualités intellectuelles du président assassiné, j'éveillais chez lui le plus vif intérêt.

Les Cubains ont vécu avec les États-Unis dans cette intimité cruelle, et que je connais bien, des colonisés avec les colonisateurs. C'est tout de même une intimité. L'événement qui frappe les uns frappe en même temps les autres. Dans cette si séduisante ville de La Havane où nous sommes retournés dans la nuit, tandis que brillaient les enseignes lumineuses des slogans marxistes qui ont remplacé la publicité du Coca-Cola et du dentifrice, au milieu des expositions soviétiques et des camions tchèques, une certaine émotion américaine vibrait dans l'air, faite de ressentiment, de trouble, d'anxiété, mais tout de même aussi de je ne sais quel imperceptible rapprochement. « *Après tout, ce président américain s'est mis d'accord, pendant sa vie, avec nos amis russes* », m'a dit, au moment de mon départ, un jeune intellectuel cubain, comme pour s'excuser de ne pas se réjouir de l'assassinat.

**6 DÉCEMBRE 1963.** LE TESTAMENT DE KENNEDY.
Le 22 novembre 1963, JFK est assassiné à Dallas. À son côté, sa femme Jackie. La dignité de la Première Dame lors de ces circonstances tragiques lui offre une place particulière dans le cœur des Américains.

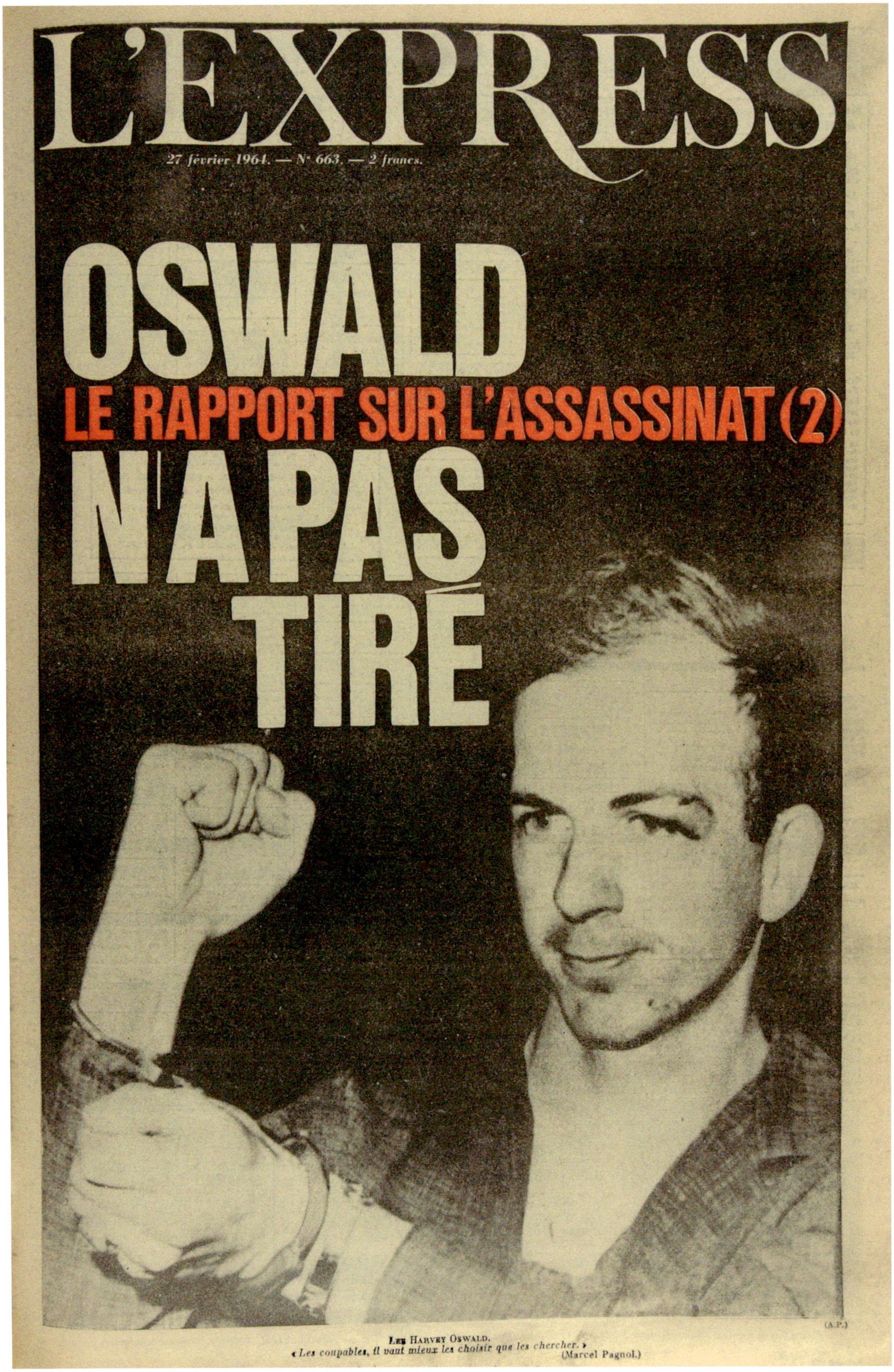

L'EXPRESS

27 février 1964. — N° 663. — 2 francs.

OSWALD

LE RAPPORT SUR L'ASSASSINAT (2)

N'A PAS TIRÉ

(A.P.)

LEE HARVEY OSWALD.
*« Les coupables, il vaut mieux les choisir que les chercher. »*
(Marcel Pagnol.)

**27 FÉVRIER 1964.** OSWALD N'A PAS TIRÉ.
En ex-marine marxisant, Lee Harvey Oswald est un coupable idéal. Arrêté pour le meurtre de JFK, le suspect est exécuté par Jack Ruby. Pas de procès, pas d'histoire. Mais *L'Express* doute de la thèse officielle. Aujourd'hui encore, la vérité est inconnue.

L'EXPRESS

29 avril 1964. — N° 672. — 2 francs

LE COUP D'ETAT PERMANENT

(page 10)

(Droits réservés.)

M. François Mitterrand.

*« Je méprise profondément celui qui peut, avec plaisir, marcher, en rang et formation, derrière une musique. »*
Albert Einstein.

**29 AVRIL 1964.** **LE COUP D'ÉTAT PERMANENT.**
Dans un célèbre discours à l'Assemblée nationale, le député de la Nièvre, François Mitterrand, vient de dénoncer le glissement de la Vᵉ République, « *d'un régime parlementaire à celui d'une monarchie limitée* ». Une thèse développée dans son ouvrage *Le Coup d'État permanent*.

L'EXPRESS
30 juillet 1964. N° 685. 2 francs

HARLEM
DANS LE GHETTO NOIR



(Holmès.)
L'AMÉRIQUE D'AUJOURD'HUI.
« Ce qui constitue la vraie démocratie, ce n'est pas de reconnaître des égaux, mais d'en faire. »
(Gambetta.)

**30 JUILLET 1964. HARLEM. DANS LE GHETTO NOIR.**
Le 2 juillet 1964, aux États-Unis, le *Civil Right Act* est voté. La discrimination dans les lieux publics est interdite et les Noirs peuvent s'inscrire sur les listes électorales. Mais le racisme est toujours prégnant.

L'EXPRESS

14 au 20 septembre 1964. — N° 691. — 2 francs.

BONDIT

PAR J-J SERVAN-SCHREIBER

POURQUOI
COMMENT
VERS OÙ
?

LA PANTHÈRE DE « L'EXPRESS »

(Droits réservés.)

**14 SEPTEMBRE 1964. L'EXPRESS BONDIT.**
Toutes griffes dehors, comme toujours, mais avec une nouvelle formule révolutionnaire. Inspiré par *Time* et *Newsweek*, Jean-Louis Servan-Schreiber fait de *L'Express* le premier *news magazine* français.

**26 OCTOBRE 1964.** PIE XII. HITLER. Quel fut le rôle exact du Vatican pendant la Seconde Guerre mondiale ? L'hebdomadaire s'interroge sur les liens entre Pie XII et les nazis. **28 DÉCEMBRE 1964.** L'HOMME DE L'ANNÉE. Nikita Khrouchtchev étant écarté du pouvoir depuis le 15 octobre, Mao se retrouve maître du monde communiste. Il a d'ailleurs fait exploser une bombe nucléaire dès le lendemain. Une manière de fêter l'événement. **1er FÉVRIER 1965.** ENFIN SEUL. Avec la disparition de Winston Churchill, le 24 janvier 1965, de Gaulle devient l'unique homme d'État encore en exercice ayant marqué la Seconde Guerre mondiale. **19 AVRIL 1965.** ADIEU LES COPAINS. Le mariage de Johnny Hallyday et Sylvie Vartan, idoles des jeunes, marque l'apogée de la période yéyé. *L'Express* s'accorde une parenthèse *people*, comme l'on dira quarante ans plus tard.

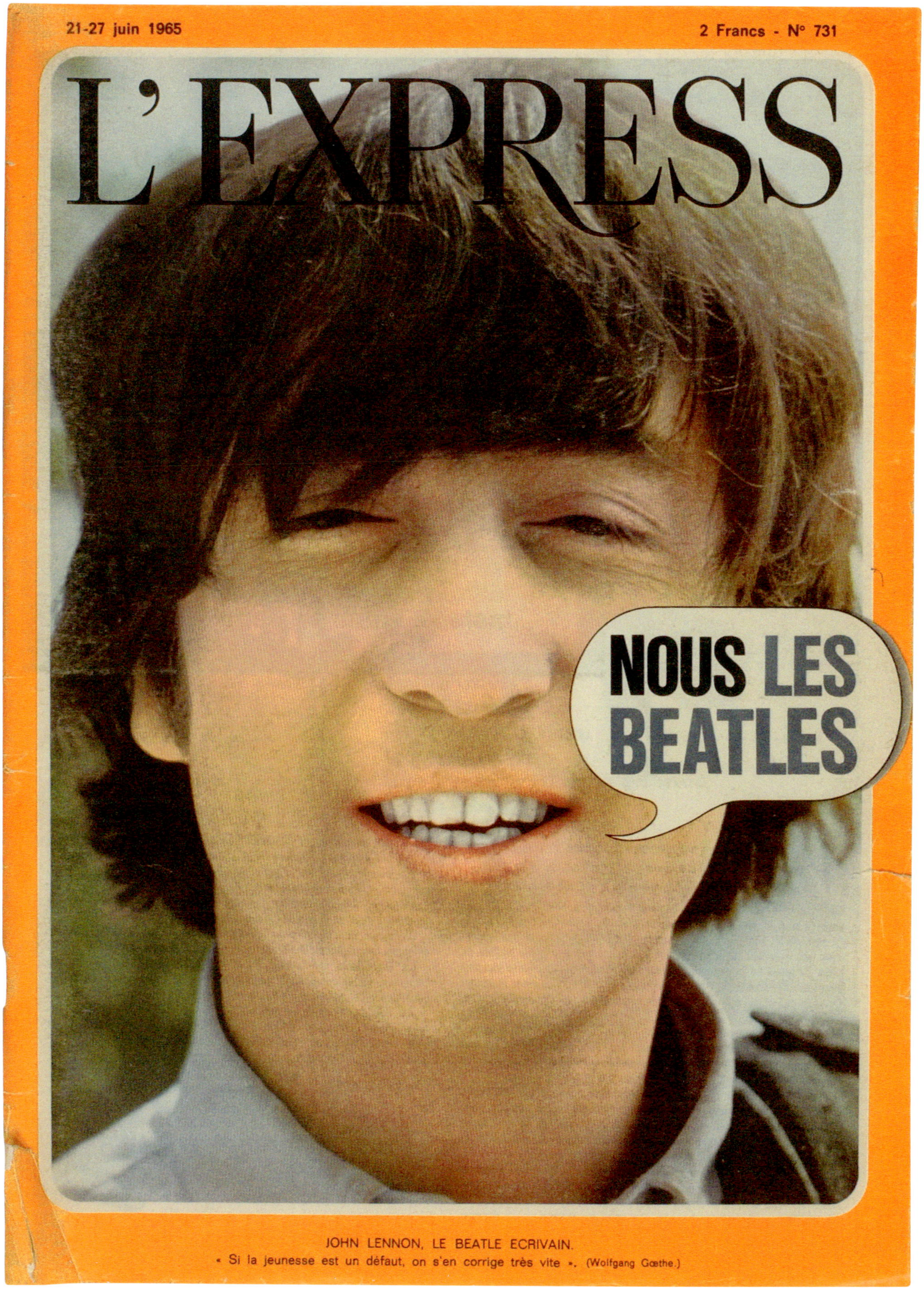


**21 JUIN 1965.** NOUS LES BEATLES.
La France aussi succombe aux quatre garçons dans le vent. La « beatlesmania » déferle sur l'Hexagone.

**9 AOÛT 1965. URSULA ANDRESS ET LES PLUS BELLES FILLES DU MONDE.**
Du *people* encore. Mais comment résister aux sublimes formes de la *James Bond girl* qui sort de l'eau ?
À côté d'elle, Sylvie Vartan est qualifiée de « *déesse de poche* ».

**23 AOÛT 1965.** **CEUX QUI VONT AU CIEL.**
Reportage au cœur de la Nasa. Pour gagner la course aux étoiles, les États-Unis surentraînent leurs hommes, ces volontaires qui ont l'étoffe des héros. Beaucoup d'appelés, peu d'élus.

**10 JANVIER 1966. J'AI VU TUER BEN BARKA.**
Automne 1965, Mehdi Ben Barka, le leader marocain, est enlevé à Saint-Germain-des-Prés et assassiné. Jacques Derogy et son équipe mènent l'enquête et multiplient les révélations dans *L'Express*. L'affaire n'est toujours pas close : en novembre 2010, un huitième magistrat a été saisi du dossier.

# J'AI VU TUER BEN BARKA LE RÉCIT D'UN TÉMOIN

**PAR L'EXPRESS**

« C'est le 29 octobre, à 12 h 30, qu'a eu lieu l'enlèvement de Ben Barka. Son taxi était arrivé par la rue du Dragon. Il est descendu, accompagné d'un jeune homme, puis a commencé à regarder les livres à l'étalage de la librairie *La Pochade*. Contrairement à ce que l'on a prétendu, ce n'est pas moi qui l'ai désigné, c'est Lopez qui l'a reconnu et a fait un signe aux deux policiers, Souchon et Voitot. Ils se sont alors avancés vers Ben Barka : "*Police française*, ont-ils dit, *on doit vous emmener à un rendez-vous.*" Ben Barka n'a pas paru tellement surpris ; simplement, il leur a demandé leurs cartes. Ils l'ont alors amené vers un porche ; c'est là qu'ils lui ont montré leur macaron ; il a alors accepté de les suivre sans résistance. La voiture a pris la route d'Orly, une 403 de la Préfecture, équipée d'un téléphone. Les deux policiers voulaient camoufler le numéro minéralogique avec une fausse plaque en plastique. "*Pour des poulets, vous n'êtes pas forts*, leur avait dit Le Ny, *ces plaques n'existent plus depuis deux ans.*"
Les autres m'ont raconté qu'à ce moment-là, Ben Barka croyait visiblement qu'on allait le raccompagner à Orly et le mettre dans un avion en partance pour l'étranger (ce qui arrive parfois aux "indésirables"). Sans manifester d'émotion, d'une voix parfaitement calme et courtoise, Ben Barka a demandé à Souchon et Voitot si leur intention était bien de l'accompagner à Orly et de l'expulser, de bien avoir l'obligeance d'aller chercher une valise qu'il avait laissée à Paris et de la faire suivre, en son temps.
Pendant cette partie du trajet, il y a eu dans la voiture un grand silence. La 403 a dépassé sur l'autoroute l'entrée d'Orly et a continué son chemin. À ce moment, et pour la première fois, Ben Barka a donné des signes d'agitation. "*La vérité dans cette histoire*, a dit alors l'un des vrais policiers, *c'est que le 'patron' veut vous voir.*"
Ben Barka a cru immédiatement que le "*patron*" en question, c'était un haut fonctionnaire de la police – sans doute le chef de la DST. De nouveau, il s'est calmé. Il a dit simplement : "*Excusez-moi, mais j'ai la certitude que je n'ai rien fait contre la France.*" Il a même rappelé qu'il avait été reçu en audience par le général de Gaulle, il a parlé longuement de la haute estime dans laquelle il tenait le chef de l'État. Il a ajouté : "*Ma conscience est parfaitement tranquille de ce point de vue-là.*"

**Du thé**

Les policiers ont expliqué qu'ils ignoraient, eux, les raisons qui avaient motivé ce rendez-vous, mais que le "patron" avait tenu à accueillir Ben Barka dans une maison de campagne aux environs de Paris pour avoir un entretien tranquille et à l'abri de toute publicité. Visiblement, Ben Barka a accepté cette réponse.
Aussitôt arrivés à Fontenay-le-Vicomte, à la villa de Jo (Boucheseiche), Souchon et Voitot sont repartis pour Paris avec Lopez. Ils ne sont pas entrés dans la maison.
Ben Barka a été conduit dans une chambre au premier étage. Une chambre très confortable. Il était toujours très calme, il a sorti un gros livre de sa serviette et s'est mis à lire ; ensuite, il a demandé du thé et c'est Dubail qui a été lui en chercher. Moi, je les avais rejoints en taxi. C'est peu de temps après que Jo est monté pour dire qu'il y avait un léger contretemps et que le "patron" n'arriverait que plus tard. Ben Barka commence à donner quelques légers signes d'impatience, mais il n'est pas du tout inquiet ; visiblement, il s'attend à la visite d'un haut fonctionnaire. Il répète qu'il ne s'est livré à aucune action répréhensible sur le territoire français. Ce dernier point paraît lui tenir particulièrement à cœur.

**Une bonne idée**

Le soir, il se couche et nous en profitons pour téléphoner au Maroc à Dlimi, le chef de la Police, et à Oufkir, le ministre de l'Intérieur. Les termes sont brefs, tout le monde est parfaitement au courant de ce dont il s'agit. Les Marocains sont sceptiques ; on leur a déjà fait le coup pour obtenir de l'argent. Ironique, Dlimi demande : "*Qu'est-ce que ça veut dire, cette fois encore ?*" C'est Dubail qui prend alors le téléphone :
"*Puisqu'on vous dit que le colis est là !*
*— Quoi, le colis ?*
*— Oui, le colis.*
*— Emballé ?*
*— Oui, emballé.*
*— C'est bien, on arrive.*"
On calcule que Dlimi et Oufkir n'arriveront pas avant plusieurs heures ; Dubail monte prévenir Ben Barka que le rendez-vous est remis à samedi. On lui fait également monter un repas préparé par la bonne marocaine de Boucheseiche, mais il ne touche presque à rien. Il redemande du thé et il boit sans cesse. Il répète encore à Dubail que, s'il est venu en France, c'est que la France est un pays ami du Maroc, puis il lui dit : "*Un jour, je serai peut-être Premier ministre dans mon pays ; dans ce cas, il faudra changer beaucoup de choses, surtout la police, car, vous savez, là-bas, la police est complètement pourrie.*"
Dubail approuve discrètement. Finalement, Ben Barka finit par s'endormir.
C'est le samedi après-midi que Dlimi, accompagné d'un certain Achachi, arrive à Fontenay-le-Vicomte dans la voiture de Lopez. Les précautions sont prises pour que Ben Barka ne le voie pas arriver. Nous accueillons Dlimi dans la grande entrée de la villa, où se trouvent toutes sortes de panoplies marocaines. Dlimi paraît froid et décontracté. Dubail lui rapporte la phrase de Ben Barka sur la police marocaine. Il éclate de rire : "*Ah ! comme ça, il veut épurer la police ! Eh bien ! c'est une très bonne idée !*

*— Ce n'est pas tout ça,* interrompt alors Jo, *mais qu'est-ce que l'on va en faire ?"* Dlimi n'hésite pas, il est catégorique : *"On va le liquider.*
*— Mais comment ?* demande Jo, un peu inquiet.
*— Eh bien, il n'y a qu'à régler ça ici et ensuite on ira l'enterrer dans un champ."*
C'est un peu l'affolement. Personne, en fait, n'a envie de liquider Ben Barka ; ce n'est pas ce qui avait été convenu au départ. Je prends Le Ny à part et je lui dis : *"T'es fou, il ne faut pas les laisser faire, surtout pas ici, chez Jo ; dans quinze jours, ils retrouveront le corps à quelques mètres de la maison ; il vaut mieux aller dans la villa de Lopez ; il faut mouiller Lopez. Si jamais on le liquide ici, on est marron. Dis-le à Jo.*
*— De toute façon,* intervient alors Palisse, *on ne peut pas l'emmener comme ça."*

**Du phénergan**

Dlimi insiste : *"Alors, vous vous décidez ? Il vaut mieux que ce soit l'un de vous qui aille le voir pour éviter une mauvaise surprise à Mehdi."* Il dit *"Mehdi"* (c'est le prénom de Ben Barka) avec une pointe d'ironie. Je dis alors à Dlimi : *"De toute façon, on ne peut rien faire ici, il faut l'emmener chez Lopez"*. Jo approuve. Le Ny, Dubail, Dédé (Palisse) et Jo (Boucheseiche) s'apprêtent à monter. Jo déclare, en se caressant les biceps : *"J'ai 53 ans, mais quand même, je ne suis pas complètement pourri. J'ai encore une bonne gauche."*
J'interviens alors pour dire qu'il vaudrait mieux mettre un somnifère dans son thé. Jo déclare que, chez lui, il n'y a que du phénergan.
Dubail monte donc dans la chambre du premier pour apporter à Ben Barka du thé additionné de phénergan. Nous attendons un quart d'heure, puis Jo et les trois autres montent. Aussitôt qu'il les voit rentrer en groupe, Ben Barka jette son livre et se lève de son fauteuil : *"Qu'est-ce qui se passe ?"* Jo s'avance, lui lance un coup de poing et le rate.

**Une vraie boucherie**

Aussitôt, Dubail, Dédé et Le Ny se précipitent. Ils le bourrent de coups de poing, mais le phénergan a certainement provoqué chez Ben Barka un effet contraire à celui désiré. Il ne sent plus les coups ; il se bat sans dire un mot. Lui qui est si petit paraît d'un seul coup doté d'une force extraordinaire. Le Ny, qui pèse 110 kilos et mesure un mètre quatre-vingt-dix, Dubail, ancien garde du corps de Jo Attia, taillé en athlète, cognent de toutes leurs forces. Dubail, lui, est pris d'une rage terrible et hurle : *"Mais il ne va donc jamais descendre, celui-là !"* Il tend la main pour saisir un bibelot et lui donner un coup sur la tête, mais les autres l'arrêtent. Ben Barka est en sang, la figure méconnaissable. Il a la tête comme une citrouille.
D'en bas, on entend un bruit extraordinaire : des meubles brisés, de la vaisselle qui se casse. Petit à petit, les quatre arrivent à coincer Ben Barka sur une chaise, mais il continue à se débattre, une vraie boucherie !
C'est alors que Dlimi et Achachi montent au premier étage. Dès qu'il voit Dlimi, Ben Barka paraît saisi de terreur ; il arrête de se débattre. On commence à le ficeler avec les cordes qu'est allé chercher Palisse. C'est Dubail qui lui attache les pieds.
À ce moment-là, au rez-de-chaussée, arrive Oufkir, coiffé d'un grand chapeau de feutre noir. Il ouvre la porte, s'arrête : il a une incroyable tête d'assassin ; il se retourne vers moi :
*"Il est là-haut ?*
*— Oui.*
*— Ça marche bien ?"*
Je fais une moue significative. Oufkir ne répond rien. Il décroche un petit poignard marocain attaché à une panoplie en bas de l'escalier. Il monte au premier. *"Eh ! bien, le voici"*, dit-il simplement.
En le voyant, Ben Barka commence à se débattre à nouveau. Oufkir s'approche de lui : *"Je connais très bien le moyen de le calmer."* Et il commence à lui tailler la gorge et la poitrine avec la pointe du poignard. Il paraît y prendre un plaisir de chirurgien en train d'expliquer une opération à ses internes : *"Regardez, maintenant, ça va."*
Dlimi lui parle alors en arabe ; sans doute lui explique-t-il qu'il faut emmener Ben Barka dans la villa de Lopez, car Oufkir se tourne vers Boucheseiche et lui dit : *"Allons-y !"* À ce moment, Oufkir propose de faire venir une ambulance pour transporter Ben Barka chez Lopez. Tous poussent de hauts cris.
On le bâillonne, on le descend, on le met dans une voiture immatriculée "corps diplomatique", qui l'emmène à Ormoy, chez Lopez. Moi, je fais partie d'un deuxième voyage.

**À une chaudière**

Aussitôt arrivés chez Lopez, ils descendent Ben Barka inconscient dans la cave. Là, un Marocain qui n'était pas dans la villa de Jo et qui devait sans doute conduire la voiture d'Oufkir, l'attache à une chaudière de chauffage central. Il le ficelle de telle façon que Ben Barka est complètement tordu, paralysé, et qu'il ne peut plus respirer. Le Ny intervient : *"T'en fais beaucoup, toi,* dit-il, *laisse-lui au moins de quoi respirer.*
*— C'est bien comme ça"*, répond simplement le Marocain. Ben Barka est fini.
Ensuite, tout le monde se retrouve dans le salon. Oufkir explique d'abord qu'il est arrivé trop vite et qu'il n'a pas d'argent sur lui (il avait promis plus de cent millions). Il se déclare en outre mécontent que l'opération se soit faite sur le territoire français. Et il nous fait la leçon. Il dit : *"Il aurait fallu aussi embarquer l'historien*[1]*. C'est une erreur de l'avoir laissé. Mais ce serait une erreur encore plus grande de ne pas savoir garder le silence. Je sais qu'il y en a parmi vous qui ont la parole facile. Il y en a même qui écrivent."* Et il me regarde et il ajoute : *"La moindre erreur de ce genre serait fatale."*
On lui apporte la serviette qui contient les papiers personnels de Ben Barka. Oufkir la fouille minutieusement. Il en sort même une carte de l'Association France-Algérie. Oufkir, sentant le malaise qui règne autour de lui, commence à s'expliquer :
*"Pour moi, il ne s'agissait pas seulement de se débarrasser d'un ennemi politique. Ben Barka était aussi un ennemi de la France et de l'humanité.*
*— On est excédés et fatigués, vous savez,* lui dis-je. *On s'en fout, de vos salades.*
*— Je remercie,* reprend Oufkir, *ceux qui nous ont aidés sincèrement et sans essayer de nous faire chanter* (il se retourne vers moi en disant cela). *Nous nous reverrons, j'aurai encore l'occasion de vous employer."*
Je lui dis alors : *"J'espère qu'il vous reste encore beaucoup d'ennemis."* Ensuite, Dubail, Palisse, Le Ny et moi regagnons Paris dans la voiture de Jo. »
L'homme qui fait ce récit parle d'une voix saccadée, en argot des prisons : débit rapide, accent de titi parisien. Il s'appelle Georges Figon. Il semble circuler librement, bien qu'il soit recherché par toutes les polices. Il sait beaucoup de choses. Il les dit dans un vocabulaire particulier de repris de justice frotté de culture intellectuelle, si bien qu'il nous a fallu « traduire » certains passages de son récit[2].
Pourquoi parle-t-il ? Ceux-là mêmes qui, aujourd'hui, ont intérêt à ce qu'il ne tombe pas entre les mains de la justice, à lui faire passer

**1. Il s'agit de l'étudiant Azemmouri qui accompagnait Ben Barka et qui a donné l'alerte le lendemain de l'enlèvement.**

**2. Par exemple, au moment où Ben Barka se rend compte de ce qui se passe, à l'arrivée des quatre gangsters dans sa chambre, Figon dit textuellement : « *Dès qu'il les a vus les quatre ensemble, il se l'est donné* », ce qui signifie qu'il a pris peur.**

éventuellement une frontière, peuvent aussi le faire disparaître. Alors, il laisse des traces, il enregistre des déclarations. Et il s'amuse même, si on l'en croit, à monter des mystifications en racontant qu'il a été arrêté, puis relâché.

**Un fric-frac**

Georges Figon n'est pas un gangster ordinaire. Ce petit homme à lunettes de 39 ans, au visage un peu rond, à la moustache pauvre, aux frisures clairsemées, emploie le langage étrange et symboliste du truand parce qu'il se veut de ce milieu. Il a choisi d'en être par défi à une société dont il est, en fait, la victime. Fils d'un inspecteur général de la Santé publique commandeur de la Légion d'honneur, Georges Figon a été un enfant difficile. Jeune homme, il a passé trois ans dans un asile psychiatrique.

**Georges Figon n'est pas un gangster ordinaire. Ce petit homme à lunettes de 39 ans, au visage un peu rond, à la moustache pauvre, aux frisures clairsemées, emploie le langage étrange et symboliste du truand parce qu'il se veut de ce milieu.**

Un beau jour, il est mêlé à un fric-frac. Son rôle n'est pas clair, mais il tire sur les policiers venus l'arrêter. Le 27 septembre 1955, la cour d'assises de la Seine le condamne à vingt ans de travaux forcés pour coups et blessures avec intention de donner la mort. Il crache à la figure des jurés le mépris que lui inspire leur justice. Il fera moins de scandale en prison, puisqu'une cascade de six remises de peine successives lui fait obtenir sa libération conditionnelle en 1961. Son avocat est Me Jean Hug, dont l'assistant, Me Pierre Lemarchand, devient son ami. Le 17 février 1964, Figon est relevé de l'incapacité commerciale. Il devient éditeur, crée rue de la Chaise, dans le VIIe arrondissement, la Société moderne du roman-photo et Les Presses européennes. Interviewé, sans que son nom soit prononcé, par la presse et la télévision, Figon devient également une figure de Saint-Germain-des-Prés. Marguerite Duras le rencontre et publie deux entretiens avec lui. Mais il reste, en même temps, lié au « milieu » et son amitié pour son avocat, Me Lemarchand, lui ouvre des perspectives « d'activités politiques parallèles ».

C'est, d'ailleurs, à Me Lemarchand, devenu député UNR de l'Yonne en novembre 1962, qu'il s'ouvrira, dit-il, des préparatifs de l'enlèvement de Mehdi Ben Barka.

Il affirme l'avoir non seulement tenu au courant du déroulement de l'opération, mais encore avoir obtenu, grâce à lui, à la fois une couverture et un feu vert des autorités officielles.

**La Carlingue**

On peut, évidemment, se demander dans quelle mesure Figon n'a pas affabulé et s'il a été réellement témoin du drame qu'il décrit. Or plusieurs éléments connus de l'enquête permettent de faire des recoupements qui confirment plusieurs aspects de son récit.

D'une part, la participation au rapt de Ben Barka de « truands retraités », qui ont, pour la plupart, travaillé pour la Gestapo (qu'ils appellent la « Carlingue ») pendant l'Occupation, a été établie par les interrogatoires des policiers de la brigade mondaine, Souchon et Voitot, et du chef d'escale d'Air France à Orly, Antoine Lopez. Celui-ci était, à la fois, l'indicateur de ceux-ci et agent du SDECE (service de contre-espionnage).

Lopez a, d'autre part, confirmé que, lors de son retour à sa villa d'Ormoy, il y trouva, avec le général Oufkir et le commandant Dlimi, Georges Figon.

Enfin, un journal de Lausanne a pu affirmer, quinze jours après le crime, que Ben Barka avait été poignardé par Oufkir dans la villa de Boucheseiche à Fontenay-le-Vicomte. La source en était tout simplement la police française, qui avait trouvé, lors de la perquisition, des traces matérielles du meurtre.

**7 MARS 1966.** **COMMENT AVOIR DES ENFANTS.**
Cette une est osée pour l'époque : elle met en avant un problème de société, le combat du planning familial pour la régulation des naissances.

**8 AOÛT 1966. AVANT 1967, LA PILULE EN FRANCE.**
*L'Express* poursuit l'un de ses engagements d'avant-garde : un an avant la loi Neuwirth, le journal plaide pour la contraception orale.

# LES INITIÉS DE LA « BARLU »

*Modification impromptue au programme du XXXVe congrès d'Interpol, qui s'est achevé à Berne, mercredi dernier. Lors des interruptions de séance, les experts des polices criminelles ont longuement évoqué dans les couloirs une question qui n'était pas inscrite aux débats : le viol collectif.*

**PAR PIERRE ACCOCE**

À LA UNE CETTE SEMAINE-LÀ

Délit pratiquement inconnu jusqu'en 1950, cette agression en groupe, pratiquée par des adolescents, connaît, en effet, une telle extension depuis trois ans que les criminologistes ont décidé de reprendre le problème, lors de leur prochaine assemblée. Officiellement, cette fois.
Dès 1964, les tribunaux français jugeaient sept affaires de ce genre chaque mois. La cadence ne baissa pas en 1965. Le premier bilan semestriel – une soixantaine de procès – pour 1966 révèle une nouvelle poussée du fléau.
« Le mal est même considérablement plus profond que ne le révèlent ces chiffres, affirme M. Michel Guyot, ancien chef de la brigade des agressions et violences, à Paris. Nous ne connaissons pas le quart de ces drames. Seulement quelques-uns parmi ceux qui ont entraîné une grossesse. Les familles frappées se terrent. Elles se taisent, farouchement. La peur du scandale... »
Troublé par la soudaineté, l'ampleur de cette épidémie honteuse, un homme a refusé la commodité du silence. Le juge Paul Crespy, du tribunal de grande instance de la Seine. Il a plongé au cœur de la nuit, analysant systématiquement 2 400 dossiers : tout le contentieux 1964 de la XVe chambre correctionnelle, de la XXVe chambre, spécialisées dans les affaires de mœurs. Grâce à ce magistrat, la vérité pointe, sordide.
Cette perversion, les initiés l'appellent « rodéo » à Toulouse. À Bordeaux, on la nomme « complot ». Les Lyonnais emploient un vocable plus énigmatique, le « barlu ». Mais c'est toujours le même processus. Un garçon drague, « lève » une fille. Généralement dans une fête foraine, un club de jeunes. Il offre le déplacement motorisé vers un second lieu de plaisir. Parfois, c'est sa petite amie qu'il immole ainsi à la bande. Dans un square, un bois. Dans une résidence secondaire de banlieue. Le plus souvent, une cave d'un grand ensemble.
Ces prospections discrètes sont rondement menées. Le juge Crespy a même découvert l'existence d'un système d'alerte téléphonique perfectionné. Rassemblant à point voulu la dizaine d'affidés, qui se vantent eux-mêmes de ne « jamais laisser passer une occasion ».

### La bécasse

Les violences qui suivent confondent. Tantôt l'acte se déroule en communauté, tantôt la bande fait passer isolément chaque partenaire près de la victime. Les voyeurs se dissimulant aux alentours. Presque toujours les scènes sont enregistrées au magnétophone. Fréquemment, l'avilissement de la « *bécasse* », du « *boudin* », termes employés par les jeunes crapules, s'accompagne de véritables tortures. Raffinement suprême, chaque fois, la bande contraint également la victime à payer l'essence des scooters ou des voitures qui servirent au raid. Le dimanche, le lundi, ils pétaradent, ces engins : jours chauds pour le « *rodéo* » ! Puis suivent, en ordre décroissant, les samedi, jeudi, mercredi et vendredi. Le mardi se révélant peu propice – nul ne sait encore pourquoi – au viol collectif.

### Caves-nids

Ce n'est pas seulement cet acte, qu'on croyait réservé aux temps de guerre, à l'heure des représailles, qui émeut. Mais l'extrême jeunesse des agresseurs. Parmi 114 délinquants observés en 1965, un tiers n'avait pas 16 ans, le reste ne dépassant pas 20 ans. Les victimes sont, elles aussi, à peine sorties de l'enfance : 14 à 15 ans, en moyenne. « *Beaucoup n'étaient déjà plus vierges...* », souligne le R.P. Vernet, aumônier général adjoint des prisons de France, en précisant les constatations déjà présentées au dernier congrès de la Fédération française des familles : le nombre grandissant d'élèves enceintes dans les classes terminales ; l'effroi des catéchistes des grands ensembles, apprenant que des gamines préparées à la première communion étaient déjà femmes.

Et cette liste de quelques HLM de Seine-et-Oise, enfin, dont les caves servent de nids pour l'initiation de nombreuses adolescentes perturbées...
Des sociologues, des psychologues, tels le docteur Lafon, le professeur Levasseur, refusent d'attribuer cette dégradation des mœurs à la seule précocité sexuelle des jeunes. D'autres s'interrogent sur l'apparition subite de cette criminalité insolite. L'étude du juge Crespy le montre : séparations et divorces, des décès, des suicides, ou même une exécution capitale ont gravement perturbé les familles des jeunes fauves déjà jugés pour viol collectif. Un délinquant sur deux n'avait plus de père. Cependant, tous les orphelins ne deviennent pas pour autant des détraqués.
S'agit-il vraiment de maniaques ? On pourrait le croire. Quelques-uns sont des récidivistes. Pourtant, le docteur Lafon n'a pas été peu surpris de constater que l'instinct sexuel proprement dit n'avait joué, au fond, qu'un rôle bien minime dans la plupart de ces affaires d'agression collective.
Voilà pourquoi certains de ces psychologues avancent une interprétation audacieuse de ces réactions antisociales.
Inconsciemment, il pourrait s'agir d'une revanche contre la pression sociale qui tend de plus en plus à placer la femme moderne hors d'atteinte de l'homme normal, aux moyens limités.

**Inconsciemment, il pourrait s'agir d'une revanche contre la pression sociale qui tend de plus en plus à placer la femme moderne hors d'atteinte de l'homme normal, aux moyens limités.**

**L'objet interdit**

Le cinéma, la télévision, la presse, les murs des villes, même, l'idéalisent. Rien ne paraît trop beau, trop cher pour elle. Elle symbolise le triomphe, la réussite. La dure réalité quotidienne révèle à l'immense majorité des jeunes qu'un tel « objet » de luxe, qu'un tel mythe leur sera toujours interdit.

Cela expliquerait, paraît-il, l'avilissement total dans lequel les adeptes des « *rodéos* », des « *complots* », des « *barlus* » précipitent leurs conquêtes forcées.
Quelles que soient leurs motivations, il importe de juguler promptement leurs exploits. La cour d'assises de l'Aude, voilà deux ans, condamna, sec, cinq Toulousains qui avaient successivement abusé de deux jeunes filles, à Saissac. Vingt-neuf ans de prison, au total.
Une répression énergique est, en effet, une solution. La plus facile et la plus rassurante. Mais est-ce bien la plus efficace ?
Traditionnellement, la société, face au désordre, ne connaît que la répression.
Ne serait-il pas temps, surtout quand il s'agit de mineurs, victimes autant que coupables, de faire preuve d'un peu d'imagination ?

# L'OPERATION ANTI-PILULE

CETTE histoire de pilule devient indécente. Indécente, il n'y a pas d'autre mot.

Voilà que, à partir de la communication intéressante et non négligeable de deux spécialistes en dermatologie au cours des Entretiens de Bichat, sur la relation qu'ils ont observée entre certaines affections de la peau, certaines chutes de cheveux et l'absorption de la pilule, voilà que les Françaises sont délibérément conduites à la panique par des titres affriolants, avant même que cette pilule soit à leur portée.

La pilule enlaidit ! Allons bon ! Et l'hypocrisie ?

Il faudrait avoir la cruauté de reproduire dix, cent, mille photos de femmes épuisées par des maternités trop nombreuses ou trop rapprochées, détraquées par les avortements clandestins ; et demander à nos bons prêcheurs : « Franchement, vous croyez que leur problème, c'est le risque d'enlaidir ? »

ENLAIDIR signifiant essentiellement, en l'occurrence, souffrir d'ennuis de peau en cas d'intolérance, ou de dérèglement de la pilosité. C'est ennuyeux. C'est même très ennuyeux. Malheureusement, des milliers de femmes perdent leurs cheveux après la naissance d'un enfant sans avoir jamais absorbé la moindre pilule contraceptive. Et la progression — par ailleurs inquiétante — de ce mal qui porte le nom d'alopécie a pris des proportions que nul médecin ne songe à attribuer à la pilule.

Cela ne signifie pas que ladite pilule n'est pas, dans certains cas, à l'origine du mal. Mais la substance coupable, semble-t-il, est ordonnée chaque jour à des milliers de femmes dans le cadre de traitements sans rapport avec la contraception.

Les peaux ravagées ? Des milliers de femmes en sont affligées parce qu'elles absorbent non pas la pilule mais trop de crème fraîche, de saucisson ou de chocolat. Ou parce qu'elles n'aiment pas leur mari. Ou parce qu'elles l'aiment trop. Ou parce que l'un des multiples conflits d'ordre psychologique qui altèrent la santé se traduit dans leur cas par une affection de la peau.

Et des milliers de femmes prennent la pilule, mangent n'importe quoi, sont tiraillées par leurs problèmes psychologiques... et ont une peau superbe.

Que les choses soient claires : le spécialiste qui a alerté de façon spectaculaire ses collègues sur les effets possibles des traitements prolongés à base d'hormone, le professeur Merklen, sait sans doute ce qu'il fait. Et ce qu'il dit. Mais pas plus que les médecins tout aussi qualifiés qui administrent la pilule, qui contredisent les conclusions du professeur Merklen, et qui se fondent sur des millions d'observations recueillies à l'étranger.

***Françoise Giroud***

CETTE opération anti-pilule tombe, en vérité, un peu trop opportunément pour faire passer une autre pilule : le renvoi à la prochaine session parlementaire de la discussion sur l'abrogation de la fameuse loi de 1920, celle qui interdit la diffusion et la propagande pour les moyens contraceptifs.

Les hautes instances gouvernementales auraient été prévenues que l'électorat féminin catholique pourrait s'en offusquer. Au nom de la morale. Comme si la morale avait jamais été autre chose qu'une somme de règles d'action sécrétées par les sociétés humaines pour survivre.

QUAND il fallait que chaque femme consacrât sa jeunesse à avoir des enfants pour que deux ou trois atteignent l'âge adulte, il fallait aussi qu'un interdit moral pèse sur toute forme de contraception.

Aujourd'hui, ce n'est pas l'immoralité qui limite les naissances. C'est la construction.

Je n'ai pas qualité pour dire si, telle qu'elle est composée et fabriquée en ce moment, la pilule présente plus ou moins d'inconvénients pour la santé publique que les avortements. Et même... Oublions cela : si elle présente des inconvénients trop graves pour qu'il ne soit pas prématuré de l'autoriser. On peut penser que l'Amérique, la Suède, l'Angleterre, la Suisse ont un souci aussi vif de la santé et de la beauté de leurs citoyennes que ces Français soudain si attentifs à leur égard. Mais supposons : il y a un danger, il faut le réduire, et la prudence n'est jamais excessive en ce domaine. Profitons de l'expérience des autres, de leurs recherches, de leurs tâtonnements avant de mettre la pilule à la portée de toutes les Françaises.

MAIS les autres procédés qui tombent toujours sous le coup de la loi alors qu'ils ne font plus question à l'étranger ? Et qui exigeront des années d'information organisée, d'éducation patiente, avant que toutes les Françaises en aient le bénéfice, et pas seulement une petite fraction de femmes assez évoluées pour ne pas craindre de se confier à un médecin évolué.

Ce que recouvre l'opération anti-pilule, il faut bien le voir, c'est une opération amalgame. Non, nos femmes n'enlaidiront pas, non, nos femmes ne deviendront pas les victimes de ces mœurs sauvages que ces Américains incultes, ces Anglais misogynes, ces Suédois dévoyés et ces Suisses grossiers n'ont pas craint d'adopter ! Et que la gauche vendue à l'étranger veut implanter chez nous. Dans la douce France, nous sauverons nos compagnes, mères admirables, etc., etc. On l'entend avant même qu'il soit prononcé, le beau discours qui empêchera l'abrogation de la loi de 1920... Et avec l'approbation de l'opinion publique, si l'on continue de l'affoler avec les méfaits de la pilule, qu'elle assimilera très vite aux moyens contraceptifs non chimiques. « Tout ça, dira-t-on, c'est bien dangereux,.. »

IL est grand temps d'en finir avec cette affaire à dégoûter Don Juan d'Elvire et réciproquement. Et de rappeler que les femmes hostiles à la liberté de la contraception pour les autres sont, il faut bien le dire, généralement mal placées pour donner des conseils de beauté.

**F. G.**

**10 OCTOBRE 1966.** L'OPÉRATION ANTI-PILULE. Dans cet éditorial signé bien avant l'adoption de la loi Neuwirth sur la pilule, Françoise Giroud porte haut et fort le combat de *L'Express* pour la liberté de contraception. ← **Lire article ci-contre**
**21 NOVEMBRE 1966.** PICASSO. Honneur de la une pour l'« homme le plus orgueilleux de son temps ». À 85 ans, Picasso s'offre la plus grande rétrospective jamais organisée autour d'un artiste vivant, au Grand Palais, à Paris.

**12 DÉCEMBRE 1966.** **EMPLOI : UN FRANÇAIS SUR TROIS EST INQUIET.**
Les régions minières ou industrielles comme le Nord, la Bretagne et la Lorraine entrent dans la crise : 34 333 personnes sont inscrites au chômage. Ce n'est qu'un début.

**30 JANVIER 1967.** LES FEMMES ET LA POLITIQUE.
Plus de vingt ans après la loi sur le droit de vote des femmes, le journal dresse un état des lieux : qu'en ont-elles fait ? Quelles sont leurs orientations politiques ? Et bien sûr : comment les séduire ?

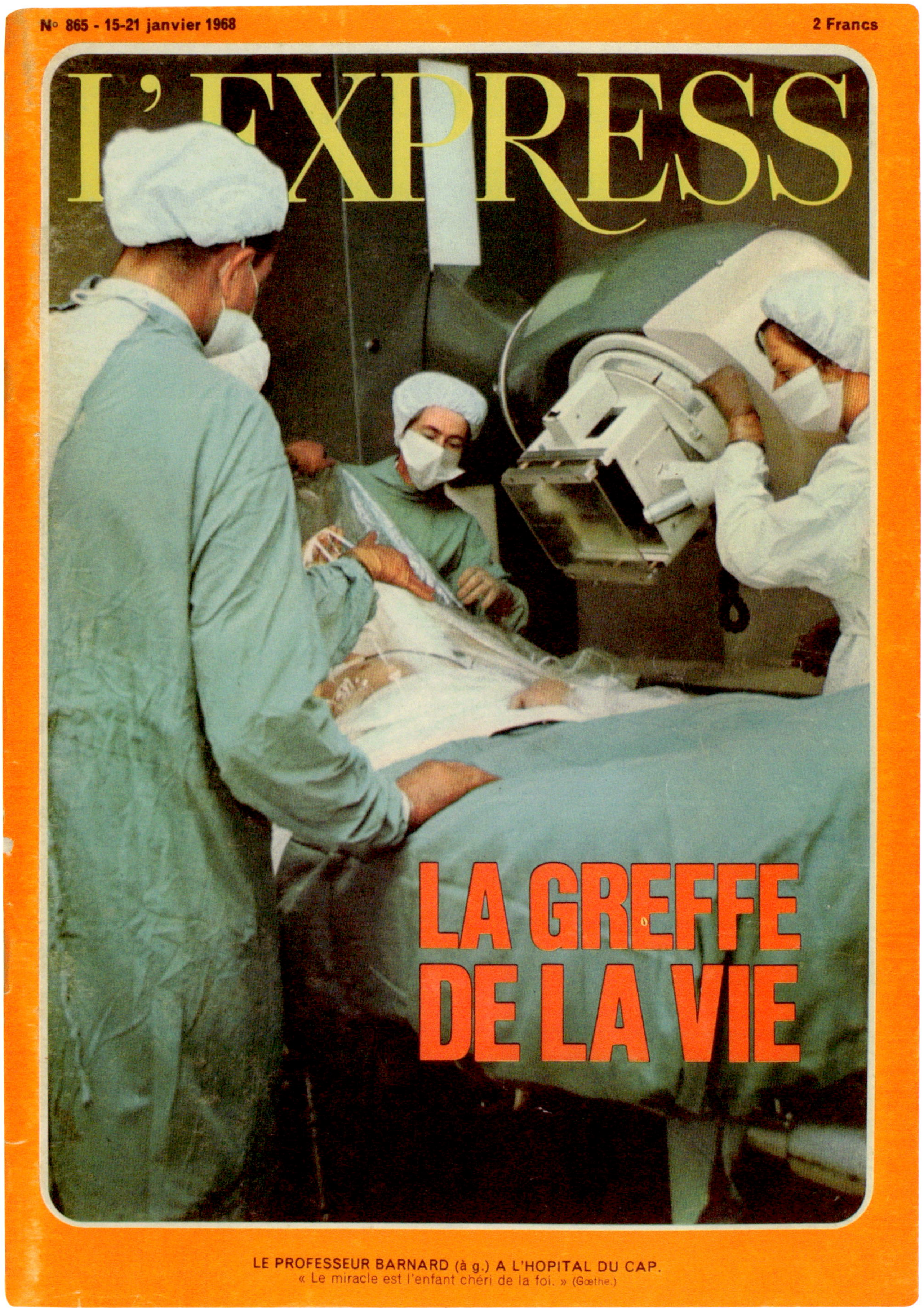


**15 JANVIER 1968.** LA GREFFE DE LA VIE.
Le professeur Christiaan Barnard réussit la première greffe du cœur à l'hôpital du Cap, en Afrique du Sud.

**4 MARS 1968.** LES MACHINES À APPRENDRE.
À Palo Alto, en Californie, les enfants manipulent les premiers terminaux d'ordinateurs. Ils ne le savent pas encore, mais ils étudient dans la capitale de la fameuse *Silicon Valley*, un nom inventé au début des années 1970.

# NANTERRE À LA CHINOISE

*Du sang sur le boulevard Saint-Michel. Fermeture, jeudi dernier, de la faculté de Nanterre et, vendredi, de la vieille Sorbonne, avant une soirée de véritable émeute au Quartier latin.*

**PAR L'EXPRESS**

À LA UNE CETTE SEMAINE-LÀ

Les Français venaient de comprendre que la maladie qui secoue depuis des mois les universités italiennes et allemandes avait atteint la France.
Tout est parti de Nanterre. Nanterre à la chinoise. Une première fois, il y a deux mois et demi, la faculté de Nanterre avait été fermée pour deux jours. Autrement, il faut remonter jusqu'à novembre 1940 pour trouver un précédent. Mais, à l'époque, les clés des universités étaient entre des mains allemandes.
La décision, cette fois, fut prise en haut. Dans le bureau de M. Alain Peyrefitte, ministre de l'Éducation nationale, qui, de la rue de Grenelle, suivait heure par heure, les grandes manœuvres nanterroises de ce qu'on a appelé les « enragés », qu'ils soient à la gauche de la gauche ou à l'extrême droite.
Dès le jeudi matin, le ministre connaissait en gros le plan de bataille. L'extrême gauche étudiante, au cours d'une nuit blanche, venait de mobiliser ses troupes, ses casques, ses voitures, ses matraques et ses sandwichs pour « empêcher le fascisme de passer ».
En l'occurrence, les commandos du Mouvement Occident, prêt, disait-on, sous la conduite de M. Roger Holeindre (ex-lieutenant de M. Tixier-Vignancour), à venir planter ses micros « chez les Rouges ».

**Sur les toits**

Dès 10 heures du matin, le quadrilatère de la faculté des lettres prend des allures de caserne. Il y a des veilleurs sur les toits, dans les couloirs et au coin des rues. Malheureusement, l'ennemi tarde à se découvrir. On saura plus tard qu'il n'est d'ailleurs pas venu. L'ennui risque de saisir les sentinelles. Au début de l'après-midi, quelques militants parlementent avec les autorités pour obtenir le droit d'utiliser les haut-parleurs de la faculté. Refus. Protestations. Un amphithéâtre est envahi par les combattants qui veulent voir un film sur « Che » Guevara. M. René Rémond, professeur d'histoire, et ses étudiants, sont priés d'aller officier ailleurs. La température monte, l'attente de la bataille frôle parfois le *happening*. On affirme qu'Austerlitz est pour demain. Dès l'aube, M. Grappin, le doyen de Nanterre, téléphone à M. Peyrefitte. Fermeture de la faculté.
Vendredi matin, les « enragés » peuvent lire dans *L'Humanité* un article au vinaigre de M. Georges Marchais, membre du comité central du parti communiste, qui les traite de « *faux révolutionnaires dont les élucubrations s'inscrivent dans le cadre de la campagne*

*anticommuniste du pouvoir gaulliste* ».
Si le Parti frappe fort, c'est parce que le mouvement de Nanterre lui échappe complètement : le mouvement dit du 22 mars (date de ses premiers exploits et de la première fermeture de la faculté) est en effet entre les mains d'un détonant mélange d'anarchistes, de trotskystes, de pro-Chinois à la Godard, d'admirateurs de Guevara et de Rudi Dutschke, dit Rudi le Rouge, prince allemand de la révolution étudiante.

**Pékin**

Figure de proue du Mouvement du 22 mars, un anarchiste né à Montauban, d'origine allemande, à la toison rousse et à la voix tonnante, Daniel Cohn-Bendit, 22 ans.
Il a eu des mots avec M. Missoffe lors de l'inauguration d'une piscine, et avec les étudiants sans idéologie qui contemplent, les yeux éteints, cette agitation désordonnée.
On le dit extrémiste. M. Missoffe, qui l'a reçu, dit que c'est, au fond, un bon garçon.
Pas de quoi faire peur au Parti. S'il n'y avait pas les Chinois. Les fidèles de La Havane ou des maquis boliviens sont des rêveurs qui font rêver. Mais les groupes qui se réclament de Mao constituent ou constitueront les plages de débarquement d'une Ve Internationale qui a déjà 700 millions de militants. Avec Pékin, le parti communiste français ne prend pas de risques. D'ailleurs, la manière dont M. Pierre Juquin, membre du comité central du Parti, a été pratiquement expulsé de Nanterre par ces « gauchistes », alors qu'il venait, le jeudi 25 avril, faire une conférence, n'a pas été oubliée par le parti communiste : « *Juquin, Lecanuet du PC* », c'est un cri qui ne s'oublie pas.
D'autant plus que le Parti sait que, depuis jeudi, Cohn-Bendit et ses amis sont débordés, presque rejetés dans le camp des modérés par les « Chinois » de Nanterre aidés par ceux de l'École normale supérieure. Nanterre est devenu ce jour-là, le terrain d'exercice stratégique du groupe chinois de la rue d'Ulm.
Il est vrai que les responsables du Mouvement du 22 mars manquaient quelque peu de rigueur idéologique. Ils en avaient pêle-mêle contre le PCFR (« R » pour révisionniste), la presse, le pouvoir, les professeurs, la police, l'administration, Occident et son fascisme, c'est-à-dire tout ce qui n'était pas eux.

**En rond**

Cette grande colère vague, significative de la perte d'influence de l'Unef, a d'ailleurs trouvé, faute d'idées, des modèles à Rome, Madrid et Berlin : le contexte étant très différent, les étudiants de Nanterre ne pouvaient que manifester en rond. Ce qui est la meilleure façon de faire monter la tension lorsque ce rond en forme de « campus concentrationnaire » s'appelle Nanterre. Nanterre, c'est-à-dire une faculté échouée en banlieue, entre un chemin de fer, des HLM et des terrains vagues, vivant en vase clos, sans tradition culturelle, sans environnement social.

**Pas de quoi faire peur au Parti. S'il n'y avait pas les Chinois. Les fidèles de La Havane ou des maquis boliviens sont des rêveurs qui font rêver.**

Dans cette université sans passé, la faculté des lettres, rendez-vous de plus d'un indécis, qui ne savent d'ailleurs pas quels débouchés leur vaudra leur formation.
Et dans cette faculté, une branche, celle des sciences humaines, qui brasse psychologie et sociologie, contemple les sociétés humaines comme des termitières. Et très naturellement, pour les expliquer, en fait l'analyse critique. C'est sa fonction. À l'inverse des disciplines purement scientifiques, qui donnent le sentiment d'avoir prise sur la société, les sciences humaines peuvent conduire les étudiants à la contestation globale, indiscriminée. Marx est leur héros plus volontiers qu'Einstein.
Ce ferment trois fois explosif explique en grande partie l'emprise des « révolutionnaires » de Nanterre, qui ne sont que quelques centaines sur une partie des 12 000 étudiants en lettres de cette faculté.
Il est vrai que parfois la peur des commandos d'extrême droite, la vue des cars de police, ou l'attrait des « leaders spontanés » a contribué à lier étudiants de base et agitateurs.

**Les camelots du roi**

Mais plus profondément, l'attaque permanente et justifiée contre l'archaïsme des structures universitaires a rencontré, clairement ou confusément, les préoccupations essentielles des étudiants. Apprendre ? Mais quoi ? Pour quoi faire ? Gagner de l'argent ou servir à quelque chose ? Et même : servir qui ? Sur tous ces points la chanson de Cohn-Bendit n'était pas un refrain isolé.
Le débarquement des Chinois prenant en main le Mouvement du 22 mars risque de l'isoler. L'agitation pour elle-même, la dénonciation du PC sont des thèmes un peu lassants et qui, même en sociologie, ne constituent qu'une faible partie du programme pour des examens désormais proches.
Mais la balle passe vendredi, brutalement, à la Sorbonne. La police investit les facultés. Tout le Quartier latin s'échauffe.
Une barricade se dresse sur le Boul'Mich'.
La police charge dans les fumées des grenades lacrymogènes contre les étudiants extrémistes qu'ont évidemment rejoints, par solidarité antipolicière, d'autres étudiants du Quartier.
La fermeture des facultés pour 12 000 étudiants de Nanterre et 35 000 étudiants de Sorbonne achèvera, dès lors, de secouer la masse des étudiants non engagés et des professeurs libéraux qui avaient accepté de dialoguer avec les « enragés ».
« *Nous avons essayé le libéralisme,* déclare-t-on à l'Éducation nationale. *Il a échoué. Nous allons maintenant serrer un peu la vis. Cela ne durera pas. C'est finalement un épisode malheureux de la crise de croissance de l'université française.* »
C'est aussi que la jeunesse française vient de recevoir l'onde de choc des violentes angoisses d'aujourd'hui qui secouent la jeunesse du monde.

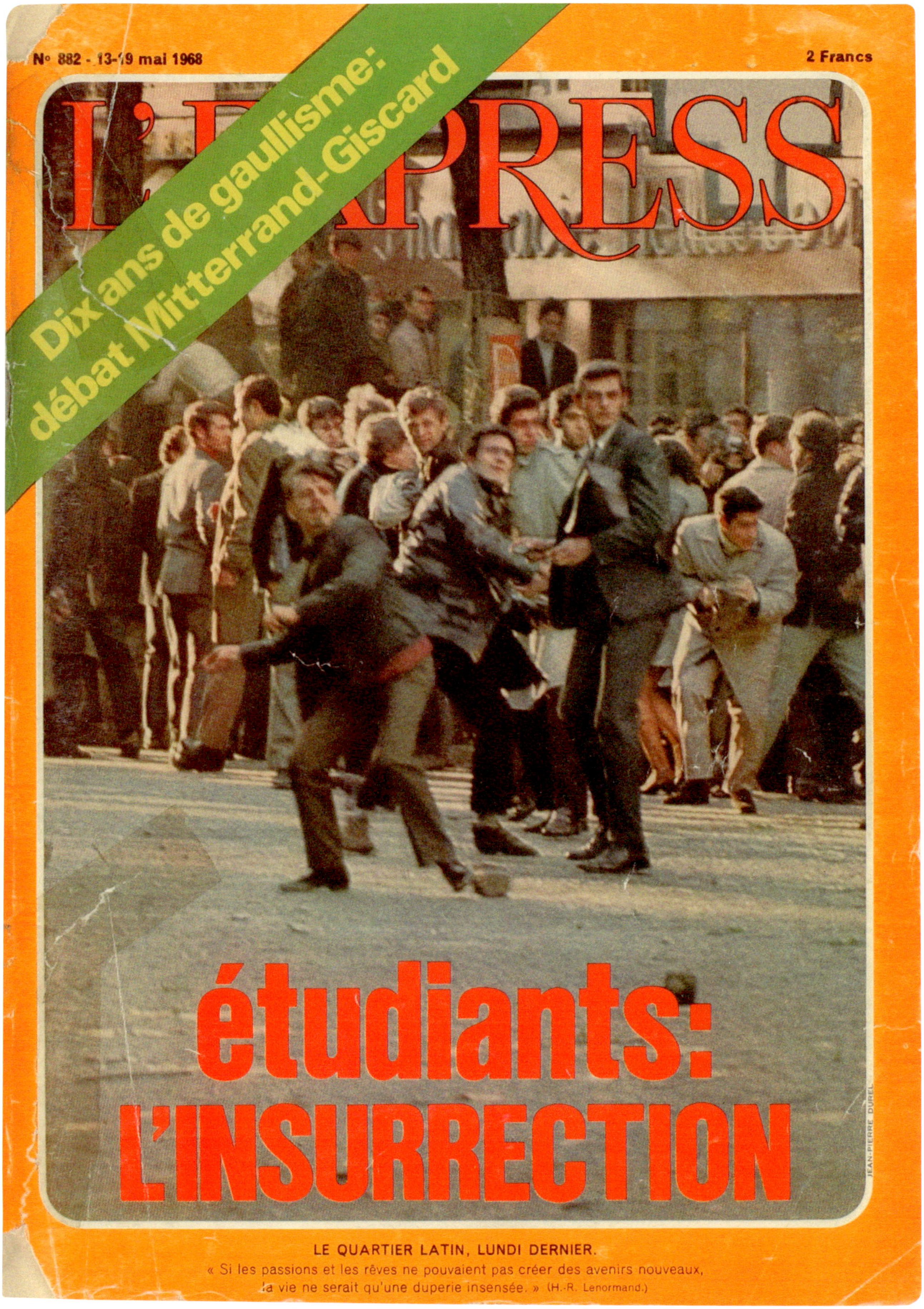


**13 MAI 1968.** **ÉTUDIANTS : L'INSURRECTION.**
Contre le pouvoir gaulliste et les valeurs traditionnelles, les étudiants lancent un grand mouvement de contestation – le fameux Mai 1968. Le 13, jour de la sortie du journal, est déclaré jour de grève générale. Étudiants et ouvriers manifestent ensemble. La France est loin d'être un cas unique : aux États-Unis, en Allemagne, en Italie s'enchaînent des événements de même nature.

**26 AOÛT 1968.** PRAGUE: LE COUP DE FORCE.
L'ouverture vers un «*socialisme à visage humain*» initiée par Alexander Dubček est stoppée net par l'entrée des chars soviétiques dans la capitale de la République tchécoslovaque: c'est la fin du «Printemps de Prague».

**7 OCTOBRE 1968. BIAFRA : LA FIN.**
Le conflit entre le Biafra et le Nigeria – l'une des premières guerres civiles africaines de l'époque postcoloniale – se poursuivra, en fait, jusqu'en 1970. Il est largement médiatisé par le photojournalisme en plein essor. Les lecteurs découvrent le tiers-monde, la famine et les *French Doctors* de Bernard Kouchner.

**10 MARS 1969. DELON PARLE.**
Le 1er octobre 1968, le corps de Stefan Markovic, un proche d'Alain Delon, est retrouvé dans une décharge. L'acteur est interrogé par la police et les rumeurs autour de l'affaire s'emballent. Dans un entretien exclusif à *L'Express*, il livre sa version et un peu plus.

**29 AVRIL 1969.** APRÈS LUI, QUI ?
Le 27 avril 1969, le général de Gaulle organise un référendum. Officiellement il s'agit de se prononcer sur la réforme du Sénat et la décentralisation. Mais le président de la République cherche surtout une preuve de la confiance du peuple. Le « non » l'emporte avec 52,5 %. Le pacte avec les Français est rompu : de Gaulle démissionne le 28 avril et se retire à Colombey-les-deux-Églises.

**14 JUILLET 1969.** LE SAUT-SPÉCIAL LUNE.
JFK l'avait promis, la Nasa l'a fait. Le 21 juillet 1969, à 3 h 56 du matin (heure française), le commandant Neil Armstrong effectue le premier pas de l'Homme sur la Lune.

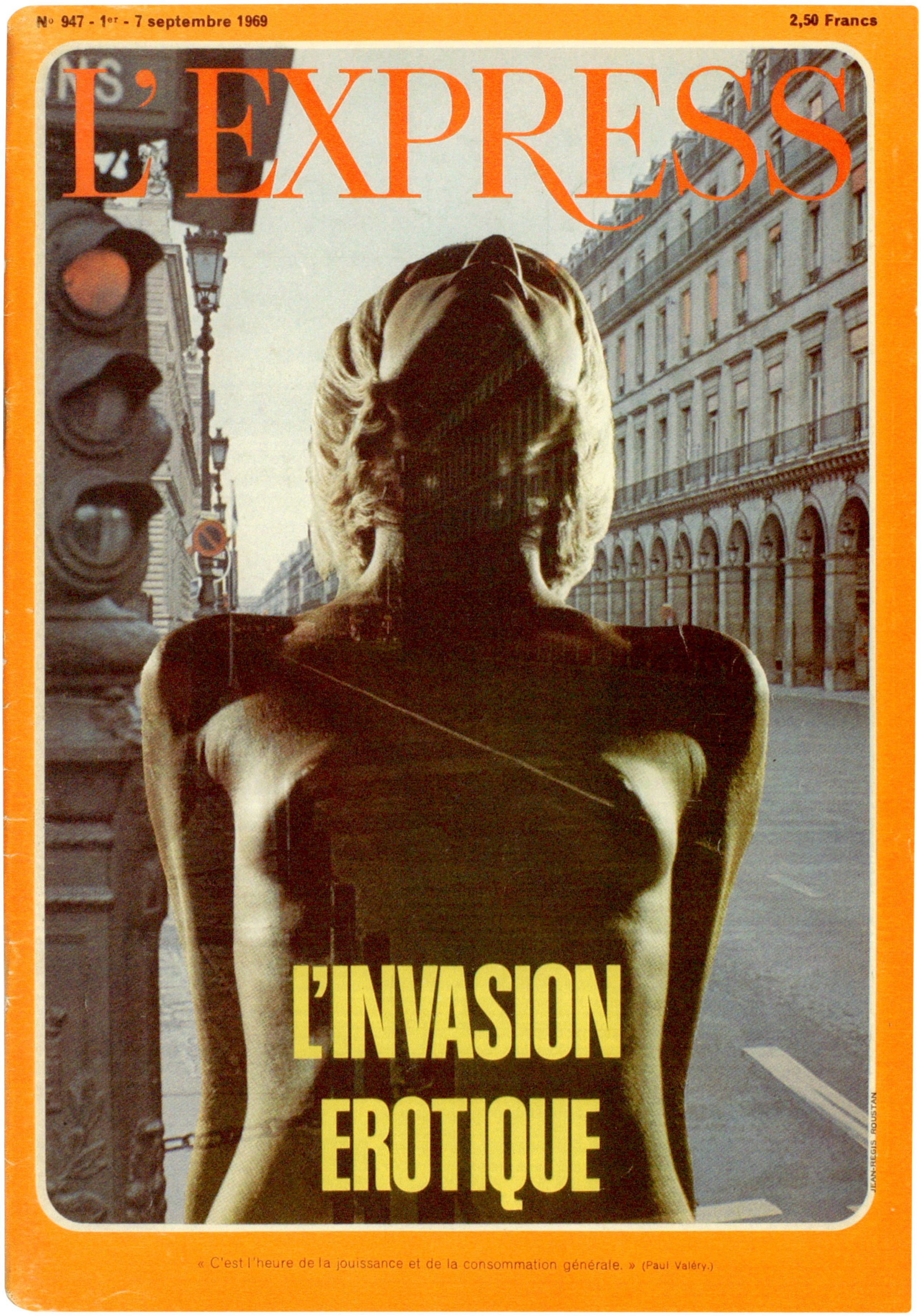


**1er SEPTEMBRE 1969. L'INVASION ÉROTIQUE.**
« 69, année érotique », susurre Jane Birkin, en duo avec Serge Gainsbourg. Plutôt prude à ses débuts, *L'Express* se laisse gagner par le vent de liberté. La révolution sexuelle est en marche.

# « Nous n'avions peur de rien, nous inventions »

*par Jean-Louis Servan-Schreiber*

**22 novembre 1963. À bord de l'*Île-de-France*, au beau milieu de l'Atlantique, j'apprends l'assassinat du président Kennedy. Avec Claude, ma première épouse, nous venions de partir pour un voyage d'étude aux États-Unis.** Pendant quatre mois, à New York, nous avons pu étudier le fonctionnement des plus grands magazines d'information américains. *Time*, *Newsweek*, *Look* et *Life* nous ont accueillis à bras ouverts. Je rassemblais autant de documents que possible et les rangeais dans une grande malle en osier. Plus j'apprenais de la presse américaine, plus j'étais sceptique à la lecture de *L'Express* que je recevais chaque semaine. Lorsque je suis rentré en France, Jean-Jacques m'a commandé un rapport critique sur l'hebdo en papier journal que *L'Express* était encore. Lui aussi avait senti la nécessité d'un nouveau souffle. Son journal était en perte de vitesse : il ne correspondait plus à l'époque. Avec la fin de la guerre d'Algérie, nous entrions dans une ère de paix, moins polémique. J'ai remis un document d'une quarantaine de pages. J'y mettais en cause les contenus et le look du journal : les articles étaient trop longs, les journalistes « s'écoutaient » écrire, les opinions prenaient le pas sur les faits, la politique occupait trop de place, etc. Mes conclusions étaient un peu radicales. Jean-Jacques a suivi. Il m'a demandé de le rejoindre pour mettre au point une nouvelle formule, un magazine.

Évidemment, nous avons fait face à une certaine résistance. Le nouveau service de la documentation, inspiré du fonctionnement de *Time* et chargé d'éplucher l'actualité nationale et internationale, distribuait chaque semaine, lors de la conférence de rédaction, une liste de sujets aux rédacteurs en chef. Un bon nombre d'entre eux la jetait ostensiblement à la poubelle sans l'avoir lue ! Une révolution, dans les habitudes de travail et la longueur des articles, ne pouvait se faire sans heurt.

C'était excitant de devoir tout repenser, tout imaginer : le contenu éditorial d'abord, mais aussi les ventes, le *marketing*, la publicité. Au service abonnements, j'ai expliqué comment faire un *mailing*. Mais il n'y avait personne en France pour écrire les lettres adéquates. Nous avons donc fait appel à des rédacteurs spécialisés américains et à des traducteurs. Nous avions aussi besoin de listes d'envois. Comme aucune entreprise française n'existait sur ce créneau, nous avons créé notre propre structure.

Cette nouvelle formule a rencontré un succès immédiat, portée par une forte promotion à la radio, une première pour un magazine. Pourtant, nous avions eu à peine six mois – et un déménagement ! – pour la mettre en place. Comme nous ne savions pas que c'était infaisable, nous l'avons fait. Nous n'avions peur de rien, nous inventions. Cette modernisation de *L'Express* a ensuite servi de matrice à la presse d'information moderne française.

À *L'Express* de 1963 à 1972, Jean-Louis Servan-Schreiber a d'abord été adjoint de Jean-Jacques Servan-Schreiber puis directeur général du groupe Express.

# LES ANNÉES SOIXANTE-DIX
# 1970-1979

Valéry Giscard d'Estaing se rend au palais de l'Élysée le 27 mai 1974. Élu le 19 mai, à quarante-huit ans, il est le vingtième président de la République française. Photographie Philippe Ledru.

Guerre du Viêtnam : un tank sud-viêtnamien chargé de soldats passe devant un village détruit, le 17 mars 1975, quelques semaines avant la victoire des troupes nordistes. Photographie Nick Ut.

## DANS LE MONDE

**9 NOVEMBRE 1970**
Mort du général de Gaulle.

**MAI 1972**
Le sommet Nixon-Brejnev à Moscou aboutit, notamment, à la signature de l'accord SALT 1, qui limite les armements antimissiles.

**11 SEPTEMBRE 1973**
Au Chili, Salvador Allende est renversé par un putsch. Le général Pinochet prend le pouvoir.

**6-25 OCTOBRE 1973**
Guerre du Kippour. Les Égyptiens et les Syriens attaquent, par surprise, le Sinaï et le plateau du Golan occupés par Israël depuis la guerre des Six Jours.

**2 AVRIL 1974**
Décès de Georges Pompidou.

**19 MAI 1974**
Valéry Giscard d'Estaing est élu président de la République.

**15 JANVIER 1975**
La loi Veil sur l'interruption volontaire de grossesse est promulguée.

**30 AVRIL 1975**
Chute de Saigon. L'armée du Nord-Viêtnam prend possession de la ville et la rebaptise Hô Chi Minh-Ville.

**17 SEPTEMBRE 1978**
Les accords de Camp David sont signés. Le traité de paix met fin au conflit entre l'Égypte et Israël qui a débuté en 1973, lors de la guerre du Kippour.

**16 OCTOBRE 1978**
Élection de Jean-Paul II comme pape.

**FÉVRIER 1979**
L'ayatollah Khomeiny arrive au pouvoir et proclame la république islamique d'Iran.

**JUIN 1979**
Les premières élections européennes au suffrage universel sont organisées.

**27 DÉCEMBRE 1979**
L'URSS envahit l'Afghanistan.

المجاهدين على القاعدين اجراً عظيماً

**LES GRANDES DATES DU JOURNAL**

**SEPTEMBRE 1970**
Début de la collaboration de Max Gallo à la rubrique « culture ».

**12 JUIN 1971**
Crise à *L'Express*. Onze journalistes, dont plusieurs cadres de la direction, démissionnent. Ils dénoncent l'ingérence politique de JJSS. La plupart d'entre eux formeront l'équipe fondatrice du *Point*, créé en 1972.

**1972**
Michèle Cotta et Catherine Nay deviennent reporters à *L'Express*.

**1973**
Pierre Salinger, ancien porte-parole de John F. Kennedy, entame une collaboration avec le journal.

**27 MAI 1974**
JJSS entre dans le gouvernement de Jacques Chirac comme ministre des Réformes.

**9 JUIN 1974**
Opposé aux essais nucléaires, JJSS démissionne.

**JUILLET 1974**
Françoise Giroud quitte ses fonctions au sein du groupe car elle est nommée secrétaire d'État auprès de Jacques Chirac, chargée de la condition féminine. Elle y restera jusqu'en août 1976.

**16 MARS 1977**
L'homme d'affaires franco-britannique sir James Goldsmith achète 45 % du groupe et en devient le vice-président.

**11 JUILLET 1977**
Raymond Aron rejoint la rédaction de *L'Express*.

**13 SEPTEMBRE 1977**
Le graphiste américain Milton Glaser dessine le nouveau logo de *L'Express* et redéfinit la une.

**1er AVRIL 1978**
James Goldsmith porte sa participation dans *L'Express* à 65 % et en devient président. La famille Servan-Schreiber se retire.

**SEPTEMBRE 1978**
Jean-François Revel est nommé directeur de *L'Express*.

Portrait de l'ayatollah Khomeiny dans une rue de Téhéran, Iran, février 1979. Photographie David Burnett.

# LA FRANCE CHERCHAIT UN CHEMIN

*PAR VALÉRY GISCARD D'ESTAING*

VALÉRY GISCARD D'ESTAING EST ÂGÉ DE 48 ANS LORSQU'IL EST ÉLU PRÉSIDENT DE LA RÉPUBLIQUE EN MAI 1974. APRÈS LES ANNÉES POMPIDOU, SON SEPTENNAT SE DISTINGUE PAR UNE VOLONTÉ DE MODERNISATION. PLUSIEURS GRANDES RÉFORMES SONT ADOPTÉES : LE DROIT À L'AVORTEMENT, L'ABAISSEMENT DE L'ÂGE DE LA MAJORITÉ DE 21 À 18 ANS ET LE DIVORCE PAR CONSENTEMENT. MAIS CES ANNÉES MARQUENT ÉGALEMENT LA FIN DES TRENTE GLORIEUSES.

À l'aube des années 1970, la nation cherchait un chemin, une ambition. Le monde d'avant était fini, on le savait, avec ce qu'il avait eu de terrible, comme l'Occupation, et ce qu'il avait eu de grand pour l'époque, l'empire colonial. À part quelques nostalgiques, plus personne ne pensait qu'on revivrait l'avant-guerre.

Il n'y avait pas d'angoisse économique forte : la croissance était soutenue, la dette faible, le budget proche de l'équilibre, le nombre des chômeurs n'avait pas franchi le million, toute crise était considérée comme transitoire, dont les effets disparaîtraient une fois les restructurations nécessaires achevées.

Un autre acquis était la continuité gouvernementale. Pour la première fois depuis l'avènement de la République, la France disposait d'un exécutif stable. L'opinion avait le sentiment que le général de Gaulle avait accompli, dans le monde d'avant, ce qu'il devait accomplir, et que c'était à nous qu'il revenait de répondre aux défis du monde nouveau : comment y assurer pour la France une place chaleureuse et significative ? On oublie en France à quel point l'opinion avait marqué une certaine indifférence à l'égard du général de Gaulle à la fin des journées de mai 1968 : ces événements en eux-mêmes furent considérés comme la fin d'une époque, un crépuscule, et non comme la préface de temps nouveaux.

Avec le premier choc pétrolier et la crise des industries lourdes, nous avons mis en place une politique généreuse et longue d'aide aux chômeurs, recommandée par Jean-Jacques Servan-Schreiber et approuvée par tous : être chômeur plus de dix-huit mois nous paraissait alors impensable.

Cette période de modernisation des années 1970 fut néanmoins assez sereine. Si d'autres pays connurent de fortes secousses, comme l'Italie et l'Allemagne, la France fut épargnée. Et les gens semblaient satisfaits d'être dirigés par des équipes nouvelles. En tant que président de la République, j'appliquais, pour nommer les responsables qui dépendaient de moi, l'axiome de Napoléon Bonaparte : « Place aux talents ! » Raymond Barre n'était-il pas le meilleur économiste disponible, et le ministre de l'Industrie, le major de Polytechnique ? Il nous revenait d'entreprendre les grandes réformes de société indispensables (droit de vote à dix-huit ans, réforme du divorce, transformation de la condition féminine, aide aux personnes âgées sans ressources, etc.) et de faire les choix nécessaires pour établir la France dans le monde nouveau. Nous les avons décidées. Deux exemples. D'abord, l'installation du parc électronucléaire, qui nous assura l'indépendance énergétique, et donc notre place parmi les puissances.

Ce fut un choix heureux, car il marquait une vraie ambition nationale, comme le TGV, et s'appuyait sur un consensus : même l'extrême gauche approuvait le nucléaire, parce que nous avions décidé de faire d'EDF l'opérateur unique. Ensuite, il y eut l'accélération de la construction européenne, avec des avancées décisives : la création du Conseil européen, donc d'un futur gouvernement de l'Europe, l'élection du Parlement au suffrage universel direct, donc la démocratisation de l'Europe, et l'invention d'une monnaie commune. Tout cela, ce sont les années 1970 qui l'ont accompli, en assurant la paix en Europe, et en associant intimement les efforts de la France et de l'Allemagne.
Car la guerre froide, ne l'oublions pas, baigna cette période. Il planait sur les têtes la menace lourde

de l'Apocalypse, mais cela ne dépendait ni de nous ni des Allemands et, au fond, nous n'y croyions guère. D'autant que quelques signaux positifs soulevaient cette chape d'angoisse, comme les accords d'Helsinki et le début des négociations entre les États-Unis et la Chine. Personne ne pouvait imaginer la rapidité avec laquelle la Chine allait se transformer. Elle sortait à peine de son affreuse Révolution culturelle, décrite comme un paradis par quelques intellectuels français et qui était l'enfer selon moi. Le choix de Deng Xiaoping par les militaires chinois fut heureux. Je l'avais reçu deux fois à Paris, à titre privé, et faisais en sorte que la France fût la meilleure amie de la Chine. Je m'y suis rendu en voyage officiel en 1980. À Shanghai, de ma chambre située sur le Bund, je pouvais voir, de l'autre côté de la rivière, des paysans en chapeaux et des buffles au milieu des rizières... Comment imaginer alors l'extraordinaire bond économique que s'apprêtait à effectuer ce pays ?

En France, la jeunesse des années 1970 était troublée, victime de la grave crise de l'éducation française. Notre système était excellent pour l'acquisition des bases, au primaire, et pour la sélection d'une élite dans le secondaire et le supérieur, un processus réservé à la bourgeoisie et à quelques échappés des milieux populaires. On n'avait pas compris, jusque-là, qu'il fallait reprendre les structures à la base, les refondre et non les adapter. J'ai réussi à instaurer le collège unique, avec une organisation toujours critiquée depuis, mais jamais abolie, et qui garantit une même éducation pour tous les jeunes Français jusqu'à seize ans. En revanche, je ne suis pas parvenu à mettre en œuvre les réformes nécessaires pour l'enseignement supérieur, car les personnels n'étaient pas favorables à de tels changements. Les blocages ont été sévères, et c'est pourquoi la jeunesse française est aujourd'hui l'une des moins bien préparées au monde moderne.

La gauche française, elle, avait une idée fixe : revenir au pouvoir à n'importe quel prix, en se permettant de faire n'importe quoi. En cela, elle fut bien représentée par François Mitterrand, un homme de talent, mais singulier, issu de l'extrême-droite avec laquelle il conserva, d'ailleurs, des amitiés, et qui restait en fait son milieu de prédilection. Mitterrand signa dès 1965 un pacte avec les communistes contre de Gaulle, en pleine guerre froide, et mit toute sa passion au service de son arrivée au pouvoir. En choisissant Mitterrand, les Français ont choisi, entre autres choses, de refuser la voie du travail, qui est pourtant la recette universelle du progrès. Peu avant l'élection présidentielle, André Bergeron, qui dirigeait Force ouvrière, m'a dit : « Je crois que vous serez réélu, mais si vous voulez être sûr de gagner, vous devriez décider la cinquième semaine de congés payés. » « Je ne le ferai pas, lui ai-je répondu, car la France perdrait de sa compétitivité. » La gauche a poussé notre pays vers le moindre effort et la faible compétitivité, et c'est une faute très grave, car c'était méconnaître le monde futur.

**Des élèves parisiens expriment leur joie**, le 7 octobre 1975, à l'annonce de la poursuite de la grève lancée par la section parisienne du Syndicat national des instituteurs.

# LE COLLANT QUI MONTE, QUI MONTE…

**PAR ANDRÉ BERCOFF (ENQUÊTE DE CLAUDE VILLENEUVE)**

À LA UNE CETTE SEMAINE-LÀ

C'est la fête aux gambettes. Debout, couchées, assises, alanguies, sophistiquées, agressives, elles s'étalent sur les écrans, les affiches, les pages glacées des magazines. À pois, à carreaux, rouges, bleues, elles éclairent les rues et les bureaux. C'est leur fête, parce que les jambes ont acquis le droit de disposer d'elles-mêmes. Grâce à la minijupe, mais surtout à son inévitable corollaire : le collant. Une industrie est née de cette mode, si puissante qu'elle la garantit aujourd'hui contre l'offensive éclair de son seul péril : la maxirobe. En 1969, les femmes ont dit 165 millions de fois oui au collant. Au dernier trimestre de cette année-là, il avait déjà conquis 65 % des jambes françaises. Il n'en avait conquis que 5 % en 1966, après avoir connu sept années d'une existence quasi souterraine. C'est aujourd'hui la prise du pouvoir. Plus éclatante dans les villes (60 à 65 % des porteuses de collants habitent Paris et les grandes villes de province) et chez les 15-35 ans (9 femmes sur 10 entre 15 et 25 ans, 6 femmes sur 10 entre 25 et 35 ans).

**Gambades**

Nulle victoire, après tout, n'est moins surprenante. « *À l'âge électrique,* écrit le sociologue canadien Marshall McLuhan, *nous vivons, respirons et entendons de tout notre épiderme : il est normal que le vêtement devienne un prolongement de la peau.* » Mais, surtout, pour les femmes, collant est devenu synonyme de liberté : « *Quand on offre à la femme,* constate le couturier Louis Féraud, *de faire un seul geste au lieu de trente-six, de mettre un collant en un clin d'œil, se débarrassant ainsi des rites infinis de l'opération jarretières, porte-jarretelles, gaine, culotte, bas, comment hésiterait-elle ?* » Elle n'hésite pas. Elle jette tout ce harnachement par-dessus les moulins. Le triomphe du collant n'est pas, malgré les apparences fort superficielles, un des chevaux de Troie de l'invasion érotique, mais un hommage rendu par le confort à la féminité. Au temps du jerk et des fauteuils bas, des gambades et des mille et une positions de la vie moderne et laborieuse, au temps du « *time is money* », la femme dit oui à sa propre satisfaction. La défense de sa pudeur se conjugue avec la jouissance de sa liberté. « *Aujourd'hui, la valeur santé prime la valeur beauté* », dit le sociologue Jean Stoetzel. Et la styliste Mia Fonssagrives : « *Je m'habille d'abord pour moi, ensuite pour les hommes.* »
La révolution est là. Le goût des hommes pour l'érotisme plus évident du porte-jarretelles n'a pas détourné les femmes du collant. Celles qui, les premières, l'ont porté, se sont entendu qualifier par le corps masculin des plus de 30 ans de « *poupées de Nylon* » ou de « *mannequins de vitrines* ». Sans résultat. Les hommes ont perdu.
Le collant se vend trois fois plus cher que le bas. Mais il est extensible. Il épouse la jambe, lui donne une silhouette, une écriture. « *Si commode. Tellement pratique. Tout terrain* », répètent la plupart des femmes interrogées. Et les publicitaires de reprendre le refrain : « *Changez de jambe comme vous changez de peau* », « *Sans pli comme la peau, sans poids comme la peau.* »

**Arabesques**

Les femmes acquiescent d'autant plus aisément que la mode, depuis cinq ans, avait mis l'accent sur les jambes et imposé les bas de couleur. Elles se constituent une panoplie complètent de jambes-mousse de rechange : couleur peau, mais aussi noires, bleues, blanches ou rouges, festonnées, guipurées, résillées, couvertes d'arabesques, de fleurs ou de motifs géométriques.
Ainsi conjugués, l'émancipation féminine, le fonctionnel et l'esthétique dansent un ballet bien réglé sous la houlette attendrie d'une industrie française qui – une fois n'est pas coutume – a joué ici les premiers rôles. Elle a vendu 80 millions de collants en 1968, et en prévoit 200 millions cette année, 300 ou plus en 1971. Et elle ne limite pas ses ambitions aux frontières de l'Hexagone : si cette bastille a été prise en France, le produit a fait le tour du monde des jambes.
Le Robespierre de cette révolution de mousse et de Nylon – rendu d'abord célèbre sous le nom de « Mitoufle » – est un placide bonnetier

du Nord, M. Antoine Verley, P-DG de la Bonneterie de Tergnier, venu au collant par le pull et la chaussette. C'est lui qui fit un sous-vêtement de ce qui n'était encore qu'un survêtement, même aux États-Unis. Ses premières tentatives avaient été infructueuses. Mais, en 1965, il trouve son « Sésame, lève-toi » : la minijupe de Courrèges, encore plus raccourcie pour les besoins de la cause. Le mannequin ainsi dévêtu provoque des attroupements au bois de Boulogne, et sa photographie, tirée en affiches, attire des cohortes de regards dans les couloirs du métro. En quatre jours, M. Verley voit ses ventes de collants se multiplier par six.

**Moulinage**

Depuis, les exégètes de la mode contemporaine se demandent gravement qui, de la minijupe ou du collant, fit irruption le premier. Une seule certitude : le bonheur de l'un fait la fortune de l'autre. Et aussi le bénéfice des industries chimiques. Depuis 1938, année où DuPont de Nemours produisit du Nylon, première fibre entièrement synthétique à base de charbon, d'air et d'eau, les bas sont restés l'un des grands débouchés de la chimie appliquée. En fibres et en fils continus de polyester, la production de Rhodiaceta (du groupe Rhône-Poulenc), qui fournit la matière première de 80 % des collants français, s'est accrue de 50 % depuis leur apparition.

Les mouliniers, qui tordent le fil sur bobines pour le rendre extensible avant de le livrer aux fabricants de collants, ne se plaignent pas non plus. « *Il y a trois ans, en France, les mouliniers transformaient chaque mois 130 à 150 tonnes de fils de Nylon ; maintenant, presque 500 tonnes* », explique, à Lyon, Jean Poillot, délégué général du Syndicat français du moulinage.

Mais la grande triomphatrice industrielle de l'autodétermination des jambes féminines, c'est la maille. « *Le collant est la deuxième grande révolution qui secoue l'industrie du bas*, rappelle M. Jacques Matalon, propriétaire des magasins Phantom, qui, derrière ses vitrines tout en jambes, compte les points entre bas et collants. *Il y a vingt ans, le succès du bas sans couture avait fait envoyer à la casse tous les métiers de fabricants de bas.* »

Ceux-ci, avec timidité d'abord, puis avec sollicitude, se sont penchés sur le collant, nouvelle vedette de la culture de masse. Mitoufle, qui en fut l'inventeur, n'en est pas resté le maître. « *La production de masse n'est pas notre affaire* », dit, résigné, le propriétaire de la Bonneterie de Tergnier.

Elle est, en revanche, celle de deux entreprises qui se sont adjugé près de 55 % du marché français : Dim, créé il y a quinze ans par un vendeur de jus de fruits, M. Bernard Giberstein, qui, avec ses onze usines de 3 500 employés, a hissé la France au deuxième rang mondial de la profession, et Colroy, l'entreprise « bas » du puissant groupe bonnetier troyen animé par M. Pierre Lévy. Ces deux grands ont continué avec le collant la bataille qu'ils se livraient déjà sur les bas.

**Gros plan**

« *Il y a trois ans, les collants les moins chers valaient de 10 à 12 F. Maintenant, à 5 F, nous avons étendu le marché* », explique M. Giberstein, qui a été le premier à prendre le virage « *pour toutes les bourses* ». Et à accélérer : depuis l'an dernier, son entreprise se consacre entièrement aux collants. Colroy a emboîté le pas plus tardivement. Mais il n'accélère pas moins. « *Notre usine de Saint-Dié fabriquait 20 % de collants en janvier 1969, 60 % en juin, 80 % en décembre* », indique Hervé Gourio, le directeur général. Et sur 3 millions de jambes Scandale, également produites par Colroy, on compte 80 % de collants.

Le reste de la profession a suivi. Les deux grands sont talonnés par la famille Saltiel, de Saint-Quentin, dont la marque Le Bourget (20 millions de pièces par an) couvre environ 20 % du marché ; puis par Gerbe (7 %), Exciting, qui appartient également au conglomérat Lévy, Sangêne, etc. Et les Français, après avoir répandu le collant dans le monde, sont maintenant concurrencés sur leur propre terrain par les Italiens et surtout les Allemands. Ceux-ci ont propulsé par-dessus le Rhin leur géant Schulte et Dieckhoff (bas Nur Die), numéro un mondial du bas (50 % de la production allemande), qui a passé un accord commercial avec Dim. Deux firmes plus agressives, déjà, s'installent dans l'Est pour fabriquer des collants : Elbeo et la société Ergée, transfuge de l'Allemagne de l'Est, qui, ayant repris ses activités en Forêt-Noire avec 50 personnes en 1949, en emploie aujourd'hui 6 500.

Pour mener cette bataille, les fabricants consacrent à leur budget de publicité des sommes allant de 4 % (Dim) à 10 % (Le Bourget) de leur chiffre d'affaires. Les arguments sont toujours les mêmes : confort, qualité technique et prix. Dernière trouvaille : pour leurs toutes dernières annonces de collants, certaines firmes montrent un visage en gros plan. La qualité de la tête supposant ainsi celle des jambes.

**Dégringolade**

Ces jambes resteront-elles fidèles au Mousse-Power ? Couturiers et industriels le pensent, en dépit de la toute récente dégringolade des maxijupes vers le sol. « *Il y a un autoérotisme du sous-vêtement, indépendant de la mode extérieure qu'il ne faut pas négliger,* affirme M. Stoetzel. *Le plaisir du contact cutané, du libre jeu des musculatures favorisé par le collant, est ici privilégié.* »

La plupart des fabricants veulent même aller plus loin. Ils songent au *body stocking*, qui collera à la peau, de la plante des pieds au ras du cou. Cette fois, les industriels français sont allés chercher aux États-Unis leur modèle, inventé voilà cinq ans. Ils ne veulent pas se laisser prendre de court. Tous essaient de faire croire à cette nouvelle seconde peau. Depuis la sortie de « Il », au dernier trimestre de 1969, Scandale lui a consacré 80 % de son budget publicitaire. Avec un succès imprévu pour un accessoire qui, contrairement au collant, est antifonctionnel : 50 000 « Il » ont été vendus en quatre mois. De toute manière, les fabricants savent qu'en parlant collants on vend des bas. Et donc des collants en parlant des *body stocking*. Ceux-ci servent aussi de tests, qui annoncent peut-être la mort des sous-vêtements au profit des « collaucorps ». Tout comme le premier collant-slip de Dim, « à ne porter avec rien d'autre ». Optant ainsi pour la nudité en liberté protégée, l'industrie de la lingerie prouve qu'elle ne tient plus tant à séduire les hommes qu'à plaire aux femmes.

**Palette**

Certains hommes s'inquiètent. « *Le collant est non pas la libération de la femme, mais son incarcération* », répète un quinquagénaire nostalgique. « *Le collant tend à devenir un haut-de-chausses qui prive la femme, fût-elle en minijupe, de bénéficier d'un système ouvert* », écrit drôlement le romancier Jacques Laurent, notamment auteur d'une *Histoire du sous-vêtement*. En fait, il semble bien que, le premier choc passé, l'hostilité relative se soit muée en sympathie amusée, puis en admiration devant l'immense palette de jambes accédant, par la grâce de leur nouvel écrin, au regard collectif. Plus gravement, les sociologues voient dans le succès du collant une des manifestations de la « société permissive », c'est-à-dire la volonté plus ou moins consciente d'opposer aux contraintes du quotidien technologique la libre disposition d'un corps enfin redécouvert. Le collant n'est pas seulement industrie, il est aussi rêve sur la liberté : le réel, infidèle intendance, suivra. Peut-être.

**16 MARS 1970. LE MALHEUR DES CADRES.** Révolution dans l'entreprise : les méthodes à l'américaine s'imposent, le « management » fait son apparition. **27 AVRIL 1970. ALERTE À LA POLLUTION.** « Comme si le monde en vivant… fabriquait sa propre mort », dit la légende de la photo illustrant ce dossier. Alors que les Trente Glorieuses s'achèvent, l'ère du tout-industriel soulève les premières questions d'ordre environnemental. **29 JUIN 1970. LE CHOC DE NANCY.** Contre toute attente, JJSS (parti radical) – le Parisien parachuté – bat Roger Souchal (UDR), l'enfant du pays, et remporte la législative partielle organisée à Nancy. Le succès de sa campagne médiatique provoque un choc dans la classe politique française. Et JJSS quitte le journalisme indépendant pour une carrière politique, en utilisant *L'Express*. **3 AOÛT 1970. LE LONG SERA COURT.** Long pour Saint Laurent et court pour Cardin et Courrèges. Des minijupes, des pantalons et des bottes bien sûr : la mode a, elle aussi, engagé sa révolution. C'est la rue qui donne le ton.

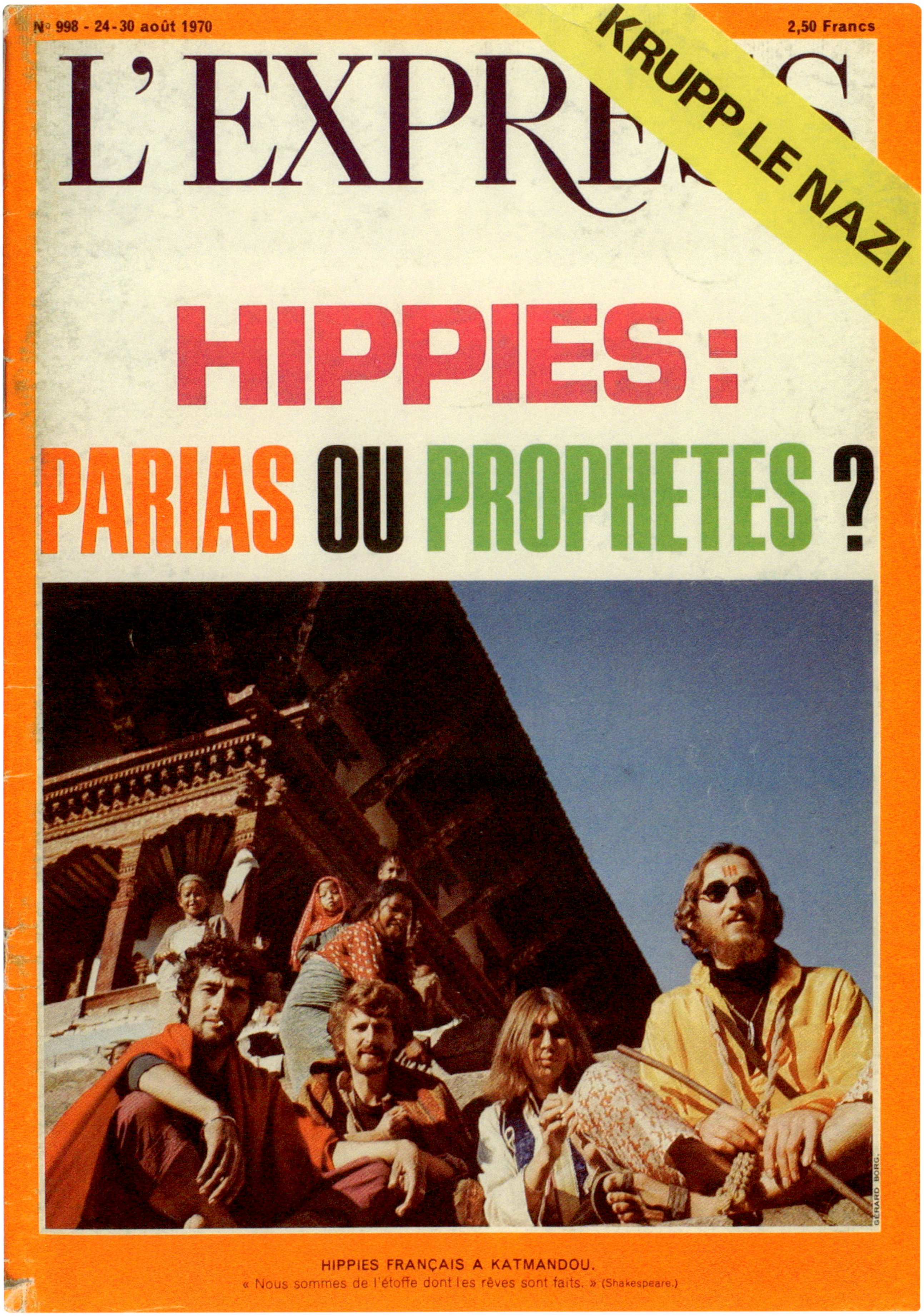


**24 AOÛT 1970. HIPPIES : PARIAS OU PROPHÈTES ?**
Envoûtée par la guitare de Bob Dylan et les écrits d'Allen Ginsberg, la génération *Flower Power* américaine, qui dénonce la société de consommation et s'oppose à la guerre du Viêtnam, inspire la jeunesse au-delà de ses frontières.

# LE GRAND PASSAGE

PAR CLAUDE IMBERT

De Gaulle, mort, emporte une époque. Et son deuil immense salue d'un millier de glas nostalgiques la « *vieille France accablée d'Histoire, meurtrie de guerres et de révolutions...* ». Celle de ses passions, celle de ses exils, celle avec laquelle il confondit sa vie rêvée, sa vie vécue.
Séparés les uns des autres par un testament d'une insolente humilité, princes et citoyens ont agité les mêmes songes héroïques : les premiers, réunis, en aréopage mondial de quatre-vingts monarques et présidents des cinq continents, dans la nef de Notre-Dame de Paris, solennel théâtre d'Occident ; les seconds, pèlerins funèbres à la recherche de leur passé, agglutinés sur les petites routes brumeuses de la Marne. Tout au long de cette interminable veillée d'automne, la France s'est arrachée à son passé dans la douleur des compagnons, le chagrin des patriotes, l'émotion des aînés saoulés de souvenirs, l'étonnement des cadets, et la nouvelle déférence des plus jeunes qu'assiégeaient ces mots romantiques : honneur, nation...
Quant aux esprits forts qui résistaient à l'émotion populaire, aux sarcastiques de tout temps, à ceux qui l'ont haï et ne désarmaient pas, aux divers indifférents, voici que les gerbes de fleurs de Mao Tsé-toung, l'hommage grandiose et dénué de toute rancune de l'Amérique, le salut arabe et israélien, la tristesse des nations pauvres, riches de gratitude leur administraient une ultime leçon. En ne distinguant plus le grand homme de sa nation, en oubliant les blessures pour ne garder en mémoire que la noblesse de l'action politique, ils donnaient une investiture éphémère mais mondiale à cette « grandeur » historique que le Général avait tant voulue. Ce référendum-là, la France le gagnait, et grâce au Général.
Dans chaque Français de plus de 30 ans, une part – peut-être la meilleure – a guerroyé avec ou contre de Gaulle – tantôt avec, tantôt contre. Tous étaient remués de ces anciens combats. Et les trois cent mille Parisiens piétinant les Champs-Élysées noyés de pluie fleurissaient aussi leur propre passé.
Il y a cinq ans, sur un catafalque de trois mètres drapé de velours noir et de pourpre, le cercueil de Churchill enterrait, avec pompe, la vieille et grande Angleterre. Dans le cimetière de Colombey, sous une petite tombe campagnarde, s'engloutit, dans le cercueil de tout le monde, la France du temps des drames et des héros.

**Dans chaque Français de plus de 30 ans, une part – peut-être la meilleure – a guerroyé avec ou contre de Gaulle – tantôt avec, tantôt contre. Tous étaient remués de ces anciens combats.**

Le cœur cessera bientôt de s'émouvoir de ce grand passage. Et se formera alors ce qu'on appelle le jugement de l'Histoire. Sur l'homme de la Résistance, sur le défi de ce soldat solitaire qui eut longtemps raison de préférer, en ce temps, la France aux Français, il est déjà formé. Et nul ne conteste plus que les nations, pour se survivre ou se reprendre, aient besoin d'honneur. De Gaulle l'a donné en juin 1940 à un pays parcouru de fuites et de démissions, écrasé de médiocrité et d'humiliations.
Dès lors, sa vie devenait un destin. Il allait en user – en abuser, disent ses adversaires, qui ne lui pardonneront plus d'« *exploiter les malheurs de la patrie pour édifier sa propre gloire* ». Mais c'est qu'en vérité de Gaulle ne se contentait pas d'être le grand liquidateur des défaites : il rêvait de créer ou recréer un État fort. Pourtant, c'est d'abord une liquidation historique – celle de l'Empire français déjà amorcée, celle de l'Algérie impuissante à se faire – qu'un corps politique affaissé – adversaires inclus – lui demandera de conduire à son terme sous la tutelle de son prestige. Le militaire y rompra avec l'Armée, et le bourgeois patriote avec la bourgeoisie nationaliste dans un fracas de putschs et d'attentats. De cette entreprise aussi, l'Histoire lui sera, comme on dit, reconnaissante.
Reste peut-être – et pour l'avenir – l'essentiel : la restauration tentée de la vigueur de l'État, la capacité donnée à l'exécutif de gouverner dans un pays voué aux discordes. Il l'obtiendra moins par la Constitution de 1958 que, plus tard, par l'institution, révolutionnaire, de l'élection du président de la République au suffrage universel, c'est-à-dire confiée au peuple. Il en recueillera d'abord l'élection, puis une éviction d'une rigueur démocratique exemplaire, enfin la calme désignation, et par l'ordre des urnes, d'un successeur.
Au-delà de cette réforme capitale, le général de Gaulle a-t-il aidé ou contrarié le développement profond – économique, social – de la collectivité française ? Ou bien a-t-il seulement couvert de son ombre la pénible mue de la France rurale à la France industrielle ? Il est vrai que le vieil homme, issu du XIXe siècle, peinait à saisir les exigences d'un temps nouveau où l'idée de nation et le mythe de l'indépendance nationale, l'un et l'autre exaspérés, donnaient le meilleur – le discours de Phnom Penh – et le moins bon : la guerre désuète de l'or, la défaite de l'Europe politique, le retard d'une vraie réforme sociale, les acides admonestations aux alliés... Encore faut-il reconnaître que ses erreurs d'exécution s'accompagnaient le plus souvent d'intuitions profondes et modernes. Ainsi, et dès avant mai 1968, de cette recherche pathétique – et vaine – d'une troisième voie entre capitalisme et socialisme. Cette interrogation – la plus pressante de notre époque – il l'a posée, et nous la laisse.
Pour cette tâche comme pour d'autres, sa légende qui naît peut, au moins, inspirer à la France, avec d'autres ambitions, la même dignité.

**16 NOVEMBRE 1970. SPÉCIAL DE GAULLE.**
Le 9 novembre 1970, le général de Gaulle s'éteint à Colombey-les-deux-Églises.

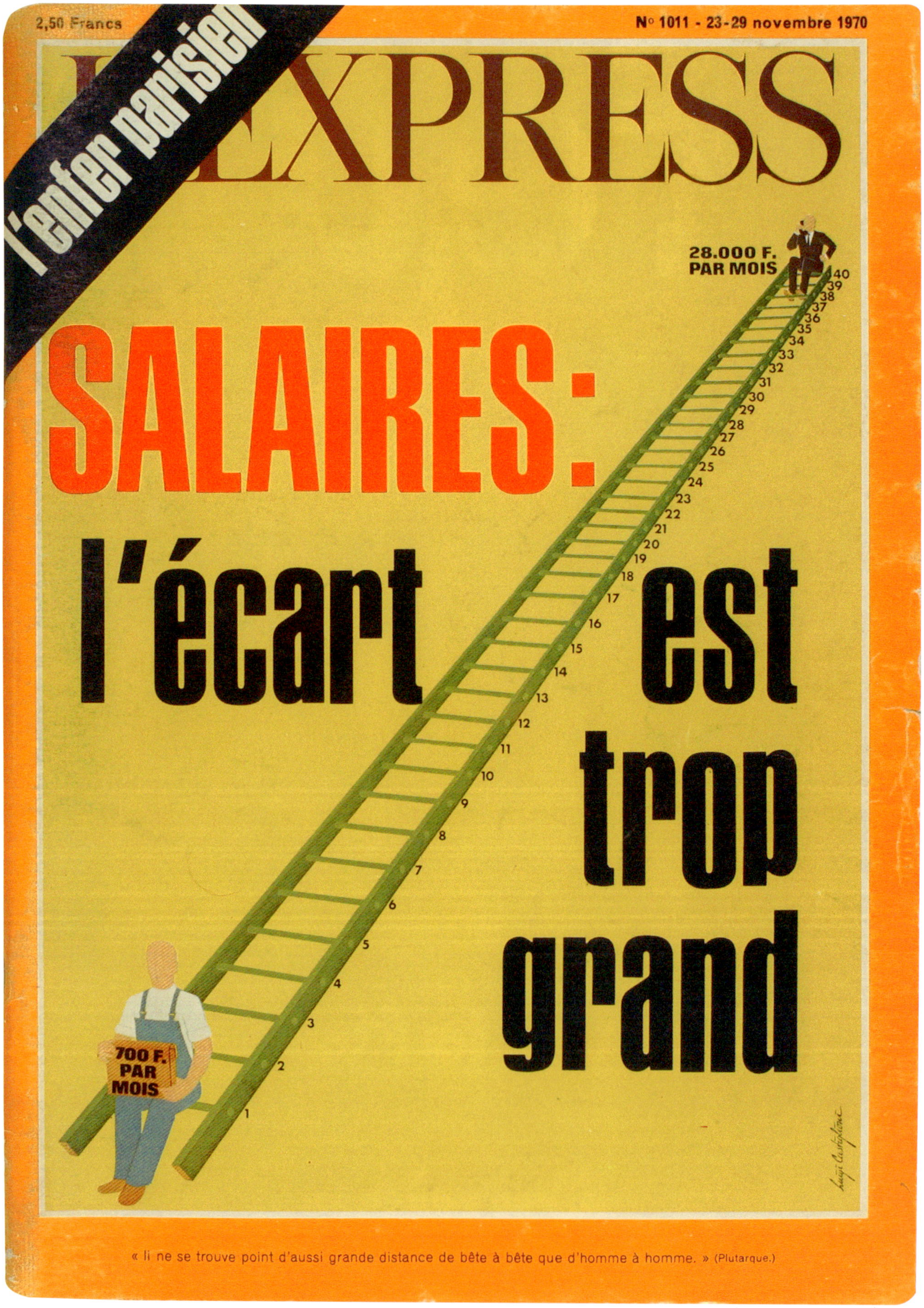


**23 NOVEMBRE 1970. SALAIRES: L'ÉCART EST TROP GRAND.**
Un sujet original pour l'époque, qui deviendra un classique de *L'Express* – un « marronnier », comme on dit. Le spécial « Salaires des cadres » reste un rendez-vous incontournable de la rentrée.

**11 JANVIER 1971.** AVORTEMENT: OUI OU NON?
*L'Express* prend position en faveur du « oui » et raconte les drames des avortements clandestins.

# LE SAMOURAÏ DE LA CORRÈZE

*À première vue, c'est un remaniement grisâtre, ennuyeux comme les lendemains de fête. M. Jacques Chirac devient ministre délégué auprès du Premier ministre, chargé des relations avec le Parlement ; pendant que M. Robert Poujade, avec le même titre, s'occupera de protéger la nature et l'environnement.*

**PAR GEORGES SUFFERT**

Les vieux connaisseurs de la chose politique notent simplement que les nouveaux sentent leur Pompidou davantage que leur Chaban. Et que le Président n'a pas abandonné son ami Robert Poujade. Tout cela ne fait, en définitive, qu'un petit mouvement ministériel banal qui tombe le lendemain de la Fête des rois. Mais, croient-ils, il n'y a pas de roi.

Pas sûr. Quelqu'un, doucement, s'avance. Les bonnes oreilles l'entendaient marcher depuis quelques années déjà. Les chercheurs d'héritiers l'observaient parfois, rêveurs. Lui restait discret, tout entier consacré à faire l'éloge de M. Georges Pompidou. Aujourd'hui, le président de la République le remercie et le pousse, d'un geste amical, en avant. Voilà M. Chirac, député de la Corrèze, 38 ans, projeté au rang de « ministre politique ». M. Pompidou lui donne le poste qu'occupait M. Roger Frey. Il le charge de surveiller le Parlement et l'UDR. C'est-à-dire qu'il lui confie le sort des municipales et celui des législatives. M. Chirac, s'il gagne, deviendra réellement le fils spirituel du président de la République. Il va s'y employer, parce qu'il a du goût pour le succès.

### Major

M. Chirac est fascinant non par ce qu'il a de compliqué, mais par ce qu'il a de simple. Il est ambitieux. C'est tout. Sa vie, son travail, ses jeux, son argent et ses rêves, tout s'ordonne autour de cet objectif unique : réussir. Et, comme il a de la méthode, qu'il est raisonnablement intelligent et qu'il a le goût du travail, il va son chemin, d'un pas élastique. Son père dirigeait les établissements Potez. Il fait Sciences po, bien entendu, où il milite vaguement à gauche, puis s'en va à Harvard, ce qui donne du lustre. Un effort de plus, et c'est l'École nationale d'administration. Le voilà à Saumur, faisant son service militaire. Il s'informe : comment faut-il s'y prendre pour devenir major de la promotion ? Quelqu'un lui répond qu'il faut surtout aller à la messe. Alors, imperturbable, M. Chirac, régulièrement, s'agenouille devant le maître-autel. L'après-midi, il mène les chevaux bon train. Le voilà major. Il épousera une demoiselle Chodron de Courcel. On a tort de négliger les vieilles recettes : beaucoup de volonté et le respect des règles du jeu, c'est un mélange qui nourrit son homme. Voici M. Chirac à la Cour des comptes. Il s'y ennuie. Pas pour longtemps.

M. Pompidou, alors Premier ministre, pêche dans ce vivier ce grand gaillard poli que Paris émerveille et qui a gardé du goût pour sa province corrézienne, où son grand-père fut instituteur radical-socialiste. Le Premier ministre flaire dans ce jeune homme quelqu'un qui pourrait bien lui ressembler comme un frère. Il se l'attache.

C'est le moment, c'est l'instant. M. Chirac a l'intuition de sa vie. Il pourrait rester là, dans le bureau qu'il occupe en face de l'hôtel Matignon ; il pourrait se contenter d'intriguer, de souper et de dénigrer avec désinvolture. Mais voilà : il n'aime pas beaucoup les dîners en ville. Et il sent que, pour plaire à cet homme carré qui a jeté les yeux sur lui et marche vers le pouvoir d'un pas tranquille, il faut se distinguer par un coup d'éclat technocrate, paysan et politique.

### Conseiller

Il prend le train et redescend vers le pays perdu : la Corrèze. Une terre que le gaullisme ignore. On y naît et on y meurt de gauche. M. Chirac n'en a cure. Il fonde un journal, *L'Essor du Limousin*, et crée ce qu'il appelle, en parfaite ingénuité, « *une centrale d'intervention* ». Il est à la disposition des Corréziens. Pas une lettre, pas un coup de téléphone ne resteront sans réponse. Bureaux de tabac, adduction d'eau, goudronnage de routes, M. Chirac s'occupe de tout. Et il entraîne quelques camarades d'école sur la même piste. « Les jeunes loups » sont nés. Les spécialistes de la politique éclatent de rire : « *Ce jeune Chirac est ridicule. Il va se casser les dents sur la Corrèze.* » M. Pompidou observe. Il ne se casse rien. En 1965, il est modestement élu conseiller municipal de Sainte-Féréole. En 1967, il est élu député de la troisième circonscription, en envoyant au tapis le frère de M. François Mitterrand, que tout le monde donnait gagnant.

Du coup, la classe politique se penche sur la Corrèze et découvre que la circonscription d'Ussel n'était pas si difficile à conquérir. Des montagnes et des bois, vidés d'habitants depuis un siècle. Sur ces landes, Henri Queuille, autrefois, avait régné en maître. En 1958, un gaulliste parachuté avait fait un score honorable. La place était à prendre. Le tout était d'y penser. La méthode ? L'ouverture. M. Chirac n'a pas d'ennemis en Corrèze. Il aide tout le monde, distribue les décorations, les bourses d'études, plaide pour les maisons de jeunes. Les paysans le regardent faire, puis hochent la tête. Ils sentent qu'ils ont trouvé un nouveau Queuille. Ils n'en demandaient pas plus.

### Chef

Cette fois, M. Pompidou a compris : M. Chirac est de sa race, en gros. Un peu moins sophistiqué, peut-être. Un peu plus ennuyeux. C'est l'époque qui veut ça.

Les jeunes gens, décidément, lorsqu'ils n'ont pas le goût de la révolution ont celui de l'efficacité à tout prix. Chaque vendredi, le président de la République sait que M. Chirac prend le train Paris-Ussel en couchette de première. À 3 h 50 du matin, l'équipe locale de M. Chirac attend son chef sur le quai de la gare. Et le travail commence, effréné. M. Chirac sait tout, court partout. Il tire de sa poche les subventions, les permis de construire et les projets de zones industrielles. À 23 heures, le dimanche, il reprend le train et débarque à 6 heures à Austerlitz. Sa vie est réglée comme une pendule. À Ussel, il a loué une petite maison très simple, un « F5 » qui ne paie pas de mine. D'ailleurs, il n'a pas besoin d'argent. Il dépense peu et déclare gentiment *« qu'à son avis, les ministres sont trop payés »*. En quelques mois, son influence s'étend, gagne la Creuse et la Haute-Vienne. À Limoges, on rêve : *« Si on avait Chirac... »*

Du bel ouvrage. Le romantisme gaullien est loin. M. Chirac n'en a que faire. Il administre simplement un pays en pleine croissance. D'ailleurs, la croissance est son dieu : 6 % de plus chaque année, n'est-ce pas l'ambition ultime ? Et ce n'est pas tout à fait faux. Si la France tient ce rythme pendant dix ans encore, elle va devenir une des premières nations du monde. M. Herman Kahn, Monsieur Soleil de la futurologie, est venu à Paris, il y a un mois, pour le dire. Il a refait ses calculs et il a découvert que la France était peut-être le nouveau Japon de l'Occident. M. Chirac est un samouraï de ce Japon-là. De Gaulle, puis Pompidou, puis Chirac ; Lille, puis le Cantal, puis la Corrèze ; la révolte, la succession, la gestion, tout ce chemin qui mène de la mystique à la politique, de la poésie à la prose, des discours sur la France au plaidoyer sur la Corrèze, c'est peut-être la pente inévitable que dégringolent inévitablement les songes politiques.

**Chevalier**=En propulsant sur le devant de la scène

M. Chirac, le président de la République salue la France nouvelle des hommes à la fois technocrates et politiciens qui émergent sous son règne.

Il ne pouvait d'ailleurs rien faire d'autre. La première génération des gaullistes disparaît progressivement, comme le Général. Lui, Georges Pompidou, sait qu'il appartient à la deuxième vague. Comme M. Jacques Chaban-Delmas. La troisième vague, celle qui aurait entre 45 et 50 ans aujourd'hui, n'existe pratiquement pas. Elle correspond à la période du désert. Le gaullisme recrutait peu, alors. La quatrième vague est celle de MM. Chirac, Jean-Philippe Lecat, Olivier Stirn et Pierre Lelong. Elle approche de la quarantaine, piaffe d'impatience aux portes du pouvoir, mais a la sagesse de ne pas le dire trop haut.

Le matin où la France avait appris la mort du général de Gaulle, M. Pompidou a retenu à déjeuner les grands barons du régime : MM. Chaban-Delmas, Olivier Guichard, Roger Frey, Michel Debré. Et M. Chirac, pour la première fois, eut l'honneur de participer à cette vieille messe pompidolienne. Il pénétrait dans le cénacle. Aujourd'hui, il en ressort adoubé chevalier de Pompidou. Pour arriver là, finalement, il n'a pas marchandé sa peine : il a travaillé, voyagé, flatté. Tout cela sans finesse. Mais pourquoi diable la finesse ?

**Le secrétaire d'État à l'Économie et aux Finances, Jacques Chirac,** au Conseil des ministres le 26 août 1970.

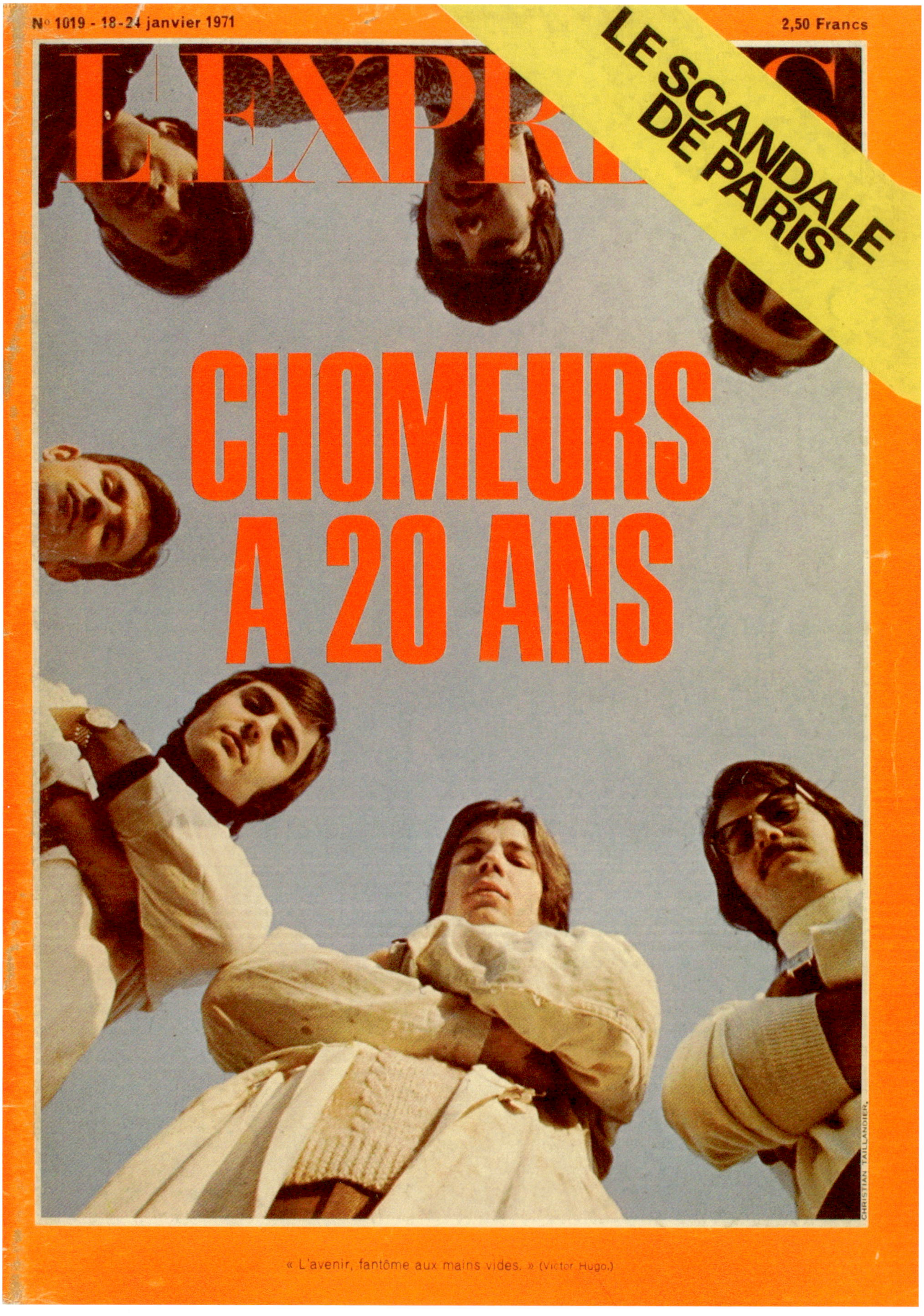


**18 JANVIER 1971. CHÔMEURS À 20 ANS.**
Les premiers signes du ralentissement économique – la fin des « Trente Glorieuses » – se font déjà sentir : inflation, stagnation des salaires et… le chômage des plus jeunes. Ce numéro est aussi l'occasion pour Françoise Giroud de dresser un ultime portrait remarquable de Coco Chanel, disparue le 10 janvier 1971.

**Lire l'article ci-contre →**

# IMPLACABLE CHANEL

**PAR FRANÇOISE GIROUD**

Elle ne pouvait mourir qu'un dimanche. En semaine, on travaille. Et seule, dans sa chambre de l'hôtel Ritz. S'écrouler, rue Cambon, au milieu de ses Coromandels et de ses bouquets, parmi les cris, le tohu-bohu, le brouhaha, l'émotion, risquer en tombant que son chapeau bascule, que sa jupe se retrousse, tout cela eût été d'une grande vulgarité. Et, tout au long de sa longue vie, Coco Chanel a combattu la vulgarité, celle du vêtement, mais surtout celle, plus importante, des manières, de l'esprit, du cœur, avec une pugnacité attentive. Française jusqu'au bout des ongles, elle avait de toutes choses une conception aristocratique, élitaire. « *J'aime que la mode descende dans la rue,* disait-elle de sa voix rêche, *mais je n'admets pas qu'elle en vienne.* » Et elle, d'où venait-elle ? Les versions variaient, selon les jours. La dernière fois qu'elle m'a raconté sa vie, son père était un négociant en vins de Béziers qui avait fait un enfant à sa mère – et peut-être pas dans les formes de la loi, mais cela restait obscur – avant de disparaître. Puis sa mère elle-même avait disparu. Peu importe la vérité. Ce qui compte, c'est la façon dont elle l'avait vécue, et dont sa mémoire la restituait, chaque fois différente, c'est-à-dire niée, refusée, blessante. Il semblait que tous les parfums d'Arabie ne pouvaient effacer une petite tache, là, et que sa conduite en était affectée autant que le style de ses robes.

Bête, elle eût été snob. Intelligente, et de quelle intelligence plastique et vigoureuse à la fois, elle rallia dès qu'elle le put cette fraction de la société de son temps – l'entre-deux-guerres – qui réunissait la fleur de l'esprit, du talent, de la créativité, et d'un art de vivre poussé jusqu'au plus extrême raffinement. Le luxe, le vrai, est, aujourd'hui, une idée morte en Europe, et n'a jamais existé aux États-Unis. Cette petite société-là, qui régnait sur le monde, parce qu'elle régnait sur Paris et que Paris était, alors, la capitale de l'univers, Chanel en fut l'une des effrontées princesses.

Elle avait, en toutes choses, le sens de la qualité. Son discernement s'exerça aussi, semble-t-il, dans le choix des amants qui firent son éducation, ce qui est bien heureux pour une fille. Si Chanel commit des erreurs dans ce domaine, mais qui n'en commet pas, elles furent discrètes infiniment.
Bien sûr, l'histoire du duc de Gloucester, qu'elle aurait refusé d'épouser en déclarant : « *Il peut y avoir plusieurs duchesses de Gloucester, mais il n'y a qu'une Coco Chanel* », cette histoire est fausse. Un tel propos eût été précisément empreint de vulgarité et elle démentait avec force l'avoir jamais tenu.
Sa dénonciation du crime de vulgarité commis par celui-ci ou par celle-là était inlassable et, ces dernières années, lassante. « *Je vois tout* », disait-elle. En effet. Mais au bout de la lucidité que ne compense pas l'indulgence, il ne reste que la solitude. Personne n'était plus seul que Chanel. « *L'amour,* disait-elle, *pour qui ? Un homme vieux ? Quelle horreur ! Un homme jeune ? Quelle honte !* » Et quand quelqu'un suggérait que, tout de même, si elle avait eu des enfants... elle décrivait, avec une verve féroce, la vérité, selon elle, des rapports familiaux. Alors autour d'elle, en dépit d'ultimes amitiés acharnées dans la fidélité, c'était le désert. Un désert dont les pierres étaient des émeraudes, qu'elle avait en vrac.
Tous les laxismes lui faisaient horreur, elle qui ne s'en permettait aucun. C'est dire qu'à cet égard elle n'était plus de son temps et qu'elle souffrait à chaque minute. Mais sans jamais donner le moindre signe de fléchissement. La tolérance lui était étrangère ; la compassion, suspecte. Elle traitait et se traitait durement. Dans son travail, elle se conduisait à la façon des grands chefs d'entreprise du XIX^e siècle, implacable à la défaillance que, pour sa part, elle ignorait, adorée et terrorisant tout à la fois, n'admettant pas que l'on eût d'autre souci, d'autre intérêt, d'autre passion que la maison portant son nom, et sachant communiquer cette passion. Quant aux bénéfices, bien sûr, ils étaient pour elle, quoi de plus naturel ? « *J'ai tout fait ici,* disait-elle, *tout.* » Une couturière, Chanel ? Allons donc ! Un patron, l'un des derniers grands patrons autocrates et créateurs de ce pays. Quand ils seront tous morts, et ce sera bientôt fait, on en parlera comme des dinosaures. L'espèce sera éteinte. Pour elle, au physique comme au moral, elle avait atteint les grands âges en se desséchant. Et, persévérant dans son être comme dans la coupe de ses tailleurs, elle donnait un exemple impressionnant d'intégrité. À 87 ans, irréductible, impérieuse, piaffante, elle dégageait encore plus de force et de flamme que la plupart des jeunes gens. Mademoiselle Chanel était, au sens propre du terme, une personne extraordinaire.
Des robes... D'autres en ont fait. Elle qui avait si fort le sens des valeurs, elle n'eût pas aimé qu'on le perdît à son propos, et que l'on parlât de l'œuvre de Chanel comme de celle de Matisse. « *Nous ne sommes pas des artistes,* disait-elle, parlant des couturiers. *Nous sommes des fournisseurs. Le propre des véritables œuvres d'art, c'est de paraître laides et de devenir belles. Le propre de la mode, c'est de paraître jolie et de devenir laide. Nous n'avons pas besoin de génie, mais de beaucoup de métier et d'un peu de goût.* »

Le plus étonnant, dans sa carrière, ce n'est pas la première partie. Jeanne Lanvin connut une réussite professionnelle aussi éclatante que Chanel et, dans les années 1930, Elsa Schiaparelli occupa si bien le terrain qu'en 1938, Chanel abandonnait la couture. Le plus étonnant, c'est sa résurrection et l'intelligence qu'elle mit à l'accomplir. C'était en 1954. Les Parisiennes n'étaient plus à la mode, ni la mode faite pour les Parisiennes, mais pour une nouvelle représentation de l'idéal féminin, l'androgyne longiligne. Alors Chanel revint. Elle avait 71 ans. Elle n'avait rien fait depuis seize ans. Elle sut ne rien faire de neuf. Du Chanel, c'est tout. Ce n'est pas une mode, c'est un style. On connaît la suite. Elle avait mis en d'autres temps toutes les femmes d'Europe et des deux Amériques en noir. Elle les mit en tailleurs imités des siens.
Depuis ce jour, elle se tenait furieuse et droite, comme un capitaine sur le pont d'un vaisseau qui sombre. Car elle ne voulait pas douter que l'élégance sombrerait avec elle. En quoi elle se trompait. Et, au fond, elle le savait. L'élégance est là, éternelle, sur une fille, un garçon, une vieille dame, tout à coup, au détour d'une rue. Il suffit d'avoir le don pour la réinventer, dans son siècle.

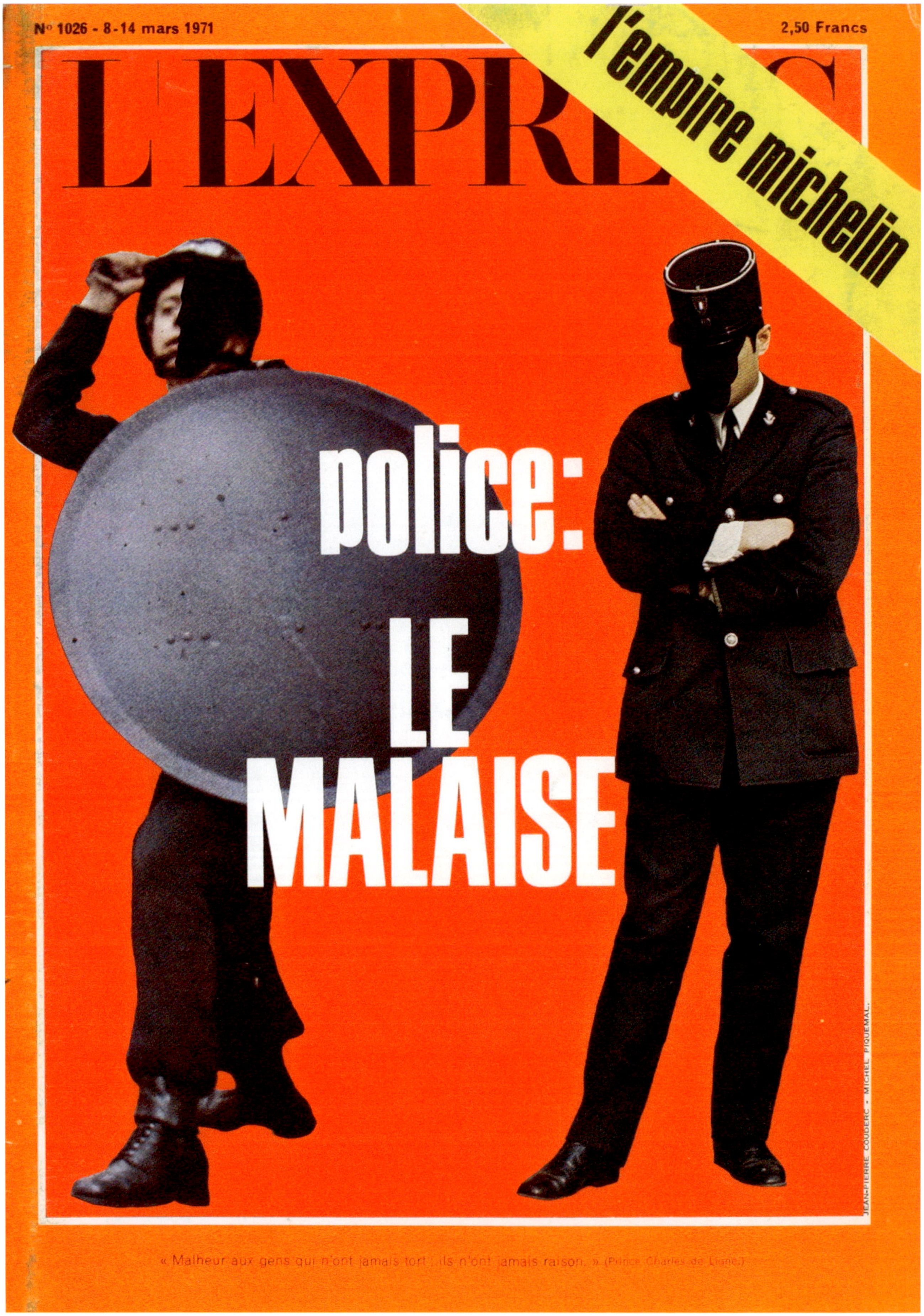


**8 MARS 1971. POLICE: LE MALAISE.**
Depuis les événements de mai 1968, la police doit faire face à une hostilité croissante de la jeunesse. L'institution est mise à mal et les troupes sont reléguées dans un ghetto moral.

**5 AVRIL 1971. RETRAITE: LE RÊVE FRANÇAIS.** Dans leur combat, les syndicalistes de l'époque évoquent la pénibilité du travail : il faut baisser l'âge de la retraite de soixante-cinq à soixante ans. Ils auront gain de cause onze plus tard, en 1982. Le rêve des Français, mais le cauchemar des économistes. **21 JUIN 1971. GAUCHE: UN NOUVEAU DÉPART.** Au congrès d'Épinay s'opèrent le renouveau et l'union de la gauche. François Mitterrand est élu premier secrétaire général du nouveau parti socialiste. **13 MARS 1972. LA TÉLÉ, LE PUBLIC ET L'ARGENT.** Conflits d'intérêts, ménages de producteurs, renvois d'ascenseur : le monopole qui devait protéger la télévision publique – l'ORTF – contre l'intervention des intérêts privés montre ses limites. **29 MAI 1972. URSS-USA. LE NOUVEAU COUPLE.** Dix ans après la crise des missiles de Cuba, la signature des accords sur la limitation des armements stratégiques (SALT 1) entre les deux grandes puissances marque l'apogée de la détente.

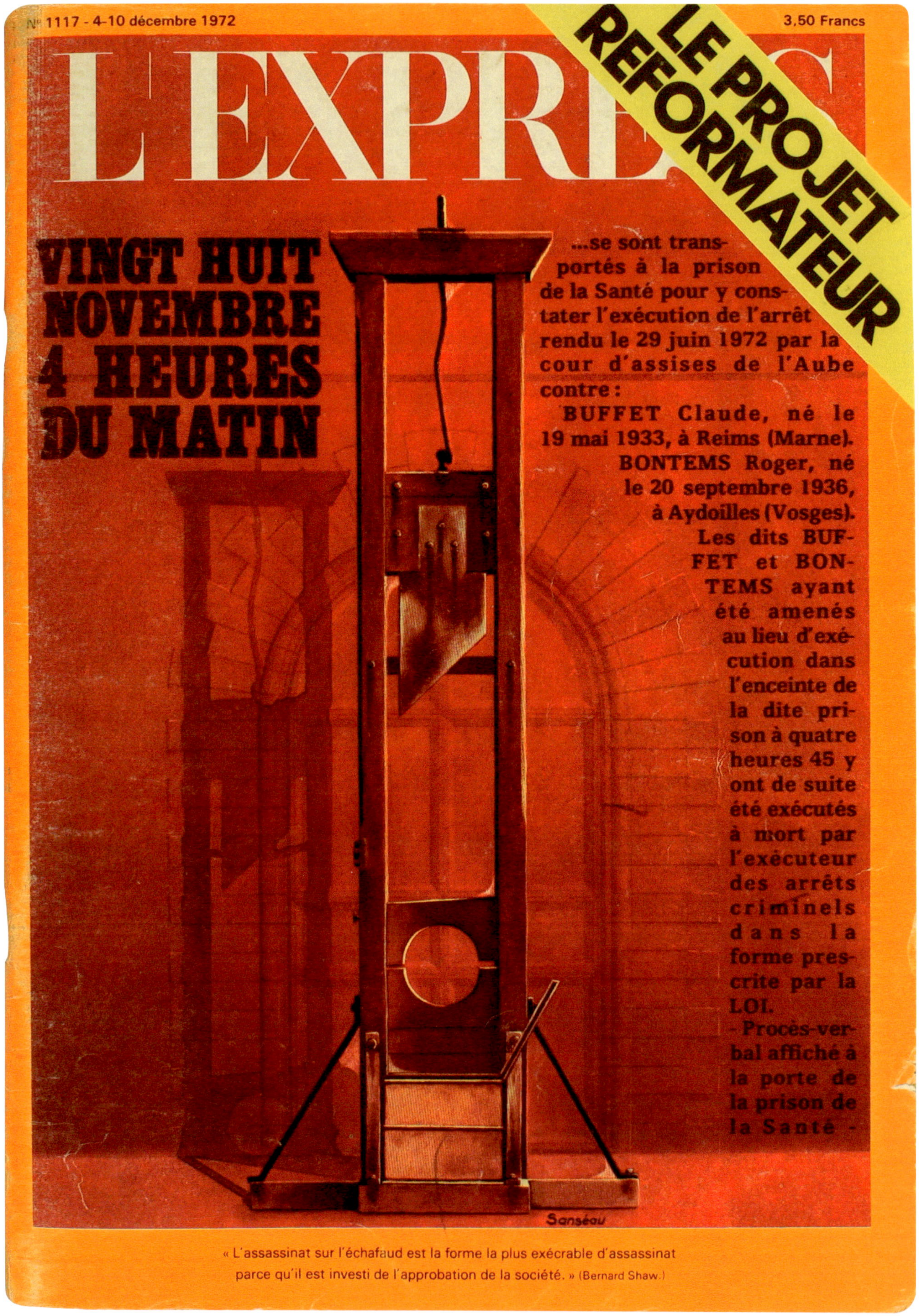


**4 DÉCEMBRE 1972. VINGT-HUIT NOVEMBRE, 4 HEURES DU MATIN.**
Accusé d'un double meurtre après une prise d'otages dans l'enceinte d'une prison, Claude Buffet est guillotiné. Son complice, Roger Bontems, subit le même sort quelques minutes plus tard. Pour Robert Badinter, qui l'a défendu, cette seconde exécution est un véritable tournant dans son combat contre la peine de mort.

**À ce sujet, lire ci-contre l'éditorial de Françoise Giroud du 26 février 1973 →**

Le garde des Sceaux vient d'obtenir notre condamnation à la suite du récit de Jacques Derogy relatant avec une exactitude non contestée par le tribunal le détail du cérémonial qui précéda l'exécution de Claude Buffet et Roger Bontems.

Vous êtes pour la peine de mort, vous vouliez leur tête ? On vous l'a donnée, on vous en donnera d'autres. Nous sommes contre la peine de mort. Ce que nous demandons à ses partisans, c'est de savoir ce qui est fait en leur nom. C'est-à-dire ce qu'ils font. Est-ce là en appeler à la responsabilité des citoyens ? A leur réflexion ? Ou à leurs mauvais instincts ?

Pour le garde des Sceaux, c'est en tout cas une faute, puisque le sceau dont il est le gardien le plus vigilant est celui du secret. Il nous a poursuivis. Nous avons fait appel du jugement qui lui donne satisfaction. Mais il nous est interdit de le commenter.

Comme il n'est pas encore interdit de rappeler que le garde des Sceaux s'appelle René Pleven, c'est donc de lui que nous parlerons.

On l'oublie, le cher homme, tant il se tient coi dans son ministère, celui des prisons où il garde ses moutons, petit patapon. Mais lui ne nous oublie pas. Il veille.

Du temps qu'il veillait sur l'Armée, il y a quelque vingt ans, ça a si bien réussi qu'il eût été dommage de laisser une pareille compétence inutilisée. Dien Bien Phu, juin 54, ça vous rappelle quelque chose ? Un journal tout juste né avait publié, en mai, le rapport des généraux recommandant l'envoi immédiat du contingent en Indochine, tant la situation semblait précaire. M. Pleven, alors ministre de la Défense nationale, prit aussitôt les mesures qui s'imposaient pour sauver l'Armée française : il fit saisir le journal en question. C'était L'Express. La suite est dans les livres d'Histoire.

M. Pleven est donc ce qu'on appelle, dans sa maison, un récidiviste. Il est temps de le condamner à la vérité perpétuelle.

**FRANÇOISE GIROUD**


# L'EXPRESS

N° 1129 - DU 26 FÉVRIER AU 4 MARS 1973


## En couverture


40 La question de confiance.
98 Le drame du Boeing libyen.


## France


44 Enquête : attention, le-petit-oiseau-va-sortir !
48 Ce que nous voulons ! par Georges Marchais.
49 Les ambitions du réel, par Olivier Guichard.
50 Déplacements : " opération Douaumont "
53 Justice : la politique de l'éteignoir.
53 Gauchistes : le choc d'Arlette Laguiller.
54 Industrie : tour de passe-passe à Fos.
54 Les silences de M. Giscard d'Estaing.
56 Monnaies : l'or continue.
56 A quoi servent les centres commerciaux.
57 Partir de ce qui est : Roger Priouret dialogue avec Jean-Claude Colli.
60 Entreprises : le travail enrichi.
62 Equipement : le retour dans l'Ouest.
55 Notes Equipement.
63 Notes Politiques.
87 Notes Affaires.


## Editoriaux


43 Jean-Jacques Servan-Schreiber.
46 Jean-François Revel.
59 Réflexion sur cinq dialogues, par Roger Priouret.
73 Paul Guimard.


## Monde


101 Chili : Allende au bord de l'abîme.
102 Allemagne : les rendez-vous avec le dollar.
104 Chine : quand l'économie a d'autres lois.
106 Notes Monde.


## Vie moderne


66 Les Arts ménagers à la fête.
69 Test : l'électroménager, vous connaissez ?
70 Société : dans les prisons pour enfants.
72 Orientation : la quatrième réforme.
72 Guingamp : le retour de l'esprit de clocher.
72 Automobile : les crampons ont lâché.
74 Halles : la bataille des rats n'a pas eu lieu.
75 Démographie : la grande peur de l'an 2000.
140 Madame Express.


## Spectacles


78 L'art, la loi et la compétence.
80 Cinéma : guérilla dans les tanières.
81 : cet homme a peur.
81 Bogart for ever.
82 James Brown : Mister Sex Machine.
82 Théâtre : un Büchner qui réveille.
84 Télévision : dans le labyrinthe.
84 Le procès de M. Defferre contre Sylvie de Nussac.
77 L'Express va plus vite.


## Livres


109 Le savant et le sorcier.
115 Roman : hommage à Balzac.
116 Etranger : Böll continue le combat.
118 Politique : François Mitterrand décrit son chemin.
123 Edition : une censure toujours moyenâgeuse.
124 Mémoires : Simone Berriau, le Glaoui et Sartre.
127 Succès de la semaine.


## Entretiens


128 L'Express et Bertrand de Jouvenel vont plus loin avec Emmanuel Berl.

**16 JUILLET 1973. LA FRANCE HORS LA LOI.**
En juin, à la demande de la Nouvelle-Zélande, de l'Australie et de plusieurs États du Pacifique, la Cour internationale de justice demande à la France de renoncer à ses essais nucléaires aériens. Ils auront lieu le 27 août.

**20 AOÛT 1973. LIP. QUE FAIRE?**
Apprenant les projets de la direction de mener un plan de restructuration, les ouvriers de l'horlogerie Lip, à Besançon, prennent possession des lieux et des machines. « *C'est possible, on fabrique, on vend, on se paie* », dit leur slogan. En août, les gardes mobiles interviennent pour reprendre le contrôle de l'usine. Mais la région et le pays soutiennent les salariés. Le 29 septembre, 100 000 personnes venues de toute la France marchent vers la ville. Le conflit ne sera réglé que six mois plus tard.

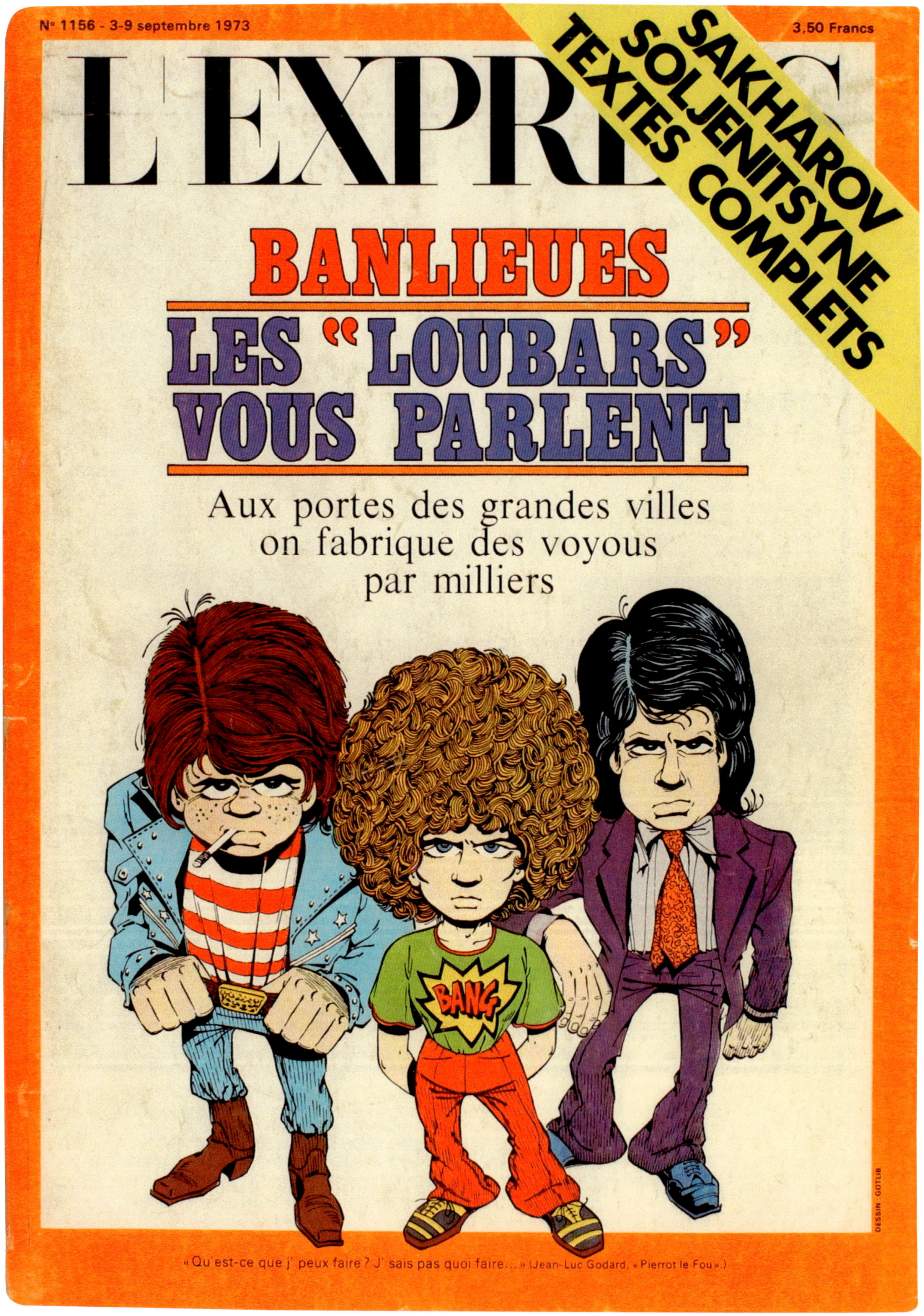


**3 SEPTEMBRE 1973. BANLIEUES, LES « LOUBARS » VOUS PARLENT.**
Cela pourrait être en 2011. Mêmes décors, mêmes scènes. Des HLM, des banlieues et des jeunes – « de plus en plus jeunes » – qui, pour tuer le temps et l'ennui, attaquent, détruisent et volent, sans motif. Des bandes de « loubars » représentées à la une par Gotlib.

**17 SEPTEMBRE 1973. LE TESTAMENT D'ALLENDE.**
Le 11 septembre, au Chili, le gouvernement socialiste est renversé par le coup d'État militaire du général Pinochet. Le chef de l'État, Salvador Allende, se suicide lors de la prise d'assaut du palais présidentiel.

# LE CHILI ENTRE DANS LA NUIT

*Des camps de détention aux corons miniers, de Santiago à Concepción, André Pautard a vu vivre le Chili de la junte.*

**PAR ANDRÉ PAUTARD**

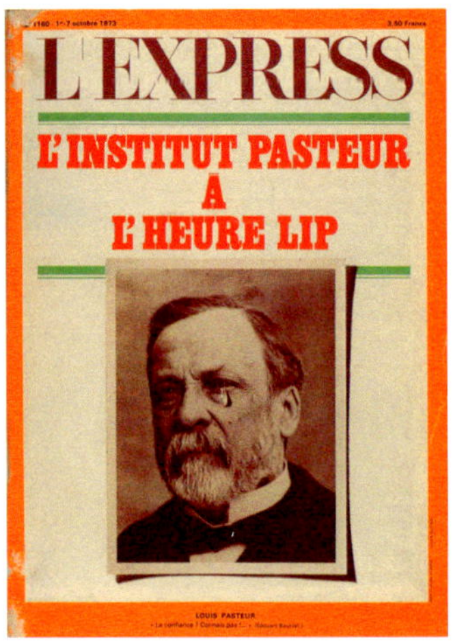


À LA UNE CETTE SEMAINE-LÀ

*De notre envoyé spécial au Chili*

Devant le cercueil de Pablo Neruda, une voix s'élève qui dit un poème du célèbre écrivain communiste chilien. Ni le plus récent ni même le plus beau. Mais celui qui s'alourdit de la plus transparente signification. « *Du fond de l'océan montent des têtes immondes* » : pour la poignée de rescapés de l'Unité populaire rassemblés mardi au cimetière de Santiago, ce vers évoque rageusement le putsch militaire initialement conçu par la marine. Ponctuées de slogans, de couplets de *L'Internationale* chantée le poing tendu par une centaine de personnes, les obsèques du poète auront été aussi celles du régime de Salvador Allende. Et, en même temps, la première manifestation publique de résistance, quinze jours après le *pronunciamiento*. Personne ne s'y est trompé. Ni les passants silencieux regardant le cortège funèbre. Ni l'armée, qui montait la garde autour du cimetière. Ni l'extrême droite chilienne, dont les militants saccagèrent la maison du prix Nobel. En s'appliquant tout particulièrement à brûler ses livres.

**Un coup de bluff**

C'est, ici, une scène qui se renouvelle souvent. Chaque perquisition, chaque opération de bouclage s'achève par une *quemada*, un foyer où brûle la « *maudite doctrine marxiste* ». Mains sur la nuque, les possesseurs de cette littérature mise à l'index s'embarquent dans des camions où ils s'allongent à plat ventre, gardés par des carabiniers. Direction : le stade national. 5 622 détenus – chiffre officiel – s'entassent derrière le fronton où s'étale, symbolique, cette devise : « *Par la raison ou par la force.* »

Un universitaire suédois, M. Cloes Croner, détenu là pendant une semaine, raconte qu'il y a vu et entendu « *des choses pires que tout ce qu'il pouvait imaginer* ». Arrêté à son domicile, on l'a conduit au stade, jeté dans un vestiaire avec 153 autres intellectuels étrangers, puis longuement interrogé.

Il n'a pas à proprement parler subi de sévices. Mais, la nuit, il entendait des cris, des coups de feu. Dans sa cellule, on introduisit, un jour, un homme masqué d'une cagoule qui fit emmener un prisonnier. Un étudiant japonais en vacances. « *C'était un coup de bluff,* dit-il, *car nous avons aperçu ce garçon le lendemain dans un autre secteur.* » L'angoisse. La lenteur des interrogatoires minutieux. L'absurde aussi : dans le lot des détenus étrangers, un accordéoniste colombien en tournée à Santiago : « *Il avait les cheveux longs, il avait l'air peuple...* »

De ce stade-prison, les militaires ne feront visiter que la piste centrale. Le temps de voir, comme au zoo, un millier de prisonniers, au sort enfin fixé, assis sur les gradins. Le temps aussi d'apercevoir, dans l'ombre d'une porte, le lent piétinement des autres. Deux jeunes adolescents, peut-être encore des enfants, attendent de faire tondre leur longue chevelure.

**À la morgue**

À l'autre bout de la ville, un autre stade. Le Chile. 5 000 places « assises » sous une voûte de béton. Là, fonctionna pendant une semaine un premier centre de détention. Il est vide aujourd'hui. Dans une cabine obscure du sous-sol, la table des interrogatoires. À la porte, deux caisses pleines de ceintures usagées. Il flotte là une odeur lourde. Un balayeur dit qu'il y a eu des morts. Il ramasse une carte d'identité abandonnée : Hernán Guiropeo, né en 1935. Des peintres badigeonnent les murs, effaçant les graffitis politiques et obscènes. Et aussi, écrit d'une main maladroite avec un morceau de plâtre, ce mot : *Asesinos* (« assassins »).

Vendredi, la junte annonçait l'arrestation de Luís Corvalán, secrétaire général du PC. Jusqu'alors, les principaux chefs de l'Unité populaire avaient été interrogés, eux, à l'École militaire, avant de partir pour l'île Dawson, face à la Terre de Feu. Sous la devise de l'Académie – « *La grandeur chilienne repose sur l'armée* » – les cadets passent au pas cadencé en chantant la marche prussienne : « *J'avais un camarade* »... À cet air martial,

répond le lamento des femmes qui attendent chaque jour à la porte de la morgue. Le général Bonillas, ministre de l'Intérieur, vient de dire que le bilan des « *événements* » s'établit à 284 morts. Jeudi matin, la morgue affichait la liste de 87 cadavres identifiés. Mais la queue était longue à l'autre entrée, celle où se tiennent les parents des non-identifiés, des disparus.

**Et aussi, écrit d'une main maladroite avec un morceau de plâtre, ce mot : *Asesinos* (« assassins »).**

Une petite bonne femme en pantalon bleu. Elle a 25 ans. Son mari, 27 ans, employé dans l'administration, avait pris sa carte du parti communiste « *pour pouvoir garder son emploi* ». C'était, paraît-il, courant, avant. « *Un bon garçon,* dit-elle en pleurant. *Il ne sortait jamais.* » Elle l'a cherché partout. « *Au stade national, ils m'ont dit qu'il était sorti.* » Il n'a pas reparu chez lui, et, depuis deux jours, à la morgue, elle ne l'a pas reconnu non plus parmi les cadavres non encore réclamés. Elle attend. Une femme âgée sort, secouée de sanglots convulsifs. Elle vient de reconnaître son fils, 16 ans, trouvé, la poitrine trouée, sur la voie ferrée, près de la *población* de Sierra Alegre...

**Au saut du lit**

Un groupe de prêtres chiliens fait actuellement circuler une lettre dénonçant les « *nouvelles formes d'oppression qui éclatent avec une violence inhabituelle* ». Le texte déplore « *la persécution idéologique qui s'abat sur plus de 30 % de la population, l'insécurité et l'humiliation dont souffrent les travailleurs* ». Et, aussi, « *le dénigrement des anciens dirigeants et des étrangers* ».

Tous les jours, radios et journaux annoncent la découverte de « *nouveaux arsenaux* » de l'Unité populaire et de ses alliés russes ou cubains : armes, explosifs cachés dans des usines ou des hôpitaux avec des vivres et des dollars. Et même des blindés fabriqués artisanalement, et dont la silhouette grotesque rappelle les tanks dérisoires construits par les républicains pendant la guerre d'Espagne. On rappelle les derniers mots de M. Carlos Altamirano – le secrétaire général du parti socialiste, actuellement introuvable – appelant, le 10 septembre, les marins de Valparaiso à la mutinerie : « *Hay que golpear el golpe* » (« Il faut prévenir le putsch par un autre putsch »).

Ainsi, chacun se préparant, s'armant, s'espionnant, se livrait à une surenchère où les militaires devaient finalement l'emporter. Avec d'autant plus de facilité que la situation du pays, paralysé par les grèves des classes moyennes et des commerçants, préparait déjà le recours à l'armée. Ce qui fut le cas à Concepción, la troisième ville du pays. Sous prétexte de protéger les bâtiments de la Compagnie des aciéries du Pacifique désertés par ses cadres – dont les trois techniciens

**Le général Gustavo Leigh Guzman, le général Augusto Pinochet, l'amiral Jose Toribio Merino et le général Cesar Mendoza** à la sortie de la cathédrale après le coup d'État militaire du 11 septembre, Santiago du Chili, le 18 septembre 1973.

français en mission –, l'armée se déploie dès l'aube du 11 septembre. Elle sera en place lorsque Salvador Allende veut lancer son appel au peuple. Munis de listes très précises, les carabiniers pourront sans attendre s'emparer des militants de l'Unité populaire, en quelque sorte saisis « au saut du lit » avant d'avoir pu esquisser une résistance sérieuse. Le MIR, né dans l'université de Concepción, en 1967, était, ici, très puissant. Ses partisans seront très activement recherchés et envoyés dans les îles Quiriquina. Les étrangers feront l'objet d'une surveillance particulièrement stricte. Les communistes, seuls, bénéficieront d'un traitement plus nuancé. À Coronel, près de Concepción, on verra ainsi reparaître, quelques jours après le coup du 11 septembre, Mme Carmen Idalgo, membre du comité central du PC et maire du village.

**Les mouchards**

Cette relative mansuétude aura permis de croire un instant qu'un foyer de résistance subsistait dans la région de Concepción. L'émission fugitive d'une radio clandestine – jamais plus entendue depuis –, l'incendie par le MIR de ses locaux du théâtre municipal dix jours après le putsch et, surtout, des rumeurs sur la division au sein des forces armées feront un instant rêver de guerre d'Espagne. Mais Concepción n'est pas Barcelone. De son rocher de Talcahuana, la marine, plus encore que l'infanterie, tient bien la ville. Et entend y faire régner les nouvelles règles d'un régime dont la devise – ordre, autorité, hiérarchie – se passe de commentaire. L'université est fermée. On la réorganise. Comme on remanie aussi les programmes scolaires afin de supprimer l'enseignement des sciences humaines et celui de certaines doctrines philosophiques. L'école de sociologie est dissoute, et même considérée comme n'ayant jamais existé.
À 30 kilomètres de Concepción, la zone charbonnière. Entre la plage grise du Pacifique et les forêts, une série de corons misérables en bois : Coronel Lota. Les galeries de mine plongent sous l'océan. Au siège de la compagnie, les nouveaux dirigeants, des techniciens « bien-pensants », se félicitent : « *Tout va très bien, le travail a repris, même parmi les anciens dirigeants syndicaux et politiques.* » Ici, le général chef de la junte locale vient d'annoncer aux mineurs la suppression de la centrale syndicale chilienne et son remplacement par un organisme corporatif. Aucune réaction. Les mineurs se taisent. Ils gagnent en moyenne 300 escudos – 4 francs – par jour.
Le 11 septembre, ils ont tenté d'occuper les galeries. Mais M. Isidoro Carillo, ancien mécanicien promu gérant des Charbonnages, a pris le chemin des îles Quiriquina. Dans les ruelles des corons, des camions de carabiniers patrouillent. Des prisonniers, tête basse, entrent au commissariat. Demain, à la poterne de l'Amirauté, les femmes iront voir les listes de ceux qui peuvent recevoir des colis. Les communications téléphoniques privées restent interdites. Dans la poussière de la rue, des gamins traînant un sac ramassent à terre des morceaux de charbon. Les visages se ferment devant les étrangers. On craint les *soplones*, les mouchards qui guident les perquisitions...

**« Mes ouvriers sont payés 140 escudos par jour, plus la farine et le logement. Ils ne sont pas trop politisés. Les plus excités, on s'arrangera pour qu'ils partent. »**

**Pour la terre**

Cent kilomètres plus au sud, un tout autre décor. Au loin, la chaîne des volcans et le Llalma enneigé. La nostalgie d'un lointain émigrant européen a parsemé les vallons de cette Suisse normande de grands saules pleureurs. C'est le pays des *fundos*, les grandes exploitations agricoles – blé et élevage – dont certaines, depuis plusieurs années, sont exploitées par les anciens ouvriers. Tout le monde, ici, regarde vers la sous-préfecture de 8 000 habitants, Traiguén, où l'armée, comme partout, assure le pouvoir. Une rue bordée de maisons basses et de boutiques. Une église, deux écoles, dont celle de l'Alliance française, fondée en 1891. Ces derniers mois, les passions politiques se sont déchaînées en vase clos, illustrant par leurs excès la tension de la situation intérieure chilienne. Qu'un étranger fasse quelques courses en voiture, et il était aussitôt haineusement dénoncé comme un *momio* (un « exploiteur »). À l'école, même les querelles enfantines prenaient un tour politique. Invité par un notable local, le dentiste de l'endroit, partisan de l'Unité populaire, se voyait, en plein salon, insulté et mis en quarantaine.
Ici, on se bat pour la terre. Déjà, avant 1970, la réforme agraire mise en place par M. Eduardo Frei limitait la propriété privée. Pour l'accélérer, les partisans de Salvador Allende multiplièrent les *tomas*, littéralement les prises ou occupations sauvages de domaines. En riposte, agriculteurs et militants de Patrie et Liberté organisaient à leur tour des *retomas* – des « reprises » – dont ils racontent aujourd'hui le déroulement. « *On se regroupait à 50. Casqués et armés. À l'aube, on fonçait sur le* fundo *occupé. On ne tuait personne, mais les responsables politiques étaient attachés à des arbres, mis à nu et bastonnés.* » Et ils ajoutent, précisant que ces opérations réussissaient toujours : « *Il fallait que le sang coule un peu pour que tous ces gens-là comprennent bien.* »

**Un mauvais rêve**

*Tomas* et *retomas* sont aujourd'hui suspendus. L'armée y veille, qui assure les paysans groupés en coopératives – les *asentamientos* – qu'ils garderont les terres légalement enlevées aux propriétaires. « *À condition de travailler* del sol al sol – du "lever au coucher du soleil". »
À moins de 2 kilomètres de là, un propriétaire, M. Renaldo Widner, continue d'exploiter ses 2 000 hectares. Allure massive, visage rougeaud, assurance solide. Il a 1 300 bovins, 1 200 moutons, 59 chevaux et 41 ouvriers. Il allait être frappé par la réforme agraire. Il espère bien que le nouveau régime le laissera à la tête de cette exploitation fondée par son grand-père, un émigrant suisse. « *Parce que nous produisons beaucoup.* » Il est fier de ses vaches, de son canal, de sa laiterie. Sûr, aussi, de son personnel : « *Mes ouvriers sont payés 140 escudos par jour, plus la farine et le logement. Ils ne sont pas trop politisés. Les plus excités, on s'arrangera pour qu'ils partent.* » Sa fille traverse les villages à cheval, tandis que les enfants du *fundo* sortent de l'école. L'un d'eux tend furtivement le poing. Don Renaldo ne le voit pas et entre dans sa maison, une grande chartreuse blanche à véranda, dans le goût des vieilles demeures de Louisiane. Feu de bois, meubles de famille et Bible ancestrale.
On sert le thé. La maîtresse de maison soupire, évoquant les mois qui viennent de passer : « *C'était comme un mauvais rêve.* » Aujourd'hui, le cauchemar, ce sont d'autres qui le vivent.

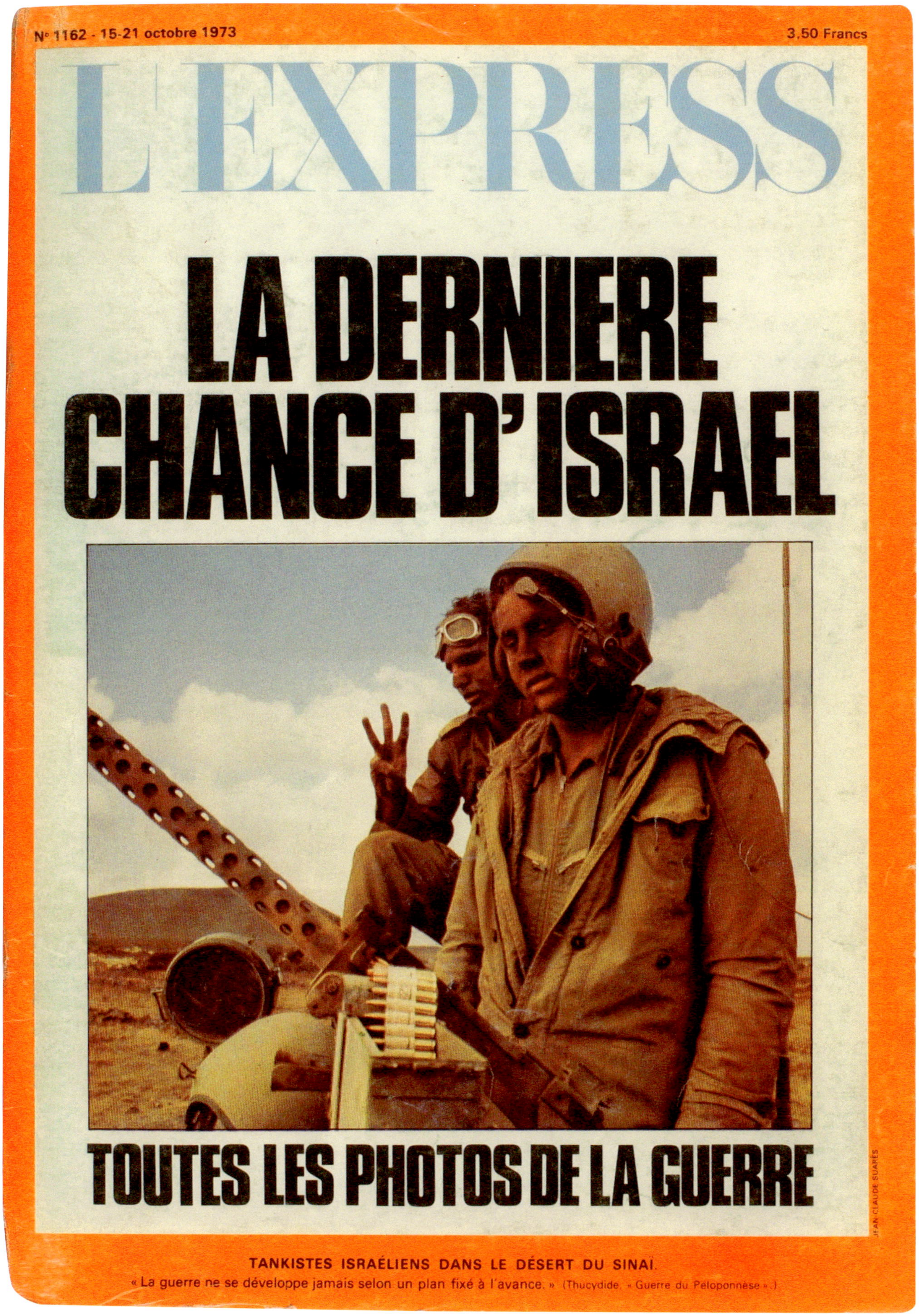


**15 OCTOBRE 1973. LA DERNIÈRE CHANCE D'ISRAËL.**
Le jour de Yom Kippour – férié en Israël –, Égyptiens et Syriens attaquent, par surprise, le Sinaï et le plateau du Golan, occupés par l'État hébreu depuis la guerre des Six Jours. Mais l'armée israélienne finit par prendre le dessus.

# L'AFFAIRE : *L'EXPRESS* REMONTE LES FILS

*L'enquête l'établit clairement : ce sont de vrais policiers en service commandé qui espionnaient le* Canard.

PAR JACQUES DEROGY

En une semaine, les investigations personnelles d'un magistrat instructeur et les enquêtes de journalistes ont permis de remonter certains fils de l'affaire d'espionnage policier du *Canard enchaîné*. Au sens propre comme au sens figuré. Et de lui donner ses véritables dimensions d'affaire d'État. En dépit des premières réactions officielles.
Vendredi soir 7 décembre, à l'heure où le Premier ministre, M. Pierre Messmer, prenait encore cette affaire de haut, en ironisant au micro de RTL, le juge Alain Bernard la prenait de plus haut encore : juché tel un chat de gouttière sur le toit glissant de l'immeuble qui, rue Saint-Honoré, doit abriter les futurs locaux du *Canard*, il était en train de réunir les preuves établissant la matérialité des faits. Sans le concours de la police, dont il s'était volontairement privé.
Sportif, grand amateur de ski et d'alpinisme, le juge Bernard n'a pourtant rien d'un James Bond. À 47 ans, marié de fraîche date à une femme médecin, il cultive plutôt l'image lisse du magistrat réfléchi et discret.
Et indépendant. En juillet dernier, il avait jugé la détention préventive de M. Alain Krivine, poursuivi au nom de la législation anticasseur, inutile à la manifestation de la vérité.
Contre l'avis du Parquet, qui s'opposait à sa libération.

**Sous les combles**

Chargé d'instruire la plainte du *Canard enchaîné* après la découverte inopinée, le 3 décembre, d'une équipe nocturne se livrant à d'étranges travaux de forage sous la protection de gardiens de la paix non moins étranges, le juge Bernard a commencé par recourir à un article du Code, peu usité – avec l'agrément du président du tribunal, M. Jean Vassogne –, pour se faire adjoindre, par commission rogatoire, un autre magistrat, M. Hubert Pinsseau, jeune voisin de galerie au Palais de justice. Au lieu de déléguer d'emblée, comme d'habitude, ses pouvoirs d'enquête à la police judiciaire.
Dès le lendemain, il s'est rendu lui-même sur les lieux, flanqué d'un architecte expert, pour constater les ouvertures pratiquées sous le parquet et dans le mur du bureau directorial. Puis, avec son collègue, il a procédé minutieusement à l'audition des témoins : l'administrateur du journal qui avait surpris en flagrant délit les visiteurs du soir, les concierges, les locataires, les ouvriers qui les prenaient pour l'équipe des poseurs de rideaux et qui avaient également vu les gardiens en faction sur le trottoir à proximité du porche de l'immeuble. Il accumule ainsi une somme de signalements précis et peut-être précieux.
Poursuivant, le 7 décembre, son enquête de voisinage, il convoque à son cabinet la concierge de l'immeuble mitoyen, qui porte le n° 171, Mme Camille Vantard. A-t-elle remarqué, ces derniers jours, quelque chose d'insolite ? Mme Vantard signale d'abord le blocage de la serrure de la porte cochère, qui ne ferme plus depuis le 19 novembre. On peut donc y entrer, sans se faire remarquer, comme dans un moulin. Et puis, ajoute-t-elle, il y a le locataire du 5ᵉ, sous les combles, M. Maurice Printemps, qui, en rentrant, le 3 décembre, à 23 heures, a remarqué des traces de plâtre et des empreintes de pas au fond du couloir donnant accès au toit par une lucarne.
Elles n'y étaient pas quatre heures plus tôt.

**Une trouvaille**

Le juge Bernard sursaute. Il appelle l'expert, M. Georges Basdevant, et le Pr Pierre Ceccaldi, du Laboratoire municipal, pour un nouveau transport de justice. Il s'intéresse d'autant plus à cet immeuble qu'un conduit de fumée désaffecté le sépare de celui du *Canard*, au 173, et qu'un des orifices découverts dans le bureau de son directeur semble déboucher dans cette cavité. Il décide donc de visiter tous les logements mitoyens et d'en interroger les occupants.

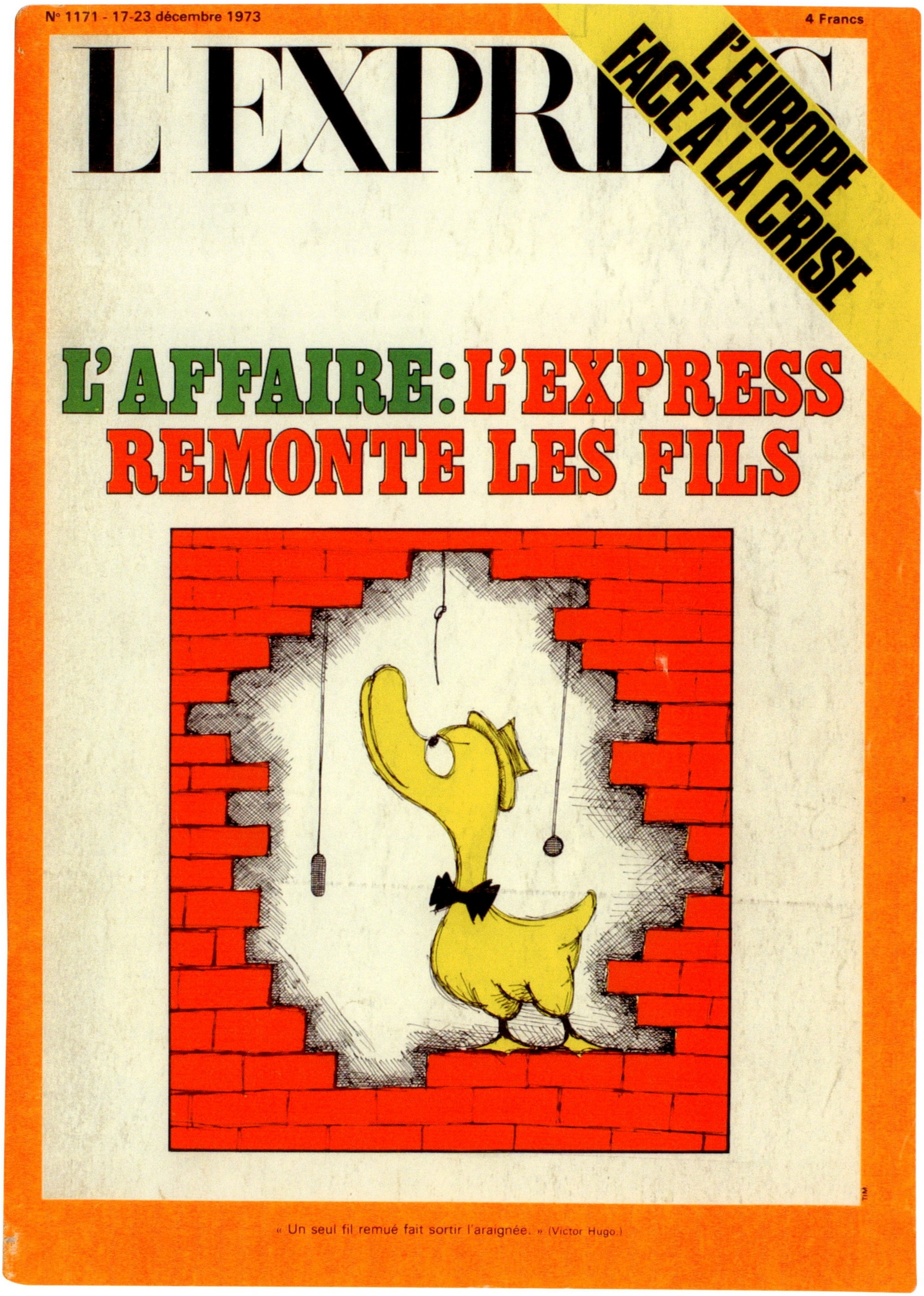


**17 DÉCEMBRE 1973. *L'EXPRESS* REMONTE LES FILS.**
Un Watergate à la française ! D'étranges ouvriers sont surpris dans les locaux du *Canard enchaîné*, l'hebdo satirique qui dévoile les coulisses du monde politique. Une opération d'espionnage qui tourne au fiasco pour la DST.

← Lire l'article ci-contre

Au premier étage se trouve une agence de voyages tenue par un Américain. M. William Taylor, qui sous-loue une partie de ses locaux à une société d'expéditions express, Purolator. La secrétaire de direction encore présente en cette fin d'après-midi, Mlle Sibylle de Grancey, est heureuse de pouvoir faire part au magistrat d'une trouvaille qui, justement, la chiffonne : lové sur lui-même, du fil gris gainé comme un câble radioélectrique pend dans la cheminée du bureau. Les deux extrémités de cet écheveau flasque disparaissent derrière le haut du tablier, légèrement relevé. La comptable, Mlle Sylvie Simon, lui en a fait remarquer la présence entre le 19 et le 23 novembre. Jusqu'alors, le tablier de cette cheminée n'avait jamais été ouvert. Mais elle n'y a guère attaché d'importance. Les deux côtés de la pelote résistent à la traction.

Le magistrat se tourne vers ses experts. « *Il faut voir tout de suite jusqu'où ils remontent.* »

Il compose au téléphone le numéro des pompiers et demande à parler au colonel.

« *Lequel ? Ils sont quatre.*

*– Le premier de la liste. J'ai besoin qu'il m'envoie discrètement quelques hommes sans "pimpon" ni échelle.* »

Peu après, quatre hommes, vêtus de ciré noir, débarquent d'une voiture banalisée.

Le lieutenant Wolf dégage complètement le tablier et s'enfonce jusqu'au buste dans la cheminée. Il voit l'une des extrémités du fil fixée à la paroi, avant le coude du conduit, par un puissant aimant qu'il a quelque peine à arracher. L'autre extrémité, qu'il renonce à tirer, se perd au-delà du coude.

Le lieutenant ressort de la cheminée, le visage noir de suie, avec l'attirail. « *Dire que j'avais le bal de la Sainte-Barbe ce soir.* »

**Un petit objet rond**

En fait de bal, il va faire un tour sur le toit en compagnie du juge. Pour identifier la souche de cette cheminée. Dehors, il fait déjà nuit. Le lieutenant plonge sa torche électrique dans la première cheminée de gauche et interpelle un de ses collègues qui a pris sa place dans l'âtre suspect. La communication établie, il en inspecte les parois, et perçoit, à mi-hauteur, un bout de fil recroquevillé, coincé dans un coude. Il redescend à l'agence avec le juge pour se suspendre littéralement au fil qui, cette fois, vient et tombe avec un morceau de plâtre noir : c'est l'obstacle qui retenait cette extrémité cisaillée de la pelote. La gaine, longue de près de 10 mètres, renferme, en fait, quatre fils électriques de couleur. Il s'agit bien d'un câble de sonorisation.

Intrigués, le magistrat et ses experts remontent sur le toit pour tenter de comprendre. En explorant de souche en souche, le lieutenant découvre un petit objet rond comme un gros bouton enveloppé dans du papier noir plaqué contre le zinc extérieur de la deuxième souche : une face est un aimant, l'autre présente une aspérité carrée qui se révélera être un micro-relais d'amplification. Ce micro tient à un fil de 3 mètres qui est engagé dans la cheminée, exactement au niveau des trous pratiqués dans le bureau directorial du *Canard*.

Le juge demande alors à visiter la chambre de bonne où passe la première cheminée. Elle était occupée par un couple qui a déménagé le 30 novembre. Le magistrat y saisit à tout hasard une lampe à acétylène, une scie, une pince coupante et des journaux.

Il va confier tout son butin non au laboratoire de la préfecture de police, mais aux experts judiciaires commis par ses soins. Le rapport de l'ingénieur radioélectricien, M. Lorach, devra dire si le système de sonorisation en cours d'installation devait aboutir, soit à un appareil enregistreur, soit à une ligne supplémentaire dans l'armoire téléphonique de l'immeuble. Il devra également déterminer la provenance du matériel saisi.

En tout cas, la conviction du juge est faite : il ne s'agit pas d'un travail d'amateur.

Ce système de branchement sur fil nécessite un assez long délai d'installation, mais il offre deux avantages sur les appareils sans fil et miniaturisés, plus faciles à mettre en place : il est permanent, ne nécessitant aucune alimentation par piles. Et, surtout, il est indétectable, parce qu'il ne produit ni émission ni chaleur.

Seulement, cette conviction, le magistrat va la garder pour lui pendant tout le week-end, car il veut, pour l'instant, conserver secret le fruit de ses perquisitions.

**Marche arrière**

Sa prudence est sans doute mal interprétée en haut lieu, car, tandis qu'il recense ses découvertes, M. Messmer parle : « *C'est une histoire qui est dans le style d'un journal satirique.* » Et le secrétaire général de l'UDR, M. Alexandre Sanguinetti, renchérit : « *Après tout, pourquoi n'aurait-elle pas été montée par le* Canard *lui-même ? Elle a permis un tirage de 700 000 exemplaires.* »

Trois jours plus tard, marche arrière : « *Si les faits sont exacts, nous sommes en présence de fautes d'ordre moral, politique et professionnel telles qu'elles exigent des sanctions... Si la justice confirme, alors les sanctions doivent être exemplaires.* »

C'est que, entre-temps, un certain nombre de révélations sont venues jeter la consternation au ministère de l'Intérieur. Outre le rapport surprise du juge parvenu lundi à la Chancellerie, et ébruité par la partie civile, qui a accès au dossier d'instruction, *L'Express* dénonce, ce jour-là, le rôle de « *certains services des Renseignements généraux et de la Surveillance du territoire (DST), qui drainent la meilleure part des nouveaux crédits et des nouveaux effectifs pour se livrer à l'espionnage politique* ». Et de donner des détails sur les méthodes, le recrutement et le nom des responsables de ces groupes sans s'attirer le moindre démenti. Nous sommes en mesure d'ajouter une précision : une section au moins de la direction centrale des RG était au courant du projet de sonorisation des locaux du *Canard* pour avoir fourni les études préliminaires. Celle dite des affaires politiques particulières, que dirige le commissaire divisionnaire Brosseau, assisté du commissaire principal Pouzol et des commissaires Hamon et Bertrand.

Le premier à rectifier le tir est le ministre de l'Information, M. Jean-Philippe Lecat, en répondant ce jour-là au sénateur Dominique Pado que cette affaire « *était appelée à un certain nombre de conclusions et de conséquences* » : « *On en reparlera.* »

Le lendemain, *Le Canard enchaîné* nomme les policiers de la DST qui, selon ses informations, ont tenté d'installer le système d'écoutes dans ses nouveaux locaux. L'équipe de faux ouvriers était fournie par la section technique dirigée par le contrôleur général Édouard Chardon. Elle était commandée par le commissaire Jacques Neveu, 54 ans, reconnaissable au rictus qui dégage des dents qui se chevauchent. Parmi eux, l'officier de police Raphaël Sanna, 55 ans, a eu tort de montrer sa carte d'identité au concierge. Suivent les noms de trois inspecteurs, d'un photographe, d'un serrurier et d'un brigadier qui, tous, sauf le dernier, figurent bien au répertoire de la DST, ainsi qu'il résulte de notre enquête au Service de contre-espionnage. Selon Claude Angeli [journaliste au *Canard enchaîné*], la programmation, la supervision et la protection des travaux étaient assurées par la Division III, dirigée par le commissaire divisionnaire Clément Millet, assisté du commissaire Jacques Delbois.

**L'homme à l'imperméable**

La publication de ces noms a semé la panique dans les couloirs de la DST, rue des Saussaies et rue Cambacérès, où circulaient, mardi, les photocopies de l'article du *Canard*. « *Ils sont drôlement renseignés* », soupiraient les secrétaires. « *Affabulations à partir d'un organigramme* », se contentait de commenter le seul sous-directeur visible, M. Jean-Paul Mauriat. Ce fut pis quand, dans la soirée, tomba le communiqué de M. Raymond Marcellin.

Malade pendant quelques jours, silencieux depuis le début de l'affaire, reçu longuement la veille par M. Georges Pompidou, et paraissant depuis, à ses proches, étrangement désabusé, le ministre de l'Intérieur déclarait, dans ce seul et unique commentaire : « *Je n'ai jamais donné d'ordre à ce sujet, ni à M. Biard, directeur de la DST, ni à quiconque. Je ne me suis jamais occupé d'une telle affaire, ni de près ni de loin. Le directeur général de la police m'a transmis, le 7 décembre, les rapports écrits de chaque chef de service de la police qui déclarent ne pas être concernés par cette affaire.* »

**Le lendemain, *Le Canard enchaîné* nomme les policiers de la DST qui, selon ses informations, ont tenté d'installer le système d'écoutes dans ses nouveaux locaux.**

Pourquoi n'a-t-il nommé que M. Biard et pas les chefs des autres services de police ? Pourquoi n'a-t-il pas disculpé nettement la DST des griefs qu'on lui impute, au lieu d'indiquer seulement que, lui, il n'a pas donné d'ordres ?

À la DST, l'amertume est à son comble. « *Nous sommes dans la position du SDECE après l'affaire Ben Barka.* »

Un seul policier a réagi, semble-t-il, de lui-même : le commissaire Neveu – un des deux fonctionnaires de la DST qui portent ce nom – est venu spontanément au cabinet du juge Bernard démentir, alibi à l'appui, sa présence sur les lieux le soir du 3 décembre. Il n'est pas, en tout cas, l'homme à l'imperméable qui s'était présenté à la concierge, Mme Micheline Berthin, à la tête de l'équipe des faux poseurs de rideaux.

Elle se souvient bien d'une denture irrégulière, dent cassée ou incisive en chevauchement près de la commissure droite, mais dit avoir été surtout frappée par une ressemblance entre l'étrange visiteur et l'acteur Lando Buzzanca, tel qu'elle l'a vu sur les placards publicitaires de *Ma femme est un violon*. D'autres témoins ont été également sensibles à cette ressemblance.

**Expression ambiguë**

Qu'attend la direction de la police nationale pour fournir les photographies des fonctionnaires cités au magistrat, qui pourrait les soumettre aux témoins avant même tout acte de confrontation ? Son devoir n'est-il pas de faciliter les recherches et les investigations de la justice, et non de se contenter, selon l'expression ambiguë du ministre, d'en attendre les résultats ? Si machination il y a, la police n'a-t-elle pas les moyens de l'établir ? De deux choses l'une : ou bien la police est si mal encadrée que deux faux agents peuvent se montrer en faction pendant des heures, à deux pas du Palais-Royal, du ministère des Finances et des gendarmes mobiles qui gardent l'Office grec, sans être inquiétés le moins du monde. Hypothèse troublante. Ou bien le ministre, dans le souci de pénétrer tous les milieux suspects à ses yeux – qu'il s'agisse du gauchisme, de la drogue, du proxénétisme – a monté un appareil dont il aurait perdu le contrôle. Mais, s'agissant de membres de la DST, rigoureusement disciplinée, l'hypothèse d'une initiative individuelle de ses agents paraît invraisemblable.

Ce serait d'ailleurs la pire des explications. Elle supposerait que les fonctionnaires de la police sont, eux aussi, en état de désobéissance.

Sommé, vendredi soir, par M. Gaston Defferre d'apporter des éclaircissements au Parlement. M. Marcellin eût presque rassuré s'il avait avoué qu'il est l'instigateur. Mais il a répondu, vertement, que ce n'est pas à l'accusé de faire la preuve de son innocence. Une réponse un peu courte.

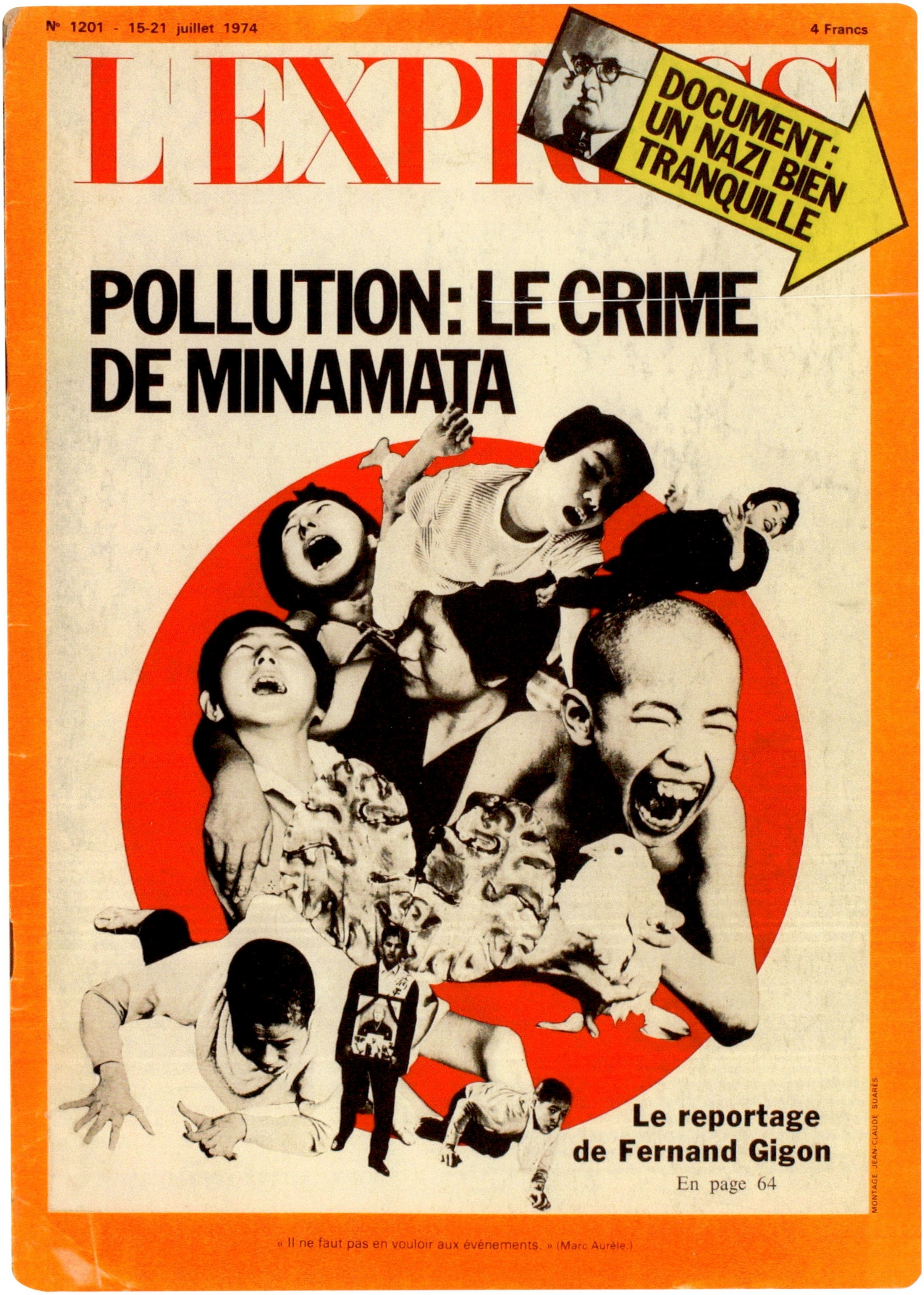


**15 JUILLET 1974. POLLUTION: LE CRIME DE MINAMATA.**
Depuis des dizaines d'années, une usine déverse du mercure dans le port japonais. Absorbé par les poissons, qui à leur tour sont mangés par les hommes, le poison provoque des lésions organiques et des anomalies congénitales irréversibles.

**25 NOVEMBRE 1974. POUR LA LOI SIMONE VEIL.**
Le journal réitère sa position. Le lendemain de la parution, Simone Veil prononce, à l'Assemblée nationale, son célèbre discours qui va mener à la légalisation de l'avortement. La loi Veil est promulguée en janvier 1975.

# POUR LA LOI SIMONE VEIL

*Première victoire pour Simone Veil dans la bataille de l'avortement : sa loi a été adoptée en commission. Mais tout se jouera cette semaine. C'est un grand débat.*

PAR MICHÈLE COTTA ET CATHERINE NAY

« *Franchement, je ne sais plus où j'en suis. Voilà sept fois que je change d'avis...* » Le député UDR des Pyrénées-Orientales Bernard Marie fait cette constatation mélancolique, dans la petite salle où vient de se réunir, pour la quatrième fois en trois jours, la commission des Affaires sociales. M. Marie traduit l'embarras de bien des parlementaires. Vont-ils enfin, cette fois, prendre leurs responsabilités ? Ils n'ont plus, de ce côté-là, le choix. En proposant au Parlement le projet de loi n° 1297, le président de la République, le gouvernement et une Minerve à l'œil clair, Simone Veil, les mettent au pied du mur. Il faut prendre parti. Pour ou contre l'interruption volontaire de grossesse ? Non : pour ou contre l'avortement clandestin. Au moins mille par jour. C'est ainsi que se pose le problème et, au fond de soi-même, chacun le sait.

Mais, le 13 décembre 1973, le gouvernement de M. Pierre Messmer, freiné par Georges Pompidou, les avait débarrassés du souci d'y penser en reculant piteusement pendant le débat.

Cette année, à peine le gouvernement de M. Jacques Chirac en place, le président de la République chargeait le nouveau ministre de la Santé, Mme Simone Veil, de s'atteler à la tâche. Outre sa maîtrise de l'art juridique, le ministre a de bons atouts personnels. L'amitié vigilante du Premier ministre, qui l'aime beaucoup et l'embrasse sur les deux joues en arrivant au Conseil des ministres. L'amitié du redoutable Jean Foyer, dont elle a été longtemps la collaboratrice lorsqu'il était garde des Sceaux. Machiavel de la loi, il sera fatalement moins agressif envers elle qu'il ne le fut envers les responsables du précédent projet. D'ailleurs, il l'avoue : « *Si elle fait passer cette loi, je ne lui adresserai plus la parole. Enfin, pendant six mois.* »

Elle a réfléchi, elle a consulté, elle a travaillé, elle a proposé, elle a remis cent fois sur le métier... Maintenant, la balle est dans le camp des parlementaires. « *Chacun s'est refilé le bébé,* commente, amer, un jeune député *: les magistrats n'en ont pas voulu. Les médecins non plus. Lecanuet, pas davantage. Les vraies victimes, ce sont les députés et les femmes.* »

Lourde semaine pour Simone Veil.

La discussion avait très mal commencé. Jeudi 14, la commission choisissait, pour présenter le projet devant les députés, un rapporteur profondément opposé à la libéralisation de l'avortement. M. Alexandre Bolo, député de Loire-Atlantique, prévenait tout crûment son monde : hostile il était, hostile il resterait. Trop farouche, peut-être, car l'argumentation enflammée de M. Bolo en faisait, manifestement, un adversaire trop ému pour être pleinement efficace.

En révélant trop vite le fond de son cœur, M. Bolo émoussait ses armes d'entrée de jeu. Et il suscitait dans les premiers instants l'irritation des députés qui avaient à débattre le projet de loi, répugnant à être entraînés, sans même s'être précisé leur pensée à eux-mêmes, dans l'aventure passionnelle de M. Bolo.

Lundi soir, Simone Veil livre son premier combat. Devant l'opinion. À 20 h 30, elle apparaît devant les caméras d'Actuel 2 vêtue de rouge, calme et convaincue, cachant son trac. La veille, selon la « technique Giscard », elle s'est longuement préparée, avec ses collaborateurs, à ce débat télévisé. Ils lui ont posé les questions les plus embarrassantes, du genre : « *Et si votre fille... ?* » Les journalistes présents, lundi soir, sont moins agressifs avec elle. D'une voix posée, même si elle cherche parfois ses mots, le ministre de la Santé, sans entrer dans les débats philosophiques où, d'ailleurs, ses interlocuteurs ne l'invitent pas, s'en tient à des aspects bien précis : oui, elle fait confiance aux médecins pour ne pas « *commercialiser* » l'avortement, aux parlementaires pour régler le problème, aux femmes pour continuer à faire des enfants. Non, elle ne s'opposera pas à ce que les députés proposent des amendements à son texte. Et si celui-ci était dénaturé ? Le gouvernement peut toujours retirer un projet de loi.

Mardi après-midi, commence le marathon de l'Assemblée nationale : à 17 h 30, les portes de la commission des Affaires culturelles et sociales se referment sur Simone Veil. Elle ne sortira de cette salle moderne, beige, équipée de micros, que trois heures et demie plus tard. Elle trouve les députés présents attentifs, presque angoissés par le choix qu'ils ont à faire. Devant eux, elle répète pourquoi une nouvelle loi est nécessaire, comment il faut ajuster le droit aux faits, pourquoi il faut faire de l'avortement un « *ultime recours* », tout en assurant la protection médicale des femmes qui se sont résignées à y recourir. Simone Veil maintient volontairement le débat sur le contenu précis, ligne à ligne, de la loi, sans se laisser emporter sur les cimes philosophiques et morales. Elle entend les arguments des uns et des autres, répond à un socialiste, M. Jacques-Antoine Gau, qu'elle ne s'opposera pas à ce que l'acte médical de l'avortement soit remboursé par la Sécurité sociale, et que la limite des dix semaines s'explique par des raisons purement médicales ; au-delà de dix semaines, l'avortement, en tout état de cause, est dangereux. Elle ignore M. Pierre Weber, député de Meurthe-et-Moselle, qui déclare : « *Le projet vise à permettre de faire proprement ce qui actuellement est fait malproprement* », et qui rappelle naturellement que « *l'avortement est un crime* ». (Formule à laquelle l'épiscopat lui-même a renoncé.) Elle souligne qu'un projet sur la politique familiale sera bientôt discuté à l'Assemblée et que, de toute façon,

il n'est pas incompatible avec la loi sur l'interruption de grossesse.
À peine les commissaires ont-ils le temps de dîner qu'ils entendent, après la pause, Françoise Giroud. Elle est entièrement solidaire du ministre de la Santé. Pas plus que Simone Veil, Françoise Giroud n'est une habituée du Parlement, et elle ne porte pas, non plus, la marque sacrée du suffrage universel. Sa science n'est que celle de la vie. Mais elle pourra, croit-elle, éclairer la décision des parlementaires en décrivant son propre trajet sur ce sujet.
Qu'on le veuille ou non, la répression de l'avortement paraît aujourd'hui injuste : d'abord, parce qu'il se pratique à peu près librement dans des pays voisins ; ensuite, parce que des méthodes nouvelles rendent facile un acte médical jusqu'à présent plus dangereux. « *Et la révolte,* prévient-elle, *naît toujours de l'injustice.* » Un seul député s'oppose vivement à Françoise Giroud, c'est – encore – M. Weber. Pour le reste, les députés, cherchant parfois à opposer Françoise Giroud à Simone Veil, formulent des objections semblables ; dix semaines, c'est trop pour les uns, pas assez pour les autres. Que pense-t-elle du non-remboursement par la Sécurité sociale ? Françoise Giroud répond que si l'on ne rembourse pas les lunettes, les semelles orthopédiques et les prothèses dentaires des enfants, on aura peut-être du mal à faire admettre à leur mère que l'avortement, lui, soit remboursé ; que dix semaines, c'est suffisant mais nécessaire.
Pendant trois jours, de mardi à jeudi, les positions ne varient pas. Trois groupes se partagent l'Assemblée : les adversaires acharnés du projet gouvernemental ; ceux qui, à gauche surtout, le considèrent, en revanche, comme un minimum, accepté du bout des lèvres. Plus une forte proportion de parlementaires qui pensent aujourd'hui « *qu'il faut bien faire quelque chose* », sans savoir ce qui politiquement serait opportun pour eux et jusqu'où ils peuvent aller.

**La loi et les mœurs**

Pendant trois jours, Simone Veil a tout entendu, rongeant son frein pour n'indisposer personne, réprimant un geste d'énervement, et gardant ou affectant de garder son calme. Elle a écouté M. Pierre Baudis, député maire giscardien de Toulouse, s'exclamer qu'il ne « *fallait pas voter en raison du jugement de l'opinion publique, mais du Jugement dernier* ». M. Jean Briane, député réformateur de l'Aveyron, se plaindre amèrement « *qu'on ne pense jamais aux hommes lorsqu'on parle d'avortement* ». Elle a entendu avec étonnement M. Pierre Buron, député UDR de la Mayenne, trouver « *anormale et même horrible l'idée d'adapter la loi aux mœurs* » ! Elle a vu M. Weber, plutôt que de continuer à parler de ce problème irritant, s'en aller vider les poubelles devant le Palais-Bourbon.
Et M. Claude Labbé, président du groupe UDR, rester prudent en convenant : « *Notre position n'est pas changée, c'est-à-dire que nous n'avons pas de position...* »

**Simone Veil a tout entendu, rongeant son frein pour n'indisposer personne, réprimant un geste d'énervement, et gardant ou affectant de garder son calme.**

Pourtant, au bout de ces trois jours et malgré la lettre offusquée du Pr Jean-Louis Lortat-Jacob, président de l'ordre des médecins, le texte gouvernemental, avec 63 amendements, est accepté, jeudi 21, par la commission.
Le paradoxe est que, sur ces 63 amendements, près d'une cinquantaine sont, en fait, plus libéraux que la loi initiale.
Dépassé, M. Bolo, d'ailleurs fortement poussé par ses camarades, démissionnait ; le Dr Henri Berger, nettement moins passionné, le remplacera.
Mais tout n'est pas joué. D'abord, parce que le vote de la commission n'est pas vraiment significatif – 22 pour, 11 contre, 2 abstentions, sur 120 votants. C'est peu pour se réjouir trop fort. Et puis, parce que les grands ténors, hostiles à l'avortement, n'ont pas encore dévoilé leurs batteries. Ils attaqueront en force lorsque le débat s'engagera devant l'Assemblée tout entière. Avec des arguments que le ministre de la Santé va devoir réfuter. Comme M. Michel Debré, le nataliste.
Prudente, Simone Veil a commandé, en juillet, une étude de l'INED dont elle a envoyé, discrètement, les conclusions à quelques ministres. Qu'en ressort-il ? D'abord, que la natalité d'un pays a peu de chose à voir avec la législation sur les naissances. Il y a plus d'avortements en Roumanie, aujourd'hui – où la loi les interdit – que lorsqu'ils étaient autorisés. Il a simplement fallu trois ans pour que se reconstituent les filières de l'avortement clandestin. La natalité n'est pas non plus liée directement à la politique familiale. Mais bien plutôt aux problèmes que se pose, collectivement, la société tout entière, et à l'avenir qu'elle croit pouvoir proposer à ses enfants.
Ce ne sont pas les problèmes immédiatement matériels qui dissuadent les femmes d'avoir des enfants, mais le doute sur l'avenir.
C'est l'espoir qui fait souhaiter des enfants, pas les allocations familiales. En pleine crise du logement, en 1944, les femmes françaises avaient des enfants. Le déclin de la natalité a commencé en 1964, en France et dans tous les pays d'Europe, lorsque le projet de société est devenu plus fumeux.
Conclusion de l'étude de l'INED : la nouvelle loi française, si elle était adoptée, ne changerait probablement rien à la natalité française.
M. Jean Foyer, l'autre pourfendeur attendu, aiguise son imagination, qu'il a féconde, pour désintégrer la loi par un juridisme savant. « *Je ne voterai pas,* ajoute-t-il, *pour des raisons religieuses.* »

**Les catholiques**

C'est l'argument le plus respectable. Mais est-il encore valable au moment où, dans une maternité catholique, des médecins catholiques pratiquent des avortements, avec l'accord implicite de leur évêque, informé ? Où les femmes catholiques pratiquent l'avortement autant que les autres. Où l'épiscopat français lui-même s'humanise, et refuse de prendre position sur le projet de loi qui sera, cette semaine, soumis au Parlement. Où le trajet accompli par une partie des hommes de l'Église, théologiens ou professeurs, les amène à poser en termes différents le problème de l'avortement.
« *Je me demande,* écrit l'un d'eux, *quelle conception de Dieu autorise à dire que d'empêcher un embryon de se développer lorsqu'on est vraiment dans l'impossibilité de lui faire vivre un minimum de vie humaine est forcément plus désagréable à Dieu que la multiplication de la misère des hommes et que la condamnation d'un homme à la misère.* »
Où est le Mal ? Dans l'interruption de grossesse ou dans la mise au monde d'un enfant non désiré ? Étienne Borne répond, dans *La Croix* : « *Le mal restant le mal, il n'y a d'autre question à débattre que celle,* hic et nunc, *du moindre mal.* »

# UN MILLION DE CHÔMEURS…

*La France n'aura pas moins d'un million de chômeurs d'ici à 1980. Telle est la conclusion des rapports préparatoires du VIIe Plan à propos de l'emploi. Les chiffres qu'on y trouve font froid dans le dos.*

**PAR ROGER PRIOURET**

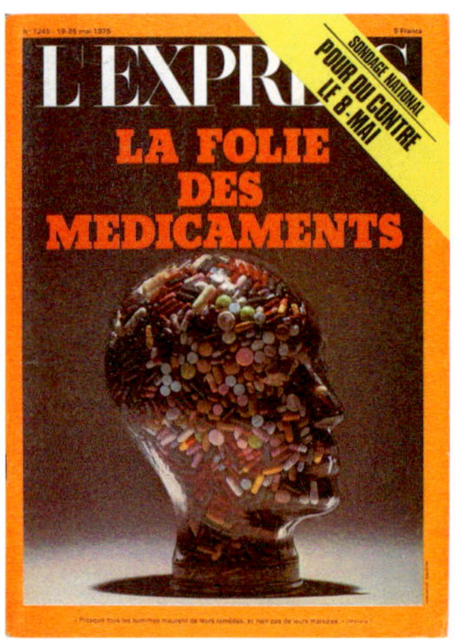


À LA UNE CETTE SEMAINE-LÀ

En 1980, il y aurait une main-d'œuvre disponible de 23 200 000 personnes, mais seulement 22 200 000 emplois dans l'hypothèse d'une croissance à 5,2 % et 21 200 000 dans celle d'une croissance à 3,8 %. Soit un million de chômeurs dans le premier cas et deux dans le second.

Ces chiffres alarmants n'ont été repris ni par le rapport général de M. Jean Ripert ni dans le rapport Malinvaud sur la croissance, l'emploi et le financement. Ce dernier a même, de façon surprenante, réduit de 40 % les prévisions de chômage du groupe spécialisé. Ces prévisions, nous ignorons comment elles ont été obtenues. Cependant, l'ensemble des données disponibles permet de les considérer comme vraisemblables.

Tout d'abord, la tendance à l'aggravation du chômage remonte à plusieurs années. La période 1970-1973, de forte expansion, a vu passer les demandes d'emploi non satisfaites de 140 000 à 400 000. Pour rassurer l'opinion et lui-même, le gouvernement expliquait que cette montée était due à l'action de l'Agence nationale pour l'emploi, dont l'accueil bienveillant amenait les sans-travail à se faire inscrire, alors que les anciens « bureaux de la main-d'œuvre » les faisaient fuir. Philippe Lefournier, dans une étude approfondie parue dans le dernier numéro de *L'Expansion*, a montré que, même en tenant compte de ce correctif, il restait, pour cette période, un quasi-doublement du chômage.

Le second élément d'appréciation est l'étude faite par l'INSEE pour le Plan sur le potentiel d'offres d'emploi par branches pour l'avenir. L'industrie, dans son ensemble, ne créera que très peu de postes de travail nouveaux ; à la liste des secteurs qui dégagent des effectifs depuis un demi-siècle – textile et cuir – va s'ajouter la stagnation de l'embauche dans l'automobile, le bâtiment et les travaux publics, tandis que la chimie et les industries de pointe ne feront que des appels modestes à de la main-d'œuvre nouvelle. Les portes de l'enseignement sont closes. Les banques ont trop de succursales. La mutation du commerce est ralentie par la loi Royer.

Dernier et décisif élément : la main-d'œuvre disponible va s'accroître par le maintien ou l'accentuation des tendances actuelles. Le maintien de l'excédent de 200 000 jeunes sur le nombre des personnes qui quittent le travail par retraite ou décès. Le maintien de l'exode rural : 3,8 % de réduction annuelle du nombre des agriculteurs, d'après les travaux du VIIe Plan. Le maintien d'un flot d'immigrants, parce que l'appel du niveau de vie français reste fort dans le Maghreb, Algérie comprise. Mais, surtout, il y a accentuation de la volonté des femmes d'avoir une vie professionnelle. C'est un phénomène mondial. Un fait en montre la force. À coups de primes, et avec l'attrait pour le patronat d'une main-d'œuvre à bon marché, on crée des usines dans l'Ouest. Et, presque chaque fois, le nombre des demandes d'emploi, loin de se réduire, augmente. Ce qui est le signe d'un chômage féminin virtuel qui n'attend que l'occasion de s'exprimer.

C'est à partir de ces données de fait que l'on s'est mis à étudier la possibilité de « partager le travail », c'est-à-dire, en fait, de rationner l'emploi. Que le groupe d'études présidé par M. Mériaux l'ait fait avec discrétion et le souci du respect de la liberté des hommes et des femmes ne change rien à l'énormité que constitueraient, pour l'économie de marché, le retour aux pratiques de l'âge préindustriel et la fin du droit au travail.

Si l'on écarte les mesures qui nous ramèneraient au Moyen Âge et au temps des corporations, on peut énumérer cinq dispositions susceptibles d'atténuer le chômage dans les années à venir. Les deux premières – retour aux quarante heures et retraite à 60 ans – sont réclamées depuis longtemps par les syndicats et inscrites dans le Programme commun de la gauche. Elles sont conformes à l'évolution de notre temps. Mais elles ne sont pas gratuites et leur coût se retrouvera dans l'indice des prix. Elles doivent être manipulées avec des précautions économiques pour la première, humaines pour la seconde. Les trois autres sont des chimères dangereuses : arrêt total de l'immigration ; généralisation du travail à temps partiel ; paiement au SMIC des « femmes au foyer ».

**1 Retour aux quarante heures**

Les syndicats, pour faire admettre leurs revendications au public, schématisent le problème. Ils feignent de croire que tous les salariés travaillent à la moyenne hebdomadaire nationale (qui doit être aujourd'hui de quarante-deux heures) et que les emplois sont interchangeables. Ils en concluent que le retour aux quarante heures, diminuant de 5 % la durée du travail dans le secteur privé, créerait donc 5 % d'emplois de plus. La réalité est tout autre, et ils ne l'ignorent pas.

Il faut d'abord écarter le système autoritaire de 1936, qui interdisait de travailler plus de quarante heures. Alfred Sauvy a montré de façon péremptoire que cette disposition avait condamné à l'échec l'expérience du Front populaire, pourtant bien partie. Très souvent, les employeurs n'avaient pas trouvé la main-d'œuvre de substitution au niveau de qualification indispensable. Donc, leur production avait baissé et des goulets d'étranglement s'étaient créés, qui avaient compromis le retour à l'expansion.

Mais si les heures supplémentaires restent autorisées, tout texte imposant les quarante heures n'aura qu'un effet : l'employeur devra payer quarante heures au prix où il paie aujourd'hui quarante-deux heures. Pour faire le travail, en effet, il trouvera moins compliqué de payer des heures supplémentaires à son personnel d'aujourd'hui que de réaménager les tâches pour embaucher des chômeurs, sauf, peut-être, si le prix des heures supplémentaires était, par voie autoritaire, fixé à un niveau prohibitif. On pourrait ainsi imaginer de doubler la majoration actuelle, qui est de 25 % de quarante à quarante-quatre heures, de 50 % au-delà.

Mais, là encore, l'incidence sur les coûts risquerait d'être plus forte que celle sur l'emploi. Au total, le retour facultatif aux quarante heures signifierait augmentation des salaires plutôt qu'embauche des chômeurs. À moins d'une improbable volonté des salariés eux-mêmes de refuser une augmentation pour donner du travail à autrui.

**2 La retraite à 60 ans**

Cette mesure a fait, jusqu'ici, l'objet de discussions financières. Les estimations du patronat ressortent au double de celles des syndicats. Et le journaliste ne peut arbitrer entre les deux : il y a tellement de régimes de retraite et de systèmes de complément que non seulement il est incapable de se prononcer, mais doute que les deux parties aient en main des chiffres sûrs.

Le problème humain, plus important, est plus accessible. Les mises à la retraite sont souvent accompagnées de l'apparition de maladies, surtout nerveuses et psychologiques. Les spécialistes de la sénescence sont formels : le remède le plus efficace contre le vieillissement est une activité modérée socialement utile.

Les situations individuelles sont très disparates. La femme retraitée garde une activité de maîtresse de maison et, quelquefois, de grand-mère : elle n'a jamais le sentiment d'être inutile. Le salarié rural peut s'occuper. Certains travailleurs manuels peuvent trouver à aider un artisan ou à faire eux-mêmes de menus travaux. Mais les autres ? La retraite à 60 ans signifie, pour la grande majorité, vingt ans de chômage, l'ennui au foyer, la perte des camarades. Les syndicats en ont pris conscience. De la retraite obligatoire pour tous à 60 ans, ils sont passés au droit à la retraite à 60 ans. Il faudrait aller plus loin : offrir aux sexagénaires un travail à temps partiel qui leur donnerait à la fois une occupation et le sentiment de leur utilité.

Mais, de toute façon, l'avancement de l'âge de la retraite ne créerait pas nécessairement beaucoup d'emplois nouveaux dans l'immédiat. Pour des motifs la plupart du temps honorables, les employeurs français ont très peu licencié. Ils ont des effectifs pléthoriques par rapport à une production réduite. Ils verraient dans les départs à la retraite une simple occasion de les réduire.

**3 L'arrêt de l'immigration**

Les prévisions d'emploi du VII$^{e}$ Plan ont été faites avec une immigration, non pas abondante, comme en 1970-1973, mais réduite, comme elle l'est depuis un an. Peut-on aller à l'arrêt total ? Trois raisons s'y opposent :

- D'abord, même les jeunes et les sans-travail continuent de refuser certains emplois. Il y a des places à prendre aux Halles de Rungis et aux Houillères de Lorraine. Les Français n'en veulent pas.
- Ensuite, les bonnes relations avec les pays de l'autre côté de la Méditerranée passent par l'acceptation par nous d'un certain nombre de leurs chômeurs.
- Enfin, la fermeture des frontières est une mesure inapplicable. Car tout travailleur entré illégalement sera défendu par ses compatriotes et des Français sympathisants.

L'arrêt total de l'immigration est, en fait, une vue de l'esprit. Et sa simple réduction passe par une revalorisation préalable du travail manuel.

**4 La généralisation du temps partiel**

Le travail à temps partiel est, en France, l'objet d'un débat très ancien. On le pose aujourd'hui en termes nouveaux. C'est ce qu'a fait, par exemple, M. Lionel Stoleru dans son livre *Vaincre la pauvreté dans les pays riches*. Pour faire la vie moins usante et la mieux goûter, les entreprises offriraient des postes de travail à vingt ou trente heures d'occupation par semaine.

L'idée a été reprise d'une autre façon par le groupe de travail de l'emploi. Beaucoup de femmes s'épuisent à cumuler une semaine de travail de quarante heures avec leurs obligations de mère et de maîtresse de maison. Si on leur offrait une occupation à temps réduit, elles auraient une vie plus agréable et libéreraient du travail aux autres.

Il n'y a pas de doute qu'un nombre appréciable de mères – les plus chargées de famille sont celles dont le travail est le moins intéressant – accepteraient cette formule. Mais les femmes ont, aujourd'hui, un tel appétit pour une activité professionnelle que le temps partiel en attirerait une multitude parmi celles qui sont à la maison aujourd'hui. Il créerait beaucoup plus de demandes d'emploi que le retrait d'une minorité ne créerait d'offres.

**5 Le SMIC pour la « femme au foyer »**

La dernière idée consiste à payer le salaire minimum à toutes les femmes qui restent chez elles, dans le but d'y ramener celles qui travaillent, aujourd'hui, avec une rémunération modeste.

Il est difficile d'imaginer mesure plus sexiste et plus rétrograde. Mais son coût à lui seul la fait écarter. Car il faudrait payer le SMIC, non pas seulement à toutes les femmes qui occupent aujourd'hui un emploi, mais aussi à celles qui n'en ont pas. La dépense serait de 45 milliards.

Au-delà de ces cinq mesures qui ne changeront pas radicalement la physionomie du marché de l'emploi et qui, sauf les deux dernières, n'atténueront pas son déséquilibre, il n'y a que le retour au corporatisme ou à des règlements tatillons comme celui qui, au Venezuela, exige un liftier par ascenseur. Est-il preuve plus flagrante que le système économique qui est le nôtre traverse une crise qui n'est pas conjoncturelle ?

**28 JUILLET 1975.** **MICK JAGGER, ANGE ET DÉMON.**
*« Il est de rigueur de dire que les Rolling Stones sont le plus grand groupe de rock du monde. Et tout le monde est d'accord »*, écrit Philippe Adler. Le plus grand, et désormais le plus vieux !

**1er SEPTEMBRE 1975. LE CHOC *D'HISTOIRE D'O*.**
L'adaptation du roman érotique de Dominique Aury, publié en 1954 sous le pseudonyme de Pauline Réage, fait scandale en France… et dans la rédaction ! Dans son « bloc-notes », Mauriac trouve même le film « répugnant ».

**15 SEPTEMBRE 1975. L'APPEL DU POUVOIR RÉGIONAL PAR JJSS.**
Président du parti radical depuis 1971, JJSS utilise son journal pour défendre ses idées et son parti. En une, l'ouvrage qu'il vient de publier : *Le Pouvoir régional*.

**17 NOVEMBRE 1975. DE SA CELLULE DE LA SANTÉ, LE TUEUR MENACE L'EXPRESS.**
Mesrine en veut au journal et surtout à Jacques Derogy, dont les articles lui ont déplu. « *Le peu de plaisir que vous avez pris à écrire votre torchon ne sera pas à la mesure de vos emmerdements futurs* », précise-t-il dans sa missive.

**Lire l'article doubles pages suivantes →**

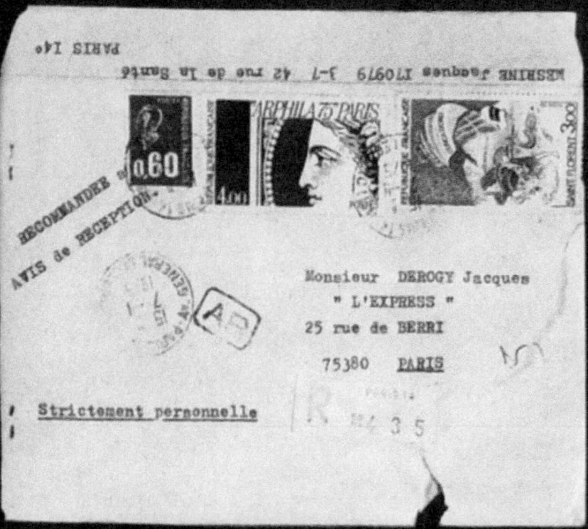


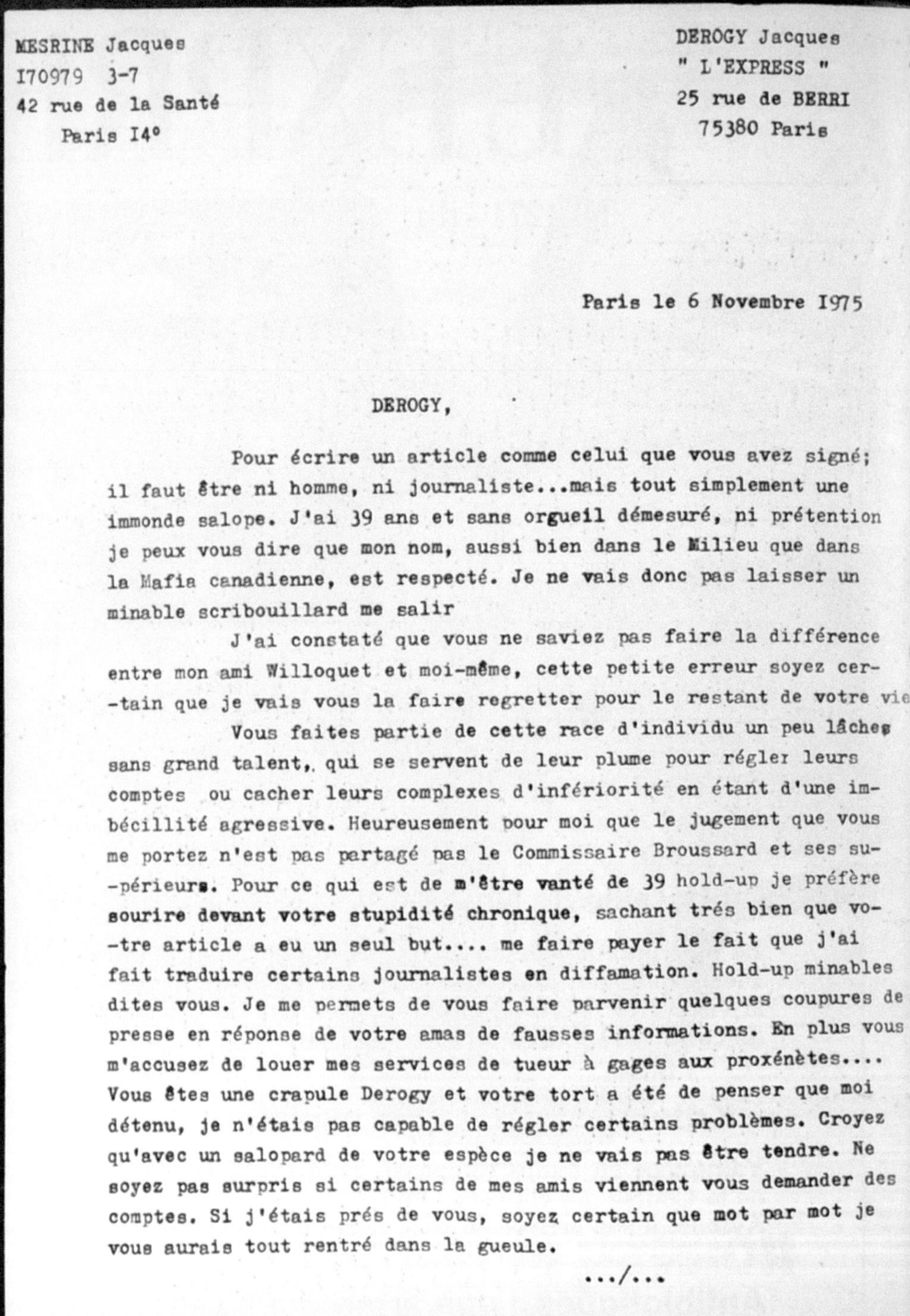

MESRINE Jacques
I70979 3-7
42 rue de la Santé
Paris I4°

DEROGY Jacques
" L'EXPRESS "
25 rue de BERRI
75380 Paris

Paris le 6 Novembre I975

DEROGY,

Pour écrire un article comme celui que vous avez signé; il faut être ni homme, ni journaliste...mais tout simplement une immonde salope. J'ai 39 ans et sans orgueil démesuré, ni prétention je peux vous dire que mon nom, aussi bien dans le Milieu que dans la Mafia canadienne, est respecté. Je ne vais donc pas laisser un minable scribouillard me salir

J'ai constaté que vous ne saviez pas faire la différence entre mon ami Willoquet et moi-même, cette petite erreur soyez certain que je vais vous la faire regretter pour le restant de votre vie

Vous faites partie de cette race d'individu un peu lâches sans grand talent, qui se servent de leur plume pour régler leurs comptes ou cacher leurs complexes d'infériorité en étant d'une imbécillité agressive. Heureusement pour moi que le jugement que vous me portez n'est pas partagé pas le Commissaire Broussard et ses supérieurs. Pour ce qui est de m'être vanté de 39 hold-up je préfère sourire devant votre stupidité chronique, sachant trés bien que votre article a eu un seul but.... me faire payer le fait que j'ai fait traduire certains journalistes en diffamation. Hold-up minables dites vous. Je me permets de vous faire parvenir quelques coupures de presse en réponse de votre amas de fausses informations. En plus vous m'accusez de louer mes services de tueur à gages aux proxénètes.... Vous êtes une crapule Derogy et votre tort a été de penser que moi détenu, je n'étais pas capable de régler certains problèmes. Croyez qu'avec un salopard de votre espèce je ne vais pas être tendre. Ne soyez pas surpris si certains de mes amis viennent vous demander des comptes. Si j'étais prés de vous, soyez certain que mot par mot je vous aurais tout rentré dans la gueule.

.../...

Dactylographiée par Mesrine lui-même, la lettre menaçant de mort Jacques Derogy. On peut lire : « Ne soyez pas surpris si certains de mes amis viennent vous demander des comptes. (...) Un bout de papier n'a jamais servi de gilet pare-balles. » En haut, l'enveloppe portant au verso l'adresse de l'expéditeur. Lue, et même photocopiée, par la direction de la prison. Elle a quand même été postée, en recommandé avec accusé de réception, par le vaguemestre de la prison de la Santé !

# De sa cellule de la Santé le tueur Mesrine menace Jacques Derogy de mort

.../...

Vous ne serez pas déçu. Votre nom est gravé dans ma mémoire et ne dit-on pas que certains plats se mangent froids.

Je ne pense pas que vous soyez capable de me répondre ni de rectifier les fausses informations que vous avez publiées.

Je vais donc pour ce fait, demander à mon Avocat de déposer une plainte en diffamation contre vous et votre journal. Quand vous constaterez le résultat obtenu sur certains de vos confrères à la suite du dernier procés du 27 octobre; je pense que vous vous rendrez compte que certains juges ne se font pas complices de types de votre espèce qui n'ont rien à faire dans le journalisme.

Le peu de plaisir que vous avez pris à écrire votre torchon ne sera pas à la mesure de vos emmerdements futurs. Comptez que je vais m'en occuper personnellement en prenant tout mon temps.

Vous pouvez toujours déposer plainte pour menaces ( sic ) L'ennui, c'est qu'un bout de papier n'a jamais servi de gilet pare balles. Bien qu'avec un rigolo de votre espèce une bonne fessée publique serait plus dans les normes.

Salut et bonne chance.

MESRINE.

PS. Je viens juste de recevoir la visite du juge [illegible] qui m'a encore inculpé de deux petits hold-up minables de 300.000 F (AF) et 130.000 (AF) [illegible] – pas fameux !!

DANS sa cellule, à la prison de la Santé, Jacques Mesrine prépare son évasion : « Dans deux ans, je serai dehors », a-t-il lancé au commissaire Broussard, au moment de sa reddition.

Et Broussard, qui connaît à fond le palmarès du gangster, n'est pas loin de le croire :

— C'est un gars qui tient ses promesses. Il a déjà réussi deux évasions au Canada et une autre en France. Quand on l'a arrêté une première fois le 8 mars, à Boulogne-Billancourt, il avait prévenu : « Dans trois mois je me serai fait la paire. » Le 6 juin il s'évadait du palais de justice de Compiègne...

— Dans l'ordre des valeurs négatives, c'est sûrement un grand bonhomme, surenchérit M. Sautereau, le patron de la brigade anti-commando. En tout cas, c'est un type qui veut vivre. Pour lui, la prison n'est pas une catastrophe. Elle fait partie de la règle du jeu. Je l'imagine tout à fait dans le rôle du détenu modèle. Pas de vague. Pas de bruit. Conduite irréprochable. Docile. Aimable. Courtois. Le « taulard » idéal. On connaît sa technique : il va essayer d'endormir les gardiens et le moment venu il jouera sa chance.

On a parfois l'impression que les policiers ont de l'estime pour Mesrine. Abonnés le plus souvent aux malfrats de banlieue, ils paraissent plutôt sensibles à son sens de la mise en scène, à sa démesure, à sa passion du danger et de l'aventure. Mesrine, c'est peut-être un Jessie James ou un Billy le Kid qui se serait trompé d'époque. Son

Tu constateras que l'opinion d'un cave comme toi Derogy n'a pas de valeur en face de celle des vrais professionnels.

**La coupure de quotidien et le commentaire manuscrit de Mesrine, joints à la lettre de menaces adressée à Jacques Derogy.**

Privé de machine à écrire le 26 octobre, Jacques Mesrine en avait une autre dès le 6 novembre, pour écrire sa lettre de menaces... Mesrine fait régner autour de lui un « climat de peur palpable »... Du témoignage même des policiers, c'est le détenu de France qui dispose du plus grand nombre de mètres carrés... Comment un meurtrier, dangereux récidiviste, a-t-il pu, de sa cellule, menacer de mort un journaliste ? L'Express a mené l'enquête...

C'est une histoire incroyable. Considéré par les polices française et canadienne comme l' « ennemi public numéro 1 », le détenu Jacques Mesrine, 39 ans, seize chefs d'inculpation allant du hold-up à la tentative d'homicide volontaire sur agents de la force publique, en passant par l'évasion avec prise d'otage, et objet d'un mandat d'arrêt international pour d'autres crimes commis en Amérique, vient d'écrire, de sa cellule de la prison de la Santé, une longue lettre de menaces adressée personnellement à Jacques Derogy. *De menaces de mort.*

Motif : un récent article de Derogy lui a déplu *(voir plus loin le texte de cet article)*.

La lettre de Mesrine est soigneusement tapée à la machine, pratiquement sans fautes de frappe ou d'orthographe. Elle a été expédiée sous pli recommandé avec accusé de réception *(voir fac-similé)* et porte au verso de l'enveloppe l'adresse de la prison, avec son numéro matricule et son numéro de cellule.

Il faut faire, ici, un petit retour en arrière pour →

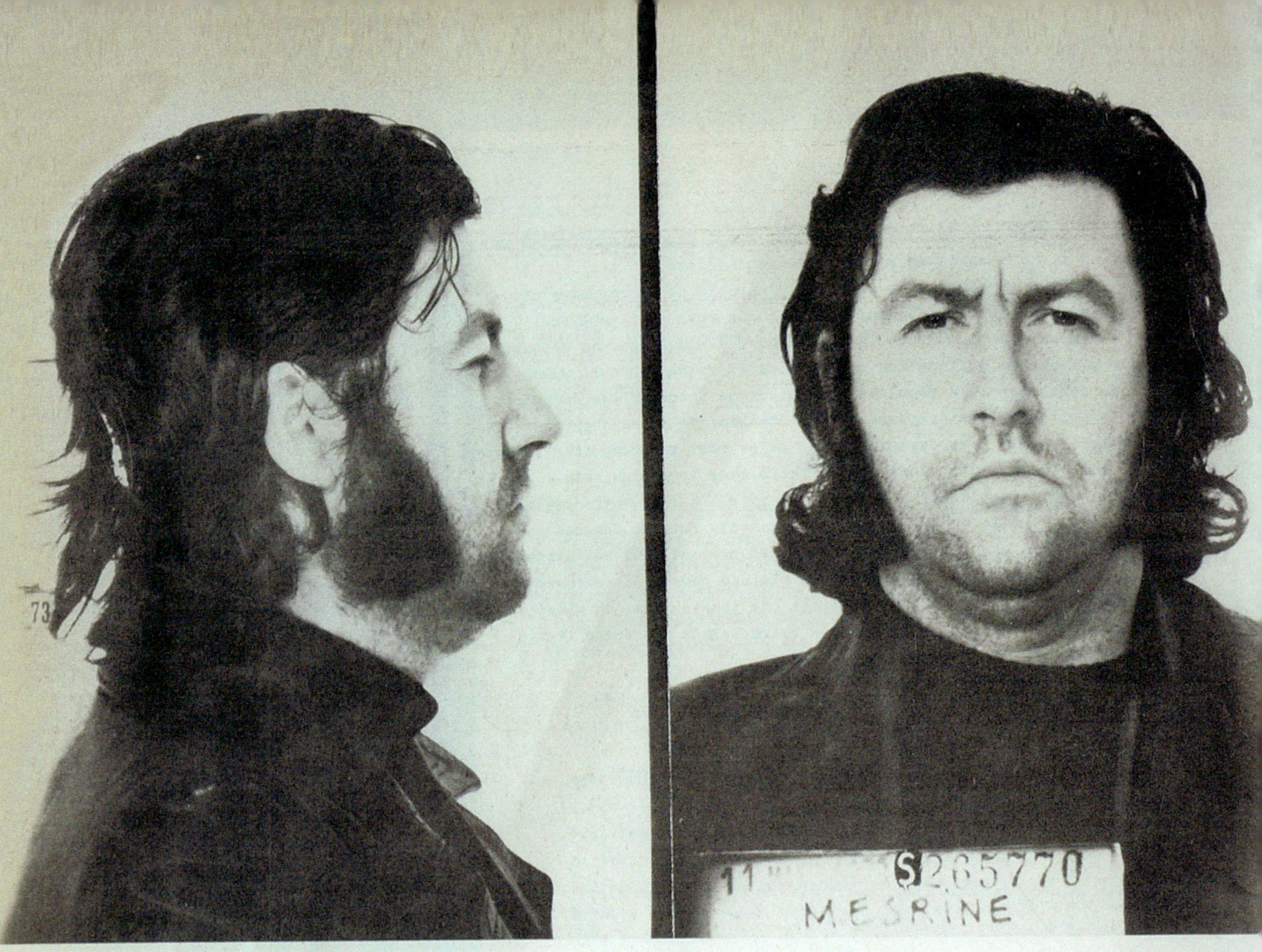


**Le tueur** *Jacques Mesrine, 39 ans, seize chefs d'inculpation, « ennemi public n° 1 » pour les polices française et canadienne.*

→ comprendre la gravité des faits. Mesrine s'est trouvé en mesure, le 6 novembre, de dactylographier et de faire acheminer sa lettre de menaces, trois jours après la parution de l'article de Jacques Derogy et onze jours seulement après la saisie de sa machine à écrire par la Brigade criminelle, dans le cadre d'une information ouverte pour « sortie irrégulière de correspondance de prison ».

Dans notre numéro du 3 novembre, Jacques Derogy relatait les circonstances et les conséquences de la fusillade qui avait opposé, le samedi 25 octobre, le truand en fuite Jean-Charles Willoquet à la Brigade antigang, à proximité du domicile de l'avocate de Mesrine, avenue Kléber. Recherché depuis sa spectaculaire évasion du Palais de Justice de Paris, le 8 juillet, Willoquet venait d'échapper une fois de plus à une souricière ; mais, dans le sac de sa femme, blessée, les policiers trouvaient un document révélateur : une lettre dactylographiée de six grandes pages de Mesrine à son ami Willoquet.

Le contenu n'en a pas été rendu public. Mais des indiscrétions ont permis d'en connaître l'économie générale et le détail de certains passages. Il s'agit d'un plan précis de prise d'otages en vue d'obtenir la libération de Mesrine. Le début concerne la marche à suivre dans le choix des otages : personnalité politique, de préférence de l'opposition, ou encore un magistrat ou un diplomate étranger pour embarrasser au maximum le gouvernement. « Ce serait mieux d'en prendre deux, car tu pourrais toujours en descendre un pour prouver ta détermination. Tu les enfermes, tu les enchaînes, mais tu ne les brutalises pas. Sois humain avec eux, mais méfiant. »

### Tympan crevé

De l'appartement secret où seront séquestrés ses otages, Willoquet devra composer au téléphone le numéro (indiqué par Mesrine) d'une radio périphérique. D'abord, pour faire connaître en clair ses exigences, sans jamais entrer directement en négociation avec les autorités. « Tu peux aussi demander du pognon, c'est ton affaire... » Puis, utiliser ce moyen de communication pour passer des messages qui permettront à Mesrine, l'oreille collée au transistor, de suivre le développement de l'opération du fond de sa cellule.

La lettre comprend deux pleines pages de messages codés pour toutes les situations prévisibles. Si, par exemple, le ministre de l'Intérieur fait attendre sa réponse, la station doit aussitôt diffuser le message suivant : « La lune est claire, mais il y a des nuages rouges. » « La course est gagnée par Dahlia » signifie : « Je passe à la phase suivante. » « Le glas a sonné trois fois » veut dire : « Ça marche, tu peux sortir. »

Enfin, plusieurs paragraphes concernent le choix de l'appartement — avec un code secret pour le situer — les armes et les vêtements à se procurer pour assurer leur retraite : « Deux jeans, un sac de voyage, une veste. Prends-la-moi assez large, de quoi porter mes deux calibres comme toi — un colt 11,45 et un revolver à barillet. »

Dimanche 26 octobre, lendemain de la découverte de cette lettre, les policiers se rendent à la Santé pour interroger Mesrine. Là, stupeur : dans le quartier de haute sécurité aménagé à son usage depuis août 1974, au sein du quartier disciplinaire, pour assurer son isolement, Mesrine suit un match à la télévision dans une cellule mise à sa disposition à côté de la sienne.

« Il semble se comporter comme le maître du lieu, diront les policiers ébahis. Pendant la perquisition, nous avons

## Mesrine à la Santé

*Le tueur avec sa machine à écrire, sa bibliothèque, son transistor. Il a sa TV dans une cellule voisine. Il reçoit son avocate dans un parloir particulier.*

bien senti que c'était lui qui en imposait à tous. Non seulement il connaît à fond le nouveau Code de procédure pénale, non seulement il entretient sa forme physique, grâce à sa douche et à sa courette de promenade particulières, non seulement il se tient au courant de tout par la radio et les journaux, mais, surtout, il fait régner autour de lui un climat de peur palpable. Il terrorise ses gardiens en leur montrant qu'il est renseigné en permanence sur la vie privée de chacun d'eux. D'une gifle, il a crevé le tympan d'un auxiliaire qui passait à sa portée dans le couloir des punis. Il tient aussi un fichier sur les policiers. Ainsi affirme-t-il à qui veut l'entendre qu'à sa sortie il s'occupera du chef de brigade de Marseille qui, il y a quelques mois, a abattu à Nice un preneur d'otages. »

**La cause et la légende**

Les policiers fouillent la véritable bibliothèque qu'il a installée dans l'armoire de sa cellule, qui comprend, comme toute cellule, un lit rabattable, une petite table, une chaise et les w.-c. Ils visitent le parloir qui a été réservé exclusivement pour ses avocats. Mesrine est le détenu de France qui dispose du plus grand nombre de mètres carrés et... de personnel attaché à sa surveillance : ses repas lui sont servis exceptionnellement par des gardiens.

« Ces privilèges apparents sont la rançon du total isolement, répond le directeur de la Santé, M. Pierre Calisti, à ceux qui s'en offusquent. Si nous avons été contraints de lui aménager une prison personnelle à l'intérieur de la prison, c'est que la Santé n'est pas un établissement de sécurité maximum comme ceux qui sont réservés aux condamnés, mais, d'abord, une maison d'arrêt pour prévenus. Or, Mesrine n'est qu'un prévenu. Dangereux, certes, mais ayant droit au même régime.

« S'il est conduit deux fois par semaine devant un poste de télévision, c'est qu'il ne peut assister aux séances de cinéma avec les autres. S'il est servi par les surveillants, c'est pour qu'il n'ait aucun contact avec les détenus. Il ne bénéficie, en fait, que du luxe de précautions que l'Administration est obligée de prendre à son égard compte tenu de son palmarès. »

Ce palmarès dont il se vante à la cantonade pour asseoir son ascendant sur ceux qui l'entourent ou l'approchent, Mesrine interdit à la presse d'en parler dès qu'il s'agit d'affaires pouvant nuire à sa cause... ou à sa légende. Le procès en diffamation qu'il intente à quatre journaux vient, le lundi 27 octobre, en audience correctionnelle. Empêché d'y assister, pour raison de sécurité, il sait, quatre jours à l'avance, que le tribunal lui donnera raison : le lundi 10 novembre, ces journaux sont condamnés pour avoir « relaté des faits de nature à discréditer ou déshonorer la personne visée, quel que soit par ailleurs le comportement de celle-ci ». La loi est, là aussi, la même pour tous : on ne peut faire état que de crimes jugés. Et Mesrine n'est encore, et pour longtemps, qu'un prévenu...

Dans la lettre parvenue précisément à L'Express ce 10 novembre, Mesrine ne se contente pas d'annoncer à coup sûr un tel « résultat ». Il y joint coupures de presse et photocopies, agrémentées d'annotations par lesquelles il revendique certains crimes qui lui sont attribués par les journaux qu'il a poursuivis !

« Nous avons pris avec intérêt connaissance de ces aveux de culpabilité de la main même de Mesrine, déclare à L'Express M. Robert Pandraud, directeur général de la Police nationale. Ceux-ci seront certainement très utiles à ses juges. Quant aux menaces qui les accompagnent, elles nous donnent à penser que l'Administration péniten- →

→

tiaire fera tout pour éviter une nouvelle évasion et renforcer la surveillance de ce détenu dangereux. »

L'inquiétant est que cette Administration n'a pu empêcher Mesrine de correspondre avec Willoquet. Par quelle filière ? L'avocate, autorisée à communiquer avec le détenu et à correspondre par pli fermé, a été rapidement mise hors de cause.

« Face aux réseaux organisés par les gangsters en prévision d'évasions qui prennent de plus en plus un caractère collectif, dit à Jacques Derogy le directeur adjoint de la Santé, M. Hubert Bonaldi, nos prisons deviennent de véritables passoires. Il y a un quotidien qui publie gratuitement les annonces de détenus. Certaines peuvent très bien être des messages codés. La réforme permet aux détenus de se procurer les journaux de leur choix, de faire usage de transistors individuels, et le contrôle de leur correspondance, désormais sans limite, doit être effectué le plus rapidement possible, sans revêtir l'aspect d'une censure.

« Le tort d'une telle réforme est de traiter la population carcérale comme une population homogène, alors qu'il faudrait, au contraire, individualiser les mesures et les régimes comme les peines. Mais cela demanderait plus de personnel, plus de responsabilités, plus de moyens... »

Comme tout prévenu, Mesrine a donc pu acquérir régulièrement une machine à écrire par l'intermédiaire de l'Administration pénitentiaire. Sur cette machine, il a pu taper un récit qui a été publié le 24 août 1974 par un journal canadien : « Oui, écrivait-il notamment, j'ai du sang sur les mains, mais du sang d'hommes de mon milieu ou du sang de flics. Je n'ai jamais touché un innocent. Tueur, peut-être, mais pas assassin. » (Aux Etats-Unis, on le soupçonne, après une évasion, d'avoir assassiné un journaliste qui, dans son article, l'avait traité de minable.) Par quelle filière ce récit — non contrôlé

# L'article qui a déplu au tueur

BANDITISME

## Le duo Willoquet-Mesrine

### Willoquet, toujours en fuite après la fusillade de l'avenue Kléber, réussira-t-il à faire évader de la Santé son complice « à la vie à la mort » Mesrine ?

Ponctuée de coups de feu et de coups fourrés, la chasse aux nouveaux « ennemis publics » par la Brigade antigang, c'est un peu le « Vingt Ans après » de « Flic Story ». Ni cerveaux, ni juges de paix, ni même caïds, selon l'imagerie policière, le fugitif Jean-Charles Willoquet et le détenu Jacques Mesrine sont dans la lignée des adversaires de l'ex-inspecteur Roger Borniche, Pierrot le Fou et Emile Buisson. Plutôt des desesperados de la pègre que des prototypes de la nouvelle génération du crime. Des fanatiques de la détente, dont l'existence, faite d'associations hasardeuses et d'évasions toujours recommencées, est une perpétuelle fuite en avant. Des « terreurs » qui ont adopté les mœurs du terrorisme politique.

C'est encore en prenant un passant comme bouclier et un automobiliste comme otage que, après un tir instinctif tous azimuts, Willoquet a échappé, l'autre samedi soir, à la souricière tendue avenue Kléber. Il y a laissé, toutefois, sa jeune femme Martine, 22 ans, blessée au cours de la fusillade, ainsi qu'un document compromettant : des instructions détaillées de son ex-partenaire au jeu d'échecs à la Santé, Mesrine, en vue de sa propre évasion.

Or, chacun d'eux s'est fait une réputation suffisante pour que ce projet soit pris au sérieux. Mesrine semble même avoir servi de modèle à Willoquet avant que la prison les ait unis « à la vie à la mort ».

Fils d'industriel, diplômé d'architecture, Mesrine, 40 ans, a pris goût aux armes en servant dans les paras en Algérie. Assoiffé d'actions d'éclat, il bascule, à son retour, dans l'illégalité et la violence : membre de l'O.a.s., il se fait arrêter en 1965, en Espagne, pour vols qualifiés. Son père tente de le remettre dans le droit chemin en lui procurant la gérance d'une auberge de Compiègne. Il la transforme en tripot, émet des chèques sans provision et fuit au Canada, au printemps 1969. Il enlève un millionnaire de Montréal qui l'a engagé comme chauffeur. Capturé aux Etats-Unis, il réussit à s'évader en août 1970. Repris, condamné à dix ans de réclusion, il s'évade, le 21 août 1972, d'un pénitencier québécois, auquel il revient donner l'assaut à coups de carabine M30 pour libérer ses codétenus. Poursuivi pour meurtre de policiers, il trouve refuge au Waldorf Astoria, à New York, puis au Sheraton de Caracas, et regagne la France.

Dangereux fanfaron aux allures de playboy, il se vante d'avoir trente-neuf hold-up à son actif. Hold-up tellement minables qu'il en est réduit à louer ses services de tueur à gages aux proxénètes. Mais il n'a, dit-il, sur la conscience que la mort de flics ou de truands. Le 8 mars 1973, il est ceinturé à Boulogne-Billancourt, les bras chargés de présents pour sa compagne. « Attention, c'est quand il sourit qu'il est le plus dangereux », a prévenu la Sûreté canadienne.

Il a le sourire quand, trois mois plus tard, il comparait devant le tribunal de Compiègne pour son affaire de chèques sans provision. Avant l'audience il a trouvé dans les toilettes du palais un revolver caché par un complice. Il bondit sur le président qu'il pousse vers la sortie, où l'attend une voiture.

Le 28 septembre suivant, il se laisse surprendre par la Brigade antigang dans une résidence parisienne, au lendemain d'un double hold-up effectué sans gants ni masque. Ecroué au quartier de haute surveillance à la Santé, il y dispose bientôt d'une suite de deux cellules avec

*Jacques Derogy montrant la lettre de Mesrine au directeur adjoint de la Santé, M. Bonaldi.*

— est-il parvenu au journal canadien ? Aucune enquête n'a été effectuée pour l'établir.

Mais il y a encore plus grave. Après la saisie de sa machine à écrire, lors de la perquisition du 26 octobre, aux fins d'expertise, Mesrine en achète une nouvelle, sur laquelle il frappe sa lettre adressée le 6 novembre à Jacques Derogy. A la réception de cette lettre, Jacques Derogy commence par enquêter aux P.t.t. Distribuée le 8, elle a été postée le 7 avenue du Général-Leclerc (XIVe). Par qui ? Par le vaguemestre de la Santé. Derogy en a la confirmation le 11 par M. Bonaldi : la lettre de Mesrine a été contrôlée — et même photocopiée — par l'administration de la prison, qui n'a plus, depuis la réforme, à y apposer de marque « infamante ». Et expédiée régulièrement en recommandé.

Jacques Derogy fait part de son étonnement, le lendemain 12 novembre, au directeur de l'Administration pénitentiaire au ministère de la Justice, M. Jacques Mégret, qui tombe des nues. C'est en effet seulement au milieu de la journée qu'il recevra la photocopie avec un rapport de M. Calisti, le directeur de la Santé. Il prend les textes réglementant la correspondance des détenus : articles anciens et nouveaux du Code de procédure pénale modifiés par le dernier décret du 23 mai 1975, et la circulaire du garde des Sceaux du 26 mai. Ils prévoient que les lettres des détenus sont « retenues lorsqu'elles contiennent des menaces précises contre la sécurité des personnes ou celles des administrations *pénitentiaires* ».

Cette rédaction remplace celle, plus limitative, de l'article 415 modifié en 1972 : « Elles ne doivent comporter aucune injure, menace ou incitation à nuire à des tiers. » Elle est ainsi explicitée par le garde des Sceaux : « Le contrôle du contenu des lettres est exclusivement effectué pour vérifier si elles ne contiendraient pas des menaces précises contre la sécurité des personnes *et* de l'établissement. Seules les lettres contenant de telles menaces sont retenues. Elles sont alors, selon l'importance de ces dernières, soit retournées au détenu, soit transmises au procureur de la République. »

M. Calisti devait-il « retenir » la lettre de Mesrine ? Il répond l'avoir laissée passer pour permettre à Jacques Derogy de se tenir sur ses gardes. Intention louable, peut-être, mais qui ne laisse

→

# Prisons : L'Express en première ligne

Pas moins de trente articles en quatre ans. C'est la campagne que L'Express a menée pour l'humanisation de la condition pénitentiaire.

*M. Pleven, garde des Sceaux, vu par Tim (20 déc. 71).*

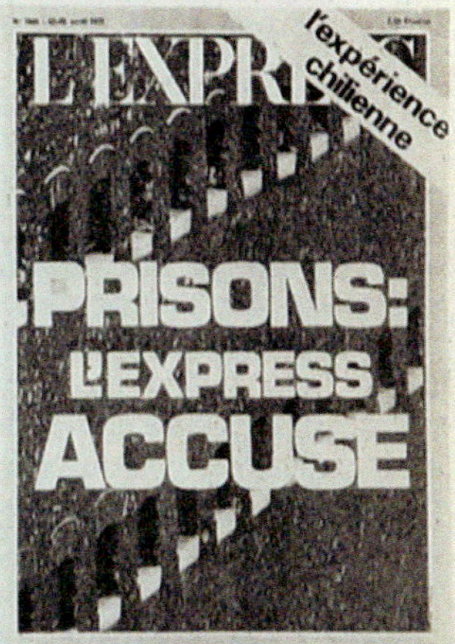


*La Une de L'Express du 12 avril 71.*

*Dans L'Express du 17 janvier 1972.*

*Reportage sur les mutins de la Santé (1er septembre 73).*

*Jean-Charles Willoquet, que Mesrine appelle « mon soldat ».*

TV couleurs et machine à écrire. C'est là qu'il fera la connaissance de Willoquet, qui, criblé de six balles, le 24 juin 1974, aux Champs-Elysées, par les tireurs d'élite du commissaire Robert Broussard, a miraculeusement survécu.

Willoquet, 31 ans, était recherché depuis son évasion de la maison d'arrêt de Moulins, en 1971. Sa compagne Martine, timide secrétaire de Châteauroux montée vivre sa vie à Paris et devenue sa complice dans treize hold-up, huit vols et dix rackets, est arrêtée, le 14 janvier 1974, au cours d'une fusillade. Blessé à l'épaule, Willoquet esquivera un autre coup de filet avant de tomber à son tour.

Le 28 février 1975, Martine l'épouse, en robe blanche, à la Santé, et recouvre la liberté. Déguisée en avocate, elle brandit une grenade dégoupillée en pleine audience du tribunal de Paris où son mari répond, le 8 juillet... d'un simple vol de voiture ! A l'exemple de Mesrine, Willoquet s'empare du président et du substitut, abat le commandant de la garde et abandonne ses otages enchaînés au fond d'un parking.

Planqué en Belgique, le couple maintient le contact avec Mesrine. Il prépare l'enlèvement d'une personnalité — le frère du président Valéry Giscard d'Estaing, Gaston Defferre ou Jacques Médecin — pour obtenir la libération de la bande, mais, le 26 juillet, l'opération est éventée. Willoquet revient à Paris quand il apprend la fixation, au 27 octobre, d'un procès en diffamation intenté par Mesrine à la presse. Le 20, sa Mercedes est repérée à Reims. Samedi, elle stationne à proximité du domicile de l'avocate de Mesrine. Quinze policiers cernent l'immeuble, mais le couple sort de l'immeuble opposé. Willoquet tire le premier. Il ne lâche sa compagne, atteinte de trois balles, que pour s'abriter derrière un passant, puis forcer un automobiliste à le déposer au métro. Dans le sac de Martine, une grenade et une lettre de Mesrine téléguidant une prise d'otages politiques. Perquisition vaine chez l'avocate, qui n'a jamais vu Willoquet.

Lundi, la Brigade antigang investit le prétoire où se déroule le procès de Mesrine contre la presse en l'absence du plaignant. Les juges n'ont pas voulu prendre le risque de voir son sourire.

**JACQUES DEROGY** ■

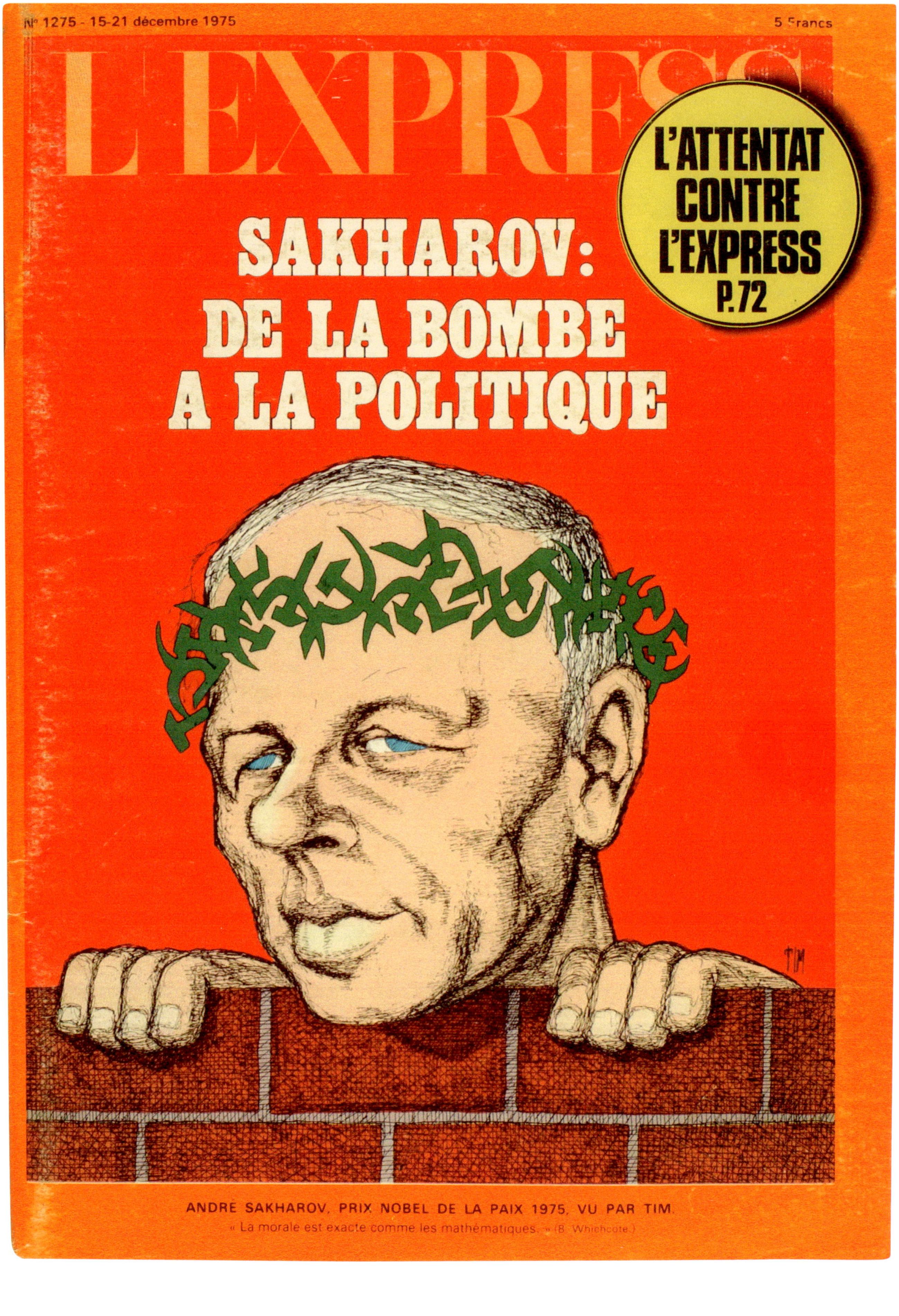


**15 DÉCEMBRE 1975. SAKHAROV: DE LA BOMBE À LA POLITIQUE.**
Du prix Staline, reçu en 1969 pour sa contribution à l'élaboration de la bombe H, au Nobel de la paix qu'il reçoit cette année-là pour son action en faveur des droits de l'homme en URSS, le dissident soviétique Andreï Sakharov fait le grand écart.

**24 JANVIER 1977. MAIN BASSE SUR PARIS?** Jacques Chirac, afin de déstabiliser un peu plus le président de la République Valéry Giscard d'Estaing, annonce le 19 janvier 1977 sa candidature à la mairie de Paris contre celle de Michel d'Ornano, un proche du chef de l'État. Le 25 mars 1977, Chirac devient maire de Paris – la fonction avait été ressuscitée en 1975.
**4 JUILLET 1977. L'INVASION ARABE.** Oserait-on cette couverture aujourd'hui, au risque de susciter l'incompréhension ? Le dossier n'a pourtant rien de politique. Il s'agit, en fait, d'une enquête économique sur les nouveaux riches du Proche-Orient, qui investissent sans compter l'argent du pétrole en Europe, créant un risque de surchauffe. **22 AOÛT 1977. HITLER SUPERSTAR.** Cet été 1977, le Führer est furieusement tendance : il est le sujet d'un opéra rock monté en Allemagne, d'un film de Joachim Fest qui banalise Hitler en meneur d'hommes, et d'un livre écrit par le Britannique David Irving qui tend, lui aussi, à dédouaner l'ex-caporal autrichien.
**6 FÉVRIER 1978. LES NOUVELLES ACTRICES.** Christine Pascal, Miou-Miou, Isabelle Huppert : la nouvelle « nouvelle vague » déferle sur le cinéma français. Un joli trio qui s'est révélé gagnant tout au long des années qui ont suivi.

# LETTRE À UN AMI ISRAÉLIEN

*Depuis le jour historique où le Président égyptien s'adressa aux députés de la Knesset, j'ai été plus d'une fois tenté de vous écrire cette lettre. Non pas tant à vous qui enseignez la science politique, mais à tous ceux autour de vous qui connaissent mes sentiments à l'égard de votre pays et qui accueilleront sans révolte mes propos, même s'ils les désapprouvent. Le devoir de l'amitié, ce n'est pas de souscrire inconditionnellement à la politique menée par votre gouvernement. Vous, du moins, vous ne me répondrez pas qu'Israël a plus besoin de soutien que de critique.*

**PAR RAYMOND ARON**

*À LA UNE CETTE SEMAINE-LÀ*

N'entrons pas dans le détail des négociations : tâchons d'aller immédiatement à l'essentiel. Les gouvernements israéliens ont accepté la résolution 242 qui posait deux principes, difficilement compatibles : évacuation de territoires occupés, frontières sûres et reconnues. J'ai repris la rédaction – *de* territoires occupés – qui répondait à l'intention des principaux rédacteurs, la délégation du Royaume-Uni, présidée par lord Brown. Mais l'évacuation concernait à coup sûr la Cisjordanie, que vous appelez légitimement Judée et Samarie. Votre Premier ministre, en tant que chef du Likoud dans l'opposition, refusait l'évacuation de la Judée et de la Samarie. Si Menahem Begin maintient, fût-ce sous une forme atténuée ou camouflée, le même refus, je ne vois pas qu'il existe la moindre chance de paix. Le président Sadate ne conclura pas une paix séparée – ce qui, au reste, ne ramènerait pas la paix au Proche-Orient ; il ne conclura pas de paix quelconque tant que les principes d'un règlement acceptable pour tous ne seront pas définis en commun.

Vous objecterez que l'installation de l'OLP en Cisjordanie et dans la zone de Gaza créerait pour la population israélienne une insécurité permanente ; de nouveau, faute de frontières sûres et reconnues, Israël ne pourrait se défendre qu'en frappant le premier. Mais il n'est pas question d'établir en Cisjordanie un État palestinien du jour au lendemain. Effectivement, transférer les combattants du Fatah ou d'autres organisations plus intransigeantes encore en Cisjordanie équivaudrait à transférer le front de guérilla du Sud-Liban sur une autre frontière. Mais ce qui vous est demandé, ce n'est pas d'accepter un État palestinien englobant la Cisjordanie et la zone de Gaza et gouverné par l'OLP ; il vous est demandé d'honorer la promesse impliquée par la résolution 242 que votre gouvernement remet en question.
L'implantation de colonies juives de peuplement en Judée et en Samarie, que Menahem Begin ne consent même pas à suspendre, signifie que vous n'envisagez pas de frontière, politique et militaire, en deçà du Jourdain. Autonomie des populations palestiniennes de la Cisjordanie, soit : l'indépendance, jamais.
Du même coup, vous vous donnez pour objet le grand Israël, qui contiendra, un jour pas si lointain, autant de musulmans que de juifs, étant donné la différence entre les natalités respectives des deux communautés.

L'une jouira seule pleinement des droits de citoyenneté, l'autre sera condamnée à un statut inférieur : d'une infériorité comparable sortit la résolution de tant de sionistes qui voulaient une patrie qui serait la leur, pleinement, sans réserves.
Vous ne souhaitez pas un Israël binational qui ne serait plus une nation juive et qui trahirait son propre idéal en soumettant une population arabe, contre son gré, à la loi israélienne. Vous ne le souhaitez pas, mais tel serait l'aboutissement de votre politique si le monde arabe, la communauté internationale se résignaient à votre plan de paix. Or je doute que les Arabes s'y résignent alors qu'ils conservent une stratégie de rechange et un allié puissant, l'Union soviétique, toujours disposé à soutenir des pays ou des groupes hostiles aux États-Unis ou déçus par eux. Ceux qui tiennent le robinet de pétrole connaissent leur puissance, même s'ils connaissent aussi l'actuel rapport des forces militaires sur le terrain.

**Mais, pour qu'il y ait un jour une Palestine unifiée en fait, pour que Juifs et Arabes puissent se déplacer librement à travers l'espace, de Haïfa ou Jérusalem au Jourdain et au Néguev, encore faut-il que les Israéliens ne refusent pas aux Arabes de Palestine l'espoir d'une patrie.**

À l'heure présente, en effet, votre force militaire vous permet de répliquer à un attentat, cruel et absurde, d'un commando palestinien par une réplique de grande ampleur au Sud-Liban. La Syrie n'a pas les moyens de s'opposer aux avions, aux chars d'assaut, aux soldats israéliens qui firent refluer des milliers et des milliers de civils libanais en même temps que les fedayin.
À supposer que la sécurité soit désormais garantie sur cette frontière, les Palestiniens ne disparaîtront pas et trouveront, un jour ou l'autre, des occasions d'attentats ou de terrorisme. Certes, vous ne pouvez, d'aucune manière, apaiser ou convertir les irréductibles du Front du refus. Mais une politique israélienne peut conforter les modérés, une autre pousse tous les Palestiniens vers l'extrémisme. Or votre plan de paix implique une coexistence pacifique entre les Arabes et les Juifs, à l'intérieur des frontières de 1967 aussi bien qu'en Cisjordanie.
Le programme de l'OLP prévoit une Palestine unifiée et laïque dans laquelle musulmans et juifs posséderaient les mêmes droits et les mêmes devoirs. Vous rejetez bien évidemment cette Palestine dans laquelle vivraient des Juifs minoritaires mais non plus un État israélien. Si l'espace de souveraineté militaire d'Israël s'étend au Jourdain, si des implantations de colonies juives en Judée et en Samarie doivent être protégées par l'armée israélienne, vous enlevez aux Arabes ce que le plan de l'OLP enlèverait aux Juifs.

Peut-être me répondrez-vous que j'oublie le lien du peuple juif à sa terre – qui comprend la Judée et la Samarie. Je n'ignore pas le sens que les Juifs donnent à leur passé, à leur territoire. Mais, pour qu'il y ait un jour une Palestine unifiée en fait, pour que Juifs et Arabes puissent se déplacer librement à travers l'espace, de Haïfa ou Jérusalem au Jourdain et au Néguev, encore faut-il que les Israéliens ne refusent pas aux Arabes de Palestine l'espoir d'une patrie.
Par un geste spectaculaire et héroïque, le président Sadate abattit le mur de ressentiments et de préjugés qui séparait son peuple du peuple israélien. Et les deux peuples plébiscitèrent la paix. Le lendemain, l'illusion du miracle dissipée, les diplomates revinrent à la réalité et se heurtèrent aux faits, obstinés, têtus. Je ne sais s'il dépend de votre gouvernement de rendre la paix possible, mais il dépend de lui de la rendre impossible. Or, si vos dirigeants apparaissent responsables de l'échec, aux yeux mêmes de millions d'Américains dévoués à votre cause, vous aurez ébranlé, au-delà de la chance perdue, un des fondements de votre existence et de votre avenir. Ce n'est pas seulement sur le sol que s'enracinent les frontières sûres et reconnues.

**12 JUIN 1978. LA GUERRE DES KILOS.**
Rien de nouveau sous le soleil. À quelques jours des grands départs en vacances, les régimes font la une. Et avec eux, les dangers des diètes à répétition, nourries par le diktat de l'image.

**3 JUILLET 1978. BOB DYLAN PARLE.**
Après douze années de silence, le chanteur américain se confie à *L'Express*, en exclusivité.

# DÉJEUNER DE TÊTES À L'ÉLYSÉE

*Pas de déclarations à la sortie, avait demandé le Président. Liliane Sichler a reconstitué le déjeuner dont tout Paris parle.*

PAR LILIANE SICHLER

À LA UNE CETTE SEMAINE-LÀ

Ce jeudi 7 septembre de l'an 1978, Valéry Giscard d'Estaing, président de la République, recevait en son palais de l'Élysée les philosophes que la renommée française avait portés jusqu'à lui.
Un peu intimidé, Lionel Stoleru, secrétaire d'État délégué aux Travailleurs manuels, étrangement chargé de rassembler les cerveaux les plus brillants autour du prince, regarde entrer Maurice Clavel dans le petit salon. L'amoureux de Socrate écrase de son verbe tonitruant le frêle Claude Lévi-Strauss : *« Vous savez ce qu'il m'a dit, de Gaulle, ici même ? Vous savez ce qu'il m'a répondu ? »* Apparemment consterné, Lévi-Strauss ne sait pas. Le philosophe chroniqueur du *Nouvel Observateur* s'est rasé de si près qu'il a la joue sanguinolente.
Reprenant son souffle, Stoleru lance la conversation : *« Comment se portent nos exportations en philosophie ? »* Bernard-Henri Lévy, chemise coquettement ouverte sur un buste parfaitement hâlé, répond en homme d'affaires : *« On vend bien au Japon. Moins bien en Allemagne... »*
Une porte s'ouvre. Le Président fait une entrée souple et courtoise de maître de maison. *« Nous parlions exportations philosophiques, monsieur le Président »*, s'empresse Stoleru. Giscard laisse son ministre s'empêtrer et ironise : *« Est-ce que la philosophie contribue à équilibrer la balance de notre commerce extérieur ? »*
Chacun, un peu raide dans son fauteuil, sirote un rafraîchissement non alcoolisé. Le jeune heideggérien Jean-Luc Marion entame un savant exposé sur la différence entre les philosophies *« non mathématisées »*, que la France exporte, et les philosophies *« logiques et analytiques »* des Anglo-Saxons. Le Président s'ennuie. Peut-être que Voltaire lassait parfois Frédéric II, et Mérimée faisait sûrement bâiller l'impératrice Eugénie.
*« Nous avons tout de même en France une philosophie à idées »*, affirme Giscard pour couper le cours qu'on lui inflige. Les invités se regardent en quête d'idées. Solennel, le maître d'hôtel tombe à pic : *« Monsieur le Président est servi. »*

**« Tout va bien, on coule à pic ! »**

Silencieusement, chacun déplie sa serviette. *« Bon, où en sommes-nous ? »* attaque le Président. Marion lance une stance de Nietzsche d'un air énigmatique : *« Je vous raconte l'histoire des deux prochains siècles : le nihilisme absolu. »* Lévy ne veut pas être en reste et cite un ancien : *« Tout va bien, on coule à pic ! »* Giscard sourit et regarde chaque convive à son tour, au fond des yeux, avec une régularité de métronome. *« Messieurs... »* commence-t-il. Diable, pas une femme à cette table pour penser l'avenir de la France ! Plusieurs personnalités en jupons s'en offusquent déjà, dit-on. *« Messieurs, je vous suggère modestement de tenter de penser ensemble à l'an 2000, afin que la France y ait pensé la première. Alors, je ne serai plus là... Voilà qui devrait faciliter les choses entre nous. »*
Clavel fait un grand sourire plissé et vole au secours de son président : *« Sur le plan de la politique politicienne, vous avez peut-être gagné plus que vous ne l'imaginez. Vous ne pouvez plus être renversé que par une lame de fond, dont je serai. Saurez-vous apprivoiser l'apocalypse ? »* Il plonge une cuiller vengeresse dans son melon. La tornade passe. Le Président continue de sourire, trois secondes pour chacun.
D'un ton moins échevelé, le jeune Marion place ses convictions de philosophe chrétien : *« La crise actuelle n'est pas économique, elle n'est même pas seulement morale : l'Occident, qui a fait la philosophie moderne, est arrivé au bout de la philosophie. »* Un bon point : le Président a l'air intéressé. Il suggère même d'autres arguments : *« La crise économique que nous vivons n'a pas d'origine économique. Elle vient de la crise morale provoquée par la guerre du Viêtnam. L'inflation déclenchée par le gouvernement américain, c'était le seul*

*moyen de ne pas trop faire payer cette guerre à son opinion publique. C'était déjà autre chose que de la politique…* »
Clavel jubile. Il est content de son prince. Vraiment : « *Si l'homme n'est plus, comme le croyait Aristote, un animal raisonnable, il faut qu'il devienne fou, délirant… Que le conscient de quelques-uns rencontre l'inconscient de tous.* »
Giscard reçoit le torrent avec placidité. Puis, vaguement ironique, il enchaîne : « *Avec votre impulsion des profondeurs, vous venez de saper toutes les bases de mon discours.* » De l'occulter, peut-être ? L'assemblée frémit d'aise. Décidément, le Président parle en « philosophe »… « *Recommençons donc,* suggère Giscard, *et prenons l'hypothèse d'une évolution pacifique de l'Occident. Interrogeons-nous sur la France de l'an 2000.* »
À cet instant, le Président glisse un regard complice vers Georges Duby, l'historien. Celui-ci, silencieux, mastique avec agacement son jambon de Parme. Pourquoi, chaque fois que l'on parle de l'an 2000, les regards du prince se font-ils si sollicitants ? Même Clavel, qui réussit à faire rire son hôte en blaguant : « *Hé hé, il n'y a qu'un chiffre à changer.* » Allusion érudite au livre de Duby sur l'an 1000. Malheureusement, l'auteur y expliquait que la grande peur de l'an 1000 n'a jamais été qu'une invention de Michelet… Alors, l'an 2000, vraiment, ça ne le préoccupe pas beaucoup…
Un peu grognon, Duby, en général très disert, s'en tire en marmonnant : « *Il y a des risques à faire de la futurologie.* » Autant en emportent les philosophes. Bernard-Henri Lévy reboutonne un peu le décolleté de sa chemise : « *La seule chose que je me permets de prophétiser pour l'an 2000, c'est d'abord l'augmentation, en Occident, du délire, sous des formes raisonnables et légitimées. Ensuite, un grand affrontement entre le terrorisme et les droits de l'homme.* » Le verbe est riche et le ton convaincu. Le Président hoche la tête : il est bien, ce garçon de 28 ans.

**« L'an 2000, je m'en fiche »**

Philippe Nemo, poupin et hautain, celui dont Clavel bénissait la sortie du premier livre par un cri quasi liturgique : « *Voici l'homme ressuscité* », Nemo, chrétien, lacanien, ces jours-ci plume pensante du ministre du Commerce et de l'Artisanat, rallié à Giscard, décrète d'un air boudeur : « *Les droits de l'homme sont transcendants à toute politique. C'est l'absolu dans l'homme.* »
Lévy s'agite sur son siège. Un coup d'œil à Stoleru, qui le surveille. Il a tellement peur d'un nouvel éclat, le pauvre secrétaire d'État, après l'insolente « lettre ouverte » de Glucksmann à Giscard, dans *Le Monde*… Si l'un de ces beaux esprits allait manquer de respect au Président, jusque dans sa salle à manger !
C'est vrai que Maurice Clavel n'a pas pardonné à Glucksmann cette façon de jouer au maudit qui ne goûte pas du pain des princes. Mais Stoleru aurait tort de s'en faire. Ils sont finalement assez contents d'être là, tous. D'autant que la sélection a été rude. Le Président avait ordonné : « *Je veux un petit comité.* » Michel Foucault, ça n'aurait pas été mal. Lionel Stoleru a vraiment cru qu'il viendrait. Il paraît même que Lévy et Clavel lui avaient promis Foucault en échange du sacrifice d'un autre philosophe giscardien, Jean-Marie Benoist. On immola ce dernier en ne l'invitant pas. Hélas ! le premier ne vint point. Foucault, murmure-t-on, voulait être le seul à parler du cas Ranucci et de la peine de mort.

**Si l'un de ces beaux esprits allait manquer de respect au Président, jusque dans sa salle à manger !**

Lévy prend l'air insolent qui lui va le mieux : « *Finalement, l'an 2000, je m'en fiche. Mais si l'on pouvait réfléchir à une nouvelle déclaration des droits de l'homme, ce serait bien…* »
Clavel se couche presque sur sa côte de bœuf pour révéler avec un trémolo de basse : « *Nous sommes dans une société dépressive. La jeunesse a besoin d'idéal.* »
Giscard sourit avec reconnaissance : « *Très juste.* » Mais voilà que ce jeune Lévy recommence : « *Erreur, monsieur le Président, le seul État dont la jeunesse ne veut pas, c'est celui qui lui dictera un idéal. Ce serait l'engrenage du totalitarisme.* » Emporté, Lévy se laisse aller : « *Le moins mauvais des États possibles, c'est celui qui sera impeccable sur le plan du droit et indigent sur celui de l'idéal. L'État, monsieur le Président, qui sait dire : "Occupez-vous de vos fesses."* »
Cette fois, Nemo est furieux, il se fait avocat : « *Le Président ne veut pas imposer un idéal dans un sens totalitaire !* » Pour détendre l'atmosphère, en bon maître de maison, Valéry Giscard d'Estaing cherche un compliment à faire. Il se rappelle que Clavel l'a soutenu publiquement à propos de l'entrée de l'Espagne dans le Marché commun. « *C'était très bien de votre part,* lui dit-il. *Moi aussi je suis spiritualiste. À Saint-Jacques-de-Compostelle, j'ai compris que faciliter l'irruption latine dans la vieille Europe est un devoir moral pour la France.* »
Le Président n'avait pas encore parlé aussi longuement depuis le début du repas. Il reprend : « *Seulement, voilà, cet événement en Europe vaudrait quelques sacrifices sur le prix de la tomate…* »
Un souffle de mépris embue l'atmosphère. Pendant que Lévi-Strauss évoque par politesse le « *pullulement démographique des années futures* » dont s'inquiète sans cesse le Président, Bernard-Henri Lévy regarde sa montre. Il est temps de caser, en vrac, les dissidents Chtaranski et Amalrik, Cohn-Bendit et la peine de mort… Le Président a l'air surpris par cette frénésie d'anecdotes. Il aurait préféré disserter du rapport Nora-Minc sur l'informatique. Du bout des lèvres, il promet, pour Cohn-Bendit, que « *le problème ne restera pas sans solution* ». Sourires d'aise à gauche.

**« Pourquoi pas Soljenitsyne »**

Mais quand Lévy l'attaque sur la peine de mort, le visage du Président se crispe. « *Ceux qui crient "à mort" devant les palais de justice,* lui dit le nouveau philosophe, *menacent la souveraineté de la loi. Un exemple m'a frappé, c'est celui de Ranucci, il y a deux ans.* »
Le Président n'entend pas et tourne la tête vers Georges Duby pour revenir à l'an 2000. Résigné, l'historien fixe sa tarte aux fraises avec ennui : « *On ne peut rien dire de sérieux sur l'an 2000.* »
Le repas agonise, Stoleru se fait urbain pour parler de « *prochains rendez-vous* ». Le Président ne dit rien. Désarçonné, le secrétaire d'État insiste : « *Il faut créer des groupes de réflexion. Trois, quatre groupes : les droits de l'homme, la philosophie occidentale et la technique… je ne sais pas. Il faut inviter les grands noms pour le colloque sur l'an 2000.* » Les invités le regardent avec un étonnement poli.
Sans grande conviction, Giscard soupire : « *J'aimerais y convier des gens libres et de tout bord.* » Quelqu'un lance : « *Soljenitsyne ?* » « *Pourquoi pas Soljenitsyne* », conclut le Président, sur le ton de quelqu'un qui dit : « *Il a plu en Bretagne. La prochaine fois, j'ai compris : j'irai en Corse.* »

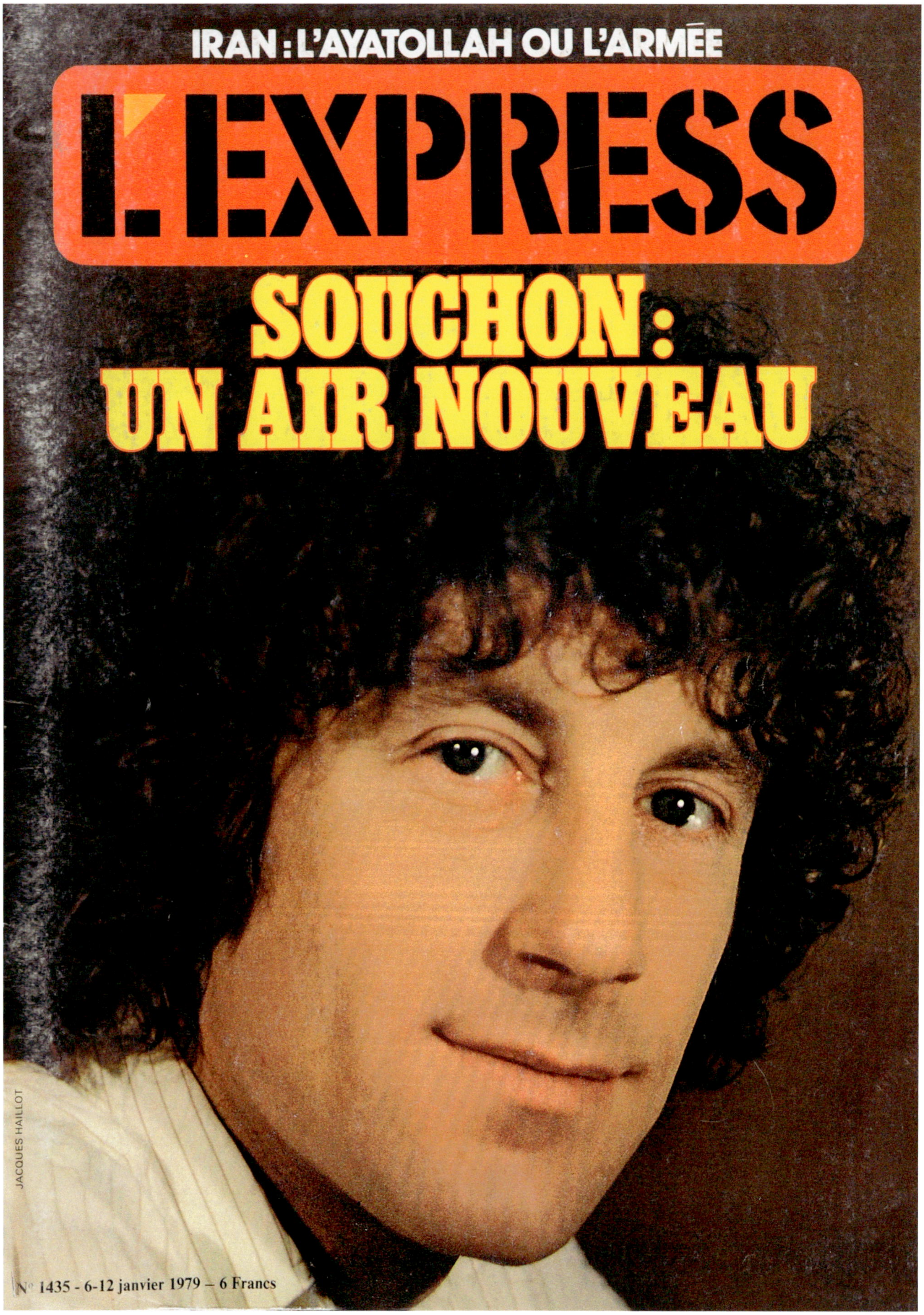


**6 JANVIER 1979. SOUCHON: UN AIR NOUVEAU.**
Triomphe de la nouvelle chanson française portée par Souchon, mais aussi par Renaud et Michel Jonasz, les « antistars » de l'époque, jamais vraiment démodées.

**20 JANVIER 1979. IRAN. L'HOMME QUI FAIT TREMBLER L'OCCIDENT.**
Le 16 janvier, le shah et sa famille ont quitté l'Iran. L'ayatollah Khomeiny, exilé en France, a gagné. Il rentre à Téhéran quelques jours plus tard et proclame la république islamique d'Iran.

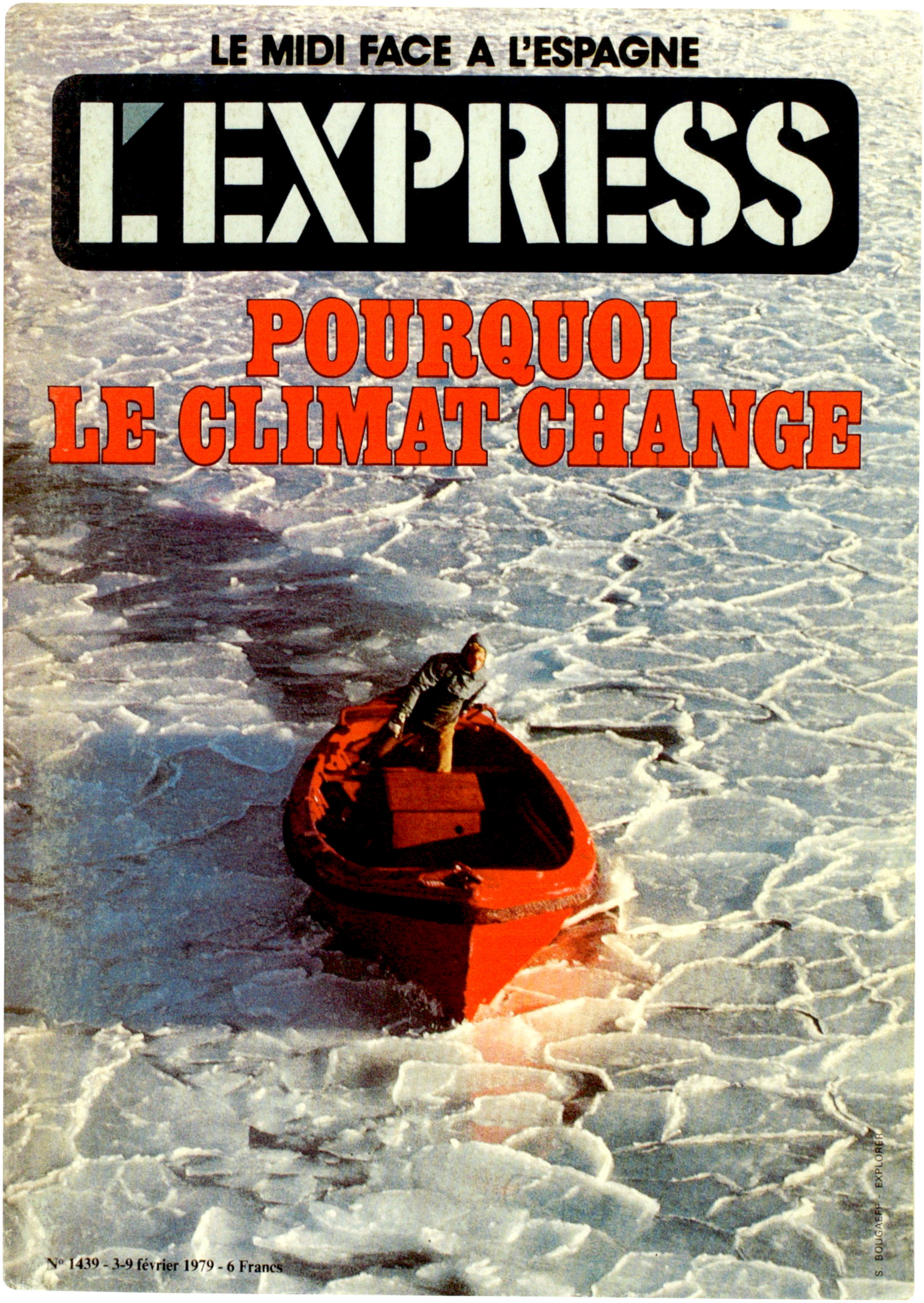


**3 FÉVRIER 1979. POURQUOI LE CLIMAT CHANGE.**
Les scientifiques tirent la sonnette d'alarme face aux bouleversements climatiques. Pour la première fois, l'homme serait responsable des changements qui le menacent, disent-ils. *L'Express* a presque trente ans d'avance sur les questions liées à l'environnement…

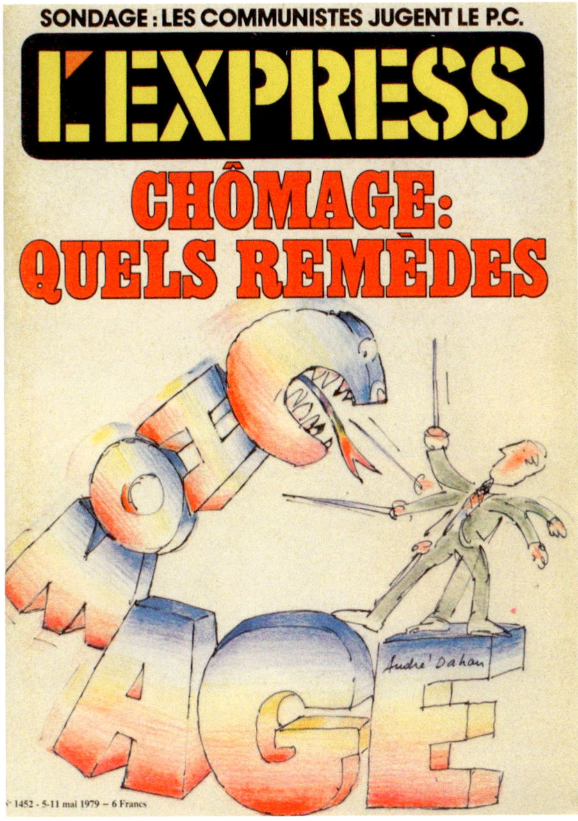

**5 MAI 1979. CHÔMAGE: QUELS REMÈDES.** La barre du million a été dépassée et les discussions autour du nombre réel de chômeurs se multiplient. L'emploi est le problème numéro 1 des Français. Un mot nouveau est apparu : le « dégraissage ». « Indécent », dit l'auteur du dossier. **12 MAI 1979. L'ÉLECTROCHOC ANGLAIS.** En pleine crise économique, politique et sociale, Margaret Thatcher est élue Premier ministre du Royaume-Uni. La « Dame de fer » met en œuvre une révolution conservatrice qui marquera en profondeur la politique et la société britanniques. **23 JUIN 1979. LES DAMNÉS DE L'ASIE.** Incroyable photo de une. Les *boat people*, qui fuient le Viêtnam communiste, ne sont plus admis en Malaisie et sont condamnés à l'errance. Les journalistes de *L'Express* réalisent le premier reportage sur ce drame. **1er DÉCEMBRE 1979. LE TRAGÉDIEN LE PLUS COMIQUE DU MONDE, WOODY ALLEN.** *L'Express* profite de la sortie sur les écrans de *Manhattan*, l'un des films les plus importants du réalisateur new-yorkais, pour rendre hommage au tragi-comédien.

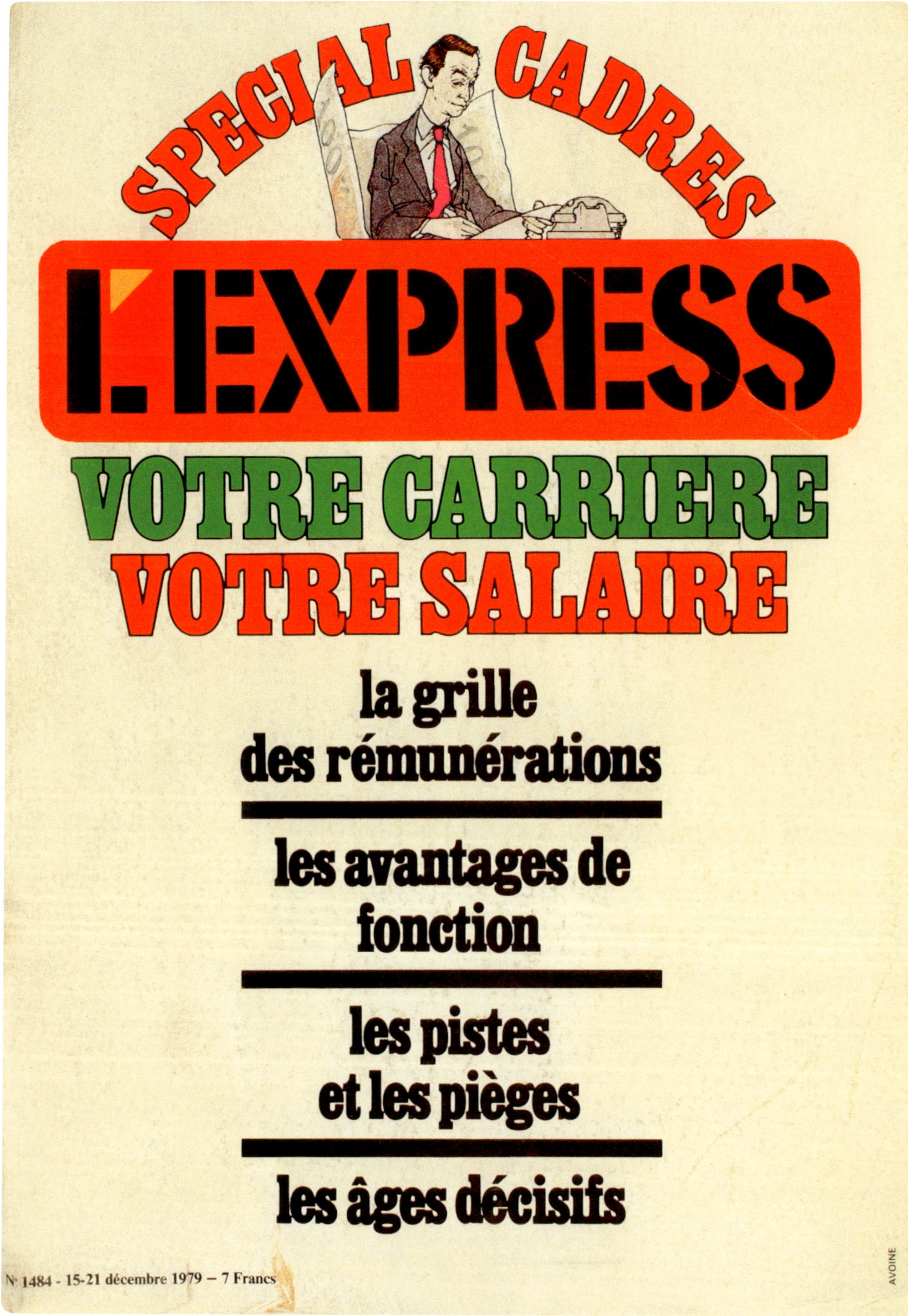


**15 DÉCEMBRE 1979. SPÉCIAL CADRES. VOTRE CARRIÈRE, VOTRE SALAIRE.**
La fin des années 1970 consacre les cadres et annonce une nouvelle ère, celle des « trajectoires de carrières ». Les années fric pointent le bout de leur nez.

# « Françoise Giroud était un soleil... »

*par Catherine Nay*

**Françoise Giroud était un soleil. L'astre qui illuminait *L'Express*.** Je me souviens des mercredis. Jour où elle écrivait sa « chandelle ». La colonne de 1 500 signes qui ferait l'ouverture du journal. Et comme chaque semaine l'événement.

Une atmosphère quasi religieuse régnait à l'étage. On parlait bas pour ne pas gêner son inspiration. De son bureau, nous parvenait le cliquetis nerveux de sa machine Olivetti, chaque phrase étant ponctuée par le bruit sec du retour du chariot. Un bruit qui m'enfiévrait l'esprit.

Jamais satisfaite du premier jet, rarement du second. Toujours sur le métier elle remettait l'ouvrage. Elle y passait la journée. Mais le résultat était toujours là. Chaque lundi, jour de parution de *L'Express*, les politiques se précipitaient pour la lire dans la crainte d'y recevoir quelques flèches. Dans le regret vexé pour certains de n'être par elle jamais cités. Ses jugements étaient sévères, sa plume incisive et élégante. On la craignait. On l'admirait. C'était Françoise...

Je me souviens des jeudis. Jour du bouclage. Jour de torture pour les tâcherons de la plume que nous étions (presque) tous. Je me souviens du dîner autour du buffet dont tous les ingrédients provenaient de Veulettes, le village normand dont la mère de JJSS, Madame Émile, était le maire. Françoise y apparaissait sur le tard, distribuant ici un sourire, là un compliment, de sa voix de miel liquide mais jamais vraiment détendue. Elle picorait un radis, un grain de riz, buvait une gorgée de vin puis, vite, repartait pour une dernière révision de l'ensemble du journal. On apprenait le vendredi qu'elle y avait travaillé toute la nuit. Quand elle réapparaissait en fin de matinée, elle était toujours élégante, jamais fatiguée, le visage repassé, comme au sortir d'un institut de beauté. Déjà la tête dans le prochain numéro, elle affichait un regard gourmand. Une journaliste hors normes.

Catherine Nay fut journaliste au service Politique de *L'Express* de 1967 à 1975.

L'autre p

# LES ANNÉES QUATRE-VINGT 1980-1989

Campagne électorale de François Mitterrand. Meeting à Lille avec Pierre Mauroy (à sa gauche), avril 1961. Photographie Jean Gaumy.

DES ÉTUDIANTS CHINOIS FONT LA GRÈVE DE LA FAIM, PLACE TIAN'ANMEN, PÉKIN, 26 MAI 1989.
PHOTOGRAPHIE STUART FRANKLIN.

## DANS LE MONDE

**MAI 1981**
François Mitterrand est élu président de la République.

**9 OCTOBRE 1981**
La peine de mort est abolie en France.

**DÉCEMBRE 1981**
Le général Jaruzelski prend le pouvoir en Pologne et met fin aux velléités de libéralisme.

**JUIN 1982**
La guerre des Malouines éclate. Margaret Thatcher envoie les forces armées britanniques récupérer l'archipel. L'armée argentine, battue, se retire et la junte au pouvoir est discréditée.

**6 JUIN 1982**
Début de l'opération « Paix en Galilée ». Israël envahit le Liban, où se réfugient les combattants de l'OLP.

**9 AOÛT 1982**
Un attentat antisémite, rue des Rosiers, à Paris, fait six morts.

**SEPTEMBRE 1982**
Au Liban, des massacres sont perpétrés dans les camps de réfugiés palestiniens de Sabra et Chatila par les milices chrétiennes, proches d'Israël.

**JUIN 1985**
Le premier accord Schengen, qui garantit la libre circulation des biens et des personnes, est signé par la France, l'Allemagne et les États du Benelux.

**19-21 NOVEMBRE 1985**
Sommet Reagan-Gorbatchev, à Genève, sur les armes nucléaires.

**MARS 1986**
Début de la première cohabitation de la V$^{e}$ République : Jacques Chirac est nommé à Matignon.

**25 AVRIL 1986**
Catastrophe de la centrale nucléaire de Tchernobyl, en Ukraine.

**DÉCEMBRE 1987**
Début de la première Intifada, la guerre au lance-pierres, qui oppose les Palestiniens aux Israéliens.

**NOVEMBRE 1988**
George Bush est élu président des États-Unis.

**FÉVRIER 1989**
Retrait des troupes soviétiques d'Afghanistan.

**15 AVRIL-4 JUIN 1989**
Massacre de la place Tian'anmen pour réprimer la révolution des étudiants, intellectuels et ouvriers chinois.

**MARS 1989**
La Hongrie est le premier pays d'Europe de l'Est à se libérer du joug soviétique et à ouvrir de larges brèches dans le rideau de fer.

**JUIN 1989**
Les partisans de *Solidarność*, le grand syndicat polonais, remportent, haut la main, les premières élections semi-libres de Pologne.

LONG

La chute du mur de Berlin : deux jours après l'ouverture des frontières entre l'Allemagne de l'Est et l'Allemagne de l'Ouest, le pan de mur, situé sur la Potsdamer Platz, est détruit, le 11 novembre 1989. Photographie Stéphane Duroy.

**9 NOVEMBRE 1989**
Chute du mur de Berlin.

**17 NOVEMBRE 1989**
La révolution de Velours, à Prague, précipite la chute du régime communiste et la fin de la République socialiste tchécoslovaque.

**DÉCEMBRE 1989**
En Roumanie, une révolution sanglante aboutit à l'exécution des époux Ceaușescu, le 25.

## LES GRANDES DATES DU JOURNAL

**1982**
Le groupe Express achète le magazine *Lire*, dont Bernard Pivot est le fondateur et rédacteur en chef.

**AVRIL 1982**
Lancement de Radio Express. L'aventure ne durera que quelques mois.

**AVRIL 1984**
Lancement de *L'Express Paris*.

**NOVEMBRE 1986**
Lancement des hebdos mensuels, quatre suppléments thématiques – *Sport*, *Votre Argent*, *Style*, *Aujourd'hui* – vendus à tour de rôle avec le journal.

**JUIN 1988**
Les hebdos mensuels cessent de paraître.

**MARS 1989**
Création du service 3615 L'EXPRESS, sur le minitel.

**OCTOBRE 1989**
Lancement des *Cahiers de L'Express*, bimensuel thématique qui reprend une sélection d'articles parus dans le magazine.

# FRAGMENTS DES ANNÉES 1980 « UN SOUFFLE D'AIR FRAIS »

*PAR MAURICE LÉVY*

BOUILLONNEMENT CRÉATIF, NOUVELLES GÉNÉRATIONS AU POUVOIR, EXPLOSION DES MÉDIAS LIBRES ET CHUTE DU MUR DE BERLIN : LES ANNÉES 1980 SONT CELLES DE L'ENTHOUSIASME. MAIS C'EST AUSSI LA DÉCENNIE DE L'ARGENT-ROI ET DE L'AVÈNEMENT DU CAC 40. MAURICE LÉVY, P-DG DE PUBLICIS, DÉCRYPTEUR DE TENDANCES ET « INFLUENCEUR », LIVRE SA VISION D'UNE PÉRIODE DE RENOUVEAU.

Les années 1980, c'est d'abord et avant tout, avec l'élection de François Mitterrand, en 1981, l'avènement de l'alternance dans ce pays. Dans le même temps, c'est une somme d'inquiétudes : le Programme commun de la gauche, les nationalisations, l'angoisse que suscite, aux États-Unis notamment, la présence de quatre ministres communistes au sein du gouvernement de Pierre Mauroy… Cette période indiscutablement riche et passionnante voit aussi l'Union soviétique et les États-Unis s'affronter autour de leur politique respective de dissuasion nucléaire : ce sont alors les grands équilibres du monde que l'on voit se déplacer par plaques tectoniques.

Mais les années 1980, c'est également, en France, ce souffle d'air frais qui vient soudainement balayer le monde des médias, avec l'explosion des radios libres et l'émergence, même timide, des premières télévisions privées. Tout cela consacre la fin du bâillon et le début d'une longue et profonde respiration dans le domaine de la communication. Disons-le, l'alternance change radicalement la couleur des choses, si bien que cette décennie restera, y compris pour les métiers de la publicité, une période de foisonnement créatif rare. Les contraintes et les pesanteurs héritées du passé pouvaient d'un coup disparaître, tout semblait devenu possible, malgré certaines craintes sur le plan économique, à cause du vote des lois Auroux sur le travail ou des menaces rampantes d'une sortie de la France du serpent monétaire.

Durant cette décennie, s'ajoute à toutes ces évolutions l'apparition d'une nouvelle génération de responsables politiques : par sédimentation, le gaullisme et ses appendices avaient donné à la France un personnel politique quasi inchangé depuis plusieurs décennies. Avec la gauche au pouvoir s'imposent de nouvelles voix, de jeunes pousses, à l'instar de Laurent Fabius, qui marque la période. D'où un bouillonnement des idées extrêmement intéressant, qui voit finalement les socialistes, conduits par Pierre Bérégovoy et Jacques Delors, réconcilier les Français avec le monde de l'entreprise ! Nous étions écoutés, entendus, reçus, acceptés, à l'image du premier d'entre nous, l'ancien P-DG de Saint-Gobain, Jean-Louis Beffa, un capitaine d'industrie qui demeure à mes yeux la plus grande figure qu'ait connue le monde de l'entreprise à cette époque.
Vient ensuite, de 1986 à 1988, la cohabitation : pour la première fois, la France est confrontée à une expérience inédite qui voit la gauche et la droite coexister sous les regards de citoyens séduits par ce mode de gouvernance, avec son petit air de pacification des esprits. À ce moment-là, en effet, dans un consensus pour le moins inédit, on voit les Français dessiner, à travers un sondage publié dans les colonnes de *Libération*, un gouvernement idéal comportant Charles Pasqua à l'Intérieur et Robert Badinter à la Justice !

Et puis, comment ne pas évoquer ce qui va profondément marquer non seulement ces années-là,

*Nous assistons durant les années 1980 à la naissance d'un monde où la finance prend le dessus sur l'économie réelle...*

mais les deux décennies qui suivront, jusqu'à aujourd'hui : le triomphe de Wall Street et de son esprit ? C'est alors que l'on découvre l'argent fou et ses toboggans boursiers. Nous assistons durant les années 1980 à la naissance d'un monde où la finance prend le dessus sur l'économie réelle et où les grandes écoles et universités majeures, en France comme ailleurs dans le monde, voient leurs meilleurs éléments bouder l'industrie et le CAC 40 pour aller briguer des carrières de *traders*, de Londres à New York, en passant par Paris. Ce que va très bien raconter Alain Minc, à la fin de cette décennie, dans l'un de ses meilleurs ouvrages, intitulé justement *L'Argent fou*.

Dans ce contexte débridé, un événement extraordinaire se produit à la télévision, la diffusion d'une émission qui fera date : « Vive la crise ! » Qu'y voit-on ? Un monument de la culture et de la gauche, Yves Montand, entouré d'une batterie d'experts et d'économistes de haut vol (Michel Albert, François de Closets, Alain Minc...), anime, en *prime time*, le show le plus insensé jamais conçu sur l'économie. S'il est une personnalité, d'ailleurs, qui domine cette décennie de la tête et des épaules, outre François Mitterrand, bien sûr, c'est cet immense monsieur, Yves Montand : un homme dans la cité, à la fois témoin et acteur de son époque, qui fait son *aggiornamento* et tourne le dos au communisme. Il partage l'affiche de cette décennie avec Bernard Tapie, car les années 1980 sont aussi, incontestablement, les « années Tapie ». L'homme, l'aventurier des affaires, du sport et de la politique, incarne comme nul autre, dans toute sa démesure, le règne de l'argent roi. Pour revenir à la politique, comment ne pas évoquer dans cette décennie, même s'il débordera largement vers les années 1990, le couple infernal formé par François Mitterrand et Michel Rocard, cette autre cohabitation dans laquelle, de manière fort théâtrale, le premier joue avec le second, comme le chat avec la souris ? De Michel Rocard, il faut rappeler qu'il fut le porteur des espoirs de toute une génération, qui comptait bien le voir changer les choses...

Enfin, il y a l'autre versant de ces années folles, beaucoup plus sombre : l'irruption du sida, le drame du sang contaminé, l'assassinat du patron de Renault, Georges Besse, par Action directe, les prémices du scandale du Crédit lyonnais et l'explosion des grandes affaires politico-financières, qui gangrènent la gauche comme la droite. Ce sont là les pages noires d'une décennie qui demeure, pour l'essentiel, une ère d'enthousiasme.

**Discours du président de la République, François Mitterrand,** en présence du ministre de l'Agriculture, Michel Rocard, au cours d'un déplacement en Auvergne, le 6 juillet 1984. Photographie Vincent Leloup.

**5 JANVIER 1980.** LES RUSSES ATTAQUENT.
Les chars de l'Armée rouge sont entrés dans Kaboul quelques jours auparavant. Moscou veut mater l'opposition grandissante de la population au régime, qu'elle soutient. Le « bourbier afghan » va durer plus de dix ans. C'est aussi l'une des dernières crises de la guerre froide : l'URSS refuse de lâcher l'Afghanistan, car les États-Unis soutiennent le Pakistan voisin.

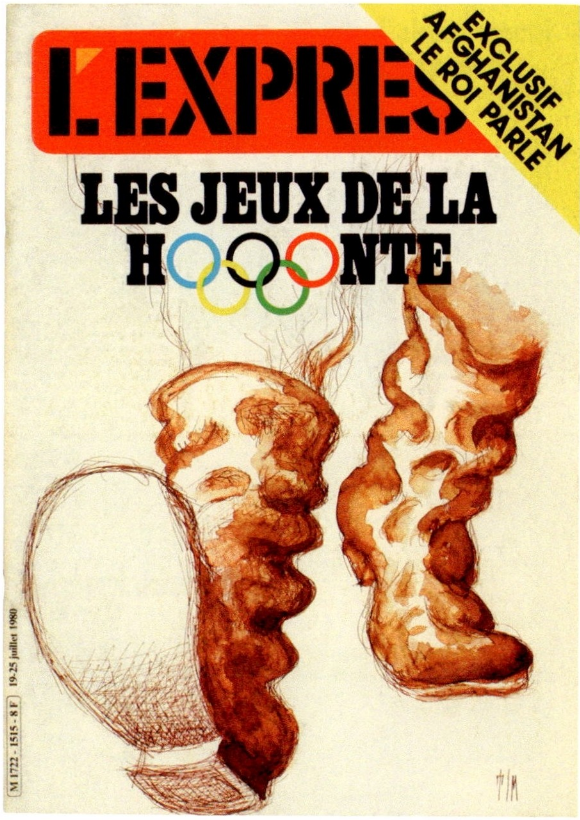


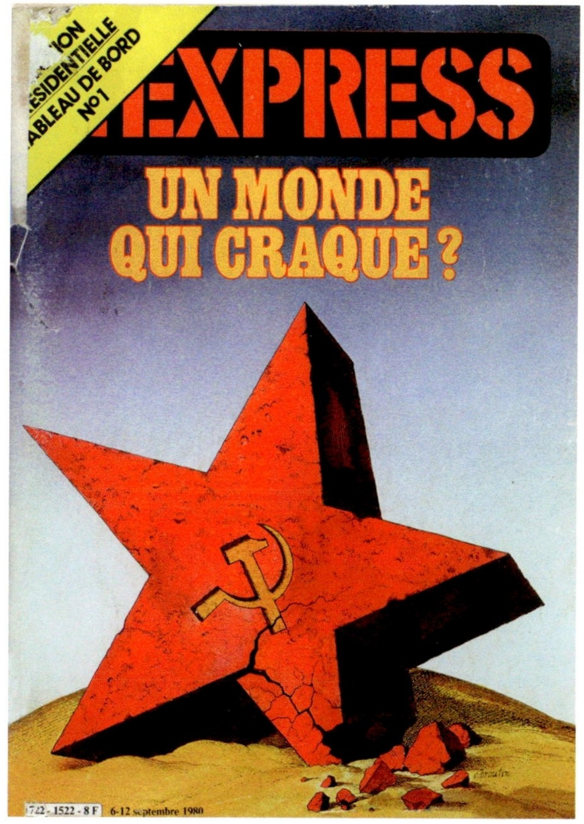


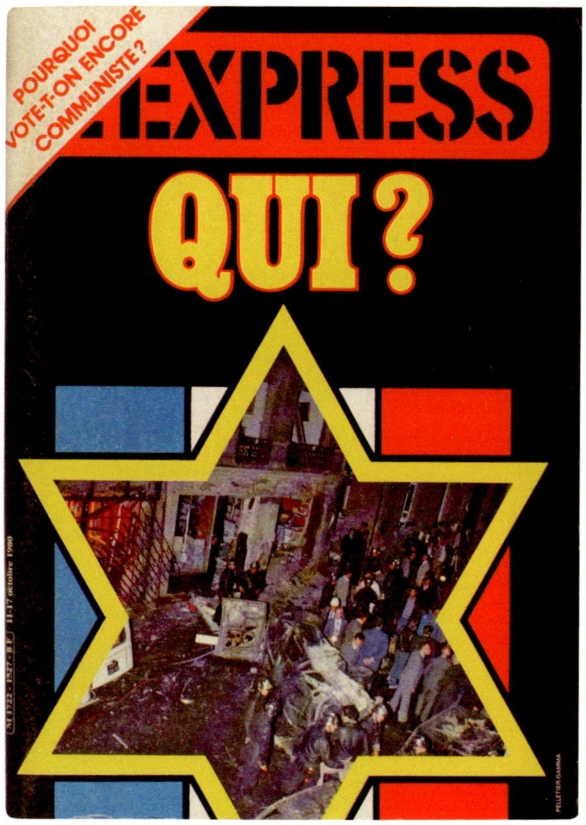

**19 JUILLET 1980.** **LES JEUX DE LA HONTE.** Une cinquantaine de nations – dont les États-Unis – décident de boycotter les JO de Moscou, à la suite de l'invasion soviétique de l'Afghanistan. **6 SEPTEMBRE 1980.** **UN MONDE QUI CRAQUE?** En Pologne, les grèves dans les chantiers navals ont abouti aux accords de Gdańsk: le syndicat *Solidarność*, mené par Lech Wałęsa, marque ses premiers points, et les Occidentaux y voient une fissure dans le bloc soviétique. **11 OCTOBRE 1980.** **QUI?** Le 3 octobre, un soir de shabbat, une bombe explose dans la synagogue de la rue Copernic, à Paris. Bilan: quatre morts. L'enquête sur l'auteur de l'attentat se poursuit encore aujourd'hui. Un suspect, résidant au Canada, a fait l'objet d'une demande d'extradition en 2008. **8 NOVEMBRE 1980.** **RONALD REAGAN, LE GRAND TOURNANT.** La fermeté du discours du 40e président des États-Unis sur la rigueur économique et les relations extérieures tranche avec celui de son prédécesseur, le démocrate Jimmy Carter.

**6 DÉCEMBRE 1980.** LECH WALESA, L'HOMME DE L'ANNÉE.
Le leader syndical des chantiers de Gdańsk a redonné l'espoir à tout un peuple. Les accords du même nom établissent un droit syndical indépendant, un droit de grève et un droit d'information. Mais un mois plus tard, en janvier 1981, le général Jaruzelski proclame l'état de guerre et stoppe toute velléité de libéralisation.

**11 SEPTEMBRE 1981.** PATRONS. PEUT-ON S'EN PASSER ?
Dans ce numéro, Marie-Laure de Léotard et Annie Kouchner annoncent « la mort de la guillotine ».

**Lire l'article pages suivantes →**

# LA MORT DE LA GUILLOTINE

*La peine de mort sera abolie. C'est le résultat d'une évolution de l'ensemble de la société française. Mais le plus dur restera à faire : prévenir la criminalité et réformer le système pénitentiaire.*

**PAR MARIE-LAURE DE LÉOTARD AVEC ANNIE KOUCHNER**

Le couperet de la guillotine ne tombera plus. Les cours des prisons ne deviendront plus, à l'aube, des théâtres de mort. Les jurés des assises n'enverront plus de criminels à l'échafaud. En France, désormais, la justice ne tuera plus. Le projet de loi, déposé par le ministre de la Justice, Robert Badinter, approuvé le 26 août dernier par le Conseil des ministres, tient en deux phrases : « *La peine de mort est abolie* » ; « *Elle sera remplacée par la réclusion criminelle à perpétuité* ». Les députés se prononceront sur ce texte les 17 et 18 septembre.

Ces phrases lapidaires mettent un terme à deux siècles de débats philosophiques et moraux entre partisans et adversaires de la peine capitale. Pour la première fois en France, un président de la République fait triompher sa conviction personnelle, contre une opinion encore en majorité hostile à l'abolition. Avant les élections, François Mitterrand déclare à la télévision : « *Dans ma conscience, je suis contre la peine de mort.* » Quatre jours après son installation à l'Élysée, il gracie Philippe Maurice, 24 ans, condamné pour le meurtre d'un policier, et dont le pourvoi en cassation vient d'être rejeté.

Nul doute, les députés de la majorité, dans le sillage du Président, voteront massivement cette loi. Ceux de l'opposition, en revanche, seront plus divisés. Certains se prononcent pour le maintien de la peine « *dans les cas de crimes particulièrement odieux* ». Mais Pierre Bas, RPR, un abolitionniste convaincu, qui dépose chaque année un amendement lors du vote du budget en vue de supprimer les crédits affectés à la guillotine, estime que « *ce sera un vote de conscience, comme pour l'avortement* ».

L'Assemblée enverra donc la guillotine au musée. La France rejoindra ainsi les autres pays d'Europe occidentale qui ont supprimé la « terrible sanction » ou ne l'appliquent plus, comme la Belgique. Toutefois, l'Histoire conservera longtemps l'empreinte des âpres batailles qui ont précédé cette abolition.

**Un débat tabou**

Georges Clemenceau, Aristide Briand, Jean Jaurès se sont succédé à la barre pour réclamer cette suppression, dans de grandes envolées lyriques. Déjà, en 1848, Victor Hugo lançait d'une voix vibrante dans l'hémicycle : « *La peine de mort est le signe spécial et éternel de la barbarie.* » Un autre député, Paul Rabuan, ajoutait : « *La société a le droit de se préserver, elle n'a pas celui de se venger. Or, dans l'application de la peine de mort, elle se venge.* » Aujourd'hui, Robert Badinter reprend les mêmes arguments : « *Une société de liberté peut-elle admettre que des hommes détiennent un pouvoir absolu de vie ou de mort sur autrui ? La mort du coupable compense-t-elle la mort de la victime ? À ces questions, parmi d'autres, notre société ne peut répondre que par l'abolition. La justice ne peut être une justice qui tue.* »

Au cours du précédent septennat, ce débat tabou sur la peine de mort a été maintes fois évoqué, mais éludé. Valéry Giscard d'Estaing a exprimé, à titre personnel, son « *aversion profonde* » pour le châtiment suprême.

Il a signé cinq décrets de grâce. Pourtant, il a laissé exécuter Christian Ranucci, en 1976, puis Jérôme Carrein et Hamida Djandoubi en 1977. Auparavant, Georges Pompidou avait gracié dix condamnés à mort. En son âme et conscience, il avait également laissé guillotiner Claude Buffet et Roger Bontems, le 28 novembre 1972. Buffet avait pris en otage puis assassiné un gardien de prison et une infirmière. Bontems, coupable de complicité, n'avait pas de sang sur les mains.

Cette exécution fera de Robert Badinter, l'avocat de Bontems, à l'époque, un abolitionniste acharné. Il n'oubliera jamais l'horreur de l'aube humide et froide dans la prison de Clairvaux, cet instant où, avec une poignée de témoins et son confrère Philippe

Lemaire, il assiste à la mort de celui qu'il n'a pu sauver. « *Le crime avait physiquement changé de camp* », dit-il dans son livre, *L'Exécution*.
En janvier 1977, nouvelle bataille pour Badinter, aux assises de Troyes, avec le procès de Patrick Henry, l'assassin du petit Philippe Bertrand. La France est bouleversée par ce crime. Dans la salle, le public hurle à la mort. Badinter, qui se bat seul contre la guillotine, gagnera : Patrick Henry est condamné à la réclusion à perpétuité. La peine de mort ne tombera pas en désuétude pour autant. Car un vent nouveau souffle sur le pays.
En 1980, les jurys des cours d'assises se démocratisent. Ils ne sont plus composés de notables locaux, on les tire au sort sur les listes électorales. Conséquence : dix condamnations à mort en moins d'un an. « *Les modestes et les simples ne se laissent pas attendrir lorsque nous évoquons l'enfance malheureuse de nos clients,* rapporte un avocat *; eux aussi, parfois, sont passés par la misère.* » Ainsi, en novembre 1980, après vingt-sept minutes de délibérations, le jury des Ardennes condamne à mort Jean-Jacques Nicolas, 23 ans, meurtrier d'un enseignant. Pourtant, ce jeune homme avait fait sept tentatives de suicide et plusieurs séjours en hôpital psychiatrique. L'avocat général lui-même n'avait requis que la réclusion à perpétuité.
Ces jurys populaires condamnent-ils en pensant que le président de la République, plus tard, graciera ? En tout cas, leur grande sévérité donne à réfléchir. Elle joue, paradoxalement, en faveur de l'abolition. « *La justice est humaine, changeante, susceptible d'erreurs,* observe l'avocat Philippe Lemaire. *Comment, dans ces conditions, peut-on infliger une peine irréversible ?* »
Christian Ranucci a été guillotiné à 22 ans, à Marseille, pour l'assassinat d'une petite fille de 9 ans. Il a clamé jusqu'au bout son innocence. Coupable ou non ? Cinq ans après son exécution, ses avocats viennent de déposer une nouvelle demande de révision de son procès.

**« La justice est humaine, changeante, susceptible d'erreurs, observe l'avocat Philippe Lemaire. Comment, dans ces conditions, peut-on infliger une peine irréversible ? »**

Comment ne pas s'interroger aussi sur la fragilité de certaines conclusions des experts appelés aux assises... Les psychiatres sont-ils tous infaillibles ? En vertu de l'article 64 du code pénal, un criminel qui se trouve en état de démence au moment de son forfait ira dans un hôpital psychiatrique. S'il est considéré par les médecins comme « normal », il risque sa tête aux assises. Mais où se situe la frontière entre la folie, la névrose, la débilité ou la normalité ? Jérôme Carrein, exécuté le 23 juin 1977, pour le viol et l'assassinat d'une petite fille, était, de l'avis des psychiatres, « *une personnalité fruste, mentalement débile et sexuellement immature* ».

**Une protection contre la peur**

Un dernier argument a plaidé en faveur de l'abolition. La plupart des criminologues estiment que la peine de mort n'est pas réellement dissuasive. En France, la criminalité de sang ne varie guère depuis le début du siècle – environ cinq cents crimes par an. Elle serait même en légère diminution, dit-on au ministère de la Justice, au contraire des petites et moyennes délinquances. Jean-Claude Chesnais, dans son *Histoire de la violence*, remarque même que les pays ayant renoncé les premiers à l'exécution capitale sont aujourd'hui les moins violents du monde : ce sont ceux d'Europe du Nord. « *Le problème de la peine de mort, en France, a toujours été vécu au niveau des tripes, non de la raison* », remarque Philippe Lemaire. Ce n'est que trop vrai. L'échafaud a toujours eu, en France, une valeur de symbole. Il protège contre la peur.

**Bruno Albert**, condamné à mort le 29 janvier 1981, pour le meurtre d'un pompiste avec Paul Laplace, **Jean-Pierre Declerck**, condamné à mort le 25 mai 1981 pour le viol et le meurtre d'une lycéenne de quinze ans, et **Patrick François**, condamné à mort le 22 avril 1981 pour le meurtre d'un adolescent, bénéficièrent de l'abolition de la peine de mort le 9 octobre 1981.

La suppression de la guillotine engendrera-t-elle, en retour, des réflexes d'angoisse face aux crimes, aux hold-up, à la délinquance ? Déjà, les crimes « préventifs », dits d'autodéfense, se multiplient ici et là. François Romério, président de l'association Légitime Défense, costume net et idées tranchantes, prophétise : « *On verra de plus en plus d'actions de ce genre. Nous vivons dans un climat d'insécurité. Il est normal que les gens tirent pour se protéger. Ils ne savent pas s'ils se trouvent en face d'un petit délinquant ou d'un assassin. Ne vous étonnez pas que les gens fassent désormais leur justice eux-mêmes. Comme en Allemagne. Une jeune mère a tiré en plein tribunal sur l'assassin de sa fille.* »
Ces propos extrêmes ne reflètent pas l'opinion générale. Cependant, les problèmes essentiels restent posés. Combien de temps faudra-t-il garder en prison les grands criminels ? Comment la société se protégera-t-elle des êtres dangereux, des assassins à récidive, des truands à la détente trop facile ? Certains, considérés comme des « ultras », proposent, en remplacement de la guillotine, une peine de prison à vie qui serait incompressible. « *Cette solution, une mort lente à petit feu, est bien plus inhumaine que la peine capitale,* observe M^e^ François Sarda, avocat à la cour de Paris. *C'est pourquoi je préfère encore la peine capitale.* »

**« Il n'y a pas de prisons quatre étoiles en France, affirme Bonaldi. C'est un mensonge absolu. Les détenus condamnés à de très longues peines risquent de devenir des bêtes sauvages. »**

Les avocats et les magistrats s'accordent, en effet, à dire que l'on ne peut garder un prisonnier à vie derrière les barreaux. « *Ces condamnés sans espoir chercheraient à sortir par n'importe quel moyen,* remarque Hubert Bonaldi, secrétaire général du syndicat FO des surveillants de prison. *Ce serait la porte ouverte à toutes les prises d'otages et à des drames sanglants dans les prisons.* »
La position du ministre de la Justice est claire : la peine de mort est remplacée, dans le code pénal, par la réclusion criminelle à perpétuité. Dans la pratique, les condamnés sortent après avoir effectué entre dix-huit et vingt-trois ans de détention réelle. Guy Desnoyers, l'ancien curé d'Uruffe, qui avait assassiné sauvagement sa maîtresse, est sorti après vingt-trois années de réclusion. La loi du 22 novembre 1978 a d'ailleurs renforcé l'arsenal répressif, en prévoyant, pour les cas de crimes graves, des « peines de sûreté » de dix-huit ans au minimum. Les détenus peuvent alors demander leur mise en liberté conditionnelle. Elle est accordée après un examen minutieux.
Plusieurs juristes suggèrent de créer un « tribunal de l'exécution des peines ». Cela se pratique déjà au Canada. Au bout d'un certain nombre d'années de détention, le condamné serait jugé une seconde fois, non plus à propos de son crime, mais sur sa conduite en prison. Robert Badinter est favorable à cette formule.
Après de longues années de prison, les criminels qui récidivent sont rares. Néanmoins, deux exceptions viennent de défrayer la chronique. Norbert Garceau avait « tiré » treize ans d'incarcération pour le viol et l'assassinat d'une jeune fille. Il sort en 1978. Il étrangle une jeune femme, dans les mêmes conditions ! André Pauletto, emprisonné pour l'assassinat de sa femme et de sa maîtresse, sort, en permission. Il viole, étrangle puis éventre sa fille, Yvonne, 10 ans. « *Dans les prisons françaises, on compte bien de cinq cents à six cents types vraiment dangereux pour la société,* estime Hubert Bonaldi, le syndicaliste des gardiens. *Des pervers, et probablement tous irrécupérables.* »

***« Fais ton paquet »***

Avec la suppression de la peine capitale, les nouveaux jurys ne vont-ils pas « matraquer » encore plus, et condamner à perpétuité un nombre croissant de délinquants, qui passeront quinze ans ou davantage dans l'univers carcéral ?
Les gardiens de prison s'alarment à l'avance de cette surpopulation, prévisible à court terme. « *Il n'y a pas de prisons quatre étoiles en France,* affirme Bonaldi. *C'est un mensonge absolu. Les détenus condamnés à de très longues peines risquent de devenir des bêtes sauvages.* »
Robert Badinter a promis une réforme pénitentiaire, le corollaire indispensable de la suppression de la peine de mort. L'avocat Thierry Lévy, qui connaît bien ce milieu, critique violemment les prisons : « *Le souci de sécurité prime toutes les autres considérations humaines. Dès qu'un détenu essaie de créer des liens avec d'autres, de réfléchir sur son cas, il devient une menace pour le système.*
*Le directeur de l'établissement lui dit : "Fais ton paquet", et l'expédie ailleurs. Il est traité comme du bétail.* »
À la moindre incartade, le prisonnier peut être jeté, nu, au « mitard », la cellule de contention. Les détenus considérés comme dangereux (en vertu de quels critères ?) ont droit aux QHS (quartiers de haute sécurité), cette « prison dans la prison », que Robert Badinter envisage d'ailleurs de supprimer.
Selon Thierry Lévy, il faudrait organiser une véritable vie sociale à l'intérieur de la prison, afin de préparer la réinsertion du détenu, lorsqu'il sera libéré.
Avec la suppression de la peine de mort, la justice française se détourne enfin de la trop simpliste loi du talion : « *Tu as tué, tu seras tué.* » La décision est courageuse. Mais, malgré la disparition de la menace de la guillotine, le gouvernement n'a pas tout résolu. Une nouvelle bataille l'attend, aussi ambitieuse, autrement délicate : prévenir la criminalité, au lieu de la réprimer.

**20 NOVEMBRE 1981.** EST-CE JOSPIN QUI GOUVERNE?
Nommé premier secrétaire du parti socialiste en 1981, Lionel Jospin, peu connu du grand public, est alors l'un des proches conseillers du président de la République, François Mitterrand. Il a déjà gagné une réputation d'austérité et de sévérité. « *L'homme clé du nouveau régime aura-t-il aussi un destin ?* » s'interroge le journaliste.

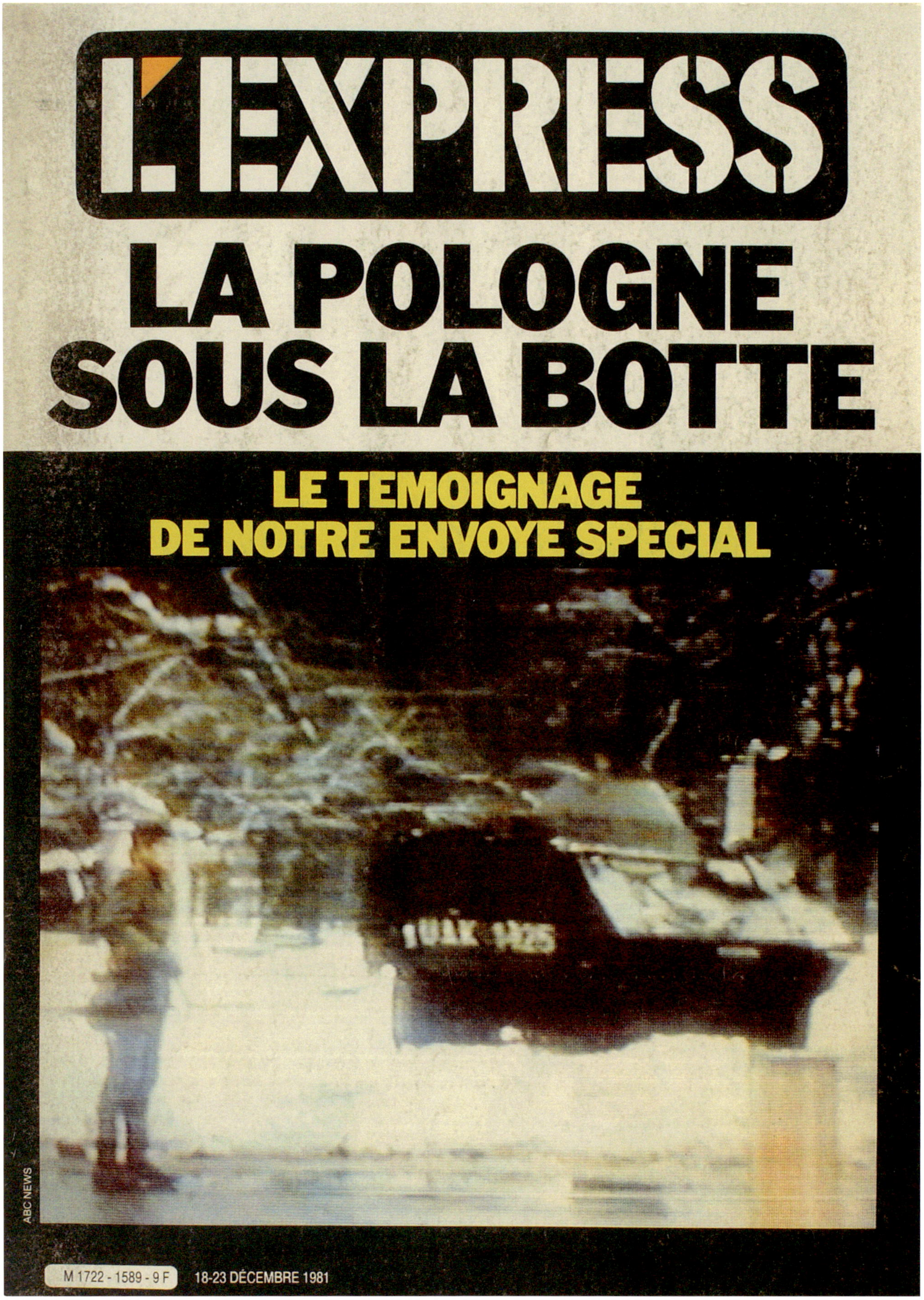


**18 DÉCEMBRE 1981.** LA POLOGNE SOUS LA BOTTE.
Alors que le syndicat *Solidarność* vient de marquer des points en matière de libéralisation, la Pologne se retrouve sous la coupe du général Jaruzelski, qui instaure l'état de guerre.

**19 FÉVRIER 1982.** CADRES: LES TRAJECTOIRES DE LA RÉUSSITE.
Costard-cravate et tailleur-pantalon, avec en ligne de mire la réussite par la carrière. Cette une évoque les années fric, années chic ; celles des *golden boys* et autres jeunes cadres dynamiques.

# IL EST NÉ LE DIVIN BÉBÉ

*Depuis près de quatre ans, l'équipe de Clamart travaillait à la fécondation* in vitro *: Amandine couronne ses efforts. Mais ce n'est pas encore la fin de la stérilité. Pour l'instant, le traitement ne fonctionne que dans 7 % des cas. Entretien avec le professeur René Frydman.*

**PAR ANNIE KOUCHNER**

À LA UNE CETTE SEMAINE-LÀ

**Dans la lutte contre la stérilité, la fécondation *in vitro* est le dernier recours. N'est-elle pas aussi un acharnement ?**
Voilà une question qui me préoccupe. Les médecins sont parfois confrontés à des demandes outrancières. Je crois qu'il faut trouver un équilibre entre ce que l'on peut attendre d'une méthode et les risques d'échec qu'elle comporte. Je mets, lors de ma consultation, toutes ces données en balance. Et, s'il le faut, j'interviens pour dresser un dernier obstacle : plus de 20 % de mes patientes ont été récusées. Le désir d'enfant ne doit pas porter le médecin à des gestes injustifiés. Je vois tous les jours des couples obsédés par leur stérilité. J'ai la conviction que, bien souvent, arrêter cette quête serait pour eux un facteur d'équilibre. Ne voyez en cela ni agressivité ni incompréhension. J'estime que le médecin doit rester dans le domaine du rationnel. Avant la naissance d'Amandine, je mettais mes patientes en garde contre l'insuccès, en France, de la méthode de fécondation *in vitro*. Demain, je leur dirai qu'une trentaine de naissances dans le monde, sur plus de mille tentatives, reste un pourcentage extrêmement faible de réussite.

**Quelles sont les indications réelles de cette méthode ?**
Quinze mille femmes, en France, souffrent actuellement de trompes obstruées. Elles pourraient bénéficier de cette technique. Il faut ajouter celles qui, chaque année, sont frappées de stérilité consécutive à une infection : un bon millier. De plus, au gré des succès à venir, les indications vont s'élargir. Au terme de deux années de bilans de stérilité, le médecin est habilité à pratiquer chez ses patientes une cœlioscopie, pour détecter des séquelles d'infection ou une anomalie. Il pourrait alors faire cette intervention au moment de l'ovulation, puis tenter une fécondation *in vitro*. Les Britanniques, eux, discutent actuellement du recours à cette méthode dans un cas de stérilité masculine, l'oligospermie, c'est-à-dire un nombre trop faible de spermatozoïdes. La fécondation *in vitro* a donc des applications plus larges qu'on ne le pense. Elle nécessite des biologistes formés et des médecins disponibles. Car les femmes ovulent tous les jours, y compris le week-end. Au plan financier, l'équipement de laboratoire revient à 250 000 francs. Le prix de l'intervention, hors laboratoire, est évalué à 5 600 francs, soit près de 20 % de moins qu'une appendicectomie.

Maintenant, quand je réalise ce qui se passe dans le monde, devant tous ces enfants qui meurent de faim ou par manque de soins primaires de santé, je comprends que l'on soit catastrophé par ces efforts déployés pour la fécondation *in vitro* : une goutte d'eau dans un océan à la dérive. C'est pour cela que je suis allé au Tchad, avec Médecins du monde, monter une équipe obstétricale à N'Djamena. Depuis, Antoine-Béclère, notre hôpital, envoie régulièrement là-bas des sages-femmes et des médecins. Tous partent avec enthousiasme, peut-être pour relativiser les choses. Mais cet engagement personnel ne remet pas en question mes recherches ni mon désir de connaissance.

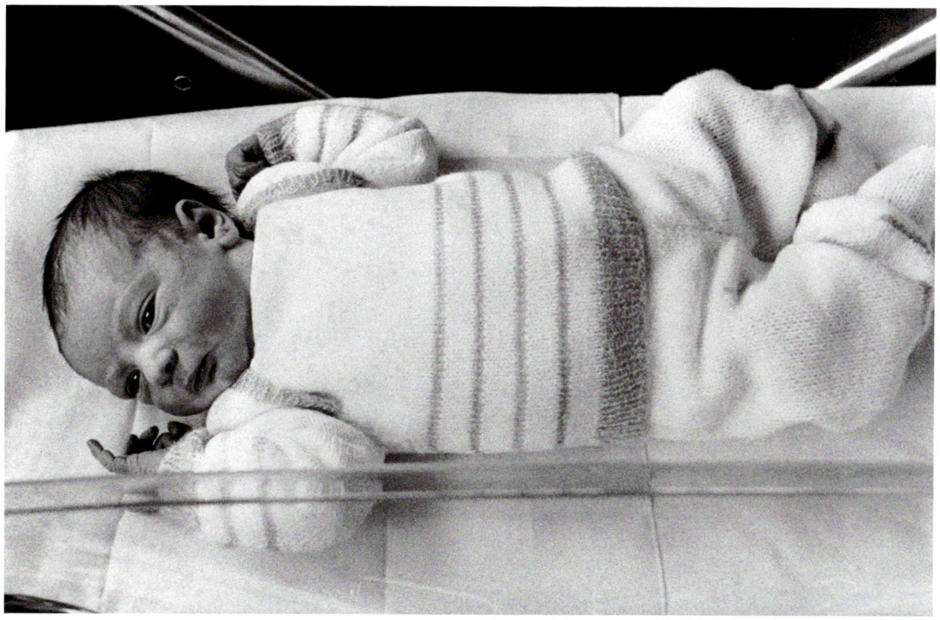

**Quel est l'avenir de la fécondation *in vitro*, pour vous ?**
Ses perspectives sont très liées à la notion de travail en binôme : un biologiste et un clinicien. Or nous n'avons reçu que des aides financières indirectes de l'Institut national de la santé et de la recherche médicale, l'INSERM. L'Assistance publique, de son côté, n'est pas intervenue, puisque la fécondation *in vitro* n'était pas un acte clinique. Je suis sûr qu'avec tout le remue-ménage fait autour de la naissance d'Amandine les choses vont changer. Tant de Philippe Lazar, directeur de l'INSERM, que de l'Assistance publique, nous avons l'assurance que les recherches vont continuer. Elles devraient même se développer, au-delà du stade du bricolage, avec de huit à dix cœlioscopies par semaine. Mais d'autres centres de fécondation *in vitro* doivent être créés, car l'émulation profite à tous.

**Devant la gravité des retombées de cet acte, il serait trop dangereux de former un supertechnicien qui travaillerait seul dans son coin.**

Cela dit, donnons-nous rendez-vous dans trois ans. Il se pourrait que l'on marque une pause, parce que l'on bute encore sur des difficultés, et qu'il faille continuer l'expérimentation sur l'animal, voire imaginer une approche différente. De toute façon, les travaux sur la fécondation *in vitro* doivent s'inscrire dans un cadre plus large de recherches. Devant la gravité des retombées de cet acte, il serait trop dangereux de former un supertechnicien qui travaillerait seul dans son coin.

**Quels sont ces risques ?**
Ils sont nombreux, il faut le dire clairement. Même si, d'une façon générale dans le monde, nous n'en sommes pas encore au stade des manipulations. Jacques Testart et moi-même souhaitons qu'une commission d'éthique soit créée rapidement. C'est dans ce but que nous avons révélé, à la télévision, l'existence de nos travaux sur la congélation des embryons. Nous avons fait cet éclat pour ne pas nous trouver un jour avec cinquante embryons congelés sans avoir été pour autant habilités à mener ces recherches. Nous ne jouons pas les francs-tireurs, nous avions prévenu l'INSERM, et notre action se place sur le plan strictement médical de la lutte contre la stérilité. Il se trouve que l'un des prolongements de la fécondation *in vitro* est la question de la congélation. J'insiste sur le fait que les équipes qui travaillent ainsi aient les moyens de se référer à une autorité morale élargie. Afin de ne pas être accusées de se livrer à un quelconque eugénisme.

**Quels garde-fous concevez-vous ?**
Le premier se situe au stade de la recherche. Pour entreprendre de tels travaux, il faut des crédits, une formation, un soutien. C'est à ce niveau que l'on rencontre le noyau de gens les plus concernés. Mais l'hôpital, aussi, a voix au chapitre. L'Assistance publique a créé, il y a six mois seulement, un comité d'éthique sur l'expérimentation humaine. Pour la reproduction, on s'achemine vers la création d'un groupe spécialisé dans lequel, à mon sens, les scientifiques concernés ne doivent pas être les seuls participants.

**Qui, alors ?**
Des gens qui se proposent eux-mêmes, des légistes, des philosophes... Il ne s'agit pas d'organiser des états généraux, mais il serait souhaitable que la structure permanente s'ouvre à tous ceux qui désirent s'exprimer sur la question.

**Amandine**, premier bébé éprouvette français, née à l'hôpital Antoine-Béclère de Clamart, grâce aux professeurs René Frydman, Jacques Testart et Émile Papiernik, le 24 février 1982.

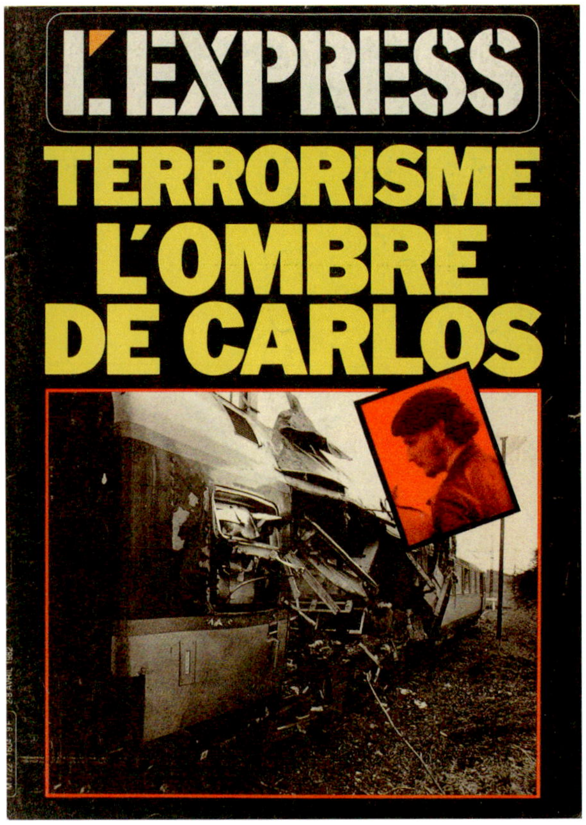

**19 MARS 1982.** **VOUS AVEZ DIT MAJORITÉ ?** Le Premier ministre, Pierre Mauroy, tente de mobiliser les électeurs socialistes entre les deux tours des cantonales. Devenir un parti de gouvernement est, pour le PS, un exercice délicat. En une, le trait de Morchoisne n'épargne pas le Lillois. **2 AVRIL 1982.** **TERRORISME, L'OMBRE DE CARLOS.** Le 29 mars 1982, le TGV Toulouse-Paris, surnommé le *Capitole*, est soufflé par une bombe. Bilan : 5 morts et 28 blessés. C'est le premier attentat d'une série d'attaques terroristes revendiquées par Ilich Ramírez Sánchez, *alias* Carlos. Arrêté en 1994, condamné en 1997 à perpétuité pour un triple assassinat commis en 1975, Carlos devrait passer à nouveau en jugement en 2011. **9 AVRIL 1982.** **FOOT. GAGNER À MADRID.** Les Bleus de Michel Platini s'apprêtent à faire leurs débuts dans la Coupe du monde en Espagne. Ils échouent en demi-finale, face à la RFA, aux tirs aux buts. Une équipe est née. Deux ans plus tard, elle sera championne d'Europe. **28 MAI 1982.** **L'HONNEUR ET LE GÂCHIS.** Le 2 avril, les Argentins débarquent sur l'archipel des Malouines, occupé par les Anglais depuis le XIX^e siècle. C'était compter sans l'obstination du Premier ministre britannique, Margaret Thatcher. Affaiblie sur le plan intérieur, la « Dame de fer » est décidée à tenir bon, coûte que coûte. La reconquête s'achève le 15 juin. La junte militaire argentine est discréditée.

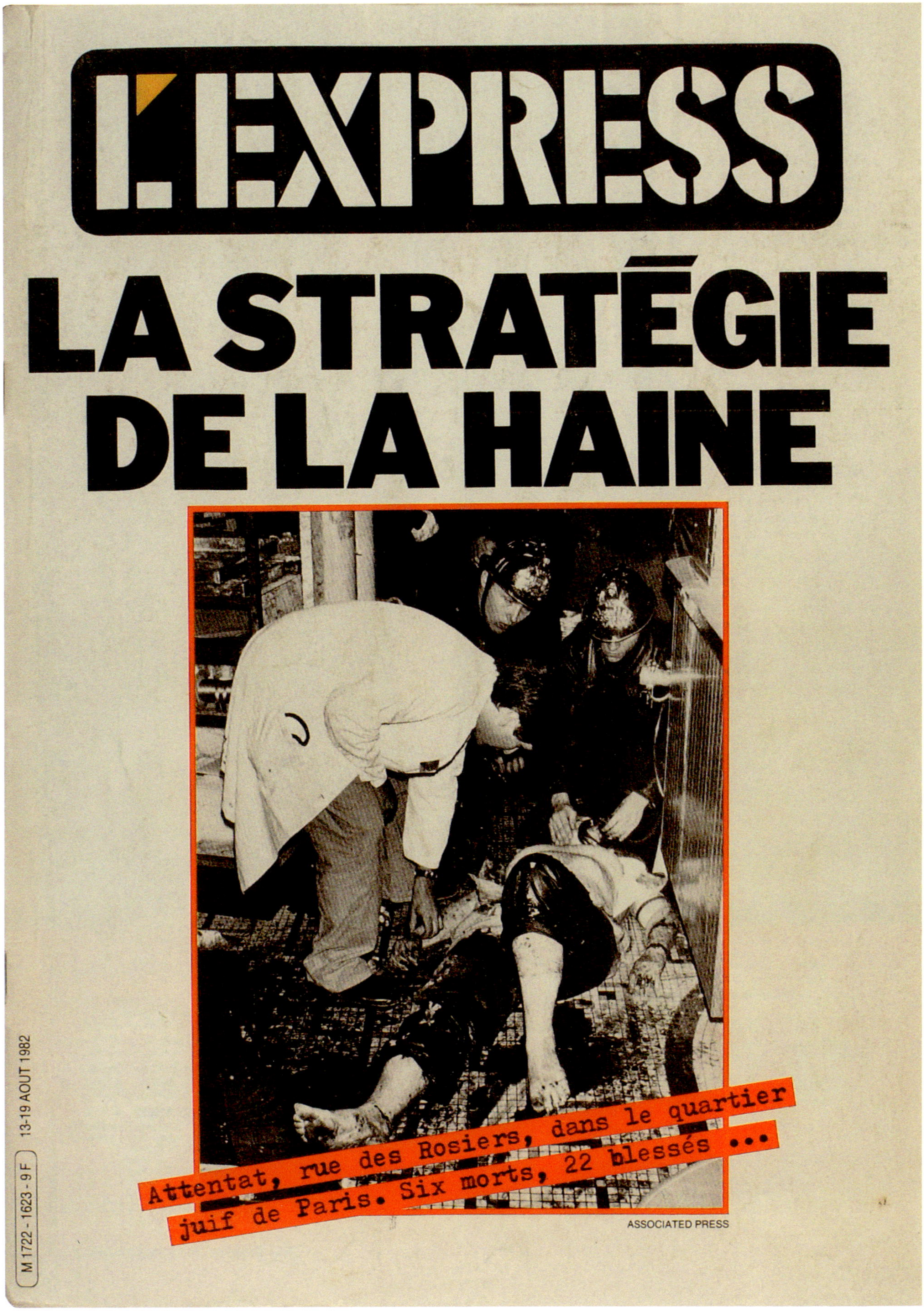


**13 AOÛT 1982.** LA STRATÉGIE DE LA HAINE.
Le 9 août, à l'heure du déjeuner, un groupe d'hommes pénètrent dans le restaurant Goldenberg, rue des Rosiers, dans le quartier juif du Marais, à Paris, et lancent une grenade. Puis ils sortent et tirent dans la foule. L'attentat fait 6 morts et 22 blessés. Les responsables n'ont jamais été retrouvés.

# APRÈS L'HORREUR

PAR RAYMOND ARON

Il faut dire d'abord, parce que c'est vrai et même si cette vérité nous déchire : Israël ne peut rejeter sa responsabilité dans les massacres de Palestiniens. Menahem Begin avait justifié l'entrée de ses troupes dans Beyrouth-Ouest par la nécessité de maintenir l'ordre et d'éviter les règlements de comptes que l'assassinat de Béchir Gemayel risquait de provoquer. Ces règlements de comptes, l'armée israélienne ne les a pas empêchés, et, présente, elle a donné l'impression de les tolérer.
Les Israéliens devraient souhaiter plus que tous les autres une enquête qui établirait quels furent les hommes le plus directement responsables. Pendant les trente-trois heures de la tuerie, des officiers de Tsahal ne pouvaient ignorer ce qui se passait dans les camps. Le haut commandement était-il informé ? Le ministre de la Défense, le Premier ministre l'étaient-ils ? Personne ne les accuse – ou ne devrait les accuser – d'avoir organisé ce crime qui fait apparaître des Juifs non plus en victimes mais en complices d'un pogrom. Mais à qui et à quoi attribuer une passivité inexcusable ?
Israël est devenu un État comme les autres, disent, avec consternation, des amis du pays hébreu, avec une joie perverse, ceux qui reportent sur les sionistes leur haine refoulée des Juifs. En un sens, Israël a été *« un État comme les autres »* dès son origine, puisqu'il est né dans et par la guerre, et livra des batailles en 1956, 1967, 1970, 1973. Israël n'a pas changé fondamentalement ; peuple en armes depuis 1948, il détient aujourd'hui une puissance militaire à laquelle tous ses voisins, coalisés, ne pourraient se mesurer.
Tous les Israéliens, comparables aux citoyens des cités antiques, sont des soldats. Trois ans de service militaire, chaque année un mois d'entraînement : par son nombre, par sa discipline, par la qualité et la quantité de ses armes, Tsahal constitue un instrument de combat qu'envieraient des États de premier rang. Simultanément, les institutions démocratiques fleurissent, exemple unique dans cette région du monde. Le pouvoir appartient aux élus ; nul ne songe à un coup d'État militaire. Les généraux qui quittent jeunes encore leur uniforme entrent volontiers dans la carrière politique. Dayan, Rabin, Sharon : généraux, puis ministres. Cette symbiose de l'armée et du peuple forme l'unité même de la nation. L'armée a joué un rôle décisif dans la transformation des Juifs de la diaspora en citoyens-soldats d'Israël. Aussi toute mise en question de l'armée ébranle-t-elle jusqu'en ses profondeurs Israël tout entier.

Le gouvernement de Jérusalem est contraint par les conditions mêmes de son existence de subordonner aux exigences de la sécurité toute autre considération. De ce fait, il tend, depuis des années, à méconnaître les dimensions psychologiques et morales de la diplomatie, à penser en stratège, obsédé par les risques et les chances militaires. L'action menée au Liban depuis trois mois, qui aboutit au désastre actuel, rappelle une fois de plus la leçon que les plus grands chefs de guerre, revenus de leurs aventures, ont tant de fois enseignée : la limite de la force des armes. Menahem Begin voulut chasser l'OLP du Liban. La majorité des Libanais souhaitaient probablement le retrait de l'OLP. Pour y parvenir, il fallut bombarder Beyrouth, et nombre de soldats-citoyens s'interrogeaient sur le sens d'une guerre au-dehors du pays, la première qu'on pouvait difficilement baptiser « défensive ». La partie fut gagnée, en apparence, quand l'OLP accepta de se retirer. Entre-temps, George Shultz avait remplacé Alexander Haig au département d'État ; il ne partageait pas les conceptions de son prédécesseur. De manière explicite, il prit position en faveur d'une « entité palestinienne » en Cisjordanie. Vaincue sur le terrain, l'OLP remporta un succès politique.
C'est probablement pour chasser de Beyrouth-Ouest les derniers combattants de l'OLP et pour désarmer les milices progressistes que Begin fit entrer Tsahal à Beyrouth-Ouest. Comme si la revendication palestinienne pouvait être étouffée par le fracas des bombes ! De Béchir Gemayel, Begin avait réclamé un traité de paix entre le Liban et Israël, comme si le commandant des phalangistes n'avait pas pour devoir d'apaiser l'inquiétude des musulmans et, à cette fin, de prendre ses distances par rapport à Israël ! Le massacre dans les camps porte un tel coup aux relations entre Israël et les États-Unis, à l'image d'Israël dans le monde, que même Begin hésitera demain à poursuivre les opérations militaires. Il reste à espérer que, par négociation, la Syrie et Israël s'accorderont sur la retraite simultanée de leurs troupes.

Je ne doute guère que des lecteurs me reprochent de hurler avec les loups, de ne pas insister sur les responsabilités des autres. Que penser des gouvernements qui retirent la force d'interposition au moment même où elle apparaît le plus nécessaire ? Bien d'autres États, arabes ou non, désiraient que l'OLP fût chassée du Liban, comme elle l'avait été de la Jordanie en 1970, et à quel prix ! Aujourd'hui, ils reprochent à Israël d'avoir accompli la sale besogne. Les États européens sont prêts à reconnaître l'OLP, à l'installer en Cisjordanie, et ils font semblant de croire que la coexistence d'Israël et de l'entité palestinienne gouvernée par Yasser Arafat serait pacifique. La tuerie fut horrible : il y en eut d'autres au Liban, depuis 1976, quand les Israéliens ne s'y trouvaient pas. En vérité, Israël et les Juifs continuent de tenir une place à part dans la conscience, bonne et mauvaise, du monde et, en particulier, du monde occidental. Aujourd'hui, j'éprouve le sentiment que l'indignation justifiée est emportée par une vague de haine et de ressentiment qui va frapper, pêle-mêle, Israéliens et Juifs, bourreaux et victimes. Que ceux qui nous gouvernent, que ceux qui parlent et écrivent prennent garde : notre paix civile aussi est en jeu.

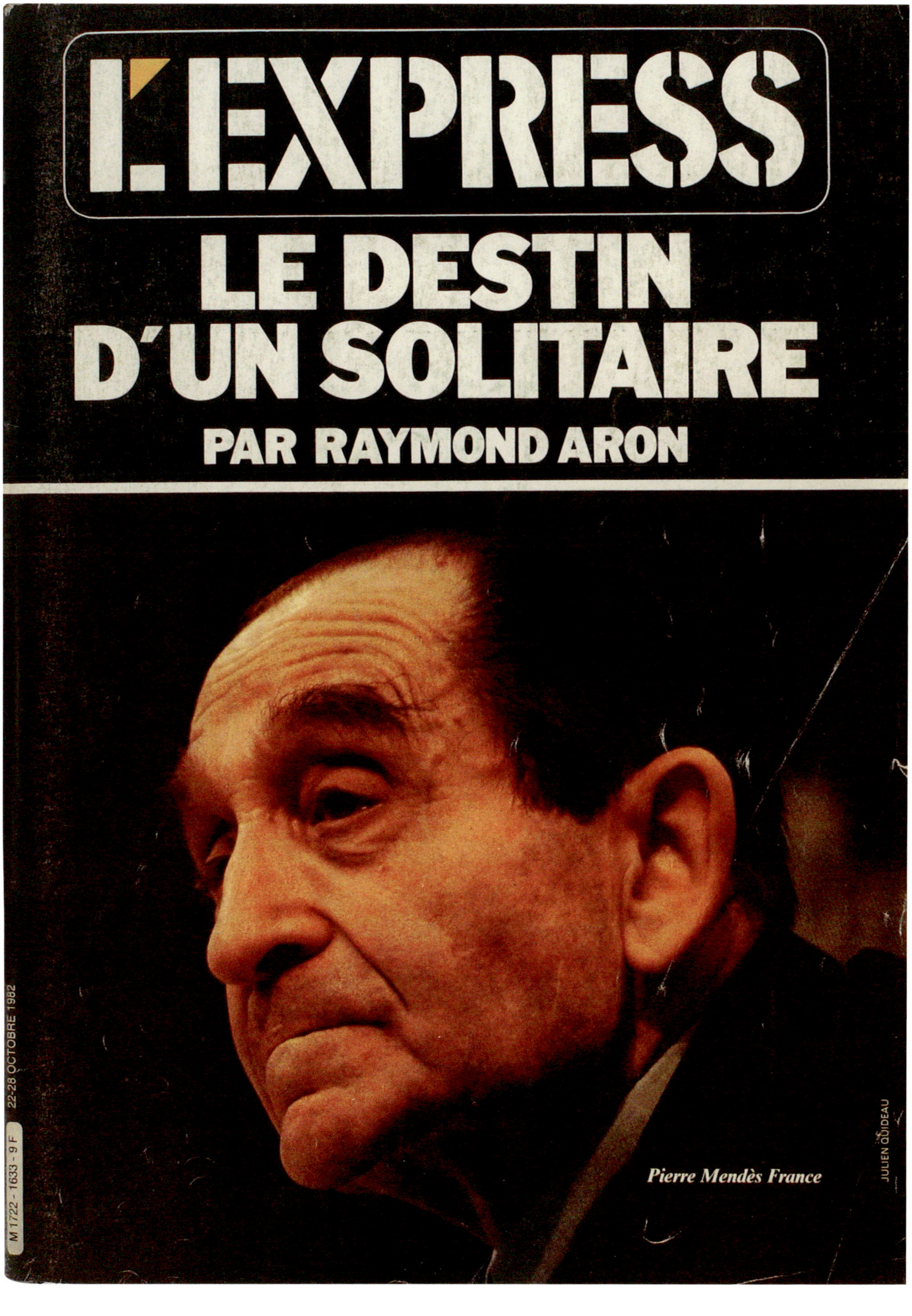


**22 OCTOBRE 1982.** LE DESTIN D'UN SOLITAIRE.
Celui qui incarnait l'une des raisons d'être du journal, dès son origine, vient de disparaître. Pierre Mendès France est mort le 18 octobre 1982. Il n'aura gouverné la France que quelques mois, en 1954, mais est entré dans l'histoire.

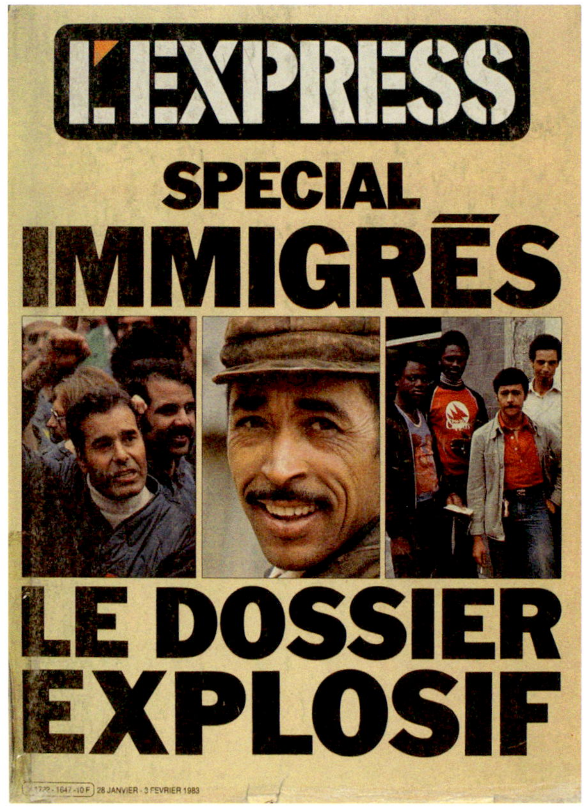

**24 DÉCEMBRE 1982.** LES ENFANTS DE L'ORDINATEUR. L'informatique fait sa rentrée des classes et investit les loisirs. La génération des micro-mioches prend le pouvoir. **28 JANVIER 1983.** SPÉCIAL IMMIGRÉS. LE DOSSIER EXPLOSIF. À la veille des élections municipales, l'immigration devient l'un des principaux thèmes de campagne. Pour comprendre les enjeux, mais aussi les risques de dérapage, *L'Express* a mené l'enquête, au-delà des préjugés. **21 OCTOBRE 1983.** RAYMOND ARON. L'intellectuel et éditorialiste meurt le 17 octobre 1983. **4 MAI 1984.** ENQUÊTE SUR UN SURDOUÉ. Normalien, énarque et chouchou du président de la République François Mitterrand, le ministre de l'Industrie, Laurent Fabius, fait parler de lui. À juste titre. Quelques semaines plus tard, il remplace Pierre Mauroy au poste de Premier ministre.

**27 AVRIL 1984. L'EXPRESS PARIS.**
Pour sa première sortie, *L'Express Paris* s'offre Isabelle Adjani. Elle vient de recevoir son deuxième césar pour son rôle dans *L'Été meurtrier*. Elle est aussi une habituée de la célèbre boîte de nuit où s'amuse le Tout-Paris : Le Palace.

# LA VALLÉE DE LA HONTE

*Cinq mois après le meurtre du petit Grégory, celui de Bernard Laroche n'a pas levé le mystère. Le long de la Vologne, les haines familiales et les erreurs de l'enquête ont trop brouillé les pistes.*

**PAR MICHÈLE GEORGES**

*À LA UNE CETTE SEMAINE-LÀ*

Gâchis, c'est le mot. Plus de cinq mois après le meurtre du petit Grégory, 4 ans et demi, le meurtrier n'a toujours pas été confondu. Mais un second drame a éclaté, vendredi dernier : Jean-Marie Villemin, le père de Grégory, a abattu d'un coup de carabine son cousin Bernard Laroche. Celui-ci, inculpé du meurtre en novembre, remis en liberté en février, devait pourtant bénéficier prochainement d'un non-lieu. Mais, dans cette étroite vallée vosgienne, entre Épinal et Gérardmer, les errances de l'enquête, les soubresauts de l'instruction ont trop longtemps chauffé l'atmosphère à blanc. Soupçons et rumeurs ont trop longtemps circulé, amplifiés par la presse.

Aujourd'hui, l'affaire Grégory prend une autre dimension : gendarmes, juge, journalistes sont accusés, pêle-mêle, d'avoir semé la confusion dans les esprits et provoqué la mort de Bernard Laroche.
Le 16 octobre 1984, quand le corps de Grégory est retrouvé dans la Vologne, à 6 kilomètres en aval de Lépanges, le village où habitent ses parents, Jean-Marie et Christine Villemin, le crime paraît signé. « Le Corbeau » qui, depuis 1983, a envoyé trois lettres anonymes, dispensé plus de 300 coups de téléphone aux différents membres de la famille Villemin, a encore frappé. Le jour du crime, à 17 h 26, il a téléphoné à Michel Villemin, le frère de Jean-Marie : « *J'ai jeté le fils du Chef dans la Vologne.* » « *Le Chef* », c'est le surnom que le clan Villemin donne à Jean-Marie. « Le Corbeau » a également posté avant 17 h 15 – le cachet de la poste de Lépanges faisant foi – une lettre pour Jean-Marie : « *Sans ton fils mais avec ton fric, tu peux être fier maintenant.* » Or, à 16 h 55, Grégory attend sa maman en jouant avec des petits copains devant le domicile de sa nourrice.
Les coupables paraissent d'abord si évidents que le soir du crime, Jean-Marie hurle : « *Je sais qui c'est* », et part, après avoir saisi sa carabine, chez M. Jacquel, le beau-père de son demi-frère. Le drame est par chance évité. Dès le lendemain, le colonel Argoud, ancien chef de l'OAS, aujourd'hui expert en écriture à Nancy, désigne aussi un suspect. On oubliera cette analyse. Les gendarmes, dans l'émotion, omettent quelques détails importants : on ne perquisitionne ni la voiture ni la maison des Villemin. On ne vérifie pas davantage à l'autopsie si l'eau dans les poumons de Grégory est bien celle de la Vologne, s'il a été drogué. On s'étonne seulement qu'il soit ligoté de façon si peu serrée, de l'absence, dans le sang, d'adrénaline, ce qui prouve qu'il n'a pas eu peur.

**Dans cette étroite vallée vosgienne entre Épinal et Gérardmer, les errances de l'enquête, les soubresauts de l'instruction ont trop longtemps chauffé l'atmosphère à blanc.**

En revanche, les gendarmes cherchent méthodiquement « le Corbeau » dans cinq villages disséminés sur quelques kilomètres le long de la rivière, où s'entremêlent une douzaine de familles apparentées aux Villemin. Le capitaine Étienne Sesmat, 30 ans, sorti de Saint-Cyr, déclare naïvement : « *C'est un complot. Je demande aux complices de venir libérer leur conscience.* » Étienne Sesmat et ses hommes déterreront ainsi des flots de rancœur, de jalousie, des histoires d'incestes, de fric-frac et de combines. Rien pourtant qui puisse justifier que l'on jette par vengeance un gosse à l'eau. Systématiquement, on analyse les écritures. Près de cent cinquante personnes feront,

en bâtons, quelque 800 lettres. L'expert Anne-Marie Jacquin-Keller a des présomptions contre Bernard Laroche. Son rapport, terminé en décembre, est annulé, car elle n'avait pas été désignée de façon légale. Mais on sait qu'elle émettait aussi des réserves sur l'écriture de Christine Villemin.

**Un témoignage fantaisiste**

C'est Christine Villemin elle-même qui fait porter les premiers soupçons sur Bernard Laroche. Elle rappelle qu'en 1977 il lui a fait du pied sous la table pendant une noce... Laroche, qu'on surnomme Popov, fait un coupable idéal. À l'heure du crime, il devait retrouver son copain Zonca pour acheter du vin au supermarché. Mais, ayant manqué le rendez-vous, il a regardé la télévision dans la ferme de sa tante Louisette, une idiote de naissance, qui rit en permanence et éructe des mots incompréhensibles. Plus douteux, on ne fait pas. Sa belle-sœur Muriel, la sœur de sa femme, Marie-Ange, une gamine rousse de 15 ans, est, dit-il, passée à 17 heures au retour de l'école. Hélas ! Muriel le contredit. Bernard serait arrivé alors qu'elle regardait déjà la télévision. Après vingt-cinq heures de garde à vue à la gendarmerie d'Épinal, elle craque : Bernard, avoue-t-elle, est venu la chercher en voiture, à la sortie du lycée, à Bruyère, avec son fils Titi. Ils sont partis pour Lépanges, où ils ont pris Grégory. Peu après, Bernard et Grégory, descendus de la voiture, se sont dirigés vers la rivière ; Bernard est revenu tout seul. Le 5 novembre, Muriel persiste et signe devant le juge. Laroche, inculpé, est écroué à Épinal. Dans un coin de la place, Jean-Marie Villemin le guette déjà.

Le mobile paraît clair : Bernard aurait toujours été jaloux de la réussite du « *Chef* », de sa femme trop jolie, de sa maison trop belle. Personne ne s'étonne vraiment qu'un assassin prenne deux témoins pour aller commettre un crime.

Le 7 novembre, Muriel revient sur ses déclarations. Devant les caméras de la télévision, elle raconte que les gendarmes, avec leur grosse voix, lui ont fait peur, la menaçant de la maison de correction. Mais comment croire à un tel revirement ? Le 4 février, pourtant, en remettant Bernard Laroche en liberté, le juge Lambert reconnaît : le témoignage de Muriel est absolument fantaisiste. L'itinéraire est incohérent. La déposition a visiblement été dictée. Le dessin du trajet a été fait par un gendarme, avec, à tout hasard, une rue barrée au stylo bleu, pour qu'elle ne se trompe pas de chemin. Ces élucubrations coûteront cependant la vie à Bernard Laroche. Avant de l'abattre, Jean-Marie Villemin lui aurait dit : « *Et que fais-tu du témoignage de Muriel ?* »

Dans la vallée, personne ne croit vraiment à l'innocence de Laroche. Ni Jean-Marie, qui avait déjà tenté de le tuer au coin d'un bois, alors qu'il se rendait à son travail. Ni les gendarmes, qui, dessaisis de l'affaire en février, au profit du SRPJ de Nancy, refusent de se déjuger. Mes Gérard Welzer et Paul Prompt, les avocats de la famille Laroche, accusent le capitaine Sesmat d'« *avoir été le directeur de conscience* » de Jean-Marie. En clair, de l'avoir poussé involontairement au meurtre.

Quand le SRPJ de Nancy reprend l'enquête, sous la direction du commissaire Andrieux, les nouveaux experts en écriture, Mme de Ricci et M. Bucquet, nommés

**Christine et Jean-Marie Villemin**, les parents du petit Grégory, quatre ans, retrouvé noyé le 16 octobre 1984 dans la Vologne, photographiés le 23 novembre 1984 dans leur salle à manger.

dans les règles cette fois, rendent leur verdict : l'assassin serait Christine, la propre mère de Grégory. On est passé d'histoires invraisemblables, de témoignages incroyables à une hypothèse inconcevable. Pourtant, dans les déclarations de Christine, les enquêteurs du SRPJ ont effectivement relevé des contradictions matérielles. Elle dit être sortie à 16 h 50 de la manufacture où elle travaille, dans le bas du village de Lépanges. Elle a pris sa voiture au parking situé de l'autre côté de la rue, tourné à droite, pour aller chercher Grégory à quelques centaines de mètres de là, chez Mme Jacquot, qui le garde. Elle s'est dépêchée, pressée de rentrer chez elle pour faire du repassage. Comme il faisait encore beau, elle a laissé le gamin jouer devant la maison, sur un tas de gravier. À 17 h 30, son repassage terminé, elle ne trouve plus Grégory. Elle le cherche en vain. C'est par téléphone qu'elle apprend l'enlèvement.

**« *J'ai fait ça pour toi* »**

Mais les enquêteurs disposent des témoignages de trois camarades de travail, selon lesquels Christine aurait en réalité tourné à gauche, en direction de la poste, où on l'aurait vue mettre une lettre, avant 17 h 15. M. Colin, qui promenait son chien sur le chemin menant à la maison des Villemin, n'a pas vu passer Christine à 17 heures. Le voisin, M. Meline, qui taillait ses arbres, n'a pas aperçu Grégory sur son tas de gravier, ni sa mère. En outre, elle affirme avoir entendu à la radio, en repassant, une publicité pour le fromage Grosjean. La pub est en réalité passée avant 17 heures.

Ces faisceaux de présomptions laissent pourtant Christine Villemin apparemment impavide. Elle exécute les dictées complémentaires demandées par les experts en affirmant : « *Même s'ils me déclarent coupable à 100 %, ce n'est pas moi.* »

Les témoignages de ses camarades de travail ? « *Elles se trompent.* » Christine a effectivement posté du courrier à Lépanges, la veille.

Son argument de poids : « *Quel mobile aurais-je eu pour tuer mon enfant ?* » De fait, on ne lui en trouve pas. Jean-Marie, son époux, lui, camusien sans le savoir, déclare qu'entre la justice – les expertises – et sa femme il choisit sa femme.

Curieux personnage. Ravi d'être appelé « *le Chef* » par le clan. Contremaître, il est fier de sa « réussite », dont le symbole est le pavillon préfabriqué qu'il a fait édifier sur les hauts de Lépanges. Dans cette vallée, où filatures et corons s'échelonnent tout le long de la Vologne, grimper sur les collines est signe d'ascension sociale. Après le meurtre de Laroche, il dit à sa femme : « *J'ai fait ça pour toi.* »

Christine est-elle une machiavélique criminelle, ou une pathétique victime ? Les présomptions retenues contre elle – témoignages, expertises – sont exactement identiques à celles qui ont fait inculper Bernard Laroche, puis qui ont été retournées en sa faveur. Entre Épinal et Lépanges, on commence à avoir l'impression que plus personne n'a vraiment envie de connaître la vérité.

**Jean-Marie Villemin** à sa sortie de la clinique de la Roseraie où se trouve Christine Villemin, enceinte de six mois, mars 1985.

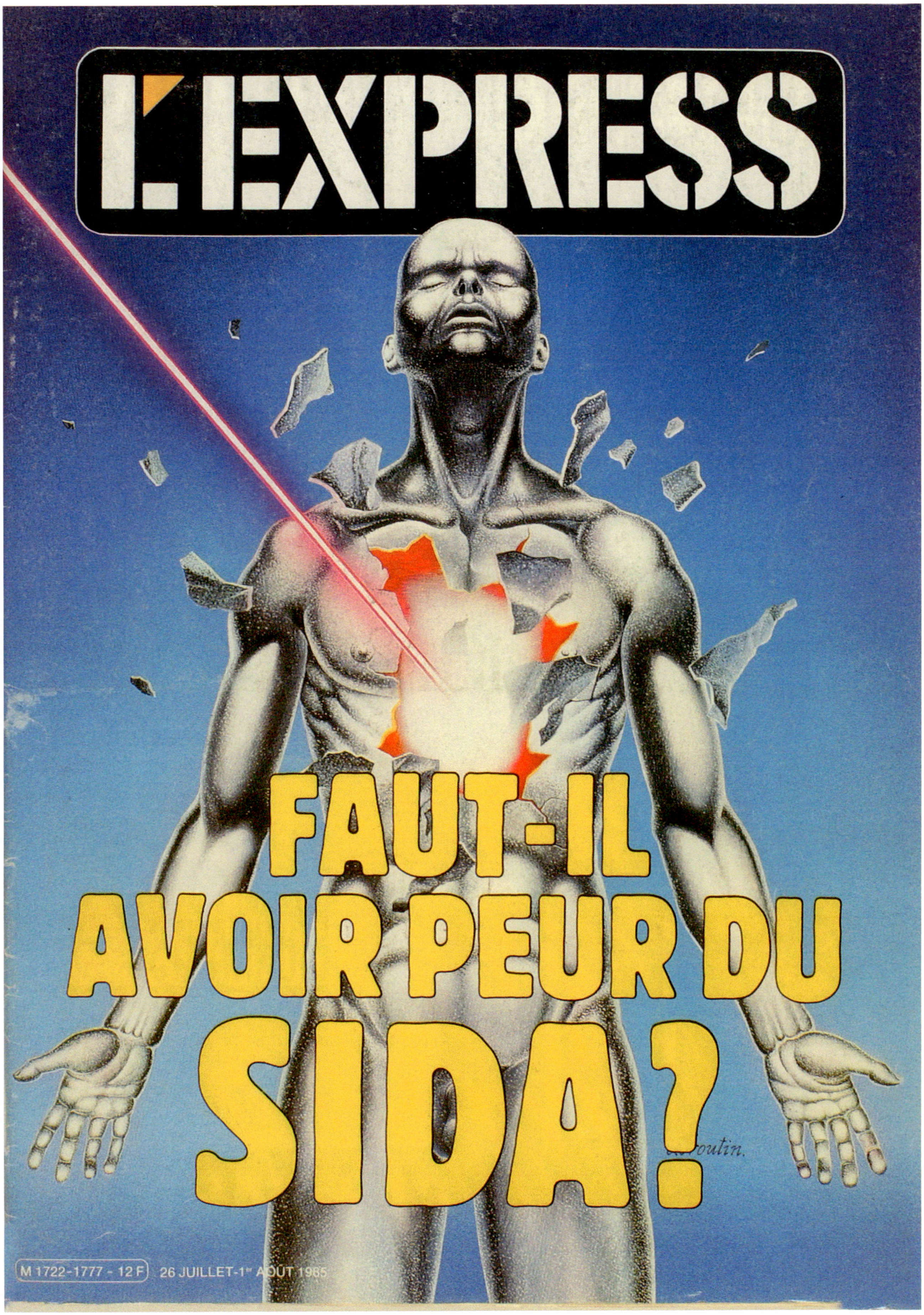


**26 JUILLET 1985.** FAUT-IL AVOIR PEUR DU SIDA? Pour la première fois, cette maladie très peu connue fait la une. Le désarroi face à la propagation du virus provoque un réflexe de peur et de rejet des malades.

# LES SECRETS D'UNE AFFAIRE D'ÉTAT

*L'attentat contre le bateau de Greenpeace dans le port d'Auckland: c'était bien les services secrets français.* L'Express *révèle comment une mission mal exécutée a pu se transformer en un scandale politique.*

**PAR JACQUES DEROGY ET JEAN-MARIE PONTAUT**

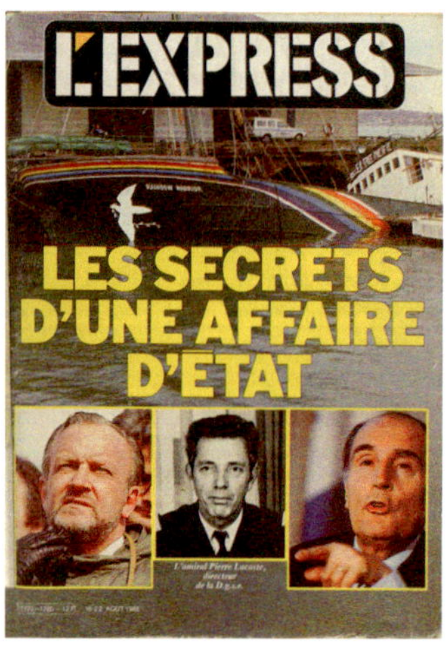


À LA UNE CETTE SEMAINE-LÀ

Rien ne peut plus empêcher le suspens le plus rocambolesque de l'année de devenir l'affaire d'État du septennat. L'attentat commis aux antipodes contre le *Rainbow Warrior*, un bateau de l'organisation écolo-pacifiste Greenpeace, porte bel et bien la signature des services secrets français. *L'Express* est en mesure de dévoiler les dessous de l'opération paramilitaire décidée à Paris et les bavures qui ont entraîné la mort d'un homme, le photographe portugais Fernando Pereira, dans le port néo-zélandais d'Auckland, et l'arrestation d'un couple d'agents français en mission.

Notre enquête nous permet aujourd'hui de révéler l'identité de la jeune femme accusée par la police néo-zélandaise d'avoir participé à l'attentat: il s'agit du capitaine Dominique Prieur, 36 ans, mariée à un officier, capitaine du génie, qui commandait la caserne des sapeurs-pompiers de la rue du Vieux-Colombier, à Paris VIe. Affecté, depuis le 1er juillet, au ministère de la Défense pour préparer l'École de guerre, son époux a déménagé précipitamment, le jeudi 8 août.

Ce mystérieux couple, titulaire de faux passeports suisses aux noms de Sophie-Claire Turenge, 36 ans, enseignante, et d'Alain-Jacques Turenge, 34 ans, directeur de société, dissimule en effet deux officiers du service Action de la DGSE. La jeune femme, mère d'un enfant, appartient depuis plusieurs années à la centrale de renseignement et travaillait à la caserne Mortier. L'un de ses collègues l'a reconnue sur la photographie, lors de son arrestation à Auckland, en dépit de sa coiffure et de nouvelles lunettes, qui ont modifié sa physionomie. Son père manifeste aujourd'hui de vives inquiétudes.

Le pseudo-mari, incarcéré en même temps qu'elle, est commandant au Centre d'instruction des nageurs de combat de la base aéronavale d'Aspretto, près d'Ajaccio, qui est, avec le 13e régiment de dragons parachutistes de Dieuze, dans la Moselle, le fer de lance de la division Action de la Piscine. Il est reconnaissable à la large cicatrice qui barre sa poitrine.

Au moment de son arrestation, le faux couple de touristes était en possession d'un appareil photo très sophistiqué, acheté dans un magasin spécialisé des Grands Boulevards parisiens.

C'est une autre espionne professionnelle qui avait fait les repérages indispensables à l'exécution de l'attentat. Cette petite jeune fille trapue, aux cheveux châtain clair, est une passionnée de la mer qui, sous la fausse identité de Frédérique Bonlieu, a infiltré l'organisation Greenpeace en Nouvelle-Zélande, de la mi-avril au 24 mai. Les 66 enquêteurs du superintendant Alan Galbraith l'auraient déjà identifiée grâce à deux numéros d'appel téléphonique qu'elle a composés dans sa chambre du Youth Hostel d'Auckland: une communication avec une amie militaire comme elle et avec sa famille, dans le sud-ouest de la France.

En outre, trois des quatre navigateurs venus de Nouméa rejoindre le faux couple à bord du voilier *Ouvéa* – un First 38 de 12,25 mètres – avec un matériel de communication prêté par un responsable de la société française Thomson, avaient présenté des passeports bidon confectionnés à Paris. L'un de ceux-ci porte même le numéro de l'authentique passeport d'un gendarme de la garde républicaine. Ils sont évidemment inconnus aux adresses qui y figurent: il n'y a pas de Jean-Michel Berthelo, 33 ans, agent commercial, au 49, rue de la Victoire, Paris IXe, ni d'Éric Audrenc, 32 ans, photographe, au 2, rue de l'Atlas, Paris XIXe, et moins encore de Raymond Velche, 35 ans, skipper, au 52, rue du Chemin-Vert, un immeuble vétuste de 61 appartements, sans concierge, du XIe arrondissement de Paris. Tous trois seraient également des nageurs de combat de la base d'Aspretto. Lors du contrôle de leur voilier sur le chemin du retour, à l'escale de Norfolk, la police australienne a saisi une pellicule où figure la photo de trois d'entre eux, dont le skipper Velche. Ce qui devrait pouvoir faciliter leur identification et faire litière de leur prétendue appartenance à une organisation de mercenaires venus de l'extrême droite. Indice supplémentaire inédit : ils étaient arrivés, le 7 juin à Nouméa, en compagnie de l'un des patrons de l'opération, portant de faux papiers au nom de Philippe Dubast, analyste de 49 ans originaire de Reims.

**À l'origine de l'affaire, il y a bien pourtant une réelle inquiétude des services français sur les activités du mouvement Greenpeace.**

Pour camoufler cette gaffe catastrophique, le gouvernement français, pris de court par les premières conclusions de l'enquête néo-zélandaise et les informations qui commencent à filtrer jusqu'à Paris, s'empresse d'allumer un contre-feu politico-stratégique. D'abord au sommet de l'État, par l'annonce, le 8 août, sur le coup de 1 heure du matin, d'un échange de lettres entre le président Mitterrand et le Premier ministre, Laurent Fabius, pour ordonner sans délai une enquête rigoureuse destinée à faire toute la lumière et à sanctionner d'éventuels coupables à quelque niveau qu'ils se trouvent.
Dans la matinée est annoncée la mission confiée solennellement à une personnalité « incontestable », Bernard Tricot, grand commis de la Ve République gaullienne.

**Hernu annule deux voyages**
À l'Élysée et à Matignon, on explique que la gravité des accusations néo-zélandaises nécessitait une telle démarche exceptionnelle : il s'agit d'une affaire de morale politique. Il est difficile de se poser en champion de la défense des droits de l'homme et d'être soupçonné d'avoir ordonné ou couvert un acte de terrorisme.
Plus discrètement, le pouvoir prend langue avec l'opposition pour prévenir une politisation de l'affaire qui pourrait noircir l'image de la France. Ce même jeudi, à 14 h 30, le général Roger Emin, n° 2 de la DGSE, se rend à l'Hôtel de Ville pour tenir informés Robert Pandraud et Michel Roussin, les deux collaborateurs les plus proches de Jacques Chirac. Sur le plan international, l'assurance donnée par le président de la République au Premier ministre de Nouvelle-Zélande, David Lange, de coopérer à l'enquête en cours tend à désamorcer l'offensive antifrançaise dans le Pacifique Sud. Le dirigeant néo-zélandais reçoit le message 5 sur 5 : après avoir affirmé à grand fracas, le 23 juillet, que la police française connaissait les auteurs du sabotage et sa connotation politique, il met un bémol retentissant à la clef de ses accusations, en déclarant, le 10 août, n'avoir aucune preuve de la participation des services français à l'action criminelle stigmatisée par les plus hautes autorités françaises. N'empêche : Charles Hernu a dû annuler en catastrophe deux voyages à l'étranger et rester à la disposition du chef de l'État, qui l'a retenu deux heures dans sa villa landaise de Latche. Un dialogue sans doute animé.
À l'origine de l'affaire, il y a bien pourtant une réelle inquiétude des services français sur les activités du mouvement Greenpeace. Vieille histoire qui remonte à l'installation, en 1966, du centre d'expérimentation nucléaire en Polynésie. Les flottilles dérisoires affrétées par les organisations pacifistes ont été à plusieurs reprises neutralisées par toutes sortes de moyens, y compris les plus inavouables. Toutefois, au début de cette année, la direction du contre-espionnage de la DGSE a réuni des informations très troublantes sur la pénétration de Greenpeace par des services du bloc soviétique. Elle s'alarmait surtout de la tournure menaçante prise par la nouvelle campagne antinucléaire que cette organisation internationale s'apprêtait à lancer cet automne. À la Piscine, on redoutait une démonstration très spectaculaire à grand renfort de médias, telle qu'une tentative de débarquement en force à Mururoa. Ainsi qu'une possibilité d'espionnage technologique fort gênante à la veille d'expériences sensibles sur la bombe à neutrons.

**Des « hasards » très au point**
Dès lors se monte une opération préventive de grande envergure. Le schéma de sa mise en place est classique. Le directeur de la division Recherche désigne un chef de mission pour en mettre au point les détails et en évaluer le coût. La neutralisation définitive du bateau amiral de Greenpeace, le chalutier de 48 mètres *Rainbow Warrior*, est estimée à plusieurs millions de francs. Le chef de mission rend compte de l'étude au directeur général de la DGSE, l'amiral Lacoste, qui lui donne alors des instructions orales, après avoir obtenu le feu vert de son ministère de tutelle et du cabinet militaire de la présidence ou de ses conseillers particuliers pour les affaires de sécurité.
Les préparatifs peuvent commencer. Premier objectif : le repérage sur le terrain. C'est là qu'apparaît Frédérique Bonlieu, qui s'est présentée comme géologue à un sympathisant des écologistes, Jean-Marc Vidal, directeur de l'école de la mer de Port-Camargue (Gard). Elle l'a rencontré « par hasard », en août 1984, sur les quais d'Ajaccio, et lui a fait part de son admiration pour les exploits de l'équipe du commandant Cousteau.
Cinq mois plus tard, elle le retrouve au Salon nautique, à Paris, où elle l'informe de son intention de se rendre dans le Pacifique pour se livrer à une exploration archéologique : elle veut en profiter pour aider les écologistes et lui demande donc une introduction auprès des militants de Greenpeace.
La jeune « archéologue » débarque à Auckland au milieu du mois d'avril. Elle loue plusieurs voitures pour visiter la Nouvelle-Zélande, et se met à la disposition du siège de Greenpeace pour traduire les documents destinés à la section française. Elle demande où il est possible de louer, dans l'île, des bouteilles de plongée sous-marine et des dinghies pour des amis touristes. Elle expédie même à son bureau de Paris des cartes détaillées du port d'Auckland ; l'une d'elles sera retrouvée plus tard, lors du contrôle de l'*Ouvéa* à son escale australienne de Norfolk. De son hôtel, elle donne plusieurs coups de fil en France, qui laisseront des traces, et s'envole pour Paris, le 24 mai. Neuf jours après l'attentat du 10 juillet, elle enverra une lettre à ses amis écologistes d'Auckland, depuis le kibboutz de Pardes Hannah, en Israël, pour exprimer son indignation : « *Je suis sous le choc de cette monstruosité* », écrit-elle. Mais, dès que son pseudo apparaîtra dans la presse néo-zélandaise, elle quittera précipitamment Israël, le 26 juillet, pour gagner, dit-elle, le Liban, où elle a déjà séjourné.
Entre-temps, grâce à l'excellence de ses renseignements, la mission du service Action s'est mise en route. Un médecin de Dieppe, le Dr Xavier Maniguet, adepte du parachutisme, de la plongée sous-marine et des sports de combat, et qui n'exerce son art que sur les plates-formes pétrolières d'Abou Dabi, se présente, à la fin d'avril, dans une agence de voyages spécialisée dans certaines croisières

de luxe, la société Odyssée, rue du Ranelagh, Paris XVIe. Il dit chercher des coéquipiers pour une croisière de voile en Nouvelle-Calédonie, et propose de verser, pour sa part, 90 000 francs en espèces. Comme par hasard, quelques jours plus tard, un soi-disant skipper professionnel, Raymond Velche, se présente à son tour à la même agence en quête, avec deux amis, d'un quatrième partenaire pour faire de la voile à Nouméa. Élémentaire, mon cher Gorille…
Le 28 mai, ce beau navigateur aux cheveux ondulés s'envole pour Nouméa inspecter consciencieusement le voilier *Ouvéa*, loué par la société Nouméa Yacht Charter, pour le compte de son propriétaire, Jean Pélissier. Il remplit une fiche d'expérience nautique : dix ans de navigation comme chef de bord, deux ans de charter aux Antilles et un louage de bateaux à une société inconnue, du nom de Locazur. Après avoir réglé la chambre 302 du Nouméa Beach Hotel en liquide, il reprend l'avion, le 31 mai, pour Paris : ce qui représente soixante heures de vol et dix-huit heures de décalage horaire en moins de quatre jours !
Il revient, le 7 juin, en compagnie de ses deux amis, Audrenc et Berthelo. Le trio dédaigne l'accueil de l'agence et loue, chez Hertz, un véhicule Combi Volkswagen dont il a fait ôter le siège arrière pour entasser du matériel. Il a des démêlés avec la douane pour sortir de l'aérogare des sacs marins trop lourdement chargés. À son hôtel est descendu un autre passager du vol UTA, sous le nom de Philippe Dubast, qui s'éclipsera le 14 juin.
Durant quatre jours, les trois navigateurs s'affairent à bord du voilier pour y installer un équipement technique inégalé, fourni par un responsable de Thomson familier de la Piscine : le système Satlaw de prise de point par satellite, un pilote automatique, un quartz radio Blu de 8 mégahertz pour liaisons intercontinentales et un interphone entre l'habitacle et le pont. Ils refusent de se prêter à la vérification contradictoire de routine et déclinent toute aide extérieure. Ils louent au magasin Corail Marine un compresseur, trois détendeurs et une bouteille de plongée. Pour régler la location du bateau jusqu'au 28 juillet, Velche libelle deux chèques de 53 125 francs chacun, tirés sur le compte de la société Odyssée, à l'Européenne des banques de Paris !
Le 11 juin débarque à son tour le quatrième larron de l'équipée : le Dr Maniguet. D'après les spécialistes du renseignement, le médecin ne serait là que pour fabriquer, à son insu ou non, une « légende », son identité, vérifiable, servant à donner une apparence de crédibilité au groupe.

L'*Ouvéa* prend la mer le 13 juin. Quinze jours plus tard, le faux couple suisse Turenge s'envole de Londres, après y avoir séjourné vingt-quatre heures, à destination d'Auckland. A-t-il été repéré par les services britanniques ? Il se peut, puisque, peu après son arrestation en Nouvelle-Zélande, ces services sembleront connaître sa position à la DGSE. Ils savent en tout cas que les agents secrets français en mission ont le choix entre deux nationalités d'emprunt, belge ou suisse, et qu'ils préfèrent généralement passer pour Suisses.
Le 5 juillet, les deux faux amoureux louent une 4×4 Toyota pour visiter l'île. Ils ne peuvent compter sur l'aide du dernier honorable correspondant, dont la fabrique de pâte d'huîtres, sa couverture, a fait faillite. Ils descendent notamment au Beach Comber Hotel, à Paihia, dans le nord de la Nouvelle-Zélande, non loin du port de Whangarei, où l'*Ouvéa* est au mouillage depuis le 26 juin. Les quatre navigateurs ont été repérés par la douane parce qu'ils ont accosté dans plusieurs criques et fait cinq séjours de cabotage en omettant de déclarer leur présence sur le territoire néo-zélandais. Le skipper fait par gros temps une entrée périlleuse remarquée dans le port de Whangarei, à 170 kilomètres au nord d'Auckland, où mouille le ketch de Greenpeace. Le bon Dr Maniguet quitte alors ses coéquipiers et profite de l'hiver austral pour aller skier en montagne, près de Wellington, la capitale. Les trois autres navigateurs louent une voiture, qu'ils trouvent bientôt trop petite et qu'ils échangent contre un break Mitsubishi, avec lequel ils vont parcourir de longues distances. Le loueur leur trouve « *l'allure militaire* ». Avant leur départ, un témoin remarque la Toyota des « époux » Turenge sur le quai où l'*Ouvéa* reste au mouillage et les aperçoit en conversation avec l'équipage.
Le voilier appareille le 9 juillet, trente heures avant l'explosion du *Rainbow Warrior* dans le port d'Auckland. C'est la phase finale de l'opération… Il apparaît qu'elle a ripé sur plusieurs grains de sable. Le matériel a dû être transporté à pied d'œuvre à bord d'un des deux véhicules. Premier « pépin » : dans l'après-midi du 10 juillet, un quidam informe la police locale qu'il vient de voir un Zodiac gris et noir embarquer du matériel qu'il croit volé à un véhicule stationné dans le petit port de Hobson Bay, à 3 kilomètres au nord d'Auckland. Quand les policiers surviennent, un quart d'heure plus tard, il n'y a plus trace ni du Zodiac ni du véhicule, dont le témoin leur fournit un signalement détaillé.

Deuxième incident : à 21 h 30, un autre témoin s'étonne de voir un inconnu en train de couler un Zodiac près du pont de Ngabibi. Sous le dinghy à demi immergé, les enquêteurs trouveront plus tard une bouteille d'oxygène portant l'étiquette de la marque Plastimo, et peut-être des empreintes exploitables – dont les autorités néo-zélandaises refusent de confirmer si elles correspondent à celles des « époux » Turenge.
Trois heures après ce témoignage, à 0 h 30, le *Rainbow Warrior* est secoué par une première explosion. Il restait à bord 12 hommes d'équipage, dont le photographe Pereira, après le départ, dans la soirée, de 25 responsables de Greenpeace. Les occupants, réveillés par la secousse, sautent sur le quai. Mais le Portugais, qui travaille pour une agence néerlandaise, retourne dans sa cabine récupérer son matériel. C'est alors que se produit une seconde explosion, plus importante, qui le tue et couche le bateau sur le flanc. Cette mort imprévue va transformer le fait divers en affaire d'État.

**Les enquêteurs ne tardent pas à se mettre sur la piste des Français, qui ont laissé presque trop de traces au dire des spécialistes.**

Que s'est-il passé au juste ? Les deux mines magnétiques, reliées entre elles et collées à la coque, étaient-elles télécommandées par l'un des agents français, qui croyaient le bateau évacué après la première explosion, ou bien la mise à feu a-t-elle été déclenchée par une minuterie, avec une première charge permettant aux occupants de quitter le bord ? Le skipper Peter Wilcox expliquera plus tard aux journalistes néo-zélandais que son nouvel équipement électronique, d'une valeur de 75 000 dollars, est désormais hors d'usage. Il a nagé dans le mazout pour tenter vainement de récupérer, selon lui, de précieux papiers.

### De biens curieuses spéculations

Les enquêteurs ne tardent pas à se mettre sur la piste des Français, qui ont laissé presque trop de traces au dire des spécialistes. Deux jours plus tard, le couple Turenge tombe dans une souricière en restituant la Toyota à

l'agence de location de Mount Wellington. Remis en liberté sous caution, le 17 juillet, ils sont à nouveau arrêtés dans les heures qui suivent, car leurs passeports, confisqués, se sont révélés être des faux. Le 23, ils sont officiellement inculpés, par le tribunal d'Auckland, de complicité de meurtre, de destruction par explosifs et d'usage de fausses identités.
Quatre jours plus tard, un promeneur découvre, à Pollen Island, une deuxième bouteille d'oxygène identique à la première et qui a été ramenée par le courant.
Les quatre autres Français, repartis à bord de l'*Ouvéa*, ont échappé de justesse au coup de filet. Le 13 juillet, en effet, ils sont interceptés à l'île de Norfolk par la police australienne, qui fait venir les enquêteurs néo-zélandais. Mais ceux-ci, n'ayant alors aucun mandat pour les interpeller, les laissent repartir après avoir saisi la pellicule où se trouvent photographiés trois d'entre eux et un plan annoté par Frédérique Bonlieu, la taupe en fuite.
Le Dr Maniguet en profite pour quitter la croisière, en indiquant qu'« *il en a marre de la mer* », et gagner Sydney, où, de nouveau mis hors de cause, il prendra l'avion pour Paris.
L'*Ouvéa* met le cap sur les îles Loyauté. Les 17, 18 et 21, il signale des positions fantaisistes et s'évanouit dans l'océan. Selon les enquêteurs néo-zélandais, il aurait été sabordé par son équipage, lequel aurait pu être récupéré par un bateau de la marine nationale croisant alors dans les parages. Un sabordage qui ajoute un piment final au suspens, mais que Paris ne peut que récuser. Sans pouvoir éviter pour autant une troisième explosion : celle du scandale politique.
Tandis que le pouvoir affiche sa volonté de jouer le jeu de la vérité, on voit éclore, ces jours-ci, de bien curieuses spéculations sur toutes sortes de pistes qui ressemblent singulièrement à un contre-feu tactique. Après les premières révélations de *VSD* et de *L'Événement du jeudi*, qui ont allumé la mèche, un journaliste de France-Inter, Gilbert Picard, prétend avoir lu l'ordre de mission du faux couple Turenge.
Celui-ci aurait été envoyé comme simple observateur non par la DGSE, mais par un service « indépendant » chargé de la sécurité des sites nucléaires. Il aurait été victime d'un montage de services spéciaux étrangers, qui auraient également profité de la présence de mercenaires venus se livrer à de mystérieux trafics...
Scénario, plus abracadabrant encore, d'un complot anglo-soviétique contre la présence française dans le Pacifique. Cette invraisemblable version a le mérite de disculper la DGSE, dont les responsables mis en cause supporteront difficilement d'être seuls à porter le chapeau. Leur ministre de tutelle, Charles Hernu, se trouve désormais exposé en première ligne.
Tout dépend maintenant des résultats de l'enquête poursuivie, en France même, par les policiers néo-zélandais arrivés, le 13, avec leurs dossiers et leurs atouts, assistés sans réserve par les services du ministère de l'Intérieur. Et des conclusions auxquelles aboutira la redoutable mission confiée à Bernard Tricot : concilier l'exigence de justice et de vérité avec les impératifs de la raison d'État.

**Le photographe de Greenpeace, Fernando Pereira,** disparu dans l'attentat qui coula le bateau de Greenpeace, le *Rainbow Warrior*, octobre 1985.

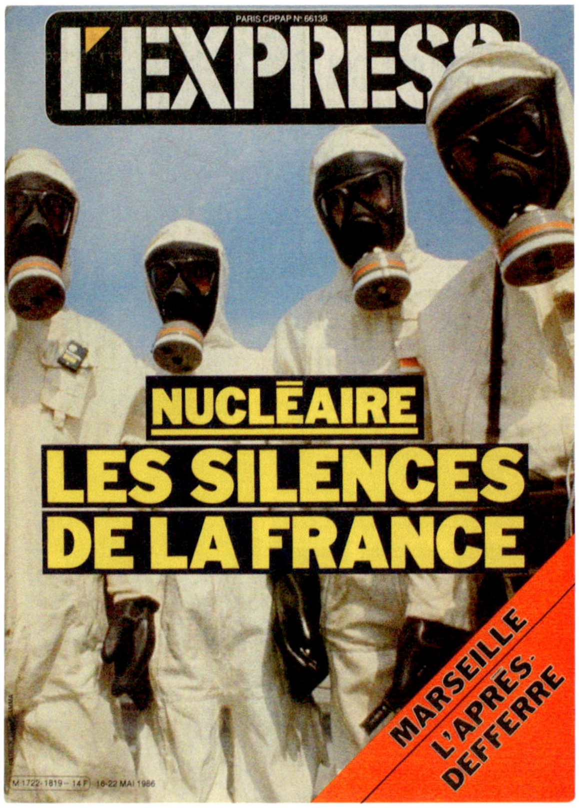

**7 FÉVRIER 1986.** **LE DRAME, L'ARGENT, LA LOI.** Après les années 1970, celles de la libération des mœurs, les années 1980 voient se multiplier les familles recomposées. Les procédures de divorce ont d'ailleurs été simplifiées en 1985.
**16 MAI 1986.** **NUCLÉAIRE. LES SILENCES DE LA FRANCE.** L'explosion de la centrale nucléaire de Tchernobyl s'est produite un mois plus tôt. À Paris, le gouvernement tente d'esquiver la polémique sur le survol du pays par le nuage radioactif.
**4 JUILLET 1986.** **FRANCS-MAÇONS, LES SECRETS DE LEUR POUVOIR.** Pour la première fois, *L'Express* plonge dans la mécanique franc-maçonne. Des réseaux, de l'influence et des obédiences qui continuent de fasciner. **24 OCTOBRE 1986.** **IMMIGRÉS. QUI DEVIENDRA FRANÇAIS.** Un projet de loi prévoit la suppression de la naturalisation automatique des étrangers nés en France ou mariés à un(e) Français(e). Pour la première fois, émerge le débat sur l'identité nationale. Et déjà, le risque de la montée du FN est évoqué.

**NOVEMBRE 1986.** ***SPORT. VOTRE ARGENT. STYLE. AUJOURD'HUI.***
Lancement des hebdos mensuels, quatre suppléments thématiques vendus à tour de rôle avec le journal.

**21 NOVEMBRE 1986.** ACTION DIRECTE, LA LISTE ROUGE.
Le 17 novembre, Georges Besse, P-DG de la Régie Renault, est assassiné par le groupe terroriste anarcho-communiste Action directe.

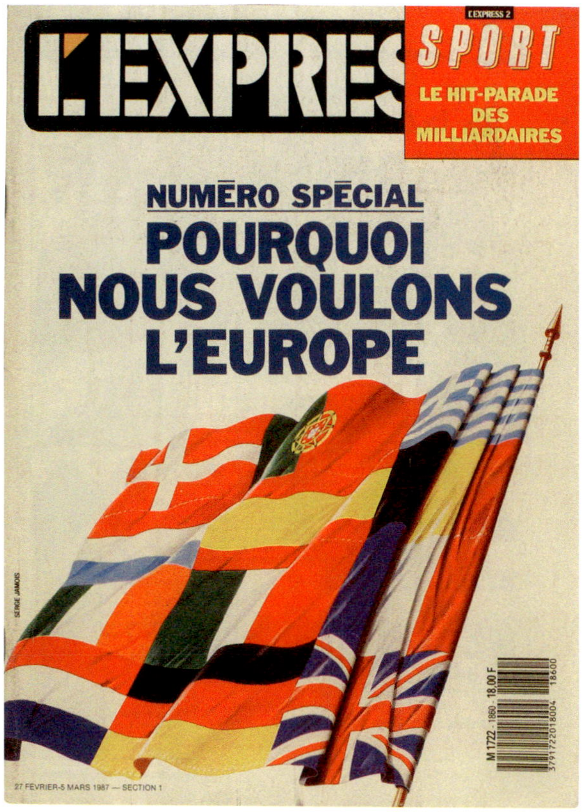

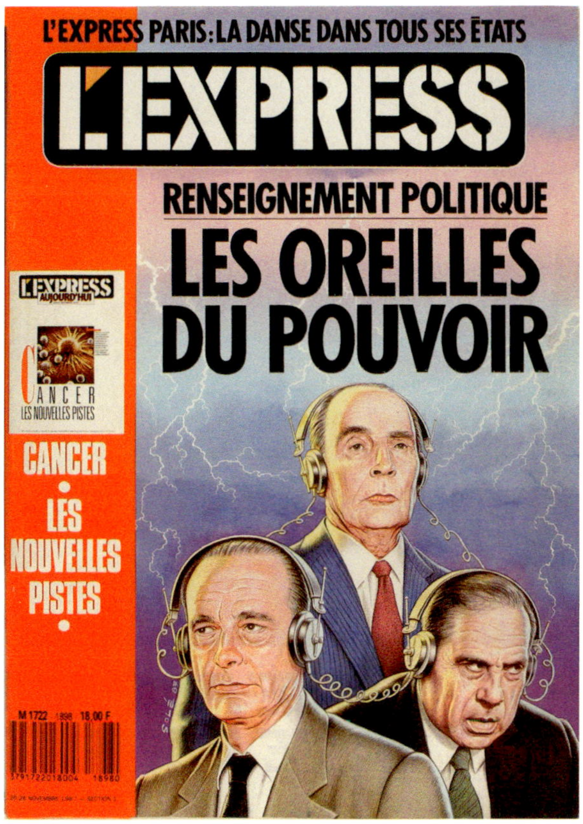

**27 FÉVRIER 1987.** POURQUOI NOUS VOULONS L'EUROPE. Pour le 30e anniversaire du traité de Rome, *L'Express* réaffirme son engagement pro-européen. **13 NOVEMBRE 1987.** BOURSE. LE HOLD-UP DU SIÈCLE. Le *krach* d'octobre fait plonger les Bourses. Comme aujourd'hui, les opérations financières complexes et la spéculation sont en ligne de mire. Comme aujourd'hui, les tenants de l'orthodoxie financière s'opposent à ceux qui proposent des allègements d'impôts pour soutenir la croissance. **20 NOVEMBRE 1987.** LES OREILLES DU POUVOIR. Gouverner, c'est savoir. À cinq mois de la présidentielle et en période de cohabitation, la bataille du renseignement obtenu de manière plus ou moins licite fait rage au sommet de l'État. **4 DÉCEMBRE 1987.** L'ÉNIGME LUSTIGER. À l'occasion de la publication du livre, *Le Choix de Dieu*, *L'Express* revient sur les engagements politiques et religieux du cardinal Lustiger, d'origine juive et converti au catholicisme. C'est également dans ce numéro qu'Anne-Marie Casteret dévoile l'effroyable affaire du sang contaminé. **Lire l'article pages suivantes →**

# SIDA : LA TRAGÉDIE DES HÉMOPHILES

*Près de deux sur cinq sont séropositifs. Ils accusent les centres de transfusion d'avoir tardé à éliminer tous les produits sanguins contaminés.*

PAR ANNE-MARIE CASTERET

Ce sont les oubliés de l'histoire du sida. Depuis la découverte de la maladie, l'opinion sait tout du destin des drogués et des homosexuels. Mais elle ignore le sort des hémophiles, le troisième groupe à risque. Contaminés par les produits sanguins dont ils dépendent pour survivre, les hémophiles ont été massivement touchés par le virus entre 1981 et 1986. Hier paniqués, aujourd'hui révoltés, en Europe comme en Amérique, ils réclament des indemnités en compensation des préjudices subis.

Mais, alors que, partout ailleurs, ils peuvent se retourner contre les laboratoires qui ont commercialisé les produits incriminés, les Français n'ont pas ce recours. Leur seul interlocuteur est la Fondation nationale de transfusion sanguine, qui possède le monopole de fabrication et d'importation de tous les produits sanguins.

Une spécificité que les hémophiles remettent gravement en question. Ils accusent les centres de transfusion sanguine (CTS) *« de leur avoir délivré, jusqu'à la fin de 1985, des produits contaminés, alors que les firmes étrangères commercialisaient, depuis 1983, des lots chauffés, dénués de tout risque de sida »*. Jean Peron Garvanoff a donc fondé, avec une quarantaine d'autres hémophiles, l'Association des polytransfusés pour défendre les droits des malades et de leurs familles. Parmi les 5 000 Français atteints d'hémophilie, 3 000 sont des polytransfusés. Ce sont eux qui ont reçu, de plein fouet, l'épidémie de sida. En cinq ans : 1 500 séropositifs, de 5 à 10 % d'évolutions graves, 27 décès...

**La situation a-t-elle été plus catastrophique dans l'Hexagone qu'à l'étranger ? À cause du monopole, la France a été le seul pays où n'existait pas le libre choix thérapeutique...**

Que s'est-il passé ? Dès 1982, les médecins des CTS savent que la transmission de la maladie se fait non seulement par le sperme, mais aussi par le sang. Au fil des informations contradictoires et des données épidémiologiques, ils balancent entre deux périls : l'hémorragie, si l'on s'abstient de traitement ; la transmission virale, si l'on transfuse. Choix dramatique : pendant les années 1983 et 1984, le virus du sida touchera de nombreux hémophiles.

Au cours de l'été de 1984 naît l'espoir de contrecarrer la transmission virale. Lors de deux congrès, l'un à Munich pour les médecins, l'autre à Rio pour les hémophiles, on apprend que certains facteurs coagulants, chauffés à plus de 60 °C pendant plusieurs jours, seraient exempts de risque de sida. Une surprise pour les hémophiles. Les médecins savent, eux, que les grandes firmes testent cette méthode depuis plus d'un an... sans qu'on puisse toutefois en apprécier l'efficacité. Mais, à Munich, les résultats des premières études épidémiologiques et cliniques paraissent si convaincants que toutes les firmes étrangères augmentent aussitôt leur production chauffée. Et que les sept centres de recherche et de fractionnement de la Fondation, dès l'automne, étudient une technique pour transformer les stocks français. Ils mettront des mois pour y arriver... Ne faudrait-il pas, alors, en attendant, importer les coagulants chauffés étrangers ? C'est ce que demande, au retour de son congrès à Rio, l'Association française des hémophiles, puissante organisation de 1 200 adhérents. Chouchoutée par les firmes privées, qui voudraient bien voir tomber le monopole français, elle est tenue au courant des progrès. Elle réclame donc les produits étrangers. En quantités suffisant à couvrir la période critique pendant laquelle la production est en mutation. Évoquant l'absence de preuve irréfutable, les avis scientifiques contradictoires, le caractère hétéroclite des techniques de chauffage, un marché encore trop restreint, le Centre national de transfusion sanguine (CNTS) fait la sourde oreille et continue ses recherches. Les scientifiques sont-ils réellement partagés à cette époque ? Il est vrai qu'on ignore encore les effets à long terme de cette technique. Mais un consensus s'est largement établi, à la fin de 1984, pour estimer que « *les produits chauffés sont préférables pour soigner les hémophiles* ». Une communication du très sérieux CDC (Centre de contrôle des maladies) d'Atlanta, aux États-Unis, les recommande. Les méthodes de chauffage sont-elles peu fiables ? C'est vrai pour

**Si certains centres se montrent consciencieux, d'autres écoulent les stocks dangereux jusqu'en octobre 1985, parfois même jusqu'au début de 1986.**

certaines, mais on a eu le temps de les tester mondialement : Travenol et Armour (États-Unis), Bayer (Allemagne fédérale), Immuno (Autriche) ont déjà fourni, en 1984, quelque 3 millions de doses chauffées, pour soigner des sujets fragiles. Peut-on dire que les produits Immuno ne sont pas sûrs, alors qu'au siège du CNTS, rue Cabanel, à Paris, on va adopter la méthode de ce laboratoire ? Enfin, la Fondation peut-elle affirmer qu'elle n'est pas certaine des ressources du marché ? Les quatre grandes firmes lui ont toutes proposé leurs services, sans obtenir de réponse précise. Et pourtant, Immuno, à lui seul, prépare 250 millions de facteurs coagulants chaque année, plus de trois fois la consommation française.

Pourquoi le CNTS a-t-il refusé les offres ? Des raisons économiques ? On peut en douter, car les facteurs de coagulation importés (qui représentent de 5 à 15 % du marché français, selon les années) coûtent moins cher que les produits français. Et c'est au prix de ces derniers (4 francs l'unité pour 2,50 environ) qu'ils sont facturés à la Sécurité sociale. Le bénéfice, plusieurs millions par an, est versé sur un compte bloqué au ministère de la Santé pour être réinvesti. Le prestige ? La Fondation ne voulant pas reconnaître son retard technologique sur les grands laboratoires privés ? Peut-être...

La situation va devenir aberrante. Et refléter tous les défauts de l'organisation. Héritiers de querelles intestines, les sept centres de fractionnement français ne collaborent pas. Chacun essaie, seul, avec des moyens plus ou moins performants, de chauffer les doses stockées. Les recherches s'éternisent. Lille, le premier, en mai 1985, réussit à mettre au point une technique validée par le Pr Luc Montagnier, de Pasteur. Les indications nécessaires sont communiquées aussitôt aux autres centres. Il leur faudrait un mois ou deux pour maîtriser la technique.

Un décret du ministère de la Santé, paru en juillet 1985, va compliquer les choses : les produits non chauffés ne seront plus remboursés à partir d'octobre. À plusieurs milliers de francs l'injection, la mesure est rédhibitoire... Mais pourquoi repousser son application à l'automne ? Une véritable incitation à liquider les stocks. Pendant l'été, c'est la panique. Le CNTS ne maîtrise toujours pas la technique Immuno. Jusqu'en novembre, des lots de quelque 1 000 flacons effectueront une vingtaine de voyages à Vienne, au siège de la firme autrichienne, pour y être traités. Au cours des six premiers mois de l'année, Michel Garetta, le directeur du CNTS, a déjà importé 6 millions d'unités chauffées, pour les distribuer aux hémophiles qui suivent des traitements particuliers.

Il s'impatiente et décide de devancer le décret ministériel. À la fin de juillet, le centre ne distribue plus que des lots chauffés. Le reste de la France navigue à vue. On importe de 13 à 16 millions d'unités chauffées en 1985 et 1986, pour « combler le trou ». Si certains centres se montrent consciencieux, d'autres écoulent les stocks dangereux jusqu'en octobre 1985, parfois même jusqu'au début de 1986.

La situation a-t-elle été plus catastrophique dans l'Hexagone qu'à l'étranger ? Pas en ce qui concerne les décisions gouvernementales qui s'étaleront sur toute l'année 1985. Mais, à cause du monopole, la France a été le seul pays où n'existait pas le libre choix thérapeutique... La Fondation a-t-elle tiré une leçon de ce gâchis ? Incontestablement. Les centres de fractionnement se sont rassemblés en deux ou trois groupes pour devenir plus performants. Et leur production basculera, à la fin de 1986, pour fournir des produits antihémophiliques SD (solvants détergents), encore plus sûrs, protégeant contre l'hépatite et le sida. À l'orée de 1992 et du marché européen, on parle d'un futur *holding*, qui réunirait la Fondation à Pasteur, Sanofi, Transgène et Mérieux...

Mais qui dédommagera les hémophiles contaminés en 1985 et 1986 ? Le CNTS va-t-il continuer à plaider la confusion scientifique de l'époque ? Faut-il accepter la version du Pr Marie-José Larrieu, l'un des experts les plus éminents dans ce domaine, qui dit : « *On n'avait pas suffisamment de données scientifiques pour trancher, à la fin de 1984* » ? Mais qui ajoute : « *Depuis le début de 1985, je n'utilisais plus que des fractions chauffées pour mes malades.* » Un témoignage qui permet de tirer les conclusions qui s'imposent : toute dose antihémophilique contaminée, distribuée à partir du début de 1985, est une dose de trop.

**29 JUILLET 1987.** LE SCANDALE DES ÉTATS POUBELLES.
L'écart entre le Nord et le Sud se creuse. Les pays les plus pauvres deviennent le dépotoir de la planète.

**4 NOVEMBRE 1988.** SIDA, CETTE FOIS C'EST L'ÉPIDÉMIE.
Dix mille morts provoquées par le sida en France : le cap sera franchi à la fin des années 1980. Depuis le début de la décennie, la courbe de mortalité s'envole. Le gouvernement s'empare enfin du sujet. Désormais, tout le monde se sent concerné.

**9 JUIN 1989. CHINE.**
Le 4 juin, les tanks mettent un terme sanglant à l'occupation de la place Tian'anmen par les manifestants.
L'image de cet inconnu qui tient tête aux blindés fait le tour du monde.

**1er SEPTEMBRE 1989.** EXCLUSIVITÉ MONDIALE. LE DERNIER GOULAG.
*L'Express* publie les images de l'intérieur d'un camp d'internement soviétique.

**10 NOVEMBRE 1989. DEUX MILLE UN.**
Pour le numéro 2001, le journal prend le temps de s'arrêter sur son histoire et sur le chemin parcouru. Au même moment, le mur de Berlin s'effondre. La guerre froide touche à sa fin.

# « Le moment le plus fort : la chute du mur de Berlin »

*par Yves Cuau*

**Le moment le plus fort de la décennie fut sans conteste la chute du mur de Berlin. *L'Express* célébrait ce soir-là son numéro 2001, dans une grande fête organisée à l'opéra Bastille.** J'avais invité un ami allemand, ancien conseiller de presse à l'ambassade, alors en poste à Strasbourg. Il est arrivé en ignorant la nouvelle, et il s'est mis à pleurer quand je lui ai annoncé ce qui venait de se passer. Dans ce numéro, bouclé trois jours plus tôt, j'avais écrit un édito intitulé : « La fin du mur »... Et au tout début de l'automne, nous avions consacré un dossier spécial à la situation à l'Est: « Les trente semaines qui ont changé le monde ». Nous étions partis du retrait des Russes d'Afghanistan, en février, tous les services du journal avaient été mis à contribution et j'ai écrit là, je crois, le plus long papier de ma carrière.

Avec des figures comme Reagan, Kohl, Thatcher et Gorbatchev, la vie internationale des années 1980 était passionnante; et la politique intérieure ne le fut pas moins: elle commença par un fait majeur, l'élection de François Mitterrand à la présidence de la République, à laquelle je dois, par ricochet, ma nomination à la tête de la rédaction. Entre les deux tours, on ne savait pas si Mitterrand accepterait de débattre à la télévision. Pour la une de *L'Express*, Olivier Todd s'est donc adressé à un illustrateur israélien qu'il connaissait pour lui demander un dessin représentant Giscard regardant un écran noir. L'artiste ignorait tout de la politique française et a donc travaillé à partir d'un jeu de photos, pour livrer un croquis où VGE apparaissait comme un vieil oiseau décharné. Et comme Mitterrand a accepté le débat, on a plaqué sur l'écran de télé dessiné une photo de lui. Bien que je fusse responsable des rubriques « monde », « économie » et « politique », je n'avais pas vu cette couverture avant le bouclage... Ce soir-là, nous avons joint Todd à Bordeaux, où il était retenu pour parler d'un de ses livres, et lui avons dit qu'une telle une n'était pas possible. Il a piqué une colère et a demandé à Jean-François Revel de passer la « couv » telle quelle. Todd a été remercié par Jimmy Goldsmith, Revel a démissionné par solidarité, et je me suis retrouvé à la tête de la rédaction pour cinq ans.

Jimmy a tenu ensuite à se lancer dans l'aventure des « hebdos mensuels » : *Style*, *Aujourd'hui*, *Sport* et *Votre argent*. Le modèle économique, avec des pages de publicité vendues au même tarif que dans le *news*, était intenable. Cela a coûté très cher à *L'Express* et, à moi, ma place. Mais c'est Yann de L'Écotais, un ami, qui m'a succédé, et je suis resté éditorialiste au service « monde ». Avec, devant moi, l'actualité passionnante que nous savons...

À *L'Express* de 1975 à 1994, Yves Cuau a été directeur de la rédaction de 1981 au printemps 1986.

**29 DÉCEMBRE 1989.** **ROUMANIE, APRÈS LE CAUCHEMAR.**
Après la chute du mur de Berlin, un à un les pays de l'Est se débarrassent de leur régime communiste. En Roumanie, la révolution a le goût du sang. Bilan : plus d'un millier de morts. Après une parodie de procès, les époux Ceauşescu sont exécutés.

# « Un pari permanent »

*par Jean-Claude Casanova*

**Quand Raymond Aron quitta *Le Figaro*, il hésita entre *Le Point* et *L'Express*, mais il fut séduit par la combativité tout anglaise que Jimmy Goldsmith déployait contre le communisme; il a donc choisi *L'Express*, où de surcroît on lui offrait d'écrire chaque semaine.** Après sa mort, Alain Besançon et moi nous sommes relayés dans les colonnes du journal, écrivant chacun tous les quinze jours. Nous avions déjà fondé *Commentaire*, et il y avait une sorte de filiation avec Aron.

J'ai beaucoup aimé travailler à *L'Express*, où l'on m'a donné le goût du journalisme, du commentaire de l'actualité. Il s'agit de donner le sens d'un événement dont on ne connaît pas l'issue... C'est un pari permanent, c'est bien plus difficile que le métier d'historien. À *L'Express*, j'ai traversé la première dyarchie, celle de François Mitterrand et Jacques Chirac, de 1986 à 1988, et les trois ultimes années de l'Union soviétique. On pouvait penser que Gorbatchev rusait, j'étais persuadé qu'il menait le système à son implosion. Ce fut passionnant de formuler des jugements politiques sur de tels événements. Les foucades de Jimmy Goldsmith et ses nominations fantasques n'ont gâché ni mon plaisir ni mon admiration pour sa personnalité. Je suis parti quand Christine Ockrent est arrivée: je n'étais pas son genre, et réciproquement... Alain Peyrefitte m'a demandé de venir au *Figaro*, puis, à sa mort, j'ai rejoint *Le Monde* et mon ami Colombani. La page *L'Express* était tournée.

Toutefois *L'Express* m'a beaucoup appris. Moi qui suis professeur dans l'âme, donc porté à la réflexion, j'ai trouvé excitant de me mettre dans la position de l'homme d'action; et d'une nature plutôt dispersée et lente, voulant tout lire avant d'écrire, j'ai dû apprendre à me concentrer sur l'essentiel, à être concis et rapide. À *Commentaire*, j'utilise encore chaque jour les enseignements de cette période et je ne regrette rien des 250 éditos que j'ai écrits.

À *L'Express*, j'ai également fait des rencontres édifiantes: Angelo Rinaldi, qui, comme moi, rechignait à la publication de sa photo en marge de son article, Jérôme Dumoulin, Yves Guihannec, Sylvie Pierre-Brossolette, Yves Cuau et, bien sûr, Yann de L'Écotais... Ce n'était pas encore, alors, l'ère numérique, et il fallait apporter son papier le jour du bouclage, avant de revenir vers minuit pour les coupes, la titraille et les corrections. Je me souviens encore des yeux bleus d'une jolie secrétaire de rédaction qui m'a enseigné les rudiments du métier et qui veillait tard à la mise en page...

Jean-Claude Casanova a été éditorialiste à *L'Express* de 1985 à 1995.

# « Un pari permanent »

*par Jean-Claude Casanova*

**Quand Raymond Aron quitta *Le Figaro*, il hésita entre *Le Point* et *L'Express*, mais il fut séduit par la combativité tout anglaise que Jimmy Goldsmith déployait contre le communisme; il a donc choisi *L'Express*, où de surcroît on lui offrait d'écrire chaque semaine.** Après sa mort, Alain Besançon et moi nous sommes relayés dans les colonnes du journal, écrivant chacun tous les quinze jours. Nous avions déjà fondé *Commentaire*, et il y avait une sorte de filiation avec Aron.

J'ai beaucoup aimé travailler à *L'Express*, où l'on m'a donné le goût du journalisme, du commentaire de l'actualité. Il s'agit de donner le sens d'un événement dont on ne connaît pas l'issue… C'est un pari permanent, c'est bien plus difficile que le métier d'historien. À *L'Express*, j'ai traversé la première dyarchie, celle de François Mitterrand et Jacques Chirac, de 1986 à 1988, et les trois ultimes années de l'Union soviétique. On pouvait penser que Gorbatchev rusait, j'étais persuadé qu'il menait le système à son implosion. Ce fut passionnant de formuler des jugements politiques sur de tels événements. Les foucades de Jimmy Goldsmith et ses nominations fantasques n'ont gâché ni mon plaisir ni mon admiration pour sa personnalité. Je suis parti quand Christine Ockrent est arrivée: je n'étais pas son genre, et réciproquement… Alain Peyrefitte m'a demandé de venir au *Figaro*, puis, à sa mort, j'ai rejoint *Le Monde* et mon ami Colombani. La page *L'Express* était tournée.

Toutefois *L'Express* m'a beaucoup appris. Moi qui suis professeur dans l'âme, donc porté à la réflexion, j'ai trouvé excitant de me mettre dans la position de l'homme d'action; et d'une nature plutôt dispersée et lente, voulant tout lire avant d'écrire, j'ai dû apprendre à me concentrer sur l'essentiel, à être concis et rapide. À *Commentaire*, j'utilise encore chaque jour les enseignements de cette période et je ne regrette rien des 250 éditos que j'ai écrits.

À *L'Express*, j'ai également fait des rencontres édifiantes: Angelo Rinaldi, qui, comme moi, rechignait à la publication de sa photo en marge de son article, Jérôme Dumoulin, Yves Guihannec, Sylvie Pierre-Brossolette, Yves Cuau et, bien sûr, Yann de L'Écotais… Ce n'était pas encore, alors, l'ère numérique, et il fallait apporter son papier le jour du bouclage, avant de revenir vers minuit pour les coupes, la titraille et les corrections. Je me souviens encore des yeux bleus d'une jolie secrétaire de rédaction qui m'a enseigné les rudiments du métier et qui veillait tard à la mise en page…

Jean-Claude Casanova a été éditorialiste à *L'Express* de 1985 à 1995.

# LES ANNÉES QUATRE-VINGT-DIX

# 1990-1999

Cinq mille prisonniers sont entassés dans une ancienne prison belge lors du génocide de 1994, à Kigali, Rwanda. Photographie Raymond Depardon.

Opération « Tempête du désert », février 1991. Les gisements pétroliers de Burgan en feu, lors de l'offensive des troupes de l'ONU (ici des marines) pour libérer le Koweït, envahi par les Irakiens en août 1990. Photographie Bruno Barbey.

## DANS LE MONDE

**2 AOÛT 1990**
L'Irak envahit le Koweït.

**3 OCTOBRE 1990**
Réunification de l'Allemagne.

**DÉCEMBRE 1990**
Lech Wałęsa, l'ex-leader de *Solidarność* et prix Nobel de la paix, est élu président de la Pologne par vote populaire.

**FÉVRIER 1991**
Fin de la guerre du Golfe qui a éclaté en 1990 avec l'invasion du Koweït par l'Irak.

**ÉTÉ 1991**
Début de la crise dans les Balkans. L'ex-Yougoslavie implose.

**AOÛT 1991**
Tim Berners-Lee invente le World Wide Web, le désormais célèbre « www ».

**DÉCEMBRE 1991**
Dissolution de l'URSS.

**5 AVRIL 1992**
Début du siège de Sarajevo, en Bosnie.

**JUIN 1992**
Sommet de la Terre à Rio de Janeiro, au Brésil. La Déclaration de Rio pose le cadre de réunions internationales annuelles sur le climat, l'Agenda 21.

**20 SEPTEMBRE 1992**
La France ratifie le traité de Maastricht qui définit, notamment, les bases de l'Union économique et monétaire et de l'euro.

**NOVEMBRE 1992**
Bill Clinton est élu président des États-Unis.

**13 SEPTEMBRE 1993**
Signature des accords d'Oslo entre Israéliens et Palestiniens, dont l'objectif est de jeter les fondements du processus de paix israélo-palestinien.

**6 AVRIL 1994**
Début du génocide rwandais.

**OCTOBRE 1994**
Yasser Arafat, Shimon Peres et Yitzhak Rabin reçoivent le prix Nobel de la paix pour leurs efforts visant à instaurer la paix au Moyen-Orient.

**DÉCEMBRE 1994**
Début de la guerre en Tchéchénie qui oppose les forces armées de la Fédération de Russie et les séparatistes tchéchènes. Elle durera jusqu'en novembre 1996.

**MAI 1995**
Jacques Chirac est élu Président de la République.

**4 NOVEMBRE 1995**
Yitzhak Rabin, le Premier ministre de l'État hébreu, est assassiné par un étudiant israélien d'extrême droite.

**8 JANVIER 1996**
Décès de François Mitterrand à l'âge de 79 ans.

**FÉVRIER 1996**
Fin du siège de Sarajevo.

RADE

Un jeune garçon joue au football en face d'un immeuble détruit par les bombes à Sarajevo, juin 1996. Du printemps 1992 à février 1996, la population de Sarajevo a enduré le plus long siège européen, depuis la Seconde Guerre mondiale, faisant plus d'une soixantaine de milliers de morts et de blessés. Photographie Tom Stoddart.

**2 OCTOBRE 1997**
Signature du traité d'Amsterdam, qui ébauche le principe d'une coopération judiciaire au sein de l'Union européenne.

**JUILLET 1998**
Création de la Cour pénale internationale chargée de juger les personnes accusées de génocide, de crime contre l'humanité et de crime de guerre.

**SEPTEMBRE 1998**
Fondation de la société Google.

**MAI 1999**
Slobodan Milošević, est inculpé de « crime contre l'humanité » pour son implication dans la guerre en ex-Yougoslavie.

**AOÛT 1999**
Vladimir Poutine est nommé président du gouvernement par Boris Eltsine avant d'être officiellement élu président de la Fédération de Russie, le 26 mars 2000.

**OCTOBRE 1999**
Reprise de la guerre en Tchétchénie qui s'achève au 1er février 2000 avec la prise de Grozny par l'armée russe.

## LES GRANDES DATES DU JOURNAL

**FÉVRIER 1991**
Plantu collabore désormais à *L'Express*.

**JUIN 1991**
Suppression de *L'Express Paris* qui devient une rubrique « guide ».

**MARS 1992**
Françoise Sampermans est nommée P-DG du groupe Express.

**OCTOBRE 1992**
*L'Express Réussir* est intégré au journal.

**OCTOBRE 1994**
Christine Ockrent est nommée directrice de la rédaction, en remplacement de Yann de L'Écotais.

**OCTOBRE 1995**
Départ de Françoise Sampermans. Christian Brégou devient P-DG du groupe Express et directeur de la publication de *L'Express*.

**MARS 1996**
Départ de Christine Ockrent et arrivée de Denis Jeambar, ancien directeur de la rédaction du *Point*.

**SEPTEMBRE 1997**
Démission de Christian Brégou et nomination d'Éric Licoys, directeur général d'Havas, au poste de P-DG du groupe Express.

**DÉCEMBRE 1997**
Par souci d'indépendance, le groupe Express se dote d'un directoire et d'un conseil de surveillance. Jacques Duquesne, écrivain et ancien P-DG du *Point*, devient président du conseil de surveillance ; Denis Jeambar est nommé président du directoire.

# UN NOUVEAU MONDE

## *ENTRETIEN AVEC MICHEL ROCARD*

AVEC LA CHUTE DE L'URSS, LES LIGNES DE FRACTURE BOUGENT : NOUVEAUX CONFLITS, NOUVEAUX POUVOIRS ET CONTRE-POUVOIRS, NOUVELLES MENACES ET NOUVELLES PRISES DE CONSCIENCE. L'ANCIEN PREMIER MINISTRE SOCIALISTE ET DÉPUTÉ EUROPÉEN, MICHEL ROCARD, REVIENT SUR LES (DÉS)ÉQUILIBRES DU MONDE POST-GUERRE FROIDE.

**Le 21 décembre 1991, l'URSS disparaît, après soixante-neuf ans d'existence. À quoi ressemble le monde ?**

« L'effondrement de l'Union soviétique, qui s'accompagne de l'apparition du multipartisme et d'un chaos financier sans nom, ne date pas de 1991 mais s'étale sur plusieurs années. Globalement, la période est marquée par la fin de l'affrontement des blocs et la disparition momentanée de la peur d'une guerre nucléaire. C'est donc un monde différent qui se dessine. »

**À ce moment-là, certains évoquent la fin de l'Histoire et le triomphe du capitalisme. Peut-on dire qu'un vent d'optimisme souffle alors ?**

« Il y a peut-être une sorte d'optimisme dans l'idée d'être débarrassé de la guerre nucléaire. Quelle naïveté ! Si la menace n'existe plus, l'imbécillité ambiante pousse les grands pays à conserver leurs armes. Évidemment, cela décrédibilise totalement leur lutte officielle contre la prolifération. Et le résultat de cette politique se mesure aujourd'hui : nous sommes actuellement dans une période où la probabilité d'usage d'une arme nucléaire est supérieure à ce qu'elle était au temps de la guerre froide. « Quant à l'idée de "la fin de l'Histoire" et du "dernier homme" développée par Francis Fukuyama, j'ai franchement rigolé lorsqu'il a publié son livre. Comment peut-on oublier la violence fondamentale de la nature humaine ? Pendant les quarante-cinq années de guerre froide, les tensions ont été contenues par les commandements américain et russe, chacun maintenant l'ordre dans son camp. Au lendemain de la chute de l'URSS, la disparition de la logique de blocs multiplie les risques d'explosions. »

**Cela n'a effectivement pas tardé. L'ex-Yougoslavie implose. Une guerre meurtrière se déclenche aux portes de l'Europe. Ces conflits post-guerre froide sont-ils de nature différente ?**

« Si l'on s'en tient à une logique systémique, on s'aperçoit que la Seconde Guerre mondiale fut le dernier grand conflit interétatique. Ensuite, ils ont disparu peu à peu car ils ne produisaient plus les effets attendus. Dans les années 1990, ce schéma classique est finalement remplacé par les affrontements causés par des luttes identitaires. C'est le cas de la Yougoslavie. Du Rwanda aussi, dans une certaine mesure, avec le règlement de comptes entre Hutus et Tutsis. « Surtout, cette décennie est marquée par la perte d'influence de la communauté internationale dans la résolution des conflits. Dans le contexte de l'équilibre des blocs et de la paix armée, elle mettait tout en œuvre pour canaliser les affrontements et éviter qu'ils s'étendent. À ce moment, elle n'en a plus les moyens. Résultat : l'espace de réalité de chacun des conflits, qui éclatent durant cette période, augmente. »

**Les accords d'Oslo, signés en 1993, sont-ils une exception à cet affaiblissement de la communauté internationale ?**

« Non. Il s'agit d'accords bilatéraux. Les négociations secrètes, entérinées par Yitzhak Rabin, Premier ministre israélien, et Yasser Arafat, président du Comité exécutif de l'OLP, ont duré six mois, durant lesquels le gouvernement norvégien n'est jamais intervenu. Il a simplement offert l'hospitalité à une conférence clandestine. Techniquement, c'est remarquable, car nous n'avons appris l'existence de ces négociations qu'une fois le texte signé. « Malheureusement, aucune des deux parties n'est parvenue à trouver, chez elle, une majorité prête à payer les sacrifices symboliques de la paix. Preuve que la communauté internationale n'est même plus capable de mettre une pression suffisante pour maintenir le train sur le rail d'Oslo. C'est terrifiant. »

**Si la communauté internationale s'affaiblit, l'Europe, elle, franchit une étape décisive avec la signature du traité de Maastricht, en 1992. Le grand Marché commun prend-il alors le pas sur l'Europe politique ?**

« C'est la dernière fois, hélas, que la construction européenne aura autant progressé.

« Depuis sa création, l'Union européenne repose sur une volonté économique et politique. Lorsque l'Allemagne accepte l'euro et reconnaît l'existence d'un espace économique intégré – au sein duquel elle garde une position forte –, c'est une avancée économique, bien sûr, mais c'est également la consécration d'une volonté politique d'intégration. Malheureusement, déjà à cette époque, celle-ci commence à s'estomper et disparaîtra bientôt tout à fait.
« D'ailleurs, quelle bizarrerie de mettre en place l'euro sans lui donner une structure de gestion et de gouvernement ! Comment imaginer qu'une banque centrale s'occupe seule d'une grande monnaie internationale ? Quelle erreur de logique ! Quelle impuissance ! Nous en payons aujourd'hui le prix. À terme, la diplomatie britannique finira par atteindre son objectif séculaire : empêcher l'émergence d'une entité proprement politique intégrée en Europe. »

**Cette décennie est aussi marquée par les plans sociaux européens tels que celui de Renault Vilvoorde. Bruxelles devient-il un bouc émissaire ?**
« Les restructurations sont planétaires et les raisons du resserrement des effectifs, mondiales. L'Europe se retrouve coincée : elle n'a pas eu la capacité de s'y opposer et n'a d'ailleurs jamais reçu de mandat pour agir sur ce terrain. À partir du retentissant épisode de Vilvoorde, en Belgique, les opinions vont faire une erreur technique d'appréciation et déclarer l'Europe fautive de la détérioration du marché du travail. Or nous sommes bien dans une phase du capitalisme mondial : la situation est identique en Amérique du Nord et au Japon. Rendre l'Europe responsable de cette situation n'est pas pertinent. Résultat, quelque temps plus tard, la France et les Pays-Bas rejetteront le traité constitutionnel. Et l'Allemagne aurait suivi si elle avait été consultée par référendum. »

**Autre effet néfaste de la globalisation : ses conséquences écologiques. La planète pâtit des activités humaines. On assiste aux premières conférences sur le climat. Quelle ampleur prend cette prise de conscience ?**
« Une inquiétude naît. Une peur également. Mais ce n'est pas encore une philosophie. La découverte des risques écologiques oblige toute la pensée économique à changer de paradigme. Jusqu'alors, le capitalisme reposait sur quelques axiomes de la doctrine ultralibérale : 1) la nature ne subit aucune conséquence de l'activité humaine, 2) les ressources sont illimitées et, par conséquent, 3) il n'y a pas de borne au progrès technique et donc à la croissance. Ces fondements théoriques ont été remis en cause par la crise écologique, puis par la crise économique dans laquelle nous sommes aujourd'hui. Rarement les faits ont aussi brutalement tranché dans les controverses intellectuelles.
« On connaît depuis longtemps les risques écologiques : l'effet de serre est découvert en 1896. Mais, à la fin du XX^e^ siècle, la société civile parvient enfin à se faire entendre du monde politique. En 1992, la conférence mondiale sur l'environnement à Rio de Janeiro, au Brésil, est le résultat de la pression des ONG, soutenues par les gouvernements des petits et moyens pays. C'est la véritable nouveauté. »

**Peut-on parler de l'émergence d'un pouvoir civil ?**
« Plutôt d'un pouvoir de l'opinion, et d'une amorce de pouvoir judiciaire. Prenons deux exemples emblématiques de cette évolution.
« En 1997 est signée la réglementation sur l'interdiction des mines antipersonnelles. Cette toute première convention mondiale, qui régit, de manière contraignante et applicable à tous, le domaine de l'armement, n'a été voulue par aucun gouvernement. Mais les ONG, avec l'appui de Lady Diana, ont mené une action inlassable et tenace pour que la communauté internationale s'engage sur ce traité de désarmement.
« En 1998, les États, à l'exception des États-Unis, de la Chine et de la Russie, se mettent d'accord pour instaurer la Cour pénale internationale (CPI), juridiction permanente chargée de juger les personnes accusées de génocide et de crimes contre l'humanité.
« Les États ont faibli : on assiste effectivement à l'émergence d'un pouvoir civil et, parallèlement, à la judiciarisation des grands drames mondiaux. Ce sont des changements essentiels de la décennie. »

***Propos recueillis par Marie Cousin et Marcelo Wesfreid***

**Bruxelles, 16 mars 1997.** Manifestation d'environ 60 000 travailleurs venus de toute l'Europe pour supporter les ouvriers de l'usine Renault Vilvoorde, en grève, après l'annonce de délocalisation. Photographie John Vink.

# AFRIQUE DU SUD : LES PREMIERS PAS DE LA LIBERTÉ

*Dès sa sortie de prison, Mandela s'est posé en interlocuteur du pouvoir blanc. Un dialogue à hauts risques.*

**PAR JEAN LESIEUR**

À LA UNE CETTE SEMAINE-LÀ

Fils de chef, cousin de roi, il a dans le regard et la démarche la noblesse qu'on lui supposait. Le mythe a repris forme humaine. Le prisonnier politique le plus célèbre du monde est libre, et Nelson Mandela, 71 ans, dont 27 d'incarcération, a fait une entrée en scène à la hauteur du rôle historique qu'on lui réservait : le père d'une nation qui entreprend sa mutation.
Il a débouché, dimanche 11 février, à 16 h 15, de la petite route qui s'enfonce à travers les bungalows de la « prison agricole » Victor-Verster, à Paarl, au milieu des vignobles de la région du Cap. Depuis, l'Afrique du Sud noire accompagne l'ancien « terroriste » reconverti en vieux sage politique avec ce mélange de violence à peine contenue et de ferveur quasi religieuse qui est le propre des longues marches nationalistes.
Nelson Mandela vient de faire ses premiers pas d'homme d'État. Et son pays se demande où ces pas vont le mener. « *Je vous salue, mes frères, mes sœurs et mes enfants, au nom de la lutte héroïque de notre peuple, qui aboutira à l'établissement d'une société libre.* » Quel extraordinaire spectacle, mardi, au stade de Soccer City, à Soweto, que celui de cet homme immense, svelte et serein, proclamant devant 100 000 personnes sa foi en l'avenir d'une Afrique du Sud démocratique ! Quel miracle que cet hommage rendu quarante-huit heures plus tôt au président Frederik De Klerk, « *homme d'une grande intégrité* », représentant du pouvoir qui l'avait embastillé !
Un partenaire, pourtant, avec lequel il entame une étrange partie.
Comment établir un dialogue sincère au bout de tant de haines, de tortures et de morts ? « *Le jour d'une rencontre entre le gouvernement et le Congrès national africain* [ANC] *n'est pas éloigné* », a confirmé Mandela, quelques heures après sa sortie de prison. On les verra donc face à face, ou plutôt côte à côte, ces vieux militants nationalistes qui furent emprisonnés, humiliés et ces anciens « sécurocrates » obsédés par la loi et l'ordre dans un régime de « développement séparé des races ».
Que vont-ils faire de cet esprit nouveau qui souffle sur l'Afrique du Sud ? Évacuons d'abord le scénario catastrophe, mais toujours possible : l'acte fou d'un extrémiste décidé à saboter le processus qui s'engage. « *C'est une insulte à chaque Afrikaner !* a éructé Jacobus Laurens, porte-parole de l'AWB, l'Afrikanerswitsbeweging, mouvement néonazi, en apprenant la grâce du prisonnier. *Cet homme représente tout ce que nous haïssons. J'aimerais le tuer moi-même.* »
À Pretoria, samedi, un millier de manifestants se sont réunis à l'appel de son organisation. Eugène Terre-Blanche, leur chef, avait apporté à ce meeting 30 pièces d'argent, symbolisant, selon lui, la trahison de son peuple par le président De Klerk. Et, pour ceux qui n'auraient pas compris où ces gens-là vont puiser leur inspiration, ils se sont séparés en brûlant une étoile de David. Il y a quelques semaines, un journal de Johannesburg a reçu des lettres anonymes annonçant que Mandela et De Klerk allaient être assassinés. Auparavant, on avait retrouvé leurs deux noms ainsi que celui du ministre des Affaires étrangères, « Pik » Botha, sur une liste de cibles établie par un groupe appelé L'Ordre de la mort. De nombreux Afrikaners sont armés. Et ils ont, dans les compagnies minières, un accès facile à d'énormes stocks d'explosifs. Le spectre d'une OAS à la mode sud-africaine plane sur la République. « *Nous ne sommes pas arrivés là où nous sommes avec des suffrages,* prévient Terre-Blanche, qui fait allusion à l'histoire violente de la lutte de sa communauté contre les Noirs et le colonisateur britannique. *Nous ne renoncerons pas avec de simples bulletins de vote.* » La menace est à prendre au pied de la lettre,

au moment où le couple Mandela-De Klerk se met à cheminer sur la route de la société post-Apartheid. Dialogue subtil entre deux hommes voués à s'entendre, alors qu'ils n'ont, au fond, rien de commun, sinon – ce qui est, en l'occurrence, capital – un certain sens du compromis. Le jeu du premier : exiger un droit indiscutable dans tout système démocratique, la loi majoritaire. Le but du second : empêcher que cette exigence légitime se transforme en élément de déstabilisation tel que le seul pays de la planète où cohabitent le monde développé et le tiers-monde soit condamné à s'écrouler. « *Bien sûr,* dit un homme d'affaires libéral, partisan de la stratégie De Klerk, *l'Afrique du Sud est confrontée à un problème moral. Et, pendant trop longtemps, nous nous sommes souciés de la moralité comme d'une guigne. Mais il n'existe aucun exemple, dans l'Histoire, où un système démocratique se soit construit et développé sur le terreau d'une économie pauvre et dans le cadre d'une lutte de libération nationale à l'ancienne avec des nationalisations sans limites.* »

**En Afrique du Sud, 5 millions de Blancs se sont arrogé 87 % du territoire, concédant les 13 % restants à 26 millions de Noirs.**

Procès d'intention ? Évidemment. En Afrique du Sud, 5 millions de Blancs se sont arrogé 87 % du territoire, concédant les 13 % restants à 26 millions de Noirs. Le pays de l'Apartheid détient, en outre, le record absolu de la disparité des revenus entre riches et pauvres. On comprend, dès lors, que la majorité de l'*establishment* économique du Cap ou de Johannesburg ne prête pas une oreille favorable à certaines proclamations de Mandela. De quoi parle, en effet, « le plus célèbre homme libre du monde », à sa sortie de prison ? De poursuite de la lutte armée pour résister à l'Apartheid, de nationalisation des mines et des banques, de redistribution des richesses. Faux pas ! s'exclament les conservateurs. Mandela n'aurait rien compris à l'air du temps, qui a balayé partout les vieilles lunes communisantes.

Au Cap, pourtant, Gerrit Viljoen, ministre du Développement constitutionnel, l'un des principaux conseillers du président De Klerk, se déclare « *encouragé* » par les premières déclarations du vieux combattant. Parce qu'il sait, lui qui l'a rencontré à plusieurs reprises, que le chef historique de l'ANC a de nombreux auditoires à satisfaire ; qu'il ne peut, comme cela, abandonner les « jeunes lions », ces militants des *townships* élevés au son de slogans sur « la liberté ou la mort » ; qu'il y a, à l'intérieur de l'ANC, des leaders d'une branche militaire qui se voient tout à coup relégués au second plan de la lutte, au profit de partisans plus politiques prêts à palabrer avec la tribu blanche. Et parce qu'il sait, enfin, lui, Gerrit Viljoen, que la communauté noire a quelques raisons de se méfier du régime de Pretoria.

Alors, le ministre entend aussi les propos plus rassurants de Nelson Mandela : ceux qui appellent la communauté noire à plus de discipline et de loyauté ; ceux, également, qui assurent que « *les Blancs doivent se sentir en sécurité, parce que nous apprécions leur contribution à ce pays* » ; ceux, enfin, qui engagent les Africains à « *faire preuve, à l'égard de cette société blanche, de notre bonne foi* ». Et Viljoen se souvient qu'il y a trente ans, lors de son premier procès, Mandela se déclarait prêt à engager un processus de représentativité progressive des Noirs dans le système politique sud-africain : une période d'essai de cinq ans, au terme de laquelle l'accord serait réexaminé. Une telle proposition n'est plus de mise. Trente ans plus tard, l'ANC fait du principe « Un homme, une voix » l'objectif de toute négociation.

Frederik De Klerk, lui, s'accroche toujours au concept des groupes. Il exigeait que soit inscrit dans la nouvelle Constitution un droit de veto pour la minorité blanche, quand celle-ci considérerait ses intérêts vitaux comme étant menacés. Revendication inacceptable pour l'ANC, qui proposait d'emblée la formation d'un gouvernement multiracial intérimaire pendant le processus menant à la rédaction d'une nouvelle Loi fondamentale. Proposition rejetée, à son tour, par le Parti national au pouvoir. « *Tout est négociable* », dit Viljoen. « *Les pourparlers devront prendre en compte deux impératifs catégoriques inévitables,* répond Mandela *: la règle de la majorité dans un État unitaire et la protection des intérêts des Blancs.* »

Sauf catastrophe, donc, les deux parties ont au moins décidé d'essayer de s'apprivoiser.

Première étape, prévisible à terme relativement court si les violences ne s'aggravent pas : la levée complète de l'état d'urgence. Une telle mesure ouvrira la voie à ce que tous les Sud-Africains appellent déjà « *les négociations sur les négociations* ». Ordre du jour : qui, en dehors de l'ANC et du gouvernement, participera à la mise en chantier d'une nouvelle Constitution ? « *Tous les partis,* affirme-t-on à Pretoria, *qui pourront justifier d'une certaine représentativité dans le pays.* » Cela inclut, par conséquent, le parti conservateur, qui qualifie pourtant l'avènement d'une ère nouvelle en Afrique du Sud de « *capitulation totale* », de « *défaite par K-O* ». Cela inclut aussi le parti Inkatha, du chef zoulou Gatsha Buthelezi, fort de 1,5 million de membres. Son antagonisme avec l'ANC et ses alliés a provoqué la mort de 3 000 personnes, depuis trois ans, dans les *townships* près de Durban. Buthelezi, partisan de l'économie de marché, est le Premier ministre du Kwazulu, l'un des six « territoires » qui, comme quatre *homelands* théoriquement indépendants, disposent d'un certain degré d'autonomie dans la république d'Afrique du Sud. À ce titre, il est accusé de complicité avec le régime de l'Apartheid. Buthelezi conteste, de plus, la volonté de l'ANC de s'ériger en représentant principal, voire exclusif, de la communauté noire. Rivalité de pouvoir qui se double d'une rivalité de groupe, la plupart des leaders de l'ANC étant issus de l'ethnie xhosa. Conduire tous ces interlocuteurs à débattre de l'invention d'un système de gouvernement ressemblant à une fédération : voilà le pari à haut risque lancé par Frederik De Klerk à la face de son pays. Gerrit Viljoen, qui se définit comme un « *incurable optimiste* », déclarait, il y a peu, à *L'Express* que les négociations sur la Constitution « *pourraient démarrer avant la fin de l'année* ». Elles seraient présidées par une ou plusieurs personnalités indiscutables et indépendantes du pouvoir politique. Et tout serait mis sur le tapis avant la rédaction collective d'une nouvelle charte. Le ministre Viljoen prend sûrement ses désirs pour des réalités. À moins qu'en Afrique du Sud la démocratie n'ait fait ses premiers pas sur la petite route de la prison Victor-Verster, à Paarl.

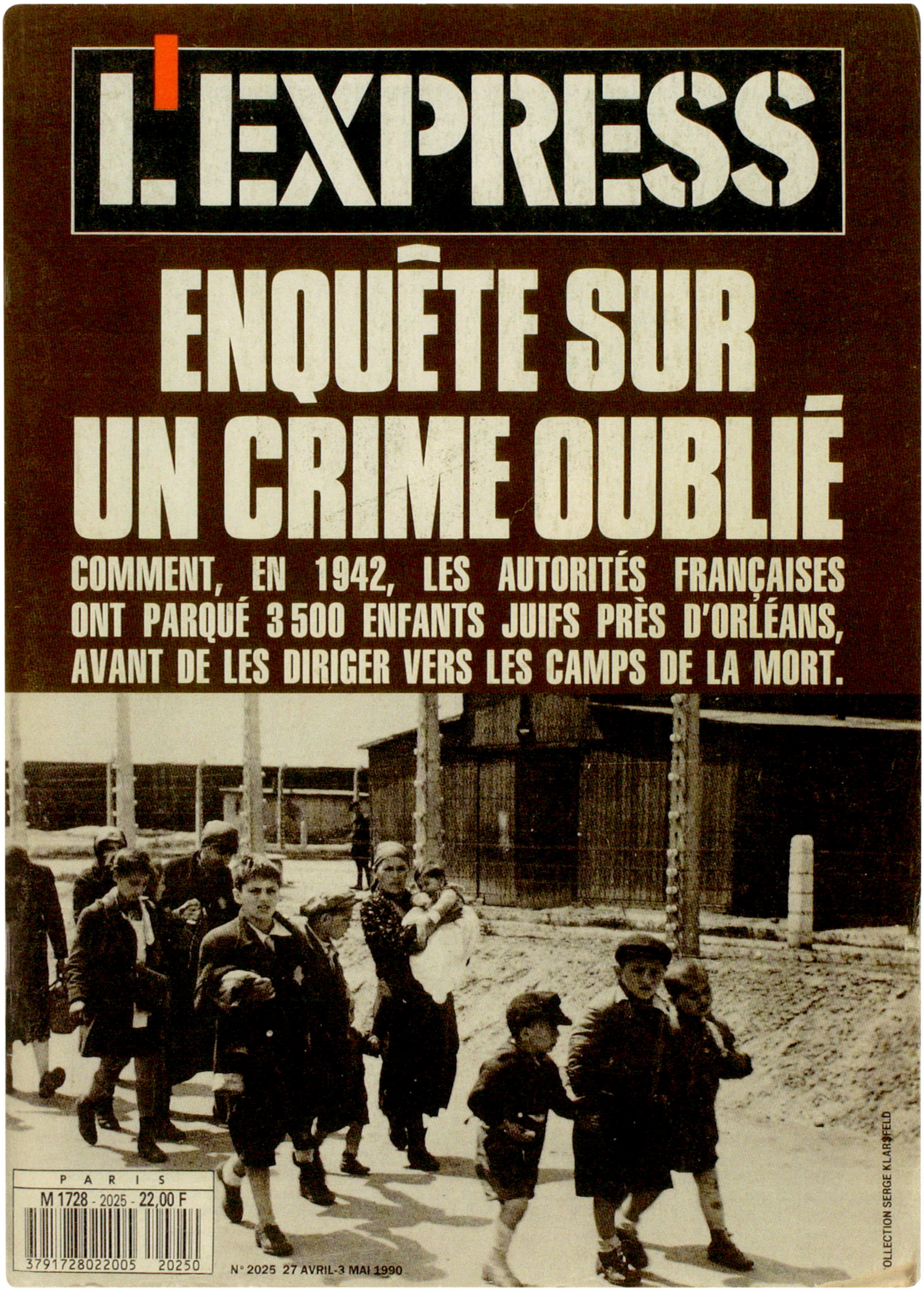


**27 AVRIL 1990.** ENQUÊTE SUR UN CRIME OUBLIÉ.
Continuer à enquêter, jusqu'au bout du devoir de mémoire. Jacques Derogy a multiplié les révélations sur Paul Touvier et Klaus Barbie. Éric Conan, lui, raconte un voyage au bout de l'enfer, dans les camps de détention de Pithiviers et de Beaune-la-Rolande, dans le Loiret, en 1942. Quelque 3 500 enfants, séparés de leur famille, y ont été internés dans des conditions effroyables avant d'être envoyés dans les camps de la mort.

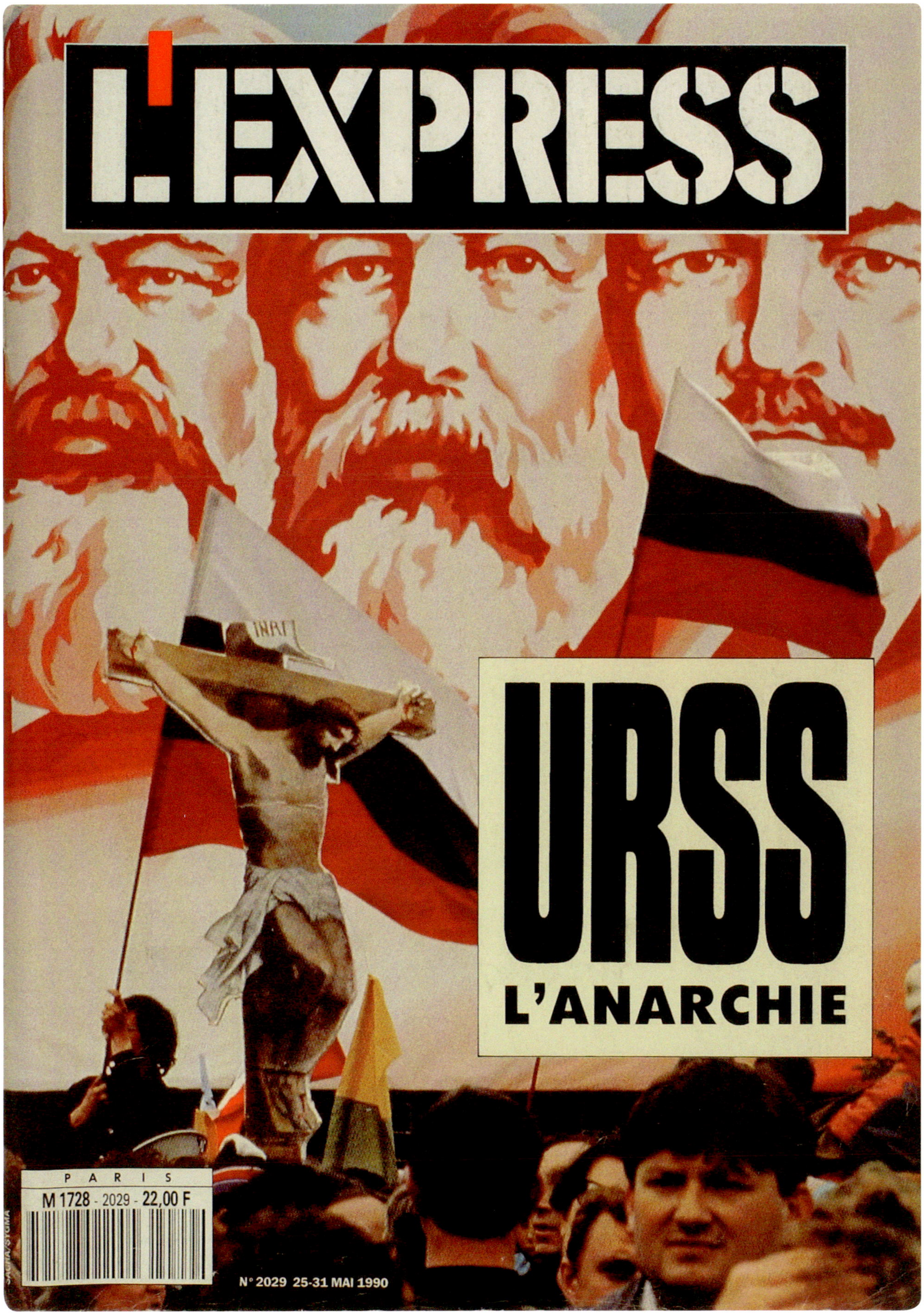


**25 MAI 1990.** URSS, L'ANARCHIE.
La situation économique est catastrophique et le bloc socialiste se décompose petit à petit. La montée du nationalisme dans les États baltes et les républiques d'Asie centrale finit de décrédibiliser le pouvoir du Kremlin. Début juin, Gorbatchev est remplacé par Boris Eltsine, qui donne le coup de grâce à l'URSS.

# LA CANTINE AUX ESPIONS

*Whisky, vodka et cognac dans la « Frontstadt » de la guerre froide.*

**PAR YVES CUAU**

À LA UNE CETTE SEMAINE-LÀ

Soudain, la Mitraille, que nous appelions aussi le Capitaine, parla. Nous l'écoutions comme des collégiens, mais sans savoir naturellement que l'objet de sa vindicte deviendrait un jour, par le génie de John Le Carré, l'un des plus fascinants adversaires de l'excellent George Smiley.

La Mitraille, donc, interrompit un instant sa dégustation de vodka, en ce jour très froid de janvier 1961, pour nous déclarer de péremptoire manière : « *Vous savez qui c'est, "le" Storm, qui vous fait tous babiller ? C'est le Grand Patron.* » Notre bon maître utilisa très précisément une expression de patois berlinois : « *Der Boss vons Janze.* » Et il ajouta : « *Méfiez-vous de lui !* » avant de reprendre sa succulente dégustation.

Storm, effectivement, intriguait. Il tranchait beaucoup sur ses chers confrères de l'Est par son élégance désinvolte, sa gaieté, son cynisme. Il parlait bien anglais, français et russe. Il affirmait parfois, lors de ses épisodiques apparitions au club *Die Möwe* (« la mouette »), être chargé d'une chronique de politique internationale sur les ondes de Berlin-Est, que nul ne réussit jamais à capter.

La Mitraille, lui, était russe, correspondant d'un grand organe de presse de Moscou. Son visage évoquait une hure, son nez finement veinulé virait au rouge dès les premiers « cent grammes » de son liquide préféré. Ses yeux gris pétillants rachetaient le reste. Il portait à l'occasion quatre rangées de décorations et était l'un des très rares rescapés d'un régiment de sapeurs. Il était entré parmi les premiers soldats de l'Armée rouge dans un Berlin dévasté. Dire qu'il n'aimait pas les Allemands relèverait de l'euphémisme. Sa mère était morte de misère et de froid pendant le siège de Leningrad. Les démêlés de la Mitraille avec la police de l'Est ou de l'Ouest étaient célèbres. Il réussissait, immanquablement, à flanquer les Vopos au garde-à-vous en leur assenant une admirable collection de jurons. Il savait ce que nous mettrions des années à découvrir. Michael Storm, qui devait porter plus tard bien d'autres noms, dont celui de Kurt Werner, s'appelait en réalité Markus Wolf. Mischa pour ses amis. Il avait à peine 30 ans à l'époque. Il devait rester trente-deux années à la tête des services secrets de son pays, survivre à toutes les purges, avant de devenir l'homme de confiance d'Andropov, puis celui de Gorbatchev, et enfin l'un des principaux organisateurs de la chute du vieil Erich Honecker.

Markus Wolf, juif et fils d'un célèbre médecin communiste, auteur de théâtre à succès, était rentré d'exil en uniforme soviétique, le jour même où un jeune colosse nommé Herbert Frahm regagnait son pays natal en tenue d'officier norvégien. Frahm devait devenir bourgmestre de Berlin-Ouest, puis chancelier fédéral sous son nom de résistant : Willy Brandt. Et c'est Markus Wolf qui devait provoquer sa chute avec son agent Günter Guillaume.

**En cet hiver très dur de 1961, l'ultimatum de Khrouchtchev était déjà lancé, et le souvenir du blocus de 1948 était dans toutes les têtes.**

C'était Berlin, c'était la guerre froide. En cet hiver très dur de 1961, l'ultimatum de Khrouchtchev était déjà lancé, et le souvenir du blocus de 1948 était dans toutes les têtes. Il faudrait attendre encore le 13 août pour que le Mur marquât le début d'une longue déchirure. Assez de souvenirs. Il faudrait trop évoquer le grand ciel changeant de Berlin, l'âcre odeur d'essence frelatée lorsque le vent soufflait de l'Est, les conversations qui s'arrêtaient lorsque cessait le bruit des avions, qui se posaient à l'époque en pleine ville, à Tempelhof, à la seule exception des Caravelle d'Air France, qui atterrissaient à Tegel. Parlons plutôt de l'admirable courage des Berlinois en ces années-là, de leur humour,

dans ce que l'on appelait alors la *Frontstadt*, la « ville du front », dans laquelle personne ne savait ce qui allait arriver le lendemain. Ces hommes et ces femmes donnèrent au monde, au milieu des ruines encore si nombreuses, une belle leçon de dignité. Mais toutes les images pieuses étaient fausses. Berlin resta toujours, derrière les apparences trop évidentes, le lent creuset où bouillonnait sourdement l'avenir de l'Allemagne.
Et certains clichés eurent la vie dure.
Celui de Kennedy, par exemple. Le jeune président américain, bien sûr, sut rester ferme après la construction du Mur. Mais c'est lui, par négligence, par mauvaise connaissance du dossier, qui donna le feu vert à Khrouchtchev pour la construction du hideux rempart, en réduisant par avance, en juillet 1961, les garanties américaines au seul Berlin-Ouest, alors que les réfugiés affluaient à un rythme supérieur à 10 000 par mois.
L'Histoire a retenu de « JFK » une phrase qui fit le tour du monde : « *Ich bin ein Berliner.* » On oublie trop souvent qu'elle fut prononcée en juin 1963, presque deux ans après la construction du Mur, au cours d'un voyage essentiellement destiné à contrer la tournée triomphale du général de Gaulle en République fédérale. Au lendemain du 13 août 1961, Kennedy se borna à dépêcher à Berlin le vice-président, Lyndon B. Johnson, qui s'y conduisit d'ailleurs fort mal, réclamant en pleine nuit les mêmes mocassins que Willy Brandt et un service à café en porcelaine blanche, dont il oublia d'acquitter la facture.
Kennedy eut un autre « coup » médiatique : l'envoi, comme son représentant personnel, du général Lucius D. Clay, dont une grande artère de Berlin portait déjà le nom. Cet extraordinaire organisateur avait sauvé la ville en 1948, en montant le plus grand pont aérien de l'Histoire. Mais le petit général aux cheveux gris, qui n'hésita pas en ce mois d'août à renoncer immédiatement à une fort lucrative situation aux États-Unis pour rejoindre « sa » ville menacée, la quitta moins d'un an plus tard, le 8 mai 1962, amer, furieux. Kennedy refusait de lui parler au téléphone, l'ambassadeur américain à Bonn lui avait interdit d'habiter sa résidence berlinoise, les Britanniques et les Français rechignaient à travailler avec cet homme dont les initiatives compliquaient les rouages du délicat système de Berlin. Il avait eu le dérangeant courage de proposer que des soldats occidentaux non armés pussent secourir les fugitifs blessés, qui agonisèrent, parfois pendant des heures, devant les caméras de télévision dans le *no man's land* entre les deux secteurs...
Brandt, lui, avait vite compris. Une lettre du bourgmestre au président des États-Unis n'obtint que cette réponse orale, formulée devant plusieurs journalistes américains : « *Ce type de Berlin ! Pour qui se prend-il donc ?* »
C'est en ces journées fiévreuses d'août 1961 que Willy Brandt forgea sa résolution. Le jour où il arriverait au pouvoir, il s'engagerait sur les voies de l'Ostpolitik. Il reconnaîtrait l'existence de l'autre Allemagne pour

**Richard Burton** dans *L'Espion qui venait du froid*, 1965.

favoriser la réunion des familles séparées, accepter cette réalité à laquelle les Occidentaux n'avaient pas voulu s'opposer.
Et il tint parole. L'enfant naturel de Lübeck, que le vieil Adenauer s'obstinait à appeler en public « *M. Frahm* », conquit le pouvoir et s'agenouilla dans l'ancien ghetto de Varsovie avant de rencontrer les dirigeants de l'Allemagne de l'Est et d'ouvrir une voie qui devait s'achever là-bas par la débâcle du communisme. On le taxa à l'époque de neutralisme, tout comme son principal conseiller, Egon Bahr, qui devint son ministre à Bonn après avoir dirigé son service de presse à Berlin. Ils n'ont pourtant pas à rougir d'avoir ouvert la brèche qui rendait la suite possible.
Egon Bahr, le « petit homme en gris ».
Alex de Gosson, son ami, la mémoire du gouvernement militaire français, que des fonctionnaires imbéciles poursuivirent d'une vindicte féroce, allant jusqu'à contester sa nationalité française. Xavier de Nazelle, l'une des plus hautes et des plus droites figures de la diplomatie française, qui sera le dernier conseiller du général de Gaulle, avant d'être ambassadeur à Berlin-Est et de démissionner lors de l'entrée des quatre ministres communistes dans le second gouvernement Mauroy. L'horrible Tchitchine, colonel du KGB qui sera expulsé à grand fracas de Stockholm, puis de Londres.
La Mitraille, naturellement. Tolinka, en ces années, jeune secrétaire à l'ambassade de l'URSS, gorbatchévien avant la lettre, aujourd'hui ambassadeur dans un pays méditerranéen, et qui reviendra bien un jour dans ce Paris où il a tant d'amis. Tony Powell, délégué de la BBC à Berlin, héros de la résistance française. Voilà quelques-uns des piliers du déjeuner du mardi au restaurant de la Maison de France, sur le Kurfürstendamm, sous la houlette du gentil maître d'hôtel Froehli.
Ils reconstruisent naturellement le monde, et c'est au début de 1963 qu'ils sauront tous que les projecteurs s'éloignent de Berlin. Les face-à-face des chars américains et soviétiques à Checkpoint Charlie ne sont plus que des souvenirs. Les alertes dans les corridors aériens et sur l'autoroute de Helmstedt ont été finalement sans lendemain. On voit beaucoup moins souvent les grands noms de la profession qui font rêver les jeunes correspondants : Walter Lippman, les frères Alsop, Margaret Higgins chez les Américains ; Stef Roussel, Michel Gordey, Dominique Auclères, Henri de Turenne chez les Français. Plusieurs journaux s'apprêtent à fermer le poste de Berlin. C'est Bonn qui « couvrira »...
Et pourtant... Une autre histoire commence, moins spectaculaire, beaucoup plus souterraine. Et fascinante aussi. Une nouvelle Allemagne se cherche, se déchire parfois dans la *Frontstadt*, qui n'est plus la capitale de la guerre froide. Quand ouvrira le *Republikanischer Club*, dont l'inspirateur militant est le très jeune avocat Klaus Croissant, qui défendra la bande à Baader et connaîtra la prison ? Dès 1965. La contestation étudiante ? Elle démarre à Berlin avec les grandes manifestations contre la présence du shah d'Iran, sous l'impulsion de Rudi Dutschke, alors que le nom de Daniel Cohn-Bendit est encore inconnu, même à Nanterre-la-Folie. Les « alternatifs » tentent de faire de certains quartiers la vitrine de leur fameuse contre-société. Les Turcs déferlent sur Kreuzberg.

**Sacré Berlin, où continue à battre le cœur de l'Allemagne, qui s'apprête à en redevenir la capitale, après une aussi longue absence.**

Et, surtout, le climat politique va changer. Dans cette ville où Kennedy avait été acclamé, où la moindre manifestation du minuscule parti communiste de l'Ouest suscitait de massives démonstrations aux cris de « *Tuez ces cochons de rouges !* » Brejnev, bien avant Gorbatchev, deviendra presque populaire. « *Plutôt rouges que morts !* » Sacré Berlin, où continue à battre le cœur de l'Allemagne, qui s'apprête à en redevenir la capitale, après une aussi longue absence. C'est bien là, finalement, qu'ont mûri beaucoup de changements, d'évolutions des comportements, de mutations profondes, dont les habitants de Bonn, de Munich ou de Hambourg n'avaient parfois qu'une perception diffuse. Bien avant que Gorbatchev ne donnât le baiser de la mort au vieil Honecker, le mur de Berlin avait tremblé comme celui de Jéricho. C'était en juin 1987, lors d'un concert de rock donné à l'Ouest, à proximité de la porte de Brandebourg, par David Bowie, Eurythmics et Genesis. Des milliers de jeunes de l'Est, nés après le 13 août 1961, qui n'avaient de leur vie pu mettre les pieds en Occident, se sont précipités vers la « muraille de la honte » aux cris de « *Gorbatchev ! Gorbatchev !* » Déjà...
Markus Wolf, lui, dont pendant plus de trente années on ne connut qu'une photo prise à la sauvette par les hommes du contre-espionnage suédois à Stockholm, au début des années 1970, est devenu un auteur à succès. Son gros roman, *Troïka*, qui n'est toujours pas traduit en français, retrace trois destins allemands croisés, ceux de trois frères. L'un d'entre eux ressemble un peu à Markus. L'autre, totalement imaginaire, est un riche entrepreneur de Berlin-Ouest, qui mourra de manière mystérieuse. Le troisième offre quelques ressemblances avec Konrad, le cadet de Mischa, cinéaste doué, qui fut longtemps le président de l'Académie des sciences de Berlin.
Livre étrange, parfois prophétique sur les événements qui devaient bouleverser quelques mois plus tard l'Allemagne et l'ensemble de l'Europe de l'Est. Qui est-il, ce Markus Wolf, devenu un personnage public avec son faux air de Paul Newman, après avoir été l'archétype de l'homme de l'ombre ? Un maître espion qui sut, à temps, négocier son virage ? Un Allemand qui travailla toujours pour l'Allemagne ? L'un des cerveaux du terrorisme international ? Un homme qui sut par moments protéger Israël ? Une partie de sa famille vit dans un kibboutz de Galilée... Il nous plaît parfois d'imaginer qu'au cours de l'un de ses nombreux séjours à Moscou il puisse retrouver la Mitraille, dit aussi le Capitaine. L'Allemagne est de nouveau souveraine depuis la fin du mois dernier. Les soldats de l'Armée rouge mendient le long des autoroutes de Prusse et vendent à la sauvette leurs kalachnikovs. Trente ans déjà, trente ans seulement depuis *Die Möwe*, avec ses velours râpés, ses doubles rideaux, son côté glauque. Le cri des mouettes aussi, sur la Spree. C'était Berlin. C'était la guerre froide.

**Le président américain John F. Kennedy devant le mur de Berlin**, accompagné du chancelier de l'Allemagne de l'Ouest, Konrad Adenauer et du maire de Berlin-Ouest, Willy Brandt, le 26 juin 1963.

**31 OCTOBRE 1991.** SANG: LE DOSSIER DU SCANDALE. Depuis le début des années 1980, les chercheurs savent que le sida se transmet notamment par le sang. Des procédures pour « sécuriser » les dons ont été mises en place dans plusieurs pays. En avril 1991, la journaliste Anne-Marie Casteret dévoile qu'en France ces mesures de précaution n'ont pas toujours été prises à temps, causant la mort de malades ayant reçu des transfusions contaminées. **7 NOVEMBRE 1991.** LA FIN DE LA SOCIÉTÉ DE CONSOMMATION ? Après une décennie d'argent fou, d'argent roi, l'heure est aux interrogations: faut-il changer de modèle de société ? **30 JANVIER 1992.** L'AMOUR AU BUREAU. Un travailleur sur trois est une femme. De quoi changer les discussions autour de la machine à café et nourrir la « rubrique kibezki », explique la journaliste Michèle Leloup. C'est aussi l'apparition d'un nouveau délit pénal: le harcèlement sexuel. **19 MARS 1992.** LA FRANCE AMÉRICAINE. À quelques jours de l'ouverture d'Eurodisney, le journal revient sur la relation ambiguë entre Français et Américains. Un « Je t'aime-moi-non-plus » mâtiné de fascination inavouée, qui se transmet de génération en génération.

**25 JUIN 1992.** YOUGOSLAVIE.
La république socialiste fédérale de Yougoslavie est démantelée sous la pression des nationalismes. La poudrière des Balkans explose. La Slovénie et la Croatie ont fait sécession les premières. La Bosnie-Herzégovine a suivi, en mars 1992, provoquant la réaction de l'armée serbe. C'est le début du terrible siège de Sarajevo, qui met la ville à feu et à sang. La visite du président François Mitterrand, les 27 et 28 juin, soulève les espoirs. En vain.

**10 SEPTEMBRE 1992.** HISTOIRE SECRÈTE D'UN RÉFÉRENDUM.
Le traité de Maastricht est une étape fondamentale de la construction européenne. Il marque la création de l'Union européenne et annonce l'arrivée de l'euro. Suite au « non » danois, la position de la France sur le sujet est très attendue. Après une longue période d'hésitation, François Mitterrand décide d'organiser un référendum. Le « oui » l'emporte.

SEMAINE DU 24 AU 30 DÉCEMBRE 1992

L'EXPRESS

LA LÉGION D'HONNEUR
OU COMMENT L'AVOIR

SARAJEVO
NOËL EN ENFER

NOS ENVOYÉS SPÉCIAUX RACONTENT L'AGONIE DE LA CAPITALE BOSNIAQUE

M 1722 - 2164 - 20,00 F

ÉCONOMIE
Entreprises : la ruée vers l'Orient

**24 DÉCEMBRE 1992.** SARAJEVO. NOËL EN ENFER.
Depuis avril 1992, Sarajevo est soumise à un blocus complet par les forces serbes. Les convois de nourriture et de médicaments sont bloqués sur les routes, l'eau et l'électricité coupées. La ville est quotidiennement bombardée. Le siège prendra fin en 1996.

# VÁCLAV HAVEL : LA LIBERTÉ EST EXIGEANTE

*Le 25 février 1948, il y a exactement quarante-cinq ans, le coup de Prague livrait la Tchécoslovaquie aux communistes. De la « révolution de Velours » au « divorce de velours », l'explosion de l'ancienne fédération a suivi l'effondrement du totalitarisme. Et Václav Havel, porté au pouvoir en 1989 dans l'enthousiasme de la liberté reconquise, est devenu président de la jeune République tchèque – séparée de la Slovaquie depuis le 1er janvier 1993.*

**ENTRETIEN RÉALISÉ PAR SYLVAINE PASQUIER, AVEC JIRI SLAVICEK**

À LA UNE CETTE SEMAINE-LÀ

Élu pour cinq ans, avec des prérogatives qui ne lui laissent qu'une marge de manœuvre assez réduite face à l'ultralibéral Premier ministre Václav Klaus. Mais il n'est pas homme à se satisfaire de l'inauguration des chrysanthèmes, surtout dans un pays où l'écrivain passe pour la « conscience du peuple ». À ses yeux, la morale est la source de toute politique digne de ce nom, une exigence que la mise en place de l'économie de marché ne dispense pas de respecter. On l'entendra pour d'autres raisons en France, mais avec autant d'acuité. Face aux dérives nationalistes qui sèment la xénophobie, le racisme et même la guerre en Europe, Havel se fait le champion des valeurs de la démocratie et de la République. Sans doute attendait-il davantage des Occidentaux face au conflit qui ravage les Balkans. Et, de la Communauté européenne, un plus grand esprit d'ouverture...

**Avec quels sentiments avez-vous retrouvé cette demeure des rois de Bohême où vous étiez, il y a six mois encore, le président d'une fédération aujourd'hui disparue ?**

*Václav Havel* : Le château, je n'y ai jamais habité. C'est seulement un bureau où je travaille. J'en ai eu beaucoup d'autres, qui se résumaient parfois à quatre murs avec une petite table. Malgré tout, cette fois, j'ai l'avantage de me retrouver, parmi des collaborateurs qui me sont familiers, dans un milieu et un cadre que je connais. La pièce où nous sommes, c'est moi qui l'ai aménagée. Ces tableaux, j'ai voulu qu'ils soient disposés ainsi. Et me voici revenu dans cet espace qu'ils rythment de leur présence, de leurs couleurs.

**Pourquoi y attachez-vous tant d'importance ?**

Ce n'est pas que j'aie un souci excessif du cadre qui m'entoure. Je me souviens du jour où je suis entré ici pour la première fois. J'ai été saisi, comme dans beaucoup d'autres résidences que le pouvoir communiste venait de quitter, par une violente impression de mauvais goût. Sans doute tenait-elle à la laideur des meubles, des moindres objets. Mais ce que j'ai en tête va bien au-delà de l'esthétique. J'ai perçu, presque physiquement, le lien entre ce décor et l'idéologie des anciens occupants. Un régime qui instaurait la désolation morale ne pouvait qu'aboutir à ce délabrement du goût – dans le sens de l'aptitude à discerner les véritables valeurs.

**24 DÉCEMBRE 1992.** SARAJEVO. NOËL EN ENFER.
Depuis avril 1992, Sarajevo est soumise à un blocus complet par les forces serbes. Les convois de nourriture et de médicaments sont bloqués sur les routes, l'eau et l'électricité coupées. La ville est quotidiennement bombardée. Le siège prendra fin en 1996.

# VÁCLAV HAVEL : LA LIBERTÉ EST EXIGEANTE

*Le 25 février 1948, il y a exactement quarante-cinq ans, le coup de Prague livrait la Tchécoslovaquie aux communistes. De la « révolution de Velours » au « divorce de velours », l'explosion de l'ancienne fédération a suivi l'effondrement du totalitarisme. Et Václav Havel, porté au pouvoir en 1989 dans l'enthousiasme de la liberté reconquise, est devenu président de la jeune République tchèque – séparée de la Slovaquie depuis le 1er janvier 1993.*

**ENTRETIEN RÉALISÉ PAR SYLVAINE PASQUIER, AVEC JIRI SLAVICEK**

À LA UNE CETTE SEMAINE-LÀ

Élu pour cinq ans, avec des prérogatives qui ne lui laissent qu'une marge de manœuvre assez réduite face à l'ultralibéral Premier ministre Václav Klaus. Mais il n'est pas homme à se satisfaire de l'inauguration des chrysanthèmes, surtout dans un pays où l'écrivain passe pour la « conscience du peuple ». À ses yeux, la morale est la source de toute politique digne de ce nom, une exigence que la mise en place de l'économie de marché ne dispense pas de respecter. On l'entendra pour d'autres raisons en France, mais avec autant d'acuité. Face aux dérives nationalistes qui sèment la xénophobie, le racisme et même la guerre en Europe, Havel se fait le champion des valeurs de la démocratie et de la République. Sans doute attendait-il davantage des Occidentaux face au conflit qui ravage les Balkans. Et, de la Communauté européenne, un plus grand esprit d'ouverture...

**Avec quels sentiments avez-vous retrouvé cette demeure des rois de Bohême où vous étiez, il y a six mois encore, le président d'une fédération aujourd'hui disparue ?**

*Václav Havel* : Le château, je n'y ai jamais habité. C'est seulement un bureau où je travaille. J'en ai eu beaucoup d'autres, qui se résumaient parfois à quatre murs avec une petite table. Malgré tout, cette fois, j'ai l'avantage de me retrouver, parmi des collaborateurs qui me sont familiers, dans un milieu et un cadre que je connais. La pièce où nous sommes, c'est moi qui l'ai aménagée. Ces tableaux, j'ai voulu qu'ils soient disposés ainsi. Et me voici revenu dans cet espace qu'ils rythment de leur présence, de leurs couleurs.

**Pourquoi y attachez-vous tant d'importance ?**

Ce n'est pas que j'aie un souci excessif du cadre qui m'entoure. Je me souviens du jour où je suis entré ici pour la première fois. J'ai été saisi, comme dans beaucoup d'autres résidences que le pouvoir communiste venait de quitter, par une violente impression de mauvais goût. Sans doute tenait-elle à la laideur des meubles, des moindres objets. Mais ce que j'ai en tête va bien au-delà de l'esthétique. J'ai perçu, presque physiquement, le lien entre ce décor et l'idéologie des anciens occupants. Un régime qui instaurait la désolation morale ne pouvait qu'aboutir à ce délabrement du goût – dans le sens de l'aptitude à discerner les véritables valeurs.

**Quel regard porte l'ancien prisonnier politique que vous êtes sur l'homme d'État ?**
J'ai dû affronter un nombre incalculable d'expériences nouvelles. Chaque jour qui vient en apporte d'autres. À ce niveau, on ne cesse d'apprendre, et je crois que tous ceux qui exercent les plus hautes fonctions politiques se trouvent dans la même situation. Mais sans doute est-ce particulièrement vrai en ce qui me concerne. En 1989, l'opinion m'a projeté du jour au lendemain à la tête du pays, sans que j'y sois aucunement préparé. Je n'avais même pas imaginé que cela puisse m'arriver. Et pour cause : je m'étais battu toute ma vie contre le pouvoir. Par-dessus tout, je tenais à mon indépendance. »

**La seule politique à laquelle j'accepte de me consacrer est celle qui se met au service d'autrui, pour le bien de la communauté.**

**Et aujourd'hui ?**
Rassurez-vous, j'y tiens toujours autant. J'essaie de rester moi-même – comme je l'ai fait en prison, ou dans la peau de ce que vous appeliez un « *dissident* ». Le président de la Tchécoslovaquie est devenu celui de la République tchèque, mais, quelle que soit la taille de l'État, elle ne modifie en rien mes convictions.

**La fédération n'a pas survécu, en dépit de vos efforts. Quelle conclusion personnelle en tirez-vous ?**
Chaque État, aujourd'hui, a son avenir à construire, et il est un peu tard pour se tourner vers le passé. De part et d'autre, des individus, des familles, par milliers, se sont trouvés confrontés au choix d'une nationalité. Il a fallu établir des frontières, une zone douanière, qui n'existaient pas. La séparation des monnaies vient tout juste d'avoir lieu. Et nous n'avons pas encore, je crois, mesuré l'événement dans toute son ampleur, après soixante-quatorze ans de vie commune. En ce qui me concerne, ce nouveau contexte politique coïncide avec une définition plus précise de mes fonctions. Je dois sans cesse évaluer mes faits et gestes, en tirer des conséquences. Examen de conscience, introspection, appelez cela comme vous voulez. C'est le sens de ce que j'ai dit à Paris, en octobre dernier.

**Lorsque vous évoquiez l'attente de Godot, à l'Institut de France ?**
Précisément. Le temps des enthousiasmes est derrière nous. Vient celui du désenchantement, des tâches ingrates du quotidien. Au début, je m'affligeais de ce que les changements ne soient pas plus rapides, je voulais à toute force que Tchèques et Slovaques parviennent à s'entendre dans le même État, je me tourmentais parce que nous nous rapprochions trop lentement des démocraties occidentales et de leurs structures, je cherchais des solutions immédiates, des résultats tangibles, j'étais d'une extraordinaire impatience. J'ai eu quelque peine à m'en défaire : il m'a fallu admettre que la réalité est sans doute perfectible, mais qu'elle ne devient jamais parfaite, que la politique est un processus sans fin, lent, inscrit dans la durée. Il y a des faits têtus, et tous vos efforts n'y peuvent rien.

**Pourquoi avez-vous décidé de poursuivre, autrement dit d'être à nouveau candidat à la présidence ?**
J'aurais pu, en effet, rester chez moi, mener une vie d'intellectuel indépendant, position infiniment plus confortable que la mienne aujourd'hui. Il se trouve que j'ai beaucoup de mal à choisir mon intérêt personnel, si la possibilité m'est donnée de contribuer à l'intérêt général. Je suis peut-être prisonnier de mon sens de la responsabilité, mais c'est ainsi. La seule politique à laquelle j'accepte de me consacrer est celle qui se met au service d'autrui, pour le bien de la communauté.

**Croyez-vous vraiment à l'efficacité d'un magistère moral ?**
Je n'ai jamais voulu poser au moraliste, encore moins au prêcheur, je ne revendique pas de chaire. J'estime simplement que mon rôle est de souligner l'importance des valeurs éthiques dans tous les domaines de la vie publique, économie comprise. Si celui qui se trouve à la tête de l'État ne le fait pas, qui le fera ? Surtout dans les conditions actuelles.

**Quel sens donnez-vous à ces mots ?**
Au sortir du totalitarisme, notre société a sans doute recouvré la liberté, mais tous les comportements générés par un système bâti sur le mensonge et la manipulation n'ont pas pour autant disparu. Nous n'étions pas libres, certes, le système nous privait de nos droits naturels, mais, en même temps, il ne nous tenait pas pour responsables du destin de notre pays. Nous l'étions tous, cependant, et personne ne l'était vraiment. L'idée même de responsabilité se trouvait étrangement diluée. Lorsque les verrous du communisme ont sauté, les convoitises personnelles, l'appétit de pouvoir ont pu s'épanouir. L'ancien système nous a légué des individus dénués de scrupules, des arrivistes, qui rabaissent la liberté à l'aune de leurs égoïsmes. Pour moi, liberté et responsabilité sont les deux faces d'une même pièce de monnaie. L'usage de l'une exige de respecter l'autre. Vivre libre, c'est un apprentissage de la responsabilité de citoyen.

**Définiriez-vous l'État tchèque comme un État-nation ?**
Les prisons de l'Histoire, en Europe, ont gardé captifs des dizaines de peuples. Le réveil de leur conscience nationale est parfaitement compréhensible, et sans doute devrait-il être mieux compris. Mais, trop souvent, il s'exprime par la violence nationaliste, la xénophobie, le racisme, l'antisémitisme, quand il ne dégénère pas en affrontements meurtriers. S'il est omniprésent, le danger diffère pourtant selon les pays.

**Quel moyen voyez-vous pour contrer les dérives nationalistes ?**
Dès le début, il faut s'atteler à la construction de la société civile. Ce n'est pas un hasard si le mot « nation » n'apparaît nulle part dans le préambule de la Constitution tchèque. Loin de faire coïncider l'État avec une seule et même nation, le texte fonde au contraire la République sur les concepts de citoyenneté et d'universalité des droits de l'homme. C'est en effet les seuls qui soient recevables. Chaque individu est le point de rencontre d'une somme d'appartenances, selon l'endroit où il est né, où il vit, selon la langue qu'il parle, selon sa culture, les traditions qui lui ont été transmises, sa propre expérience, son milieu professionnel... Et l'appartenance nationale n'est qu'une composante parmi d'autres. Je n'en nie pas l'importance. Mais elle ne suffit pas à définir un État. Pas plus qu'une doctrine idéologique, une croyance religieuse ou de prétendus critères de « pureté ethnique ». Les expériences de ce genre n'apportent en général que des catastrophes. Voyez la guerre dans les Balkans – à laquelle nous assistons, empêtrés dans notre impuissance...

**Quelle conception avez-vous de votre rôle dans l'État ?**
La nouvelle Constitution tchèque définit la fonction présidentielle de façon précise, avec un légitime souci de l'équilibre des pouvoirs. Cette préoccupation, essentielle dans tous les cas, l'est plus encore dans les pays qui viennent de se libérer du totalitarisme. La démocratie qui s'y instaure est fragile. Tant qu'ils n'ont pas consolidé leurs institutions, ils cherchent le plus souvent à contrebalancer l'instabilité politique en renforçant l'autorité du chef de l'État. Cette logique implique d'ailleurs tout naturellement qu'il soit élu au suffrage universel direct.

**Le principe de l'élection par le Parlement, décidé par la République tchèque, vous satisfait-il davantage ?**
J'ai moi-même écrit que la meilleure formule était celle qui parviendrait à pondérer les pouvoirs. Nous nous sommes donc efforcés d'établir entre eux des rapports équilibrés. Le Président n'est pas le chef de l'exécutif, c'est au gouvernement de gouverner. Il n'initie pas de législation, mais peut renvoyer, s'il l'estime nécessaire, une loi ordinaire. Enfin, en cas de crise constitutionnelle ou politique, il lui appartient de dissoudre le Parlement.

**Cependant, vous gardez la haute main sur les forces militaires ?**
En effet. C'est une tradition chez nous, aussi bien que dans d'autres pays démocratiques. Mais, comme le chef de l'État est inamovible pendant la durée de son mandat, que ses décisions de commandant en chef des armées doivent être avalisées et mises en application par l'exécutif, il faut, évidemment, que le gouvernement – dans la pratique, le Premier ministre – en soit le cosignataire. Que cette disposition corresponde à une limitation de pouvoir, qu'elle ménage une possibilité de contrôle, cela ne fait aucun doute.

**Ne trouvez-vous pas votre marge de manœuvre un peu réduite, comparée à l'étendue de vos pouvoirs en 1989 ?**
Je me souviens qu'à ce moment-là je trouvais mon champ de compétences beaucoup trop vaste. Cela ne signifie pas qu'aujourd'hui le Président soit une potiche. Dans une période où il importe, avant tout, de consolider la démocratie, son rôle est d'être le garant des institutions. Il est donc à sa juste place dans l'architecture constitutionnelle. Naturellement, la définition de ses prérogatives, telle qu'elle est écrite sur le papier, est une chose. La mesure de son influence politique de chef de l'État en est une autre. J'entends par là que cette influence dépend, évidemment, du savoir-faire de celui qui occupe ce poste.

**Autrement dit, il vous appartient de donner un contenu à l'énoncé théorique ?**
J'en suis très conscient : la manière que j'aurai d'exercer ma fonction déterminera en grande partie le destin de mes successeurs. Je suis, en quelque sorte, l'un des acteurs de notre nouveau système politique. Voilà qui ne fait qu'aggraver mes responsabilités !

**La meilleure attitude est toujours d'instaurer des échanges politiques "francs et ouverts", et là-dessus je suis plutôt optimiste.**

**Dans vos relations avec le Premier ministre, Václav Klaus, auriez-vous devancé François Mitterrand, proche, à nouveau, d'une cohabitation ?**
Si vous y réfléchissez, les fonctions du Premier ministre et les miennes sont assez complémentaires. Nous n'avons pas lieu d'avoir de conflits d'attributions. C'est pourquoi je crois difficile de superposer les deux situations. J'ai souvent rencontré le président Mitterrand, que j'ai ainsi pu connaître et apprécier. C'est un homme d'État doué d'un rare talent diplomatique, un homme de consensus et de compromis, capable de se faire entendre des interlocuteurs et des milieux politiques les plus divers. Une nouvelle cohabitation, s'il y est confronté, sera, pour lui aussi, une expérience. Ne vous inquiétez pas : il saura trouver, avec le futur gouvernement, un mode de coopération à sa convenance.

**Quelles sont vos réserves à l'égard de l'ultralibéralisme en économie, très prisé aujourd'hui dans les milieux dirigeants tchèques ?**
Il n'y a aucune discussion sur le principe même de l'économie de marché. C'est pour moi une évidence. Dès les premiers temps, j'ai été favorable à sa mise en place, en dépit des bouleversements que cela provoque. Il n'y a d'ailleurs aucune autre solution. Mais, si une partie de la population en supporte un peu trop les effets, à nous d'y remédier, voilà tout. Ce n'est qu'un instrument, pas un système de valeurs. Je ne vois pas pourquoi l'économie de marché deviendrait le dernier refuge du dogmatisme.

**Craignez-vous que votre pays ne devienne « *le protectorat économique de l'Allemagne* », comme certains Tchèques s'en inquiètent ?**
À la différence de quelques-uns de mes concitoyens, je n'ai pas l'impression que la République tchèque risque d'être étouffée par son puissant voisin. Des relations de bon voisinage et de coopération s'imposent. À condition, bien entendu, qu'elles soient fondées sur un principe d'égalité, et non pas sur le rapport du faible au fort. Nous n'avons pas à faire de courbettes ou à nous montrer serviles. La meilleure attitude est toujours d'instaurer des échanges politiques « francs et ouverts », et là-dessus je suis plutôt optimiste.

**Espérez-vous, durant votre mandat, voir la République tchèque devenir membre de la Communauté européenne ?**
Je serais naturellement très heureux si cette perspective se réalisait dans les cinq ans à venir. Mais il est impossible de faire le moindre pronostic aujourd'hui. Cela dépend, d'abord, de notre capacité à nous hisser au plus près des normes européennes, dans tous les domaines : l'effort n'est pas mince, je ne vous le cache pas. Ensuite, de l'évolution de la Communauté. Elle a sa propre dynamique, plutôt imprévisible, ces temps-ci. Le traité de Maastricht, s'il était finalement ratifié par les Douze, la relancerait de manière significative. À partir de là, on pourrait imaginer qu'une volonté d'ouverture se manifeste… Quoi qu'il en soit, l'une de nos priorités est toujours de rejoindre dès que possible la Communauté. Nous entendons bien nous y préparer.

**Comment définiriez-vous la place de votre pays sur la carte de la grande Europe ?**
Il ne faudrait pas que la séparation de l'État tchécoslovaque ait pour conséquence la création d'une nouvelle ligne de clivage entre l'ouest et l'est de l'Europe – au sens où la République tchèque servirait de frontière orientale à l'Ouest, tandis que l'Est commencerait avec la Slovaquie.

C'est un danger réel, surtout si les deux républiques s'engagent dans des voies opposées. Nous devons tout mettre en œuvre pour l'éviter. Cette version, l'Histoire nous l'a déjà présentée. Elle n'est bénéfique pour personne.

**L'État tchécoslovaque n'est plus là pour rappeler aux démocraties occidentales le déshonneur des accords de Munich. Y avez-vous songé ?**

En ce qui concerne la République tchèque, le chapitre du diktat de Munich est historiquement clos. Les États qui s'étaient prêtés à cette trahison sont d'ailleurs redevenus fidèles à eux-mêmes en entrant en guerre contre Hitler. En 1989, juste après le retour de la démocratie chez nous, donc dans la période anniversaire de Munich, François Mitterrand et Mme Thatcher nous ont rendu visite. Et chacun d'eux est revenu, justement, sur ce sombre épisode de nos relations bilatérales. Il n'est plus assez vivant, ici du moins, pour les encombrer. Cependant, il n'est pas mauvais que le souvenir de ces accords reste présent dans les mémoires. Ne serait-ce que pour rappeler qu'en politique on ne doit jamais céder à la menace, et qu'il faut au contraire tenir tête aux fauteurs de guerre. Si l'opinion publique occidentale le retient sous cette forme, cela me convient.

**N'avez-vous pas le sentiment que l'architecture de l'Europe est aujourd'hui complètement bouleversée ?**

L'organisation du continent, telle que l'avaient définie les traités de Versailles et de Trianon en 1919 et 1920 – un héritage sur lequel nous vivons encore –, est en effet soumise à rude épreuve. Mais je ne dirai pas qu'elle s'effondre. La guerre l'a mise à mal dans les Balkans, des États nouveaux sont apparus sur les décombres de l'Union soviétique, enfin, la Tchécoslovaquie a donné naissance à deux républiques. Aujourd'hui, après l'écroulement de ce que l'on a appelé improprement « l'ordre de Yalta », les retouches apportées au dessin de Versailles – sous réserve qu'elles soient légitimes –, j'ai la conviction, comme le dit le proverbe, que la troisième fois sera la bonne. Au sens où nous pourrons enfin jeter les bases d'une cohabitation pacifique en Europe. À condition de ne pas laisser les conflits frontaliers dicter leur loi. J'estime d'ailleurs qu'à l'avenir ces questions de frontières perdront peu à peu de leur acuité. Notre destin d'Européens suppose plutôt de les ouvrir que de les fermer.

**Quel est pour vous le rôle d'un écrivain ? Est-il la conscience de son peuple, comme l'a dit un poète tchèque ?**

Cette phrase, Jaroslav Seifert, prix Nobel de littérature, l'a prononcée en 1956. Depuis, l'opinion se l'est appropriée, elle est régulièrement citée. J'y vois une vérité générale, qui est particulièrement justifiée dans notre société. On ne vit pas impunément au cœur de l'Europe centrale, au carrefour même de toutes les influences, de toutes les menaces hégémoniques, en butte aux conquêtes, aux occupations, aux annexions. Nos écrivains ont été les porteurs de notre identité.

**Tomáš Masaryk, le premier président de la République tchécoslovaque, est-il pour vous un modèle ? Comme lui, vous avez vos « rencontres du vendredi » avec des philosophes et des intellectuels...**

Ne me comparez pas à Masaryk ! Je l'estime vraiment trop pour l'imiter... C'était un homme d'une autre stature, avec un autre passé et d'autres talents que moi ! Nous lui devons d'avoir souligné la dimension morale de la politique et donné forme à notre démocratie moderne. Avec lui, la fonction de chef d'État a reçu sa véritable définition. Il est, en effet, l'un de mes grands hommes et l'une de mes sources d'inspiration.

**Que diriez-vous de votre rapport au pouvoir ?**

Je ne conçois de l'exercer qu'au service de mes concitoyens. Je n'ai pas de plus haute ambition en politique. Que la responsabilité soit pesante, pour des avantages très relatifs, je ne vais pas m'en plaindre, puisque j'ai été poussé par mes propres principes à l'accepter. Il y aurait donc quelque hypocrisie à prétendre que je suis devenu président de ce pays contre mon gré. Mais le pouvoir n'est pas pour moi un but en soi.

**6 MAI 1993.** MORT D'UN HOMME SEUL. PIERRE BÉRÉGOVOY.
Le 1er mai 1993, l'ex-Premier ministre socialiste met fin à ses jours. Touché par les révélations qui mettaient en cause son intégrité, lâché par ses amis politiques, marqué par le désastre socialiste aux législatives, Pierre Bérégovoy avait sombré dans une profonde dépression.

**21 OCTOBRE 1993.** TAPIE DANS LA NASSE.
L'affaire OM-VA, un siège de député soumis à la validation du Conseil constitutionnel, les comptes de l'entreprise Testut dans le rouge : Bernard Tapie semble acculé. Mais l'homme d'affaires et politicien à l'incroyable gouaille a plus d'un tour dans son sac.

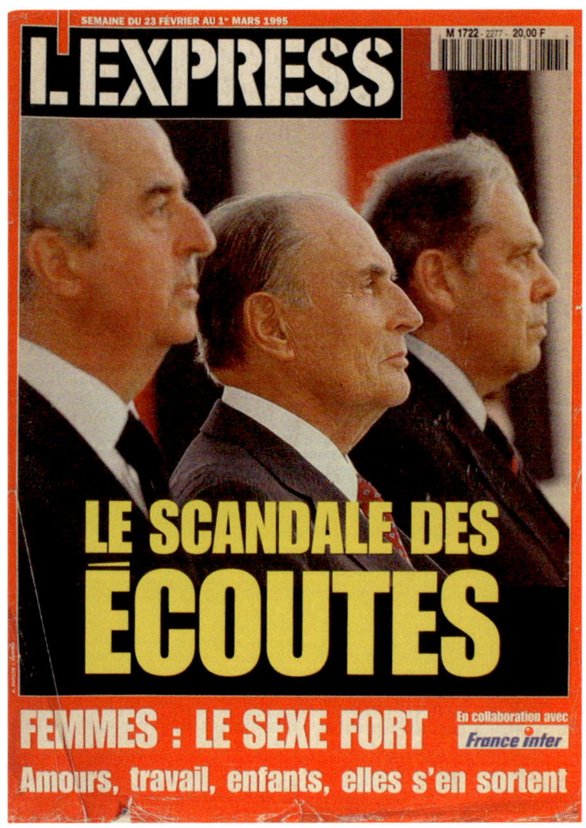


**10 NOVEMBRE 1994.** POLITIQUE ET VIE PRIVÉE. DOIT-ON SAVOIR ? Le secret de polichinelle autour de Mazarine Pingeot, la fille naturelle de François Mitterrand, a fait long feu. *Paris Match* a publié les photos de la jeune normalienne. La presse s'interroge sur la ligne blanche à ne pas franchir en matière de vie privée. **12 JANVIER 1995.** POURQUOI LUI. Pour *L'Express*, Édouard Balladur apparaît comme le candidat favori pour remporter l'élection. Il entre d'ailleurs officiellement dans la course le 18 janvier. Mais il est battu au premier tour par Jacques Chirac et Lionel Jospin. **9 FÉVRIER 1995.** BOTTON, NOIR, PPDA, LE PROCÈS. Le présentateur du journal télévisé de TF1 a bénéficié des largesses de Pierre Botton, un homme d'affaires à la réputation sulfureuse qui entretient un réseau autour de son beau-père, Michel Noir, alors député-maire de Lyon. Le « système Botton » – trafic d'influence et malversations – est démonté par le juge Philippe Courroye. **23 FÉVRIER 1995.** LE SCANDALE DES ÉCOUTES. De 1983 à 1986, près de trois mille conversations de plusieurs centaines de personnalités ont été enregistrées illégalement à la demande du président de la République, François Mitterrand. Le scandale, révélé en 1995, ne sera jugé qu'en 2005. Entre les lignes, apparaît aussi le rôle controversé du préfet Christian Prouteau, en charge de la cellule antiterroriste de l'Élysée.

**15 JUIN 1995.** HOMOSEXUELS. LA RÉVOLUTION TRANQUILLE.
Après avoir profité des mouvements de libération des années 1970 et subi de plein fouet le choc du sida dans les années 1980, les homosexuels revendiquent désormais le « droit à l'indifférence » plus que « le droit à la différence ».

**9 NOVEMBRE 1995.** LE TESTAMENT DE RABIN.
Le 4 novembre 1995, le Premier ministre israélien, prix Nobel de la paix en 1994, est assassiné par un étudiant juif extrémiste. Le processus de paix au Proche-Orient, engagé notamment par les accords d'Oslo, est fortement ralenti.

**11 JANVIER 1996.** FRANÇOIS MITTERRAND, UNE VIE.
Le 8 janvier, François Mitterrand s'éteint à l'âge de soixante-dix-neuf ans, des suites d'un cancer. Il est enterré à Jarnac, en Charente, le 11 janvier, déclaré jour de deuil national.

# CHARLES HERNU ÉTAIT UN AGENT DE L'EST

*L'ancien ministre de la Défense a été, au moins pendant dix ans, rémunéré par le KGB et ses satellites.*

**PAR JÉRÔME DUPUIS ET JEAN-MARIE PONTAUT**

À LA UNE CETTE SEMAINE-LÀ

Palais de l'Élysée, un jour de l'automne 1992. Le patron de la Direction de la surveillance du territoire (DST), le contre-espionnage français, a sollicité en urgence une entrevue avec le président François Mitterrand. Il serre contre lui une serviette contenant l'un des secrets les plus ahurissants de la V^e^ République.
Peu de temps auparavant, dans la toute nouvelle atmosphère de coopération qui s'est établie après la chute du mur de Berlin, en 1989, l'un des plus redoutables services spéciaux des pays de l'Est lui a fait parvenir un dossier classé hautement confidentiel, dont *L'Express* peut aujourd'hui révéler le contenu. Cette liasse de documents ultrasecrets détaille la stupéfiante histoire de la manipulation et du financement d'un homme politique qui a occupé l'une des fonctions les plus sensibles de la République pendant le premier septennat mitterrandien : Charles Hernu, très voyant ministre de la Défense de 1981 à 1985, mais également l'un des plus fidèles compagnons de François Mitterrand.
Ce jour-là, dans le bureau du chef de l'État, le directeur de la DST, Jacques Fournet, fait part de cette incroyable découverte au Président. Celui-ci sursaute. « *Après Pelat, Hernu...* », murmure-t-il, abattu par cette nouvelle révélation sur l'un de ses proches, décédé deux ans auparavant. Mais la méfiance viscérale de François Mitterrand à l'égard des services spéciaux reprend le dessus. Est-on vraiment sûr qu'il ne s'agit pas d'une manœuvre d'intoxication ? En réponse, le responsable du contre-espionnage lui livre quelques extraits des rapports venus de l'Est et, en particulier, le détail des sommes touchées par Charles Hernu. Il confie ensuite que les vérifications très poussées réalisées par les spécialistes de la DST confirment la véracité de ces documents. Encore sous le choc, le président de la République évoque quelques souvenirs de son incorrigible ami. Puis il conclut fermement : « *Nous n'allons pas refaire l'Histoire. Considérez, monsieur le directeur, qu'il s'agit d'un secret d'État.* »
L'ordre est sans appel : ce dossier doit retourner dans un coffre pour ne plus jamais en sortir. Au sommet de l'État et du contre-espionnage, seuls une poignée d'initiés partageront ce secret et auront connaissance de la réaction de François Mitterrand.
Il demeurera avec le nouveau pouvoir : Charles Pasqua et Édouard Balladur, puis leurs successeurs, informés, adopteront la même attitude que François Mitterrand.
Au terme d'une enquête de plusieurs mois, tant en France que dans les pays de l'Est, *L'Express* est en mesure de lever le voile sur cette affaire d'État : un futur ministre français de la Défense a été – pendant au moins dix ans – rémunéré par des agents de Moscou. C'est l'incroyable vérité que contenaient les documents venus du froid.

**Le recrutement du 13 mars 1953**

En 1953, Charles Hernu, 29 ans, jeune-turc de la politique aux amitiés franc-maçonniques, vient de créer le Club des jacobins, un groupe d'agitateurs d'idées proches de la gauche radicale. Il incarne l'aile moderniste du radicalisme, qui souhaite porter Pierre Mendès France au pouvoir. C'est alors un personnage fantasque et séduisant, aimant la bonne chère et les jolies femmes. Il a aussi des difficultés à joindre les deux bouts, tant pour ses activités politiques que dans sa vie privée. Hernu est alors salarié du Centre national du commerce extérieur (CNCE). Cette personnalité remuante, intelligente et prometteuse attire donc, en raison de ces faiblesses, l'attention des services de l'Est.
C'est très exactement le 13 mars 1953 que le nom de Charles Hernu apparaît pour la première fois dans un rapport des services secrets bulgares, le KDS. Le jeune diplomate bulgare qu'il rencontre se présente sous le nom de Vinogradov. Il s'agirait en fait de Raïko Nikolov, officiellement troisième secrétaire de l'ambassade de Bulgarie à Paris depuis 1951, en réalité agent secret. Ce contact

avec Charles Hernu s'inscrit dans la stratégie des services spéciaux de l'Est de l'époque. Ils cherchent, en effet, à recruter des Français, à des postes clés, pouvant leur fournir des informations confidentielles, mais parient aussi sur de jeunes espoirs, susceptibles de jouer un rôle politique dans l'avenir. Les diplomates espions, qui fourmillent alors à Paris, repèrent et séduisent des responsables de la France de demain dans les domaines les plus divers. Avec Charles Hernu, Raïko Nikolov met dans le mille...

Après ce premier contact, il faut « ferrer le poisson ». Pour cela, « Vinogradov » va demander à son « ami » Charles de lui rédiger de petites notes, en apparence anodines, sur la situation politique française. Hernu lui remettra ainsi régulièrement des synthèses – notamment sur le Club des jacobins. Il adressera aussi des portraits de Gaston Defferre, de François Mitterrand...

**Voilà donc Charles Hernu adopté par l'ambassade soviétique à Paris. Il est vrai que, politiquement, il est alors plutôt partisan d'une alliance avec les communistes.**

Le piège ainsi se met en place : pour prix de ses « travaux », Charles Hernu reçoit mensuellement, entre 1954 et 1956, d'abord 25 000 anciens francs (ce qui ferait 2 750 francs aujourd'hui), puis, pour certaines notes plus détaillées, de 40 000 à 50 000 francs (de 4 400 à 5 500 francs actuels). Dans les comptes rendus des services bulgares, Hernu est identifié sous le pseudonyme d'« *André* ». Un nom de code qui « officialise » son statut d'agent. L'engrenage est d'autant plus dangereux que les services bulgares, depuis les débuts de la guerre froide, sont le bras armé du KGB. En réalité, Raïko Nikolov sert d'agent recruteur pour le grand frère soviétique.

Charles Hernu confirme rapidement tous les espoirs placés en lui. Le 2 janvier 1956, sa carrière politique prend son envol : il est élu député du 6e secteur de la Seine (Aubervilliers, Saint-Denis, Montreuil, Vincennes), sous l'étiquette Front républicain. Selon Jean Guisnel, auteur d'une biographie de Charles Hernu (Fayard), les moyens mis en œuvre par le candidat étaient déjà considérables, « disproportionnés », même, au dire de ses amis jacobins.

La plus grande partie de la campagne aurait été financée, d'après Hernu, par une providentielle et généreuse mécène avec qui il vivait à l'époque.

La réussite législative de Charles Hernu a, cependant, une conséquence immédiate : les notes que le nouveau député de la Seine fait parvenir à ses « amis » bulgares prennent de la valeur. À partir de son élection à l'Assemblée nationale, il reçoit « périodiquement » de 100 000 à 150 000 anciens francs (de 10 000 à 15 000 francs actuels). Mais, en novembre 1956, son agent traitant, Raïko Nikolov, est rappelé dans son pays. Soucieux de continuer à suivre la carrière de ce politicien prolixe, un « diplomate » soviétique prendra alors le relais des Bulgares. Ce conseiller de l'ambassade de l'URSS à Paris, identifié comme Vladimir Ivanovitch Erofeev, est une grande pointure de l'espionnage soviétique en France. Très actif, ce diplomate fréquentait notamment les milieux intellectuels parisiens. Certains ont même cru voir sa main derrière la fameuse affaire des fuites (qui défraya la chronique en 1954) : les experts estiment qu'il aurait pu jouer un rôle dans l'ombre du directeur du *Libération* de l'époque, Emmanuel d'Astier de La Vigerie.

Voilà donc Charles Hernu adopté par l'ambassade soviétique à Paris. Il est vrai que, politiquement, il est alors plutôt partisan d'une alliance avec les communistes.

Quelques mois auparavant, d'ailleurs, en mai 1956, il part avec une délégation du Conseil mondial de la paix, un mouvement cryptocommuniste, pour Moscou, afin de rencontrer Nikita Khrouchtchev. Ce voyage donnera lieu à une scène relatée par Jean Guisnel, qui montre, pour le moins, l'étonnant comportement de l'impétueux député : il disparaît mystérieusement un soir dans un taxi devant l'hôtel Rossia, à deux pas de la place Rouge, sous les yeux inquiets du chef de la délégation française, d'Astier de La Vigerie. Il ne réapparaîtra qu'à 4 heures du matin, cette seule excuse à la bouche : « *À Moscou, les prostituées racolent en taxi...* »

À Paris, sous la houlette des Soviétiques, répondant toujours au pseudonyme d'« *André* », Charles Hernu continue de percevoir des versements de 100 000 à 150 000 anciens francs. La stratégie des services de l'Est est en effet toujours la même : remettre des sommes qui permettent de « tenir » leurs interlocuteurs, créer un besoin, mais ne jamais donner trop, ce qui pourrait attirer l'attention.

### 300 000 francs pour « *André* »

Après le retour du général de Gaulle et la dissolution de l'Assemblée nationale, en 1958, Charles Hernu se présente aux législatives à Noisy-le-Sec. Les services de l'Est vont faire, à cette occasion, un gros investissement sur « *André* » : en novembre, ils lui remettent 3 millions d'anciens francs (soit l'équivalent de 300 000 francs aujourd'hui), pour aider au financement de sa campagne. Une somme considérable à l'époque. Le candidat Hernu bourre les boîtes aux lettres de ses électeurs de photos le représentant, avec le slogan « *Votez Hernu, vous serez défendu !* » Mais c'est un fiasco : balayé, comme François Mitterrand et Pierre Mendès France, par le raz de marée gaulliste, il recueille 5,3 % des voix.

Un autre événement va distendre les liens entre « *André* » et son agent traitant soviétique. Dans la nuit du 26 au 27 juillet 1961, l'OAS dépose une bombe dans la cage d'escalier de son domicile, rue de Ponthieu, à deux pas des Champs-Élysées. Il échappe de peu à l'attentat. Mais, conséquence inattendue, il va bénéficier dès lors d'une protection policière et va donc demander aux Soviétiques de cesser tout contact. Difficile en effet de rencontrer un espion sous surveillance rapprochée !

### La main passe à la *Securitate*

Mais les agents de l'Est ne lâchent pas si facilement prise. C'est ainsi que la route d'Hernu va recroiser, « par hasard », celle d'un autre service communiste, particulièrement efficace : la *Securitate* roumaine, dirigée, en France, depuis décembre 1958, par le redoutable Mihaïl Caraman. Tout d'abord conseiller pour les affaires économiques et financières, puis premier conseiller de l'ambassade de Roumanie à Paris, Caraman s'est rendu célèbre en « retournant » plusieurs fonctionnaires de l'OTAN comme l'ont raconté Pierre Accoce et Daniel Poujet dans *Le Réseau Caraman* (Fayard, 1972). Son exceptionnelle longévité en France – onze ans – lui a permis de croiser le Tout-Paris, avec d'autant plus de facilité qu'à l'époque Ceauşescu apparaissait comme le plus progressiste des chefs d'État du bloc de l'Est.

Mihaïl Caraman, charmeur et francophile, amateur d'art et maître espion, n'avait pas son pareil pour séduire ses « cibles »

en rapprochant l'« indépendance » roumaine à l'égard de Moscou des positions anti-américaines du général de Gaulle.
L'un des agents de Caraman lie donc contact avec le très coopératif, bavard et impécunieux Hernu. Après en avoir averti les Bulgares et toujours sous le contrôle du KGB, omniprésent, les Roumains vont, eux aussi, investir sur Charles Hernu, qui hérite d'un nouveau pseudonyme : « *Dinu* ».
Le 14 décembre 1962, il fait l'objet d'une note complète de la *Securitate*, qui rappelle ses antécédents avec les services de l'Est et préconise de l'utiliser pour le renseignement politique. Là encore, les Roumains ont fait un bon choix : Charles Hernu vient de participer à la fondation du PSU et il est en train de se rapprocher de François Mitterrand. Il accepte à nouveau de rédiger des synthèses politiques sur la situation française, moyennant finances. Le 19 février 1963, il rencontre même l'officier traitant de la *Securitate* à Paris, qui en rendra compte à Bucarest dans une note datée du 8 mars.

**L'« investissement » soviétique sur Charles Hernu, dans les années 60, qu'il ait continué ou non, a été couronné de succès au-delà de tout ce que Moscou pouvait imaginer.**

La production de Charles Hernu est cependant très inégale. L'un de ses rapports s'attirera d'ailleurs cette mention sévère de Mihaïl Caraman, dans un message à la centrale : « *Information politique sans intérêt* »... D'autres collaborations, en revanche, comme le dossier consacré au PSU (nom de code : « *Monaco* »), paraissent passionner Bucarest. Mais aussi Moscou. À tel point que, cette même année 1963, le KGB récupère à son profit l'agent « *André-Dinu* ». Le tout-puissant KGB décide dorénavant de se passer des intermédiaires bulgare et roumain : à partir du 29 mars 1963, Charles Hernu est directement traité par la centrale soviétique. Dès lors, les pays satellites ne sauront plus rien de ce qui se passera. Les relations de Charles Hernu avec les Russes ont-elles été interrompues ? Ont-elles continué ? Si oui, jusqu'à quand ? Avec quels résultats ? Le fameux dossier remis à la France en 1992 ne le dit pas.

**La tentative roumaine de 1982**

En tout cas, l'« investissement » soviétique sur Charles Hernu, dans les années 60, qu'il ait continué ou non, a été couronné de succès au-delà de tout ce que Moscou pouvait imaginer. Tout au long des années 70, Hernu est le spécialiste de la chose militaire au sein du parti socialiste, principal parti d'alternance. Il crée en particulier, en avril 1974, le CORAN (Convention des officiers de réserve pour l'armée nouvelle), qui fusionnera bientôt avec la commission de la défense du PS. C'est lui qui définira la politique du parti pour les questions militaires et nucléaires.
Ce qui ne l'empêche pas, surtout après avoir quitté son emploi au Centre national du commerce extérieur, de tirer le diable par la queue. Toujours en quête d'argent, selon ses proches, il sait pourtant se montrer généreux à certaines occasions. En 1971, il frôle une mise en cause judiciaire en raison de ses liens étroits avec Claude Lipsky, escroc de haut vol et principal protagoniste du scandale de la Garantie foncière. Mais, en mars 1977, il trouve enfin un fief électoral : il est élu maire de Villeurbanne, dont il deviendra député l'année suivante.
Arrive 1981 : l'apothéose. Ce vieux grognard du nouveau président de la République devient, tout naturellement, ministre de la Défense. Certains de ses anciens traitants roumains et bulgares assistent avec stupéfaction à la formidable promotion de leur ex-ami « *André-Dinu* ». Charles Hernu, à son nouveau poste, règne sur la politique nucléaire, les services secrets et la défense stratégique de la France.
Les services roumains, qui ont transformé leur pays en un terrible État policier, comprennent tout le parti qu'ils peuvent tirer d'une telle promotion. Un bilan de l'activité de l'« agent » Hernu est dressé à l'attention de Nicolae Ceauçescu le 1er septembre 1982 : il rappelle le rôle prépondérant de Charles Hernu dans la composition du gouvernement de Pierre Mauroy et précise que les services spéciaux français auraient lancé une campagne contre la Roumanie. Ne sachant pas ce que le KGB a fait après 1963 avec Charles Hernu, la *Securitate* songe alors, à la suite de cette note, à renouer contact avec le nouveau ministre français de la Défense. L'agent traitant direct de Charles Hernu dans les années 60 étant décédé, les Roumains envisagent de tenter une approche à partir de Genève. L'opération, jugée trop hasardeuse, est finalement abandonnée.
Mais les éléments précis, et notamment financiers, contenus dans les archives toujours méticuleusement tenues par les pays de l'Est constituaient une terrible épée de Damoclès suspendue au-dessus de la tête du nouveau responsable de la Défense. D'autant que, généralement, les officiers des pays communistes avaient coutume de demander un reçu à leur « source » lorsqu'ils lui versaient de l'argent. De plus, chaque contact donnait lieu à un compte rendu transmis à Bucarest, à Sofia ou à Moscou. Et les nombreux « travaux pratiques » et analyses de Charles Hernu étaient soigneusement archivés à l'Est. La divulgation publique de ces éléments – même en 1992, lorsque François Mitterrand en prit connaissance – sur l'homme qui, de 1981 à 1985 (jusqu'à sa démission après l'affaire Greenpeace), fut responsable de la défense nationale française aurait déclenché une crise internationale. À ce poste, Charles Hernu a eu en effet à gérer, notamment, la crise des missiles SS 20 avec l'URSS...
Aujourd'hui encore, la question reste donc ouverte : les Russes ont-ils fait jouer cette arme secrète contre Charles Hernu après 1981 ? La réponse se trouve enfouie dans les archives les plus secrètes du KGB, à Moscou. Alors que nombre de dossiers de l'espionnage soviétique sont apparus depuis la chute du mur de Berlin, le « dossier moscovite de Charles Hernu » demeure invisible.
Les années qui ont précédé la prise en charge exclusive de l'agent Charles Hernu par le KGB le rendent évidemment capital.

>Général Lebed : «J'en ai assez du chaos en Russie»

N° 2379 SEMAINE DU 6 AU 12 FÉVRIER 1997

L'EXPRESS

RÉUSSIR SPÉCIAL RÉGIONS

Qui va recruter en 1997

ENQUÊTE

Arnaque sur les hôpitaux

POLITIQUE

Jospin est-il prêt pour le pouvoir ?

RÉCIT

Le blues d'une femme flic

CINÉMA

Ceux qui font rire la France

Génération stagiaires

*Pour 600 000 jeunes, le stage est l'antichambre de l'emploi. Y trouvent-ils leur compte ?*

M 1722 - 2379 - 18,00 F

ANTILLES ET RÉUNION : 25 F

DEM 8,5 DM / BEF 150 FB / CAD $ 4,50 / ESB 550 PTA / ISR 22 NIS / ITL 7 000 L / MAD 27 DH / NLG 8 FL / PTE 580 PTE cont / GBP 3 £ / CHF 5,70 FS / TNM 3,100 DTU / TOM 690 XPF / ATS 75 S

**6 FÉVRIER 1997.** GÉNÉRATION STAGIAIRES. Point de passage obligé pour décrocher le premier emploi, le stage est incontournable pour les jeunes diplômés qui forment une armée de travailleurs peu ou non rémunérés. Dix ans plus tard, le phénomène s'est amplifié : « Génération stagiaires » est désormais le nom d'un mouvement, né en 2005, qui dénonce les abus du système.

**4 SEPTEMBRE 1997.** DIANA, UNE TRAGÉDIE MODERNE. Le conte de fées, commencé en 1981 par le mariage princier de lady Di et du prince Charles, n'a pas duré longtemps. Infidélités, tromperies et tentatives de suicide s'enchaînent. En 1996, le divorce est prononcé. Un an plus tard, la princesse de Galles et son amant Dodi al-Fayed meurent dans un accident de voiture, sous le pont de l'Alma, à Paris. **23 OCTOBRE 1997.** CRÉDIT LYONNAIS, LA JUSTICE VA FRAPPER. Une quinzaine de juges saisis pour une centaine d'enquêtes en cours, un trou de près de deux milliards d'euros (130 milliards de francs), dont 90 millions dus aux malversations. L'affaire du Crédit lyonnais est l'un des plus grands scandales financiers de l'Histoire. **19 MARS 1998.** LES ARCHIVES SECRÈTES DE LA POLICE. Plongée dans mai 1968, côté forces de l'ordre. Pour le 30e anniversaire de l'événement, *L'Express* a fouillé les archives secrètes de la police et raconte l'autre côté des barricades. **SUPPLÉMENT DU 19 MARS 1998.** L'EXPRESS LE MAGAZINE. Une nouvelle formule est lancée. *L'Express* se dédouble : le *news* décrypte et analyse l'actualité pendant que le mag saisit et décode l'air du temps. « L'un ne va pas sans l'autre ».

**17 SEPTEMBRE 1998.** HILLARY CLINTON. ET SI ELLE CRAQUAIT… Alors que se multiplient les révélations sur les frasques sexuelles de Bill Clinton, président des États-Unis, avec Monica Lewinsky, l'épouse du chef de l'État, Hillary Clinton, continue de le soutenir publiquement. Jamais elle ne laissera paraître une faille.

**1er AVRIL 1999.** L'EFFROYABLE MILOSEVIC.

Depuis mai 1999, Slobodan Milošević, président de la république de Serbie, est inculpé de « crime contre l'humanité » pour son implication dans la guerre en ex-Yougoslavie. Le jour de la sortie du journal, il se rend aux autorités serbes, qui le transféreront au tribunal pénal international de La Haye.

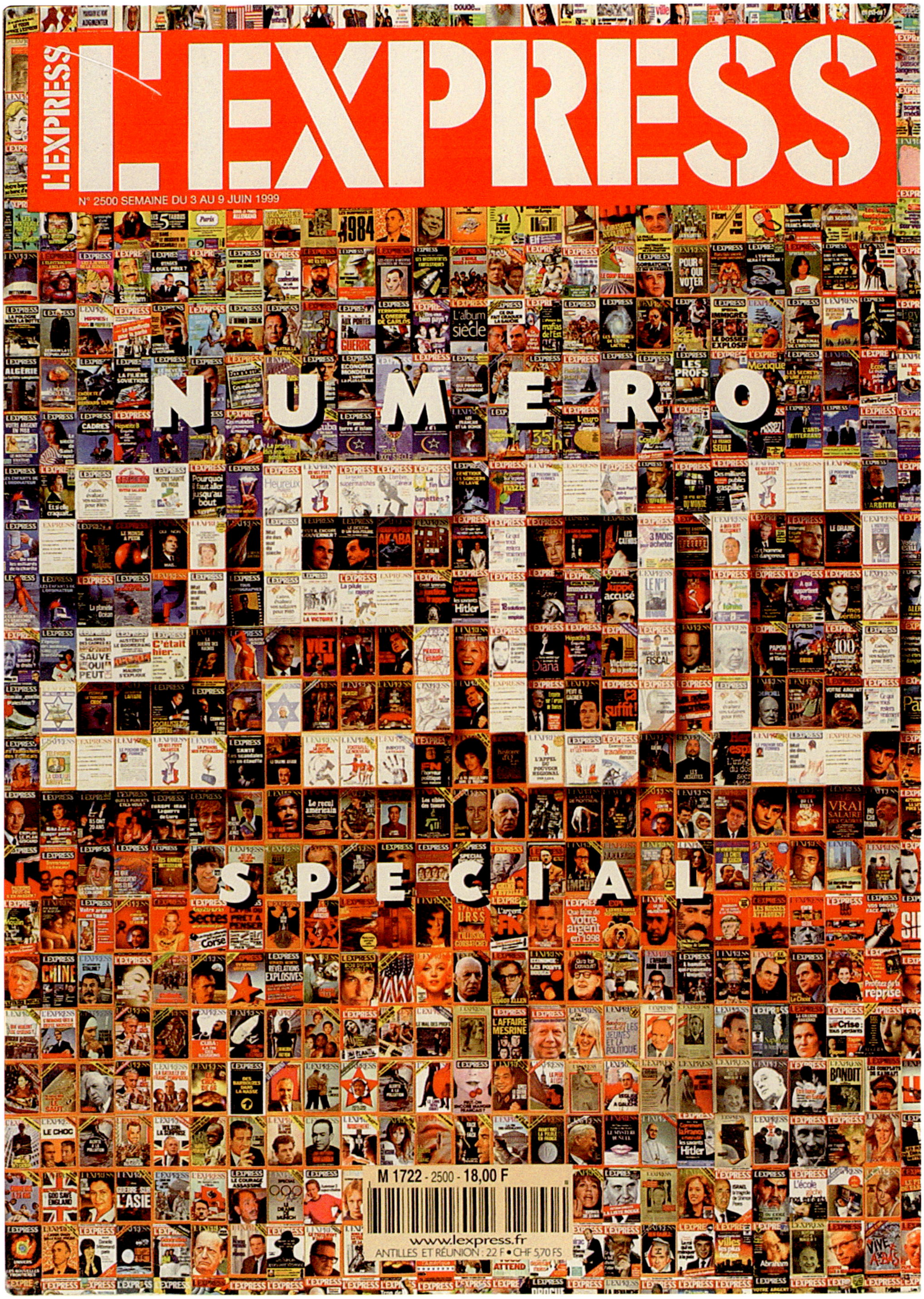


**3 JUIN 1999.** 2500. NUMÉRO SPÉCIAL.
2 499 numéros et celui-ci, le 2 500e, pour rendre hommage au journal, à ses fondateurs et à ses idées.

**23 SEPTEMBRE 1999.** ENQUÊTE SUR UNE FIN DE RÈGNE. LE TSAR PERVERS ET CORROMPU.
Discrédité sur la scène internationale et soupçonné de corruption, Boris Eltsine connaît une fin de règne pathétique. Pendant ce temps, le pays s'enfonce dans la misère, à la merci d'une oligarchie prédatrice.

# « Les folles années Mitterrand »

*par Jean-Marie Pontaut*

**Ombre et lumière. Ce qui frappe en lisant les articles de *L'Express* des années 1990-2000, c'est bien sûr l'omniprésence du président Mitterrand.** Mais aussi l'ambiguïté du brillant homme d'État. Reprenant le flambeau de mon ami Jacques Derogy, grand journaliste devant l'éternel, j'ai créé, en 1996, un service d'investigation à *L'Express*. Très vite, nous avons décortiqué une série d'affaires d'État qui conduisaient directement à François Mitterrand. Elles révélaient un personnage plus trouble et moins reluisant. Notre premier scoop a été la publication d'un dossier établissant que Charles Hernu avait travaillé pour les services secrets de l'Est, avant d'être nommé ministre de la Défense. Des documents, livrés peu après la chute du mur de Berlin par les services roumains à leurs homologues de la DST, « en signe de confiance », le prouvaient. Quand le Président en a pris connaissance, en 1992, il a ordonné de les enfouir au fond d'un coffre. Avec mon confrère et complice, Jérôme Dupuis, nous n'avions pas mesuré la vague de fond qu'allait provoquer cet article. Il touche un tabou, celui du rôle des hommes politiques durant la guerre froide.

Un autre article, écrit en 1997 avec Jérôme, a mis le feu aux poudres : la révélation des archives secrètes du patron de la « cellule élyséenne », Christian Prouteau. François Mitterrand s'était entouré d'hommes chargés de veiller sur sa fille et de protéger sa double vie. Les archives de Prouteau contenaient les notes échangées avec le chef de l'État. Il y évoquait des écoutes téléphoniques illégales. Difficile d'affirmer que le chef de l'État n'était pas au courant, certaines notes étaient annotées de sa main...

Enfin, le souvenir le plus marquant de cette époque, la « traque » d'Alfred Sirven aux Philippines ! Le numéro 2 de la société Elf, soupçonné d'avoir mis au point un système de pots-de-vin, avait pris la fuite. Avec un grand reporter de *L'Express*, Marc Epstein, nous sommes partis à sa recherche et avons découvert l'identité fictive sous laquelle il vivait aux Philippines. Il était muni d'un faux passeport au nom d'un Français décédé... Le patron d'Elf, Loïk Le Floch-Prigent, a toujours affirmé qu'il fournissait à François Mitterrand la liste des bénéficiaires de cette manne financière.

Comme disait la fondatrice de *L'Express*, Françoise Giroud : « Il faudrait condamner les hommes politiques à la vérité perpétuelle. »

Grand reporter au service Société de *L'Express* de 1984 à 1986,
Jean-Marie Pontaut est depuis 1996 rédacteur en chef du service Investigation, puis du service Enquêtes.

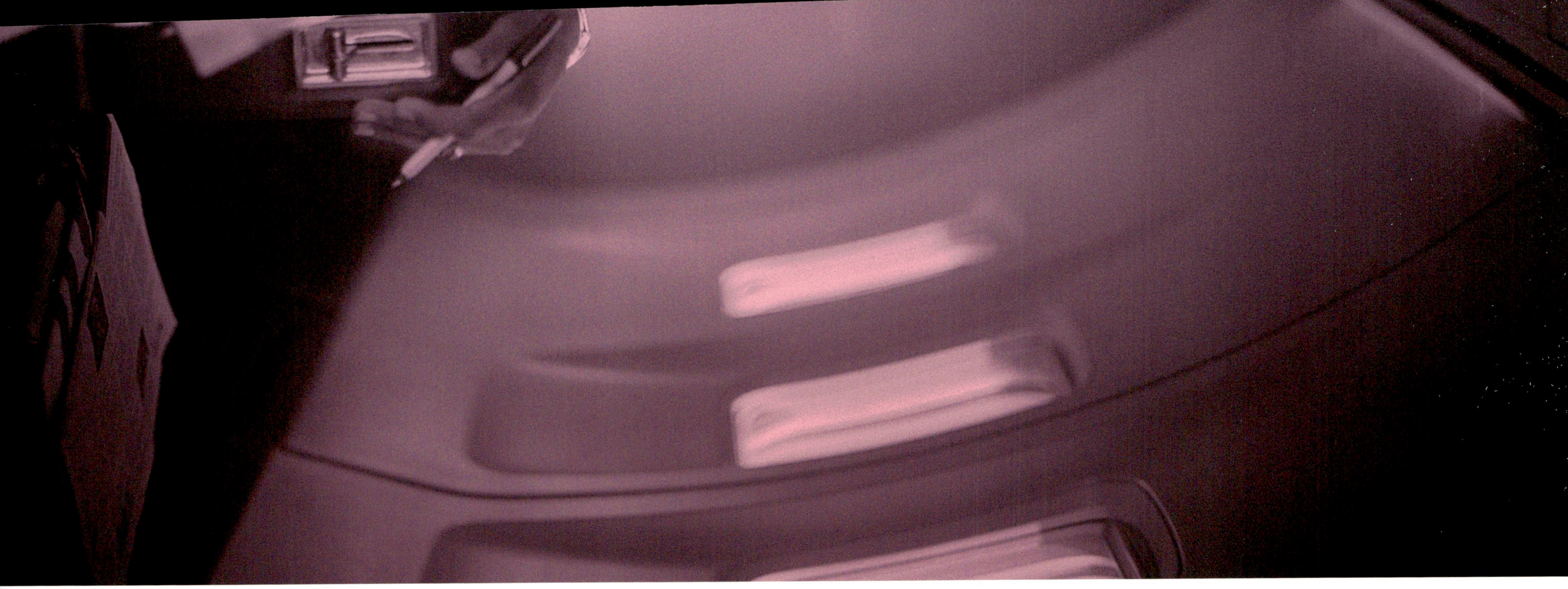

# LES ANNÉES DEUX MILLE
# 2000-2010

Le candidat démocrate à la présidentielle, Barack Obama, lors de sa dernière campagne avant son élection. Missouri, États-Unis, 18 octobre 2008. Photographie David Burnett.

NYPD
POLICE

11 septembre 2001 : un ministre, entouré de pompiers et de sauveteurs, se tient debout au milieu des décombres du World Trade Center, New York. Photographie Larry Towell.

## DANS LE MONDE

**11 SEPTEMBRE 2001**

Une série d'attentats suicides revendiqués par le réseau al-Qaida est menée contre les États-Unis.

**OCTOBRE 2001**

Les Américains lancent une offensive internationale en Afghanistan pour faire tomber le régime taliban.

**1er JANVIER 2002**

L'euro remplace le franc dans les porte-monnaie des habitants de onze pays européens, dont la France.

**MARS 2003**

Les États-Unis envahissent l'Irak. Épidémie de SRAS, une pneumonie atypique, en Asie.

**AOÛT 2003**

Apparition du Web 2.0. C'est la révolution du net participatif qui annonce les youtube, facebook et autres twitter.

**11 MARS 2004**

Les attentats contre des trains de banlieue madrilènes, revendiqués par des islamistes marocains, font 200 morts et 1400 blessés.

**26 DÉCEMBRE 2004**

Un tsunami dévaste la Thaïlande. Le bilan est effroyable : près de 230 000 personnes auraient disparu.

**7 JUILLET 2005**

Les attaques suicides dans le métro de Londres font une cinquantaine de morts.

**29 AOÛT 2005**

L'ouragan Katrina dévaste La Nouvelle-Orléans, aux États-Unis, et fait 2 000 morts.

**8 OCTOBRE 2005**

Un tremblement de terre au Cachemire pakistanais tue près de 80 000 personnes.

**30 DÉCEMBRE 2006**

Condamné à mort pour crime contre l'humanité, Saddam Hussein, est exécuté par pendaison.

**6 MAI 2007**

Nicolas Sarkozy (UMP) est élu président de la République française.

**12 MAI 2008**

Terrible séisme dans la région du Sichuan, en Chine. Bilan de la catastrophe : plus de 70 000 tués et 18 000 disparus.

**15 SEPTEMBRE 2008**

Krach boursier à Wall Street, la banque américaine Lehman Brothers sombre, le monde bascule dans la crise.

**4 NOVEMBRE 2008**

Barack Obama, démocrate, est élu président des États-Unis.

**27 DÉCEMBRE 2008**

Israël lance l'opération « Plomb durci » sur la bande de Gaza. Motif : faire cesser les tirs de roquette du Hamas.

**AOÛT 2010**

Retrait des troupes américaines d'Irak.

Inondations meurtrières au Pakistan. Des survivants tentent d'attraper des sacs de nourriture lancés d'un hélicoptère de l'armée à Lal Pir, 7 août 2010.
Photographie Arif Ali.

## LES GRANDES DATES DU JOURNAL

**SEPTEMBRE 2000**
L'Express rachète le mensuel *Classica*.

**JANVIER 2002**
Fusion des groupes Express et Expansion.

**JANVIER 2003**
Rachat du groupe Express-Expansion, détenu par Vivendi Universal Publishing, par la Socpresse.

**MAI 2003**
*L'Express* fête ses 50 ans.

**JUILLET 2004**
Serge Dassault devient président de la Socpresse.

**2 JUIN 2005**
Grève à la suite de la nomination par Dassault d'un nouveau conseil de surveillance.

**20 JUIN 2005**
Bernard Pivot et Jean-Christophe Rufin sont nommés au conseil de surveillance.

**SEPTEMBRE 2005**
Le site lexpress.fr devient quotidien.

**JUIN 2006**
Roularta rachète le groupe Express-Expansion à la Socpresse.

**AOÛT 2006**
Après dix années passées à la tête de *L'Express*, Denis Jeambar quitte ses fonctions de président du directoire et de directeur de la rédaction. Christophe Barbier lui succède à la direction de la rédaction. Marc Feuillée est nommé président du directoire et directeur de la publication.

**MARS 2007**
*Le Figaro* et *L'Express* lancent un supplément d'offres d'emploi commun, *Réussir*.

**JANVIER 2008**
Le groupe Express-Expansion change de nom et devient le groupe Express-Roularta.

**14 FÉVRIER 2008**
*L'Express* établit son record historique de vente en kiosques avec la première interview de Carla Bruni-Sarkozy.

**2009**
Création du portail lexpress.culture.fr qui rassemble, sous une même bannière, les sites de *L'Express* « culture », de *Lire* et de *Studio Ciné Live*. Création de lexpress.styles.fr.

**MAI 2010**
Le prix Albert Londres est attribué à Delphine Saubaber, grand reporter au service Monde.

**NOVEMBRE 2010**
Lexpress.fr atteint son record d'audience avec 4,9 millions de visiteurs uniques.

# LA DÉCENNIE DU DÉSORDRE

### *ENTRETIEN AVEC JACQUES ATTALI*

ÉCONOMISTE, ÉCRIVAIN, HAUT FONCTIONNAIRE ET ANCIEN CONSEILLER SPÉCIAL DE FRANÇOIS MITTERRAND, JACQUES ATTALI EST UN INTELLECTUEL TOUCHE-À-TOUT. IL DÉCORTIQUE L'ÉTRANGE DÉCENNIE 2000, ÉCARTELÉE ENTRE INCERTITUDES ET PROGRÈS TECHNIQUES, PEURS ET LUCIDITÉ, NOUVEL ORDRE SOCIAL ET MARCHÉ MONDIAL DÉRÉGULÉ.

**Les années 2000 sont-elles la décennie de la peur ?**
« Non, ou alors de la peur comme conséquence de la précarité. Car c'est avant tout la décennie de la précarisation. Tout devient précaire parce qu'il y a écrasement du politique par l'économique. Or l'économie, c'est la reine du caprice, de l'immédiat, de l'instant, et aussi de la déloyauté. Plus personne n'est loyal avec personne, ni dans les contrats individuels ni dans les contrats politiques, et la peur vient de ce sentiment : plus rien n'est prévisible, rien n'est certain. On sait que le pire est possible à chaque instant à cause de cette précarité. La politique, liée à la nation, ayant disparu sans être remplacée par une politique mondiale ou européenne, les mécanismes de protection n'existent plus et nous assistons à une grande régression du droit. Avec aussi une précarisation par le haut des plus riches et une précarisation par le bas des plus pauvres, mais avec égalisation des deux côtés. Il y a quinze ans, un pauvre français gagnait le SMIC, aujourd'hui il peut gagner comme un pauvre roumain et demain peut-être comme un pauvre chinois, puisqu'ils sont en concurrence. Les riches aussi sont en concurrence. Cela provoque une gigantesque disparition de la classe moyenne, qui explique le processus de remise en cause des identités, le retour du populisme et le développement du terrorisme, forme extrême du populisme identitaire. Autant de manifestations violentes du refus du sens de l'Histoire par les classes moyennes dévalorisées. »

**A-t-on vu aussi des réactions positives ?**
« Oui, de trois natures différentes. D'abord, le progrès technique : en dix ans, on est passé à l'Internet 3G, au haut débit, à la 3D. Il y a aussi les biotechnologies, les OGM, etc. Ensuite, il y a le développement de l'horizontalité, c'est-à-dire la gratuité, Internet, la transparence, les vrais progrès de la démocratie. Un monde précaire transforme chacun en nomade, avec une faim de nouvelles tribus. Grâce aux nouvelles technologies, on réinvente des tribus de la taille de la précarisation née de la globalisation. Enfin, il y a l'immense croissance des ONG, partout, de toute nature, qui remplissent le vide du droit international. Il n'y a pas de Sécurité sociale mondiale, mais il y a Médecins sans frontières ; il n'y a pas de ministère mondial de l'Agriculture, mais il y a AICF ; etc. C'est capital. Au Moyen Âge, tout le monde surveillait la dispute entre l'empereur et l'Église, sans voir que dans les villes les marchands se développaient et que le capitalisme était en train de naître. Dans les années 2000, ce sont les ONG qui s'imposent. La France et les États-Unis sont tous les deux en avance sur ce terrain et c'est une de nos grandes chances. Action contre la faim, Médecins sans frontières, Handicap international et tant d'autres..., les ONG structurent l'ordre social mondial et attirent les talents. La jeunesse, qui entrait auparavant dans l'armée ou les missions, ou simplement partait à l'aventure, se tourne aujourd'hui vers les ONG. Il n'est pas difficile d'y recruter des BAC +5. »

**Internet non régulé comme démocratie de substitution, ONG qui se substituent aux États : n'est-ce pas le symptôme d'une décennie intermédiaire ?**
« C'est une décennie de *no man's land*. Quand vous sortez d'une tranchée et que vous n'êtes pas dans la tranchée suivante, c'est dangereux ; dans le *no man's land*, vous ne savez pas s'il faut reculer ou avancer, mais vous savez qu'il ne faut surtout pas rester sur place. Évidemment, je pense qu'il faut avancer, vers la constitution d'un ordre mondial, mais on peut aussi reculer, c'est-à-dire retourner au protectionnisme, au nationalisme, ou bien on peut mourir, dans un chaos général, que j'ai appelé dans *L'Express* la "somalisation" du monde. »

**Ne vit-on pas simplement l'achèvement du basculement de la suprématie planétaire,**

**de l'Atlantique vers le Pacifique, comme vous l'annonciez en 1981 dans *Les Trois Mondes* ?**
« Oui, c'est un vieux phénomène, qui s'accélère et va se poursuivre. Il ne marque pas un déclin absolu des États-Unis, car dans les pays émergents la croissance est forte, mais il reste un siècle d'écart avec l'Occident en termes de niveau de vie par habitant. Ensuite, ces pays ne seront pas vainqueurs à coup sûr. À la fin du XVIIIe siècle, la place de l'Asie dans la richesse mondiale était supérieure à ce qu'elle est aujourd'hui, et ça n'a pas empêché la révolution industrielle de se produire en Occident. La décennie 1990 a vécu la destruction du duopole américano-soviétique, la décennie 2000 est celle du désordre, la suivante verra la reconstitution d'un nouveau duopole sino-américain ou l'apparition d'un tripole Chine-Amérique-Europe. C'est la question de la décennie qui commence. La décennie 2000 a vu la victoire du marché et de la démocratie, et beaucoup plus du marché que de la démocratie. Or une économie de marché sans État mène à la crise : celle de 2008 était donc prévisible, puisque la décennie 2000 est celle du marché mondial non régulé, de la tyrannie du marché sur la démocratie. »

**Est-ce une première dans l'histoire de l'humanité?**
« Oui et non. Cette première décennie du XXIe siècle offre des similitudes confondantes avec la première décennie du XXe. Il y a l'euphorie face au progrès technique, car on a tout inventé à ce moment-là : le téléphone, le disque, la radio un peu plus tard, l'avion, le sous-marin, l'électricité, la voiture ! La mutation d'aujourd'hui n'est rien à côté de cette décennie-là. Au début du XXe siècle, on a connu aussi la globalisation, le tour du monde en quatre-vingts jours, le début des institutions internationales, l'émergence d'une nouvelle puissance, les États-Unis, le terrorisme nihiliste, l'idée qu'"on ne se fera plus la guerre parce qu'on fait des affaires". Personne ne pense qu'il va y avoir une guerre mondiale quatre ans plus tard, et sept ans plus tard le communisme, et dix ans plus tard le fascisme. On a tenté une première mondialisation, puis on a ouvert une parenthèse avec la crise de 1911, la guerre mondiale, etc. Finalement cette parenthèse ne s'est fermée qu'en 1989, et depuis on a recommencé une globalisation, une nouvelle décennie 1900-1910, avec la même inconscience à l'égard de l'ordre qu'il faut mettre en place. »

**Aujourd'hui, grâce aux technologies de communication, chacun connaît les risques, les enjeux: la pression pour un ordre mondial garantissant la paix ne va-t-elle pas l'emporter?**
« À deux reprises au XXe siècle, on a fait l'ordre après la guerre et non à la place de la guerre. Dès 1911, Woodrow Wilson imagine les statuts de la SDN... Le mot "cosmopolite", qui veut dire citoyen du monde, a été inventé par les sophistes au Ve siècle avant notre ère, et l'unité de ces citoyens du monde, c'était le projet d'Alexandre le Grand... »

**La décennie 2000 est aussi celle de la lucidité sur le risque climatique: cela peut-il jouer?**
« Peut-être. Cela fait partie de la prise de conscience de la capacité qu'a l'Homme de se suicider. Elle existait déjà avec l'arme nucléaire, mais elle était moins visible. »

**Quelle est la spécificité de l'Islam? Il donne le pire terrorisme et aussi une spiritualité pour redonner un sens au monde, quand les autres valeurs sont en crise...**
« D'abord, il est une tentative de vision à long terme. Il y a aussi l'écologie, et les deux, curieusement, sont symbolisés par la couleur verte. Je m'attends d'ailleurs au vert-vert, à l'islamisme écologiste. Mais, géographiquement, l'Islam est aussi placé à un endroit très intéressant : entre les nations puissantes, qui le demeurent même si elles sont au ralenti, et les nations en forte croissance, là vous avez l'Islam. Il est le point de frottement de ces plaques tectoniques, où est aussi le pétrole : c'est le lieu du choc, pendant les années 2000, entre le monde qui tente de se maintenir et celui qui tente d'émerger, c'est le lieu des tremblements de terre. »

***Propos recueillis par Christophe Barbier***

**République démocratique du Congo, 2008.** Sa radio est l'unique bien qu'il a pris avec lui alors qu'il fuyait l'attaque rebelle de son village. Il vit maintenant, avec 60 000 autres personnes, dans un camp de réfugiés où la pauvreté, la maladie et le crime se propagent. Photographie Jim Goldberg.

**6 JANVIER 2000.** CLIMAT. QUE SE PASSE-T-IL? RUSSIE: FAUT-IL AVOIR PEUR DE POUTINE?
Dans les années 1970 déjà, *L'Express* s'interrogeait sur l'environnement et la planète. Au lendemain des grandes tempêtes de 1999, le journal pose la question de la responsabilité de l'homme. Les inquiétudes se transforment en prise de conscience. Autre pays, autre angoisse : Poutine, vétéran du KGB, succède à Boris Eltsine. En toile de fond, la sanglante guerre de Tchétchénie.

# PORTRAITS CROISÉS CHIRAC-JOSPIN

*Deux adversaires, deux caractères : la cohabitation est un combat politique, mais aussi un duel psychologique. Et l'élection présidentielle de 2002 sera également une affaire de style.*

**PAR ÉLISE KARLIN ET ÉRIC MANDONNET**

À LA UNE CETTE SEMAINE-LÀ

« *Chuuut !* » Lionel Jospin, l'œil sévère, vient d'intimer l'ordre de se taire à Jacques Chirac et à Claude Allègre, qui interrompent leurs messes basses. En plein Conseil des ministres, ce 2 février, les murmures des deux hommes gênent Jean-Claude Gayssot, dont c'est le tour de parole. Président de la République ou pas, c'est plus fort que lui : Jospin déteste les gens dissipés dans un contexte officiel. Autour de la table du salon Murat – à chacun sa place, à chacun sa fonction –, afficher la trace d'une complicité avec le chef de l'État frôle la faute politique, à défaut du manque d'éducation.
Un président qui bavarde, un Premier ministre qui réprimande : la cohabitation réunit deux hommes que leurs caractères opposent. Au-delà du combat politique entre deux camps, le face-à-face entre Jacques Chirac et Lionel Jospin a pris la dimension d'un duel psychologique. De cette confrontation quotidienne dépendra en partie l'élection présidentielle de 2002. « *Pour les gens, il n'y a aucune confusion possible entre le Président et le Premier ministre,* confiait au début de l'année le secrétaire général de l'Élysée, Dominique de Villepin. *Ce sont deux alchimies différentes, deux mentalités, deux personnalités.* »
Les entourages ne sont pas toujours associés à la joute. « *Vous me laissez faire* » : de Jospin, Chirac parle peu, même à ses fidèles. Tout juste le Président laisse-t-il entendre qu'il trouve son Premier ministre psychorigide et politicien. Devant un visiteur récent, le chef de l'État ne cachait pourtant pas une certaine considération envers l'animal politique qui lui fait face. Mais que pensent-ils vraiment l'un de l'autre ? « *Chirac soupèse Jospin, il l'observe en silence,* note Jean-Louis Debré. *Il se comporte comme un paysan corrézien, bien qu'il ne soit ni paysan ni corrézien.* » Le Premier ministre n'est pas plus prolixe, mais il n'est pas moins circonspect. Dérouté par ce qu'il considère, chez Chirac, comme une absence manifeste de stratégie, lui qui n'a de cesse de définir une ligne politique et de s'y tenir, Lionel Jospin reste sur ses gardes. Ce qui ne l'empêche pas d'être toujours surpris par la brutalité de certaines attaques : les interpellations de députés de l'opposition sur la réalité de son emploi au Quai d'Orsay ou sur son rôle supposé dans l'affaire de la MNEF sont autant de « *piqûres de rappel* », comme les qualifie l'un de ses conseillers. « *On ne sait jamais où ça commence, qui décide à l'Élysée, et où ça finit,* poursuit ce proche du chef du gouvernement. *En même temps, Jospin ne refusera jamais le bras de fer : on le cherche, on le trouve tout de suite.* »
Pour l'entourage de Chirac, ce n'est qu'un signe de nervosité. « *Au fond, Jospin doit se dire qu'il fait du bon boulot et il doit en avoir marre que l'autre le colle. Chirac, lui, est persuadé que Jospin profite d'une conjoncture économique exceptionnelle et qu'il a vraiment le cul bordé de nouilles* », croit deviner un collaborateur du Président.
En attendant la prochaine campagne présidentielle, l'essentiel est de ne laisser paraître aucune agressivité et d'opposer deux styles – les deux têtes de l'exécutif, ce sont d'abord deux visages. L'idée a fait son chemin chez Claude Chirac : pour compenser la différence d'âge entre le chef de l'État et son Premier ministre, plus jeune de cinq ans, elle joue le sourire de son père contre les cheveux blancs de son adversaire, la décontraction contre la raideur. Pourtant, depuis qu'il est à Matignon, Jospin a travaillé sa nature, soucieux d'adoucir quelques traits. « *Il faut dire qu'il revient de loin,* s'amuse un socialiste. *Quand il s'opposait à Juppé dans le XVIII*e *arrondissement de Paris, il y avait photo pour distinguer le moins raide des deux !* »
En deux ans et demi, il a poli la rudesse de son caractère. Attentif à ses ministres, il a sur son agenda toutes les dates d'anniversaire, arrive un jour à Toulouse avec un cadeau pour Jean Glavany, affole Claude Bartolone en le cherchant de toute urgence un 30 juillet.

« *Quand j'ai fini par le joindre*, raconte le ministre de la Ville, *je ne comprenais pas pourquoi il s'excusait, j'ai tout imaginé. Jusqu'à ce qu'il me souhaite un bon anniversaire, avec un jour de retard…* »
Un coup de téléphone d'encouragement pendant une négociation difficile, un message de soutien quand la presse est sévère, Jospin a fait des rapports humains l'une de ses priorités. Dans la vie de Jacques Chirac, c'est depuis toujours une spécialité : un jour, il reçoit un François Léotard complètement aphone et approche spontanément son fauteuil pour s'asseoir tout contre le député du Var. Il lui glisse : « *Parle-moi donc à l'oreille.* » C'est le problème avec le chef de l'État : « *Vous vous faites chaque fois avoir à la sympathie* », concède un parlementaire gaulliste, tandis qu'un ancien ministre renchérit : « *Vous connaissez quelqu'un qui soit ressorti du bureau de Chirac en l'ayant entendu dire qu'il n'était pas d'accord avec lui ?* » Depuis toujours, et encore récemment, le président de la République pousse la courtoisie jusqu'à promettre à certains de ses interlocuteurs un portefeuille ministériel, pour « *la prochaine fois* ».
S'il a compris l'importance de la souplesse relationnelle, Lionel Jospin n'est pas devenu un affectif : à la fidélité d'un très proche il privilégiera toujours la compétence d'un moins proche. Son critère, qui est aussi l'un des mots dont il use souvent, c'est la « *plasticité* » des gens, la rapidité avec laquelle ils peuvent intégrer le rôle qui leur est dévolu. Le Premier ministre est un homme de fonctions : à Matignon, il ne questionne pas un conseiller sur un sujet qui en concerne un autre. L'organisation de son cabinet s'appuie d'ailleurs sur ce système de « cases » où chacun sait précisément quel est son champ d'action. Si Jospin juge les hommes, c'est à cette aune : accomplir correctement les charges qui incombent au poste occupé. Professionnel lui aussi, Jacques Chirac l'est à sa façon : « *Il préférera toujours un Debré à qui il peut demander de vider les archives de l'Élysée un dimanche à un Sarkozy dont il ne maîtrise pas les intentions* », remarque un fidèle. Affective aussi, la manière qu'a le président de délivrer des messages à ses proches, fût-ce des paroles désagréables. Il use alors de la méthode du « paquet cadeau », aux résultats inégaux. « *Il commence par un* "Tu es formidable", *enchaîne sur un message qui peut être très dur et conclut par un* "Je t'adore", *raconte un visiteur du dimanche. Mais les gens ne voient pas forcément qu'ils en prennent pour leur grade et ne retiennent que les éloges.* » Lorsque Chirac critique l'un de ses interlocuteurs, il détourne généralement le regard pour le porter vers la plus fidèle des personnes présentes.

---

**Lionel Jospin n'est pas devenu un affectif : à la fidélité d'un très proche il privilégiera toujours la compétence d'un moins proche.**

---

Jospin n'a pas ces égards. En séminaire gouvernemental, il n'hésite jamais à reprendre Claude Allègre. Sèchement : « *Pas ce genre de remarque entre nous* », intime-t-il un jour à son ami qui vient de lancer à Jean-Pierre Chevènement un « *Tu n'y connais rien !* » Ou ironiquement : « *Ce n'est pas une démonstration scientifique, ça !* », répond ainsi le chef du gouvernement au ministre de la Recherche qui martèle : « *Mais non, ce n'est pas possible, ce n'est pas possible !* » La séduction, ce n'est pas le « truc » de Jospin. En 1995, lors d'une réunion avec l'équipe de campagne, Yvette Roudy l'interpelle : « *Lionel, t'es plutôt un beau gars, t'as une belle carrure, sers-t-en donc, lâche-toi !* » « *Oh ! là, il va y avoir du boulot* », constate sans ciller Henri Emmanuelli… Pour les mêmes raisons, au grand désespoir de ses conseillers, Jospin se soucie fort peu de ses vêtements. Son seul principe, c'est le naturel, au point de refuser de se « déguiser » et d'enfiler des bottes pour arpenter une plage mazoutée, ce qui lui vaut une photo sur laquelle on le voit porté par deux élus afin d'éviter qu'il ne se salisse. « *Aux États-Unis, ça t'aurait coûté 15 points* », lui lance un proche, tandis qu'un autre hausse les épaules : « *Est-ce que vous connaissez un homme politique qui irait à un débat télévisé avec un costume aussi peu seyant que celui que portait Jospin le jour où il a affronté Chirac, entre les deux tours de la présidentielle ?* »
Même quand il s'agit d'aller à la rencontre des Français, le Premier ministre a longtemps refusé de forcer sa nature : « *Quand on lui parle communication, il précise souvent :* "Pas de pathos" », reconnaît l'un de ses conseillers. À Chambéry, le 3 octobre 1997, le président de la République et le chef du gouvernement participent à un sommet franco-italien. Jospin se fait directement déposer devant les élus locaux, quand Chirac descend de sa voiture à l'autre extrémité de l'esplanade et traverse 300 mètres en serrant des mains. Le patron de FO, Marc Blondel, se souvient d'une rencontre à l'Hôtel de ville de Paris : « *Chirac m'a raccompagné jusque dans la cour, où était garée ma voiture. À ce moment-là passaient deux classes de gosses. Eh bien, il a serré 54 mains en disant un petit mot gentil à chacun.* »
Le directeur technique national de l'équipe de France de rugby, Pierre Villepreux, n'a pas oublié les repas que les joueurs ont partagés avec Jospin, puis avec Chirac, à l'occasion de la Coupe du monde de 1999 : « *Le Président est plus direct, au bout de deux minutes il a sympathisé avec tout le monde ; le Premier ministre est plus mesuré dans son approche, mais il connaît mieux le sujet.* » Le « *capitaine de cavalerie* » contre le « *clergyman norvégien* », caricature un chiraquien, qui ajoute : « *Jospin donne l'image d'un moralisateur entouré de Savonarole, qui ne cesse de dire le bien et le mal. En revanche, vous vous dites que si vous dînez chez Chirac, il n'y aura pas forcément des filles, mais vous êtes sûr de bien vous marrer.* »

**Imposer son propre calendrier**

« *Animal à sang froid* », comme il s'est un jour lui-même défini, le chef du gouvernement est avant tout un animal politique, passé maître dans l'analyse du rapport de forces : il scrute, décortique, cherche la faille, adapte son positionnement, quand la stratégie de Chirac, à en croire un responsable de l'opposition, pourrait parfois se résumer à un « *Bon, qu'est-ce qu'on fait cet après-midi ?* ». « *Ce n'est pas pour rien que Mitterrand avait fait de Jospin le théoricien des relations entre le PS et le PC*, rappelle un dirigeant socialiste. *Il est très attentif à la presse, à l'actualité ; il repère les brèches et il en profite.* » Jospin prend ainsi grand soin d'afficher dès qu'il le peut l'image d'une famille politique unie, mobilisée et enthousiaste, face à la solitude du Président et au désarroi de son camp. Conscient de cette faiblesse, Chirac, depuis un mois, reçoit à tour de bras, des proches et d'autres qui le sont beaucoup moins. Le « type sympa » se transforme alors en vieux routier de la politique, dont le cynisme n'aurait rien à envier à celui de ses prédécesseurs.
« *C'est un pragmatique*, observe Nicolas Sarkozy. *Il y a ceux qu'il craint et ceux qu'il utilise, les ennemis et les serpillières.* »
« *C'est un cynique heureux*, complète l'ancien ministre Jean-Pierre Raffarin, *à la fois stratège et sincère. Devant lui, vous êtes d'abord là*

*avec votre histoire, vos parents, votre territoire. Dans un deuxième temps seulement, Chirac place les hommes dans son plan de bataille.* »
Ne pas céder à la pression, imposer son propre calendrier, ne jamais se figer dans une situation bloquée : Jospin lui aussi concocte minutieusement ses plans de bataille. Calculateur, il ne rechigne pas au combat physique, vieux réflexe du sportif qui fait face à l'adversaire. « *Je me souviens, au début de la cohabitation, des collaborateurs de Chirac se vantaient : "On va le plier au bras de fer, il ne tiendra pas la distance." C'était mal connaître le bonhomme* », se réjouit un membre du cabinet de Jospin. Adepte de la joute verbale, l'homme déteste avoir tort : depuis juin 1997, il n'admet qu'une seule erreur, sa tirade à l'Assemblée nationale sur les « esclavagistes » de droite. Et encore – « *Sur le fond, j'avais raison* », s'entête-t-il à dire. Parfois, lorsque des proches incitent à la retenue un chef de gouvernement qu'ils jugent dans certaines situations encore trop réactif, Jospin laisse tomber un « *Mais non, je ne vais pas reparler des esclavagistes !* » faussement excédé. Depuis cette tirade, ses interventions dans l'hémicycle du Palais-Bourbon ont d'ailleurs été limitées au strict nécessaire. Ses conseillers démentent s'inquiéter lorsque le Premier ministre se lance dans une improvisation, mais ils gardent un fort mauvais souvenir de cette envolée : « *Quand il est sorti, on lui a dit : "Lionel, tu y as peut-être été un peu fort..." C'étaient les mots les plus durs qu'on pouvait prononcer en matière de reproche !* » se souvient un collaborateur.
S'il a évolué depuis 1995 et sa candidature à l'élection présidentielle, Jospin est devenu celui qu'il est aujourd'hui au lendemain du premier tour des législatives de 1997 : le lundi 26 mai, l'homme qui arrive au QG de campagne a intégré la victoire. Il est prêt à gouverner. L'une des clefs de son équilibre, c'est la très bonne opinion qu'il se fait de lui-même, de ses capacités à exercer les plus hautes fonctions, et la certitude qu'il a en lui les ressources pour vivre une autre vie, loin du pouvoir. Sa seconde femme, d'une part, et une brève traversée du désert après son échec en 1993, d'autre part, lui ont apporté la sérénité : d'où revient Jospin, occuper Matignon n'était même pas envisageable en rêve. Le reste, sa capacité de travail, cette habitude scolaire qu'il a conservée d'annoter chaque document qui lui passe entre les mains, tout est accessoire, qui lui permet juste de continuer à penser qu'il est le meilleur dans ce rôle-là. Il suffit d'écouter le premier secrétaire du PS, François Hollande, faire de Jospin un nouvel Hercule : « *Dans la gradation des phénomènes à risque, il a gravi toute l'échelle sans tomber, des mouvements sociaux au terrorisme en Corse en passant par les divergences de la majorité pendant la guerre au Kosovo. Il en faudra beaucoup pour le déstabiliser.* »

**C'est l'Élysée qui impressionne**
D'où revient Chirac, les batailles perdues d'avance et arrachées à la volée, celles promises à une victoire certaine et jamais remportées, rien ne peut l'atteindre non plus. Le Président en est devenu goguenard. Un jour, il moque la stratégie frontale de la droite : « *J'ai bien compris, l'opposition s'oppose. Mais au-delà ?* » ; le lendemain, il s'amuse des relations de confiance que l'ancien ministre Éric Raoult prétend avoir nouées avec Nicolas Sarkozy : « *C'est vrai qu'il a toujours été sympa avec toi. Il t'a tout de même mis... quinzième sur sa liste aux européennes !* »
Depuis janvier, la cohabitation est entrée dans une phase plus offensive. Le Premier ministre a ouvert un nouvel angle d'attaque : le Président ne sert à rien. À preuve, plus aucune décision n'est prise en Conseil des ministres : lorsque Jospin a des annonces à faire, il les réserve à Matignon et aux séminaires gouvernementaux, comme les milliards débloqués après la tempête. Il n'empêche. C'est toujours l'Élysée qui impressionne, Lionel Jospin comme les autres : aux premières semaines de la cohabitation, le chef du gouvernement sortait de ses tête-à-tête avec Jacques Chirac, le mercredi matin avant le Conseil des ministres, « *transpirant et tendu* », raconte un conseiller élyséen qui se cachait pour observer les deux adversaires. « *C'est toujours dur de venir à l'Élysée lorsqu'on n'est pas le Président.* »
Il faut d'abord trouver son style : « *Chirac aujourd'hui, c'est René Coty qui aurait accès au bouton nucléaire* », note le député Roger-Gérard Schwartzenberg. « *Au moins le Président n'affecte-t-il pas la vertu, quand Jospin l'utilise,* rétorque Patrick Devedjian. *Le modèle du Premier ministre, c'est Tartuffe. Comme lui, il finira par dire, en 2002 : "La maison est à moi, c'est à vous d'en sortir."* »

**Lionel Jospin et Jacques Chirac** au sortir du Conseil des ministres, à l'hôtel Marigny, à Paris, le 16 décembre 1998.

# MÉDECIN DES CITÉS

*Depuis près de vingt ans, Marc de Peretti est généraliste au Mirail, banlieue chaude de Toulouse. Il est à la fois sage du village, ami de la famille et vétérinaire à l'occasion.* L'Express *l'a suivi.*

**PAR HENRI HAGET**
**PHOTOGRAPHIES LOUISE OLIGNY**

À LA UNE CETTE SEMAINE-LÀ

C'est l'histoire d'un médecin généraliste qui s'est fait une spécialité. Marc de Peretti, 47 ans, va là où les autres ne vont pas. Ce pourrait être le bout du monde. C'est la porte à côté. Le Mirail : banlieue dortoir, à un jet de pierre de la rocade qui encercle Toulouse, à des années-lumière de la Ville rose et de ses fastes.
Le Mirail, 45 000 habitants, une dizaine de quartiers barrés de vieux paquebots de béton et une sale réputation qu'une poignée de caïds entretiennent jalousement.
Pendant l'hiver 1998, un adolescent de la cité de la Reynerie a été abattu par des policiers, à l'issue d'un rodéo qui a mal tourné. Émeutes. Charges de CRS. Reportages télévisés.
Le Mirail ne s'en est jamais relevé. Il n'y avait déjà pas beaucoup de médecins dans cette banlieue où s'entassent des familles d'immigrés. Aujourd'hui, il y en a encore moins. Ceux qui sont installés au pied des HLM des quartiers de la Reynerie, de Bellefontaine ou d'Empalot ne reçoivent plus que sur rendez-vous et se barricadent dans des cabinets protégés comme des succursales bancaires. Marc de Peretti est le seul, le dernier, à continuer les visites à domicile, à se déplacer sur un simple coup de fil. La nuit tombée, quand SOS-Médecins ne répond plus que pour suggérer aux habitants du Mirail de se rendre à l'hôpital le plus proche, c'est encore lui qui prend le relais. Sa frêle silhouette arpente les cages d'escalier miteuses, les impasses sournoises et les parkings silencieux. Voici presque vingt ans qu'il s'est installé au cœur de la cité. En vingt ans, ici, tout a changé. Tout, sauf lui.
Il est presque 21 h 30, ce soir-là. Au neuvième étage d'un immeuble de la Reynerie, un couple de retraités marocains l'accueille comme le Messie. « *Vous n'avez pas dîné ? Vous voulez boire un petit quelque chose ?* » Ils sont arrivés au Mirail en 1975, quand les gamins cueillaient encore les cerises sur le chemin de l'école. Lui a travaillé comme ouvrier agricole, puis comme maçon. Ils ont eu trois enfants. Trois garçons qui font leur fierté. L'aîné tient une salle de gym, les deux autres bossent chez de bons patrons. Tout irait bien si le patriarche ne souffrait de troubles de la mémoire, séquelle de l'opération d'une tumeur au cerveau : « *Je me lève pour aller à la cuisine. Arrivé devant le frigo, j'ai oublié pourquoi je suis là.* » Tout irait bien si tous les enfants du Mirail avaient été éduqués comme les siens. À l'ancienne. « *Un arbre, il faut le tailler, sinon les fruits sont pourris.* » Sinon, c'est lui qui n'y comprend plus rien. D'ailleurs, il n'y comprend plus rien. « *Vous avez vu ce barouf, hier ?* » Marc de Peretti n'a pas vu, mais il devine. Hier, c'était dimanche. Comme tous les dimanches, désormais, deux ou trois voitures volées ont fait crisser leurs pneus autour du terrain de foot. Comme tous les dimanches, les policiers ont débarqué. L'arme au poing, ils ont tiré des balles en caoutchouc sur les gamins. Un bel après-midi de sport. Rien que de très ordinaire. Juste un dimanche, au Mirail, à l'heure où la France digère devant Michel Drucker.

**« Il n'y a plus une patrouille de policiers, plus un travailleur social, plus un éducateur spécialisé. Il n'y a que la nuit et des ombres. On est les seuls étrangers dans la cité. »**

Quand il quitte le vieil homme à la mémoire blessée, le médecin s'accoude à l'une des coursives interminables qui longent les HLM de la Reynerie et qui, par leur audace architecturale, ont sans doute valu à leur créateur une récompense dans les salons

parisiens. Depuis un an, elles ont été murées à intervalles réguliers pour empêcher que toutes les cages d'escalier soient reliées entre elles. Lors des émeutes, les flics avaient attrapé des maux de tête à jouer au chat et à la souris dans un tel labyrinthe. Du haut de ce vaisseau immobile, Marc de Peretti balance un regard dans le vide. D'une voix très calme, il dit : « *À cette heure-là, c'est fini. Il n'y a plus une patrouille de policiers, plus un travailleur social, plus un éducateur spécialisé. Il n'y a que la nuit et des ombres. On est les seuls étrangers dans la cité.* » À cette heure-là, Marie, sa femme, l'attend pour dîner. C'est son anniversaire. Elle a préparé du canard laqué. Ça se réchauffe bien, le canard laqué.
Leur maison est un havre de paix, dans un village tranquille, à une poignée de kilomètres du Mirail. Sa femme rêve tout haut de quitter la France, de couler des jours ensoleillés en Asie ou sous les cocotiers. « *Plus tard,* lui répond-il. *Plus tard...* » Pourquoi partir ? Il lui arrive de voyager très loin sans jamais franchir les frontières de la cité. Il connaît des appartements décorés comme des palais berbères, et d'autres aux allures de temple bouddhique. Il connaît toute la saveur des pâtisseries orientales qu'on lui propose, une fois, deux fois, dix fois par jour, pour accompagner un petit café. Le médecin du Mirail parle plusieurs langues, apprises sur le tas : l'espagnol, l'arabe, le portugais. Il possède même quelques notions de cinghalais.
Sur les us et coutumes du monde entier, Marc de Peretti peut écrire une encyclopédie. Il ne se déplace sur rendez-vous qu'au domicile des familles tamoules, quand les parents lui demandent de percer les oreilles de leur fille. « *Il y a des horaires précis à respecter,* dit-il. *C'est une question de karma.* » Le reste du temps, il se contente de dire qu'il passera. Et il passe.
Les anciens, pleins de reconnaissance, lui donnent du « *monsieur de Peretti* » long comme le bras.
Les jeunes, sourire en coin, l'appellent « *toubib* ». Il n'est pas seulement le médecin des corps et des âmes, il est aussi le sage du village, l'ami de la famille et même, parfois, le vétérinaire de fortune. Des mômes, tremblants d'émotion, lui amènent des molosses dont ils veulent soigner le look. « *Ils me demandent de couper la queue de leurs pitbulls. Je n'y connais rien. Je taille à l'aveuglette. Jusqu'à maintenant ça a l'air de les satisfaire.* » Ce matin, un vieux Gitan au cœur malade lui est tombé dans les bras. Sa fille de 16 ans a disparu depuis une semaine, sans laisser d'adresse. Elle est partie avec un oncle de la famille, un dragueur impénitent. « *J'ai honte !* » sanglote le colosse tatoué jusqu'aux poignets. Il n'a pas à avoir honte. Il pleure ces pauvres mots, car ce sont les seuls qu'il connaît pour exprimer le chagrin, l'impuissance et la colère. Il sèche ses larmes : « *Attention ! Y a pas plus gentil que moi, mais y a pas plus con, non plus...* » Maintenant, il parle de régler ça en famille. À coups de chevrotine. « *Et alors ? J'ai les reins cassés, j'ai un bras foutu, mais je sais encore tenir un fusil...* »
Sa femme se tient près de la fenêtre, muette et prostrée. Elle serre très fort la main d'une fillette en pyjama. Le médecin les regarde longuement. Puis il se lance : « *Je crois qu'on va faire autrement, Pedro. Cet après-midi, j'appelle le juge pour enfants. C'est un type bien. Vous pourrez aller le voir de ma part.* » Le Gitan écarquille les yeux : « *Un juge ? – Il faut déposer plainte, Pedro... Pour détournement de mineure... – C'est la seule solution, docteur ? – C'est la seule solution.* »
Marc de Peretti a la passion des voitures de sport. Dernièrement, il a troqué son coupé Nissan pour une Subaru Impreza qu'il conduit comme il mène sa vie : pied au plancher. Dans les cités, son nouveau bolide aimante tous les regards. La Subaru Impreza n'est rien d'autre que la voiture culte des gamins, une bombe qui grimpe à 240 kilomètres à l'heure et qui tient la vedette dans les jeux de rallye sur console vidéo. Quand on lui parle de provocation, en ces lieux où le pillage des voitures fait office de récréation, le médecin hausse les épaules. Il se rappelle le jour où il est arrivé à la Reynerie au volant de son premier coupé. Les jeunes se sont agglutinés en se poussant du coude. Il leur a tendu les clefs : « *Tenez, j'ai quelqu'un à voir, je vous la prête. Vous faites le tour de la cité. Vous dites que c'est ma nouvelle voiture. Quand je redescends, je veux la récupérer nickel.* » Il l'a gardée trois ans. Nickel.
La semaine dernière, alors qu'il se rendait à son cabinet, Marc de Peretti a oublié ses clefs sur le toit de sa Subaru. Deux heures plus tard, Mourad et ses copains ont sonné à sa porte : « *Eh ! toubib, vous avez laissé ça sur le toit de votre bagnole...* » Un miracle ? Non, un juste retour des choses. En guise de remerciement, il leur a promis qu'il viendrait les voir le samedi suivant. Ce n'est pas compliqué de les trouver. Ils passent leurs week-ends au pied d'une cage d'escalier. « *On fera le tour de la rocade. Vous verrez ce qu'elle a dans le ventre...* » C'est peu de dire que les gamins l'ont regardé comme s'il portait une barbe blanche et descendait du ciel.
Quand on lui demande pourquoi il fait tout ça, Marc de Peretti répond, au mieux, par une question. « *Et pourquoi pas ?* » Le médecin du Mirail se méfie des grands mots, de l'humanitaire et de la pitié. C'est juste un homme qui avance sans se retourner. En travaillant ici, il n'a pas fait vœu de pauvreté. Marc de Peretti possède une villa avec piscine, un joli portefeuille boursier et tous les attributs du bourgeois établi. S'il se retrouve dans la peau d'un croisé sur le front des banlieues, ce n'est pas par vocation. C'est la

**Chez Mme François,** dans son appartement tapissé d'images pieuses.

vie. C'est le métier. Et peut-être, en cherchant bien, ce vieux fond d'expérience – cinq ans dans un service d'urgences, aux soins intensifs – qui lui laisse croire qu'un médecin qui fonce vaut mieux qu'une cohorte d'experts assis.

La peur de l'agression ? Elle existe, parfois : pourquoi le nier ? Il est connu, reconnu, s'est assuré le soutien de la dizaine de « grands frères » sans lesquels, au Mirail, aujourd'hui, rien n'est possible. Mais cela ne suffit pas toujours. En septembre 1999, pour la première fois, Marc de Peretti s'est fait braquer. C'était la nuit. Il sortait d'une visite à Empalot, devenu, depuis quelque temps, le quartier le plus chaud de la cité, sans que l'on sache pourquoi, sans que les familles de Gitans sédentarisés qui y vivent en majorité soient forcément la source de cette flambée d'insécurité. D'ailleurs, ce sont eux, les Gitans, qui lui ont sauvé la peau. Tout est allé très vite. Quatre types lui sont tombés dessus au moment où il reprenait sa voiture. « *Je ne les avais jamais vus. Ils n'étaient pas du coin.* » C'est tout ce dont il se souvient. La suite ? Il a juste eu le temps de déclencher l'alarme, après avoir repoussé l'un de ses agresseurs hors de la voiture. Deux des complices, montés à l'arrière, ont essayé de l'éjecter par la portière. Lui s'est arc-bouté contre son siège. Puis des cris sont montés des coursives du HLM. Des jeunes et des moins jeunes qui hurlaient : « *C'est le toubib ! On attaque le toubib !* » Le temps qu'ils dévalent les escaliers, les agresseurs du médecin s'étaient évanouis dans la nuit. Marc de Peretti retourne tous les jours à Empalot. Comme si de rien n'était. Il lui arrive seulement de tourner un peu pour se garer. « *J'aime bien trouver une place à proximité des escaliers.* »

Robert, dit Bob, habite, lui, au premier étage d'un HLM dans le quartier de Bellefontaine, où il partage avec sa femme, ses sept enfants et ses six chiens un appartement de quatre pièces au décor d'apocalypse. « *Ici, c'est Indiana Jones...* », prévient le médecin avant de pousser la porte d'entrée taguée jusqu'au chambranle. Il est au-dessous de la vérité. Chez Bob, il y a dans les murs des brèches à travers lesquelles on aperçoit l'immeuble voisin, des bouts de carton à la place des fenêtres, des blattes qui escaladent une carcasse de fauteuil et des morceaux de nourriture – pas des miettes de pain, non, des restes de jambon ou de fromage – qui jonchent un plancher déchiqueté. Il y a aussi une maxi-bouteille de bière sur la table, la télé qui gueule parce qu'un couple vient de gagner le paradis en tournant une roue, et des enfants aux prénoms de feuilleton américain et aux yeux vides. Marc de Peretti est le parrain de l'un d'entre eux. Il le voit souvent car Bob, à 49 ans, a la santé d'un vieillard. Il a oublié quand il a travaillé pour la dernière fois. Il sait juste qu'à Toulouse il avait été le premier allocataire du RMI. Que sa famille est placée sous tutelle. Et qu'il lui faut remonter très loin pour retrouver la trace d'un type qui lui ait fait croire à l'humanité. « *Vous vous rappelez, docteur ? Ça fait au moins dix ans. À l'époque, on se connaissait à peine. Il était tard et vous aviez faim. Vous vous étiez assis à table, au milieu de nous, à la bonne franquette. Et vous aviez mangé des petits pois avec les doigts.* »

Ce n'est pas grand-chose de manger des petits pois avec les doigts. Il y a d'autres Bob dans les cités du Mirail. Il y a d'autres enfants aux regards glacés comme des miroirs.

**Il est là, chez Bob, chez Pedro, chez ces petites grand-mères qui vivent seules, recroquevillées sur leurs souvenirs, dans des appartements musées où l'odeur d'encaustique se mêle aux effluves de soupe aux légumes.**

La plupart sont placés dans des foyers d'accueil. La plupart s'en retournent chez leurs parents, au bout de quelques jours. Il arrive qu'on vienne les rechercher, mais aussi qu'on finisse par les oublier. « *Je pourrais envoyer un signalement au juge ou aux assistantes sociales*, explique Marc de Peretti. *Je pourrais témoigner. Je l'ai déjà fait. Ça ne sert à rien. Un jour ou l'autre, la famille disparaît dans la nature. Plus personne n'a de nouvelles. Plus personne ne sait qu'ils existent. Au moins, tant qu'ils sont au Mirail, je suis là.* »

Il est là, chez Bob, chez Pedro, chez ces petites grand-mères qui vivent seules, recroquevillées sur leurs souvenirs, dans des appartements musées où l'odeur d'encaustique se mêle aux effluves de soupe aux légumes. Elles ont toutes le cœur qui bat un peu plus fort quand c'est le jour de la visite du médecin. Elles ont toutes le même sourire fragile pour l'accueillir et lui raconter les bribes infimes de leur quotidien. Il y a Henriette, son chat Pitoune qui danse sur la table, et l'autre, le précédent, Filou, dont elle garde les cendres dans une petite urne posée sur une commode, juste à côté du portrait de son défunt mari. Il y a Louise, qui se souvient du Mirail dans les années 1950, quand elle habitait un petit pavillon et que les vaches traversaient son jardin. Il y a Edmonde, ses rhumatismes, ses arrière-petits-enfants et le poster géant de lady Di au-dessus de son lit. Souvent Marc de Peretti leur fait crédit.

À elles et aux autres. Quand il les voit fouiller leur porte-monnaie, en extirper un pauvre billet et quelques pièces dépareillées, il leur sourit : « *Vous me paierez le reste plus tard.* » Les gens insistent. Il est déjà parti.

Le médecin du Mirail aimerait embaucher un associé. Il y a du travail pour deux et même pour dix dans la cité. Il n'a trouvé personne. Un jeune généraliste toulousain, alléché par le chiffre d'affaires annuel du cabinet – près de 2 millions de francs – s'est bien présenté. Il a tourné quelques jours avec Marc de Peretti. Puis le verdict est tombé : « *Vous n'avez pas une très belle clientèle.* » Avec le tiers payant, le toubib n'a pas le droit de faire crédit aux gens. «*Et alors ?* réplique l'intéressé, *c'est quoi la solution, quand ces gens-là ne bouffent plus de viande dès le 5 du mois ?* » D'une voix de crécelle : « *"Vous n'avez pas une très belle clientèle"... Quel con !* » Le blanc-bec ne sait pas ce qu'il rate.

Les délicieux frissons dans le dos, la gentillesse des gens, ce respect du médecin comme on n'en fait plus, ces ados qui ne sont que de grands enfants et ces vieilles dames qui, quand on sonne à leur porte, retrouvent leurs 20 ans. Même la télé, la sacro-sainte télé, allumée partout, tout le temps, a du bon. Chez Denise, 78 ans, c'est l'heure de *Dallas* et de son univers impitoyable. Aujourd'hui, pourtant, elle n'a pas le cœur à suivre son feuilleton favori. Elle pleure en écoutant le médecin évoquer la greffe du foie que Serge, son fils, risque de subir prochainement. « *Si je ne suis plus là*, implore-t-elle, *vous ne l'abandonnerez pas.* » Non, il ne l'abandonnera pas. Et puis une greffe du foie, ce n'est pas si terrible que ça. Denise pleure toujours. Elle voudrait le croire. N'y parvient pas. Brusquement, le médecin du Mirail se souvient. Il sourit. Il a trouvé. « *Tenez, JR, il en a subi une. Eh bien ! il se porte comme un charme... — Il n'a jamais été opéré ! — En vrai, Denise, pas dans le feuilleton... — JR ? — JR... — Maintenant que vous me le dites...* »

**6 JUILLET 2000.** LE BONHEUR EN BLEU.
2-1, but en or ! Les Français remportent l'Euro 2000 face aux Italiens. Après la Coupe du monde de 1998, c'est l'état de grâce.

**28 SEPTEMBRE 2000.** LES RÉVÉLATIONS QUI ONT PERDU STRAUSS-KAHN.
Impliqué dans trois scandales politico-financiers qui ont éclaté en 1999 – la MNEF, l'affaire Elf et les turpitudes de la mairie de Paris –, DSK est sur la sellette pour avoir détenu la fameuse cassette Méry, le testament vidéo d'un financier occulte du RPR. Il entame alors sa traversée du désert. En novembre 2001, après deux ans d'instruction, la justice prononcera un non-lieu à l'égard de l'homme politique.

# SIRVEN : FAUX PASSEPORT, VRAIS COMPLICES

*Un ancien mercenaire et deux hommes d'affaires ont-ils aidé l'ex-n° 2 d'Elf à se procurer le document au nom de Robert Lapierre ? Enquête de* L'Express, *qui dévoile aussi la fausse identité de la compagne de Sirven.*

**PAR MARC EPSTEIN ET JEAN-MARIE PONTAUT À MANILLE, JÉRÔME DUPUIS À GENÈVE ET GILLES GAETNER À PARIS**

À LA UNE CETTE SEMAINE-LÀ

« *Oui, j'ai rencontré Alfred Sirven aux Philippines. C'était fin septembre 1997. Nous nous sommes vus au bar de l'hôtel Shangri-La, à Manille. Alfred, que j'avais croisé deux ou trois fois l'année précédente, m'a paru en forme. Il m'a présenté un businessman philippin avec lequel j'ai monté des dossiers pour exploiter des mines d'or et de cuivre.* » C'est l'incroyable aveu que vient de faire à *L'Express*, ce lundi 11 décembre, un homme d'affaires suisse, Roger Gindroz.
La quarantaine élégante, Gindroz, qui habite un confortable appartement à la périphérie de Genève, est donc le premier témoin qui reconnaît avoir croisé, à Manille, en 1997, l'insaisissable ex-n° 2 d'Elf. Sans doute Gindroz – dont nous reparlerons – entretient-il des relations avec Alfred Sirven. N'a-t-il pas effectué trois autres séjours à Manille, entre juillet et décembre 1998 ? Cette période se situe quelques mois à peine après que le faux passeport au nom de Robert Lapierre a été établi... Une identité qu'avait prise – *L'Express* l'a révélé la semaine dernière – Alfred Sirven.

C'est d'ailleurs la reproduction du faux passeport de Sirven qui a relancé les investigations sur la fuite de l'ex-homme fort d'Elf. Elles permettent, en effet, d'en savoir davantage sur le réseau utilisé par le fugitif, en France, en Suisse et aux Philippines. Autant d'informations qui ont conduit, le 8 décembre, à la mise en examen, à Paris, d'un ancien mercenaire français, et livré les noms de deux intermédiaires à Genève.
Alfred Sirven vit sous l'identité de Robert Lapierre : c'est en partant de cette information, recueillie à Manille, que *L'Express* a entrepris des recherches auprès des services de l'immigration. L'un de ses responsables, le major Winnie Quidato, a confirmé l'existence de plusieurs demandes de renouvellement de séjour. Tous les deux mois, en effet, les étrangers souhaitant séjourner pour une longue durée dans l'archipel doivent en faire la demande. À cette occasion, leur passeport est photocopié. Seule difficulté, mais de taille : une fois traités, les dossiers sont empilés dans de grands sacs de jute. Les envoyés spéciaux de *L'Express* les ont donc fouillés les uns après les autres pour découvrir, enfin, le précieux document : une « demande de prolongation de séjour », en date du 7 février 2000, déposée par un certain Robert Lapierre, et accompagnée d'une copie de son passeport, délivré le 21 avril 1998 à Paris, où figure la photo de Sirven.

**Alfred Sirven vit sous l'identité de Robert Lapierre : c'est en partant de cette information, recueillie à Manille, que *L'Express* a entrepris des recherches auprès des services de l'immigration.**

La publication de ce document met juges et enquêteurs sur de nouvelles pistes. À Manille, il apparaît qu'aucun Lapierre n'est entré dans le pays. Et pour cause : le cachet d'entrée du 4 septembre 1998, apposé sur la page 8, est un faux.
À Paris, l'Inspection générale des services (IGS) – la police des polices – n'éprouve

aucune difficulté à découvrir que le passeport a été demandé par le fils du vrai Robert Lapierre, pour le compte de son père, alors en phase terminale d'un cancer.

Jean-Marie Lapierre, qui a participé à « l'aventure comorienne » au côté de Bob Denard, avoue, le 8 décembre, au juge Renaud Van Ruymbeke, avoir revendu le passeport pour 100 000 francs – déposés sur un compte bancaire à Genève, qu'il détient depuis plusieurs années – à un ancien camarade d'université, Lionel Queudot.

Les deux hommes se sont rencontrés, dans les années 1974-1976, à la fac de droit de Paris II- Assas, où ils militaient au GUD, un mouvement d'extrême droite.

Âgé de 45 ans, Lionel Queudot est un homme aux activités multiples. À Paris, il est associé, dans une agence immobilière – la SCI La Rumine –, à un ancien avocat, Philippe Péninque, rencontré lui aussi au GUD, dans les années 1970. Mais c'est surtout à Genève que Queudot passe le plus clair de son temps ; il y anime une société de gestion de fortune, Finego SA, située dans un immeuble cossu, à deux pas du parc de l'Université. Finego SA possède également des bureaux à Londres et compte, parmi ses associés, un autre gestionnaire de fortune, Pierre-Yvan Kern, ainsi qu'une avocate, Brigitte Besson.

Interrogé par *L'Express* sur cette histoire de passeport, Queudot, qui a également connu le père de Jean-Marie Lapierre, se montre catégorique : « *Je n'ai jamais eu entre les mains ce passeport, tout comme je conteste l'avoir commandé ou avoir remis une somme d'argent à Lapierre.* »

Queudot, qui a quitté la France en 1983, affirme encore n'avoir jamais été mercenaire, contrairement à son ami Lapierre. Cependant, les deux anciens camarades de fac ne se perdront jamais de vue. Ainsi, il y a une quinzaine de jours, ils ont dîné ensemble après une conférence sur les transports à laquelle Lapierre avait assisté, à Bâle...

Une question capitale, cependant, demeure : une fois le passeport remis à Queudot, comment a-t-il pu parvenir à Sirven ? C'est là que serait intervenu Roger Gindroz, en remettant le précieux document à Sirven.

Roger Gindroz, on l'a vu, s'est rendu, à plusieurs reprises, aux Philippines. Qui plus est, à des dates sensibles : le 25 septembre 1997 (année où Sirven s'installe aux Philippines) ; le 9 juillet, puis le 27 août 1998 (peu avant la date d'entrée fictive indiquée sur le passeport de Lapierre). Effectués au départ de Zurich, ces trois voyages ont eu lieu à bord d'un vol SR 178 de la compagnie Swissair.

Le 27 décembre 1998, Gindroz se rend de nouveau dans l'archipel. Cette fois, il arrive de Taiwan. Il quitte Manille le 9 janvier 1999, à destination de Bangkok.

Gindroz nie avoir joué les intermédiaires au profit de Sirven. Tout comme il dément avoir remis à celui-ci un passeport, lors de ses séjours aux Philippines. Pourtant, un détail – important – intrigue : Gindroz, qui a travaillé naguère dans l'import-export, et Queudot se connaissent bien. Il y a sept ou huit ans, leurs sociétés étaient installées dans les mêmes locaux. Ils continuent à se voir de temps à autre.

**Lancés aux trousses de Sirven à Manille depuis un mois et demi, les policiers ont découvert que sa compagne dispose, elle aussi, d'un faux document de voyage.**

Quelle était la nature des liens existant entre Gindroz et Queudot, d'une part, et ceux-ci et Alfred Sirven, d'autre part ? Un jour ou l'autre, le juge genevois Paul Perraudin risque de convoquer les deux premiers... Encore que Queudot ait déjà été interrogé à deux reprises par le magistrat. Deux certitudes, en tout cas : 1) Gindroz, Queudot et Sirven ont au moins un point commun : tous trois ont été en relations d'affaires avec un ancien ministre congolais des Finances. 2) Queudot a bien géré le compte Finego Business n° 79458, au Crédit foncier de Monaco, lui-même alimenté par des comptes de Sirven détenus chez Boundpartners SA, à Lausanne. Or sur ce compte Finego Business ont atterri des sommes coquettes : 519 609 dollars, le 1er avril 1997, puis 705 786 marks, le 3 avril. Queudot jure encore avoir ignoré que « *ces comptes appartenaient à Sirven* ». Est-ce vraiment plausible ? Sur tous les retraits effectués depuis le compte Finego Business figure la mention : « *Instruction d'Alfred Sirven* »...

Lancés aux trousses de Sirven à Manille depuis un mois et demi, les policiers ont découvert que sa compagne dispose, elle aussi, d'un faux document de voyage. Vilma Medina, l'ancienne employée de maison d'Alfred à Paris, s'appelle désormais Victoria Margallo. C'est une femme d'affaires de grande classe, habituée des montres Cartier, sacs Louis Vuitton et autres. Elle achètera, en mai 2000, la maison du 44 Chico Street, abandonnée précipitamment par le couple dans la nuit du 7 au 8 octobre.

L'équipe du commissaire Pierre Goujard a désormais tissé une toile d'araignée autour de dizaines d'adresses du nord au sud de l'archipel. Mais sa tâche, retrouver l'ex-homme fort d'Elf, n'est pas aisée. L'argent de Sirven alimente le clan Medina et ses gardes du corps. Il sert aussi à s'offrir quelques voitures de luxe et un important parc immobilier. Mais surtout, le couple dispose d'amis puissants. Ainsi, Vilma et sa famille sont membres d'une secte religieuse, *Iglesia ni Cristo*, proche du pouvoir. Du reste, le ministre de la Justice actuel, Artemio Tuquero, comme son prédécesseur, appartient à cette organisation.

Pour Alfred Sirven, la folle cavale continue. Mais, au rythme où progresse l'enquête, ses espoirs d'une retraite paisible semblent compromis.

**1er MARS 2001.** TRAVAIL, LOISIRS, COMMENT LES 35 HEURES CHANGENT NOTRE VIE.
En 2000, Martine Aubry, ministre des Affaires sociales du gouvernement de Lionel Jospin, met en œuvre la mesure phare du programme économique socialiste de Mitterrand, remise au goût du jour par Dominique Strauss-Kahn : la durée légale hebdomadaire du travail passe à 35 heures.

**3 MAI 2001.** LE TRIOMPHE DU VOYEURISME.
L'œil de *Loft Story*, en une, pour marquer un tournant : la France se laisse séduire par la télé-réalité, surnommée télé-poubelle par ses détracteurs. Ce n'est qu'un début. Les émissions se multiplient, poussant le concept de voyeurisme toujours plus loin. La frontière entre vie privée et vie publique s'estompe.

# VOYAGE AU CŒUR DE LA BARBARIE

*Derrière la barrière d'interdits qui entrave tout un peuple, comment vit-on à Kaboul, sous le joug des talibans ? Les envoyés spéciaux de* L'Express *racontent, par le texte et par l'image. Enquête dans le pays où le bonheur est hors la loi.*

**PAR MARC EPSTEIN**
**PHOTOGRAPHIES STEPHAN GLADIEU**

À LA UNE CETTE SEMAINE-LÀ

Ne rien montrer, ne rien voir, ne rien entendre… Dans l'Afghanistan des talibans, les journalistes opèrent à la manière des voleurs. Le régime interdit toute représentation d'êtres vivants. Alors, le photographe de *L'Express* Stephan Gladieu, dont les images accompagnent cet article, a souvent travaillé dans la clandestinité, cachant son appareil sous un blouson, et sans toujours viser à travers l'objectif. Ses images représentent des anonymes qui, à ce titre, ne risquent rien. Photos « volées », comme on dit. Mais une part de ce texte l'est tout autant.
Un reportage journalistique suppose la quête d'informations. Or cette recherche, là-bas, amène à violer la loi. Une circulaire du ministère de l'Information, remise aux correspondants étrangers, énumère les règles de base. Il est interdit de rendre visite à des Afghans à leur domicile. Interdit de parler aux femmes. Interdit de prendre des photos d'êtres humains ou d'animaux. Interdit de se promener seul – il est obligatoire d'être accompagné par un interprète officiel du ministère de l'Information. Obligatoire d'emprunter les véhicules fournis par le gouvernement. Obligatoire de rester dans l'unique hôtel ouvert aux étrangers.
Comme dans un cauchemar inspiré de Kafka, enfin, les journalistes se voient rappeler cet impératif absolu : il est obligatoire de « *dire la vérité* ». La vérité, alors, la voici : la lumière, à Kaboul, a une qualité cristalline. Est-ce les 2 000 mètres d'altitude ? Ou la sentinelle de montagnes ocre qui enserrent la capitale afghane ? Ou, simplement, une fausse impression du visiteur, soulagé de trouver en paix une ville longtemps synonyme de guerre ? L'air semble plus léger qu'ailleurs. Surtout quand l'après-midi touche à sa fin et que les nuages, puis le ciel, se peignent de rose. Les ombres s'allongent sur les trottoirs, troués de tranchées creusées pendant la guerre, justement, et que personne ne songe à combler. Sous les sandales des passants crissent le sable et les éclats de verre. Dans un terrain vague, des enfants jouent autour de la carcasse d'un hélicoptère soviétique. De temps à autre, une bourrasque soulève la poussière, qui tourbillonne sur elle-même et s'immisce partout – sous les paupières, entre les dents, dans les cheveux, au fond des chaussures.

**Les ombres s'allongent sur les trottoirs, troués de tranchées creusées pendant la guerre, justement, et que personne ne songe à combler.**

À quelques rues de là, relayée par des haut-parleurs, une voix d'homme s'adresse à la foule qui se presse devant le grand stade : « *Vous n'êtes pas ici par plaisir…* » À l'intérieur, autour du terrain de football, ils sont plusieurs milliers dans les gradins. Pour quelques centimes, des gamins proposent eau fraîche et biscuits aux spectateurs. « *Vous n'êtes pas ici par plaisir,* répète l'homme au micro. *Vous devez retenir cette leçon : la vengeance d'Allah est terrible pour les pécheurs.* » La radio l'a annoncé ce matin ; un homme et une femme ont été condamnés pour avoir eu des relations sexuelles sans être mariés. Ils recevront chacun 100 coups de fouet. La rumeur a parlé d'une lapidation, aussi. Fausse alerte.
À bord d'un minibus flambant neuf, trois juges à barbe blanche arrivent les premiers. Debout à une extrémité du terrain, l'un d'entre eux lit la sentence. D'autres camionnettes pénètrent

dans le stade. Une portière s'ouvre. Voici le jeune homme, Fazal Rahman, torse nu. Il a une vingtaine d'années, selon *La Voix de la charia*, la radio officielle. Les trois juges se relaient pour le frapper – sur le dos, le torse, les côtes, les jambes – avec une large et épaisse lanière de cuir, une *durra*. Encadré par deux miliciens talibans, il plie sous la douleur, s'effondre à trois reprises sur le sol. Le public est figé. Voici Nadia, maintenant, couverte de la tête aux pieds par son *tchadri*, le voile islamique obligatoire (décret de novembre 1996). Elle est assise sur l'herbe et les juges la battent à son tour. C'est une adolescente qui n'a pas 18 ans, selon la radio. Dans le stade, où règne un silence de plomb, la foule entend le cuir claquer sur sa peau. À proximité, le micro est resté branché, et le bruit sourd des coups est diffusé, avec un léger décalage, par les haut-parleurs. Ils se sont connus à Kaboul, mais leurs familles refusaient avec obstination leurs fiançailles. Après l'exécution des sentences, c'est chose faite. Les juges étant aussi officiers d'état civil, ils marient les deux malheureux en quelques secondes, là, sur le terrain de football.

**Des chauffeurs de taxi ont été punis pour les autocollants de Mickey Mouse restés sur la carrosserie de leur voiture : la souris de Disney n'est pas un être vivant, certes, mais son image est prohibée.**

À la sortie du stade, un étudiant nous prend à part : « *Les juges n'y connaissent rien,* explique-t-il. *Ils frappent de toutes leurs forces, alors que le Coran interdit expressément de tendre le bras en donnant les coups. L'important n'est pas de taper comme une brute, mais de punir en public.* » Si les hommes de loi n'ont pas respecté les consignes du livre saint, seront-ils eux-mêmes châtiés ? La question est accueillie avec un sourire.

Depuis quatre ans qu'ils sont parvenus au pouvoir, les talibans imposent aux Afghans leur vision ultra-stricte de la charia (loi coranique). Dans les rues de Kaboul, la capitale réputée frondeuse, les hommes enturbannés de la police religieuse, à bord de leurs camionnettes, veillent au respect des consignes. Cinq fois par jour, leurs appels résonnent dans le centre-ville : « *Frères, l'heure de la prière approche ! Commerçants, fermez vos magasins ! Passants, allez à la mosquée la plus proche !* » Rendre grâce à Allah sur la voie publique n'est pas autorisé (décret de décembre 1996).

« *Au début,* soupire une mère de famille, *nous avons accueilli les talibans à bras ouverts. Après tant d'années de guerre, ils promettaient enfin la paix et la sécurité. Et puis, très vite, les premières lois sont tombées : le travail était interdit aux femmes, sauf dans le secteur de la santé. Pour celles qui avaient suivi des études, surtout, le coup a été dur. J'ai dû quitter mon job de secrétaire et m'habituer au* tchadri. » Fabriqué autrefois en coton, ce voile était porté par les plus conservatrices des femmes pachtounes, l'ethnie dont sont issus les talibans. Il est produit désormais en polyester, et son port, déjà pénible en hiver, devient insupportable pendant les mois d'été. Le champ de vision est réduit au strict minimum, derrière la lucarne grillagée. Celles qui ont le plus d'humour se vengent en donnant à leur voile un surnom grotesque : le chou-fleur (*goulpi*, en langue dari). Car ce légume est vert à l'extérieur – la couleur de l'islam – et blanc à l'intérieur. « *Et en plus,* sourit une infirmière, *j'ai horreur du goût !* »

Pour le reste, les blagues sur les talibans sont plutôt rares. Car personne, à Kaboul, n'a le cœur à rire. Les femmes n'ont pas le droit de porter des « *chaussures bruyantes* » ou « *aux couleurs claires* ». Le vernis à ongles est proscrit. « *Mes gamines ont 16 et 18 ans,* confie une ancienne pharmacienne. *Mais toutes les écoles de filles sont fermées et il n'y a pas de cours privés dans mon quartier. Alors, nous restons toutes les trois à la maison et nous regardons les murs. Il n'y a plus de télévision. Nous avons vendu le poste de radio. Et, si je dois sortir, je n'aime pas laisser mes enfants seuls : j'ai expliqué mille fois à mes filles qu'elles devaient s'éloigner des fenêtres, car personne ne doit les voir dévoilées. Cela peut être très dangereux. J'ai même collé du carton sur les vitres...* » Ses yeux brillent : « *Je ne sais pas dans quel monde mes enfants vont grandir. Au début, avec mes amies, on se retrouvait pour pleurer. Cela nous faisait du bien. Maintenant, nous parlons d'autre chose. On n'a plus la force de verser des larmes. À quoi bon ?* »

Pour les hommes aussi, la loi régit tous les détails de la vie quotidienne. La barbe est obligatoire et sa longueur, sous peine d'emprisonnement, doit dépasser la largeur d'une main (décret de décembre 1996). « *Mon frère a passé sept jours dans une cellule, soupire un marchand. Sa barbe n'était pas réglementaire !* » Les cheveux longs sont proscrits car, selon les textes officiels, ils rappellent la « *mode britannique et américaine* ». La pilosité tournant à l'obsession, le rasage des poils est de rigueur sous les aisselles et au pubis. La musique et la danse sont interdites : « *À la nuit tombée,* confie un médecin afghan, *j'éteins la lumière, je calfeutre les fenêtres, je me couche dans mon lit et, sous l'oreiller, j'écoute des cassettes de Mozart.* » La télévision est prohibée, en principe, mais les plus fortunés se débrouillent pour organiser des séances clandestines autour d'un film vidéo. La pratique du cerf-volant est proscrite. Jouer aux échecs est contraire à l'islam. Et la liste des tabous ne cesse de s'allonger : depuis quelques mois, la boxe a rejoint le catalogue des sports illégaux (décret de février 2001). Du jour au lendemain, les clubs spécialisés sont passés dans la clandestinité !

Les lois sont appliquées à la lettre, y compris pour les jouets. Ainsi, les petits soldats sont défendus aux garçons et les fillettes n'ont plus le droit de jouer à la poupée, car l'interdiction de représenter des êtres humains s'étend aux personnages fictifs. Des chauffeurs de taxi ont été punis, aussi, pour les autocollants de Mickey Mouse restés sur la carrosserie de leur voiture : la souris de Disney n'est pas un être vivant, certes, mais son image est prohibée. Aucun régime islamique n'a poussé aussi loin l'interprétation de la charia, quitte à inventer au passage de nouvelles punitions. Voyez les homosexuels. Les mollahs ont ergoté pendant des mois sur le mode de châtiment à employer... Faut-il les jeter du haut d'une falaise ? Les pousser du haut d'un immeuble ? Ou faudrait-il allonger les malheureux au fond d'un trou et abattre un mur sur eux ? La troisième solution est finalement retenue, mais, en raison du nombre important de survivants, les religieux recommandent le passage d'un bulldozer pour achever les suppliciés. Cette créativité sadique laisse rêveur dans une région où les relations entre hommes font l'objet de nombreuses plaisanteries et de chansons traditionnelles. Dès le XVIe siècle, alors qu'il rédige ses Mémoires à Kaboul, le roi Bâbur[1], fondateur du grand Empire moghol, décrit sa « *folie amoureuse* » pour le fils d'un marchand du bazar...

1. ***Le Livre de Bâbur. Mémoires du premier Grand Mogol des Indes*, Paris, Imprimerie nationale, 1985.**

« *Chacun a le sentiment de vivre dans une prison individuelle* », résume un médecin. Dans les hôpitaux de la capitale, les services des urgences constatent l'augmentation permanente du nombre des tentatives de suicide, bien que les familles déclarent officiellement de simples « *accidents* ». Et les femmes battues sont légion. Car les nouvelles lois ont un impact direct sur les relations au sein des couples. Dans beaucoup de ménages, l'abandon forcé de son emploi par la femme revient à diviser par deux les revenus : « *Je sais très bien que ce n'est pas ma faute,* explique une ancienne directrice d'école. *Mais je culpabilise tout de même de rester ainsi chez moi toute la journée à attendre le retour de mon mari. J'ai le sentiment d'être un poids mort, une bonne à rien.* » Même ses enfants, elle a appris à s'en méfier : « *L'autre soir, nous sommes allés chez un ami pour regarder une vidéo en cachette. Depuis, je panique à l'idée que mon fils pourrait raconter le film à ses copains de classe.* »

Dans les cliniques ouvertes par les associations humanitaires telles que Médecins sans frontières ou Action contre la faim, les soignants constatent chaque jour les ravages causés par le système taliban : « *La plupart de mes patientes se plaignent de mal au dos ou de migraines,* explique une thérapeute afghane. *Mais, dans 80 % des cas, leurs souffrances sont d'origine psychologique. Et, sur ce registre, je suis impuissante.* » Pourquoi ne pas recourir aux antidépresseurs ? « *À supposer que j'en dispose, au nom de quoi devrais-je les prescrire ? Prenez mon cas. J'ai une cinquantaine d'années. Je suis médecin. Chaque matin, je suis assise derrière un bureau et je porte une blouse blanche. Je semble avoir un statut social. En vérité, c'est à mon frère que je dois de travailler ici tous les jours. Demain, s'il refuse que je vienne à la clinique, je n'aurai aucun recours. Alors, comme beaucoup de mes amies, je resterai chez moi toute la journée. Le quotidien d'une femme en Afghanistan, aujourd'hui, c'est ça. Et les antidépresseurs ne changeront rien à cette vérité fondamentale.* »

Mais où va donc la nation afghane ? Depuis l'invasion soviétique, en 1979, le pays a toujours été en guerre. D'abord contre les troupes de Moscou, au fil d'une guérilla longue de dix ans. Puis, après le départ de l'Armée rouge et la mise à l'écart du gouvernement prosoviétique, les Afghans sont entrés en guerre contre eux-mêmes : à partir de 1992, une guerre civile sans pitié met aux prises les anciens groupes de moudjahidin. Malgré la victoire inattendue des talibans, au milieu des années 1990, le conflit n'a jamais cessé. Si un semblant de calme règne dans la capitale, les hostilités se poursuivent entre le régime et les « *forces d'opposition* », une expression qui décrit, pour l'essentiel, les hommes du commandant Massoud, accrochés aux montagnes du Panchir, dans le nord-est du pays. Ajoutée à une sécheresse sans précédent, la persistance des combats signifie que l'Afghanistan restera, pour de nombreuses années à venir, l'un

**Un groupe taliban priant devant le palace Darul Aman.** Le palace royal a été détruit durant la guerre civile entre 1992 et 1996. Kaboul, juin 2001.

des pays les plus pauvres de la planète. Le désastre est tel que l'on ignore son étendue : aucune statistique économique fiable n'a été publiée depuis 1991.

Ce gâchis laisse pantois, dans un pays longtemps réputé pour la tolérance généreuse de ses habitants et qui fut, historiquement, un point de rencontre unique entre plusieurs grands courants de la sagesse mystique : le bouddhisme, l'islam, le zoroastrisme, le chamanisme. L'Afghanistan est comme un vieux livre auquel les talibans arrachent les plus belles pages.

« *Il y a une trentaine d'années,* soupire Merman Parveen, ancienne vedette de la chanson désormais en exil, *Kaboul était une ville légère et insouciante. Les riches Pakistanais venaient parfois y passer un week-end entre amis, loin des chaleurs étouffantes de la plaine.* » C'était l'âge d'or. La capitale comptait alors une dizaine de cinémas et, au *25 Hour Club*, des groupes musicaux se produisaient sur scène, entre le bar et le dancing[2]. Non loin de là, à en croire le Guide bleu de l'époque[3], le patron du *Marco Polo* servait « *des vins locaux très quelconques* ».

L'Afghanistan a longtemps fermé ses frontières aux étrangers. Mais les rares Occidentaux qui se sont rendus sur place en temps de paix décrivent moins un pays qu'un conte de fées : « *J'ai roulé ou cheminé dans les gorges profondes, sauvages et sublimes* », écrit Joseph Kessel en 1970[4]. « *J'ai entendu les tambourins, les flûtes, les guitares étranges et les voix des tribus chanter la liberté, l'espace, la guerre et l'amour.* » Plus prosaïque, la jeune Anne Yélen[5] s'extasie devant le plat du jour d'un restaurant de la capitale : « *Haschisch* » (suivi, il est vrai, de cette précision ambiguë : « *parmentier* »).

Ces premiers touristes suivaient des générations d'archéologues et d'historiens, eux-mêmes enthousiasmés. Aux confins de l'Orient et de l'Occident, aucun autre endroit au monde n'a réuni autant de figures venues de Grèce, de Perse, d'Inde et d'Asie centrale : Alexandre le Grand, les barbares, les émirs arabes et Gengis Khan, aussi, menant ses hordes. Puis, descendus de Samarcande, voici les bâtisseurs d'empire issus de Tamerlan, devenus ensuite les Grands Moghols des Indes. Au XIXe siècle même, dans les déserts et les cols de montagne les plus reculés du territoire, les jeunes espions des deux nations les plus puissantes du moment, l'Angleterre

**2. Nancy Hatch Dupree, *An Historical Guide to Afghanistan*, Kaboul, Afghan Tourist Organization, 1971.**

**3. *Guide bleu. Iran, Afghanistan*, Paris, Hachette, 1974.**

**4. Préface d'*Afghanistan*, recueil de photos de Roland Michaud, Paris, Hachette, 1970.**

**5. Anne Yélen, *Tout sur l'Afghanistan*, Paris, Nathan, 1977.**

victorienne et la Russie tsariste, se livrent au Grand Jeu, une lutte d'influence sans pitié. Partout, les ruines et le sous-sol témoignent des règnes, des invasions, des carnages, des résurrections. Aujourd'hui encore, les Afghans comptent en leur sein toutes les races que les conquérants ont rassemblées.
Car le pays a toujours été entre les mains des puissances étrangères. Quitte à jouer des luttes d'influence.
Ainsi, à partir des années 1950, quand la guerre froide oppose Soviétiques et Américains, les premiers fournissent des matières premières à bas prix tandis que les seconds financent des projets de développement. Alors que les Russes construisent des usines et des ponts dans le Nord, les Américains bâtissent des aéroports et des barrages dans le Sud. Et les Afghans jouent les uns contre les autres : dans la capitale, un immense silo à grains construit par les communistes en signe d'amitié entre les peuples est prestement rempli de blé du Kansas.
Après l'invasion soviétique, en 1979, alors que 5 millions d'Afghans fuient au-delà des frontières et créent une myriade de groupes de résistance, Américains et Pakistanais les inondent d'armes. Avec le cynisme de ceux qui n'ont rien à craindre, des officiels de la CIA s'engagent à « *lutter contre les Soviétiques jusqu'au dernier Afghan* ». Dix ans plus tard, alors que l'Armée rouge se retire et que l'Union soviétique est sur le point d'imploser, Washington se désintéresse de la région. Après les avoir armés jusqu'aux dents, les Américains laissent les Afghans à leur sort. Et c'est alors que le vrai désastre commence. Car les groupes de moudjahidin basés au Pakistan pendant la guerre antisoviétique sont divisés selon des lignes ethniques, régionales, claniques ou religieuses. De 1992 à 1996, quatre années de guerre civile opposent ces factions. La capitale est dévastée. Quartier par quartier, les hommes d'Ahmed Shah Massoud et de Gulbuddin Hekmatyar s'affrontent pour s'assurer le contrôle de la capitale. Le résultat est toujours visible.
Par endroits, Kaboul n'est plus une ville. C'est un vaste cimetière où errent des fantômes.
En fin d'après-midi, quand le soleil se rapproche de l'horizon, l'avenue Jadeye Maiwand prend l'allure d'un théâtre d'ombres. Traversant la ville d'est en ouest, elle était autrefois l'un des grands lieux de promenade à Kaboul. À présent, les portes des anciens immeubles donnent sur le ciel. Il y avait ici un cinéma. Un restaurant, là-bas. Ce mur criblé de balles et d'éclats d'obus séparait autrefois un marchand de jouets d'une boutique de vêtements de sport. Même les pylônes des fils de téléphone et d'électricité ont plié sous le coup des tirs : « *Les fils de cuivre ont été revendus au Pakistan* », soupire un marchand de thé. À perte de vue, dans les ruelles perpendiculaires à l'avenue centrale, des quartiers entiers sont rayés de la carte. Il ne reste rien, ici, sauf des gamins qui jouent au foot entre les murs en torchis restés debout, dans un labyrinthe immense et dérisoire. La nuit, à la lumière des étoiles, le promeneur croit distinguer, dans ces parois craquelées, les traits des visages de ceux qui habitaient ici.

Plus que les envahisseurs soviétiques, en somme, ce sont les Afghans eux-mêmes qui ont détruit Kaboul. Au-delà de la capitale, pendant la guerre civile, le pays tout entier devient le terrain de chasse de petits seigneurs de la guerre. Des enfants sont violés et échangés entre groupes rivaux. À la campagne, chaque faction érige un barrage routier et exige le paiement d'une dîme.
Encouragé par les services de renseignement militaire pakistanais, qui lui fournissent une aide logistique précieuse, le mouvement des talibans est né en réaction contre cette anarchie.
Depuis la partition du sous-continent, en 1947, les stratèges pakistanais se sentent menacés, à l'est de leurs frontières, par leur ennemi traditionnel indien. À tort ou à raison, ils craignent aussi le développement d'un mouvement séparatiste, à l'ouest de leur territoire, voire des hostilités ouvertes avec Kaboul, qui obligeraient l'armée d'Islamabad, le cas échéant, à se battre sur deux fronts en même temps. Le chaos afghan, au milieu des années 1990, offre aux généraux l'occasion de réaliser un vieux rêve : créer un nouvel État, le long de leur frontière orientale, qui soit à la fois stable et faible. Un protectorat. L'objectif d'Islamabad est atteint, constate, entre deux gorgées de thé vert, un ancien membre des services de renseignement de Kaboul : « *Chez nous,* explique-t-il à regret, *les Pakistanais sont les vrais maîtres du jeu. Ils ont tout fait pour que l'Afghanistan devienne un pays de tarés et ils y sont parvenus. Voilà des années que les élites ont pris la fuite. Les plus fortunés sont aux États-Unis ou en Europe et ils ne sont pas près de revenir. Ici, tous ceux qui ont lu un livre dans leur vie ne rêvent que d'une chose : fuir au plus vite.* » Les tarifs pour un acheminement clandestin vers l'Asie centrale, l'Europe ou l'Amérique alimentent les conversations quotidiennes.
Qui sont les talibans ? Voici un jeune enrôlé, justement, qui se promène à deux pas de l'ancien palais royal : « *C'est vrai, vous êtes français ? Zidane est le meilleur footballeur du monde ! Non, je ne l'ai jamais vu jouer. Il n'y a pas de télé, ici : je ne sais même pas à quoi il ressemble.* » Les moines guerriers sont des gamins, pour la plupart. Anciens réfugiés afghans, souvent orphelins ou séparés très tôt de leurs familles, ils ont été élevés dans des *madrasa* pakistanaises, ces écoles coraniques « fondamentalistes traditionalistes », souvent financées par les Saoudiens : « *Ce sont des déracinés qui ont grandi à la campagne,* résume un diplomate européen. *Quand ils prennent Kaboul, en 1996, la plupart d'entre eux n'ont jamais vu une ville de leur vie !* » Tout, chez eux, contribue au puritanisme et au rejet phobique des femmes : leur origine rurale et pachtoune, le conservatisme de leur enseignement et leur formation de moines soldats, élevés dans un milieu exclusivement masculin.

---

**La nuit, à la lumière des étoiles, le promeneur croit distinguer, dans ces parois craquelées, les traits des visages de ceux qui habitaient ici.**

---

Encadrés par des leaders religieux, dont le mollah Mohamed Omar, leur chef actuel, ils partent à la conquête du pays à partir de 1994. Le succès est immédiat : aux yeux d'une population lassée de la guerre civile et de l'anarchie, l'application stricte de la charia semble garantir le rétablissement de la loi et de l'ordre. Le mouvement rencontre le même succès foudroyant, en Afghanistan, que l'islam à ses débuts dans l'Arabie et l'Afrique du Nord du VIIe siècle, quand le régime byzantin était en pleine décadence.
Allongé sur l'herbe dans les jardins de l'université de Kaboul, un étudiant pousse un gros soupir. « *Il y a un sujet sur lequel les talibans disent la vérité : en imposant partout la charia, ils ont apporté la paix et la sécurité. L'ennui, c'est que cela n'a pas duré. Plus personne ne prend au sérieux leur réputation de probité.* » Les commerçants se plaignent de cambriolages nocturnes, de plus en plus fréquents, alors que seuls les talibans ont le droit de circuler à la nuit

**Chiken Street.** Cet endroit était autrefois le quartier des magasins d'antiquités. Aujourd'hui, il s'agit de la seule partie de Kaboul où le peu de gens riches peuvent acheter des produits luxueux ou importés. Kaboul, juin 2001.

tombée. « *Surtout,* reprend l'étudiant, *il n'y a pas le moindre développement économique. Alors les gens sont mécontents, surtout dans les grandes villes. À quoi bon la paix et la sécurité si on se couche, tous les soirs, avec la faim au creux du ventre ?* »

Il n'y a pas d'économie afghane à proprement parler. Cinq ans après la prise de Kaboul par les talibans, le plus gros employeur demeure, de loin, le programme de déminage des Nations unies. Le plus inquiétant, pourtant, ce ne sont pas les dizaines de chômeurs qui hantent les trottoirs du centre-ville dans l'espoir de trouver un travail pour quelques heures. Ce ne sont même pas ces statistiques selon lesquelles de 7 à 8 % des Kaboulis souffriraient de malnutrition. Non, le plus angoissant pour l'avenir, c'est la mise à mort programmée de l'éducation.
Dans le hall d'entrée de l'ancien lycée français Istiqlal, une plaque rappelle que les bâtiments ont été inaugurés en 1974 par Valéry Giscard d'Estaing, alors fraîchement élu président de la République. Avec ses salles de classe spacieuses et son cinéma désormais abandonné, l'établissement a longtemps été l'un des plus réputés dans le pays. Mais les sujets d'étude ont changé, reconnaît le proviseur, un jeune mollah nommé tout récemment à ce poste : dans le secondaire, la moitié de l'emploi du temps est consacré à l'étude des textes sacrés et à l'arabe. Le sport et les activités artistiques ont disparu du programme. « *Toutes les femmes enseignantes ont été licenciées et les meilleurs profs sont partis* », résume un élève. Même le cours de maths, après inspection obligatoire des ongles, démarre avec le commentaire d'une phrase du Coran.
À l'université aussi, les étudiants ne se font aucune illusion quant à la qualité de leur formation : « *Je suis en cinquième année de médecine,* confie l'un d'eux. *Mais je n'ai jamais vu de microscope. Et je n'ai toujours pas examiné un corps humain. L'enseignement est purement théorique et fondé sur des livres importés d'Iran où, pour des raisons religieuses, les illustrations sont rares. Si j'exerce la médecine en sortant d'ici, je serai un danger public ! Autrefois, pourtant, l'université était bien équipée. Mais la guerre est passée par là et le gouvernement a d'autres priorités. Il n'y a que Dieu qui les intéresse.* »
Les talibans, au fond, ont déclaré la guerre aux choses de l'esprit. Un peu comme si, dans l'Europe du XVe siècle, des partisans du Moyen Âge avaient pris les armes contre la Renaissance. Non que les nouveaux maîtres de Kaboul soient hostiles à la modernité : des ordinateurs ont même fait leur apparition dans un ou deux ministères. Mais ils n'aiment pas la ville ; ils s'opposent à la Cité, au sens antique du mot, et à ce qu'elle signifie comme lieu de rencontres et carrefour d'échanges. Eux prônent la séparation, au contraire, à l'image des villages pachtounes, où chaque famille vit recluse, à l'abri de murs d'enceinte hauts de plusieurs mètres. Par rapport aux autres mouvements islamistes, la spécificité des talibans est là, sans doute : dans cette ignorance *revendiquée* de comprendre comment le reste du monde fonctionne. « *J'ai voulu expliquer à un ministre le rôle politique que les femmes ont joué en Europe,* se souvient un diplomate. *Je m'en suis tenu aux généralités les plus vagues, sur la reine Victoria ou encore Jeanne d'Arc. Cela n'a servi à rien. À regarder la tête de mon interlocuteur, j'aurais pu aussi bien lui décrire la planète Mars.* »
Ce n'est pas la première fois, au XXe siècle, que des Afghans rejettent en bloc les influences occidentales. Dans les années 1920, déjà, le roi Amanullah tente de mener la modernisation forcée de son pays. De retour d'une tournée en Europe, Sa Majesté ordonne la reconstruction du centre-ville de Kaboul et l'ouverture des écoles aux deux sexes ; le voile islamique est déclaré illégal et les habitants de la capitale sont contraints de porter des vêtements occidentaux. Mais la brutalité de ses réformes provoque des manifestations. Et l'apparition de la reine Soraya sans voile, lors de cérémonies officielles, déclenche une folle rumeur : le roi aurait renoncé à l'islam (et importé des machines européennes qui fabriqueraient du savon à partir de cadavres humains). En 1928, Amanullah est contraint de fuir le pays. Un demi-siècle plus tard, les communistes feront les mêmes erreurs. En Afghanistan, il n'est jamais bon de chercher à aller plus vite que la société...
« *Je fréquente les talibans depuis plusieurs années, mais je ne sais toujours pas où ils veulent en venir* », assure un conseiller des Nations unies. À court terme, certes, les mollahs ont deux priorités : d'abord, contrôler l'ensemble du territoire ; ensuite, obtenir une reconnaissance internationale. Au-delà ? Rien. Depuis cinq ans qu'il est au pouvoir, le mouvement n'a pas commencé à créer les rouages d'un État digne de ce nom. Et il n'a pas de cadres capables de faire tourner la machine.
Même le budget de la nation est géré comme celui d'une épicerie de quartier.
Si le gouvernement a bien créé trois banques, il n'a confiance en aucune d'elles. Toutes les transactions s'opèrent donc en liquide. Chaque matin, les ministères envoient deux ou trois garçons au marché des changes de Kaboul, leurs camionnettes chargées de monnaie pakistanaise, iranienne ou américaine : le produit de la taxe perçue sur les importations. Sur place, selon les habitués, les jeunes changent l'équivalent d'environ 700 000 francs. Puis ils repartent au volant de leur voiture, croulant sous le poids des montagnes d'afghanis, la monnaie locale. L'argent sert à assurer la paie des fonctionnaires et la solde des soldats. Et, le lendemain matin, le manège recommence : « *Le gouvernement est notre meilleur client !* » sourit un changeur.

À ce degré d'incompétence, peut-on conserver longtemps le pouvoir ? Une révolte populaire semble exclue : la population est fatiguée et, surtout, il n'y a aucun précédent historique. À terme, sur la ligne à suivre, les leaders eux-mêmes sont partagés entre radicaux et hésitants : « *En privé,* explique un diplomate, *beaucoup de ministres reconnaissent que les fillettes devraient aller à l'école.* » Depuis que le ministre de la Santé aurait perdu sa femme l'an dernier faute de soins, il encouragerait discrètement des écoles pour infirmières dans le sud du pays. Mais la destruction des bouddhas de Bamiyan, l'obligation faite à la minorité hindoue de porter un signe distinctif et une série de mesures hostiles envers les organisations humanitaires témoignent d'un raidissement du pouvoir. La modération ne paie pas, disent les extrémistes : l'éradication de la culture du pavot, décidée l'an dernier sous la pression de la communauté internationale, n'a donné lieu à aucun assouplissement. Au contraire. En janvier dernier, les Nations unies ont renforcé leurs sanctions. Plus inquiétant, les habitants de Kaboul relèvent la présence croissante de groupes armés étrangers. Sur les trottoirs de la capitale, au désespoir des Afghans, des bandes de Libyens, d'Algériens et de Tchétchènes semblent en terrain conquis. Et leur poids politique augmente : le mollah Omar aurait même épousé une fille d'Oussama Ben Laden, le leader terroriste saoudien. Si elle se confirme, cette montée en puissance serait fâcheuse. Car elle traduirait une perte d'autorité du Pakistan. Qui deviendrait, à son tour, la proie rêvée de groupes fondamentalistes extrémistes. Ce jour-là, le monde serait bien inspiré de s'intéresser davantage aux talibans. Et à leurs amis, aussi. Car ils posséderont l'arme nucléaire.

**Une boucherie dans le quartier de Shahre Naw.** La viande est outrageusement chère pour la majorité des Afghans. Kaboul, juin 2001.

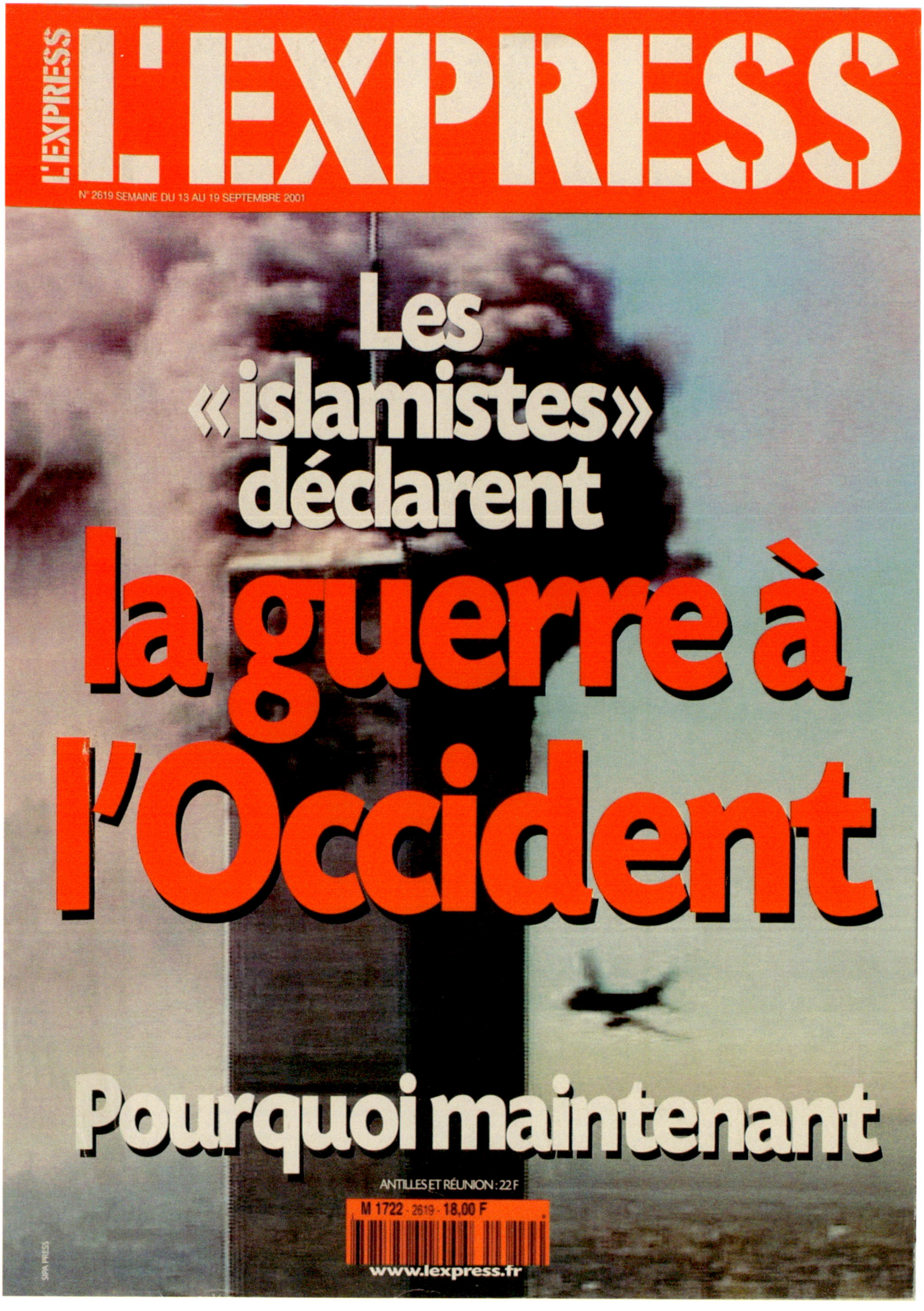


**13 SEPTEMBRE 2001.** LES « ISLAMISTES » DÉCLARENT LA GUERRE À L'OCCIDENT.
Le 11 septembre, quatre attentats suicides, revendiqués par le réseau al-Qaida, sont menés contre les États-Unis. Deux avions percutent les tours du World Trade Center à New York, un troisième percute le Pentagone à Washington pendant qu'un quatrième manque sa cible et s'écrase en Pennsylvanie. À *L'Express*, la direction de la rédaction choisit de titrer, à chaud, sur la déclaration de guerre des islamistes à l'Occident. Cette thèse sera vite avérée.

**4 OCTOBRE 2001.** LES AFGHANS. UN PEUPLE OTAGE DE L'HISTOIRE. L'Afghanistan devient à partir de ce mois d'octobre le théâtre de nouveaux affrontements, entre les États-Unis et le régime taliban. Le but : capturer Oussama Ben Laden et démanteler les réseaux d'al-Qaida. **27 DÉCEMBRE 2001.** VIVE L'EURO ! Le franc est mort, vive l'euro ! Au 1er janvier 2002, onze pays adoptent cette monnaie unique : ils forment la zone euro. Neuf ans plus tard, celle-ci compte dix-sept membres. **25 AVRIL 2002.** POUR LA FRANCE, POUR LA RÉPUBLIQUE, POUR LA DÉMOCRATIE, CHIRAC. Un appel citoyen résolu au lendemain du premier tour de la présidentielle. Jean-Marie Le Pen, leader de l'extrême droite, est arrivé en deuxième position et va affronter Jacques Chirac, le président sortant. **13 JUIN 2002.** LA FRANCE RAFFARINÉE. Un mot-valise ironique à souhait pour illustrer le style du Premier ministre au verbe pittoresque dont il reste un cultissime « *The yes needs the no to win against the no* », prononcé en 2005 lors du référendum sur la Constitution européenne.

**29 AOÛT 2002.** L'INQUIÉTANT M. BUSH. George Bush inquiète ses alliés. En septembre, il expose sa stratégie de « guerre préventive » contre les « États-voyous » de l'« Axe du Mal », et le 11 octobre le Congrès autorise le recours de la force armée américaine contre l'Irak. Les troupes y resteront jusqu'en août 2010. **23 JANVIER 2003.** FRANÇOISE GIROUD. Une édition spéciale aux couleurs de la première formule du magazine pour un dernier hommage à sa fondatrice, Françoise Giroud, décédée le 19 janvier. **7 AOÛT 2003.** LE DRAME DU CLAN TRINTIGNANT. À Vilnius, une violente dispute entre Marie Trintignant et son amant, Bertrand Cantat, chanteur de Noir Désir, tourne au drame. L'actrice décède le 1er août. Bertrand Cantat est condamné par la justice lituanienne à huit ans d'emprisonnement. **30 OCTOBRE 2003.** LE CLIMAT DÉTRAQUÉ. Rapports d'experts à l'appui – le désormais célèbre GIEC –, *L'Express* fait le tour du monde des effets des changements climatiques et alerte sur les scénarios catastrophes envisagés.

**6 NOVEMBRE 2003.** RAFFARIN, LA FIN ?
Cette une a fait beaucoup parler d'elle. À sa parution, un conseiller du Premier ministre se vante d'avoir obtenu, par pressions sur l'actionnaire de *L'Express*, l'ajout d'un « ? ». Faux : c'est la rédaction qui avait choisi le sujet, l'angle et le contenu.

**16 FÉVRIER 2004.** JOHNNY HALLYDAY. « MA VÉRITÉ ».
Exclusivité de *L'Express* : Johnny se livre à Daniel Rondeau. La rupture avec sa maison de disques, l'argent, les accusations de viol et le financement de sa boîte de nuit : une interview sans fioritures, brute.

**15 MARS 2004.** ESPAGNE. L'HORREUR TERRORISTE.
À Madrid, le 11 mars, des attentats en série revendiqués par des islamistes marocains visent des trains de banlieue. Bilan : 200 morts et 1 400 blessés. Le choix de la photo de une – marquant pour les uns, violent pour les autres – fait débat dans la rédaction.

# SAGAN ET NOUS

*En 1954, une jeune fille timide publiait Bonjour tristesse, roman qui allait faire un beau scandale et d'énormes ventes. Depuis, la flambeuse a brûlé sa vie et sa fortune par tous les bouts. Elle vient de s'éteindre à 69 ans. Sa petite musique nous manque déjà.*

**PAR HENRI HAGET**

À LA UNE CETTE SEMAINE-LÀ

C'est elle-même qui s'est chargée de son épitaphe au début des années 1990, pour le *Dictionnaire des écrivains* : « *Fit son apparition en 1954 avec un mince roman,* Bonjour tristesse, *qui fut un scandale mondial. Sa disparition, après une vie et une œuvre également bâclées ne fut un scandale que pour elle-même.* » Le style Sagan. Françoise Sagan avait une sainte horreur de la grossièreté. Sa bonne éducation – car la scandaleuse était avant tout une fille de famille bourgeoise et catholique – la lui interdisait. Au comble de l'agacement, elle explosait d'un terrible « *Flûte !* » Sa conversation était peuplée de mots désuets et élégants, un monde où se croisaient des « *zigotos* » un peu « *foutraques* » et des « *raseurs* » totalement « *assommants* ». Quand les événements ou les gens ne lui plaisaient pas, la sanction tombait, toujours la même : « *C'est la barbe...* » Françoise Sagan collectionnait aussi les rendez-vous ratés avec la mort. Accidents de voiture, cancer du pancréas, coma à Bogotá : chaque fois, elle s'en relevait sans larmes ni remords, en vaillant petit soldat dont les seules lâchetés sont celles du cœur. « *Physiquement, je supporterai n'importe quoi,* affirmait-elle, *mais je ne peux pas dire à quelqu'un que je ne l'aime plus.* » Elle avait fini par dépeindre les contours de l'au-delà comme ceux d'un paysage familier, plutôt décevant au demeurant : « *Il n'y a pas grand-chose à voir, ni vie passée, ni couloir, ni lumière. C'est une chose très plate, assez médiocre...* » Pour le reste, elle s'était affranchie depuis longtemps d'un tas de rituels franchement assommants. L'épitaphe c'était fait. L'extrême-onction ? Un prêtre la lui avait donnée, en 1957, quand son Aston Martin s'était retrouvée sur le toit. Le 24 septembre, à 19 h 35, dans une chambre de l'hôpital de Honfleur (Calvados), où elle était entrée quelques jours plus tôt à la suite d'un malaise respiratoire, Françoise Sagan a basculé dans le fossé. En France, comme à l'étranger, la nouvelle de sa disparition, à 69 ans, a fait l'effet d'un coup de grisou. Car la romancière n'était pas seulement le totem d'une époque et d'une génération, elle était aussi – surtout – l'écrivain français contemporain le plus connu dans le monde.

**La drôlesse aux pieds nus, oui. Celle qui, durant un demi-siècle, traversa le scandale et la célébrité avec les moqueries de l'enfance.**

« *C'est ma faute, j'ai toujours pris des airs nonchalants dès qu'il s'agissait de mes livres* », disait-elle pour excuser la condescendance de la critique parisienne, qui, depuis qu'elle avait sauté dans la gloire, à 18 ans, se plaisait à exécuter ses ouvrages comme l'on annote au stylo rouge le devoir d'une petite fille qui écrit. Les coups de règle sur les doigts ne l'ont pas empêchée de boucler une vingtaine de romans, une dizaine de pièces de théâtre, autant d'adaptations au cinéma, des textes de chansons et même un ballet. Cela s'appelle une œuvre. 30 millions de livres vendus en France. Des traductions en 15 langues. Des thèses qui s'écrivent sur elle dans les universités américaines. Des écoliers russes qui apprennent le français dans ses livres. Des clubs Sagan au Japon, comme pour Mireille Mathieu. Pour remettre le phénomène à sa place – la première – l'éditorialiste new-yorkais Joseph Fitchett s'était porté volontaire, dans les colonnes du *Herald Tribune*, voilà plus de deux ans : « *L'exception culturelle française, c'est Sagan !* » La drôlesse aux pieds nus, oui. Celle qui, durant un demi-siècle, traversa le scandale et la célébrité avec les moqueries de l'enfance. Celle qui dédicaçait ses romans à ses lecteurs

américains d'un *With all my sympathies* (« avec toutes mes condoléances »). Celle qui n'était membre d'aucun jury, candidate à rien, restait vierge de toute décoration – « *Je n'aime pas me faire estampiller* » – et qui n'a reçu, de toute sa carrière, que deux récompenses littéraires : le prix des critiques, pour ses débuts, et celui de la fondation Pierre de Monaco, vers la fin. En 1980, Françoise Sagan aurait pu devancer Marguerite Yourcenar sous la Coupole. Elle aurait pu. « *Le vert ne me va pas* », confiera-t-elle aux académiciens qui lui faisaient du pied. Immortelle, à la longue, ça doit être la barbe…

Ces dernières années, Sagan n'était plus tout à fait Sagan. Ses os se brisaient pour un oui ou pour un non. Elle avait subi une opération à la hanche, très lourde, et ne se déplaçait plus qu'avec des béquilles ou en fauteuil roulant. Ruinée, elle vivait hébergée par des amis. Elle ne parvenait plus à écrire. Quand elle n'était pas à l'hôpital, c'est qu'elle était dans les prétoires. Beaucoup de ses amis étaient morts et l'époque ne lui disait plus grand-chose. Il est vrai que, quand on a connu Robert Mitchum – dont elle était raide dingue à 20 ans – débarquant dans une soirée entièrement nu, couvert de moutarde et de ketchup, « *déguisé en hamburger* », les galipettes de *Loft Story* peuvent manquer de piment. De temps à autre, pourtant, une jolie rencontre lui redonne le goût des autres et d'elle-même. En 1997, elle avait croisé Frédéric Beigbeder, dandy cynique, poids lourd des nuits parisiennes et de l'édition, au *Mathis Bar*, rue de Ponthieu, à Paris. « *Nous avions fait un concours de vodka-tonic. J'avais perdu* », précise l'auteur de *Windows on the World*, qui n'a pourtant rien d'un novice. Il faudra trois ans au jeune homme transi d'admiration avant d'oser l'inviter à dîner. Et quelques vodkas supplémentaires pour qu'il lui déclame « *un texte très important* » qu'il connaissait par cœur, et ce n'était pas pour l'occasion : « *Sur ce sentiment inconnu dont l'ennui, la douceur m'obsèdent, j'hésite à apposer le nom, le beau nom grave de tristesse…* » Les mots coulaient comme l'eau du robinet. Sagan découvrait que le blanc-bec, ce héraut branché de la littérature du moi la vénérait, elle et son écriture de soie. Elle a écouté la première page de *Bonjour tristesse*, la tête penchée, triturant du bout des doigts sa frange d'adolescente timide. Ses deux yeux noirs dessinaient un regard aigu mi-tendre, mi-narquois. Ce soir-là, Sagan avait 18 ans. Ce soir-là, elle est redevenue pour quelques instants le « *charmant petit monstre* » adoubé par François Mauriac à la une du *Figaro*.

Été 1954. La France s'embourbe à Diên Biên Phù, Bobet s'envole dans le Tourmalet. Et la jeunesse se morfond. Quelques mois plus tôt, Françoise Quoirez, fille d'un riche industriel, étudiante distraite en propédeutique, a déposé dans la boîte aux lettres de l'éditeur René Julliard un manuscrit écrit en trente-deux jours dans les cafés du boulevard Saint-Michel. Cet opuscule est une bombe posée sur

**Françoise Sagan avec l'actrice Jean Seberg** sur le tournage de *Bonjour Tristesse* en 1957.

le seuil de la République des lettres. François Le Grix, meilleur lecteur de la maison Julliard et de la place de Paris, austère musicographe, censeur redouté, sonne aussitôt le clairon : « *Authenticité. Vérité totale. Talent spontané. Poème autant que roman. Aucune fausse note.* » *Bonjour tristesse* est tiré une première fois à 3 000 exemplaires. Un an plus tard, il s'en est vendu 850 000. Entre-temps, l'ouvrage a reçu le prix des critiques, et la petite musique de l'auteur, le fameux parfum Sagan, fragrance légère, évidente mais inimitable, les hommages appuyés de ce vieux nez de Mauriac. La jeune fille a pris son pseudonyme dans Proust et le charivari sociologique provoqué par son roman en pleine figure. Deux ans avant la sortie du film de Vadim *Et Dieu créa la femme*, deux ans avant la fièvre Bardot, *Bonjour tristesse* est accueilli comme le manifeste d'une génération oisive et désespérée, l'écrit fondateur de la libération des mœurs. Il y est question – rendez-vous compte ! – d'une villa dans la pinède, d'un été brûlant et d'une héroïne de 17 ans qui couche avec un garçon sans en être amoureuse. À la fin du livre, Cécile ne tombe même pas enceinte. La morale de l'histoire, c'est qu'il n'y en a pas. On peut être libre sans en payer le prix. Une révolution.

Au tintamarre des ligues de vertu, à l'appétit des journalistes, la jeune Sagan oppose son minois d'écureuil apeuré et des réponses presque inaudibles. Née un jour de solstice d'été à Cajarc, dans le Lot, où sa mère possède des terres et des moulins, elle a grandi à Paris, dans le quartier chic et sans âme de la plaine Monceau. À 10 ans, elle écrit des pièces et des poèmes. À 13, elle lit Cocteau, Camus, Sartre. À 16, elle est virée du collège des Oiseaux pour « *manque de spiritualité* ». Elle clamait tout haut : « *Dieu est un grand lapin !* » dans la cour de récréation. « *Intéressant* », notent les journalistes. « *C'est du Prévert* », précise-t-elle. Tant pis. À 17 ans, au baccalauréat, on lui demande de traiter « *En quoi la tragédie ressemble-t-elle à la vie ?* » Le sujet l'a inspirée. Jusqu'à son dernier souffle, elle ne cessera plus de le mettre en scène.

C'est pour vaincre sa timidité durant les interviews que Sagan a découvert l'alcool. Un whisky ou deux avant d'affronter l'épreuve. L'ennui, c'est que les journalistes défilent du matin au soir. La drogue, elle aussi, est entrée dans sa vie par accident. Après son embardée en Aston Martin, elle passe six mois à moitié endormie sur un lit d'hôpital. Seule la morphine parvient à étouffer la douleur. De cette longue nuit, elle ressort en miraculée. Valide, mais accro. Les mythologies les plus encombrantes reposent toujours sur des malentendus. Sagan laisse faire. Sagan laisse dire. « *J'ai trop entendu parler de moi pendant des années pour m'intéresser à ce que je suis* », dira-t-elle plus tard. Pour le reste, la légende Sagan ne doit rien aux circonstances ni au battage publicitaire orchestré, dans l'ombre, par ses éditeurs. Un conseil a bouleversé son existence. Elle s'est toujours moquée des conseils, sauf de celui-ci, qui lui avait été intimé par son père un an après la parution de *Bonjour tristesse* – Julliard venait d'apprendre à la jeune romancière qu'elle avait 500 millions d'anciens francs devant elle : « *À ton âge, c'est dangereux,* avait tranché Pierre Quoirez. *Dépense-les !* » Elle s'y emploie avec ardeur : « *J'ai invité 30 personnes à venir passer l'été à Saint-Tropez. Ça a duré cinq ans. Jusqu'au jour où j'ai été couverte de dettes.* »

**On la confond avec les héroïnes de ses romans. L'opinion publique la prend pour emblème d'une jeunesse désenchantée qui noie sa dépression dans le tapage et les futilités.**

Sagan aime les décapotables anglaises et la vitesse, « *qui aplatit les platanes au long des routes et décoiffe les chagrins* ». Elle aime le jeu, les casinos, les courses de chevaux, les nuits chez Castel et tout ce qui aide à croire que la vie peut ressembler à de grandes vacances. On la confond avec les héroïnes de ses romans. L'opinion publique la prend pour emblème d'une jeunesse désenchantée qui noie sa dépression dans le tapage et les futilités. Elle proteste en chuchotant : « *Que les mères de famille se rassurent, je ne suis le porte-drapeau de personne. Toute cette dinguerie manque de bon sens et d'humour.* » Elle a le chic pour brouiller les pistes. Ses détracteurs lui reprochent sa flemmardise. La belle affaire. Sagan écrit « *à la paresseuse* », sans effort apparent, ce qui n'est pas une tare, mais une prouesse : l'élégance suprême. « *La légèreté, c'est assez difficile à réussir,* plaide-t-elle. *Dans la vie comme dans les livres...* » On lui demande son passe-temps favori ? « *Exactement ça : laisser passer le temps.* » Elle ment en baissant les yeux comme une collégienne. Sagan brûle du besoin de noircir des pages. Elle écrit la nuit, allongée dans sa chambre, sur un cahier d'écolier. « *Écrire est la seule vérification que j'ai de moi-même,* dit-elle. *J'ai toujours l'impression d'aller à un échec relatif. C'est à la fois fichu et gagné. Désespérant et excitant.* » Elle publie un roman tous les deux ans. *Un certain sourire, Dans un mois, dans un an, Aimez-vous Brahms ?*... Des titres qui s'empilent sur les étagères des bibliothèques de famille et dans la mémoire collective du pays. Des histoires – toujours les mêmes – d'amours bancales, de lits défaits et de bourgeois vaguement dépressifs. Triomphes en librairie. Grimace chez la critique. Le numéro commence à être rodé. Nous sommes en 1960 et les experts de la chose intellectuelle prétendent que le nouveau roman l'a déjà démodée. Ces balivernes l'amusent follement. « *Je ne crois pas aux techniques, ni aux histoires de renouvellement du roman,* explique-t-elle. *Il y a tout l'être humain à fouiller. C'est une histoire de bûcheron. L'arbre est assez énorme pour qu'on ne passe pas son temps à vérifier la hache...* »

Sagan a le sens de la formule. Il lui arrive de les ciseler, pour *L'Express*, au gré d'un grand reportage ou d'une critique de cinéma. Sur les hommes qu'elle rencontre, les pays qu'elle traverse, les œuvres qu'elle découvre, elle porte un regard d'une acuité féroce.

Elle est la première qui ne soit pas revenue de Cuba avec une palette de couleurs pastel pour dépeindre le nouveau régime de Fidel Castro. Dans les salons parisiens, les penseurs frisent l'apoplexie. « *Françoise, ne cessait-on de me dire, ça ne se fait pas !* » Ça ne se fait pas : le genre de reproche qui a toujours résonné à ses oreilles comme un encouragement. Il n'y a que la lassitude qui puisse l'effrayer. Dans ces cas-là, Sagan tourne les talons en laissant derrière elle un grand éclat de rire.

À *L'Express*, elle choisit d'achever sa brève carrière de critique de cinéma sur un monument : *Les Doigts dans le nez*, de J. G. Dubroc. « *Enfin un souffle neuf dans le cinéma français !* » balance-t-elle d'emblée. Naturellement, Dubroc et son chef-d'œuvre n'ont jamais existé.

« *Le malheur est indécent,* répète-t-elle souvent. *Et, en plus, il ne vous apprend rien.* » Sagan a envie d'être gaie. Vers la fin de sa vie, Sartre aussi. Elle a adoré *L'Âge de raison*, a rencontré le vieil homme sur le seuil d'une maison close, rue Vavin, à Paris, s'amuse de tout et de rien en sa compagnie. Il l'appelle

**L'écrivain Françoise Sagan,** photographiée par Sabine Weiss, à Paris, chez ses parents, pour la publication de son premier roman *Bonjour tristesse* en 1954.

« *mon espiègle Lili* ». À *La Coupole*, où ils déjeunent en tête à tête, Sagan lui coupe sa viande. « *On parle comme deux voyageurs sur un quai de gare qui ne vont jamais se revoir* », note-t-il un jour en exergue de leur amitié. Sur le trottoir, de peur qu'il ne tombe, elle le tient par la main. Et Sartre la tient par l'esprit. Lorsqu'elle redescend de ces hauteurs, c'est pour se colleter avec ses éditeurs, ses banquiers – qui l'ont privée de chéquier dès 1960 –, puis bientôt le fisc, la brigade des stups et les juges d'instruction. Bref, des raseurs. Sagan est généreuse. Trop généreuse. Elle a commencé par dépenser les fortunes qu'elle avait gagnées. Puis elle a dilapidé les avances qu'on lui consentait sur ses prochains ouvrages. Puis les huissiers sont devenus son premier public. Gérald Nanty, patron du *Mathis Bar*, fidèle parmi les fidèles, se souvient du petit coffre en bois qui trônait dans le salon de son appartement, rue Guynemer. « *Elle y mettait tout le liquide qu'elle possédait et les gens se servaient.* » Une lectrice lui a écrit pour lui expliquer qu'elle vivait un drame. Son mari l'avait plaquée pour une autre. Elle voulait à tout prix le ramener à la maison. La lettre était accompagnée de sa photo. Sagan lui a aussitôt expédié un mandat pour qu'elle se fasse opérer du nez. Au fil du temps, Sagan a épuisé plus d'un éditeur. Elle ne portait pas la profession dans son cœur. « *C'est incroyable,* enrageait-elle, *l'écrivain se tape tout le boulot, le livre, les interviews et, six mois après, on lui envoie 18 % du prix total. Tout le reste a disparu dans les sphères...* » À la fin des années 1970, Flammarion, qu'elle a quitté avec pertes et fracas, la traîne en justice dans un humiliant procès pour plagiat. C'est Jean-Jacques Pauvert qui la récupère. Si on ne lui parle pas d'argent, il admet que Sagan était plutôt docile. « *Elle acceptait volontiers les corrections.* » En 1981, il a publié *La Femme fardée*, considéré souvent comme son meilleur roman. « *Elle avait recommencé 12 fois les 100 premières pages.* » Pas mal pour une romancière qui bâcle.

Le grand public la suit toujours. « *Je suis un accident qui dure* », lâche Sagan. Son génie du danger fascine les foules. Quand on la croit lessivée, une caresse du hasard vient la ranimer. En 1981, son étalon Hasty Flag, qui n'avait jamais rien gagné, remporte la grande course de haies du printemps, à Auteuil. Le pactole tombe à pic : le manoir d'Équemauville, la seule maison que Sagan ait jamais possédée, venait d'être hypothéqué. Elle a l'art d'évoquer ses pires démêlés avec des accents de fillette outragée. Les impôts : « *Des micmacs invraisemblables auxquels je ne comprends rien...* » La cocaïne : « *Rendez-vous compte, le juge m'a fait venir toutes les semaines à l'Institut médico-légal pour que je fasse pipi dans une éprouvette !* » L'affaire Elf, où elle est accusée d'avoir joué les intermédiaires pour André Guelfi, *alias* Dédé la Sardine, auprès de François Mitterrand : « *Encore cette histoire d'essence ?* » Sagan et Mitterrand. Leur compagnonnage éclate au grand jour à l'hiver 1985. Le Président a emmené la romancière en voyage officiel à Bogotá. Un œdème pulmonaire la foudroie à 2 600 mètres d'altitude. Rapatriée en Mystère 50, elle séjourne deux semaines en soins intensifs au Val-de-Grâce. Mitterrand la réconforte : « *La prochaine fois, je vous emmènerai dans un pays plat.* »

**La romancière méprise les ordinateurs et les injonctions arrogantes du langage électronique. « On me dit : “C'est génial, tu peux déplacer les paragraphes...” Mais moi, quand j'écris un paragraphe, il est à sa place ! »**

Ensemble, ils parlent de littérature. Presque jamais de politique. En 1965, Sagan a soutenu publiquement de Gaulle. « *J'avais l'impression qu'il était de gauche et que Mitterrand était de droite.* » A-t-elle vraiment tort ? Ses principaux faits d'armes consistent à avoir signé le manifeste pour l'insoumission en Algérie au début des années 1960 et celui pour la liberté de l'avortement dix ans plus tard. En mai 1968, elle triomphe au théâtre de l'Odéon, où elle débarque en plein meeting. « *La camarade Sagan est venue dans sa Ferrari pour encourager la révolution ?* » tonne un étudiant à la tribune. « *Faux,* rectifie-t-elle. *C'est une Maserati.* »

Mais son meilleur rôle, c'est le stylo à la main qu'elle le tient. Sagan parle de ses romans comme de bolides parfois capricieux au démarrage. « *Au début d'*Un peu de soleil dans l'eau froide, *j'ai buté sur le personnage féminin, que je ne parvenais pas à définir, et puis vroum... Tout est parti d'un seul jet.* » La romancière méprise les ordinateurs et les injonctions arrogantes du langage électronique. « *On me dit : “C'est génial, tu peux déplacer les paragraphes...” Mais moi, quand j'écris un paragraphe, il est à sa place !* » Sa vie, son œuvre sont marquées par le sens de l'ellipse. Elle pouvait aimer des hommes qu'elle quittait du jour au lendemain pour des femmes. Elle a beaucoup hésité entre les genres. Elle a eu une liaison avec Juliette Gréco. A été mariée deux fois. La première, avec l'éditeur Guy Schoeller, en 1958, et la seconde, en 1962, avec Bob Westhoff, un *cover-boy* américain dont elle a eu un fils, Denis. « *Il faut savoir être douce avec les hommes,* expliquait-elle. *Ce sont de grands enfants, de grands lapins. Il faut les prendre par la peau du cou et leur parler gentiment.* » Dans la folle ménagerie du cirque Sagan, la dompteuse ne tenait pas toujours le fouet. « *La célébrité vous fatigue très vite de vous* », avouait-elle sur la fin de sa vie. Il lui est arrivé de se cacher derrière sa légende comme à l'abri d'une voilette. Pour mieux dissimuler l'autre Sagan, la provinciale, la discrète, l'enfant de Cajarc qui aimait, par-dessus tout, retrouver cette campagne où le temps n'avance qu'au ralenti. « *Il faut des heures et des heures pour y parvenir et, si l'on n'y est pas né, on s'y ennuie.* » Elle pouvait s'y abandonner des semaines à la lecture. Puis, un beau jour, elle ressortait son barda d'écrivain mythique, de femme libre, de flambeuse invétérée. Et remontait au front.

Il y a longtemps que Sagan n'était pas retournée à Cajarc. Elle avait passé ses derniers mois claquemurée dans le manoir d'Équemauville, qui ne lui appartenait plus mais dont on lui avait laissé l'usufruit. Elle n'avait même plus la force d'ignorer ses souffrances comme jadis, comme le veulent les bonnes manières. Sagan n'avait pas attendu son dernier été pour comprendre que l'heure du bilan avait sonné. Son ultime livre, *Derrière l'épaule...*, datait de 1998. Elle, qui avait toujours refusé d'écrire ses Mémoires, y revisitait ses romans à la manière d'une écolière qui relirait ses œuvres et qui n'en croirait pas ses yeux. C'est moi qui ai écrit tout ça ? Oui, madame Sagan, c'est vous.

*sur le coup. J'ai mis plusieurs heures avant de rejoindre la rive. À mon arrivée, je n'ai trouvé que des cadavres, et quelques arbres restés debout. C'est tout. Le niveau de l'eau était monté ; elle atteignait ma taille quand elle s'est mise à refluer vers la mer et j'ai dû m'agripper à un cocotier de toutes mes forces pour ne pas être emporté de nouveau. C'était la fin du monde.* » Sept membres de sa famille sont morts. Les rares survivants ont eu le temps de chercher abri dans la montagne. « *Je ne veux plus jamais retourner là-bas,* dit Mohamed, les larmes aux yeux. *J'ai trop peur que ça recommence.* »

**Une planète engloutie**

Les premiers témoins arrivés sur les lieux dans les jours qui ont suivi la catastrophe décrivent un spectacle apocalyptique, où les cadavres semblaient dépasser en nombre les vivants. À Banda Aceh, une agglomération qui comptait auparavant quelque 200 000 habitants, les victimes étaient partout – sur les trottoirs, dans les rues, au sommet des arbres, empalées sur les poteaux en bois de la compagnie de téléphone.

Au total, ici et dans de nombreux villages éparpillés le long des côtes, plus de 100 000 personnes auraient trouvé la mort. Dans certaines localités, le pourcentage de survivants est de 2 %. Le nombre des déplacés frôle le demi-million. Ils s'entassent dans des centaines de camps de réfugiés ou sont logés chez des parents qui, habitant à l'intérieur des terres, ont été épargnés par la déferlante. Souvent, les victimes ont tout perdu. Leurs proches, leurs maisons et leurs biens ont été happés par les eaux.

Les étrangers qui n'ont pas vécu le désastre et qui cherchent à comprendre la force de la vague peuvent se rendre à Lampuk, à une douzaine de kilomètres au sud de Banda Aceh. Un guide de tourisme consacré à Sumatra et publié aux États-Unis par les éditions Footprint recommande aux vacanciers une halte à la plage : « *Longue de 2 kilomètres, c'est un bon "spot" pour le surf. Si le courant n'est pas trop fort, des masques de plongée sont disponibles en location afin d'aller explorer le récif de corail. Vous trouverez aussi un excellent restaurant de fruits de mer, un changeur de devises (cash uniquement) et une laverie.* » Publié il y a cinq ans, ce texte décrit un monde englouti depuis. Car Lampuk n'existe plus. Le front de mer s'est déplacé à l'intérieur des terres ; l'ancien village est un immense marécage recouvert, à perte de vue, par un amoncellement de bouts de bois hachés par la mer. Le bois avec lequel les habitants de Lampuk construisaient leurs maisons. Cinq kilomètres plus loin, voici Lhok Nga (« *Plongées avec tuba au large des côtes* », précise le guide). En marchant le long de la route, en direction du sud, le visiteur aperçoit la mer, à quelque 100 mètres sur la droite, tandis que des collines verdoyantes se dressent, plus éloignées, semble-t-il, sur la gauche. Mais rien de tout cela n'était visible de la route avant le tsunami. « *C'était une*

**Banda Aceh,** une ville à la pointe nord de l'île de Sumatra en Indonésie. Ici, le camp de réfugiés d'Alue le Puteh, sur la route entre Medan et Banda Aceh, près de la côte, janvier 2005.

*ville* », raconte Saiful Bahri, qui y est né. Les gens de Lhok Nga étaient perçus par ceux de Banda Aceh comme des bourgeois fortunés – des privilégiés qui habitaient au bord de la mer, dans des villas relativement confortables. Deux bases militaires étaient aussi installées sur les lieux et il semble que les hôtels du coin accueillaient plus de prostituées au bras de leur client que d'authentiques touristes. Dans les villages de la côte ouest, les *losmen* – auberges traditionnelles – jouissaient de la même réputation sulfureuse. Dans cette région très pieuse et conservatrice, où les dignitaires religieux participent autant à l'administration des villages que les dirigeants élus, beaucoup voient dans la calamité du 26 décembre une manifestation de la colère d'Allah : le peuple d'Aceh est puni parce qu'il s'égare des recommandations du Coran, assurent-ils. Dans les mosquées, à en croire les habitants, de nombreux imams apportent leur crédit à cette thèse.

**Une population fédérée par la solidarité**

Il ne reste rien des villas, des hôtels et des camps militaires de Lhok Nga. Tout a été emporté. Seules des étendues de carrelage, visibles de loin en loin, plus ou moins recouvertes de sable, marquent la présence récente d'habitations : ce grand rectangle blanc était un salon, sans doute. Et ce carré rose, une salle de bains. La mer a tout arraché, et les vagues qui ont oblitéré les villages de la région déposent sur la plage, deux semaines plus tard, les cadavres gonflés d'eau de leurs anciens habitants.

Dans les jours qui ont suivi la catastrophe, les pillards se sont précipités vers Lhok Nga, attirés par les richesses supposées de l'endroit. Certains ont ramassé les armes stockées jusqu'alors dans les dépôts militaires, que la mer a éparpillées sur le sable à des kilomètres alentour. « *Je suis venu chercher les derniers fusils qui traîneraient encore sur la plage* », explique un soldat stationné ici, mais absent des lieux le jour fatidique. Il marque une pause avant de poursuivre : « *Je recherche aussi le corps de ma petite fille.* »

Le long des rues de Banda Aceh, à l'entrée des camps de réfugiés et dans les rares bâtiments publics restés debout, des avis de recherche ont fait leur apparition. Les photos des disparus hantent les lieux, comme autant de fantômes. « *Aulia Gifari, surnommé Agi, habitait Pusdiklat.* » Le texte est accompagné du portrait d'un garçon âgé d'environ 6 ans. « *On est sans nouvelles de Nurhidayah, originaire d'Aceh Tengah.* » L'image révèle une femme à l'allure timide, aux cheveux recouverts d'un voile. Plus loin, voici un couple, assis dans un téléphérique, qui sourit au photographe.

Le 4 janvier, Mohammed Yacob, 48 ans, atteignait Lhok Nga, ayant suivi la côte depuis son village, à 80 kilomètres de là. « *Je marche seul depuis deux jours* », explique-t-il, exténué. Une chaussure de sport au pied droit et une tong au pied gauche, il porte sur le dos un sac de jute retenu par une cordelette bleue en plastique. « *J'ai tenu le coup en buvant l'eau des rivières et en mangeant des noix de coco. Mon village est détruit. Sur les 1 500 habitants que nous étions, seuls 150 étaient encore en vie lorsque je suis parti. Je suis le seul survivant de ma famille. Il y a beaucoup de blessés. Voilà plus d'une semaine que la vague a tout balayé et nous n'avons encore reçu aucune aide. Certains de mes voisins ont eu la jambe coupée et la gangrène gagne. Nous avons besoin de médecins. C'est pour cela que je suis venu à Banda Aceh.* »

Même les journalistes chevronnés et les volontaires des organisations humanitaires, familiers des catastrophes, partagent leur stupeur devant l'ampleur de la dévastation. Au retour d'un vol en hélicoptère au-dessus de la région, le secrétaire d'État américain, Colin Powell, faisait de même. « *Je connais la guerre et j'ai déjà visité des zones affectées par des ouragans ou des tornades. Mais,* affirmait-il, *je n'ai jamais rien vu de tel dans ma carrière.* »

Au-delà de la province d'Aceh, à travers le vaste archipel indonésien, la catastrophe a fédéré toute la population dans un élan de solidarité. Des chirurgiens et des infirmières se sont présentés spontanément à la porte des hôpitaux dévastés. Des groupes de jeunes volontaires assument la tâche terrible du ramassage des cadavres. Les dons aux organisations caritatives atteignent des sommets. À la télévision, le malheur tourne au spectacle. La chaîne d'information continue locale, Metro TV, enchaîne les récits d'actes d'héroïsme et les images des destructions, tournées avec un filtre discret destiné à adoucir l'image et diffusées sur fond de musique classique, interrompues seulement par les témoignages de solidarité des ambassadeurs de pays étrangers. Le drame apparaît jusque dans les spots publicitaires : des dizaines de sociétés privées, de Danone à Microsoft, y informent les téléspectateurs des aides qu'elles ont apportées.

**Une province délaissée par Jakarta**

Le peuple d'Aceh n'a pas été habitué, ces dernières années, à de telles marques de sympathie et de générosité. Car une rébellion armée agite la province depuis près de trente ans contre l'autoritarisme musclé de Jakarta et, surtout, de ses forces armées. Selon la thèse officielle, les séparatistes sont de dangereux islamistes, proches de la Jamaa Islamiya, un mouvement lié à al-Qaida et responsable des attentats qui avaient fait 202 morts à Bali, le 12 octobre 2002. La réalité est plus complexe. La guerre d'Aceh a certes pour objectif la création d'un État islamique indépendant. Mais la popularité des indépendantistes s'explique moins par l'islam que par le triste sort réservé à la province au sein de l'ensemble indonésien.

Aceh regorge de richesses naturelles, mais les revenus tirés de l'exploitation du pétrole et du gaz profitent aux militaires indonésiens plus qu'à la population locale. La région demeure l'une des moins bien loties du pays, comme l'indiquent les taux du chômage, de la mortalité infantile, ou de la scolarisation. Et, depuis que l'armée indonésienne a lancé une nouvelle offensive contre les séparatistes, en 2003, les habitants d'Aceh se sont appauvris davantage. La répression aveugle des militaires, qui se comportent ici comme en terrain conquis, confiants dans leur impunité, n'a rien fait pour redorer le blason du gouvernement central. Dans la province, chacun connaît l'emplacement des fosses communes et des centres de torture. Nourries par les exactions de l'armée, encore récemment dénoncées par Amnesty International, la haine et la peur ont aliéné la majorité de la population à Jakarta.

Le tsunami changera-t-il la donne ?

La catastrophe du 26 décembre a provoqué huit fois plus de morts que vingt-huit ans de conflit. Sa seule retombée positive, pour l'instant, est d'avoir interrompu la guerre. « *Le drame pourrait permettre un cessez-le-feu durable et faciliter, enfin, l'ouverture d'un dialogue,* souligne le Pr Arbi Sanit, de l'université d'Indonésie. *L'heure est peut-être venue de traiter cette plaie ouverte pour le pays tout entier.* » L'élection, il y a trois mois, d'un nouveau chef d'État, le président Susilo Bambang Yudhoyono, réformiste autoproclamé, autorise tous les espoirs. D'autant que les aides massives venues de l'étranger vont peut-être aider à améliorer les infrastructures et les services publics dans la région.

L'ennui, c'est que, sur le terrain, les premiers signes sont décourageants. D'abord, le gouvernement a beaucoup tardé à réagir. « *En l'absence de toute communication en provenance de Banda Aceh, l'administration*

*centrale a laissé passer plusieurs jours avant de comprendre que la majorité de ses propres fonctionnaires étaient morts et que les infrastructures locales étaient anéanties »*, relève Rizal Sukma, un universitaire originaire de la région. « *Un simple survol en hélicoptère aurait permis de mesurer l'ampleur des dégâts,* poursuit-il. *Ce manque d'imagination trahit-il l'indifférence de Jakarta ? J'y vois surtout une marque d'incompétence et d'inefficacité, deux traits caractéristiques de notre bureaucratie.* »

**Corruption malgré le cataclysme**

Le cessez-le-feu annoncé par les rebelles constitue un signe encourageant, même s'il n'est pas toujours respecté. Mais le gouvernement, pour sa part, ne semble pas saisir l'occasion qui lui est offerte de repartir à neuf dans la province. Dans les décombres d'Aceh, les volontaires eux-mêmes accusent Jakarta de gêner leur travail. « *Hier,* explique l'un d'eux, *j'ai demandé au chef du district quelques dizaines de housses mortuaires afin de transporter les cadavres. Vous savez ce qu'il m'a donné ? Une pile de formulaires à remplir.* » Un autre prend les journalistes à témoin : « *Si vous pouvez donner de l'aide, surtout donnez aux associations privées. Le gouvernement ne fait rien, et c'est un fonctionnaire qui vous le dit. Même des gants pour ramasser les cadavres, je n'ai pas pu en obtenir.* » Le Parlement indonésien semble ne se faire aucune illusion : « *Nous espérons que les fonds alloués par l'État aux populations ne seront pas perdus en raison de la corruption* », a déclaré le président de la Chambre des représentants (l'Assemblée), Agung Laksono.

Il serait dommage que le gouvernement de Jakarta perde cette occasion, à la suite d'une catastrophe humanitaire sans précédent dans la région, de signer enfin la paix et de mettre un terme à l'un des conflits les plus anciens d'Asie. Sans quoi, les échanges de tirs se poursuivront, comme le martyre de la province rebelle, fière et orgueilleuse. En 1999, le commandant des séparatistes le rappelait à un journaliste de l'hebdomadaire britannique *The Economist* : « *Nous, les habitants d'Aceh, nous comprenons le sens de la guerre. Nous avons battu les colonialistes hollandais et, s'il le faut, nous viendrons à bout des Javanais aussi.* » La mer et ses vagues ne peuvent rien contre l'esprit des guerriers.

***Post-scriptum***

Le tsunami a frappé aussi les côtes de l'Afrique de l'Est. Il y aurait près de 300 morts et disparus en Somalie, qui compterait également 17 000 familles sans abri, selon le vice-président du Puntland, région du nord-est, la plus touchée de ce pays par le raz de marée.

**Banda Aceh.** Un corps flotte au milieu de l'eau boueuse où s'amoncellent des débris de toutes sortes dans le quartier d'Ajuen Jempit, non loin de la mer. Ce quartier figure parmi les plus touchés par le tsunami, janvier 2005.

**21 MARS 2005.** POURQUOI LE NON PEUT GAGNER. Empêtrée dans les débats nationaux et desservie par un climat social tendu, la Constitution européenne voit fondre ses soutiens français. Le 29 mai 2005, la prophétie de *L'Express* se révèle juste : 54,67 % des Français rejettent le texte. C'est un coup dur pour le projet européen. **4 AVRIL 2005.** JEAN-PAUL II, LE DERNIER GÉANT. Après un pontificat long de vingt-six ans, durant lequel il a joué les diplomates aux quatre coins du monde, s'est opposé au communisme et a réaffirmé l'opposition de l'Église à l'avortement et à la contraception, le pape Jean-Paul II s'est éteint à l'âge de quatre-vingt-quatre ans. Il est considéré comme l'un des leaders politiques les plus influents du XX<sup>e</sup> siècle. Le cardinal Ratzinger lui succède, le 19 avril 2005, sous le nom de Benoît XVI. **6 OCTOBRE 2005.** LES ARCHIVES DE LA GENDARMERIE SOUS L'OCCUPATION. Registres confidentiels, procès-verbaux d'arrestation de Juifs, notes de la garde personnelle de Pétain : *L'Express* a eu accès aux archives inédites de la gendarmerie et fait revivre la France des années noires. **27 OCTOBRE 2005.** L'ÉGLISE ET LE SEXE. Récompensée pour son audace et son graphisme, cette une introduit un dossier qui revient sur les tabous levés par le livre de l'abbé Pierre : le célibat des prêtres, leur désir d'enfants, leurs positions sur le mariage homosexuel ou bien encore l'ordination des femmes.

**10 NOVEMBRE 2005.** POURQUOI LA FRANCE BRÛLE.
Clichy-sous-Bois s'est embrasée la première à la suite de la mort de deux adolescents, le 27 octobre. Les autres banlieues n'attendaient qu'une étincelle pour exploser, chauffées à blanc par la faillite des années de crise sociale et urbaine. Le 8 novembre, le gouvernement français, en passe d'être débordé, déclare l'état d'urgence.

**20 AVRIL 2006.** L'HOMME QUI FAIT TREMBLER LE MONDE.
Bien des années plus tôt, en 1979, *L'Express* titrait « L'homme qui fait trembler l'Occident » lors de l'accession au pouvoir, en Iran, de l'ayatollah Khomeiny. *Bis repetita* avec Mahmoud Ahmadinejad. Cette fois, au fanatisme du Président iranien s'ajoute la menace du chantage nucléaire.

**NOVEMBRE 2006.** L'EXPRESS STYLES.
Le *mag* est rebaptisé *Styles*.

**9 NOVEMBRE 2006.** JEAN-JACQUES SERVAN-SCHREIBER. LE PIONNIER.
*L'Express* rend un dernier hommage à son fondateur, JJSS, disparu le 7 novembre 2006, à l'âge de quatre-vingt-deux ans.

# CUBA : RESCAPÉS DU GOULAG TROPICAL

*Alors que La Havane s'apprête à fêter les 80 ans de Fidel, les* plantados, *anciens détenus politiques aujourd'hui en exil, racontent comment ils ont résisté à la sauvagerie des prisons castristes.*

**PAR AXEL GYLDÉN**

À LA UNE CETTE SEMAINE-LÀ

Il est là, Mario Chanes de Armas, âgé de 80 ans, recroquevillé dans un fauteuil roulant, rongé par la maladie d'Alzheimer, oublié des médias. Dans la chambre 103 d'un hospice de Miami, en Floride, celui qui fut l'un des plus anciens prisonniers politiques au monde – sa détention fut plus longue que celle de Nelson Mandela ! – termine sa vie dans l'anonymat complet. Même le personnel soignant ignore que ce patient humble et discret fut l'ami intime de Fidel Castro, avant de devenir pendant trente interminables années son « prisonnier personnel », dans les conditions atroces du goulag tropical. Une destinée tragique qui raconte la face cachée de la révolution cubaine et son ténébreux système carcéral, peuplé de matons barbares et dirigé par des ministres impitoyables. La réalité d'un régime, soigneusement occultée par une propagande qui sera tout au service, le 2 décembre prochain, de la célébration joyeuse des 80 ans de Fidel.

En 1953, Mario Chanes de Armas, modeste syndicaliste havanais, a 27 ans lorsqu'il entre dans la clandestinité pour lutter contre le régime du dictateur Fulgencio Batista, revenu au pouvoir l'année précédente. Le 26 juillet, sous les ordres et en compagnie de Fidel Castro, il est l'un des protagonistes de l'attaque de la caserne Moncada, une opération vouée à l'échec et effectivement manquée, mais considérée comme l'acte fondateur de la révolution castriste. Mario Chanes, capturé, est condamné avec Fidel à quinze ans de réclusion. Amis à la vie, à la mort, les codétenus sont amnistiés par Batista quinze mois plus tard. Libérés, les révolutionnaires se mobilisent à nouveau. En décembre 1956, on les retrouve à bord du navire *Granma*, en compagnie de 80 compères, les futurs *barbudos*, dont Raul Castro et Che Guevara. En provenance du Mexique, ils débarquent clandestinement à Cuba et rejoignent le maquis de la sierra Maestra. Deux ans plus tard, le 1er janvier 1959, la révolution cubaine triomphe dans l'euphorie générale.

**En réalité, son crime est de désapprouver le communisme et de le dire. Innocent, il est condamné à trente ans de prison. Un voyage dans les ténèbres.**

Mais, au cours de l'année 1959, tout bascule. Comme des milliers d'autres révolutionnaires, Mario Chanes déchante. Devenu commandant de la police motorisée de La Havane, ce démocrate sincère réalise que l'organisation d'élections libres n'est pas à l'ordre du jour. « *Quand Fidel lui a révélé qu'il était communiste, Mario lui a mis son poing sur la gueule* », raconte sa sœur Mercedes. Le 17 juillet 1961, la police politique l'interpelle et l'accuse de planifier l'assassinat du *Lider maximo*. En réalité, son crime est de désapprouver le communisme et de le dire. Innocent, il est condamné à trente ans de prison. Un voyage dans les ténèbres. Tortures, travaux forcés, privations, isolement : rien ne lui est épargné. Et pas un seul jour de remise de peine ne lui est accordé. Dans sa chambre couleur sépia, au soir de sa vie et à bout de souffle, l'octogénaire recouvre la mémoire par intermittence. Quand on lui demande s'il se souvient de Fidel, il a juste la force de fermer le poing, de serrer

la mâchoire et de lâcher : « *Carajo !* » (« saloperie »).
Exemplaire, le drame de Mario Chanes de Armas est loin d'être un cas isolé. Au cours des huit premières années de la révolution cubaine, de 1959 à 1966, 15 000 personnes, principalement d'origine ouvrière et paysanne, sont embastillées en raison de leurs convictions politiques (selon une estimation basse, de 1959 à aujourd'hui, au moins 100 000 personnes ont été jetées en prison, pour une nuit ou trente ans, pour délit d'opinion). À titre de comparaison, le nombre total de prisonniers politiques n'a pas dépassé 500 sous la dictature de Batista, de 1952 à 1959.

**Plantados. Le terme désigne ces prisonniers inébranlables, restés enracinés dans leurs convictions démocratiques et leur éthique, malgré la sauvagerie du système.**

### Un prisonnier, devenu fou, s'est mis à parler à son râteau

Dans les primes années du castrisme, tous les prisonniers politiques sont relégués dans le gigantesque pénitencier Presidio Modelo, bâti dans les années 1930 sur l'île des Pins (l'actuelle île de la Jeunesse). C'est ici qu'est mis en œuvre, de 1964 à 1967, le « plan Camilo Cienfuegos », un programme de travaux forcés inhumain. Dans une chaleur suffocante, les bagnards cassent du marbre dans des carrières ou travaillent aux champs sous le contrôle de gardes-chiourmes d'une sauvagerie inouïe. Ils insultent, cognent, blessent et tuent à coups de baïonnette ou de fusil. « *Encouragés par leur hiérarchie, les gardiens étaient autorisés à martyriser les détenus selon leur bon plaisir,* témoigne Angel de Fana, 67 ans, condamné à vingt-deux ans de détention et dont l'engagement anticastriste remonte à la fin de l'année 1959, au moment où s'est généralisée la censure de la presse écrite. *Certains prisonniers sont devenus fous. Je me souviens de l'un d'entre eux qui s'est mis à parler à son râteau.* »
À Miami, Angel de Fana préside aujourd'hui l'association Plantados, une amicale d'anciens détenus politiques qu'on surnommerait volontiers « Buena Vista Goulag Club », tant l'allure de ces papys au visage parcheminé rappelle celle des musiciens du Buena Vista Social Club – dont les refrains ont pu faire croire que la « révolution cubaine » n'a été qu'une fête.
*Plantados*. Plantés, comme des arbres. Le terme désigne ces prisonniers inébranlables, restés enracinés dans leurs convictions démocratiques et leur éthique, malgré la sauvagerie du système. Les *plantados* forment une catégorie de détenus à part, qui résistent à l'arbitraire par la non-violence et endurent les pires humiliations avec un stoïcisme sans limite. Ils font la grève du zèle pendant les travaux forcés, s'interdisent d'assister aux cours de rééducation politique, contestent le port de l'uniforme bleu des prisonniers de droit commun que l'administration pénitentiaire veut leur imposer. Refusant d'être assimilés aux délinquants, voleurs et autres meurtriers, ils ont très tôt fait le choix de vivre – parfois pendant vingt ans – habillés d'un simple caleçon.

### On les plongeait des heures dans la fosse septique

Ciment des *plantados*, cette détermination sans faille peut se lire dans le regard tranchant comme une lame du commandant Huber Matos. Dans la guérilla, où il était l'*alter ego* de Che Guevara en qualité de *comandante* de la colonne 9, son rôle fut déterminant, notamment parce qu'il importait clandestinement des armes achetées au Costa Rica. Mais, en 1959, cet ex-instituteur de sensibilité sociale-démocrate devenu gouverneur militaire de la région de Camagüey exprime son désaccord avec Fidel. Il est condamné à vingt ans de cachot au terme d'un procès mascarade, tenu dans le ciné-théâtre de l'état-major cubain en présence de la plupart des officiers supérieurs. « *Les frères Castro haïssent les* plantados. *Car ces détenus ont la particularité d'avoir une conscience politique, une dignité et des principes moraux,* explique-t-il. *On m'a infligé beaucoup d'avanies. On m'a cassé l'humérus en trois morceaux, arraché les ligaments de l'épaule gauche sans me soigner. Mes testicules portent encore la marque d'un poinçon. Mais, par respect pour le lecteur, j'ai édulcoré mon autobiographie*[1]. »
Hier comme aujourd'hui, la torture appartient au quotidien des prisonniers d'opinion cubains. Souvent, elle revêt un caractère scatologique, comme, par exemple, l'obligation faite aux détenus de passer des heures plongés dans la fosse septique du pénitencier. Mais les variantes sont innombrables, depuis les repas archisalés (servis sans eau) jusqu'à l'isolement dans des *celdas de castigo* (« cellules de punition »), des cachots infestés de cafards où certains détenus ont passé plusieurs mois sans le moindre contact extérieur. « *Détruire des êtres humains, tel est le travail des matons* », résume Matos, qui a vécu vingt années entre la vie et la mort dans ces oubliettes sordides.
En témoigne le programme de « réhabilitation », ces cours de rééducation politique où les détenus d'opinion étudient le marxisme-léninisme et se livrent à leur autocritique en échange d'éventuelles remises de peine. « *Les prisonniers qui ont accepté d'intégrer ce cursus l'ont généralement regretté,* ajoute Matos. *Ils ont fini dégoûtés d'eux-mêmes. Ce qui était précisément l'objectif recherché.* »
En 1970 – pour tenter d'apaiser le mécontentement social né de l'échec de la « *zafra* [« récolte »] des 10 millions [de tonnes de sucre] » – puis en 1979 – cédant à la pression de campagnes internationales de défense des droits de l'homme – le pouvoir prononce des amnisties partielles. Les *plantados* les plus coriaces en sont exclus. À l'initiative du ministre de l'Intérieur, Ramiro Valdés, aujourd'hui ministre de la Communication, leurs conditions de détention sont au contraire durcies. Ils sont transférés dans les « cellules de punition » de la sinistre prison de Boniato ou de celles du Combinado del Este, surnommée l'« *étable* ».
« *Je n'ai pas vu la lumière du jour, ni reçu d'assistance médicale ou de visite pendant sept ans,* se souvient Ernesto Diaz Rodriguez, auteur de plusieurs recueils de poésie et d'un témoignage autobiographique[2], tous écrits pendant ses vingt-deux années de captivité. *Par la suite, ils m'ont concédé deux heures de promenade hebdomadaire... mais en y mettant des conditions. J'ai alors renoncé de moi-même à cette "faveur". Ôter aux gardiens tous leurs instruments de chantage, c'est la seule manière de se faire respecter et, finalement, de survivre.* »

### « Les geôliers ne pouvaient pas s'emparer de notre esprit »

Le sort réservé aux femmes prisonnières de Castro n'est pas moins effrayant. Militante anti-Batista devenue activiste anti-Castro et doyenne des *plantadas*, Ana Rodriguez a passé

1. ***Et la nuit est tombée*, Paris, Les Belles Lettres, 2006, 634 p.**

2. ***Rehenes de Castro* (Otages de Castro), Boston, Linden Lane Press, 1995, 573 p.**

dix-neuf années derrière les barreaux en compagnie de rats, de grenouilles, de moustiques. Revenue de l'enfer, elle aussi envisage la vie carcérale cubaine comme un combat psychologique avec ses geôliers : « *Le mieux est de renoncer aux courriers, aux visites et à toute forme de contact avec les amis et la famille,* confie-t-elle. *Dans les prisons de Castro, j'ai appris qu'il fallait ne pas craindre de perdre la vie pour espérer la sauver. Torturer procure au bourreau une telle jouissance que la perspective de voir son objet de plaisir s'étioler puis disparaître devient pour lui un réel problème.* »

« *En prison, nous nous sommes toujours sentis plus libres que nos geôliers,* ajoute Ernesto Diaz Rodriguez. *Car, s'ils disposaient de nos os et de notre chair, ils ne pouvaient pas s'emparer de notre esprit.* » Une détermination que partage Luciano Medina, 87 ans, dont vingt de prison. Au temps de la guérilla, il était le vaguemestre de Fidel Castro et transmettait, à travers la montagne, les instructions du *Lider maximo* à Che Guevara, Camilo Cienfuegos ou Huber Matos. « *J'éprouve de la peine quand je pense au mal que Castro a fait à mon pays,* dit-il. *Mais de la haine, non. Sous ma douche, je chante encore. Et dans mon miroir je me regarde en face.* »

En exil forcé depuis leur libération, dans les années 1980 et 1990, les *plantados* n'ont finalement qu'un regret : celui d'être passés directement des cachots cubains aux oubliettes de l'Histoire. « *Le monde n'a pas voulu nous écouter,* regrette Ana Rodriguez. *Tant de gens veulent croire qu'il existe un monde rêvé, idéal, mythique, nommé Cuba... À la sortie de mon livre*[3]*, j'ai donné plusieurs conférences dans des universités américaines. Il s'est trouvé des enseignants et des élèves pour m'insulter et mettre en doute ma parole...* » C'est une idée que les derniers admirateurs de Fidel devraient méditer : leur aveuglement peut faire aussi mal qu'un passage à tabac.

**3. *Diary of a Survivor. Nineteen Years in a Cuban Women's Prison*, New York, St Martin's Press, 1995.**

**La communauté cubaine de Miami, en Floride :** Huber Matos en entretien avec Axel Gyldén, 19 septembre 2006.

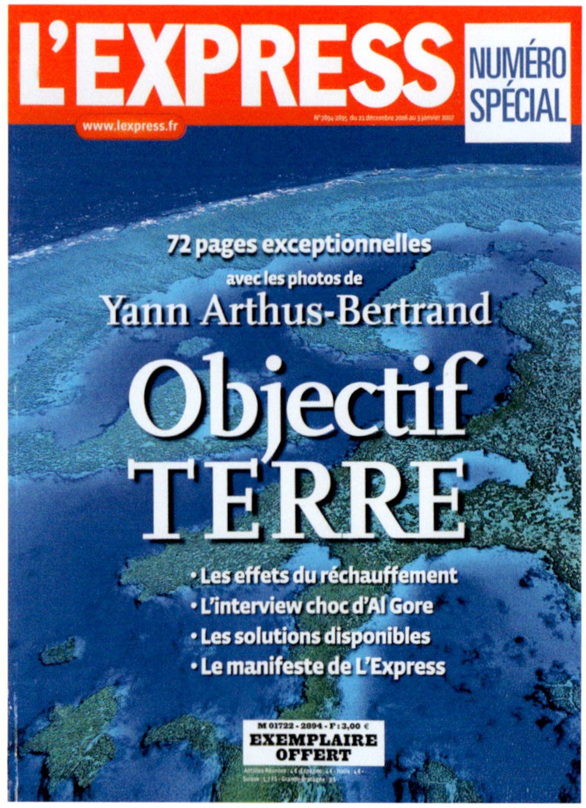

**7 DÉCEMBRE 2006.** ENQUÊTE SUR LE CINQUIÈME POUVOIR. Communiquer, acheter, vendre, créer, s'informer, informer, influencer : la révolution Internet et du Web 2.0, dit « participatif », redistribue les cartes du pouvoir. Pour le meilleur et pour le pire. **21 DÉCEMBRE 2006.** OBJECTIF TERRE. Le rapport Stern, du nom d'un expert du GIEC, vient de tomber. Pour illustrer les méfaits des différentes activités humaines sur la planète, *L'Express* consacre un numéro spécial engagé et sublimé par les célèbres photos de Yann Arthus-Bertrand. En 2007, le GIEC et Al Gore obtiennent le prix Nobel de la paix pour leurs actions en faveur de l'environnement. **10 MAI 2007.** LE PRÉSIDENT. Nicolas Sarkozy est élu président de la République avec 53,06 % des voix au second tour, face à Ségolène Royal (PS). **7 JUIN 2007.** SÉGOLÈNE ROYAL. LES BLESSURES SECRÈTES. Accusant le coup de l'échec de la présidentielle, la candidate socialiste fait face à une vague d'hostilité venue de son propre parti, bien décidé à régler les comptes, mais aussi à la fin de son couple avec François Hollande.

**4 OCTOBRE 2007.** LE DRAME BIRMAN.
Une nouvelle fois, la junte militaire réprime dans le sang l'espoir d'un pays. La révolte des bonzes est matée, la Birmanie retombe dans la peur, emmurée de force dans le silence, à l'image d'Aung San Suu Kyi. En novembre 2010, l'icône médiatique de la démocratie, prix Nobel de la paix, sera libérée.

# MES AMIS, MES AMOURS, MES EMM… .COM

*Facebook, MySpace, aSmallWorld… Les sites de mise en relation cartonnent sur Internet. Plongée dans un univers où l'on se rencontre (mais pas vraiment), où l'on s'amuse (mais pas toujours) et où certains font (déjà) des affaires.*

PAR GUILLAUME GRALLET

À LA UNE CETTE SEMAINE-LÀ

En ce moment, j'ai 183 ennemis. Sans doute bien davantage, en réalité… Mais ceux-là au moins l'ont avoué ! Comment je le sais ? Je suis inscrit sur hatebook.com, le site parodique de facebook.com, trombinoscope géant sur lequel les internautes répertorient leurs amis comme une collection d'étiquettes Panini. Né il y a trois ans, Facebook est le « dada.com » du moment. Il vaudrait 15 milliards de dollars, au prix où Microsoft a payé ses 1,6 % de capital. J'ai beaucoup hésité avant de m'y inscrire, au printemps dernier. Mais comment résister à la perspective d'approcher des stars de la politique et du show-biz ? Voire de leur parler ! Vous imaginez ? Olivia Ruiz, Claire Chazal, Rafael Nadal, Françoise de Panafieu ou Bertrand Delanoë en seraient, paraît-il, déjà dingos… J'ai donc répondu positivement à l'invitation. Et, tant que j'y étais, je me suis inscrit à une kyrielle d'autres réseaux sociaux, ces sites Web de mise en relation des internautes : de MySpace, l'ancêtre (quatre ans d'existence), qui caracole en tête avec plus de 200 millions de membres, à Bharat Student, le hit des campus indiens, en passant par aSmallWorld, le Net plus ultra qui recense 50 % de patrons parmi ses membres, ou encore Cyworld, site libératoire de la jeunesse de Séoul.

**Un meurtrier démasqué grâce à Facebook**
Cette myriade de nouveaux sites a de quoi intriguer. Leur intérêt n'est pas seulement de renouer avec de vieilles connaissances ou de faire ami-ami, à l'américaine, avec des gens « intéressants ». Ces réseaux sociaux sont devenus, en quelques mois, un parfait observatoire du comportement en ligne et surtout un enjeu économique majeur. Quelque 32 % des internautes en sont accros aux États-Unis, cinq fois plus qu'il y a trois ans. Normal, il est possible de tout y faire : téléphoner gratuitement *via* Skype sur aSmallWorld, acheter des habits de couturiers sur MySpace, ou même demander une recommandation à un « parrain » sur le très professionnel LinkedIn. Dans moins de deux ans, si la progression exponentielle se poursuit, la moitié des internautes en feront partie. Quant à moi…
J'aurai au moins appris à me méfier de la réalité. Grand défouloir, divan des internautes qui étalent au grand jour leurs envies et leur quotidien, les réseaux sociaux sont aujourd'hui le règne de l'hypertransparence… trompeuse. La transparence, les meurtriers de Meredith Kercher, une étudiante britannique égorgée à Pérouse, en Italie, en ont fait les frais. Des photos d'un anniversaire postées sur Facebook ont permis de retrouver ses probables assassins. Quant à la tromperie, c'est Megan Meier, une adolescente britannique qui pensait correspondre avec Josh, un ado rencontré sur MySpace, qui en a été une des premières victimes officielles. Après six semaines de dialogue, écran noir. Megan s'est pendue après avoir lu le dernier message, insultant, du jeune homme. *Too bad !* Le pauvre Josh n'existait pas. Il était l'invention d'une quinquagénaire dérangée qui espérait savoir, avec cette manip', ce que Megan disait de sa propre fille… Les *fakes* (faux profils) sont légion : la preuve, je suis devenu ami avec une demi-douzaine de Sébastien Chabal.
C'est que les propos, toujours tenus sur un ton détendu, incitent peu à la méfiance. MySpace, c'est l'école du tutoiement et de la tape dans le dos. Dès la première page, un « *Salut Guillaume !* » très enthousiaste m'accueille, signé de Tom (« *C'est moi qui ai créé MySpace* »). Suivi, très vite, d'un « *Éclate-toi !* » comminatoire qui s'affiche aux couleurs de Daft Punk. Ce que j'ai fait en jouant au loup-garou sur Facebook, course-poursuite loufoque aussi zoologique qu'interactive, avant de me reposer sur Cyworld, cour de récré virtuelle de 1 internaute coréen sur 4. Mais tout n'est pas futile sur les réseaux sociaux.

En Chine, le site Tianya Club a permis de relater un emprisonnement qui a eu lieu à l'université de Tsinghua en 1995. De même, les clips sur la modernisation de la société aperçus, en Inde, sur bharatstudent.com, n'avaient rien à envier aux débats animés par les 12,5 millions de *skyblogs*, sous la houlette du réseau créé par Pierre Bellanger.

**Le ciblage publicitaire est diablement efficace**

Symboles d'ouverture, les réseaux sociaux sont pourtant plus cloisonnants qu'il y paraît. L'ethnie et le milieu social jouent même un rôle déterminant selon une étude dédiée de l'université Northwestern (Illinois). J'en ai fait l'amère expérience quand, inscrit sur aSmallWorld, j'ai voulu inviter une flopée d'amis. « *Impossible : seul un sixième des 300 000 inscrits ont le droit d'inviter à leur tour* », m'a expliqué Erik Wachtmeister, le Suédois, fils de diplomate, créateur de ce huis clos de privilégiés. Pour avoir le droit de lancer des invitations, il faut que le logiciel maison distingue votre ancienneté et le niveau hiérarchique (P-DG, président, directeur de division...) que vous occupez dans l'entreprise. Pas de chance, je suis tout en bas de l'échelle, sans parler de la page où je suis censé décrire mes résidences secondaires, et qui, les jours passant, reste désespérément vide (j'ai failli m'en inventer une, à Saint-Trop' ; après tout, qui vérifie ?).

**Symboles d'ouverture, les réseaux sociaux sont pourtant plus cloisonnants qu'il y paraît.**

Il n'empêche : que vous soyez riche ou misérable, le ciblage publicitaire est diablement efficace. « *Quel autre site peut se targuer d'avoir Diane von Fürstenberg, Montblanc, Dior ou Cartier comme annonceurs réguliers ?* » interroge Wachtmeister, qui, sur son Studio 54 interactif, place chaque année plus de 60 campagnes de pub, entre 10 000 euros et 1 million d'euros pièce. Le must ? Une campagne de prestige pour un équipement de ski... qui n'a été lue que par les vacanciers d'Aspen, station ultrachic du Colorado. aSmallWorld n'est pas le seul à monétiser la parfaite connaissance de ses membres. Orkut, Bebo, hi5... tous étudient le profil, les passions avouées, les contacts échangés, ou encore, à l'instar de LinkedIn, les évolutions de carrière et de salaires de ses inscrits.

**Attention, sur Facebook, les murs ont des oreilles**

Sur Cyworld, les annonceurs s'adaptent à vos goûts, comme cet éditeur de logiciels qui propose un karaoké qui reprend vos chansons préférées. « *Les annonceurs en savent beaucoup sur les internautes, car, pensant ne s'adresser qu'à leurs seuls amis, ces derniers se dévoilent sans retenue* », confie un professionnel de la pub. Bien vu. On m'a ainsi proposé, sur MySpace, un concert de Keren Ann, mon idole. Mais cette absence d'espace privé en ligne peut être dommageable : j'ai su, bien avant mon anniversaire, et parce que tout y est public, que j'allais recevoir un lecteur DVD comme cadeau. Attention, sur Facebook, les murs ont des oreilles !

Mais, vite, déjà un autre réseau arrive sur lequel je dois m'inscrire ! Plus classe encore que aSmallWorld, déjà considéré comme le MySpace des VIP, le réseau social ultraexclusif Diamond Lounge. Le site, 100 % britannique, promet, grâce à un design épuré, de ringardiser à jamais les autres réseaux sociaux qu'il trouve trop moches. Quand l'entre-soi devient chiquissime... ou le bonheur de ne découvrir personne puisqu'on est tous pareils. Sur les 5 000 derniers candidats, moins de 5 % ont réussi à franchir la barrière du Net plus ultra. Tant pis. Samedi, j'irai au cinéma avec mes (vrais) amis.

# CARLA BRUNI-SARKOZY : « JE FERAI DE MON MIEUX »

*Sa guitare sur le canapé ; derrière elle, un feu discret dans la cheminée ; autour du piano, des micros, des fils, des tables de mixage. Dans sa maison parisienne, Carla Bruni-Sarkozy met la dernière main à ses maquettes pour le disque qu'elle enregistre cette semaine. Et elle reçoit* L'Express *pour donner sa première interview en tant qu'épouse du président de la République française.*

**PROPOS RECUEILLIS PAR CHRISTOPHE BARBIER**

À LA UNE CETTE SEMAINE-LÀ

Avec une immense méticulosité, comme si elle ciselait une chanson, elle a répondu à nos questions lors de plusieurs séances de travail. Et elle a retenu Claude Gassian, que nous avions choisi pour illustrer notre une du 24 janvier, afin de réaliser sa série originelle de photos de « première dame de France ». Demeurer la femme qu'elle est, libre et artiste, et apprivoiser une fonction inédite et périlleuse : telle est la nouvelle vie de Carla.
Dans « Enquête sur la femme qui dérange », nous expliquions pourquoi l'on avait affaire, avec l'irruption dans la vie publique du nouveau couple présidentiel, à un événement politique et non à une péripétie people.
Mariée depuis le 2 février, Carla Bruni-Sarkozy affronte désormais officiellement les honneurs, les difficultés et les devoirs d'une fonction singulière dans la République. Comment conçoit-elle son rôle ? *L'Express* a sollicité une interview, qu'elle a bien voulu nous accorder. Elle est aujourd'hui un personnage politique. Car c'est bien en politique que la nouvelle première dame de France, professionnelle, curieuse et résolue, effectue ici son entrée.
À la fin du mois de mars, Carla Bruni-Sarkozy accomplira, au Royaume-Uni, son premier voyage officiel au côté de son mari. En ce pays dont elle parle couramment la langue, forte de son expérience de mannequin et de chanteuse, elle sera tout à son aise, malgré les pesanteurs du protocole royal. Mais il s'agira d'abord pour l'épouse du président de convaincre les Français qu'elle est à même de bien représenter leur pays. Ensuite, il lui faudra trouver une place et un ton justes sur la scène intérieure. Si elle ne sait pas encore ce qu'elle fera à l'Élysée, à quels sujets elle s'intéressera, elle a déjà arrêté une méthode et un esprit. La méthode sera fondée sur l'écoute, l'esprit sera imprégné d'indépendance.
Ses premiers propos étaient attendus avec impatience et, pour certains, avec un peu d'angoisse, compte tenu de ses opinions, de sa personnalité et de son parcours d'artiste. Découvrez les mots et la pensée d'une femme politique nommée Carla Bruni-Sarkozy.

**Avez-vous été surprise par le raz de marée médiatique qui a suivi l'annonce de ce qui était alors votre liaison amoureuse avec Nicolas Sarkozy, à la mi-décembre 2007 ?**
Je n'ai pas été surprise, j'ai été submergée.

**La vie de mannequin puis de chanteuse vous avait pourtant habituée…**
J'étais habituée à une exposition médiatique importante, mais là, ce fut incomparable. C'est comme un autre monde, dans lequel je suis entrée avec tranquillité, mais aussi avec inconscience.

**À quoi ressemble cet autre monde, celui de la politique ?**
C'est un monde où les choses se répercutent énormément, où les mots ont plus de poids, un monde où l'on s'occupe de choses essentielles : celles qui changent la vie des gens, leurs droits, leurs chances, leur liberté. C'est un monde de questions fondamentales pour l'existence même, alors que l'art et la mode le sont pour l'âme, le cœur, la douceur de vivre, le plaisir.

**Vous ne vous doutiez pas que la politique ressemblait à ça ?**
Je m'en doutais, mais je n'avais jamais eu affaire à ce monde. J'imaginais bien qu'en politique il n'y aurait plus aucune mesure, mais je croyais que cet univers était respecté. Or il est logé à la même enseigne que celui du spectacle. La politique suscite des pulsions primitives, alors que l'art et l'image déclenchent des pulsions plus subtiles, plus raffinées, plus civilisées.

**Avez-vous, en découvrant cette violence, eu envie de fuir l'univers politique, malgré votre nouvelle vie sentimentale ?**
Non, car je suis amoureuse, j'assume la situation et je ne peux rien y changer. Je ne veux pas me battre contre le monde extérieur, je m'accroche à une intimité réconfortante et merveilleuse, aussi merveilleuse que le reste est parfois cruel. Je me dédouble. Mon guitariste, Thao, qui vient tous les jours travailler avec moi, m'a dit qu'il n'avait jamais constaté un tel contraste entre ma vie telle qu'elle est et celle que les gens imaginent.

**L'image qui a soulevé le plus de polémiques, c'est votre fils se cachant le visage, perché sur les épaules du président, à Pétra, en Jordanie. Avez-vous commis une erreur ?**
Oui. Je m'en explique. Je vis avec un homme qui aime mon enfant sans en être le père. C'est une bénédiction et toutes les femmes dans mon cas me comprendront. À Pétra, après quarante-cinq minutes de marche, j'étais épuisée à force de porter mon fils ; Nicolas l'a pris sur ses épaules, et j'ai apprécié ce geste sans réfléchir. Quand j'ai vu les photographes qui étaient là, j'ai dit à mon fils de se cacher le visage, parce que je pensais qu'il valait mieux qu'il ne soit pas reconnaissable sur les clichés. Mon erreur a été de ne pas prendre la mesure de ce qui allait arriver, de ne pas réagir assez vite lorsque j'ai vu les 600 photographes réunis soudainement. Quelques secondes ont suffi. Mon erreur la plus grande, bien sûr, a été d'emmener mon fils dans cette visite à Pétra. Cela a donné une image choquante, violente, obscène, qui m'a procuré de la honte en tant que mère. Ce n'est pas l'erreur de Nicolas, c'est la mienne.

**Pourquoi un mariage si discret, presque secret, le 2 février ?**
Parce que tout ce qui n'est pas caché est considéré comme « mis en scène ». J'avais envie d'épouser l'homme que j'aime au moment que nous avions choisi. Peu importe le décorum, ce fut un vrai mariage, un mariage à nous. Nous nous sommes dit oui, tout était ensoleillé. Le lendemain, nous avons hésité à sortir à cause des photographes, mais il faisait beau… Mon voyage de noces fut une promenade de vingt minutes dans le parc du château de Versailles… Merveilleux voyage de noces tout de même.

**Les médias vous ont-ils « volé » votre mariage en vous contraignant à cette discrétion ?**
Les médias ne m'ont rien volé du tout. Très jeune, j'ai appris une chose : l'endroit d'où parlent les médias n'est pas celui où je suis. Ce qui ressort dans les médias et ce que je vis sont deux choses distinctes. Le résultat d'une exposition médiatique est toujours imprécis et souvent inexact, ce n'est pas très grave. Ce qui est grave, on le sait, serait que les médias ne soient pas libres. Dans notre pays, ils le sont, et c'est tant mieux. En arrivant à Pétra et en découvrant soudainement, au détour de la dernière gorge, les photographes et les cameramen, j'ai compris que, si on les empêchait de travailler, il serait dit que Nicolas se comportait de façon dictatoriale.

**Le Président a porté plainte pour faux, usage de faux et recel à la suite de la mise en ligne sur le site d'un hebdomadaire d'un SMS présumé : est-ce le début d'une attitude agressive envers les médias ?**
La plainte justifiée de mon mari n'est pas contre un organe de presse, bien sûr, mais contre les « nouveaux moyens de désinformation ». Internet peut être la pire et la meilleure des choses. À travers son site Internet, *Le Nouvel Observateur* a fait son entrée dans la presse people. Si ce genre de sites avait existé pendant la guerre, qu'en aurait-il été des dénonciations de Juifs ?

**Vous voici première dame de France : comment envisagez-vous cette fonction, ce métier ?**
Je l'aborde à peine, je n'ai rien calculé, je n'ai rien prévu. Je ne me suis jamais mariée avant. Je suis de culture italienne et je n'aimerais pas divorcer… Je suis donc la première dame jusqu'à la fin du mandat de mon mari, et son épouse jusqu'à la mort. Je sais bien que la vie peut réserver des surprises, mais c'est là mon souhait.

**Vous qui ne vous êtes jamais mariée, vous n'avez pas hésité…**
Je n'ai pas hésité. J'ai tout de suite eu envie de l'épouser. Il me semble qu'avec lui, rien de grave ne peut arriver. Nicolas n'est pas accroché à son pouvoir et c'est ce qui le rend courageux. J'aime être avec lui plus que tout. Auprès de lui a disparu une inquiétude que je ressentais depuis mon enfance. On me dit que tout cela est trop rapide. C'est faux : entre Nicolas et moi, ce ne fut pas rapide, ce fut immédiat. Donc, pour nous, ce fut en somme assez lent. Je sais bien que l'on ne devrait pas se marier dans l'instant et que, de plus, nous sommes exposés à la face du monde. Mais les amoureux, on le sait, ont leur propre temps. Le nôtre est *up tempo*.

**Vous inspirerez-vous de Danielle Mitterrand ou de Bernadette Chirac ?**
Ce sont des femmes que je respecte. Cependant, tout comme Nicolas ne ressemble pas à ses prédécesseurs, j'aimerais, moi aussi, tout en respectant la dignité de la fonction, garder ma personnalité.

**Quel sera le style que vous chercherez à installer ?**
Je suis assez travailleuse, je ne suis pas particulièrement courageuse. Je ne cherche pas à installer de style particulier. Nicolas est courageux pour deux, il est très protecteur, très paternel. J'aime l'aventure. Or c'est une grande aventure que d'accompagner un homme qui dirige la France. Ce serait dommage de ne pas la partager avec lui. Je voudrais, en premier lieu, écouter Nicolas, écouter les gens, écouter tous ceux qui savent, car je ne sais rien.
J'aime comprendre, j'aime découvrir ce monde et observer le métier de mon mari. J'aime aussi observer les réactions que son action suscite chez les gens, ainsi que dans les médias. J'aime suivre tout ce qui se passe, j'aime lire tout ce qui s'écrit, même lorsque cela me fait mal. Je ne

sais pas encore ce que je peux faire en tant que première dame, mais je sais comment je veux le faire : sérieusement.

**Mais vous avez un disque à finir…**
Oui, je suis en plein travail en ce moment et je tiens énormément à ce disque. J'ai pris l'engagement de le faire.

**Y aura-t-il une tournée ?**
Il n'y avait pas de tournée vraiment prévue, comme pour mes deux disques précédents. Il y avait quelques dates en option pour chanter à Paris. Cela me semble un peu compromis maintenant.

**Et pour la promotion du disque ?**
J'essaie de me concentrer pour que ce disque soit aussi bon que possible, c'est tout ce que je peux faire. Et je sais qu'il sera aussi reçu en fonction des circonstances et de mon nouveau statut.

**Votre vie privée ne vous a-t-elle pas empêchée d'écrire et de composer comme vous le vouliez ?**
Non, cela m'a galvanisée, au contraire, c'est sans doute parce que je suis amoureuse. Cela donne une ferveur et une matière à l'écriture. Il y a des chansons qui sont instantanées, d'autres plus laborieuses. Quand on est amoureux, elles sont souvent instantanées, pas forcément dans ce qu'elles racontent, mais surtout dans l'élan qui les porte.

**Ce disque va vous rapporter de l'argent…**
Je ne sais pas si ce disque aura du succès, mais je sais que je n'accumulerai pas les privilèges. Ma vie en est pleine depuis longtemps. Être l'épouse du Président est un privilège énorme. Votre vie est prise en charge et tout le monde s'occupe de vous. J'appartiens à une famille favorisée, j'ai exercé deux métiers privilégiés, mon premier disque a été un succès inespéré. Il est normal que ma maison de disques, mon agent, mon producteur soient payés. Pour le reste, j'ai toujours eu de la chance et je me suis toujours sentie concernée par les malheurs qui m'ont été épargnés. Je donnerai l'intégralité des royalties de ce disque. Je ne sais pas encore à quelle cause, mais il y a l'embarras du choix, car la souffrance est partout. Je travaille depuis que j'ai dix-huit ans et j'aime gagner ma vie, même si je n'ai jamais été dans le besoin. Mais je ne veux pas accumuler les privilèges.

**Suspendrez-vous votre carrière de chanteuse après ce prochain disque ?**
Je ne me priverai pas d'écrire et de composer, mais, jusqu'à la fin du mandat de mon mari, je n'enregistrerai sans doute pas d'autre disque. Ensuite, je verrai bien.

**Vivrez-vous à l'Élysée ?**
L'appartement de l'Élysée est humain, c'est un cocon. Le Président aime être chez moi et j'aime être là-bas, nous garderons donc nos vies telles quelles, ici et là-bas à la fois.

**À l'Élysée, sentez-vous la pesanteur de la République ?**
C'est un endroit magique posé sur un parc merveilleux à quelques pas de l'Étoile, avec une multitude de gens aimables et professionnels qui prennent soin de vous. Si c'est cela, la pesanteur de la République, ce n'est pas trop insupportable… C'est une pesanteur qui allège la vie. Je ressens parfois de la culpabilité, car, si Nicolas a besoin d'être ainsi entouré pour mieux travailler, moi pas.

**Par votre mariage, vous allez devenir française…**
Comme l'était ma grand-mère maternelle, née Mlle Renée Planche, à Saint-Étienne. Je change de passeport, mais je ne change pas d'identité. Après tout, je suis européenne et je crois en l'Europe. Je suis née dans la région du Piémont, je viens du Nord tout contre votre Sud. Je suis piémontaise ou savoyarde, en somme. Nous partageons les mêmes montagnes. La langue française est une langue de poésie et de musique que je chéris depuis mon enfance. Mes poètes préférés sont les poètes français ; même si j'aime Pavese, Leopardi, Dante, Pessoa, Pasolini, Yeats, Dickinson, Auden, Neruda, Goethe, Shakespeare, j'adore encore plus Baudelaire, Rimbaud, Verlaine, Eluard, Char, Aragon et Nerval. Nerval, c'est la beauté folle !

**Y a-t-il des figures politiques que vous admirez ?**
Je ne connais pas assez ce sujet pour dire autre chose que des évidences : Charles de Gaulle pour son action pendant la guerre, François Mitterrand pour avoir supprimé la peine de mort, Winston Churchill pour son courage et son humour, Kennedy… Ce qui suscite mon admiration, c'est l'*agapê* des hommes publics, par exemple Nelson Mandela, leur capacité à s'engager pour les autres. Et j'admire aussi Nicolas.

**À l'écolière italienne que vous étiez apprenait-on que Napoléon était un affreux tyran ?**
Non, on m'apprenait que c'était un Italien qui s'était trompé de pays !

**Votre premier voyage officiel aura-t-il lieu à Londres ?**
Sans doute.

**Vous rencontrerez la reine…**
Grisant…

**Avez-vous peur du protocole, des circonstances solennelles ?**
J'ai toujours un peu peur des choses que je ne connais pas, mais je suis aussi curieuse des us et des coutumes. Les nouveautés, avec ou sans protocole, me fascinent, je suis curieuse des gens, curieuse des choses à vivre, j'aime accumuler les souvenirs, c'est ainsi que j'écris des chansons.

**Vous avez exprimé des opinions au cours de votre carrière, jusqu'à vos commentaires sur les tests ADN pour les immigrés, qui vous ont classée « à gauche » : allez-vous changer d'opinions pour coller à celles de votre mari ?**
Je n'ai pas changé d'avis sur les tests ADN, mais on peut parler avec Nicolas, qui aime la discussion et la contradiction. C'est le contraire d'un homme figé. Ce n'est pas l'idée que je me faisais d'un président de la République, que j'imaginais comme un bloc de certitudes.

**Il ne correspond pas à l'image que vous aviez de lui avant de le connaître ?**
Je ne me faisais pas vraiment une idée précise de lui en tant qu'homme. Je pressentais simplement une forme de courage et d'énergie. J'ai découvert sa souplesse d'esprit, qui vient peut-être du fait qu'il est sûr de son identité, de ses valeurs. C'est pourquoi il est capable de changer d'avis. Moins on sait qui on est, plus on est dogmatique et sectaire. Je n'aurais pas épousé un homme qui ne me laisserait pas penser librement, parler librement, être qui je suis. Non seulement il me laisse libre, mais il m'encourage. Et, alors que je suis une instinctive, que je dis des choses plus ressenties que réfléchies, il me prête tout de même une grande attention. En tant que femme, cette attention est l'une des choses qui m'ont le plus séduite en lui. Car, à la place qu'il occupe, il pourrait en être autrement. C'est un homme mouvant, qui n'aime qu'avancer, la vie auprès de lui va

toujours quelque part, elle sera sans doute encore plus belle après son mandat. C'est un homme singulier, irréductible à son image.

**Qu'entendez-vous par là ?**
Il est tolérant, capable de perdre et même de se tromper, ce qu'il sait reconnaître.

**Il aime se faire provocateur, tout de même...**
Sans doute. Ce qui est sûr, c'est qu'il n'est pas conventionnel. C'est un point qu'il partage avec François Mitterrand. Et il est incorruptible, ce qu'il a en commun avec Pierre Mendès France.

**Même si la conjoncture économique et la crise du pouvoir d'achat ont une grande part dans la baisse de la popularité du Président, les analystes expliquent que votre présence à son côté n'y est pas non plus étrangère, perturbant une partie de l'opinion. Comment réagissez-vous ?**
Je ne pense pas que le bonheur d'un homme nuise à son efficacité ; j'espère donner du bonheur à Nicolas. Je pense que c'est l'exhibition de ce bonheur en tant que président qui nuit à son image. Nous avons donné ensemble, et je le regrette, l'impression d'une vie presque normale, avec des loisirs. Ce n'était que quelques heures de vacances, mais elles ont duré des semaines et des mois en image. Les gens considèrent, à juste titre, que le travail d'un président doit s'effectuer vingt-quatre heures sur vingt-quatre. Je vous confirme qu'il en est ainsi. Il a pourtant besoin d'une part, même minuscule, de vie normale, comme nous tous. Ce qui est saisissant pour moi, qui vois tout ça de près, c'est le contraste entre le peu de temps libre dont il dispose et l'impression scandaleuse que cela provoque. C'est ainsi que des journaux « sérieux » me confondent avec le pouvoir d'achat...

**Votre personnalité, votre notoriété, votre parcours ne sont pas anodins et ne peuvent laisser l'opinion indifférente...**
Je comprends que l'on s'inquiète de ce que je suis, surtout avec les portraits souvent fantasques et parfois terribles que l'on a faits de moi. Mais je veux rassurer les Français. J'ai 40 ans, je suis normale, sérieuse, consciente, simple, même si je suis privilégiée. Je suis honnête, je suis la mère d'un petit garçon, j'écris des chansons et je suis l'épouse de leur Président depuis bientôt deux semaines. Tout ce que j'ai vécu, je le revivrais de la même manière ; comme le dit la chanson : « *Je ne regrette rien* ». J'ai beaucoup aimé être mannequin, j'adore être chanteuse, c'est un métier de merveille, c'est une caresse. Le métier de mon mari est un coup de poing. Je suis fière d'avoir travaillé, existé, comme je suis fière d'avoir épousé Nicolas. Je suis aussi fière et heureuse d'être première dame de France. Je ferai de mon mieux.

**Carla Bruni** photographiée par Claude Gassian pour *L'Express*.

# LE JEU DES 1 000 EUROS : LA FRANCE DING-DING…

*Aussi inusable que son célèbre xylophone, l'émission de France Inter fête ses 50 ans. De villages en chefs-lieux de canton, elle tourne les pages d'un pays immuable : bleu, blanc, rouge…*

**PAR HENRI HAGET**

À LA UNE CETTE SEMAINE-LÀ

Tous les trois mois, quand tombent les sondages d'audience, la directrice des programmes d'Europe 1, Muriel Hess, téléphone à son vieil ami Louis Bozon, 73 ans, voix historique et molletonnée de France Inter. « *Dis donc,* le complimente-t-elle, *tu vas encore nous emmerder longtemps avec ton jeu à la con ?* » Dans sa chambre d'hôtel avec panorama imprenable sur les grues du port de Cherbourg, Bozon sourit. À première vue, la réponse est oui.

Un crachin têtu cingle la baie vitrée. Hier, il était à Caen, demain, il dort à Vimoutiers. Après-demain, ce sera Mortagne-au-Perche. Dans sa valise, les chemises soigneusement pliées s'empilent comme les jours de la semaine. Sa vie ressemble à celle d'un voyageur de commerce, mais, pour la France des campagnes et des vins d'honneur, il est une icône dont on s'arrache la photo dédicacée. « *Je n'y suis pas pour grand-chose,* dit-il. *C'est l'émission qui veut ça. Trois générations de candidats, 8 500 villages visités, l'équivalent de 20 tours du monde au compteur : ce jeu n'est plus un jeu, mais une mythologie nationale…* »

Le 19 avril, cela fera donc un demi-siècle, tout rond, que *Le Jeu des 1 000 francs*, devenu, en 2001, au prix d'une douloureuse concession à la modernité, *Le Jeu des 1 000 euros*, sillonne le pays et écrase la concurrence. Chaque jour, à 12 h 45, sur France Inter, plus de 1 million de fidèles communient au rythme d'une liturgie ascétique et des maigres notes d'un xylophone sorti des limbes. Depuis 1958, le canevas de l'émission n'a pas varié. Tout commence par une ode enamourée à la commune d'accueil, un moment de pure poésie rurale où, par la seule force de son verbe, l'animateur peut transformer le patelin le plus insignifiant du Loir-et-Cher en une Babylone scintillant de mille appâts. Puis les hostilités s'enclenchent. « *Quelle est la capitale des Samoa occidentales ?* » Ding-ding-ding… Les questions se succèdent, bleues, blanches, rouges, graduées comme le drapeau français. Venir à bout de la superficie des Samoa, de l'année de naissance de Winston Churchill, du nom de l'inventeur de la Vespa et de la recette du potage Crécy rapporte, dans le meilleur des cas, 150 euros. Ensuite, le vertige gagne : c'est le banco, voire le superbanco. « *Super ! Super !* » reprend le public, formé dès son plus jeune âge à l'exercice. On touche là au clou du spectacle et au secret du *Jeu des 1 000 euros*.

**Ici, point d'esbroufe ni de culture en strass**

Pour rester insubmersible, il lui suffit d'être étanche. À tout. Aux soubresauts d'une époque hystérique comme aux diktats du cynisme branché. Sous son chapiteau, l'esbroufe et la culture en strass n'éblouissent pas le chaland. Ici, la sobriété fait l'homme et le dépouillement sied à la grandeur. « *Saviez-vous que, jadis, la production employait un authentique joueur de xylophone pour carillonner le compte à rebours ?* » interroge Bozon, les sourcils écarquillés. Aurait-il lâché que Paul McCartney avait joué en première partie de l'émission, l'autre soir, à Beuvron-en-Auge (Calvados), qu'il n'en semblerait pas plus ébaubi.

Beuvron-en-Auge, 212 habitants et un parterre d'agriculteurs en lévitation. En cette nuit glaciale du mois de mars, *Le Jeu des 1 000 euros* y a éclusé trois contingents de candidats. C'est le tarif : deux ou trois enregistrements par village, une semaine sur la route et quinze jours à Paris pour recharger les batteries. Dans un décor minimaliste – quatre chaises, une table, le xylophone – l'arrivée de l'animateur et de ses acolytes provoque une douce ivresse. « *Tu ne trouves pas qu'il a un faux air de Gérard Philipe, Louis Bozon ?*
*— Gérard Philipe ? Mais à quel âge ?* »

Pour faire tourner la petite entreprise, au côté de notre sosie, ils sont trois : Alain et Olivier, deux techniciens revenus de tout, même de Montigny-lès-Metz (Moselle), et Yann, l'assistant dévoué qui surjoue son rôle de valet. Depuis deux décennies, il conduit la voiture du patron, porte les valises remplies de questions, graisse les moindres rouages de l'émission. Mais la vraie vedette, ce soir, c'est une mère de famille, timide et rosissante, qui, sous la mitraille des questions plus sournoises les unes que les autres, se révèle à elle-même et à son village pétrifié d'admiration.

**Chaque jour, *Le Jeu des 1000 euros* nous fait découvrir que la France est un pays où vivent des plombiers amateurs d'art lyrique et des gardes champêtres férus de théâtre kabuki.**

**Gardes champêtres férus de théâtre kabuki**

Pascale slalome entre le traité de Versailles, le dernier film de Hitchcock, la famine de 1709, jusqu'à ce que Louis Bozon extirpe du stock de 37 000 questions rédigées par les auditeurs ceci : « *Quel est le nom de l'architecte allemand naturalisé américain considéré comme le père du mouvement moderne ?* » L'écho des derniers « *Super ! Super !* » se fond en un silence de plomb. Pascale, qui, dans sa jeunesse, a fréquenté une école d'ingénieurs, passe ses mains sur son visage. D'une voix blanche, elle articule : « *Ludwig Mies van der Rohe.* » Bozon l'embrasse sur les deux joues. Chaque jour, *Le Jeu des 1 000 euros* nous fait découvrir que la France est un pays où vivent des plombiers amateurs d'art lyrique et des gardes champêtres férus de théâtre kabuki.

Le lendemain, à 200 kilomètres de là, un autre village, une autre salle des fêtes. Brix (Manche), dans la banlieue de Cherbourg. « *On lui a mis ses piles, à Bozon ?* » demande un technicien en brandissant le micro HF de l'animateur. Au pied de l'estrade, le maire plastronne. La semaine dernière, au premier tour des élections, il n'a fait qu'une bouchée de ses adversaires. Et là, ce soir, *Le Jeu des 1 000 euros* qui s'en vient flatter l'*ego* de ses administrés, c'est la cerise sur le gâteau. « *Il n'y a pas que dans les chefs-lieux de canton qu'on peut réussir de grandes choses !* » dit-il.

La nuit s'est posée sur la campagne environnante. Louis Bozon, lui, décolle, en pilotage automatique. « *Quel est le nom de la grande île à l'embouchure de l'Amazone ?* »

De temps à autre, son regard s'évade par une fenêtre, comme happé par l'obscurité. Dans deux heures, si tout va bien, il est au fond de son lit. « *Comment s'appelle la reine qui régna sur l'Égypte au* XVe *siècle avant Jésus-Christ ?* »

Le candidat, comme s'il commandait une baguette de pain : « *Hatshepsout, épouse de Thoumotsis II.* » Applaudissements nourris. Mais Bozon semble ailleurs.

Ce soir, dans la solitude de sa chambre d'hôtel, il n'allumera pas la télé. Il n'allume jamais la télé. Il branchera son vieux poste de radio, sur France Musique, et s'enfoncera dans le sommeil en écoutant un opéra de Scarlatti.

Si on lui avait prédit à lui, le Parisien invétéré, l'ancien confident de Marlène Dietrich, cette existence de VRP… « *On ne choisit pas de présenter* Le Jeu des 1 000 euros, *dit-il. C'est* Le Jeu des 1 000 euros *qui vous choisit.* »

Demain, Vimoutiers, ses chemins bocagers et son musée du Camembert. Demain est un autre jour… Margaret Mitchell ?

**15 JANVIER 2009.** L'ESPOIR OBAMA.
Élu à l'heure d'une des pires crises financières et économiques de l'Histoire et héritier des dossiers brûlants de l'ère Bush – l'Afghanistan et le Proche-Orient –, Barack Obama incarne le Président de tous les espoirs. Cette aura sera rapidement mise à l'épreuve de l'exercice du pouvoir.

**2 JUILLET 2009.** MICHAEL JACKSON, 1958-2009. ADIEU.
Le 25 juin, le roi de la pop est mort, à l'âge de cinquante ans. Le 7 juillet, la cérémonie de ses funérailles au Staples Center de Los Angeles (Californie, États-Unis) est retransmise en mondovision. Les polémiques autour de son décès, provoqué par une surdose médicamenteuse, se poursuivent : le procès de son médecin personnel, Conrad Murray, soupçonné d'homicide involontaire, s'est ouvert en janvier 2011.

# LE COMBAT D'ANGELA

*Jeune, elle fut elle-même la compagne de deux boss de la 'Ndrangheta, l'autre mafia italienne. À 63 ans, elle se bat pour faire condamner les assassins de son fils, exécuté pour avoir séduit l'épouse d'un autre chef de clan.*

**PAR DELPHINE SAUBABER**

À LA UNE CETTE SEMAINE-LÀ

Pendant deux années longues comme une vie, elle a vu son fils marcher vers la mort. Lentement, elle l'a vu s'éloigner dans la gueule ouverte du destin, sous son regard désespéré de mère qui savait, elle, qu'on n'enfreint pas la loi du milieu. Elle qui, sur cette terre de Calabre gavée de sang, a tout appris, à 20 ans, des règles de la 'Ndrangheta, tandis qu'elle aimait un boss : « *Sur ce que tu verras, tu fermeras les yeux ; tout ce que tu entendras, tu l'oublieras ; tout ce que tu sauras, tu le tairas* », répète-t-elle, en se masquant le visage d'un geste.

Ce matin de juillet, l'air est suffocant dans les environs de Lamezia Terme. Dans sa maisonnette de béton, isolée au bout d'un chemin, Angela Donato, 63 ans, se tient immobile, assise à la table de son petit salon-cuisine, pâle et vêtue de noir, recluse dans son cauchemar. La pluie, furieuse, qui cogne sur le toit étouffe ses sanglots : « *Santo était amoureux… Chaque jour, je le suppliais : "Ne fais pas ça. On te retrouvera mélangé à du ciment !" Il me disait : "Non ti preoccupare, mamma"…* » On ne lutte pas contre les sentiments. Sauf que, là, Santo était épris de la femme du boss Rocco Anello.

L'orage est là. Il bouche l'horizon. Angela la Calabraise, née pour la besogne, l'amante promise à la Mafia, la mère assassinée, se replonge dans son histoire… Elle avait toujours rêvé de s'arracher à son enfance paysanne, de devenir infirmière, de soigner le monde. Adolescente, elle a fui la maison du père, qui ne pouvait pas lui payer d'études, pour suivre un jeune homme, Tonino, à Nicastro, le village voisin. L'ouverture, devant elle, d'un univers inespéré. Mais le prince charmant était un boss. « *Je n'étais pourtant pas partie de la maison pour faire du mal* », souffle-t-elle. Tonino lui apprend à vivre, à trafiquer. Et à la fermer. Elle est estimée : fait rarissime pour une femme, le parrain du clan lui propose même le « baptême », par la piqûre initiatique et le sang. Angela refuse. Elle veut rester libre, mais ne le sera jamais.

### À force de travail, elle a voulu se forger un autre destin

Elle quitte Tonino. Tombe dans les bras de Sebastiano, un truand du même calibre. Quand on lui demande ce dont elle a eu connaissance, au juste, elle coupe, laconique : « *Je n'ai jamais rien fait de mal, moi ! Et si je savais des choses, je n'aurais pas le droit de parler, même après quarante ans.* » Le silence éternel comme précepte de survie et pour camisole.

Une seconde fois, Angela a pensé pouvoir se forger un autre destin : à force de travail, elle obtient son diplôme d'infirmière, puis fonde brièvement une auto-école où elle fait venir les femmes, alors interdites de volant par les maris. Elle détourne ses enfants de leur père, Sebastiano, désormais en prison. Elle envoie aussi son fils dans un collège d'Assise, son Santo, qui a toujours pensé que papa était au travail, en voyage…

« Je n'ai jamais rien fait de mal, moi ! Et si je savais des choses, je n'aurais pas le droit de parler, même après quarante ans. » Le silence éternel comme précepte de survie et pour camisole.

Quand l'enfant chéri revient, à 19 ans, il rêve d'université. Mais sa mère est redevenue une femme de ménage sans le sou. Bientôt, le milieu le rattrape. Avec les frères Fruci, affiliés au clan Anello, Santo fait office de chauffeur pendant que les autres enchaînent

les extorsions de fonds. Jusqu'au jour où Angela l'aperçoit dans une voiture avec une fille. Cette fois, elle chavire : « *J'ai reconnu la femme du boss. Je suis rentrée en pleurant : je savais mon fils perdu.* »
Pendant deux années de liaison, d'enfer, elle les suivra, hurlant à Santo qu'il doit rompre, mendiant à l'amante un rendez-vous en pleine forêt, où le soleil n'a pas accès : « *Je lui ai raconté toute ma vie, pour lui montrer que je connaissais les règles, moi aussi, je lui ai demandé d'épargner mon fils.* » La femme du boss – chargée de gérer le racket en l'« absence temporaire » de son époux – lui promet de quitter Santo. Quelque temps plus tard, Angela les surprend en train de se prendre en photo au bord d'un lac… Elle se lève, enragée, et va chercher pour nous le cliché dans son armoire : deux amoureux enlacés ; elle, les yeux brillants, lui, le visage poupin, heureux. En mai 2002, le mari trompé sort de prison. Angela décrit, en un tic-tac infernal, le compte à rebours jusqu'au 10 juillet. Ce jour-là, elle rentre du travail à 14 heures, tente de joindre son fils : téléphone éteint. Les heures défilent, jusqu'à la nuit. Angela a compris. C'est fini. Elle tient à prendre la voiture pour reconstituer la journée fatale. La poste où il a retiré du courrier. Le carrefour où il a vu les frères Fruci – le piège. Le premier coup de revolver. Santo balancé dans le coffre de la voiture, encore vivant, criant. Et Santo achevé, jeté dans le torrent. Pendant quarante jours et quarante nuits, sa mère sillonne les bosquets, les planques de la bande. Elle y trouve des papiers, une cuillère en argent, que son fils gardait dans sa voiture. Mais l'enquête piétine. Obstinée, Angela se présente au siège de la *squadra mobile* (brigade mobile) de Catanzaro pour tout déballer. Elle parle, sur cette terre où les morts ne brisent jamais les serrures de leur cercueil : « *Comme moi, beaucoup de mères pleurent leur fils disparu dans le néant, en sachant qui l'a tué, et en ne disant rien.* » Les policiers finissent par retrouver une clavicule. Une trace d'espoir. Le procès a lieu le 3 juillet 2009. Un complice est condamné à dix mois de prison ; deux des assassins présumés, Tommaso Anello et Vincenzo Fruci, sont acquittés – un autre sera jugé en septembre. Une deuxième fois, Angela croit mourir. Elle s'arc-boute sur sa chaise : « *Il n'y a pas de justice en Calabre ! Il faut se faire justice soi-même ! Je suis épuisée…* »
Les chiens aboient. On frappe à la fenêtre : un carabinier. « *Tutto bene ?* » Angela opine, faiblement. Il passe ainsi toutes les heures, à la demande du procureur, afin de s'assurer que tout va bien et qu'elle est en vie… Elle pourrait payer cher sa liberté d'expression. « *Ici, on ne s'évade pas du destin,* lâche-t-elle, le regard vide. *Même si j'ai rencontré de mauvaises personnes, j'ai essayé de vivre honnêtement, je me suis toujours battue. J'ai à ma charge ma fille et quatre petits-enfants, avec 1 000 euros par mois.* » Angela ne demande pas le bonheur, cet inaccessible exil. Elle veut juste un peu de paix, dans sa solitude. Elle ne l'aura jamais.

**Angela Donato,** membre repenti de la 'Ndrangheta. Son fils a été tué en 2002.

# HAÏTI, TERRE DE TRAGÉDIES

*Le séisme dévastateur du 12 janvier porte un coup supplémentaire à l'un des pays les plus vulnérables du monde. Quel avenir, à présent, pour ce bout d'île où s'ajoutent, aux ravages des cataclysmes, les failles d'un État miné par la corruption ?*

**PAR VINCENT HUGEUX**

À LA UNE CETTE SEMAINE-LÀ

Combien faudra-t-il de séismes, d'ouragans et de coups d'État pour qu'Haïti conjure ses fléaux ? Combien de morts, de mutilés et d'orphelins ? Combien de colloques ou de forums de donateurs doit-on convoquer avant que cette moitié d'île des Caraïbes et ses 9 millions d'âmes conjurent le spectre de la fatalité ? Avec l'effroyable tremblement de terre du 12 janvier, le sort s'acharne sur le pays le plus misérable des Amériques, archétype de l'État défaillant ; une semaine plus tard, les estimations les moins alarmistes esquissaient un bilan effarant : 70 000 tués, 250 000 blessés gravement touchés et plus de 1 million et demi de sans-abri. Mais déjà affleure cette autre question : combien de défunts auraient survécu si Haïti, patrie d'esclaves affranchis, avait aussi brisé les chaînes de l'incurie ? D'emblée, la planète a pris la mesure du désastre. Élan généreux mais désordonné, dont témoigne l'afflux massif de sauveteurs, de vivres et de secours acheminés à Port-au-Prince. Au risque d'engorger l'aéroport Toussaint-Louverture, très vite confié au parrain américain, seul maître du trafic aérien. Pour sauver les rescapés piégés sous les décombres, chaque minute compte. « *Durant les huit premiers jours, voire au-delà, on peut encore sortir du vivant* », insiste Patrick, sapeur-pompier niçois croisé sur un versant dévasté du quartier de Canapé-Vert. Tout n'est qu'urgence. À commencer, faute de morgues opérationnelles, par l'enterrement des cadavres arrachés aux gravats. Au débouché de la rue Cameau, un bulldozer a ouvert une brèche dans le mur d'enceinte du cimetière de la capitale, avant de creuser la fosse commune. Mais il faudra faire venir une pelleteuse pour y ensevelir les dépouilles, entassées sur le bitume. Avec ses amis, Vladimir, un jeune riverain tente d'empêcher les corbillards de fortune – camions ou brouettes – de larguer là leur macabre cargaison.

Un autre compte à rebours guette la cohorte des survivants échoués dans les jardins de l'hôpital universitaire. « *Il faut amputer,* lâche Alix Lassègue, son directeur exténué. *La gangrène va vite.* » « *On fait de la chirurgie de guerre dans des conditions épouvantables* », soupire-t-on en écho chez Médecins sans frontières (MSF), premier pourvoyeur de soins du pays. Aucun des trois bastions de sa section française – une maternité, une unité de traumatologie et un centre de traitement postopératoire – n'a résisté au cataclysme.

**Mais déjà affleure cette autre question : combien de défunts auraient survécu si Haïti, patrie d'esclaves affranchis, avait aussi brisé les chaînes de l'incurie ?**

Reste une ultime course contre la montre : celle qu'imposent les risques d'émeutes. « *Pas d'eau potable, rien à manger,* peste un des milliers de naufragés échoués sur l'esplanade du Champ-de-Mars, bivouac dantesque du centre-ville. *Elle est où, l'aide ?* » Sa rancœur fait écho à celle des volontaires qui s'échinent à déblayer à mains nues les linceuls de béton tandis que l'élite des secouristes venus d'ailleurs sonde les entrailles du très chic hôtel Montana. « *Les gens sont fatalistes et furieux à la fois,* avance l'ancien Premier ministre Michèle Pierre-Louis. *On les sent*

*sous le choc, mais la colère va monter.* » Pour preuve, le 15 janvier, cette distribution avortée du Programme alimentaire mondial (PAM) : impossible de contenir la cohue. « *Donner sans sécuriser,* constate un vétéran de l'action humanitaire, *c'est la pagaille assurée.* » D'autant que plane sur Port-au-Prince la menace des « bandits » du Pénitencier national. Profitant du chaos, 4 000 détenus ont déserté leurs cellules. Parmi eux, la plupart des chefs de gangs coffrés en 2007, lorsque la Mission des Nations unies pour la stabilisation en Haïti (MINUSTAH) a reconquis en force les fiefs des caïds de la pègre locale. « *Certains reprennent déjà du service et rêvent de restaurer leur emprise,* souligne un initié. *Mais cette fois, le peuple se défendra. Si on les voit, m'a-t-on dit à Cité-Soleil, on sort les machettes.* » À la Côte-Plage, les sinistrés qui campent sur le piteux terrain de foot ont formé une « garde de vigilance » nocturne. « *Pas le choix,* argue le pasteur de l'Église de Dieu de la Belle-Porte. *Les policiers passent parfois, mais ne s'arrêtent jamais.* »
À sa décharge, la PNH (Police nationale d'Haïti) n'a pas échappé au carnage. Un temps invisible, elle a refait surface trois jours après le désastre, quand une poignée d'agents vêtus de gilets jaune fluo vinrent canaliser l'assaut des clients devant les rares stations-service entrouvertes. Quant à cet officier du sous-commissariat de Canapé-Vert, il consigne sur son « registre de main courante » des plaintes que nul n'instruira jamais ; quitte à planter sa chaise au milieu de l'avenue quand une réplique sismique fait frémir le muret qui lui tient lieu de bureau.
Du Palais national, siège de la présidence, au Parlement, des ministères au palais de justice, la tragédie du 12 janvier aura mis à bas tous les symboles du pouvoir, ou de ce qui en tient lieu. Plongeant le président René Préval dans un désarroi sans fond. « *On connaissait la faiblesse de l'État,* ironise Michel Soukar, l'un des piliers de la radio Signal FM *; le séisme a scellé sa mise à mort.* »
Pas une nation au monde n'encaisserait stoïquement un traumatisme aussi dévastateur. Mais nul doute que les maux qui minent Haïti, pays placé depuis des lustres sous assistance respiratoire, ont amplifié son impact. D'autant que le séisme a décapité l'infirmier onusien qui veille à son chevet : le Tunisien Hedi Annabi, patron de la MINUSTAH, son adjoint brésilien et une soixantaine de cadres ont péri dans l'effondrement de l'hôtel Christopher, QG de la Mission. « *Nous n'étions pas du tout prêts à faire face,* confie Michèle Pierre-Louis. *On essaie de s'organiser en dehors des autorités. Un de mes amis est disposé à céder 50 hectares de terrain à toute autre entité que le gouvernement.* »
Tout se passe comme si les capitaines du rafiot haïtien, exposé comme nul autre aux colères du ciel, n'avaient ni boussole ni mémoire. Comme si, passé le temps de l'émoi et des serments, ils s'empressaient d'escamoter les leçons du passé. En 2004, le cyclone Jeanne

**Quatre jours après le séisme** qui a tué plus de 200 000 personnes et détruit la majorité de la capitale Port-au-Prince, des centaines de milliers d'Haïtiens sont désespérément dans l'attente de l'aide alors que les chiffonniers et les pilleurs s'affairent dans les immeubles dévastés, en l'absence généralisée d'autorité, 16 janvier 2010.

anéantit la ville côtière des Gonaïves : 3 000 morts. À l'été 2008, quatre tempêtes tropicales saccagent le pays, laissant dans leur sillage 800 cadavres. L'usage veut pourtant que l'on stigmatise la déforestation et l'érosion des sols, qui décuplent les effets ravageurs des caprices climatiques, sans rien faire pour les enrayer. « *Après la catastrophe des Gonaïves,* fulmine une journaliste, *on nous a promis une ville toute neuve. Foutaise. C'est le même merdier, en pire.* »
« *Côté ouragans, il y a du mieux,* nuance un expert de la Banque mondiale. *Mais ce n'est pas le cas pour les tremblements de terre.* » À l'automne 2008, lors d'une réunion tenue à la présidence et consacrée au péril cyclonique, l'émissaire du Centre national de l'information géospatiale (CNIGS) fait état des indices alarmants livrés par les sismographes d'une équipe canadienne. Réponse de Préval, à en croire un témoin : « *On ne peut pas traiter deux risques à la fois.* » La scientifique ainsi rabrouée a perdu la vie le 12 janvier quand a sombré le Montana, où elle animait un séminaire.

**« Après la catastrophe des Gonaïves, fulmine une journaliste, on nous a promis une ville toute neuve. Foutaise. C'est le même merdier, en pire. »**

Figure de proue du Réseau national de défense des droits humains (RNDDH), Pierre Espérance dénonce lui aussi la faillite de l'État. « *Écoles, églises, facs : voilà des années que fleurissent les constructions anarchiques, au mépris de toute norme. Nos gouvernants ont maintes fois juré de superviser ces chantiers. Rien n'a été fait. Même après le drame de Nérette.* » Allusion à ce collège de Pétion-Ville, sur les hauteurs de Port-au-Prince, dont l'écroulement, survenu le 7 novembre 2008, fut fatal à une centaine d'élèves et de professeurs. Sans doute l'exode rural, rançon d'une crise profonde de la paysannerie, a-t-il alourdi l'hécatombe du 12 janvier. Un Haïtien sur 4 vit dans la capitale ou à ses abords, là où ont éclos au fil des ans pas moins de 38 bidonvilles…

Certes, Espérance reconnaît à l'équipe Préval quelques mérites sur le front sécuritaire. « *Moins d'enlèvements crapuleux et de crimes, pas de persécutions politiques, et des efforts indéniables du côté des processus électoraux. Mais aucun progrès en matière de lutte contre la corruption et l'impunité.* » Ironie du sort, le séisme foudroie un pays qui semblait sortir peu à peu de l'ornière. Croissance, investissement privé, réseau routier : les économistes avaient décelé les prémices d'une embellie. Sans que, pour autant, l'écrasant fardeau des indigents s'en trouvât allégé. Près de 80 % de la population végète sous le seuil de pauvreté – 1,40 euro par jour environ – tandis que l'insécurité alimentaire menace 1 habitant sur 3.
Fier du legs des aïeux, fondateurs de la première république noire de l'Histoire, et jaloux de sa souveraineté, le « pays d'Ayiti » doit s'accommoder d'une dépendance que le cataclysme risque d'accroître. Certes, l'irruption annoncée de 10 000 soldats américains peut raviver chez les patriotes de cuisants souvenirs. « *Mais la détresse est telle,* admet Michèle Pierre-Louis, *qu'il faut se montrer pragmatique. Pour l'heure, chacun sait qu'on ne peut pas s'en sortir seuls.* » À une tutelle exclusivement yankee l'ex-Premier ministre préférerait celle d'un consortium réunissant États-Unis, Canada et Europe. Qu'en pense l'Haïtien de la rue ? Réponse sur ce panonceau posé au pied d'un monceau de gravats : « *Bienvenue aux* marines. *Nous avons besoin de votre aide. Il y a des cadavres à l'intérieur.* » « *Les étrangers,* renchérit un prof de comptabilité, *feront toujours mieux que les incapables et les voyous qui nous gouvernent.* »
Au-delà de la colère et du chagrin, deux flammes vacillantes balisent le chemin d'Haïti. D'abord, la dignité avec laquelle les rescapés tiennent leur désespoir en respect. Ensuite, l'espoir d'un « électrochoc salutaire ». « *Il s'agit,* souligne une jeune maman, *d'une épreuve sans précédent. Elle touche tout le monde. Pas une famille qui ne pleure un disparu. Si on ne s'en sort pas cette fois, on ne s'en sortira jamais. Mais, pour y parvenir, il ne suffira pas de relever des bâtiments. Ce pays part de si loin et mérite tellement mieux.* »

**4 FÉVRIER 2010.** QUI TUERA L'AUTRE ? C'est l'histoire d'une haine qui explose, en 1995, entre deux bêtes de même bord politique et qui atteint son paroxysme avec le procès Clearstream. La course à la présidentielle de 2012 offre une nouvelle arène à l'affrontement entre Nicolas Sarkozy et Dominique de Villepin.

# « Tous ces anonymes m'ont appris à vivre »

*par Delphine Saubaber*

**Je me souviens de ce jour d'automne 2006, pluvieux, où Marc Epstein m'a appelée pour me proposer de rejoindre le service Étranger.** J'étais en reportage en banlieue avec mon ami de la rubrique « société », Boris Thiolay, sur les cendres des émeutes. Nous étions au beau milieu des HLM d'Aulnay-sous-Bois, sous un ciel de ciment, tordant le nez devant le pare-brise éparpillé de notre voiture qui avait eu le malheur de dormir une heure sur un parking. Marc : « Alors ? Qu'est-ce que tu en penses ? » Portable fiché dans l'oreille, je me souviens m'être abîmée dans la contemplation des débris gisant à mes pieds comme devant une toile impressionniste. Je n'avais pas les mots. Marc pensait à mes rêves, aux horizons lointains, à la fièvre du grand reportage, qui, cela dit, n'a guère besoin d'un billet Paris-Bangkok pour se déployer, car il commence à nos portes.

J'ai mis une semaine à répondre oui, dans un enthousiasme non dépourvu d'angoisse. Le photographe Jean-Paul Guilloteau, une « signature » de *L'Express* qui a promené son œil dans tous les coins de la planète, a achevé de me convaincre, d'une bourrade dans les omoplates : « Mais vas-y ! » Je m'en souviens comme si c'était hier, comme de mes premiers pas, en Roumanie, sur les traces de Razvan, ce petit garçon de dix ans qui s'était pendu à un clou car il n'avait pas dix euros pour acheter une carte téléphonique et parler à sa maman qui lui manquait. Comme tant de milliers de Roumaines, elle était partie faire des ménages en Italie pour rapporter un peu d'argent et un ordinateur à Razvan. Village boueux, perdu tout au bout de prairies molles et désolées. Cœur en larmes. Je me souviens de tous, de toutes, de l'Égyptienne Amal, morte pour du pain, à la Bosniaque Hadijda, si durement touchée par le génocide de Srebrenica... Tous ces anonymes, aussi dignes que meurtris, m'ont appris à vivre et ont peuplé un ineffable bonheur, celui du prix Albert Londres. C'était un jour de printemps, d'un bleu vif. Je me préparais à aller piquer une tête à la piscine, je suis partie pour une semaine de vol orbital. Une aventure secrète, intime, qui change la vie sans rien changer, au fond.

À *L'Express* depuis 2004, Delphine Saubaber a été journaliste au service Société, puis grand reporter aux services Monde et Société. Elle a reçu en 2010 le prix Albert Londres.

**12 JANVIER 2011.** MAGHREB. LA JEUNESSE CONTRE LE POUVOIR.
Violences, misère et répression : la vague de révoltes, qui a soulevé la Tunisie et fait tomber Ben Ali au début de l'année 2011, a déferlé sur l'Égypte, l'Algérie, le Bahreïn et la Libye. Un tournant politique majeur pour le monde arabe ; un nouveau moment d'histoire pour *L'Express* qui poursuit son combat pour la vérité.

l'œil de L'Express

# Photos

—

L'Express, *premier* news magazine *français, a très vite entretenu des relations étroites avec le monde de la photographie, en produisant des reportages d'envergure et en publiant le travail de photographes incontournables.*

p.361 haut **Jean-Régis Roustan,** *Yves Saint Laurent (1936-2008)*, 1er janvier 1960. p.361 bas **Jean-Régis Roustan,** *Alberto Giacometti (1901-1966), dans son atelier, 46 rue Hippolyte-Maindron, Paris 14e*, 1961. p.362 haut **Manuel Bidermanas,** *Une étudiante provoquant les forces de l'ordre, un pavé à la main*, 6 mai 1968. p.362 bas **Jacques Haillot,** *Daniel Cohn-Bendit, icône de la révolte étudiante à Paris*, mai 1968. p.363 haut **Jean-Pierre Couderc,** *Au cours de la 28e édition du Festival de Cannes*, 13 mai 1974. p.363 bas **Jean-Pierre Couderc,** *Jacques Dutronc*, 17 octobre 1977. p.364-365 **Jean-Pierre Couderc,** *Sur la plage de Brighton, Royaume-Uni*, 5 août 1980. p.366-367 **Jean-Paul Guilloteau,** *Premières vacances des Allemands de l'Est après la chute du Mur. Touristes allemands au camping de Prora, devant l'un des bâtiments construit à l'époque nazie par l'organisation « Kraft durch Freude » (« la Force par la Joie ») pour les loisirs du peuple, île de Rügen, Allemagne*, juin 1990. p.368-369 **Georges Merillon,** *Affrontements ethniques au Kosovo*, janvier 1990. p.370 haut **Jean-Paul Guilloteau,** *Retour de la chasse à la baleine au village esquimau de Chaplino, Providenia, détroit de Béring, Russie*, 1991. p.370 bas **Jean-Paul Guilloteau,** *Jeune fille apprenant l'accordéon à l'école de musique, Providenia, détroit de Béring, Russie*, 1991. p.371 haut **Jean-Paul Guilloteau,** *Jacques Chirac, en Corrèze, lors d'un repas avec des militants. Bugeat*, mai 1991. p.371 bas **Jean-Paul Guilloteau,** *Erika Gerlitz, «Allemande de la Volga», déportée à Kostino à l'âge de seize ans, en août 1941, sur ordre de Staline lorsque Hitler déclara la guerre à la Russie. Chez elle, à Kostino, Russie*, 1993. p.372-373 **Pascal Maitre,** *Le commandant Massoud face aux montagnes afghanes*, décembre 1998. p.374-375 **Gideon Mendel,** *Dorika Gabriel porte son fils, Joseph, âgé de trente ans, atteint du sida. Tanzanie*, 2000. p.376 haut **Jean-Michel Turpin,** *Vache folle, abattoir de Saint-Étienne*, février 2000. *Toujours à demi-conscient, l'animal est suspendu pour passer dans la chaîne de transformation.* p.376 bas **Éric Bouvet,** *Une vieille femme dans les décombres de Grozny, Tchétchénie*, mars 2000. p.377 haut **Thierry Dudoit,** *Oyunbataar et Bold, jumeaux âgés de treize ans, vivent dans la rue depuis six ans, Oulan-Bator, Mongolie*, 18 octobre 2002. p.377 bas **Judah Passow,** *Une étudiante de l'école islamique de Brooklyn, New York*, 2001. p.378-379 **Thierry Dudoit,** *La plage de Gaza-Ville*, 28 juillet 2004. p.380-381 **Jean-François Campos,** *Collection Automne/Hiver 2008, robe Dolce & Gabbana, boots Jil Sander. Réalisation Mika Mizutani.* p.382-383 **Cédric Gerbehaye,** *Le pousseur Kotakoli, sur le fleuve Congo, manœuvre pour placer une barge afin de charger du bois à Lileko, République démocratique du Congo*, février 2010. p.384 **Jean-Paul Guilloteau,** *Claude Chabrol à Paris*, 30 juin 2007.

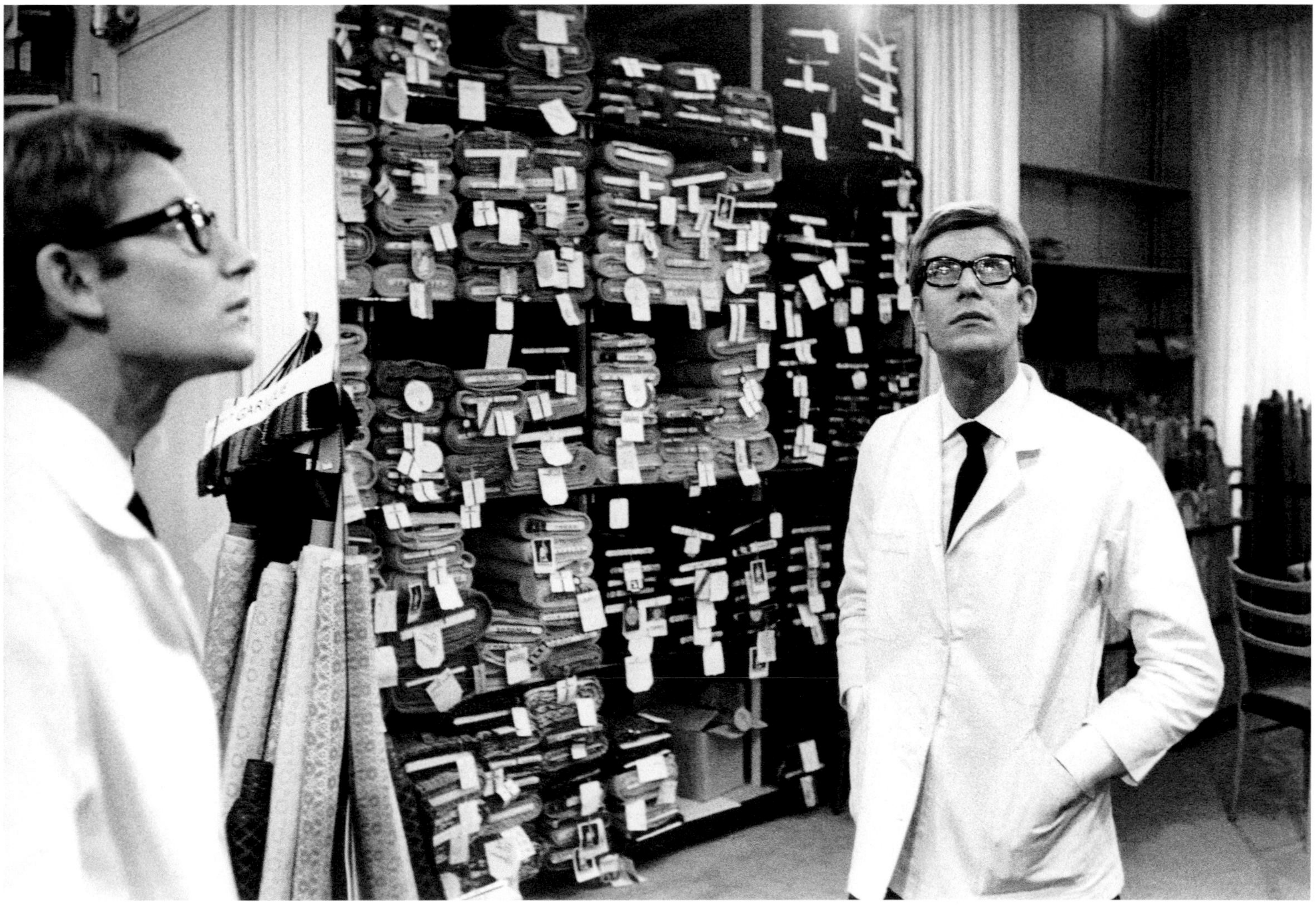

OPHTA

17
STOKVIS

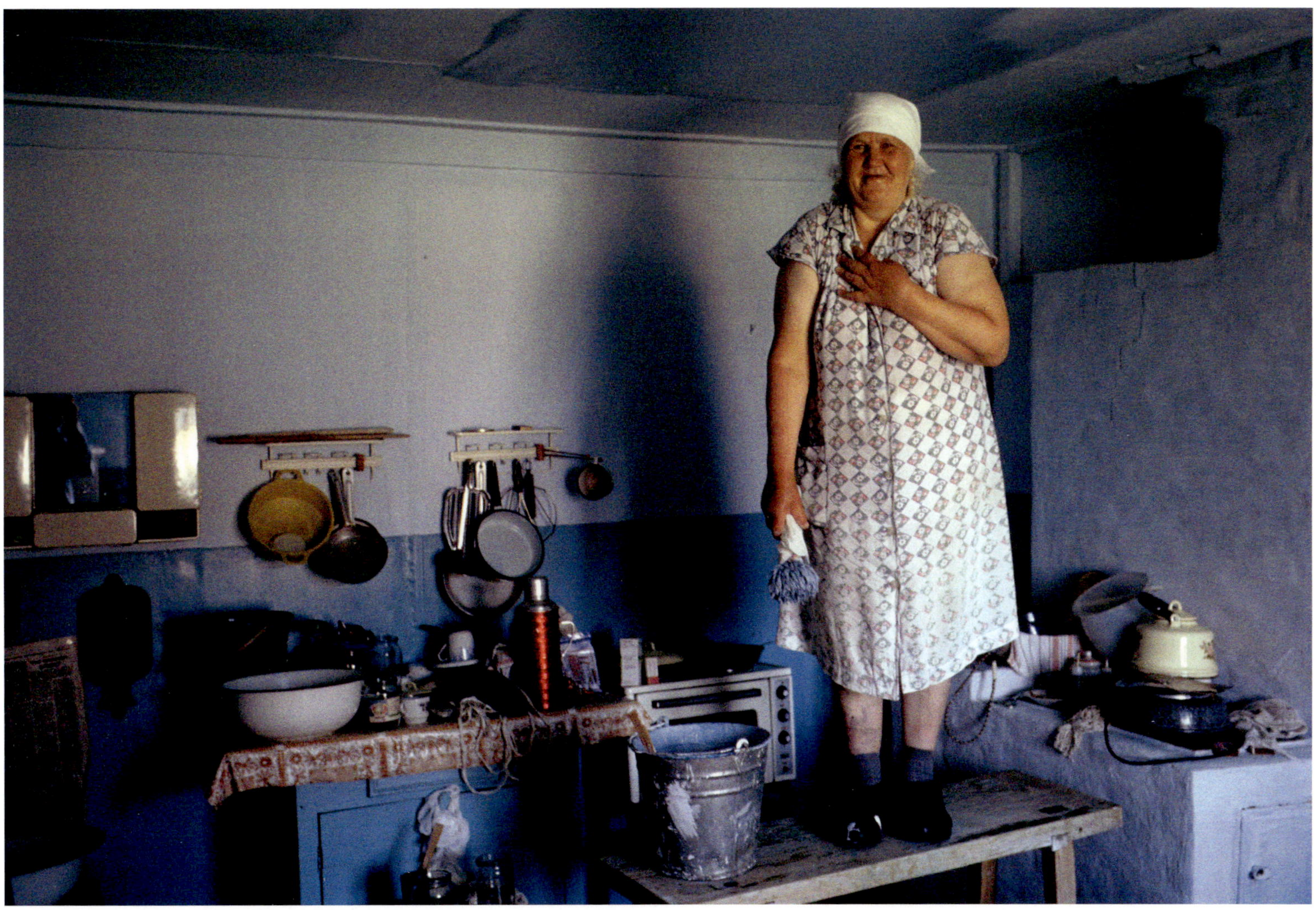

OKI

david's
P-38
REPAIR PASTE

KOTAKOLI

le trait de L'Express

# Dessins

*par Siné, Jean Effel, TIM, Sempé et Plantu*

—

L'Express *a, dès sa création, ouvert ses pages et ses unes aux caricatures des grandes signatures, accueillant les traits les plus caustiques du moment : Siné (1957-1962), Jean Effel (1958-1965), Tim (1960-1997), Sempé (1963-1964) et Plantu (depuis 1991).*

gauche **S'agit plus de rigauller.** Dessin de Siné, paru dans *L'Express* du 15 janvier 1969.
droite **Les Américains en Russie.** Dessin de Siné, paru dans *L'Express* du 30 juillet 1959.

**L'homme aux cent visages. Gaullerie de portraits.** Dessin de Jean Effel, paru dans *L'Express* du 10 mars 1960.

*L'Occident vu de l'Elysée*

haut gauche **Le 14 juillet de 1789 à nos jours...** Dessin de Siné, paru dans *L'Express* du 13 juillet 1961. Au moment où de Gaulle s'apprête à passer les troupes en revue pour la fête nationale, Siné évoque les chutes des différents régimes : la monarchie, la Révolution, l'Empire... jusqu'à de Gaulle. haut droite **L'Occident vu de l'Élysée.** Dessin de Tim, paru dans *L'Express* du 1er juin 1961. La conception de la grandeur et de l'indépendance nationales vues par de Gaulle et croquées par Tim. bas **Le pouvoir du général.** Dessin de Jean Effel, paru dans *L'Express* du 23 novembre 1961.

***L'oui XIV***

**L'Oui XIV.** Dessin de Tim, paru dans *L'Express* du 12 avril 1962, lors du référendum sur l'élection au suffrage universel du président de la République.

haut **De Gaulle et Churchill.** Dessin de Tim, paru dans *L'Express* du 12 avril 1967. À l'époque, de Gaulle s'opposait à l'entrée du Royaume-Uni dans l'Europe alors que Churchill avait accueilli le général et la France libre en 1940. bas **De Gaulle et Defferre.** Dessin de Tim, paru dans *L'Express* du 6 février 1964. Candidat de la SFIO à la présidentielle de 1965, Defferre *alias* Monsieur X, croise le fer avec de Gaulle.

**Vietnamienne pleurant des bombes.** Dessin de Tim, paru dans *L'Express* du 12 février 1968.
Sans doute l'un des plus célèbres de ses dessins, au moment où l'opinion publique française se mobilise contre la guerre au Vietnam et les bombardements américains visant les populations civiles.

**JO de Munich.** Dessin de Tim, paru dans *L'Express* du 5 septembre 1972.
Un commando palestinien de l'organisation « Septembre noir » investit le pavillon israélien du village olympique et prend en otage les sportifs. 11 athlètes et cadres de l'État hébreu assassinés et 5 membres du commando tués. Tim décerne la médaille d'or du terrorisme aux Palestiniens.

**Sarkozy et Carla.** Dessin de Plantu, paru dans *L'Express* du 26 juin 2008.
Les Français découvrent leur Président en escapade amoureuse à Pétra avec le fils de sa nouvelle compagne, Carla Bruni, sur les épaules… L'entonnoir, autrefois attribué à Michel Debré, symbolise celui qui a perdu la raison.

**La crise.** Dessin de Plantu, paru dans *L'Express* du 10 février 2008, au moment de la crise financière de 2008.

**Warhalgérie.** Dessin de Plantu, paru dans *L'Express* du 19 avril 2004, au moment de la réélection d'Abdelaziz Bouteflika.

**Obama Beach.** Dessin de Plantu, paru dans *L'Express* du 4 juin 2009, à l'occasion de l'hommage rendu par le président américain aux vétérans du Débarquement.

**Crédits photographiques**

Toutes les couvertures et fac-similés de ce livre proviennent des archives de *L'Express*. Les unes et fac-similés suivants 16/05/1953, 07/02/1956, 01/03/1956, 13/07/1956, 27/11/1958, 23/08/1962, 28/11/1963, 12/09/1966, 10/10/1966, 17/11/1975, 06/01/1979, 01/12/1972, 06/10/1980, 27/04/1984, 01/11/1986, 13/04/2000, 07/08/2003, 30/10/2003, 06/11/2003, 16/02/2004, 15/03/2004, 27/09/2004, 03/01/2005, 10/01/2005, 21/03/2005, 04/04/2005, 06/10/2005, 27/10/2005, 10/11/2005, 20/04/2006, 20/04/2006, 09/11/2006, 22/11/2006, 07/12/2006, 21/12/2006, 10/05/2007, 07/06/2007, 04/10/2007, 06/12/2007, 03/04/2008, 13/08/2009, 21/01/2010, ainsi que l'intégralité des caricatures du cahier Dessins, ont été photographiés par Suzanne Nagy. Nous avons fait nos meilleurs efforts pour retrouver les auteurs des photographies et des illustrations qui sont les sujets principaux des unes du magazine ainsi que pour retrouver les ayants droits de certaines photographies provenant des archives de *L'Express*. Toutefois, malgré nos recherches, certains auteurs et ayants droits n'ont pu être retrouvés. Des droits leur sont réservés dans nos comptes.

Introduction : Gardes début: © Jean-Régis Roustan/*L'Express*/Roger-Viollet. Gardes fin: © Archives *L'Express*/D.R. Page 6 : 1 © Bruno Barbey/Magnum Photos. 2 © Jean-Régis Roustan/*L'Express*/Roger-Viollet. 3 © *L'Express*. 4 © André Perlstein/*L'Express*. 5 © *L'Express*. 6 © Jean-Régis Roustan/*L'Express*/Roger-Viollet. 7 © Julio Donoso/Sygma/Corbis. 8 © Jean-Régis Roustan/*L'Express*/Roger-Viollet. 9, 10 © *L'Express*. 11 © ADP. 12 © Jean-Régis Roustan/*L'Express*/Roger-Viollet. 13, 14 © Jacques Haillot/*L'Express*/Corbis. 15 © Michel Giannoulatos/*L'Express*. 16 © Jacques Haillot/*L'Express*/Corbis. 17 © Jean-Pierre Couderc/*L'Express*/Roger-Viollet. 18 © *L'Express*. 19 © Jean-Régis Roustan/*L'Express*/Roger-Viollet. 20 © *L'Express*. Page 9 : 21 © Lionel Bonaventure/AFP. 22 © Jacques Demarthon/AFP. 23 © Marc Riboud/Magnum Photos. 24 © Jack Guez/AFP. 25 © Philippe Charpentier/*L'Express*. 26 © Julien Quideau/*L'Express*. 27 © Amir Qureschi/AFP. 28 © Jean-Marie Huron/Signatures. 29 © Jean-Paul Guilloteau/*L'Express*. 30 © Jacques Haillot/*L'Express*/Corbis. 31 © Pascal Maitre pour *L'Express*/Cosmos. 32 © D.R. 33 © *L'Express*. 34 © Medhi Fedouach/AFP. 35 © Julien Quideau/*L'Express*. 36 © D.R. 37 © Medhi Fedouach/AFP. 38 © Jean-Paul Guilloteau/*L'Express*. 39 © Nicholas Kamm/AFP. 40 © Jean-Paul Guilloteau/*L'Express*. 41 © Jean-Régis Roustan/*L'Express*/Roger-Viollet.

1953-1959 : p. 10-11 © Pierre Boulat/Cosmos. P. 12-13 © Burt Glinn/Magnum Photos. P. 14-15 © Erich Lessing/Magnum Photos. Photo p. 17 © Sergio Larrain/Magnum Photos. Photo p. 23 © AFP. 05/12/1957 © Gamma-Rapho. 14/06/1957 © Philippe Charpentier/*L'Express*. Photo p. 53 © Philippe Charpentier/*L'Express*. 23/08/1957 © Gamma-Rapho. 03/10/1957 © Archives *L'Express*/D.R. 05/12/1957 © Gamma-Rapho. 02/01/1958 © Camera-Press. 06/02/1958 © Bernard Buffet/ADAGP, Paris, 2011. Photo p. 59 © Dalmas/Sipa-Press. 07/03/1958 © Archives *L'Express*/D.R. 13/03/1958 © Zalewski. 22/05/1958 © Rodriguez. 04/09/1958 © J.-P. Pradier/Dalmas/Sipa-Press. 09/04/1959 © Archives *L'Express*/D.R. 21/05/1959 © Roger Pic/BnF. 30/07/1959 © Reporters Associés. 03/09/1959 © Holmès. 26/11/1959 © UPI. 03/12/1959 © Archives *L'Express*.

1960-1969 : p. 72-73 © Flip Schulke/Corbis. P. 74-75 © Keystone France/Gamma-Rapho. P. 76-77 © AFP. Photo p. 79 © Henri Cartier-Bresson/Magnum Photos. 07/01/1960 © AP/Sipa-Press. 28/01/1960 © Magnum Photos. 14/04/1960 © Jean Marquis. 12/05/1960 © Philippe Charpentier/*L'Express*. 04/08/1960 © Dorka. 11/08/1960 © Dalmas/Sipa-Press. Photo p. 83 © Quoirez. 01/09/1960 © Presse Sports. 15/09/1960 © Archives *L'Express*/D.R. 10/11/1960 © Cornell Capa/Magnum Photos. 09/03/1961 © Henri Cartier-Bresson/Magnum Photos. 13/04/1961 © AP/Sipa-Press. 26/10/1961 © Guy Aguiraud. 21/12/1961 © AFP. 28/12/1961 © Agip/Rue des Archives. 09/08/1962 © Jack Cardiff/www.jackcardiff.co.uk. 23/08/1962 © Archives *L'Express*/D.R. 14/03/1963 © Agip/Rue des Archives. Photo p. 95 © Jean-Régis Roustan/*L'Express*/Roger-Viollet. 03/10/1963 © Archives *L'Express*/D.R. 24/10/1963 © Jean Marquis. 28/11/1963 © Holmès/D.R. 06/12/1963 © U.P.I. 27/02/1964 © AP/Sipa-Press. 29/04/1964 © Archives *L'Express*/D.R. 30/07/1964 © Holmès. 14/09/1964 © Archives *L'Express*/D.R. 26/10/1964 © Holmès/D.R. 28/12/1964 © Brake. 01/02/1965 © Keystone/Gamma-Rapho. 19/04/1965 © Dalmas/Sipa-Press. 21/06/1965 © R. Freeman/Holmès. 09/08/1965 © J. Derek/Holmès. 23/08/1965 © AP/Sipa-Press. 10/01/1966 © AFP. 07/03/1966 © Jack Ward. 08/08/1966 © Christian Taillandier/*L'Express*. 12/09/1966 © Claude Delorme/Philips. 21/11/1966 © Archives *L'Express*/D.R. 12/12/1966 © Archives *L'Express*/D.R. 30/01/1967 © Francis Giacobetti/Digitatent. 15/01/1968 © Apis/Corbis. 04/03/1968 © Archives *L'Express*/D.R. 06/05/1968 © Ian Berry/Magnum Photos. 13/05/1968 © Jean-Pierre Durel. 26/08/1968 © John Launois/Gamma-Rapho. 07/10/1968 © Fondation Gilles Caron/Contact Press Images. 10/03/1969 © Christian Taillandier/*L'Express*. 28/04/1969 © Reporters Associés. 14/07/1969 © Michel Tiziou/Gamma-Rapho. 01/09/1969 © Jean-Régis Roustan/*L'Express*/Roger-Viollet.

1970-1979 : p. 134-135 © Philippe Ledru. P. 136-137 © Nick Ut/AP/Sipa-Press. P. 138-139 © David Burnett/Contact Press Images. Photo p. 141 © AFP. 23/02/1970 © Henri Bureau/Gamma-Rapho – Janet et Frank Beyda. 16/03/1970 © Manuel Bidermanas/*L'Express*/AKG-Images – Jacques Violet. 27/04/1970 © Eisenstaedt/Life/Getty Images. 29/06/1970 © Manuel Bidermanas/*L'Express*/AKG-Images. 03/08/1970 © Jean-Régis Roustan/*L'Express*/Roger-Viollet. 24/08/1970 © Gérard Borg. 16/11/1970 © Léon Herschtritt/La Collection. 23/11/1970 © Luigi Castiglioni/ADAGP, Paris, 2011. 01/01/1971 © Manuel Bidermanas/*L'Express*/AKG-Images. Photo p. 151 © Christian Taillandier/*L'Express*. 18/01/1971 © Christian Taillandier/*L'Express*.08/03/1971 © Jean-Pierre Couderc/*L'Express*/Roger-Viollet – Michel Piquemal. 05/04/1971 © André Perlstein/*L'Express*. 21/06/1971 © Manuel Bidermanas/*L'Express*/AKG-Images. 13/03/1972 © Gabriel Pascaline. 29/05/1972 © Colos. 04/12/1972 © Sanséau. 16/07/1973 © C.E.A. 20/08/1973 © Julien Quideau/*L'Express*. 03/09/1973 © Gotlib/Hyphen-Comics. 17/09/1973 © Raymond Depardon/Magnum Photos. 10/10/1973 © Julien Quideau/*L'Express* – Jean-Claude Suarès. Photo p. 163 © Horacio Villalobos/Corbis. 15/10/1973 © Jean-Claude Suarès. 17/12/1973 © Tim/ADAGP, Paris, 2011. 15/07/1974 © – Jean-Claude Suarès/Archives *L'Express*. 25/11/1974 © Jean-Pierre Couderc/*L'Express*/Roger-Viollet. 05/05/1975 © Jean-Régis Roustan/*L'Express*/Roger-Viollet. 29/05/1972 © Colos. 28/07/1975 © Jean-Pierre Laffont/Sygma/Corbis. 01/09/1975 © Georges Pierre/Sygma/Corbis. 15/09/1975 © Archives *L'Express*. 17/11/1975 © Archives *L'Express*. 15/12/1975 © Tim/ADAGP, Paris, 2011. 24/01/1977 © Bernard Charlon. 04/07/1977 © Romano Cagnoni. 22/09/1977 © Ferracci/ADAGP, Paris, 2011. 06/02/1978 © Julien Quideau/*L'Express*. 04/03/1978 © Michel Giannoulatos/*L'Express* – Guillaume. 12/06/1978 © Jean-Pierre Ducatez/JPDB. 03/07/1978 © Jean-Pierre Couderc/*L'Express*/Roger-Viollet. 18/09/1978 © Julien Quideau/*L'Express* – Yves Berges/Sygma/Corbis. 06/01/1979 © Jacques Haillot/*L'Express*/Corbis. 20/01/1979 © Jacques Haillot/*L'Express*/Corbis. 03/02/1979 © S. Bougaeff/Explorer/Gamma-Rapho. 05/05/1979 © André Dahan. 12/05/1979 © Cyril Arnstam. 23/06/1979 © Sipa-Press. 01/12/1979 © Dan Wynn. 15/12/1979 © Avoine.

1980-1989 : p. 200-201 © Jean Gaumy/Magnum Photos. P. 202-203 © Stuart Franklin/Magnum Photos. P. 204-205 © Stéphane Duroy/Agence Vu. Photo p. 207 © Vincent Leloup/Fedephoto. 05/01/1980 © AP/LTD/Sipa-Press. 19/07/1980 © Tim/ADAGP, Paris, 2011. 06/10/1980 © Christian Broutin/SAIF. 11/10/1980 © Pelletier/Gamma-Rapho. 08/11/1980 © Archives *L'Express*/D.R. 06/12/1980 © Ph. Laski/Sipa-Press. 11/09/1981 © Archives *L'Express*/D.R. Photos p. 213 © AFP. 20/11/1981 © Malinowski. 12/12/1981 © ABC News. 19/02/1982 © Jean-Pierre Couderc/*L'Express*/Roger-Viollet. 05/03/1982 © Jean-Pierre Couderc/*L'Express*/Roger-Viollet. Photo p. 219 © AFP. 19/03/1982 © Morchoisne – Ricord/ADAGP, Paris, 2011. 02/04/1982 © 02/04/1982 © GérardRancinan/Sygma/Corbis – Sipa-Press. 09/04/1982 © H. Besson-Mondial/D.R. 28/05/1982 © Bernhardt/ADAGP, Paris, 2011. 13/08/1982 © AP/Sipa-Press. 22/09/1982 © Julien Quideau/*L'Express*. 24/12/1982 © Jacques Haillot/*L'Express*/Corbis – Pierre Peyrolles. 28/02/1983 © Vincent Leloup/Fedephoto – C. Druart – Bernard Charlon/Gamma-Rapho. 17/10/1983 © Jean-Pierre Couderc/*L'Express*/Roger-Viollet. 04/05/1984 © Jean-Pierre Couderc/*L'Express*/Roger-Viollet. 27/04/1984 © Dominique Issermann. 05/04/1985 © Malinowski. Photos p. 227 © Éric Fefferberg/AFP, p. 228 © Ilhami/Sipa-Press. 26/07/1985 © Christian Broutin/SAIF. 16/08/1985 © AP/Ph. Boccon-Gibod/Sipa-Press – D.R. Photo p. 233 © Greenpeace/Gamma-Rapho. 07/02/1986 © Jean-Pierre Couderc – Jean-Régis Roustan/*L'Express*/Roger-Viollet. 16/05/1986 © Patrick Piel/Gamma-Rapho. 04/07/1986 © Jean-Régis Roustan/*L'Express*/Roger-Viollet. 24/10/1986 © S.M. SADEK/Gamma-Rapho. Novembre 1986 © Clément Landrain/Presse Sports. Novembre 1986 © Jean-Régis Roustan/*L'Express*/Roger-Viollet. Novembre 1986 © Michael Wirth. Novembre 1986 © Gamma. 21/11/1986 © Patrick Aventurier/Gamma-Rapho – Ceyrac/AFP. 27/02/1987 © Serge Jamois. 13/11/1987 © Archives *L'Express*/D.R. 20/11/1987 © Solé, ADAGP, Paris, 2011. 04/12/1987 © Archives *L'Express*/D.R. 29/07/1988 © Gamma-Rapho. 04/11/1988 © Rocher/Jerrican. 09/06/1989 © Jacques Langevin/Sygma/Corbis – Giannini/AFP. 01/09/1989 © P. Perrin/Sygma 2/Corbis. 10/11/1989 © André Saraiva. 29/12/1989 © José Nicolas/Sipa-Press.

1990-1999 : p. 248-249 © Raymond Depardon/Magnum Photos. P. 250-251 © Bruno Barbey/Magnum Photos. P. 252-253 © Tom Stoddart/Getty Images. Photo p. 255 © John Vink/Magnum Photos. 16/02/1990 © Goyhenex/Sipa-Press. 27/04/1990 © Collection Serge Klarsfeld. 25/05/1990 © Sacha/Sygma/Corbis. 04/10/1990 © André Saraiva. Photos p. 261 © Photo 12, p. 262 © Dalmas/Sipa-Press. 31/10/1991 © Patrick Gripe/Signatures. 07/11/1991 © Vial-Pailler. 30/01/1992 © Philippe Bertrand. 19/03/1992 © Thierry Dudoit/*L'Express*. 25/06/1992 © Antoine Gyori/Sygma/Corbis. 10/09/1992 © Pascal Le Segrétain/Sygma/Corbis – Benoît Decoux/Rea. 24/12/1992 © Jean-Claude Coutausse/Fedephoto – Jean-Pierre Couderc/*L'Express*/Roger-Viollet. 25/02/1993 © Sygma/Corbis. 06/05/1993 © James Andanson/Sygma/Corbis. 21/10/1993 © Tschaen/Sipa-Press. 10/11/1994 © Archives L'Express. 12/01/1995 © Charles Platiau/Reuters. 09/02/1995 © Jean-Marie Huron/Editing/Signatures - James Andanson/Sygma/Corbis. 23/02/1995 © Alexis Duclos/Gamma-Rapho. 15/06/1995 © *L'Express*, d'après Frantisek Drtikol. 09/11/1995 © Mantil/Sipa-Press. 11/01/1996 © Konrad R. Muller/ Focus/Contact Press Images. 31/10/1996 © Jean Guichard/Sygma/Corbis. 06/02/1997 © Archives *L'Express*. 04/09/1997 © T. Graham/Sygma/Corbis. 19/03/1998 © Jacques Haillot/*L'Express*/Corbis. 19/03/1998 © Patrick Messina/METIS pour *L'Express*. 17/09/1998 © Richard Ellis/Sygma/Corbis. 01/04/1999 © N. Lauron/Sipa-Press. 03/06/1999 © *L'Express*. 23/09/1999 © Wojtek Laski/Gamma-Rapho.

2000-2010 : Ouvertures: p. 288-289 © David Burnett/Contact Press Images. P. 290-291 © Larry Towell/Magnum Photos. P. 292-293 © Arif Ali/AFP. Photo p. 295 © Jim Goldberg/Magnum Photos. 06/01/2000 © Cosmos. 10/02/2000 © Georges Schneider/Contrast/Gamma-Rapho. 17/02/2000 © Philippe Plantrose pour *L'Express*. Photo p. 299 © Frédéric Stevens/Sipa-Press. 13/04/2000 © Patrick Mc Mulan/Gamma Liaison-Angeli. Photo p. 301 © Louise Oligny. 06/07/2000 © Bertrand Mahe/Agence Vandystadt/Regards du sport. 28/09/2000 © Archives *L'Express*/D.R. 14/12/2000 © Stéphane Compoint/Sygma/Corbis. 01/03/2001 © Benoît Prédine. 03/05/2001 © Archives *L'Express* d'après www.M6.fr. 28/06/2001 © Yellow Dog Production/Image Bank/Getty Images. Photos p. 311-312-315 © Stéphane Gladieu pour *L'Express*. 13/09/2001 © Sipa-Press. 04/10/2001 © Steeve Mc Curry/Magnum Photos. 27/12/2001 © *L'Express*. 25/04/2002 © Thierry Dudoit/*L'Express*. 13/06/2002 © Thierry Dudoit/*L'Express*. 29/08/2002 © Nati Harnyk/AP/Sipa-Press. 23/01/2003 © Michel Giannoulatos/*L'Express*. 07/08/2003 © Denarnaud/Sipa-Press. 30/10/2003 © Cosmos. 06/11/2003 © Jacques Witt/Sipa-Press. 16/02/2004 © Jean-Paul Guilloteau/*L'Express*. 15/03/2004 © Sergio Barrenechea/AP/Sipa-Press. 27/09/2004 © Denis Westhoff/Gamma-Rapho. Photos p. 323 © Quinio/Stills/Gamma-Rapho, p. 324 p. 324 © Sabine Weiss/Gamma-Rapho. 03/01/2005 © Prakash Singh/AFP. 10/01/2005 © Thierry Dudoit/*L'Express*. Photos p.329-331 © Jean-Paul Guilloteau/*L'Express*. 21/03/2005 © Archives *L'Express*/D.R. 04/04/2005 © Jacques Witt/Sipa-Press. 06/10/2005 © Brigot/Klarsfeld/Sipa-Press. 27/10/2005 © Getty Images. 10/11/2005 © Olivier Corsan/LPa/Maxppp. 20/04/2006 © Reuters. 01/11/2006 © Stéphane Gallois/Tristan Godefroy Agency. 09/11/2006 © Christian Taillandier/*L'Express*. 22/11/2006 © C. Blumberg/EPA/Sipa-Press – Élodie Grégoire/Gamma-Rapho. Photo p. 339 © Jennifer Sens/WpN pour *L'Express*. 07/12/2006 © Robert Daly/Stone/Getty Images. 21/12/2006 © Yann Arthus-Bertrand/Altitude. 10/05/2007 © Stéphane de Sakutin/AFP. 07/06/2007 © Rémi Ochlik/IP3. 04/10/2007 © Reuters. 06/12/2007 © Olivier Douliery/Abaca – Nasa/Reuters. 14/02/2008 © Claude Gassian/*L'Express*. Photo p. 347 © Claude Gassian pour *L'Express*. 03/04/2008 © Max Nash/AP/Sipa-Press. 15/01/2009 © Shaun Thew/EPA/Corbis. 02/07/2009 © Michael Dalder/Reuters. 13/08/2009 © Antonio Zambardino/Contrasto/REA. Photo p. 353 © Tommaso Bonaventura/Contrasto/Rea pour *L'Express*. 21/01/2010 © Janni Chavakis/Laif/Rea. Photo p. 355 © Carlos Barria/Reuters. 04/02/2010 © Caroline Doutre – Mehdi Taamallah/Abaca. 01/01/2011 © AFP.

Cahier Photos : P. 361h © Jean-Régis Roustan/*L'Express*/Roger-Viollet. P. 361b © Jean-Régis Roustan/*L'Express*/Roger-Viollet/ADAGP, Paris, 2011 pour l'œuvre de Giacometti. P. 362h © Manuel Bidermanas/*L'Express*/AKG-Images. P. 362b © Jacques Haillot/*L'Express*/Corbis. P. 363h © Jean-Pierre Couderc/*L'Express*/Roger-Viollet. P. 363b © Jean-Pierre Couderc/*L'Express*/Roger-Viollet. P. 364-365 © Jean-Pierre Couderc/*L'Express*/Roger-Viollet. P. 366-367 © Jean-Paul Guilloteau/*L'Express*. P. 368-369 © Georges Mérillon/Fedephoto. P. 370h © Jean-Paul Guilloteau/*L'Express*. P. 370b © Jean-Paul Guilloteau/*L'Express*. P. 371h © Jean-Paul Guilloteau/*L'Express*. P. 371b © Jean-Paul Guilloteau/*L'Express*. P. 372-373 © Pascal Maitre pour *L'Express*/Cosmos. P. 374-375 © Gideon Mendel/Corbis. P. 376h © Jean-Michel Turpin pour *L'Express*/Fedephoto. P. 376b © Éric Bouvet pour *L'Express*. P. 377h © Thierry Dudoit/*L'Express*. P. 377b © Judah Passow pour *L'Express*. P. 378-379 © Thierry Dudoit/*L'Express*. P. 380-381 © Jean-François Campos pour *L'Express* Styles. P. 382-383 © Cédric Gerbehaye/Agence Vu. P. 384 © Jean-Paul Guilloteau/*L'Express*.

Cahier dessins : © ADAGP, Paris, 2011 pour les œuvres d'Effel et Tim. © Plantu, © Sempé, © Siné pour leurs œuvres respectives.